“十三五”国家重点出版物出版规划项目
世界公益与慈善经典译丛

The Cambridge Handbook of Social Enterprise Law

剑桥社会企业法手册

本杰明·米恩斯（Benjamin Means）
约瑟夫·W.约基（Joseph W. Yockey） 编

李德健 译

个人财富如何改变世界

上海财经大学出版社

图书在版编目(CIP)数据

剑桥社会企业法手册/(美)本杰明·米恩斯(Benjamin Means),(美)约瑟夫·W. 约基(Joseph W. Yockey)编;李德健译. —上海:上海财经大学出版社,2023.1
(世界公益与慈善经典译丛)
书名原文:The Cambridge Handbook of Social Enterprise Law
ISBN 978-7-5642-4063-9/F·4063

Ⅰ. ①剑… Ⅱ. ①本…②约…③李… Ⅲ. ①企业法-研究 Ⅳ. ①D913.991

中国版本图书馆 CIP 数据核字(2022)第 207403 号

□ 责任编辑 李成军
□ 书籍设计 贺加贝

剑桥社会企业法手册

本杰明·米恩斯(Benjamin Means)
约瑟夫·W. 约基(Joseph W. Yockey) 编

李德健 译

上海财经大学出版社出版发行
(上海市中山北一路 369 号 邮编 200083)
网 址:http://www.sufep.com
电子邮箱:webmaster@sufep.com
全国新华书店经销
上海叶大印务发展有限公司印刷装订
2023 年 1 月第 1 版 2023 年 1 月第 1 次印刷

787mm×1092mm 1/16 35 印张(插页:2) 573 千字
定价:178.00 元

本杰明·米恩斯将此书献给苏珊(Susan)、埃兹拉(Ezra)与艾维尔(Aviel)

约瑟夫·W. 约基将此书献给思思(Sze Sze)与艾玛(Emma)

中文版序一：他山之石，可以攻玉

徐永光

（南都公益基金会名誉董事长、国务院参事室特约研究员）

随着市场经济秩序的优化发展，与经济活动伴随而来的社会和环境问题日益引起国家和社会的关注，而以股东利益最大化为模型的营利公司与以坚持非营利分配原则的非营利组织均暴露出各自的不足。过度追求股东利益最大化容易导致营利公司漠视其他利益相关者、当地社区以及更为广泛的社会公众正当利益，使得环境污染、产品质量低劣乃至贫富两极分化等社会问题愈演愈烈。而非营利分配原则则会让非营利组织发展动力、压力不足，筹款融资乏力，从而抑制了其提供公共产品的规模以及解决社会问题的能力。企业社会责任运动与非营利组织商业化运行的趋势正是对营利公司与非营利组织固有缺陷的一种回应。在此基础上，社会企业作为一种营利模式与公益使命高度融合的组织方式，旗帜鲜明地提出了同时追求投资收益与公共利益的双重使命。这种新兴组织方式模糊了传统市场部门与非营利部门之间的边界，同时为平衡处理投资者、其他利益相关者以及社会公共利益提供了重要的手段与工具。因此，该理念与模式一经问世，就受到了各界极大的关注。

与此同时，既有的营利公司法制与非营利组织法制并未对社会企业组织配置任何特别的制度安排。因此，在缺乏专项治理架构的情况下，同时承载双重使命的社会企业不仅未必能够有效实现其使命愿景，而且特别容易诱发投资者权益和社会公共利益同时受损的最坏局面。为此，目前英、美等国已经先行先试，围绕社会企业法制的诸多领域进行了开创性的理论研究与制度实践。而由南卡罗来纳大学法学院本杰明・米恩斯教授与艾奥瓦大学法学院约瑟夫・W. 约基教授主编并由剑桥大学出版社出版的《剑桥社会企业法手册》正是该领域法学理论研究的权威论文集。

《剑桥社会企业法手册》从法学视角出发，对世界范围内社会企业运动的历史演进、制度模式、组织创新、融资方式、税务安排、信义义务与治理机制等重要方面进行了全面细致的理论研究。诸如美国法上的福利公司（benefit corporation）、低收益有限责任公司（low-profit limited liability companies），英国法上的社区福利公司（community interest company）以及由民间组织共益实验室认证的共益公司（B Corporation）等专门针对社会企业的组织模式以及传统组织模式是否与如何适用于社会企业等问题都得到了撰写人细致的分析与回应。

第一部分是关于理论框架。其中，《社会性与非社会性企业》探讨了创设社会企业这种新法律类别的现实后果，尤其以福利公司为例指出了社会企业对公司政治活动以及公司权利法理的潜在影响。《社会企业的自我监管》探讨了社会企业法的私人秩序基础之有效性问题，并认为可以考虑类推金融服务业的经验，建构并优化设计第三方认证机制。《促进社会企业的必要政策与实践考虑：承诺、联系、损害与问责》则系统地提出了评估社会企业的几种维度，即承诺、联系、损害与问责。

第二部分是关于历史背景与政治经济学。其中，《社会企业的三条立法路径：低收益有限责任公司、福利公司与第二代合作社》对三种可供社会企业利用的组织形式进行了比较分析，并在此基础上认为合作社在社会企业发展中具有更为显著的组织优势，因此可以以此为基础进一步完善合作社法。《当所有企业都具有社会性时：公司形式的公共利益起源》认为，应当追根溯源，恢复传统的公司特许权理论，要求所有私人公司都为公共目的服务。《社会企业法的早期教训》通过对比英国、美国、加拿大社会企业立法，认为虽然可以通过既有商业组织形式的调整来满足社会企业家的需求，但是，更好的方式则是设计相应的默示性规则来加以回应。《形塑公司改革：社会企业、合作社以及使命主导型与雇员所有型企业》对英国的四类有别于传统营利公司的社会企业、合作社以及使命主导型与雇员所有型企业进行了细致分析，并指出后续改革需要相应的民主参与，同时要求对激进主义企业家本身的权力保持审慎的态度。《社会企业对低收入社区的承诺》则提出了社会企业在解决低收入社区中问题的重要作用以及发挥其作用的必要方法。

第三部分是关于税务与融资。《为社会企业创造税务空间》认为税收补贴固然可以用于激励社会企业，但是，至于其实践效果如何，尚需地方试验来提供必要的信息。《影响力投资与替代资本渠道：资助社会企业的成功与规模》认为，影响力投资是拓展社会企业融资渠道的重要方式，但是，因为影响力投资与社会企业均需要调整营利与目的的相互关系，因此，需要对其在组织、治理、融资、信息、利益冲突、退出等方面的机制建设上加以专项处理。《社会企业融资：众筹是答案吗？》对众筹作为社会企业融资手段的制度问题进行了细致梳理。《新西兰社会企业众筹》则结合新西兰众筹的既有经验，认为证券众筹是社会企业的天然资金来源。

第四部分是关于形式选择。《社会企业的生命周期》认为，针对社会企业的新型组织形式固然有助于调和营利与公共利益的关系，但是对于社会企业的整个发展周期而言，应当设计一系列机制来确保社会企业以及社会企业家对企业使命的长期承诺。《我们是否需要专门针对社会企业的商业形式？》认为社会企业可以通过非营利组织、公司或者有限责任公司（LLC）来实现公共利益，其中有限责任公司基于其灵活性，可能对于社会企业具有较强的吸引力；同时对如何修订既有的福利公司法提出了相应建议。《社会锁定与合作社形式》指出了合作社形式在社会企业发展中的潜在价值。《为社会企业而使用应税非营利公司》则指出了通过既有的应税非营利公司来实现社会企业的制度优势。《形式遵从功能：社会企业法律结构选择的一种商业模式路径》则主张基于社会企业的商业模式而有所侧重地利用既有组织形式或者组织形式组合来实现其多元目的。

第五部分是关于信义义务。《社会企业中的信义义务》对社会企业中的信义义务进行了深入的法理解析，并认为这种混合体中的信义义务并非社会企业所独有。《社会企业中的管理义务：公共福利公司》则在此基础上认为，应当删除利益相关者条款，来确保社会企业对利润以及公共利益二元目的的有效追求。《审判公共福利公司》则从特拉华州公共福利公司的角度，探讨了如何将关于公司法的既有司法审查标准适用于公共福利公司领域。

第六部分是关于治理。《社会企业的利益相关者代表》提出在社会企业中创设一个利益相关者代表机构，从而强化社会企业问责。《混合动机投资与代理成本》则指出，从代理成本角度出发，脱离了非分配约束与财富最大化规范的做法容易使得社会企业领域中的代理成本过高，但也指出这一结论尚待实践检验。《非营利企业代理成本理论的若干影响》则指出，在社会企业领域适用代理成本理论时，应当明确相关的委托人以及对社会企业实现其目标的程度加以量化；当然，对于消极限制承诺之检测较积极目标承诺之检测会更为容易。《维护社会企业的使命》则建议对福利公司法进行改革，通过超多数投票条款、集合投资等方式来强化社会使命锁定。《规制社会企业的新蓝图》作为总结，提出创设一个有别于规制传统商业社团的新蓝图，包括更好的影响力指标、利益相关者参与治理的架构以及自愿行为准则等。

《剑桥社会企业法手册》将国际上既有的社会企业法基本架构、法理逻辑、演进以及相应改革建议加以体系化的呈现，聚集了全球该领域重要专家的研究成果，具有权威性。这部论文集的翻译出版，对于关注社会企业发展和可持续发展目标实现的中国企业家、影响力投资人、非营利组织领导人和政府官员了解域外社会企业法的基础理论与制度进展颇有助益，值得每位关注该领域的专家学者研究讨论。

中文版序二：社会企业的域外标杆与中国意义

谢鸿飞
（中国社会科学院法学研究所民法研究室主任、
中国法学会民法学研究会副会长）

人类社会与自然界的最大运行差异在于，人类社会是由"意义"驱动的，外观看似相同的行为，行为人却可能赋予完全不同的意义。这就意味着作为规范之学的法学，要通过探寻典型社会行为并将其类型化；作为调整社会行为的法律，也要对不同行为做出不同评价，并相应地采取不同手段予以遏制或鼓励。在法人领域，《民法典》的一大特色是将私法人分为营利法人和非营利法人两种基本类型，其依据同样是法人发起人创设法人的不同动机，不同的动机决定了法人目的事业的差异，进而决定了法人的不同类型。传统民法按照法人的构成要素与运行机制，将其分为"社团法人—财团法人"，而《民法典》摒弃了这一分类，其理据恰在于此。

然而，社会行为是复杂的，其一个侧面恰好在于，一个行为可能同时容纳各种不同的动机，而且还是为法律所关注和重视的动机。法人领域同样如此。营利法人的发起人未尝一定不希望将营利法人的部分盈利用于公共事业，甚至法律还基于营利法人与公民的类比，赋予营利法人以"社会责任"，而无论营利法人有无承担"社会责任"的意愿（《民法典》第 86 条）。非营利法人虽不能对成员分配利润（《民法典》第 87 条第 1 款），但却可从事营利性活动。如果营利法人承担了足够大的社会责任，则它与非营利法人的界限难免会被淡化；如果非营利法人从事了宽泛的营利性活动，则它将成为营利法人的强劲对手。可见，从法人发起人动机角度采纳的"营利/非营利"标准一定存在模糊地带。

与之相关，斯密等人揭示了苏格兰启蒙传统的一个洞见：行为的动机和效果可能背道而驰，或者说行为总是存在“非意图效果”：追求私利的行为可能实现公益；一心为公的行为却可能“好心办坏事”。它对立法的重要启示是，公益事业或可通过两种方式实现：一是纯粹的公益行为，如慈善捐赠；二是通过营利活动相互竞争，实现公益。两者的约束条件（如可运用的资源数量）和实现公益的路径显然不同。

正是因为“营利—非营利”的二元模式无法囊括发起人设立法人的全部动机，中间地带的法人应运而生，它多被称为“社会企业”。尽管迄今为止，“社会企业”所指为何，依然言人人殊，但它的核心——通过营利性方式实现社会改良——基本得到公认；换言之，社会企业同时蕴含了营利和非营利两种目的事业，不过，营利只是企业初期的或者是部分的目标，公益是其全部或者至少是大部分目的。社会企业和营利法人的根本区别在于，它不追求投资者收益最大化；而社会企业与非营利法人的核心差异在于，它追求一定利润回报，而不恪守“不分配利润”这一底线。可见，在“营利—非营利”的二元模式下，社会企业对经典法人制度和规则提出了巨大挑战。这不仅在中国如此，在其他国家和地区也如此。例如，法律有无必要针对社会企业进行专门立法，将其上升为一种与营利和非营利法人并列的法人类型？社会企业的董事和管理层能否以企业的“社会性质”为由而免于适用“商业判断规则”，从而不对企业承担赔偿责任？社会企业能否和非营利法人一样，享有获得国家扶持的特权？

南卡罗来纳大学法学院本杰明·米恩斯教授与艾奥瓦大学法学院约瑟夫·W.约基教授主编、剑桥大学出版社出版的《剑桥社会企业法手册》无疑是世界范围内从法律视角研究社会企业现象的最为系统而权威的论文集。它汇集了国际上顶尖的社会企业法理论研究者与实务从业者，以法学视角为主，辅之以政治学、政治经济学和社会学诸视角，深刻剖析了社会企业的基础理论和制度建构。在宏观架构上，本书分为社会企业的理论框架、历史背景与政治经济学、税务与融资、形式选择、信义义务、治理，凡六部分。按照中国法律人的逻辑，本书可从总则（基础理论）——分则——总则（展望）的逻辑层次进行解读。

本书第一部分与第二部分为社会企业奠定了扎实的理论基础。其中，波尔曼的《社会性与非社会性企业》（第一章）、加勒的《社会企业的自我监管》（第二章）、泰勒三世的《促进社会企业的必要政策与实践考虑：承诺、联系、损害与问责》（第三章）系统探讨了社会企业法制发展的基本法理逻辑。麦克唐纳的《社会企业的三条立法路径：低收益有限责任公司、福利公司与第二代合作社》（第四章）、霍克特的《当所有企业都具有社会性时：公司形式的公共利益起源》（第五章）、廖的《社会企业法的早期教训》（第六章）、博格的《形塑公司改革：社会企业、合作社以及使命主导型与雇员所有型企业》（第七章）、普莱霍普斯的《社会企业对低收入社区的承诺》（第八章）则从历史、政治、社会等角度探讨了社会企业法的演进、模式与改革。

除上述研究外，本书的重点内容是分析社会企业的法律特质及其制度回应。本书这部分的相关论文的编排也很有层次感，其中既涉及税务与融资问题，又涉及形式选择问题，同时还涉及信义义务与治理。在税务与融资部分，既有税法上的审慎探讨，例如梅耶尔的《为社会企业创造税务空间》（第九章）；又有融资制度的多维思考，例如塔克的《影响力投资与替代资本渠道：资助社会企业的成功与规模》（第十章）、海明威的《社会企业融资：众筹是答案吗？》（第十一章）以及施瓦茨的《新西兰社会企业众筹》（第十二章）。在形式选择部分，既有对适合社会企业发展的组织形式的各种探讨，例如莫克的《我们是否需要专门针对社会企业的商业形式？》（第十四章）、贝林芬蒂的《社会锁定与合作社形式》（第十五章）、布鲁尔的《为社会企业而使用应税非营利公司》（第十六章）以及韦斯特韦的《形式遵从功能：社会企业法律结构选择的一种商业模式路径》（第十七章）；又有对社会企业整个生命周期使命承诺的机制保障之探讨，例如莱瑟与迪恩的《社会企业的生命周期》（第十三章）。在信义义务中，既有对社会企业中信义义务一般理论的探讨，例如戈尔德和米勒的《社会企业中的信义义务》（第十八章）；又有对特殊社会企业类型中信义义务的法理分析，例如约翰逊的《社会企业中的管理义务：公共福利公司》（第十九章）；还有结合司法实践而对公共福利公司这一社会企业类型中信义义务问题的深入剖析，例如西蒙斯的《审判公共福利公司》（第二十章）。在治理部分，既有从利益相关者保护视角的理论探究，例如莫里的《社会企业的利益相关者代表》（第二十一章）；又有代理成本理论在社会企业法制领域的创新引入，例如，亚布隆的《混合动机投资与代理成本》（第二十二章）与莱夫的《非营利企业代理成本理论的若干影响》（第二十三章）；还有对社会企业使命保护的法律机制之专项分析，例如，佩奇的《维护社会企业的使命》（第二十四章）。最后，在达杜什的《规制社会企业的新蓝图》对社会企业美好未来的蓝图绘制中，结束了全书的探讨。

中国虽然晚近才开始对社会企业开展系统研究，但是，在传统和现实中，中国并不缺乏实质上的社会企业。比如为帮扶残疾人而成立的街道企业、农村专业合作社等。当然，现代意义上的社会企业在中国还是个新兴事物，目前，国内获得认证的社会企业数量相当少，这意味着中国的社会企业还有长足的生长空间。在这种社会情势下，《剑桥社会企业法手册》作为理论界和实务界分析和反思全球社会企业法制现象的权威成果之集大成者，对于中国社会企业发展的意义也就不言而喻了。

译事艰难。本书译者李德健在山东大学获得学士学位，负笈海外多年，同时获得山东大学法学博士学位和利物浦大学法学专业哲学博士学位。回国后，不懈躬耕于相对小众的慈善法、社会法等领域，成果丰硕，同时身体力行，热心公益事业。他熟稔英国慈善法，且对本书的翻译倾注了大量的心力，因此，我有理由相信并期待本书会对中国理论界和实务界产生积极和深远的影响。

在中国经济飞速发展的今天，我们可以期待，人们从事公共事业和社会改良的激情和理想也会与日俱增。为此，借用本书作者之一安东尼·佩奇在《维护社会企业的使命》（第二十四章）中的结语，来表达我对社会企业发起人的期待：

投资者不仅会获得他们合理预期的投资回报，并且会因为参与向世界提供一般与特定利益而感到“温暖之光”。

作者简介

塔玛拉·C. 贝林芬蒂(Tamara C. Belinfanti),纽约法学院法学教授。

尼娜·博格(Nina Boeger),布里斯托大学法学院法学高级讲师。

黛娜·布雷克曼·莱瑟(Dana Brakman Reiser),布鲁克林法学院法学教授。

卡萨迪·V. 布鲁尔(Cassady V. Brewer),佐治亚州立大学法学院副教授。

莎拉·达杜什(Sarah Dadush),罗格斯法学院副教授。

史蒂文·A. 迪恩(Steven A. Dean),布鲁克林法学院副院长、法学教授。

布莱恩·加勒(Brian Galle),乔治敦大学法律中心法学教授。

安德鲁·S. 戈尔德(Andrew S. Gold),布鲁克林法学院法学教授。

琼·麦克劳德·海明威(Joan MacLeod Heminway),田纳西大学法学院里克·罗斯(Rick Rose)杰出法学教授。

罗伯特·C. 霍克特(Robert C. Hockett),康奈尔法学院爱德华·康奈尔(Edward Cornell)法学教授。

莱曼·约翰逊(Lyman Johnson),华盛顿·李大学(Washington & Lee University)法学院罗伯特·O. 本特利(Robert O. Bentley)法学教授,圣托马斯大学(明尼阿波利斯)法学院法学教授。

本杰明·摩西·莱夫(Benjamin Moses Leff),美国大学华盛顿法学院法学教授。

凯罗尔·廖(Carol Liao),英属哥伦比亚大学彼得·A. 阿拉德法学院法学助理教授,尚德商学院杰出学者。

劳埃德·黑陶希·梅耶尔(Lloyd Hitoshi Mayer),圣母大学法学院法学教授。

布雷特·H. 麦克唐纳(Brett H. McDonnell),明尼苏达大学法学院法学

教授与多尔西 & 惠特尼(Dorsey & Whitney)法学教授。

保罗·B. 米勒(Paul B. Miller),圣母法学院法学教授,国际与研究生项目副院长。

彼得·莫克(Peter Molk),佛罗里达州大学莱文法学院副教授。

J. 哈塞尔·莫里(J. Haskell Murray),贝尔蒙特大学管理与商业法副教授。

安东尼·佩奇(Antony Page),佛罗里达国际大学法学院院长。

艾丽西娅·E. 普莱霍普斯(Alicia E. Plerhoples),乔治敦大学法律中心法学教授,社会企业与非营利法律诊所主任。

伊丽莎白·波尔曼(Elizabeth Pollman),洛杉矶洛约拉法学院法学教授。

安德鲁·A. 施瓦茨(Andrew A. Schwartz),科罗拉多大学法学院法学教授。

奥马里·斯科特·西蒙斯(Omari Scott Simmons),韦克森林大学法学院法学教授、商业法项目主任。

安妮·M. 塔克(Anne M. Tucker),佐治亚州立大学法学院副教授。

约翰·E. 泰勒三世(John E. Tyler Ⅲ),尤因·马里恩·考夫曼基金会总法律顾问、秘书与首席道德官,哥伦比亚大学讲师与课程设计者。

凯尔·韦斯特韦(Kyle Westaway),韦斯特韦(Westaway,一家为社会企业家提供咨询的专业律师事务所)执行合伙人,哈佛法学院法学讲师。

查尔斯·M. 亚布隆(Charles M. Yablon),本杰明·N. 卡多佐法学院法学教授、塞缪尔与罗尼·海曼公司治理中心学术主任。

致 谢

感谢我们在本书筹备过程中所得到的各种支持。

所有撰写人都出色地完成了工作,我们对此致以最为深切的感谢。我们还要感谢剑桥大学出版社的马特·加拉维(Matt Gallaway)在这一过程中所提供的绝佳指导,以及南卡罗来纳大学法学院英格·刘易斯(Inge Lewis)所提供的出色的行政支持。

最后,我们要感谢劳埃德·黑陶西·梅耶尔与圣母法学院在2017年春季慷慨地主办了一个专门研讨这一项目的会议。

引　言

本杰明·米恩斯　约瑟夫·W. 约基

在过去十年中，人们对社会企业（social enterprise）的兴趣陡增。其核心理念——追逐收益可以与社会目标相同步——正在鼓舞着新一代企业家与社会意识型投资者。社会企业也吸引了意欲改变职业生涯的雇员以及在做出购买决策时同时考虑社会影响力与价格的消费者。如此一来，社会企业具有了影响企业家精神（entrepreneurship）、投资、雇佣与商业市场运作的潜力。

然而，社会企业的范围依然有待解释与争论。近距离来看，自我认同的社会企业之间似乎鲜有共同之处。一家企业可能会将社会目标置于收益之上，但完全根据其创始人的自行决定而终止；另一家企业则可能为社会目标预设一个更小但更为持久的角色。因此，我们可以理解的是，评论者一直在努力为社会企业提供一个有意义的定义。在美国，福利公司（benefit corporation）形式有时可以作为代言人。这并不是因为它声称是社会企业的同义词，而是因为它是一个众所周知的例子，并且很容易与包括慈善组织与非营利组织在内的其他实体类型相区分。

也许社会企业之谜的答案就隐藏在眼前。与其在包含各种类型的商业社团、非营利组织与慈善组织的虚拟地图中根据其独特定位而识别这些社会企业，不如把重点放在社会企业家与其他利益相关者使用法律来设定与执行期望的方式上。尤其是法律通过提供必要的合同技术来具体化那些经由不同经济活动形式而增益社会福利（social good）之承诺的强度、持续时间与属性，从而促进社会企业发展。例如，为了提高他们对非金钱目的承诺的可信度，社会企业家可以在企业治理文件中创设一个社会使命，同意满足第三方认证标准，或者在越来越多的地区采用一种商业组织形式，后者明确授权管理者优先考虑公共福利，同时也将收益返还给私人投资者。

尽管社会企业的吸引力是不可否认的，但其迄今为止取得的实际成功颇为有限，并且剩余的挑战也颇为巨大。诗人罗伯特·布莱（Robert Bly）的一句格言很好地抓住了怀疑主义的一个原因："在父亲意识机器上，你无法接近母亲的意识。"换言之，有人可能会质疑利用营利企业作为追求社会目标之工具的可行性。[1] 布莱并未提及商业社团，并且他的格言要早于社会企业运动数十年；相反，他是在探讨电影《逍遥骑士》（Easy Rider）中主要人物的困境，在这部电影中，"两名哈雷摩托车嬉皮士（Harley-riding hippies）在南加利福尼亚州完成了一笔毒品交易，并决定穿越国境去寻找精神真知"。布莱声称，他知晓这两个主角注定会失败，因为他们雄性激素增强型的路径选择与他们期待的目的地是不一致的。

也许这句格言并不恰当：很多人认为，使用商业方法来实现社会目标并无问题。但是，即使人们接受关于社会企业中的手段与目的之间存在张力的基本见解，布莱的格言也依然可以通过不同方式来加以理解。最为悲观的解释是，社会企业运动必然失败，因为收益与目的结合充其量是不稳定的，而最终是不能维持的。但另一种更抱有希望的解释可以将社会企业描述为改变"摩托车"的一种方式，从而使手段与目的更为紧密地结合起来。从这个角度来看，从企业社会责任的一般概念到社会企业这种更为目标明确的现象之转变，是具有重大意义的。例如，虽然一家福利公司可以将收益返还给投资者，但它与一家公司或一家有限责任公司（LLC）并不相同[2]，就像一辆电动自行车与哈雷-戴维森（Harley-Davidson）摩托车不会因均有马达就相同一样。

实际上，社会企业法——单个企业能够依此明确规定其对除收益最大化以外的目标之承诺的性质、强度与持续时间——提供了几乎不受任何限制的灵活性。因此，我们认为，社会企业的概念并不限于福利公司、低收益有限责任公司或者为满足社会企业家需求而创设的任何类似的实体形式。恰恰相反：我们从慈善活动的边界到公司法的中心那里追踪社会企业。社会企业法是重要的，其重要性并不是因为社会企业代表一种具有混合动机的新型经济活动，而是因为它在一个长期被概念混淆所困扰的领域提供了更高的精

---

〔1〕 需要明确的一点是，我们并不是说对社会福利的关注应当在属性上为"女性"，或者营利公司为"男性"——相反，我们之所以使用这个比喻，是因为它生动地说明了当工具被放置到与其最初设计不同（如果不是对立）的目的时，可能会出现的潜在问题。应当指出，我们并不是在暗示那些骑着大型摩托车的人缺乏社会良知。

〔2〕 公司是对 corporation 的翻译，而有限责任公司是对 LLC 的翻译。两者中文对译词中均有"公司"二字，但是，有限责任公司与公司在美国法上是两种独立的法律实体形态。因此，下文中才会有"有限责任公司并非公司"的表述。当然，本书中有的作者对一些词汇的使用可能更为灵活，因此读者需要注意区分。另外，译文中将 enterprise、firm 一般译为"企业"，而将 company 一般译为"公司"，这同样需要读者注意区分。——译者注

确度。

本书旨在评估社会企业运动，并为其未来的发展绘制航线。在这方面，我们有幸汇集了关于社会企业的顶尖法律评论者，包括学者与从业人员。社会企业可以从多个方面予以探讨，但是，基于引言中所述原因，我们认为法律的视角是至关重要的。毕竟，法律为社会企业家提供了划定其使命范围的手段。引言的其余部分介绍了本书的总体组织情况，并简要梳理了各位作者的论文。

理论框架

该部分的各章较为广泛地分析了社会企业的性质及其所面临的挑战。

在第一章中，伊丽莎白·波尔曼认为，人们对社会企业的很多关切应当从关于企业社会责任的长期争论中耳熟能详。例如，一些评论者反对如下观点：赋权管理者追求不明确的社会目标将会让他们逃避对股东的责任。此外，创设一个新法律类别——社会企业——可能会产生意想不到的后果，即将那些出于社会动机的活动边缘化，并将现有企业重新划分为“非社会性的”。波尔曼教授专注于福利公司，并确定了公司政治活动与公司权利法理的潜在意涵。她认为，福利公司助长了消费者考虑价值观的这一政治化环境。关于公司权利的最近扩张，波尔曼教授表达了如下关切：福利公司的混合性质“可能削弱在宗教与表达权利方面划分非营利组织与营利公司界限的理由”。

在第二章中，布莱恩·加勒提出了关于社会企业法的私人秩序基础之有效性的问题。他观察到，福利公司与其他形式的社会企业有别于慈善组织与非营利组织，前者的运营基本上缺乏政府监管，而只是接受自我评估与第三方验证。通过类推方式借鉴金融服务业的经验，加勒教授认为，政府应当在批准那些提供第三方验证服务的企业方面发挥更大的作用。定期与随机指定第三方企业将会减少其便利不合规之社会企业的动机。加勒教授总结道，坚持政府直接认证社会企业的这一替代选择极有可能成本高昂。

约翰·E. 泰勒三世在第三章中的贡献在于，确定几个可以用来评估社会企业的维度：承诺、联系、损害与问责。他的详细类型划分非常符合我们在本引言中所做出的更为简要的说明。泰勒先生强调了指标对于评估社会企业的努力是否产生关于金融增长与社会目标之预期结果的重要性。

历史背景与政治经济学

本部分中的这几章为社会企业提供了更多的框架:将其运动置于历史背景之中,提供了国际视野,并探讨了经济与政治动机的缺口。

在第四章中,布雷特·H.麦克唐纳比较了低收益有限责任公司、福利公司与第二代合作社。在每一个情形中,其都显示了现代实体类型是如何起源于商业社团的。麦克唐纳教授认为,合作社这一形式依赖利益相关者的投票来确保对社会使命的遵守,与其他类型的社会企业相比具有显著优势。他最后提议对合作社的成文法形式予以进一步修正,从而提升其让非股东利益相关者(constituencies)发声的能力。

在第五章中,罗伯特·C.霍克特认为,我们应当恢复公司的特许权理论——所有私人公司都必须为公共目的服务。霍克特教授注意到,公司执照(连同有限责任特权)曾经只有在拟设立的公司具有明确的社会目的时才被授予。紧随其后的是,就我们目前自由放任的公司监管模式而言,其并非命中注定的。事实上,当代银行监管表明,实施一套更为严格的条件是可能的,或许也是可取的。

在第六章中,凯罗尔·廖对英国、美国与加拿大社会企业法进行了比较,并为其他地区的社会企业法提供了框架建议。廖教授注意到,英国与加拿大要求社会企业将其大部分收益用于推进其所确定的社会目的。作为对照,并不存在一个单独的美国社会企业法,并且,也没有任何成文法的默示条款要求企业家将大部分收益再投资于社会企业。廖教授认为,尽管美国的社会企业家可以调整现有商业形式以满足其需求,但是一整套更好的默示性规则将提高他们成功的概率。

在第七章中,尼娜·博格评估了社会企业形式是否可以作为实施公司法根本变革的模型。她特别注意到在英国已经发展起来的替代性商业模式,包括社会企业、使命主导型企业、雇员所有型企业与合作社。尼娜教授进一步主张,有意义的改革将需要民主参与,并警告说,激进主义的企业家不应当被赋予单方面做出对社会具有深远影响的选择之权力。

在第八章中,艾丽西娅·E.普莱霍普斯认为,日益增长的企业家精神可以减少低收入社区与有色人种社区的财富不平等。普莱霍普斯教授主张，社会企业形式特别适用于弱势群体的社区，因为其可以使得所有者在社区中积累财富的同时，解决社会或环境顽疾。普莱霍普斯教授明确指出，善意的外来者为了低收入社区与有色人种社区的利益而经营社会企业并不充分——地方所有权才是至关重要的，也是必须得到支持的。

税务与融资

本部分中的这几章探讨了是否与如何激励社会企业，以及如何确保社会企业获得增长所需的资本。

在第九章中，劳埃德·黑陶希·梅耶尔认为，税收补贴可用于激励社会企业，但其告诫说，经验数据尚不足以确保联邦层面的政策变动，从而为社会企业创造一种独特的税收制度。相反，梅耶尔教授认为，州与地方税收试验将揭示更多关于是否以及如何利用税法来支持社会企业家的信息。

在第十章中，安妮·M.塔克认为，如果社会企业希望获得规模化产出所需要的资本，则创新性融资路径是必要的。在社会企业无法获得更为传统的融资来源的情况下，影响力投资基金可以介入其中；但是，因为影响力基金本身就是调和营利与目的这两种推动力的混合体，所以其必须处理很多与社会企业在投资组合中所面临的相同的组织问题。塔克教授详细探讨了如何利用私人秩序设定关于基金组织、治理权、融资权、信息权、利益冲突与退出的期待。

在第十一章中，琼·麦克劳德·海明威对作为社会企业资本来源的众筹进行了评估。海明威教授注意到，尽管众筹可以从互联网技术中获益，并对大众具有吸引力，但是鉴于证券监管的缺位，其很容易被滥用。她的论述阐释了目前众筹在社会企业中的应用以及进一步发展的可能性。尽管海明威教授承认黛娜·布雷克曼·莱瑟、史蒂芬·迪恩等支持社会企业众筹的论点之吸引力，但是她依然对诸多不确定性表达了关切，特别是鉴于其商业模式与资助模式均处于不成熟的发展阶段。

在第十二章中，安德鲁·A.施瓦茨通过借鉴该领域中的新西兰早期经验，继续探讨了社会企业众筹。施瓦茨教授讲述了其实证调研的结论，并总结道，正如他所假定的，众筹市场中的投资者倾向于对提供营利与目的之混合体的企业予以善意的回应。相应地，施瓦茨教授总结道，证券众筹给社会企业提供了天然的资金来源。

形式选择

本部分的这几章探讨了社会企业在多大程度上需要创设新型的商业社团，以及，如果需要，则哪些特征将是最为有益的。对该主题感兴趣者也可以参考布莱恩·加勒、布雷特·麦克唐纳、凯罗尔·廖以及尼娜·博格所撰写的前几章。

在第十三章中，黛娜·布雷克曼·莱瑟和史蒂文·A.迪恩认为，社会企业法的价值不可能在任何一个单独瞬间得到全面评估，因为“在一个社会企业演进的确切点上，对其选定的营利与社会使命的平衡之不同威胁会此消彼长”。新型社会企业形式有助于企业家建立调和营利与公共利益的企业，但这并非故事的全部。布雷克曼·莱瑟与迪恩两位教授强调了增长对单个社会企业以及整个社会企业部门的重要性。为此，作为对塔克教授在第十章中分析的回应，两位教授认为，创造性的合同可以帮助社会企业家获得资本，并证明其对企业使命所持有的一种长期承诺。

在第十四章中，彼得·莫克认为，除了营销优势之外，现有社会企业法并未带来其他传统形式的商业社团可以提供的优势。根据其特定目标，社会企业家可以通过非营利组织、公司或者有限责任公司实现公共利益。有限责任公司最为著名的灵活性可能具有特别吸引力，这是因为它允许创立者以其认为合适的任何方式设计一家企业。莫克教授最后就如何修正福利公司法提出了一些建议，从而使得该法尤其在发出维护社会使命承诺信号方面做出更为独特的贡献。

在第十五章中，塔玛拉·C.贝林芬蒂认为，作为一个社会企业的工具，合作社形式被低估了。几个世纪以来，社会使命与收益的结合一直是合作社的一个明确特征，并且其对利益相关者声音的容纳持续地为识别与维护一项社会使命提供了一个具有吸引力的路径。贝林芬蒂教授承认使用合作社形式相对于其他传统商业社团形式的成本，并建议当一个社区试图用自己的资源解决问题，以及当一个企业的社会使命被永远锁定时，合作社将是最为合理的选择。

在第十六章中，卡萨迪·V.布鲁尔认为，社会企业的很多目标可以通过利用应税非营利公司来实现。在应税非营利组织"将私人财富创造与宽泛公共利益融合为一种法律结构"的范围内,布鲁尔教授建议,也许并无必要发明更多的混合性商业社团形式。在其他的优势中,应税非营利组织可以发出一种更为坚定的既定使命承诺之信号,因为重大变更将需要获得登记所在州的首席检察官批准。尽管过去应税非营利组织并未得到很多利用,但是迅速发展的社会企业市场为其提供了一个新的应用场景。

在第十七章中,凯尔·韦斯特韦为社会企业家及其顾问提供了形式选择上的指导。他解释道,一家企业预期的商业模式将在很大程度上助推其决策。并且,他提供了一种有益的分类方法,包括"买一捐一""伦理供应链""直接雇佣""共享所有权"以及"交叉补贴"这些模式。这些商业模式反过来可以根据预期的营利与目的之间的对立或者一致程度来区分。韦斯特韦先生认为,福利公司等特定社会企业形式一般而言适合于营利与目的存在对立的企业。在所确定的社会目的与为投资者创造回报之间并无冲突时,传统公司与低收益有限责任公司商业实体通常是最好的选择。

信义义务

本部分的章节探讨了信义义务这个一直比较棘手的问题。在一个混合商业结构中,法律应当如何约束管理者,从而使得他们按照投资者以及其他利益相关者的期待行事?

在第十八章中,安德鲁·S. 戈尔德和保罗·B. 米勒对信义义务进行了法理分析。他们认为,社会企业中信义义务的混合属性并未像一些人所设想的那样会带来巨大或明显的调整。他们所回应的关切是:社会企业的管理者具有不符合受信人身份的分裂的忠诚度,并且,这种分裂的忠诚度无法有效满足使投资者或其他利益相关者确信一个社会企业将会践行其使命的需求。但是,戈尔德和米勒两位教授认为,"混合体"在信义场景下是颇为普遍的,并且,"其产生的决策紧急程度反映了受制于信义管理的组织内外实践推理中的常见挑战"。

在第十九章中,莱曼·约翰逊在很大程度上赞成戈尔德和米勒教授的分析,但是,他认为大多数福利公司法都存在严重缺陷,因为它们包含有将管理者注意力从营利与目的这种混合使命中分散掉的语言。约翰逊教授尤其认为，当福利公司法要求管理者考虑其决策对一系列利益相关者的影响时，就会失败。增加一项考虑利益相关者利益的模糊命令削弱了福利公司对追求一项确定公共利益之承诺的重要性。约翰逊教授总结道，应当相应地通过删除涉及其他利益相关者的条款来修正公共福利公司（public benefit corporation）法。其后，福利公司可以选择是否将特定利益相关者的利益作为公司意欲提升的公共利益。

在第二十章中，奥马里·斯科特·西蒙斯关注特拉华州公共福利公司，并评估了在传统公司法场景下发展而来的司法审查标准如何适用于前者。西蒙斯教授认为，特拉华州法院不应当发明新的标准来判断公共福利公司，因为在多数方面，特拉华州的公共福利公司都复制了公司法的通常特征：管理者的自由裁量权与股东至上。的确，管理者必须平衡股东利益与已确认的公共利益以及其他受影响的群体利益，但是在每种情况下，其决定完全取决于管理者。如果存在什么不同，那么各种被允许的选项使得商业判断规则对管理自由裁量权的保护更为重要——否则，诉累可能威胁福利公司的生存能力。

治 理

最后一部分中的几章探讨了有关社会企业治理的问题。

在第二十一章中，J. 哈塞尔·莫里主张修正社会企业法，从而让股东以外的利益相关者有能力要求问责。为此，莫里教授倡导建立一个代表机构，该代表机构由包括雇员、债权人与消费者在内的特定利益相关者群体所任命者以及或许被委任来为社区或环境发声的个体组成。这些代表将有权获取信息，选举董事，提起派生诉讼，并就重大交易进行表决。

在第二十二章中，查尔斯·M. 亚布隆机智地指出了很多混合产品所固有的困难：两栖汽车、低脂的无麸质松饼，或者“叉勺”。仅仅因为两个特性各自具有吸引力并不意味着它们会合作良好。根据亚布隆教授的观点，社会企业也存在类似的不兼容性，并构成了“非常大的也许是不可逾越的设计挑战”。尤其是，同时取消了非营利法的非分配约束与公司法的财富最大化规范的这一做法让社会企业面临无法承受的代理成本。尽管如此，亚布隆教授承认，理论上的反对并非决定性的，并且，目前预测社会企业的试验结果为时尚早。或许社会企业家将发现将他们的热情转化为可行的长期策略的方法。

在第二十三章中，本杰明·摩西·莱夫也关注了代理成本问题，其注意到，营利性社会企业并不使用非营利法中的非分配约束来发出追求社会目标的承诺信号，并且因此必须发现其他做出承诺的可靠方式。莱夫教授使用代理成本理论识别了这一问题的两个方面：确定相关的委托人，并且量化社会企业实现其目标的程度。例如，对于诸如在不损害海豚情况下捕捞金枪鱼等“消极”限制的承诺可能较一个改善自然生态系统的“积极”目标更容易得到检测。莱夫教授总结道，当一家社会企业同时对几个不同类型利益相关者做出承诺时，以及其旨在实现积极成果而非在其运营中避免引发某种可识别的损害类型时，代理成本将是最高的。

在第二十四章中，安东尼·佩奇建议改进福利公司法，以促进实现社会目标的更有力的承诺，并提出单个福利公司可以自愿采用的更准确且可靠地表明其意图的策略。佩奇指出，福利公司只需要“考虑”那些除了创收之外所实现的目标；同时，如果该公司后来被出售，则该使命可能也会被放弃。该问题的根源之一是福利公司法“在很大程度上以传统公司法为模型，并且公司法主要侧重于确保公司管理者对股东利益负责”。佩奇总结道，福利公司不仅应当披露其旨在实现的社会目标，还应当披露“将被用于社会使命的资源水平”。这些福利公司也可以考虑通过超多数的投票条款以及集合投票策略锁定其社会使命。

在第二十五章中，莎拉·达杜什认为，创设适当的法律与规范来规制社会企业将要求我们发展较少依赖现有商业社团形式的新蓝图。达杜什教授简练的论点很好地概括了对社会企业的批评，这些批评贯穿于前面的章节之中。达杜什教授认为：“制定蓝图通常发生的场合是，影响力市场这样的新市场以常规营利公司与投资市场等现有市场为模型而被创设出来。”她认为，制定蓝图存在着引入不适合新型市场的规范与治理实践的风险。

特别是，达杜什教授认为，像往常一样，营利企业与社会企业的目标之矛盾是如此之大，以致无法让其中任何一个作为另一个的适当模型。或者，重回我们之前所提出的警句，“在父亲意识机器上，你无法接近母亲的意识”。

作为对全书的总结，达杜什教授提出了一些关于新蓝图的建议，包括更强的公众问责机制、考虑社会企业预期受益者现实体验的更好的影响力指标、让利益相关者参与治理的框架，以及针对影响力投资者的自愿行为准则。

目　录

第一部分　理论框架

第二部分 历史背景与政治经济学

第五部分　信义义务

第六部分　治　理

第一部分

理论框架

社会性与非社会性企业
社会企业的自我监管
促进社会企业的必要政策与实践考虑

第一章 社会性与非社会性企业

伊丽莎白·波尔曼

引 言

从哲学到语言学的多个领域中的学者都观察到，对世界上的事物分类不仅是一种标记行为(an act of reference)，而且是一种意义创造(meaning making)行为——这包括确定这一类别如何融入更大的场景。[1] 分类制度有其后果；它们“总是服务于某种功能”[2]，并且“很少是天真无邪的”。[3] 它们隐含着类型化的条目之间的某些理解视角、优先事项以及相互关系，并且，在非常明显的意义上，它们给日常生活与法律制度施加了意识形态结构。

法律与商业领域最为重要的新近发展之一是“社会企业”运动的兴起。这一发展提出了一系列问题：什么是社会企业？这种分类的影响是什么？社会企业的类别，或者与之相关的福利公司这一新型法律形式是否反过来通过对照来定义其他事项，抑或影响对其他事项的处理？

本章带着双重目的来探讨这些问题：从思考类别及其影响的角度，将迄今为止社会企业与福利公司争论中的关键点结合起来；并且，反思这些发展可能有助于以及推动实现的更大趋势与潜在方向。

为此，本章第二节探讨了社会企业运动与福利公司最近的法律发展：指

---

〔1〕 ANTHONY G. AMSTERDAM & JEROME BRUNER, MINDING THE LAW 28－29 (2000). 费迪南德·德·萨乌素(Ferdinand de Saussure)是符号学的创始人之一，也是 20 世纪一位颇具影响力的语言学家。他解释说，与一个词语或术语(“所指”)相关的概念或意义(“能指”)是相互牵连的；它取决于该系统中其他词汇或术语的含义。参见 Duncan Kennedy, *A Semiotics of Critique*, 22 CARDOZO L. REV. 1147, 1152(2001)[discussing FERDINAND DE SAUSSURE, COURSE IN GENERAL LINGUISTICS(Charles Bally et al. eds., Wade Baskin trans., Peter Owen Ltd. 1959)(1907－11)]。例如，邓肯·肯尼迪(Duncan Kennedy)通过解释“为了弄清楚英语中‘雪’这个词的‘覆盖范围’，我们必须了解是否会单独为‘雨夹雪’准备一个词语”而阐明了这一点。*Id*.

〔2〕 AMSTERDAM & BRUNER, *supra* note 1, at 51.

〔3〕 *Id*. at 35.

出该新形式提供了一个具有特定规则的法律类别,后者给出了社会企业这一模糊词汇所缺乏的结构与意义。第三节探讨了关于这一分类在法律与商业中产生何种影响的现有文献。第四节重新评估了创设社会企业,特别是作为一种独特类型的福利公司的更为广泛的后果。有些公司虽然被贴上"社会性"的标签,但并不会当然使得所有其他公司都成为"非社会性的"。但是,法律与世界上潜在的连锁反应是什么?本章认为,两种发展趋势——明确的政治市场与拓展的公司权利范围——是我们在未来几年可能感受到社会企业运动与福利公司影响的领域。

社会企业与福利公司的兴起

在本章探究的伊始,我们就必须追问:什么是社会企业?其答案很难确定。虽然"社会企业"一词引起了人们的极大热情,但是,它缺乏一个清晰、连贯与单一的定义。可以肯定的是,定义通常是由定义者的利益所形塑的带有价值偏向的战场。[1] 尽管如此,社会企业是一个特别模糊的术语,并且随着时间推移,它变得如此不明确,以致几乎传达不出任何清晰的意义。原因在于其历史及其在不同组织与商业活动中的普及性。这些组织与商业活动将该术语用于包括混淆部门界限在内的各种目的。

第一次被冠之以社会企业家精神(social entrepreneurship)的商业浪潮是在20世纪80年代与90年代跟非营利组织一起出现的。[2] 这项活动的动力是由于非营利组织越来越需要在捐赠者与政府资金之外寻找新的收益来源。[3] 因此,早期的这些定义承载了社会企业或企业家精神的概念:这是一种由非营利组织参与的活动,并且,通常构成其获取收益策略的组成部分。这方面的定义已经持续了一段时间。例如,在21世纪之交,玛莎·米诺(Martha Minow)教授写道:"社会企业家精神是一个新的流行词,用来描述慈善家将具有市场风格的理念或者商业问责的方法引入慈善投资方面所做出

〔1〕 参见 PETER L. BERGER & THOMAS LUCKMANN, THE SOCIAL CONSTRUCTION OF REALITY(1966)。其探讨了语言与社会建构。

〔2〕 例如,参见 Robert A. Katz & Antony Page, *The Role of Social Enterprise*, 35 VT. L. REV. 59, 60—63(2010)。该文描述了当代社会企业运动的历史。早期的例子已经存在,但这一时期通常被确定为第一次社会企业家精神浪潮。

〔3〕 *Id*. 参见 Edward Skloot, *Should Not-for-Profits Go into Business*?, 61 HARV. BUS. REV. 20(1983)。该文探讨了旨在创造收益的"非营利企业家精神"。

的努力。”[1]她描述了非营利组织与慈善家结成联盟，从而利用商业方法来解决社会需求的这一现象。

但是，社会企业运动的早期阶段也包括商业领域的声音，后者开始倡导将商业方法与营利部门的社会使命结合起来。[2] 该运动的领导者随后提出了替代定义，将企业家精神与社会活动结合起来，并且往往不考虑组织形式之间的区别。例如，社会企业联盟（Social Enterprise Alliance）将社会企业定义为“通过市场驱动方法来应对尚未得到满足的基本需求或者解决社会问题的组织”[3]。

类似地，被认为首创这一概念的学者 J. 格雷戈里·迪斯（J. Gregory Dees）解释说，社会企业家是“具有社会使命的企业家”，这一点是“明确且最为重要的”。[4] 在他看来，企业家精神不限于营利性商业活动，而是承载了开展促进变革的创新性活动这一更为宽泛的观念。企业家思维可以呈现在社会部门，例如创新性的非营利项目，也可以包括具有社会目的的商业项目。他用营利性社区开发银行与混合组织来诠释了这一点。例如，流浪者收容所通过开办企业来为其居民提供培训与就业机会。[5]

有些人将其定义集中在目标受益者上。例如，罗杰·马丁（Roger Martin）教授与莎莉·奥斯伯格（Sally Osberg）教授界定社会企业家精神的方式是：识别一种“导致一部分缺乏谋生手段或政治影响力并且无法独自实现任何变革性利益者被排斥、边缘化或遭受苦难的不公正的均衡”；并且，其后再

---

[1] MARTHA MINOW, PARTNERS, NOT RIVALS: PRIVATIZATION AND THE PUBLIC GOOD 11－12(2002)；参见 Thomas Kelley, *Rediscovering Vulgar Charity: A Historical Analysis of America's Tangled Nonprofit Law*, 73 FORDHAM L. REV. 2437, 2463(2005)。该文将社会企业家精神的兴起描述为“营利性、企业性慈善的时代”，其中“越来越多的非营利慈善组织正在采用商事企业的文化与实践”。

[2] J. Gregory Dees & Beth Battle Anderson, *Framing a Theory of Social Entrepreneurship: Building on Two Schools of Practice and Thought*, *in* RESEARCH ON SOCIAL ENTREPRENEURSHIP: UNDERSTANDING AND CONTRIBUTING TO AN EMERGING FIELD 42(Rachel Mosher-Williams ed., 2006).

[3] *What Is Social Enterprise?* SOC. ENTER. ALL., https://socialenterprise.us/about/social－enterprise/(last visited Sept. 25, 2017). 类似主题存在很多变体，例如“创造性资本主义”。例如，参见 Bill Gates, *A New Approach to Capitalism*, in CREATIVE CAPITALISM: A CONVERSATION WITH BILL GATES, WARREN BUFFETT, AND OTHER ECONOMIC LEADERS 10(Michael Kinsley ed., 2008)。该文将“创造性资本主义”定义为“政府、企业与非营利组织共同努力以拓展市场力量的范围，以便更多的从事缓解世界不公平之工作者能够获利或获得认可的一种路径”。

[4] J. Gregory Dees, *The Meaning of "Social Entrepreneurship*," DUKE: INNOVATION & ENTREPRENEURSHIP(Oct. 31, 1998, revised May 30, 2001), https://entrepreneurship.duke.edu/news-item/the-meaning-of-social-entrepreneurship.

[5] *Id*. 很多作者也将社会企业家精神描述为跨越一系列组织形态而存在的事项。例如，参见 PETER FRUMKIN, ON BEING NONPROFIT 135(2002)。该文提到志愿组织、社会导向型企业、商业性非营利组织以及社区团体都可以作为社会企业家精神的场所。

发现机会并制定解决办案，以确保这一目标群体或整个社会拥有更为美好的未来。[1] 对社会企业家投资的斯科尔基金会（Skoll Foundation）吸收了马丁与奥斯伯格的观点，并且，尤其强调了其“均衡改变”（equilibrium change）的表述——将社会企业家的工作描述为“打破现状”从而“为解决方案的生根、扩展并成为深刻社会变革与更加和平、繁荣世界的基础提供空间”。[2]

除此之外，各类群体与组织还使用了相关术语——社会创新——以及诸如公共企业家与社会企业家等演化表述来描述寻找创造社会价值的新方法的这些创新者。[3] 例如，长期致力于扶持社会企业家精神的“阿育王”（Ashoka）。阿育王创始人比尔·德雷顿（Bill Drayton）在创立该组织时提出了支持社会企业家工作的理念：社会企业家“由旨在帮助解决一些重大全球问题的这一创新理念所驱动”[4]。

此外，随着时间推移，社会创新的倡导者已经推动将该术语之理解由获取收益策略与小规模社会变革，拓展为更加侧重具有重大社会转型潜力的创新。例如，阿育王强调以具有“意义深远的社会变革”[5]这一理念来帮助社会企业家，而作家兼顾问马克·克莱默（Mark Kramer）则将社会企业家这一术语界定为“一个组织的创设者与领导者，该组织不论是否营利，其目的都是通过引入新的理念、方法以及态度改变来创造大规模、持久性与系统化的变革”[6]。

一些组织，例如施瓦布社会企业家精神基金会（Schwab Foundation for Social Entrepreneurship），已经拟定了采取多元化方法的定义，以诠释发掘社会企业家精神之要素的复杂性。该组织的定义规定，旨在实现的社会变革应当是通过新发明或者不同路径来加以大规模实现的，并且，社会或生态价值之创造必须是其主要关注点。此外，该组织对社会企业家做出了一个简明但未必真实的描述：该人“兼具理查德·布兰森（Richard Branson）与特蕾莎修

[1] Roger L. Martin & Sally Osberg, *Social Entrepreneurship: The Case for Definition*, 5 STAN. SOC. INNOVATION REV. 28(Spring 2007).

[2] *Approach*, SKOLL FOUND., http://skoll.org/about/approach/(last visited Sept. 25, 2017).

[3] Dees & Anderson, *supra* note 8, at 44—45.

[4] *Ashoka History*, ASHOKA, www.ashoka.org/en/ashokas－history(last visited Sept. 25, 2017).

[5] *Id.*

[6] MARK R. KRAMER, MEASURING INNOVATION: EVALUATION IN THE FIELD OF SOCIAL ENTREPRENEURSHIP 6(2005), http://community-wealth.org/sites/clone.community-wealth.org/files/downloads/report-kramer.pdf.

女(Mother Teresa)所代表的特征”[1]。

总而言之,由于这些定义存在很大程度上的多样性,并且由于“社会福利”(social good)的固有主观性,我们几乎不可能引用一个达成广泛共识的社会企业含义。例如,观察者指出,由于“社会福利”这一概念是如此广泛,以至于几乎“每一家商事公司与慈善组织都完全可以被定性为社会企业”[2]。这一批评呼应了长期以来的论点,即区分公司的经济与社会目的的这种做法是存在缺陷的,因为公司本身就体现了这两者。[3] 就连马丁教授与奥斯伯格教授等领军人士也承认,“当今社会企业家精神的定义并不明确。因此,[这个词]变得如此包容,以致它现在有了一个巨大的帐篷,足以囊括所有对社会有益的活动”[4]。他们表达了“不加区分地使用[社会企业家精神]这一词汇可能会有损其意义”的关切。[5] 但是,考虑到该领域的相对初始阶段、其日益普及化以及从不同视角进入该领域的参与者人数,缺乏明确性是可以理解的。

这些不同发展的结果是,除了缺乏单一定义与确切意涵之外,社会企业这一术语并不与任何特定组织法律结构联系在一起。社会企业可以是非营利组织,也可以是营利组织。重要的是,这意味着社会企业并不是指组织是否受到非分配约束。换言之,社会企业这一术语并未明确该组织是否被禁止拥有股权所有者,就像非营利组织一样,或者该组织是否拥有可以分配收益的股权所有者。[6] 因此,从整体上看,社会企业并未明确地彰显社会使命的类型,无论旨在实现的社会变革规模大小,也无论创新与否,抑或某人是否享

---

〔1〕 *What Is a Social Entrepreneur*? SCHWAB FOUND. FOR SOC. ENTREPRENEURSHIP, www.schwabfound.org/content/what-social-entrepreneur(last visited Sept. 25,2017).

〔2〕 MARC J. LANE,SOCIAL ENTERPRISE:EMPOWERING MISSION-DRIVEN ENTREPRENEURS 6(2011);例如,参见 Justin Blount& Patricia Nunley,*What Is a "Social" Business and Why Does the Answer Matter*?,8 BROOK. J. CORP. FIN. & COM. l. 278,279(2014)。该文认为,社会企业的定义是“基于组织的社会与经济方面之间的错误二分法”,并且,“在组织层面上并未为区分社会企业与传统商业或非营利实体提供原则性基础”。经济学家米尔顿·弗里德曼(Milton Friedman)几十年前曾有一句名言:“企业有且只有一个社会责任——只要它处于游戏规则中,就需要利用其资源并参与旨在增加其收益的活动。换言之,在没有欺瞒或诈骗的情况下参与公开与自由的竞争。”Milton Friedman,*The Social Responsibility of Business Is to Increase Its Profits*,N. Y. TIMES(Magazine)(Sept. 13,1970),§ 6,at 33.

〔3〕 例如,参见 Blount & Nunley,*supra* note 19,at 295。该文认为,基于社会与经济目的的区别来定义社会企业是有问题的,因为正当的企业“本质上既是社会性的,也是经济性的”。参见 R. Edward Freeman,*The Politics of Stakeholder Theory*:*Some Future Directions*,4 BUS. ETHICS Q. 409,412(1994)。该文批评这种表明其概念可以彼此分开的商业与道德之间的区别。

〔4〕 Martin & Osberg,*supra* note 12.

〔5〕 *Id*.

〔6〕 Robert A. Katz & Antony Page,*The Role of Social Enterprise*,35 vt. l. rev. 59,59－62(2010);参见 McDonnell,*infra* Chapter 4。该文注意到,社会企业这一宽泛术语可以被划入非营利与营利组织的子集。参见 Henry B. Hansmann,*The Role of Nonprofit Enterprise*,89 YALE L.J. 835,838－39(1980)。该文界定并描述了非营利企业的非分配约束。

有分享企业财务收益上的权益。

尽管社会企业这一术语存在模糊性，但是，学术研究以及真实世界中营利与非营利组织通过不同路径使用该术语的这一现象的兴起表明，有一种人们所感知到的需求并未被现有术语或者组织形式予以满足。[1] 关于后者，随着“社会企业”一词的使用，推动制定新法律的力度也在增加。其核心是，法律变革的动力是认为现有组织形式并不充分的这一观念——改革者认为，非营利组织形式受到限制，即无法通过出售企业股权来筹集资本，而传统营利公司形式并不是为了追求收益与社会使命的双重目标而设计出来的。此外，改革者认为，社会企业需要一种新的商业组织形式，以向市场表明其对追求社会使命的坚定承诺，并且，努力将自己与附属性的公司社会责任或公益以及表面上的公共关系处理区别开来。

立法上迅速出现了成功做法。与社会企业运动相关的新组织形式在各州迅速传播。这些组织形式包括从低收益有限责任公司到灵活目的公司的各种类型，其中，福利公司使用最为广泛，因此也构成这里的重点。[2] 很多州已经通过了基于非营利组织“共益实验室”(B Lab)所推动的示范立法的福利公司法，但是彼此之间存在某些不同，诸如特拉华州等州已经采用了自己的版本。福利公司形式的共同特征包括，要求公司章程必须包含明确阐述的公共或社会目的，董事必须考虑股东收益以外的利益相关者利益，并且公司必须报告为促进其目的所做出的努力。[3]

虽然社会企业是一个不与特定法律结构相关联的模糊术语，但是，福利公司形式却提供了一个成文法上的明确结构与法律类型。因此，福利公司法具有将社会企业概念作为一个法律类型来加以传达的潜力，以便人们可以围绕其加以组织。[4] 这反过来又提出了一个问题，即它如何融入各种组织形

---

〔1〕 关于人们对社会企业及其组织形式的需求之探讨，参见 Dana Brakman Reiser, *Theorizing Forms for Social Enterprise*, 62 EMORY L. J. 681(2013); Alicia E. Plerhoples, *Representing Social Enterprise*, 20 CLINICAL L. REV. 215(2013); Keren G. Raz, *Toward an Improved Legal Form for Social Enterprise*, 36 N. Y. U. REV. L. & SOC. CHANGE 283(2012); Thomas Kelley, *Law and Choice of Entity on the Social Enterprise Frontier*, 84 TUL. L. REV. 337, 340—41(2009)。关于对混合企业的失败以及论证“社会企业是恶性竞争的产物”之探讨，参见 Brian Galle, *Social Enterprise: Who Needs It?*, 54 B. C. L. REV. 2025, 2041(2013)。

〔2〕 Kevin V. Tu, *Socially Conscious Corporations and Shareholder Profit*, 84 GEO. WASH. L. REV. 121, 142(2016).

〔3〕 参见 FREDERICK H. ALEXANDER, BENEFIT CORPORATION LAW AND GOVERNANCE(2018); J. Haskell Murray, *Choose Your Own Master: Social Enterprise, Certifications, and Benefit Corporation Statutes*, 2 AM. U. BUS. L. REV. 1(2012)。

〔4〕 Joseph W. Yockey, *Does Social Enterprise Law Matter?*, 66 ALA. L. REV. 767, 770(2015)。该文强调“福利公司形式的这一价值来自其创造一个重要的新制度框架以规制演进中的社会企业空间的能力”。

式的体系，以及它的分类是否反过来会对其他组织产生影响。这些问题一直存在争议，而后者构成了下一节的论述重点。

以“社会性”与“福利”标签予以分类的影响

关于将企业归类为“社会性的”组织，以及改变法律以提供“福利”公司这一新法律实体形式的影响发生于法律与商业领域。鉴于各州为这一新形式而予以立法的做法迅速拓展，学者与从业人员对这些发展尤其是福利公司发展的利弊展开了争论。

对法律的影响

法律文献中的争论主要集中在是否需要福利公司形式，以及传统营利公司形式是否已经允许追求收益以外的目标或者非股东利益相关者的利益。[1] 这些文献在很大程度上重现了关于公司目的的既往争论。

那些将公司法理解为支持股东财富最大化规范的法官与学者倾向于认为福利公司提供了一种合理选择。[2] 例如，特拉华州最高法院首席大法官(Chief Justice)利奥·斯特林(Leo Strine)曾将传统营利公司的目的描述为为股东创造收益。他认识到了福利公司法的潜在价值，即提供一种不同结构，以便商业管理者能够在其中加以运作。[3]

一些评论者最终得出关于福利公司作为一种替代形式的效用的相同或相似结论，但是，并不坚持公司法必须要求股东财富最大化。这些学者中的很多人认为，公司法对公司目的模棱两可，有时反映了对考虑到利益相关者利益的商业决策的尊重，而有时则反映了追求股东收益或利益的义务。诸如道奇诉福特公司(Dodge v. Ford Motor Co.)案、露华浓公司诉麦克安德鲁斯 & 福布斯控股公司(Revlon Inc. v. MacAndrews & Forbes Holdings, Inc.)案以及最近的易趣国内控股公司诉纽马克公司(eBay Domestic Holdings,

---

〔1〕 例如，参见 Tu, *supra* note 25, at 153－65。该文探讨了公司法文献中的福利公司争论。

〔2〕 股东财富最大化规范可以从董事与高级人员在管理公司方面的适当目的或行动，或者从法院与法官关于信义义务的声明中予以表述。在一般意义上，其通常被理解为公司管理者应当为股东利益服务的概念，并将其利益理解为收益或价值创造。Robert B. Thompson, *Anti-Primacy: Sharing Power in American Corporations*, 71 BUS. LAW. 381, 387－88(2016).

〔3〕 Leo E. Strine, Jr., *Making It Easier for Directors to "Do the Right Thing"?*, 4 HARV. BUS. L. REV. 235(2014); Leo E. Strine, Jr., *Our Continuing Struggle with the Idea that For-Profit Corporations Seek Profit*, 47 WAKE FOREST L. REV. 135, 151(2012).

Inc. v. Newmark)案[1]等来自公司法规范的经典判例之所以被援引，是为了表明，在股东是否可能在他们的利益并未被优先考虑时提起诉讼，以及法院如何对待追求双重使命的公司方面，依然存在一定程度的不确定性。根据这一观点，正是关于公司目的与信义义务的法律不确定性，才给创设一种独立组织形式提供了正当根据。[2] 其他人则指出，福利公司法不仅允许，并且要求执行双重使命，而这一强制规定与传统营利公司存在明确的法律区别。[3]

作为对照，批评传统公司法强制股东财富最大化的学者在很大程度上批评了福利公司运动。[4] 他们中有人认为，福利公司仅仅是不必要的法律发展，而有人则称其绝对有害。[5] 具体来讲，学者指出，传统公司可以通过修正从而采用双重使命，这使得另外创设实体形式不再具有必要性。[6] 其他人进一步认为，增加另一种形式可能"并无必要地使得现行法律复杂化"[7]。有些人担心，福利公司法造成了一种有害的二分法，并且，可能无意中导致关于公司法要求以及传统营利公司在公司责任上的应然作为的负面推论。[8]

---

〔1〕 Revlon, Inc. v. MacAndrews & Forbes Holdings, Inc., 506 A. 2d 173(Del. 1986); Dodge v. Ford Motor Co., 170 N. W. 668(Mich. 1919); eBay Domestic Holdings, Inc. v. Newmark, 16 A. 3d 1(Del. Ch. 2010).

〔2〕 Tu, *supra* note 25, at 158. 这并不是说福利公司将完全避免诉讼风险；事实上，它们可能会刺激一系列其他方面的权利主张，这些权利主张涉及公司是否在其承诺的公共利益或社会目标范围之外从事经营活动。Joan MacLeod Heminway, *Corporate Purpose and Litigation Risk in Publicly Held U. S. Benefit Corporations*, 40 SEATTLE U. L. REV. 611, 627—28(2017).

〔3〕 参见 Brett H. McDonnell, *Committing to Doing Good and Doing Well: Fiduciary Duty in Benefit Corporations*, 20 FORDHAM J. CORP. & FIN. L. 19, 29, 32(2014)。该文探讨了可以与必须考虑非股东利益相关者利益之间的区别，以及后一要求如何促进对实现股东财富最大化以外的目标的可信承诺。

〔4〕 Lyman Johnson, *Pluralism in Corporate Form: Corporate Law and Benefit Corps.*, 25 REGENT U. L. REV. 269, 271—72(2012)。该文认为，福利公司法误解了："传统营利公司……在法律上可以自由追求社会性或环境性目标"，并且，除了有限的例外，"并不被要求最大化公司收益与/或股东财富"。但是，其依然对福利公司采取了积极的态度，因为"它们有效地瓦解了当前的商业格局"。

〔5〕 例如，参见 LYNN STOUT, THE SHAREHOLDER VALUE MYTH: HOW PUTTING SHAREHOLDERS FIRST HARMS INVESTORS, CORPORATIONS, AND THE PUBLIC(2012); Mark A. Underberg, *Benefit Corporations vs. "Regular" Corporations: A Harmful Dichotomy*, HARV. L. SCH. FORUM ON CORP. GOV. & FIN. REG. (May 13, 2012), https://corpgov.law.harvard.edu/2012/05/13/benefit-corporations-vs-regular-corporations-a-harmful-dichotomy。

〔6〕 例如，参见 Blount & Nunley, *supra* note 19, at 308。该文认为，社会企业已经在标准公司形式与治理框架内得以运作，这使得一种新的实体形式不具有必要性，并且，已经存在简单的额外步骤，"例如制定明确承认价值创造策略是符合公司最优利益的公司章程或股东协议"。参见 Lisa M. Fairfax, *Achieving the Double Bottom Line: A Framework for Corporations Seeking to Deliver Profits and Public Services*, 9 STAN. J. L. BUS. & FIN. 199(2004)。该文探讨了传统营利公司追求"双重底线"的问题。

〔7〕 Tu, *supra* note 25, at 166.

〔8〕 J. William Callison, *Putting New Sheets on a Procrustean Bed: How Benefit Corporations Address Fiduciary Duties, the Dangers Created, and Suggestions for Change*, 2 AM. U. BUS. L. REV. 85 (2012); Joan MacLeod Heminway, *Shareholder Wealth Maximization as a Function of Statutes, Decisional Law, and Organic Documents*, 74 WASH. & LEE L. REV. 939, 964(2017)。该文探讨了这一关切，并指出，"其唯一的闪光点，尽管可能带来很少益处，就是福利公司法中通常会包含一项条款，以否认福利公司法对福利公司背景之外的营利公司法之有效性或解释具有影响"。

在本质上，无数关于福利公司的必要性与法律影响的文章只是重述了现代的公司目的争论。最近，第二轮撰文已经开始，其中的学者们开始探究涉及福利公司法运作方式与改进路径的更具体的法律问题。

对公司活动的影响

争论不仅集中在福利公司的法律框架上，而且相应地也集中在福利公司的商业理由上。这种论述侧重于市场与公司行为，而不是法律本身。

第一个与商业相关的关键论点是，福利公司立法存在市场根据，因为消费者、雇员与投资者越来越有兴趣支持那些促进社会福利的公司，但是他们很难区分假装这种身份的公司与真正从事这种行为的公司。[1] 重要的是，这一论点将法律根据与商业理由联系在一起：支持者认为，需要一种特殊形式的商业组织来表明对追求公共利益的坚定承诺，同时这种承诺被锁定于公司基因之中并且可以受到问责机制保障。

此外，还存在一个类似关切，即作为传统公司形式而组织起来的社会企业可能会偏离其双重使命，或者面临优先考虑股东与利润的压力。根据这种观点，需要一种专门形式来将双重使命融入该组织，并创设一个向投资者、雇员与消费者表明这一点的“品牌”。约瑟夫·W.约基教授补充说，各州创设的福利公司法也向市场传达了关于公众期望与正当性的重要信息。[2]

为福利公司法提出商业理由的支持者面临一些抵制。例如，凯文·图(Kevin Tu)教授指出，存在着实现差异化与问责制的替代方法，例如使用第三方或者政府标准，以及向投资者或公众提供认证或披露信息。[3] 同样，一些评论者认为，发展针对社会责任与可持续性的措施而非标记特定实体的做法将会更好地为社会提供服务。这些措施将要求更为广泛的公司报告。[4] 除了强调替代办法外，批评者还指出，商业实体形式的扩散可能会产生其他不利后果，例如，增加实体选择与公司决策的无效率情况。[5]

第二个争议领域涉及福利公司法是否会对其他公司活动产生积极或者

---

〔1〕 例如，参见 Bart Houlahan，Andrew Kassoy，& Jay Coen Gilbert，*Berle VIII：Benefit Corporations and the Firm Commitment Universe*，40 SEATTLE U. L. REV. 299，300(2017)。该文提道：“我们之所以促进这项立法，因为[我们]希望所有的利益相关者能够区分好的公司与好的营销。”

〔2〕 Yockey，*supra* note 27，at 802.

〔3〕 *Tu*，*supra note* 25，at 160—65. 关于公司社会透明度的一般论点，参见 Cynthia A. Williams，*The Securities and Exchange Commission and Corporate Social Transparency*，112 HARV. L. REV. 1197(1999)。

〔4〕 Blount & Nunley，*supra* note 19，at 311.

〔5〕 *Tu*，*supra note* 25，at 160—65.

消极影响。简言之,学者与评论者在该分类是否会产生如下意想不到的后果方面存在分歧:传统公司管理者认为他们必须把利润与股东利益放在第一位。这一论点的逻辑取决于一种新分类的创设——公司管理者可能会将这一单独的分类解释为,福利公司应当关注社会价值而传统公司则并非如此。[1] 分类是"我们精神生活的工具"。分类帮助我们了解世界,并针对世界而相互交流。[2] 将社会企业归入自己的单独分类,最终可能会破坏或者扼杀传统公司参与公司社会责任与可持续性倡议以及投资者参与社会影响力投资的努力。批评者认为,如果社会企业被边缘化并被限定于某些特殊实体形式,则它将降低社会企业家价值观传播以及产生更为优化的社会成果的潜力。[3]

福利公司支持者则很自然地推测到,随着消费者与市场预期的变化,这一新形式实际上会产生相反效果,即让各种营利公司更加具有"社会责任性"。事实上,共益实验室这一组织一直是游说福利公司立法拓展的主要推手之一,并且其创始人表达了他们的更大目标,即"围绕商业文化而进行根本变革"[4]。一些学者也同样观察到福利公司在促进全部公司向善中的潜力。[5]

最终,随着福利公司崛起而受到争论的很多问题在性质上都是经验主义的,并且,现在往往不可能知晓其答案,抑或为时过早。这些都是需要尽可能跟踪的重要问题,并且构成下一部分所探讨的更为广泛的潜在影响。

社会分类的风险与限度、伦理消费主义与政治市场

上述探讨旨在努力将关于社会企业运动与福利公司的法律与商业争论要点汇集在一起。这一部分将从现有争论中退出,并转而追问是否忽视了其

---

[1] 例如,参见 Tu,*supra note*:166。该文认为,福利公司的兴起可能"强化利润最大化规范,并会增加对公司法下董事义务的误解",并且"可能会产生意想不到的后果,即扼杀(其他)……采取可持续商业实践与带来社会利益的营利性商业实体所做出的努力"。

[2] AMSTERDAM & BRUNER,*supra* note 1,at 19,29。该文提道:"无论我们何时会对某个事项分类,我们对类别的选择都意味着(通常是无意的)某种设想,即某一事项在何处以及如何融入该世界的一个更为广阔的视阈。"

[3] Blount & Nunley,*supra* note 19,at 313.

[4] Larry Hamermesh,Bart Houlahan,Rick Alexander,& Dan Osusky,*A Conversation with B Lab*,40 SEATTLE U. L. REV. 321,363(2017)。该文提到了共益实验室联合创始人巴特·胡拉汉(Bart Houlahan)。参见 ALEXANDER,*supra* note 26,at 161。该文提道:"对于很多公司而言,采用福利公司这一形式实际上是实施其商业计划的一种方式……随着这些公司将责任治理引入市场,更多的雇员与消费者将会寻找其基因中具备利益相关者价值的企业,并且投资者可以促进这一压力。最终将会出现一个临界点,并且其范式将会发生转变。"

[5] 例如,参见 Yockey,*supra* note 27,at 802。该文注意到,福利公司似乎有理由"在全部公司中改变关于平衡社会与经济关切的这一重要性的社会态度"。

他潜在的影响。这一新型公司的创立与兴起如何适应市场与法律发展趋势的更大图景？我们从这些观察中可以学到什么？

本章提出的观点是，福利公司可能有助于另外两个发展趋势——明确的政治市场与拓展的公司权利范围。这些趋势可能具有相关性，并且每一个都值得探究。

政治市场

公司与它们所处的市场具有长期涉及政治领域的悠久历史。[1] 因此，在缺乏深入和详细的历史调查与比较的情况下，就趋势方向——例如市场日益政治化——发表意见是不明智的。例如，消费者抵制与公司政治活动就有着悠久历史。[2]

尽管如此，我们至少可以观察到，最近出现了一些公司参与政治活动以及消费者接受他们钱包中的政治权力的突出例子。这种公司显然是一个政治竞争与活动的场所。[3] 很多观察者已经开始评论与研究政治化公司的各个方面：从“伦理消费主义”的兴起到代表公司行事的公司高级人员对当前问题采取高调姿态。

我们不妨考虑几个例子。在2016年，南方几个州通过了宗教自由法，其允许基于性取向而歧视的做法引起了争议。[4] 为了迫使各州撤销这些法律，并且防止出现被认为是反性少数群体（LGBT）的类似法律，80多家公司的执行官公开表达了反对意见，并以各种方式展示了他们公司的力量，例如取消在这些州的项目以及创造就业机会的计划。[5] 例如，德意志银行取消了在北卡罗来纳州创造新工作的计划。迪士尼威胁说，如果州长签署了反性少数群体法案，则将停止在佐治亚州拍摄电影。花旗集团与富国银行（Wells

〔1〕 关于美国历史的文献，参见 CORPORATIONS AND AMERICAN DEMOCRACY（Naomi R. Lamoreaux & William J. Novak eds.，2017）。

〔2〕 例如，参见 LEE DRUTMAN，THE BUSINESS OF AMERICA IS LOBBYING：HOW CORPORATIONS BECAME POLITICIZED AND POLITICS BECAME MORE CORPORATE（2015）（该文探讨了公司游说的历史）；GARY MINDA，BOYCOTT IN AMERICA：HOW IMAGINATION AND IDEOLOGY SHAPE THE LEGAL MIND（1999）（该文探讨了抵制的历史）；Theresa J. Lee，*Democratizing the Economic Sphere：A Case for the Political Boycott*，115 W. VA. L. REV. 531（2012）（其将政治抵制定义为“消费者拒绝购买产品或惠顾企业，从而实现政治或社会变革”，并且，将这种抵制置于第一修正案的价值观中）。

〔3〕 参见 Susan S. Kuo & Benjamin Means，*The Political Economy of Corporate Exit*，71 VAND. L. REV. 1293，1316（2018）。该文认为，“公司可以代表权力相对较少的利益相关者行事，从而成为消费者、雇员或者其他利益相关者影响政治的渠道”。

〔4〕 James Surowiecki，*Unlikely Alliances*，NEW YORKER（Apr. 25，2016），www.newyorker.com/magazine/2016/04/25/the-corporate-fight-for-social-justice.

〔5〕 参见 Kuo & Means，*supra* note 51。该文显示了公司如何利用其经济杠杆来实现政治目标。

Fargo)敦促南达科他州州长否决一项要求人们根据其生物学上的性别而使用公共浴室的法律。前一年,印第安纳州与阿肯色州受到来自公司领域的反击之后,修正了宗教自由法案。这些反击包括来自大型公司的谴责,例如通用电气、苹果与总部设在阿肯色州的大型公司沃尔玛。[1]

正如一名记者所指出的,公司对社会正义运动的支持并不是前所未有的,因为南方的一些地方公司为了回应20世纪中叶民权时代的抗议而取消了种族隔离。但是,值得注意的是,"如今的战斗是由全国性的公司所驱动的,并且它们处于先锋地位:没有联邦法律保护性少数群体免于歧视,但是,四分之三的财富500强公司具有禁止歧视这类群体的政策"[2]。

类似地,在2017年,当唐纳德·特朗普总统决定是否要让美国退出一项旨在解决气候变化问题的重要国际协定时,30名首席执行官签署了一封公开信,并在《华尔街日报》上刊登了一整页的广告,敦促其继续履行对该协定的承诺。[3] 管理着19万亿美元资产的360多家机构投资者签署了另一封信,以敦促政府继续履行对该气候协定的承诺。[4] 当美国总统决定退出该协定时,一个由市长、州长、大学校长以及100多家企业组成的群体,包括苹果、埃克森美孚与福特汽车公司在内的一些美国大型公司,就其独立提交的气候协定而与联合国协商。[5] 特斯拉与迪士尼的首席执行官都离开了总统的咨询委员会,以回应他退出气候协定的决定。[6]

在某些情况下,公司只有在发现其产品在全国性政治对话中被提及后才会介入政治争论。例如,在2016年总统选举的竞选季,两家不同的糖果制造商发现自己受到了关注,并以略带政治色彩的声明予以回应。在一盘关于唐纳德·特朗普的录像带浮出水面,其中对女性发表了极具争议的言论,并提

---

〔1〕 Monica Davey et al., *Indiana and Arkansas Revise Rights Bills, Seeking to Remove Divisive Parts*, N. Y. TIMES(Apr. 2,2015), www. nytimes. com/2015/04/03/us/indiana-arkansas-religious-freedom-bill. html; Demetri Sevastopulo, *US Corporate Backlash Hits Religious Freedom Bills*, FIN. TIMES (Apr. 1,2015), www. ft. com/content/50306edc-d88e-11e4-ba53-00144feab7de? mhq5j=e1.

〔2〕 Surowiecki, *supra* note 52.

〔3〕 Andrew Winston, *U. S. Business Leaders Want to Stay in the Paris Climate Accord*, HARV. BUS. REV. (May 31,2017), https://hbr. org/2017/05/u-s-business-leaders-want-to-stay-in-the-paris-climate-accord.

〔4〕 *Nearly 400 Global Investors Urge G20 to Stand by Paris Agreement and Drive Its Swift Implementation*, ceres(July 3,2017), www. ceres. org/news-center/press-releases/over-200-global-investors-urge-g7-stand-paris-agreement-and-drive-its.

〔5〕 Hiroko Tabuchi & Henry Fountain, *Bucking Trump, These Cities, States, and Companies Commit to Paris Accord*, N. Y. TIMES(June 1,2017), www. nytimes. com/2017/06/01/climate/american-cities-climate-standards. html.

〔6〕 Daniel Victor, "*Climate Change Is Real*": *Many U. S. Companies Lament Paris Accord Exit*, N. Y. TIMES(June 1,2017), www. nytimes. com/2017/06/01/business/climate-change-tesla-corporations-paris-accord. html.

到了一种呼吸薄荷品牌"Tic Tac"之后,其糖果制造商在推特上回应说:"Tic Tac 尊重所有的女性。我们发现这些最近的言论与行为完全是不恰当与不可接受的。"[1]此事发生之前不到一个月的另外一起事件是:特朗普的儿子在推特上发布了一则信息,其中将叙利亚难民危机比作一碗 Skittles 糖果,其中的"三块糖果就足以致命"[2]。里格利(Wrigley)作为 Skittles 的制造商,用自己的声明回答说:"Skittles 是糖果。而难民是人。我们不觉得这是一个合适的类比。我们将恭敬地不做出进一步评论,因为我们所说的任何话都可能被误解为是营销。"[3]

不仅公司与执行官将商业与政治结合起来,而且消费者也往往将政治与社会关切问题纳入市场。正如莎拉·哈恩(Sarah Haan)教授所指出的,"选民越来越多地把他们的消费活动,而不是竞选捐款看作参与政治的最有意义的方式"。[4] 从老式抵制到现代"伦理消费主义"[5],很多公司发现自己成为消费者施加经济力量的对象。互联网时代已经消解了协调努力,并且新消费者行动主义业已出现。例如,睡眠巨人(Sleeping Giants),这个"试图通过停止其广告资助阻止种族主义者以及性别歧视的媒体"[6]的推特组织;鼓励购物者抵制特朗普的产业以及那些出售含有特朗普相关商标的货物之零售商的#GrabYourWallet。[7] 社交媒体定期针对新闻事件而展开宣传活动,例如,#BoycottStarbucks,后者是特朗普支持者对星巴克首席执行官承诺在其

---

[1] Katie Reilly, *Tic Tac Wants Nothing to Do with Donald Trump's Lewd Comments About Women*, FORTUNE(Oct. 8,2016), http://fortune.com/2016/10/08/tic-tac-donald-trump-inappropriate/ (quoting Tic Tac USA(@TicTacUSA), twitter(Oct. 8,2016,12:03 PM), https://twitter.com/tictacusa/status/784831611531436032).

[2] Christine Hauser, *Donald Trump Jr. Compares Syrian Refugees to Skittles That "Would Kill You,"* N. Y. TIMES(Sept. 20, 2016), www.nytimes.com/2016/09/21/us/politics/donald-trump-jr-faces-backlash-after-comparing-syrianrefugees-to-skittles-that-can-kill.html, TWITTER (Sept. 19, 2016, 4:41 PM), https://twitter.com/DonaldJTrumpJr/status/778016283342307328).

[3] *Id.*

[4] Sarah C. Haan, *The CEO and the Hydraulics of Campaign Finance Deregulation*, 109 NW. U. L. REV. 269(2015); LAWRENCE B. GLICKMAN, BUYING POWER: A HISTORY OF CONSUMER ACTIVISM IN AMERICA 203(2009)。该文提道:"在一系列问题上重新流行的抵制……证明,美国人使用自己的钱包实现其社会与政治目标。"

[5] 例如,参见 Carissa J. Morgan et al., *Exploring Relationships Between Ethical Consumption, Lifestyle Choices, and Social Responsibility*, 6 ADVANCES IN APPLIED SOC. 199(2016)。该文表明,"很多美国消费者在当前的购买行为中考虑了广泛的伦理关切,并且他们行为背后的价值观可能确实会影响消费者对公司及其社会责任倡议的认知与支持"。

[6] Sleeping Giants(@Slpng_giants), TWITTER(Dec. 15,2016), https://twitter.com/slpng_giants? ref_src=twsrc%5Egoogle%7Ctwcamp%5Eserp%7Ctwgr%5Eauthor.

[7] Sarah Halzack, *The Woman Behind the Boycott That Is Pressuring Retailers to Dump the Trumps*, WASH. POST(Feb. 13,2017), www.washingtonpost.com/news/business/wp/2017/02/13/the-woman-behind-the-boycott-that-is-pressuring-retailers-to-dump-the-trumps/? utm_term=.68699b5fef45.

世界各地的商店雇佣 10 000 名难民的回应。[1]

一些公司几乎不可能避免被认为采取了政治立场。例如，在 2016 年选举之后，诺德斯特罗姆（Nordstrom）就是否放弃伊万卡・特朗普的服装线做出了一个受到世人密切关注的决定。无论该公司决定采取何种方式继续下去，都会引起消费者的强烈抵制。当 # GrabYourWallet 在另一家零售商 L. L. Bean 创始人之孙女与继承人为唐纳德・特朗普的政治行动委员会提供资金之后，消费者发起了针对该零售商的抵制行动，此时该零售商才发现自己处于政治漩涡之中。[2] 其后，L. L. Bean 在脸谱上发表了一份声明，恳求消费者不要抵制该公司，因为它“对将 L. L. Bean 描述为任何政治议程支持者的做法深感不安”，并指出，“我们不参与政治”。[3] 该公司解释说，其“所有者、雇员与消费者持有并接受独特与多样化的观点与目标”，而孙女只是“50 个家族成员所有者”之一，并且“并未单独代表其公司发声”。[4]

即使在内部层面，公司也越来越多地处理股东与利益相关者的政治与社会利益。最大数量的股东提案如今都会涉及社会政策事项。[5] 例如，一些最常见的股东决议涉及政治支出、气候变化、多样性与人权。[6] 当然，其中很多事项既在财务上非常重要，同时也受到了社会或环境目的的激励；这些问题不容易截然分开。公司社会责任以及社会责任投资运动也已经成熟，并

---

〔1〕 John Kell, *Starbucks Faces Boycott After Pledging to Hire Refugees*, FORTUNE (Jan. 30, 2017), http://fortune.com/2017/01/30/starbucks-boycott-refugee-hiring. 关于对西方国家消费者的伦理责任以及伦理消费主义局限性的探讨，参见 Waheed Hussain, *Is Ethical Consumerism an Impermissible Form of Vigilantism?*, 40 PHIL. & PUB. AFFAIRS 111(2012)。

〔2〕 Megan Woolhouse, *L. L. Bean Pleads: Don't Boycott Us over Trump Donation*, BOSTON GLOBE (Jan. 9, 2017), www.bostonglobe.com/business/2017/01/09/llbean/jU1bOW73QqRhmYAN5pSj4N/story.html.

〔3〕 L. L. Bean, FACEBOOK (Jan. 8, 2017), www.facebook.com/llbean/posts/10154557395087415.

〔4〕 *Id*.

〔5〕 James R. Copland & Margaret M. O'Keefe, *Proxy Season Preview: Shareholder Activism en MARCHE*, PROXY MONITOR (Spring 2017), www.proxymonitor.org/Forms/pmr_14.aspx. 其注意到，2016 年财富 250 强公司 51% 的股东提议涉及社会政策事项。George Serafeim, *The Fastest-Growing Cause for Shareholders Is Sustainability*, HARV. BUS. REV. (July 12, 2016), https://hbr.org/2016/07/the-fastest-growing-cause-for-shareholders-is-sustainability. 其注意到，“最多的股东决议……如今涉及社会与环境事项”。

〔6〕 Copland & O'Keefe, *supra* note 71.

且明确地为公司注入了社会与政治价值。[1]

福利公司适合这种明显的政治公司与市场的趋势。福利公司鼓励消费者、雇员与投资者根据社会价值观来看待公司及其支持公司的决定。事实上，商业的这一社会面向正是福利公司予以澄清与捍卫的领域。它们构成"社会企业"运动的一部分，并且，即使其定义并不确定，它也至少让人们注意这些公司给世界所带来的除了金融财富之外的影响力。福利公司也必须根据自身形式而在其章程中规定公共利益，以表明该公司除了追求利润外还具有一项特定使命。这是改革者在创设福利公司法中所旨在实现的"品牌"的一部分。

我们有理由对"商业成为向善力量"[2]的潜力表现出极大的热情，其方法是让股东与利益相关者支持他们认为将世界推向更好方向的公司，或者拒绝支持他们认为存在相反方向的公司。但是，在将福利公司视为走向更为透明的政治公司与市场这一更广泛趋势的一部分时，我们也开始注意到其潜在的风险与局限。

也许最为重要的是，市场上的社会协调并不完美。虽然福利公司支持者改变了法律，从而创造了这一新型实体，但是，其成功最终有赖于私人秩序(private ordering)。[3] 这可能确实是正确的做法。但是，我们需要意识到这个系统的参与者——投资者、雇员与消费者——往往只具有不完善或不完整的信息以及有限的选项。[4]

---

[1] 参见 CIARA TORRES-SPELLISCY, CORPORATE CITIZEN? AN ARGUMENT FOR THE SEPARATION OF CORPORATION AND STATE 223(2016)。其注意到，财富500强的大多数企业都发布了企业社会责任或者可持续性报告。Virginia Harper Ho, "*Enlightened Shareholder Value*": *Corporate Governance Beyond the Shareholder - Stakeholder Divide*, 36 J. CORP. L. 59, 88(2010). 该文提道："对新出现的开明股东价值概念的支持因其与社会责任投资运动大部分内容天然重叠而得到了进一步拓展。该运动目前占美国所有专业管理投资的12%以上，或者管理3.07万亿美元的资产。"Michael R. Siebecker, *A New Discourse Theory of the Firm after Citizens United*, 79 GEO. WASH. L. REV. 161, 173 (2010). 该文提道："IBM2008年对国际商界领袖进行的一项调查显示，68%的受访者关注那些创造新利润的企业社会责任活动，而54%的人认为，当前的企业社会责任活动使得开展该运动的公司比竞争对手更具优势。"

[2] 共益实验室象征着"商业作为向善力量"之商标。*About B Lab*, B Lab, www.bcorporation.net/what-are-b-corps/about-b-lab(last visited Sept. 26, 2017).

[3] Marc T. Moore, *A Necessary Social Evil*: *The Indispensability of the Shareholder Value Corporation*, 40 SEATTLE U. L. REV. 427(2017)。该文注意到，包括福利公司在内的后股东价值治理模式是"准合同性"以及"本质上自愿性的"。

[4] 参见 Leo E. Strine, Jr., *A Job Is Not a Hobby*: *The Judicial Revival of Corporate Paternalism and Its Problematic Implications*, 41 J. CORP. L. 71, 102, 105(2015)。该文解释说，"霍比·罗比(Hobby Lobby)案为雇主提供了宽泛的根据，以反对参加旨在为雇员提供基本生活水平保障的世俗计划"，而这尤其令人担忧，因为"雇员不能轻易离开他们的岗位，尤其是那些被假定很容易找到工作的霍比·罗比高薪雇员"。

在认证与披露方面的各种努力有助于实现信息供给[1],但不能为人们提供完美的自我分类手段,从而只支持那些完全符合他们涉及一系列价值观的个人信念的公司。将一些公司贴上"社会"或"公共利益"的标签可能暗示,可以在不同的理想中加以协调。但值得注意的是,这些公司以及那些不符合这些标签的公司实际上代表了广泛的社会、政治与宗教价值观。对于在市场上购物的消费者、选择工作的劳动者抑或选择投资的投资者而言,做出一项关于公司完全符合他们个人价值观的决定,是一个极为复杂抑或难以完成的任务。我们究竟如何确定公司的身份?公司是否代表其首席执行官的观点?抑或其股东之一的观点?

公司权利的扩张

这自然又引导我们转而探索福利公司在其中可能会发挥作用的第二个发展趋势——公司权利的范围拓展。正如我开始在其他地方的研究所示,除了影响市场之外,福利公司的发展可能会影响公司权利法理的未来道路。[2]这可能会影响政府更为广泛地监管商业的能力。

在美国历史上的大部分时间里,法律对商业与公司言论进行了普遍管制。[3] 但是,自 20 世纪 70 年代以来,公司越来越成功地要求根据第一修正案而获得保护。[4] 从商业言论权到保护公司政治支出,几项具有里程碑意义的最高法院判决为"公司接管第一修正案"铺平了道路。[5] 正如约翰·科茨(John Coates)教授所阐述的,"公司日渐替代个体而成为第一修正案权利

---

[1] 例如,参见 Michael B. Dorff, *Assessing the Assessment: B Lab's Effort to Measure Companies' Benevolence*, 40 SEATTLE U. L. REV. 515(2017)。该文探讨了共益实验室的认证标准。

[2] Elizabeth Pollman, *Corporate Governance Beyond Economics*, *in* THE CORPORATE CONTRACT IN CHANGING TIMES: IS THE LAW KEEPING UP? (Steven Davidoff Solomon & Randall Thomas eds., forthcoming 2018).

[3] John C. Coates IV, *Corporate Speech & the First Amendment: History, Data, and Implications*, 30 CONST. COMMENT. 223, 234(2015).

[4] *Id.*; Margaret M. Blair & Elizabeth Pollman, *The Derivative Nature of Corporate Constitutional Rights*, 56 WM. & MARY L. REV. 1673(2015); Elizabeth Pollman, *Reconceiving Corporate Personhood*, 2011 UTAH L. REV. 1629.

[5] Coates, *supra* note 79, at 275;参见 Frederick Schauer, *First Amendment Opportunism*, *in* ETERNALLY VIGILANT: FREE SPEECH IN THE MODERN ERA 174-97(Lee C. Bollinger & Geoffrey R. Stone eds., 2002)。该文认为,具有广泛政治目标的人与组织利用第一修正案而试图实现的目标主要并不涉及与攻击经济管制等相关的言论。Amanda Shanor, *The New Lochner*, WIS. L. REV. 133, 133(2016). 该文认为:"商业利益越来越多地要求,并且往往成功地要求得到第一修正案保护。"Tim Wu, *The Right to Evade Regulation: How Corporations Hijacked the First Amendment*, NEW REPUBLIC (June 2, 2013), https://newrepublic.com/article/113294/how-corporations-hijacked-first-amendment-evade-regulation。该文指出:"因为公司对自由言论的接管模糊了典型的非左即右的分类方式,所以其基本上不受政治关注。"

的直接受益者”，并且“以越来越快的速度”如此行事。[1] 某些营利性商事公司最近也根据《宗教自由恢复法案》(Religious Freedom Restoration Act，RFRA)而对宗教自由保护提出了要求。[2]

这种公司权利法理的模式是，非营利组织首先被承认具有某些权利，然后由商事公司获得相同或者更大范围的权利。例如，承认媒体公司与NAACP等非营利组织之第一修正案权利的案件被用作波士顿第一国民银行诉贝洛蒂(First National Bank of Boston v. Bellotti)案和联合公民诉联邦选举委员会(Citizens United v. FEC)案等后来案件的先例。后者承认全部公司的政治支出权利。[3]

公司继续为扩展权利而斗争，并且一些争议即将浮出水面。福利公司可能会为推动第一修正案对公司给予更大保护之论点提供素材。特别是，通过作为一种“混合”形式的存在，福利公司可能会削弱非营利与营利公司之间在宗教与表达权利方面的界限。[4] 这种迹象已经开始出现。在霍比·罗比案中，即使该案并不涉及福利公司，最高法院也在否定为《宗教自由恢复法案》目的而划定营利界限的这一推理中提到了此类公司。[5] 法院解释说，无论是公司形式还是营利目标，都不能阻止公司成为一个能够“践行宗教”的“人”。[6] 虽然商事公司确实存在营利动机，但是，法院推断，其并不排斥所有其他价值观，以致公司无法践行宗教义务。福利公司法“事实上承认了创设营利公司与追求非营利目标之间的内在兼容性”[7]。

如果福利公司选择践行社会、宗教或政治使命，并且鼓励志同道合者对其投资、从这些公司购物或者为这些公司工作，则这种社会企业形式可能会强化商事公司作为宪法学视角下的表达性集体或结社之观念。但是，这些观念具有潜在危险性，因为虽然公司的格局确实在变化，但是，人们通过公司互动来表达自身价值观的能力与愿望会受到重大限制。在这些福利公司的早期阶段，重大的问题依然是，其发展轨迹，以及该场景下的私人秩序在伴有商

---

[1] Coates, *supra* note 79, at 223－24.

[2] Burwell v. Hobby Lobby Stores, Inc., 134 S. Ct. 2751(2014).

[3] First National Bank of Boston v. Bellotti, 435 U. S. 765, 780(1978); Citizens United v. FEC, 558 U. S. 310, 342－43(2010).

[4] 关于在结社自由中应当划清其界限的论点，参见 James Nelson, *The Freedom of Business Association*, 115 COLUM. L. REV. 461(2015)。

[5] *Hobby Lobby*, 134 S. Ct. at 2771.

[6] *Id*. at 2769－72.

[7] *Id*. at 2771.

业实体分类中的新选项情况下,是否会产生更好的社会成果。

结语

福利公司正处于起步阶段。自第一个州开展福利公司立法从而在法律中创设一个新实体以来,尚不到十年。本章探讨了作为福利公司形式之起源的社会企业运动,以及这种新型公司对法律与商业所产生的影响而形成的争论。

在很多方面,目前尚无法知晓福利公司的影响:这种商业实体形式是否会得到广泛利用;以及如果得到广泛利用,其是否会成为一个向善力量;或者其是否将带来难以预料的后果。但是,对其发展所处的更大场景予以考虑正当其时:创造可以影响整个理解系统的类型。就福利公司而言,其影响可能会拓展至增加市场政治化程度,并且为支持扩展商事公司权利的观点再添助力。探讨福利公司对这些倾向的贡献显示,必须认识到通过公司来进行社会协调的局限性与复杂性。

第二章　社会企业的自我监管

布莱恩·加勒

引　言

当代美国对待社会企业的路径有赖于学术文献中所描述的"自我监管"或"自愿监管"。[1] 大多数福利公司法，即最流行的社会企业立法形式，规定社会企业必须根据第三方标准来对其公共利益进行自我评估。[2] 除了特拉华州，这些自我评估必须可供公众利用。特拉华州与其他一些州还允许公司进一步承诺从第三方审计者那里获得定期认证，以证明社会企业正在履行其对公共利益的承诺。[3] 而传统慈善组织受到各州与联邦法律一整套规则的约束，由税务官员、州首席检察官以及在某些情况下的私人诉讼当事人联合审计与执行。

事实上，社会企业用一整套私人合同取代了慈善组织的政府监管网络。这对非营利部门的学者而言是个难题。可追溯到亨利·汉斯曼（Henry Hansmann）的既有常识是，组织之所以采用非营利形式，正是因为大多数慈善产品生产的交易成本过高。捐赠者不会为一家公司付出时间或金钱，也不会为其产品支付额外费用，除非这些捐赠者相信该公司会信守承诺，将一些社会福利优先于自身收益。非营利资格确实也有付出巨大的成本，这些成本当然

〔1〕 关于该概述，参见 Mary Kay Gugerty & Aseem Prakash, *Voluntary Regulation of NGOs and Nonprofits: An Introduction to the Club Framework*, in VOLUNTARY REGULATION OF NGOS AND NONPROFITS: AN ACCOUNTABILITY CLUB FRAMEWORK 3(Mary Kay Gugerty & Aseem Prakash eds., 2010); Neil Gunningham & Joseph Rees, *Industry Self-Regulation: An Institutional Perspective*, 19L. & POL'Y 363(1997)。

〔2〕 J. Haskell Murray, *An Early Report on Benefit Reports*, 118 W. VA. L. REV. 25, 27－32(2015); Alicia E. Plerhoples, *Delaware Public Benefit Corporations 90 Days Out: Who's Opting In?*, 14 U.C. DAVIS BUS. L.J. 247, 254(2014).

〔3〕 DEL. CODE. ANN. tit. 8, § 366(b)(2015); MODEL BENEFIT CORP. LEGIS. § 401, 402(2014), http://benefitcorp.net/sites/default/files/documents/Model_Benefit_Corp_Legislation.pdf.

包括非营利公司创始人无法提取收益或者向他人提供股权利益。

社会企业支持者认为，第三方标准的制定可能足以赋予社会企业那些使得合同成为可能所需的透明度。[1] 虽然其他学者对单独披露之功用表示怀疑，但是，他们确实注意到企业的第三方认证有可能会使得该制度更具活力。[2] 这些自我监管机制是否确实使得非营利地位对于一些企业而言构成不必要的成本？

本章将根据自我监管理论以及诸如审计者与其他“看门人”的法律经济学等相关领域，探讨社会企业试验的可行性。来自大型商事公司与专业认证协会等其他部门的经验同时提供了经验与理论上的卓见，从而说明通过自愿监管制度可以实现目标。其教训是，虽然自愿监管能够遏制一些最坏的集体行动困境，但是，它通常也受到非常严格的限制。如果自我监管制度能够“有效”地向一些小额与单纯捐赠者做出保证，则这些制度就会引发关于消费者保护的关切。

自我监管所面临的一些最重要的约束来源于“受监管”的企业选择监督者的能力。因此，本章建议修正各州社会企业法，通过将企业随机分配到各州批准的审计企业名单上，来限制社会企业资格。我探讨并否定了那些针对上市公司审计者的先前类似建议的批评。最后，我注意到，为了具有可行性，拟议的改革需要大量的政府时间与其他资源才能运作。但是，到目前为止，政府并未对社会企业提供这种程度的承诺。并且依然不确定的是，任何这种资源承诺是否会带来巨大的投资回报。

解决可信度问题：合同抑或自我承诺？

第三方认证是解决社会企业所面临的基础性信誉问题的一种尝试。有些企业生产的产品质量问题很容易被消费者发现。但是，很多其他产品却并

---

[1] William H. Clark Jr. , *The New Pennsylvania Benefit Corporation Law*, 84 PA. B. ASS'N Q. 65, 69(2013). William H. Clark Jr. &Elizabeth K. Babson, *How Benefit Corporations Are Redefining the Purpose of Business Corporations*, 38 WM. MITCHELL L. REV. 817, 845(2012). Dana Brakman Reiser, *Theorizing Forms for Social Enterprise*, 62 EMORY L. J. 681, 690—91(2013). 该文将第三方标准描述为“社会福利公司概念的核心”。Brett H. McDonnell, *Committing to Doing Good and Doing Well: Fiduciary Duty in Benefit Corporations*, 20 FORDHAM J. CORP. & FIN. L. 19, 33(2014)。该文提出了这一可能性。

[2] Brakman Reiser, *supra* note 4, at 724—32; Murray, *supra* note 3, at 46, 49—50; 参见 Clark & Babson, *supra* note 5, at 847。该文认为，即使认证并非法定要求，“竞争”也将会导致企业采用认证。

非如此，正如亨利·汉斯曼所发展的著名分类法中所举出的例子那样。[1]有几个因素会使得质量难以核实。在简单案例中，付款人与受益者之间存在时间或者距离分隔，就像捐赠者向援助组织提供资金以便后者在非洲交付蚊帐一样。[2]在另一些案例中，产品质量很难测量甚至很难明确，例如艺术或教育，这使得消费者很难知晓自己的支付是否对产品质量做出了边际贡献。[3]

当产品质量以这种方式而被掩盖时，交易成本与不对称信息可能会使得企业家难以将其产品推向市场。[4]基于人性，不可验证的质量开启了一种可能性，即企业在收到消费者款项后，会投机取巧式地逃避努力或质量的其他方面。当他们无法确信能够收到物有所值的商品时，理性消费者不会支付大量款项。与其他信息不对称背景一样，可验证性困境可能会产生"柠檬市场"[5]问题。换言之，一旦大多数消费者不会为优质产品而付款，则那些依然留在市场上的商家就会发出一个隐含的信号，表明它们提供的产品质量低于优质水平。这一信号进一步降低了消费者将支付的价格，也进一步降低了质量。

合同法与其他不太正式的安排包含着针对这种困境的标准解决方案。[6]当付款与履约不同步时，后履行者（the second-moving party）有机会拖延与自我交易。但是，违约责任或者一些类似非正式制裁的威胁限制了这些行为，并且因此为双方投资于其互益的交易创造了激励条件。

当特别难以通过事先起草一份可强制执行的合同来限制企业家投机取巧的可能性时，企业会以非营利组织形式加以组建。对于一些产品而言，起草一种可以由法院强制执行的规定该企业产出质量的合同将被证明是极其

---

〔1〕 Henry B. Hansmann, *The Role of Nonprofit Enterprise*, 89 YALE L. J. 835, 838(1980).

〔2〕 *Id.* at 846－48, 850－51.

〔3〕 *Id.*

〔4〕 George G. Triantis, *Organizations as Internal Capital Markets: The Legal Boundaries of Firms, Collateral, and Trusts in Commercial and Charitable Enterprises*, 117 HARV. L. REV. 1102, 1147(2004); Edward L. Glaeser & Andrei Shleifer, *Not-for-Profit Entrepreneurs*, 81 J. PUB. ECON. 99, 100－01(2001); David Easley & Maureen O'Hara, *The Economic Role of the Nonprofit Firm*, 14 BELL J. ECON. 531, 536(Autumn 1983); Hansmann, *supra note* 7, at 843－45.

〔5〕 柠檬在美国俚语中存在"次品"之意。——译者注

〔6〕 参见 Michael C. Jensen & William H. Meckling, *Theory of the Firm: Managerial Behavior, Agency Costs and Ownership Structure*, 3 J. FIN. ECON. 305(1976); John Tyler, *Negating the Legal Problem of Having "Two Masters": A Framework for L3C Fiduciary Duties and Accountability*, 35 VT. L. REV. 117, 149－50(2010)。该文描述了传统合同解释原则保护社会企业捐赠者的方式。

困难的。[1] 汉斯曼的论点后来在爱德华·格莱瑟(Edward Glaeser)与安德烈·施莱弗(Andrei Shleifer)的模型中得到了正式支持,即非营利形式是这些合同失灵问题的部分解决方案。[2] 通过承诺限制自己的支出,企业家减少了其后针对挪用款项的自我激励。

诚然,非营利形式是代价高昂的。个人不能靠声望吃饭:企业家精神的满足感与其他益处较现金补偿而言更为缺乏流动性。退出一家非营利企业对企业家而言也很困难。企业份额不能被出售,所以离开该企业的创始人通常必须牺牲他们为该企业所贡献的任何财产或者人力资产。[3] 此外,由于这种企业不能通过出售股权来筹集资金,因此其主要的非捐赠型外部资金将是借款。债务融资给该企业增加了额外的“代理成本”:由于债权人的利益与管理者并不一致,因此该企业必须谈判并遵守可能限制其灵活性的昂贵的约束条款。

当其收益超过这些成本时,企业会选择非营利组织资格。[4] 同样,禁止收益分配的主要益处是节省了交易成本。除了产出多种公共利益的一般交易问题之外,在企业追求收益与社会福利的混合目标这一场景下,其交易将尤其困难。[5] 假定企业家及其投资者彼此同意他们想把公司的一些收益转移到慈善活动上。[6] 公司将做多少慈善,以何种质量,用什么成本?现在投资者具有两大关切:管理者会做太少慈善,抑或做太多慈善。[7]

更为严重的是,投资者将失去过去最为有效的监督工具之一。当企业纯粹追求利润时,投资者很容易以使得管理者利益与他们利益相一致的方式向

---

[1] 参见 Triantis, *supra* note 9, at 1147—49; Geoffrey A. Manne, *Agency Costs and the Oversight of Charitable Organizations*, 1999 WIS. L. REV. 227, 228—29(1999)。

[2] Hansmann, *supra* note 6, at 844; Glaeser & Shleifer, *supra* note 10, at 103—06; Kenneth J. Arrow, *Uncertainty and the Welfare Economics of Medical Care*, 53 AM. ECON. REV. 941, 965(1963). 这表明,医院的营利方面相对并不重要,因为医生对专业精神的承诺实际上是向病患做出保证,即医生将优先考虑对病患的护理而非收益。

[3] 参见 TREAS. REG. § 1.501(c)(3)—1(b)(2008 年修订)。法律要求申请者证明,企业解散时其资产将被用于慈善目的。

[4] Hansmann, *supra* note 6, at 879.

[5] 参见 Lloyd Hitoshi Mayer & Joseph R. Ganahl, *Taxing Social Enterprise*, 66 STAN. L. REV. 387, 426—27, 432(2014)。

[6] 目前我们假定慈善产品本身不能以盈利的方式生产。例如,它可能是一种准公共产品:当一个人购买它时,很多其他人也可以在不付费的情况下受益。因此,几乎没有人具有付款的动机。

[7] 关于对双重任务的一般探讨,参见 AVINASH K. DIXIT, THE MAKING OF ECONOMIC POLICY: A TRANSACTION-COST POLITICS PERSPECTIVE 95—98(1996); Oliver Hart, Andrei Shleifer, & Robert W. Vishny, *The Proper Scope of Government: Theory and an Application to Prisons*, 112 Q.J. ECON. 1127, 1136—41(1997)。即使双方当事人可以事先达成协议,以努力平衡相互竞争的目标,如此行事也会牺牲企业家的一些优越知识与试验能力。Benjamin Moses Leff, *The Case Against For-Profit Charity*, 42 SETON HALL L. REV. 819, 851—52(2012).

管理者支付报酬：投资者向管理者提供股票抑或股票期权，从而使得后者成为像他们一样的部分所有者。[1] 但是，目前还没有一个薪酬工具能够使得向管理者事前预期的支付与其在实现慈善目标方面的表现相匹配。这并不奇怪，因为这些目标难以测量。[2] 因此，如今管理者具有两项任务，其中只有一项可以很容易地通过激励型薪酬促进。在这种情况下，一些经济学家认为，其代理成本太高，以致通常最好把这两组任务分成两家独立的企业处理。[3]

选择非营利形式可以避免这些困境。但是，一些学者认为，放弃企业追求利润的能力可能本身就会带来成本。最为明显的是，纯粹的慈善组织不能轻易获得资本来扩大其生产。[4] 慈善产品的营利性生产可能也会允许该企业探索其营利目的与慈善目的之间的范围经济。[5] 这里的一个主要例子可能是，由一家营利企业持有的知识财产在产出慈善产品方面也是非常有价值的。在很多情况下，知识财产无法简单地予以捐赠或获得许可。例如，对知识财产的利用可能需要复杂的技术，或者对它的分享可能会泄露商业秘密，或者会以其他方式降低知识财产对其所有者企业的价值。

这种混合形式的另一个可能的优势支持者经常指出，营利组织具有更高的成本效益。[6] 其主张是，非营利组织管理者几乎缺乏节约成本的动力，因此，一家呈现慈善目标的营利企业可以学会用更少的钱做更多的事。[7] 其他评论者以及我本人指出，非营利组织管理者可能具备一些使其必须具有效率的动机，例如，完成任务的满意感代替收益分享的这一事实，捐赠者关心效

---

〔1〕 参见 David I. Walker, *The Law and Economics of Executive Compensation: Theory and Evidence*, *in* RESEARCH HANDBOOK ON THE ECONOMICS OF CORPORATE LAW 232, 236－37 (Claire A. Hill & Brett H. McDonnell eds., 2012)。

〔2〕 参见 Jill R. Horwitz, *Why We Need the Independent Sector: The Behavior, Law, and Ethics of Not-for-Profit Hospitals*, 50 UCLA L. REV. 1345, 1410－11(2003)。该文认为，激励型薪酬并不正确，因此在慈善组织中是不可取的。

〔3〕 Bengt Holmstrom, *The Firm as a Subeconomy*, 15 J. L. ECON. & ORG. 74, 90－99(1999); Bengt Holmstrom & Paul Milgrom, *Multitask Principal-Agent Analyses: Incentive Contracts, Asset Ownership, and Job Design*, 7 J. L. ECON. & ORG. 24, 43－48(Special Issue: Papers from the Conference on the New Science of Organization, 1991).

〔4〕 Robert A. Katz & Antony Page, *The Role of Social Enterprise*, 35 VT. L. REV. 59, 94 (2010).

〔5〕 M. Todd Henderson & Anup Malani, *Corporate Philanthropy and the Market for Altruism*, 109 COLUM. L. REV. 571, 590－93(2009). 当多种产品或任务打包交付比由各家单独企业完成更有效率时，“范围经济”节约了成本。

〔6〕 Katz & Page, *supra* note 21, at 92－93; Anup Malani & Eric A. Posner, *The Case for For-Profit Charities*, 93 VA. L. REV. 2017, 2048－50(2007).

〔7〕 Malani & Posner, *supra* note 23, at 2048－50.

率，抑或董事会向管理者提供一些有限激励型薪酬形式之可能性。[1] 最后，实证调查必须确定哪一种是正确做法。一些证据表明，捐赠者确实至少关心行政费用与支付费用，而按绩效计酬确实也存在于非营利部门，但是最终的问题依然悬而未决。[2]

非营利组织存在一些减少其承诺成本的方法。从额外福利(perquisites)中获得巨大价值的企业家——那些强烈地受到利他主义或者温暖之光(warm glow)激励的企业家——更有可能接受用额外福利来换取现金这一权衡。我以前曾经争论过，即使投资者可以监督企业家，外部观察者通常也无法监督。[3] 如果这些观察者的青睐构成管理者与投资者温暖之光的重要源泉，那么受到温暖之光激励的高级人员应当更喜欢一种明确表明其对公共利益之承诺的组织形式。当然，当并无多少收益可供分配时，管理者也更愿意将收益换为公共利益。[4] 当放弃股权融资的成本较低时，即当股权融资将是昂贵的而债务是廉价的，或者公司可以获得捐赠或政府拨款等特殊资金时，非营利资格也会更具吸引力。最后，当雇主应缴税率低于雇员时，非现金补偿是具有税收优惠的，而这可能会使一些边缘企业家从营利组织转向非营利组织。

总而言之，企业家需要在非营利企业与通过签订合同而让消费者确信的社会企业之间选择，而这种选择代表了在每一方的一系列成本之间维持平衡。正如我之前所提出的，我自己的观点是，交易成本对那些最简单与最容易测量的承诺而言才会比较低。[5]

认证方案?

让我们现在回到认证。世界各地的组织越来越多地参与各种形式的“自

---

〔1〕 Leff, *supra* note 17, at 868－75; Brian Galle, *Keep Charity Charitable*, 88 TEX. L. REV. 1213, 1222－30(2010); James R. Hines Jr. et al., *The Attack on Nonprofit Status: A Charitable Assessment*, 108 MICH. L. REV. 1179, 1192－203(2010); Susan Rose-Ackerman, *Altruism, Nonprofits, and Economic Theory*, 34 J. ECON. LITERATURE 701, 719(1996).

〔2〕 MARC JEGERS, MANAGERIAL ECONOMICS OF NON-PROFIT ORGANIZATIONS 50－51(2008). 关于非营利组织捐赠者对自己所认为的代理成本措施的回应之证据，参见 Brian D. Galle, *Valuing the Right to Sue: An Empirical Examination of Nonprofit Agency Costs*, 61 J. L. & ECON. 413(2018); Brian Galle & David I. Walker, *Donor Reactions to Salient Disclosures of Nonprofit Executive Pay: A Regression-Discontinuity Approach*, 45 NONPROFIT & VOLUNTARY SECTOR Q. 787(2015)。

〔3〕 Galle, *supra* note 26, at 1224－25.

〔4〕 Glaeser & Shleifer, *supra* note 9, at 105.

〔5〕 Brian Galle, *Social Enterprise: Who Needs It?*, 54 B.C. L. REV. 2025, 2037－41(2014).

愿监管”或“自我监管”。[1] 在这些制度中,个别企业同意接受由第三方制定的一套规则或准则约束,这些规则或准则往往是通过一些成员企业之间的集体协议而组织起来的。类似的结构是“认证”方法,该方法由商事企业首创,其产品受到针对难以监督之产出的消费者偏好约束,例如,“非战地”(conflict-free)钻石[2]与“非血汗工厂生产”(no-sweat)服装,以及在各种证券与金融市场环境中的产品。[3] 认证制度使用外部监督机构,例如审计企业,检查寻求认证的企业,并核实其是否符合认证标准。

根据上一节的探讨,我们现在可以认为,认证制度的目标实质上是通过降低针对收益以外的活动的交易成本,而使得该平衡重新回到社会企业。由第三方监督的认证之目的是通过专业化与规模化降低缔约成本。[4] 认证企业已经承担了制定可强制执行的良好行为标准的大部分成本,并且它可以将这些成本分摊到所有消费者身上。随着时间的推移,它还应当发展专门知识与技术,以监督这些标准的执行情况。并且,其标准的统一性有助于消费者比较对各企业的评价。[5]

一个初步的问题是,第三方企业是否能够有效地监督支持者目标的执行情况。同样,很多传统上由慈善组织所提供的产品,例如教育,是复杂的与不透明的,其效果需要很长一段时间内才能体现,或者其利益归属于社会整体而非特定人群。抑或(在艺术的情况下)这些产品所带来的利益几乎完全是主观性的。即使是国税局(Internal Revenue Service,IRS)的条例一般也并不涉及慈善组织的质量问题,而是侧重于更为容易测量的程序规则,例如管理者以何种方式决定如何分配资源,或者其支出是否让管理者获得私人利益。如果不同支持者对于公司如何平衡收益与公共利益存在不同偏好,则事情就会变得更为复杂:单个评估者很难提供对所有支持者有益的信息。

但是,有一类社会企业目标可以很容易认证。[6] 正如汉斯曼所观察到的,对于向贫穷国家提供粮食援助等一些慈善产出,如果捐赠者能够实地观

〔1〕 参见 *supra* note 1。

〔2〕 非战地钻石的收益不用于资助战争,这种钻石是在伦理条件下生产与开采的。只有经过认证并可以从矿山追溯到消费者的钻石才是非战地钻石。——译者注

〔3〕 Jonathan M. Barnett, *Intermediaries Revisited: Is Efficient Certification Consistent with Profit Maximization?*, 37 J. CORP. L. 475, 524—27(2011—12).

〔4〕 Petra Christmann & Glen Taylor, *Firm Self-Regulation Through International Certifiable Standards: Determinants of Symbolic Versus Substantive Implementation*, 37 J. INT'L BUS. STUD. 863, 864—65(2006).

〔5〕 参见 McDonnell, *supra* note 4, at 33。

〔6〕 参见 Galle, *supra* note 29, at 2037—40。

察，就比较容易评估。同样，那些只想承诺诸如采购非战地钻石或抵销其碳排放等某些行为的企业，只需要找到一个目击者来核实生产过程是否存在令社会生厌的实践。[1] 这些企业是进行认证的最优候选者。

但是，第三方监督并不一定能够解决可信度问题。在任何情况下，如果企业选择自己的监督者，并且审计质量本身就很难让外部观察到，则该企业就有可能选择一个不严格的审计者。[2] 企业也可以收买审计者以获得良好评级。[3] 因此，监督者本身也面临各个企业所面临的同样的信誉问题。[4] 事实上，在商业认证市场，现在有一些"元认证"(meta-certification)企业，其任务是监督这些监督者。[5] 但是，这些企业也面临信誉问题。理论上，我们所需要的要么是无限的认证塔，要么是一个其可信度远远高于这些企业的顶级认证者。[6]

尽管第三方认证存在这一结构性问题，但是，社会企业支持者可能会指出经济的其他部门中第三方监督是极为常见的并且也似乎被证明是成功的。上市公司审计者是一个突出的例子，信用评级机构也是如此。值得注意的是，这两个群体都受到复合层级的政府监管。同样重要的是，在过去 20 年中，两者都遭遇了彻底失败。[7] 那些使得审计企业繁荣以及失败的机制，值得我们深入研究。

审计者的经济学

当审计者具有明确的质量保障时，企业选择自己的审计者的权力就不会

---

〔1〕 Christmann & Taylor, *supra* note 32, at 864.

〔2〕 Joshua Ronen, *Corporate Audits and How to Fix Them*, 24 J. ECON. PERSPECTIVES 189, 199(2010); Steven L. Schwarcz, *Rethinking the Disclosure Paradigm in a World of Complexity*, 2004 U. ILL. L. REV. 1, 29.

〔3〕 Reinier H. Kraakman, *Gatekeepers: The Anatomy of a Third-Party Enforcement Strategy*, 2 J. L. ECON. & ORG. 53, 66(1986); Brakman Reiser, *supra* note 4, at 725. 其在分析标准制定者时提到了这一点。

〔4〕 Barnett, *supra* note 31, at 485.

〔5〕 *Id.* at 490.

〔6〕 *Id.*

〔7〕 Jeffrey Manns, *Downgrading Rating Agency Reform*, 81 GEO. WASH. L. REV. 749, 754—58(2013); John Patrick Hunt, *Credit Rating Agencies and the "Worldwide Credit Crisis": The Limits of Reputation, the Insufficiency of Reform, and a Proposal for Improvement*, 2009 COLUM. BUS. L. REV. 109, 120—21; Jonathan Macey & Hillary A. Sale, *Observations on the Role of Commodification, Independence, and Governance in the Accounting Industry*, 48 VILL. L. REV. 1167(2003).

存在多少问题了。[1] 假定存在两种类型的社会企业:"漂绿者"(greenwashers)缺乏对社会福利的真正承诺,却希望获得信誉利益;"行善者"(do-gooders)真诚地追求社会目标。选择公认缺乏严格性的审计者的企业实际上就发出一个关于自己类型的明确信号。这被称为"分离均衡"(separating equilibrium):富有经验的观察者可以通过企业所做的选择来推断自己需要了解的情况。理想情况下,上市公司审计可以提供这种分离均衡,因为"四大"会计师事务所都享有很好的信誉。

但是,为公众所熟知且运行良好的社会企业审计者体系并不存在,因此可能不会出现分离均衡。假定最初只有"行善者"自愿同意审计。对于这些企业而言,审计相对便宜,因为唯一的成本是审计费用;其不用担心审计会向公众呈现负面信息。然后,我们有了分离均衡,因为任何不雇用审计者的企业都更有可能是一个"漂绿者"。"行善者"排队向审计者支付费用,以便将自己与"漂绿者"区分开来。其困难在于,"漂绿者"会认识到这一点,并愿意向那些唯一目的是迎合"漂绿者"的宽松的审计企业支付费用(假定审计企业可以向客户而非公众传递预期的严格水平,但这似乎是一个安全的假定)。[2] 那么,很快,我们就有了"混同均衡"(pooling equilibrium),即在其中是否雇用审计者并无法用来区分企业。在这个世界上,"行善者"接受审计本身并不能带来多少益处,并且,审计企业很难吸引任何客户。[3]

因此,审计企业需要通过一种机制来可信地向公众发出其严格性的信号。审计者可以通过披露关于其客户的有害负面信息来发出信号。但是,只吸引"行善者"的审计者如何发现那些需要披露的负面信息?"漂绿者"只招揽那些迎合它们的企业。或许甚至是"行善者"有时也会不小心出错,而给审计者将其标记出来的机会。如果是这样,则新审计者依然面临一个严重的"鸡生蛋与蛋生鸡"的问题。[4] 对于任何"行善者"而言,审计成本代表审计

---

〔1〕 关于审计经济学的有益概述是 Ronen, *supra* note 36, at 189—99,这里的要点即源于此文。关于更为深入的探讨,参见 FRANK H. EASTERBROOK & DANIEL R. FISCHEL, THE ECONOMIC STRUCTURE OF CORPORATE LAW 276—314(1996);Ronald J. Gilson & Reinier H. Kraakman, *The Mechanisms of Market Efficiency*, 70 VA. L. REV. 549(1984)。

〔2〕 Barnett, *supra* note 31, at 485. 即使审计质量可由外部观察者核实,散户通常也缺乏核实投资的动机。Manns, *supra* note 41, at 788. 一个例外可能是,具有异常强烈意识形态动机的散户,例如犹太产品的购买者:Timothy D. Lytton, *Competitive Third-Party Regulation: How Private Certification Can Overcome Constraints that Frustrate Government Regulation*, 15 THEORETICAL INQUIRIES IN L. 539, 549—55(2014)。但这些当然是颇为罕见的。

〔3〕 参见 Victor P. Goldberg, *Accountable Accountants: Is Third-Party Liability Necessary?*, 17 J. LEGAL STUD. 295, 302(1988)。

〔4〕 参见 Barnett, *supra* note 31, at 488。该文注意到,这一困境可能会阻止新的认证者进入市场。

者的费用，加上负面审计的预期成本。新审计者还没有可信的信誉，因此并未提供多少益处。为何“行善者”要支付审计费用？审计者承诺越积极，其预期成本就越高。

可供审计者利用的另一个昂贵的——因此是可信的——信号是，审计者保证承担那些依赖其评估者所面临的一些风险。[1] 在财务审计中，这意味着，如果客户做出了一个本应当但并未被审计者发现的重大错误陈述，则审计企业就需要承担责任。迎合“坏”客户类型的审计企业永远无法履行这一承诺，因此承担责任之风险是区分这两种潜在类型的审计企业的有效手段。[2]

虽然这一机制可能适用于其主要风险是欺诈或错误陈述事实的情况，但是，对于某些形式的社会企业审计而言，可能很难实施。我们可以肯定的是，一些社会企业的产出很容易监督与核实，比如企业对童工的依赖，或者企业是否抵消了其碳排放量。但是，正如我一再强调的，很多其他企业的“成功”或“失败”取决于对各种判断的复合性平衡。通常，即使是对于“目击者”的监督而言，其问题也不仅仅是某企业是否使用“绿色”生产工艺，而是它是否恰到好处地平衡环保与收益。诉讼不太可能解决的问题是，审计者对这些复杂问题的判断是否是捐赠者或其他社会企业客户如果能够如此行事，就会予以采用的判断。[3] 此外，对这类诉讼的一般司法路径——“商业判断规则”及其相似规则——给予管理层决策以充分尊重，以致这类诉讼很少能够取得成功。[4] 责任可能有助于解决审计者在面对上市公司时的困境，但是，对大多数社会企业而言，责任可能无法做到这一点。[5]

审计者信誉的一个潜在解决方案是，一些客户自身对信誉知情。假定一个新审计者可以跟作为众所周知的“行善者”客户签订合同。其后，该客户向公众提供了关于审计者质量的潜在信誉信号。[6] 这个信号允许审计者提供关于鲜为人知的客户的可信信号。实际上，为众所周知的客户共享同一家审

---

〔1〕 参见 Schwarcz, *supra* note 36, at 24—25。该文注意到，这些保证有助于克服柠檬问题。

〔2〕 Stephen Choi, *Market Lessons for Gatekeepers*, 92 NW. UNIV. L. REV. 916, 951—55(1998).

〔3〕 参见 Adam C. Pritchard, *The Irrational Auditor and Irrational Liability*, 10 LEWIS & CLARK L. REV. 19, 26, 44—47(2006)。

〔4〕 McDonnell, *supra* note 4, at 56—57.

〔5〕 参见 *id*. at 64。该文注意到，信义义务法可能过于无力，以致无法解决社会企业的信誉问题。

〔6〕 我之所以说“潜在的”，是因为该信号的价值取决于新客户将监督其认证者的这一假定。由于监督是昂贵的，并且产生正外部性，因此客户有可能不会有效监督其认证者。如果是这样，则这将削弱招揽已知消费者的信号的价值。参见 Joseph E. Stiglitz, *Imperfect Information in the Product Market*, *in* 1 HANDBOOK OF INDUSTRIAL ORGANIZATION 771(Richard Schmalensee & Robert Willig eds., 1989)。该文一般性地描述了这一针对产品信誉的流程。

计企业的其他客户提供了积极的信誉影响。其中一种影响是,接触到相当数量的具有众所周知的高信誉的客户,对于成功的审计制度而言至关重要。

即使审计者能够克服初始问题,它们在维持有效监督方面也会面临一系列其他挑战。事实上,发掘可信审计者的困难性引发了审计企业的一个关键性的结构问题:寡头垄断。只有信誉卓著的审计企业才能为客户带来价值,并且,正如我们所看到的,获得这样的信誉是昂贵与困难的。[1] 对于新手而言,这些成本可能会增加到令人生畏的程度。一旦几家信誉良好的企业已经建立起来,那些招募一家信誉不为公众所知的初创企业的客户就会发出信号:其故意规避了那些已知的提供全面审计的企业。其结果是,新审计企业进入市场的障碍会更大,从而使得老牌企业能够掌控市场。

正如梅斯(Macey)教授与塞尔斯(Sales)教授所解释的,旨在保持审计者独立性的监管规则可能会进一步相反地鼓励市场集中。[2] 监管者要求审计企业相对于其客户规模而言具有较大规模,从而使得这种企业无须如此依赖该客户的业务,甚至担心与该客户解约。在实践中,这意味着只有非常大的审计企业才能为大型且复杂的客户服务。根据规则,初创审计企业完全被禁止去竞争最大——并且可能是从中盈利最多的——客户的业务。

我们可以说,这种竞争的加剧也削弱了审计企业严格审计的动机。[3] 例如,乔纳森·巴尼特(Jonathan Barnett)认为,低竞争环境允许审计企业在审计质量方面有所欠缺。[4] 只要这些服务发出关于质量的明确信号,企业就可以为其服务收取额外费用。同样,外部观察者无法观察到审计质量的边际下降,而只能观察到审计企业的信誉。由于只有那些已经地位稳固的企业可以发出这样的信号,因此这些企业可以降低其审计质量,直到它们面临灾难性的信誉损失。[5]

安然公司在21世纪初崩溃的一个主要教训是,当审计企业同时在相关市场竞争时,这些对审计质量的微弱激励是颇成问题的。正如科菲(Coffee)教授所解释的,在安然之前,审计企业还向客户提供其他服务,例如商务咨

---

[1] 关于某重要认证者获得信誉度的漫长道路之描述,参见 Lytton, *supra* note 43, at 543—46。

[2] Macey & Sale, *supra* note 41, at 1176—77.

[3] Patricia A. McCoy, *Realigning Auditors' Incentives*, 35 CONN. L. REV. 989, 1002—04 (2003).

[4] Barnett, *supra* note 31, at 493—94.

[5] *Id.* Frank Partnoy, *Barbarians at the Gatekeepers? A Proposal for a Modified Strict Liability Regime*, 79 WASH. UNIV. L. Q. 491, 501—03 (2001).

询。[1] 如果客户对于自己认为过于激进的审计感到不满，则可能会拒绝使用该审计者的相关服务。由于这些服务通常比审计更为有利可图，因此这构成一个严重的威胁。此外，虽然解雇审计者通常会向市场发出潜在的负面信号，即客户对监督的厌恶，但是，拒绝审计者的咨询业务则更难引发该推论。这些激励措施结合起来之后，给了审计企业相对强大的迎合其客户的动机。[2]

另外，不完美的内部激励可能也会破坏该企业的审计完整性。[3] 从该企业任何雇员个人的角度来看，企业信誉是一个人人皆可获益的公共水池。[4] 与所有普通水池一样，这意味着如果雇员喝干了水池里的水，则该雇员可能不会将其他人遭受的损失加以内部化。这对于在企业工作时间即将结束的雇员而言尤其如此，并且因此几乎从其信誉中无法获得任何持续性的益处(尽管这为审计企业带来了一个提供含有该企业持续性收益利益的退休福利之理由)。让我们重新回到梅斯与塞尔斯的观点。他们解释说，亚瑟·安德森(Arthur Andersen)在安然的审计团队是由一个单一合伙人领导的，而安然的审计是如此复杂，以致对安然的审计构成了该合伙人的全部业务。[5] 另外，安德森根据合伙人向该企业贡献的收益而向其支付报酬。失去安然将会阻断其生计，所以其顾左右而言他的做法不足为奇。

梅斯与塞尔斯并未处理这个故事的一个核心且令人困惑的因素：为何安德森会建立一个给其个体合伙人如此强大的迎合其客户动机的薪酬结构？当然，一个可能的答案是，寡头垄断的故事，即这实际上使得合伙人激励机制与整个企业激励机制保持一致。但另一个问题是，激励设计的困难性。[6] 通过将合伙人薪酬与企业收益挂钩，企业选择了通常被认为是为了尽量减少雇员"偷懒"动机的薪酬结构：它们将个体合伙人利益与企业收益统一起来。从这个意义上讲，这与用股票向高级人员支付薪酬并无区别。但是，解决偷懒问题的办法却演变成了另一个问题的原因。

我不想暗示安德森无意中触及了错误的激励机制。证券交易委员会

---

[1] JOHN C. COFFEE JR., GATEKEEPERS: THE PROFESSIONS AND CORPORATE GOVERNANCE 55—77(2006).

[2] 参见 Kraakman, *supra* note 37, at 72。该文就律师事务所与会计师事务所而一般性地提到这一点。

[3] Barnett, *supra* note 31, at 486.

[4] Ronen, *supra* note 36, at 195—96.

[5] Macey & Sale, *supra* note 41, at 1171—72, 1177—78.

[6] 参见 Partnoy, *supra* note 56, at 500。该文探讨了代理成本在看门人失败中的潜在作用。

(SEC)的条例已经将企业对个别客户的过度依赖作为攻击目标;对于安德森而言,丝毫不让其感到奇怪的是,将单一合伙人与单一客户捆绑在一起将会造成类似的危险。作为替代,我的观点是,安德森可能权衡了替代方案的成本与收益,并选择了最小化偷懒的方案,而不是最小化客户依赖的方案。在缺乏关于后一种风险大小的切实经验证据的基础上,它们可能理性地得出结论:其预期成本很小。其可能被如下想法所遮蔽:审计质量的某种降低对该企业而言并不是一个明确的损失。因此,它们也可能认为,专业与良好判断之行业规范将比其最终所证明的事项更具约束力。在合伙人对彼此的债务承担责任的时代,人们发展出了如下期待:合伙人之间将相互监督。在其合伙人责任仅限定于自身行为的一个不断发展的审计企业中,该期待可能被过分夸大了。

这些挑战中的一个关键因素是审计企业的收益。从逻辑上讲,巴尼特建议,如果采用一种阻止或者限制收益分配的公司形式,则审计企业与其他看门人可以减轻其很多不良激励,从而更可信地表现其作为看门人的素养。[1]事实上,很多当代认证企业都是非营利社团,并且通常是由具有利害关系的客户联盟所组成。

限制这一原本非常明智的建议的有用性的潜在困难是,认证企业家(certification entrepreneurs)的供给可能是十分有限的:他们愿意承担看门的挑战,而不做出股权(an equity stake)承诺。[2] 有些人热情地或在意识形态上致力于自己的事业,并获得了非金钱性回报——正如客户经营的认证企业所显示的那样,但是,这些人往往缺乏工作经验或技能。那么,正如非营利组织学者所熟知的,如果某企业的使命不断增长,则无法发行股票将会大幅减少该企业获得足够资本的机会。会有足够的人如此致力于社会企业部门的健康发展,以致他们会放弃寡头垄断的收益,以便充当其他社会企业的非营利或社会企业监督者?

巴尼特也提出了一个非营利的替代方案,即合作社。需要得到外部认证的行业可以团结起来,从而实际上形成它们自己的认证者。那么,让我们转向自我监管制度的发展与运作。

---

〔1〕 Barnett, *supra* note 31, at 506－16.

〔2〕 参见 Brakman Reiser, *supra* note 4, at 729。该文认为,制定标准的组织可能会因无法就标准制定而收取费用感到气馁。

自我监管与社会企业

到目前为止，我们已经看到，单独存在的私人第三方认证可能无法克服社会企业的信誉问题。虽然非营利形式或其相关事项可能会减少一些认证者的困境，但是，这些选择也提出了如何为该认证制度提供资金与人员的问题。我的分析所提出的一个合理可能性是，社会企业（或者其他将受益于认证的行业）可以组织它们自己的认证者，而这实际上就是自我监管。自我监管存在着从服装雇员供应链到核电站安全等领域的各种先例。[1] 在这一部分中，我将探讨关于自我监管的文献，并考虑它在关于社会企业组织认证的可行性方面可能带给我们的启示。

通常，自我监管机构是一个成员性团体，而同一行业的个别企业可以选择加入或者不加入。[2] 该团体的经费来自成员捐款，并且，在典型的例子中，它还行使为这些组织制定标准的权力，并执行成员所同意的任何激励性安排。例如，森林管理委员会（Forest Stewardship Council）可以发布关于不符合行业标准的成员信息，并且，在极端情况下可以将成员驱逐出该社团，并相应地暗示该成员并未达到该组织标准。[3]

正如古格迪（Gugerty）与普拉卡什（Prakash）所巧妙地总结的，自我监管文献的一个核心教训是，这些自我监管组织的形式面临艰难且相互冲突的激励。[4] 因为可以预见的是，企业将会搭其他成员良好信誉的便车，因此，获得认证或成员资格的价值取决于组织成员所发出的信号强度。[5] 这些信号通常取决于对成员企业的仔细审计，以及对不符合成员资格要求的严肃并可信的“剑”或惩罚。[6] 与此同时，每个监督者都面临经济学家可能称为“参与约束”（participation constraint）的问题：雇用监督者的可能成本越高，如此行事的企业就越少。加入的价格必须设置得足够低，以便监督者能够吸引足够

---

〔1〕 Gunningham & Rees, *supra* note 1, at 367—69.

〔2〕 Lesley K. McAllister, *Harnessing Private Regulation*, 3 MICH. J. ENVTL. & ADMIN. L. 291, 300—12(2013—14).

〔3〕 *Id*. at 315.

〔4〕 Gugerty & Prakash, *supra* note 1, at 19—23; Brakman Reiser, *supra* note 4, at 732.

〔5〕 关于对搭便车问题的翔实解释，参见 Gunningham & Rees, *supra* note 1, at 392—96。

〔6〕 Gunningham & Rees, *supra* note 1, at 386. 肖特（Short）与托菲尔（Toffel）认为，可信的第三方监督可以取代直接惩罚，但需要注意的是，当存在“惩罚的一般背景威胁”时，监督制度的效果最好。Jodi L. Short & Michael W. Toffel, *Making Self-Regulation More Than Merely Symbolic: The Critical Role of the Legal Environment*, 55 ADMIN. SCI. Q. 361, 386—87(2010).

的客户支付其固定成本,并且尽可能促进足够的成员获得公众知名度与尊重。这意味着参与任何自愿第三方监督制度的信号利益受到边际成员(marginal members)参与约束的限制。

简言之,巴尼特的建议存在第三个问题。非营利认证企业本身可能是由一群营利组织所组成的,这些营利组织试图依靠该认证来让消费者信任它们的质量。这些成员组织可能正在使用非营利形式来效仿一个可靠的认证者。[1] 认证组织只有在如下范围内才具有可信度:它们可以并且确实对不执行重要标准之行为施加重要的惩罚。

一些俱乐部或许能够通过使用"选择性激励"或者给予个体成员私人利益克服参与约束,但这些本身代价高昂。让我们假定:扩展俱乐部成员资格会带来利益,例如,提高公众知名度与信任,但在达到某种公众接受门槛后,增加新成员的边际收益会迅速减少。俱乐部可以为新成员加入而埋单,直到它们超过这个临界阈值。在这一点上,更多的成员可能希望加入,以分享由其他成员所提供的该网络的外部性(例如信誉);而退出则是昂贵的,因为它需要现有企业放弃这些相同利益。一旦达到这一阶段,边际企业的参与约束就不那么具有约束力了。但是,达到这一点可能需要非常昂贵的投资,以吸引企业加入并避免违反俱乐部规则。如果俱乐部未能达到这个临界阈值,则这些投资很可能会被浪费掉。

因为在成员之间存在潜在的溢出效应,所以自愿监管制度也可能难以实施可信的惩罚。[2] 针对合规俱乐部中的一个成员的执行标准行为可能会提高其他成员潜在不当行为的显著性。[3] 例如,消费者可能形成对类似企业整体的印象,而不是对个别企业的印象。[4] 因此,自相矛盾的是,如果监督者对不执行标准行为采取任何处罚措施,则有可能降低成员资格的信号价值。外部观察者如果意识到这一动态,则不会发现自愿成员资格这一信号是可信的。监督者也许可以保证秘密执行,但这同样会引发可信度问题,并面临被执行对象可能威胁公开处罚措施的实际障碍。

最后,在如下情况下,信誉问题似乎特别严重:超越了该成员组织范围的

---

〔1〕 巴尼特教授似乎在他关于"嵌套的"坚定的认证机制之探讨中承认了这一点。Barnett, *supra* note 31, at 517.

〔2〕 参见 Gunningham & Rees, *supra* note 1, at 396。自我监管机构也可能缺乏权力迫使与持有和执行标准有关的信息的非成员合作。Pritchard, *supra* note 48, at 31.

〔3〕 Gugerty & Prakash, *supra* note 1, at 22.

〔4〕 Kraakman, *supra* note 37, at 98.

外部性的自我监管。自愿监管俱乐部具有成员相互监督以防范彼此损害的明显激励。但是,该俱乐部为何会为了非成员所负担的溢出效应而监督自己？在商业场景下,其答案似乎主要是,消费者对某些形式的有害行为感到厌恶。[1] 在其他情况下,行业所得出的结论是,“自我监管”可能有助于避免更为昂贵的政府监管。[2] 这两种情况都表明,至少如果披露会导致任何重大的信誉溢出,则监督者具有特别有力的理由避免公开披露成员企业之间不执行标准的情况。

那么,一个令人困惑的问题是,自我监管组织(或其类似组织)是普遍存在的,尽管大多数评论者普遍认为其绝大多数并未发挥实际作用。[3] 形成这种实体(即使是无效实体)的一个可能理由是,自我监管是一个渐进的过程。成员必须首先建立共同信任,然后才能逐渐地确定与发展行业规范,从而建立一个共同体:该共同体由其成员拥有,并且劝导其成员遵守“行业道德”。[4] 如果企业起步时可信度很小,则微小的改进也可能具有意义。[5]

一个不太乐观的可能是,消费者——也许还有一些监管者——很容易被虚假监管所欺骗。[6] 正如卡拉克曼(Kraakman)教授很久以前所指出的,小型且纯朴的投资者可能会理性地不投资于发现假冒伪劣产品所需的精力与信息收集:其获益太少,且精神成本太高。[7] 而更多的当前证据表明,消费者往往不合理地将考虑金融与代理成本事项的直接成本视为与其主观长期利益具有高度的相关性。[8] 至少在鼓励小额捐赠的意义上,社会企业的自我监管可能会“成功”(我们需要记住,通过“捐赠”,我的意思是包括对所谓更

---

〔1〕 Gunningham & Rees, *supra* note 1, at 390—91.

〔2〕 *Id*.

〔3〕 参见 McAllister, *supra* note 66, at 313—14; Christmann & Taylor, *supra* note 32, at 364—66; Gunningham & Rees, *supra* note 1, at 389。

〔4〕 Gunningham & Rees, *supra* note 1, at 371—72, 376. 显而易见的是,这些主张大幅借鉴了韦伯(Weber)与达克海姆(Durkheim)的知识传统。针对制度道德性之解释的一个问题是,它倾向于解释代理人的行为,而不是委托人的行为。换言之,即使企业管理者的目标是在一个道德共同体中共同行动,现代商业社团也是由不相关与广泛分散的股票投资者所资助的。这些投资者将采用强有力的经济激励措施,以使得管理者的行为与其目标保持一致,而无论管理者的伦理偏好如何。在股东与股东的愿望之间插入管理者的道德义务可能会增加激励调整所需的成本,但似乎不太可能完全击败它。

〔5〕 Dana Brakman Reiser, *Filling the Gaps in Nonprofit Accountability: Applying the Club Perspective in the U.S. Legal System*, *in* VOLUNTARY REGULATION OF NGOS AND NONPROFITS: AN ACCOUNTABILITY CLUB FRAMEWORK 41, 60 (Mary KayGugerty & Aseem Prakash eds., 2010).

〔6〕 John Braithwaite, *Responsive Regulation in Australia*, *in* REGULATION AND AUSTRALIA'S FUTURE 91 (P. Grabosky & J. Braithwaite eds., 1993); Brakman Reiser, *supra* note 4, at 727. 与其说监管者被愚弄,倒不如说它们只是依赖利益相关者的线索设定优先事项。如果利益相关者并未意识到表面性自我监管的危险,则监管者可能会允许它在未经审查的情况下就获得通过。

〔7〕 Kraakman, *supra* note 37, at 68 n.45.

〔8〕 Shlomo Benartzi & Richard Thaler, *Heuristics and Biases in Retirement Savings Behavior*, 21 J. ECON. PERSP. 81, 82—84 (2007).

具有道德性的产品的溢价支付），但是，会在实际约束企业行善的这一更大使命上失败。

总而言之，自我监管制度是第三方认证的牺牲品，或者至少有可能面临困扰第三方认证的很多同样问题。在目前的社会企业法中，自我监管与认证很少或者根本没有得到政府支持或监督。这似乎并不是允许社会企业践行其使命的富有希望的途径。但是，我们的旅程尚未完成。在一定程度的政府参与下，我们可能会在这一相对暗淡的前景上取得很大进展。

针对混合实体的混合建议

我已经强烈暗示，一个应对认证企业缺陷的明显办法是对它们进行监管。实际上，政府的批准可以提供“金字塔顶端”认证者，从而为认证企业提供元认证（meta-certification）。这种元认证比自我选择的营利性认证者提供的认证更为可信。[1] 这一路径是很普遍的，特别是在具有重大外部性的行业。财务审计企业受到政府与准政府行动者非常复杂的规则与监督之约束。例如，证券交易委员会的条例如今禁止审计者向其客户提供咨询服务，尽管它们依然可以提供税务与税务规划建议。[2] 联邦法律塑造了审计企业的治理与薪酬结构，对其施加了一系列具体义务，并使其受到证券交易委员会以及准政府实体“上市公司财务监督委员会”（Public Company Accounting Oversight Board）的监督。[3]

一个自然的后续问题是，为何政府监管应当限定于认证企业，而不是直接认证或者监管这些作为客户的企业。抛开“反政府”的意识形态，一个简单的解释就是成本。[4] 直接认证将会要求政府对更多的企业互动，而不是监管中间认证者。而这可能会相应地增加监管成本。为何纳税人应当承担这些费用？如果这些利益主要由被认证的企业享有，并且它们并未产生显著的经济溢出效应，则由纳税人埋单就没有正当理由。在通过监督来防止负外部性的范围内，标准的法经济学分析排斥如下观点：外部性的产生者应当承担

〔1〕 Gunningham & Rees, *supra* note 1, at 398.

〔2〕 McCoy, *supra* note 54, at 1007. McAllister, *supra* note 66, at 331－67. 两者提供了关于其他受监管的认证与自我监管制度的一系列案例研究。

〔3〕 STEPHEN J. CHOI & ADAM C. PRITCHARD, SECURITIES REGULATION: CASES & ANALYSIS 736－38(4th ed. 2015).

〔4〕 McAllister, *supra* note 66, at 326.

执行成本。

另外一个可能的答案是，虽然监管可能构成私人认证的一个有益补充，但是，它们肯定不能保证成功。在此出现的情况是，激励设计是颇为困难的。实际上，政府监管者正在用自己的激励措施取代一些由企业安排的内部与行业性激励措施。在运作良好的行政状态下，这些监管者制定的激励措施至少将具有以下优势：它们——例如，通过对金融部门系统性风险的更好的问责，而不是通过信用评级机构做出的个体选择——更好地将可能从企业或行业溢出给外部者的成本内部化。但是，正如我们在安然事件中所看到的，良好的激励需要良好的信息。通常，监管者并不处于可以理解企业及其雇员将会如何回应政府监管的理想位置。

信息在监管中的实质作用为被监管的企业有意义地参与其自身治理打开了一个重要窗口。学者们的如下观点可以追溯到20世纪30年代：自我监管可以发挥获取被监管企业的信息的重要作用。[1] 当然，为了促使企业参与自身监督，监管者必须在其他方面权衡。虽然行业拥有关于自己的最优信息，但是，它通常不能让人确信地承诺将这些信息用于对自身不利的地方。

各种类型的混合安排呈现了沿着这些方面以及其他维度而展开的权衡组合。例如，正如彼得·莫克所指出的，政府补贴可能会使得合作社达到其成功的临界阈值。[2] 同样的经验也可以推广到自我监管型组织。对这些组织而言，政府补贴（或者免除昂贵监管）可以激励足够的企业加入其成员组织，从而使得该组织能够克服参与约束。[3] 一个共同的相关机制（有时被称为"经审计的自我监管"）[4]仅仅是强制要求成员资格（或者严格处罚缺乏资格者）。其典型例子是，在医疗保险（Medicare）条例中要求参与的医院归属于一个单一认证者。[5] 虽然强制要求与惩罚对政府而言更为廉价，并且可以克服参与约束，但它们依然存在过度的合规成本可能阻碍被监管企业形成的这一威胁。[6]

---

[1] Gunningham & Rees, *supra* note 1, at 399; Louis L. Jaffe, *Law Making by Private Groups*, 51 HARV. L. REV. 201, 212(1937).

[2] Peter Molk, *The Puzzling Lack of Cooperatives*, 88 TUL. L. REV. 899, 945—55(2014).

[3] Gunningham & Rees, *supra* note 1, at 400—01.

[4] Douglas C. Michael, *Federal Agency Use of Audited Self-Regulation as a Regulatory Technique*, 47 ADMIN. L. REV. 171(1995).

[5] Timothy Stoltzfus Jost, *The Joint Commission on Accreditation of Hospitals: Private Regulation of Health Care and the Public Interest*, 24 B.C. L. REV. 835, 852(1983).

[6] Brian Galle, *The Tragedy of the Carrots: Economics and Politics in the Choice of Price Instruments*, 64 STAN. L. REV. 797, 832(2012).

我现在简要阐述一个关于强制性认证的可能演变。该认证所根据的是针对金融审计企业而发展出来的立法。在这一拟议方案中，社会企业将被要求获得认证，但将被随机分配到一份企业备选名单上。[1] 为了进入可供利用的企业备选名单，认证者必须参与政府监督与报告方案，以确保使用最优审计实践、透明度与问责制。[2] 为了确保一定程度的价格竞争，每个感兴趣的认证者将参与关于它们将向每个可能的认证客户收取多少费用的密封投标(sealed bids)，并且，取消两个最高报价。[3] 认证者将被允许"解雇"其客户，但反之则不然。并且，认证者不向客户提供任何其他服务。客户将定期被重新分配，可能每四年一次。[4]

随机分配的目的是在太多竞争与太少竞争之间取得平衡。我们已经看到，剥夺企业对监管者的选择有助于克服认证者的信誉问题，减少消费者的困惑，并且使得认证者俱乐部免于参与约束。[5] 政府审查虽然肯定不会消除，但是会减少那些有业务担保的认证企业对审计工作的努力的缩减程度。如此一来，认证者也许可以保留其营利资格，并允许更多企业进入该市场或者现有企业进行扩张。

提供一份潜在认证者备选名单的理由是，企业必须归属于单一成员组织的制度可能提供了太少的竞争。考虑到用于建构持续关系的漫长年月与诸多机会，企业与单一外部认证者可能会变得过于友善，以至于该认证者无法真正地提出要求。一个单一成员组织可以确定其价格，要求政府介入其中并制定一个公平的费用明细表。这肯定会在政治与信息需求方面带来挑战。垄断性的认证者也可以针对政府而行使其市场权力：如果认证者不符合政府

---

〔1〕 根据针对《多德-弗兰克法案》(Dodd-Frank Act)的所谓弗兰肯修正案(Franken Amendment)，证券交易委员会有权创设一个独立委员会，以随机分配审计企业。但是，证券交易委员会并未选择如此行事。参见 Dodd-Frank Wall Street Reform and Consumer Protection Act, Pub. L. No. 111－203, § 939F (2010)。更为完整的描述，参见 SECURITIES AND EXCHANGE COMMISSION, REPORT TO CONGRESS ON ASSIGNED CREDIT RATINGS 28－31(December 2012) [hereinafter SEC report to congress]; Manns, *supra* note 41, at 784－85。

〔2〕 尽管我假定政府维持随机分配制度，但这对该建议而言并不重要。另一个第三方可以监督我提出的机制，只要第三方与该认证者之间确实无关抑或具有相反利益。参见 Ronen, *supra* note 37, at 205。该文建议证券发行人的保险公司应当策划一份适格审计企业的名单。

〔3〕 参见 Jeffrey Manns, *Rating Risk After the Subprime Mortgage Crisis: A User Fee Approach for Rating Agency Accountability*, 87 N. C. L. REV. 1011, 1063－64(2009)。为了吸引新的参与者，如果投标来自一个相对较新的参与者，则更高的投标可以获得分配资格。参见 SEC REPORT TO CONGRESS, *supra* note 93, at 43。该文注意到评论者的反对意见，即随机分配与成本控制会通过限制潜在收益来阻止进入。

〔4〕 参见 McCoy, *supra* note 54, at 1008。该文建议强制轮换审计企业。

〔5〕 Manns, *supra* note 41, at 790。该文注意到否认评级者的选择的潜在优势。John C. Coffee Jr., *Ratings Reform: The Good, the Bad, and the Ugly*, 1 HARV. BUS. L. REV. 231, 255(2011). 该文主张一种阻止发行人选择其信用评级者的制度。

标准，则政府可以依赖什么救济手段？如果它收回认证者的执照，则唯一现成的选择可能就是直接的政府认证，并伴随着预期成本的大幅增加以及行业层面信息的损失。然后，垄断者可以迫使政府接受不必要的结果（例如过于宽松的认证），直到这些结果的成本超过直接监管的成本。

当然，在随机分配方案认证中，企业不再根据其信誉而竞争。[1] 但是，这是该制度的一个预期特征。我们已经看到，信誉市场即便并未受到损害，也是颇为脆弱的，其需要宽泛的政府监督以维持其可靠性。[2] 我的论点是，从政府所组织的清单中进行的随机分配在主要方面与为培养看门人而实施的其他政府监督形式基本相同。[3] 不论政府是否必须事先批准潜在被指定人名单，或者作为替代而事后监督认证行为，其依然必须为每个认证者制定标准并审查其实践。[4] 企业之间依然在竞争，但是它们所竞争的是符合政府标准，而不是满足"理性无知"(rationally ignorant)客户反复无常的关注。虽然所组织的清单确实要求监管者在其运营的第一年就提前进行评估，但一旦这一启动期已经过去，这两个制度实质上就是对认证者绩效的事后评估。

随机分配也会面临其他挑战。正如曼恩斯(Manns)教授所指出的，"监管捕获"(regulatory capture)可能会损害消费者的信心。[5] 如果企业能够依靠其政治关系，而不是依靠其作为认证者的资质，获得进入适格企业名单的机会，则它们的评估将是不可信的。但是，任何在很大程度上取决于通过监管以增强对该认证体系的信心的制度都面临同样的问题。明智的行政设计可以帮助增加透明度与减少捕获的可能性，但是，现实中的私人影响力永远不可能被消除。如果认证制度会取得成功，则也是因为每一层——面向客户、竞争者、元认证者以及政府——的问责制都为增强信心做出了贡献。[6] 我认为，随机分配增强的额外信心总量似乎比任何其他可能性所提供的都要多。

---

[1] 参见 Coffee, *supra* note 97, at 258。该文在此基础上批评《弗兰肯修正案》。

[2] 参见 Manns, *supra* note 41, at 784。该文描述了支持《弗兰肯修正案》的理由。

[3] 特别是，它借鉴了上市公司财务监督委员会(PCAOB)的这一例子。该委员会是根据《萨班斯-奥克斯利法案》(Sarbanes-Oxley Act)而成立的，其目的是监管审计企业。参见 Macey & Sale, *supra* note 41, at 1182－83。该文注意到该委员会实际上取代了现有信誉激励制度。

[4] 参见 Jonathan R. Macey & Geoffrey P. Miller, *Origin of the Blue Sky Laws*, 70 TEX. L. REV. 347, 395(1991)。该文将针对证券发行人的事前政府认证与事后披露监管予以比较。梅西与米勒(Miller)认为，披露是更为优越的，因为它允许一些投资者选择承担政府将不会认证的产品的风险。但是，这一论点在风险偏好较低的投资者无法识别出安全的投资的情况下不具有，因为其披露的是无效信息。我认为，这就是社会企业的情况。

[5] Manns, *supra* note 41, at 789－90.

[6] Kraakman, *supra* note 37, at 101; Lytton, *supra* note 43, at 557－61.

总结性思考

社会企业可能在某些情况下为了更大的福利而订立合同，但是，它们可能无法单独如此行事。在我的建议中，政府监管者必须仔细研究社会企业认证的最优设计与实践，然后将潜在认证者名单限定于符合其标准者。之后，它必须仔细观察该系统，以确保针对认证者节省成本或顾左右而言他的压力不会不受限制地增长。虽然我的建议存在可行的替代方案，但是，所有这些都同样需要公共资源。例如，我认为，创设一个有意义的自我监管机构可能需要大量的前期补贴，以实现该行业的足够数量主体的参与。在为认证以及针对小型企业的相符性成本埋单方面，补贴也可能是必要的。[1]

当政府已经支付支持慈善事业的费用时，为何要投资于针对社会企业合同的昂贵补贴？一种可能性——正如我所描述的，同时我对此表示怀疑——是：这些生产出来的产品质量或成本效益可能在社会企业中更高，或者它们的性质在其他方面颇为重要并且具有独特的益处。更为合理的是，可能有一些企业家在适当设计并且得到补贴的环境中的订约成本低于坚持非分配约束的主观成本。因此，在边缘情况下，我们可以使得更多企业家对社会福利产生兴趣。那么，对感兴趣的立法者而言，关键的问题是，这些增加的收益是否值得用纳税人的钱来投资。

最后一个重要问题，特别是对那些已经投资于慈善模式者而言，是对社会企业的投资是否将代表真正致力于公共产品之私人生产的新资金，抑或仅仅是减去对当前慈善企业的支持。[2] 值得一提的是，用于慈善组织监督与执法的公共资源已经相当有限。如果立法机关选择后者，则在对支持社会企业最终被证明比对慈善事业更具成本效益的情况下，公共产品依然可能会有所增加。但是，如果对社会企业的支持不必在政府资产负债表上与慈善组织竞争，则该增长肯定会更大。

---

〔1〕 参见 Murray，*supra* note 2，at 43－44。该文注意到了针对小型实体的福利公司报告的成本。

〔2〕 参见 Brakman Reiser，*supra* note 4，at 722。

第三章　促进社会企业的必要政策与实践考虑：承诺、联系、损害与问责

约翰·E.泰勒三世

引　言

促进与激励社会企业的机会与政策干预呼吁比比皆是。其中一些已经通过新的社会企业形式渗透到政策与实践中，例如，修正或调整适用信义义务。其他则仅仅取得了有限成功，或者依然处于正式化过程中。后者的情况包括：要求对采用某些形式的社会企业提供免税、减税或者信贷，考虑向这些企业提供公共融资，在公共招标采购方面提供类似于给予女性与少数群体所拥有的企业的优惠，对证券、消费者保护、许可证、竞业禁止或者其他要求予以豁免，等等。在本质上，这些建议往往会使得社会企业与更为传统的营利企业对立起来，并且，它们试图通过让后者承受不利的方式而让前者获益。尽管存在值得称赞的理由，但是政策干预与这种理由之间的联系及其给社会带来的益处通常并不明晰。

这些政策干预的理由之一是，便利金融资本的供给，以促进公认的社会福利，而这些产品往往被——用来弥补市场缺口的——经由商业或者公益的传统投资所忽视。另一个理由是，使得进入与经营社会企业较修正传统进路更为精简、有效与明确。

这些理由有时会援引作为"行善的公司"的身份定位，人们期望该身份定位让该公司与公众都获益。而人们相应的关切是：这种身份定位是否会转换为所谓的"漂绿"；并且，这种身份定位能否保护人们免受欺诈、虚假陈述、"光环劫持"(halo hijacking)、难以正当化的不公平竞争、非法转移资源，以及其他不当行为的困扰。但是，这些保护措施充其量经常过于模糊，并且往往过于

宽泛以致它们实际上导致其自身所旨在约束的行为（例如，漂绿、光环劫持等）。

这些政策建议中的每一项都涉及一些优惠，我们从这些优惠中也应当清楚地看到那些给社会带来的预期（如果不是实际）利益，尤其是如果其场景对某些人有利而对另外一些人不利。这些区别不应当是人为的抑或武断的。

根据先前所提出的理由，差异化是基于追求社会福利，同时也为资本提供者追求财务收益。不幸的是，这种理由在实践中往往难以捉摸。例如，政策优惠是否足以使得社会影响力可以成为相对于所有者价值的优先事项，或者这种影响力仅仅是可能的？深思熟虑的考虑应当确定：(1)是否提供差异化的激励措施或者给以区别性的优惠；(2)如果确实如此，则在确保福利/负担与风险/报酬之间的相称关系的同时，究竟可以到何种程度。如此一来，政策可以将“社会企业”区别于公司社会责任活动抑或所谓的环境、社会与治理(ESG)意识。这两者都是有意义并值得鼓励的，并且，两者都不应当处于不适当的不利地位。

至少有四个概念可以帮助确保针对社会企业的考虑是策略性的与明确的。这些概念为理解社会企业如何促进各种社会目标与目的提供了一个多层面但彼此牵连的主题：(1)对社会福利的承诺程度；(2)努力/资源与社会影响力之间联系的性质；(3)对损害的考虑；(4)问责的类型与方式。

这些概念不仅与政策相关，也在那些投资、经营以及与社会企业互动者及其顾问方面得到了独特的实际应用。投资者之间、投资者与企业家之间或者公司与雇员之间对这些概念的理解偏差（或者缺乏对理解偏差的认识）可能会抑制投资或者限制其他参与，特别在获得教训，并且已经变得普遍或为公众所知悉的情况下。未被承认的理解偏差可能会转移资金、时间、注意力与其他资源，因为它们被耗费在解决争端上，而不是在基础业务及其预期社会影响力上——它们甚至可能会造成损害。

我们不妨考虑两个对社会企业进行大量投资的“影响力投资者”：他们都意欲获得财务与社会回报，但投资者 A 首选承诺比率是财务回报 90 而社会回报 10；而投资者 B 的首选承诺比率是财务回报 10 而社会回报 90。换言之，他们意图对社会福利做出独特的——可能是不兼容的——承诺。他们也可能就企业的努力应当在产生社会影响力方面带来多么紧密的联系上持有相互竞争的观念。

有可能出现的一个问题是，在某一时刻，该企业将需要决定是否将资源用于收集关于社会影响力的数据，评估这些数据，决定是否广泛地提供这些数据，以及它有多少资源专门用于这些努力。投资者 A(90∶10)可能认为，超过资源对这些目的的最低限度的资源投入的这一做法实属浪费；而投资者B(10∶90)可能认为，无法将资源用于这些目的将构成浪费。

如果每个投资者从一开始就理解对方对社会福利与联系优先项(connection preferences)的承诺，则他们或许能够减轻分心、成本以及之后出现的机会损失。一个或另一个可能选择不参与，并且这最终可能更有效率。但是这对于不可用资本中的努力而言，究竟付出了多少成本？如果两者都进行投资，则他们至少将能够更为建设性地解决出现的问题，而无须因伴随着未披露但支离破碎的意图而产生意外或相互质疑。他们的律师以及该公司的律师甚至可能提前规划了针对预期理解偏差的决策程序。

除了投资者之间的差异外，投资者与企业家、公司与雇员、公司与供应商、公司与消费者之间或者公司管理者之间也可能出现类似的不同期望。本章提出了一个框架，以使那些参与社会企业者——特别是他们的律师——更具目的性，并且，以更为清晰的方式处理他们的关系。一个补充目标是，使得决策者能够回答与其责任及目标有关的问题，包括引言中所提出的问题。

本章第二部分为理解如下事项提供了一个基准："影响力"(impact)、"努力"(effort)与"意图"(intent)在理论或实践中是不可互换的。虽然可能是基础性的，但是前面确定的四个核心概念中的每一个概念都取决于应用这些术语的严谨性，而这些术语往往被错误地视为同义词。

第三部分开始阐明框架，提出了一个可能存在的对社会福利做出承诺的范围。只有在该范围内的某些点或阶段内，政策妥协或优惠才是合理的。否则，只存在针对社会的相称价值的有限可能性，以及针对传统导向型企业的不必要的潜在偏见。此外，范围内的点或阶段可能会识别潜在的不兼容性，或者识别实际利益在何处会偏离社会企业参与者的这一澄清需求。

还存在一个努力与最终社会影响力之间的联系可能会被予以排列的维度。除了(具有唯结果论的宏大社会成果的)"为成功付款"(pay-for-success)倡议这一例外，政策可能在只针对该范围的某些阶段时才会有效。也许强调这些阶段的政策可以支持足够多的联系，以表明其可靠地复制努力与扩展影响力的能力。在实践中，针对这些相同阶段的兴趣可能有助于约束某些决策，或者管理对资源分配与评估等事项的期望。第四部分为努力与影响力之间的这些联系提供了一个可能的构造。

是否与如何考虑损害是另一个缺乏明确性的概念，特别是考虑到：传统企业所产生的损害性影响被用来区分（有时甚至是嘲弄式地提升）社会企业。例如，对在经济贫困地区创造就业机会的过分强调可能会产生环境问题，买一捐一模式可能会破坏受助者社区的企业家精神、制造业或就业机会，或者，可持续农业技术可能会转移稀缺的水资源或由于收获产量减少而提高当地价格。但是如何考虑这种损害？它们是否应当予以单独核算，从其他社会影响力中扣除，被减少，得到谅解，抑或被忽视？是否应当更为广泛地分享有关损害的信息？社会企业的机会成本作为其自身可能的损害类型又当如何？第五部分将探讨这些问题以及相关事项。

最后，第六部分展示了政策与实践如何受益于关于如下问题的清晰思考：(1)问责什么；(2)如何追求问责。例如，针对社会结果——对实际结果与影响力，而不是意图或努力——的问责更容易通过依赖所有者与/或公众压力实施，而不是依靠法律诉讼与救济。事实上，针对实际结果或影响力（或更准确地说——它们的失败）的法律问责很可能会妨碍或者阻止参与，从而抑制潜在的有价值的努力。但是，针对善意与努力的问责，无论是独立于意图抑或是作为意图之表达，都可能更适合作为所有者与/或公众压力问责之补充的法律问责手段。

从更为广泛的政策角度看，我们可以结合潜在优惠考虑问责制。如果适当，则政策可以同时明确规定“问责什么”与“如何问责”。一个例外可能是“为成功付款”倡议。在这种倡议中，从宏观角度看，问责制是相对明确的——其社会结果要么得到实现，要么并未得到实现。只要激励足够充分并且社会结果足够宏大，努力、意图与因果关系基本上就是无关的。但是，甚至在“为成功付款”的倡议中，问责手段（其作为一项政策事项会引发实践视角）即便不能界定内部关系，也会实质性地影响内部关系。

在实践中，参与社会企业者，特别是他们的律师，应当知晓他们如何接受问责，并确保他们能够以其所预期与计划的程度与方式而让其他人接受问责。如此参与者不需要完全一致，但是，他们至少应当理解哪里存在（或可能出现）不一致，以及在何种程度上不一致，以便他们与其律师能够做好准备，在出现问题时更为有效地解决这些问题。

考虑这些概念并明确其应用的社会企业政策将有助于确保妥协、利益、损害与预期的社会回报尽可能相称。对那些参与社会企业者而言，更清楚地了解他们努力的情况可能会在更为稳固的水平上导致更多参与，并可能更有效率、更有效果且更具规模。

“影响力”“努力”与“意图”之间的区分

“影响力”“努力”与“意图”之间存在根本区别。这三个术语都很重要，但是，它们并非同义词。如果不尊重它们独特的角色以及视它们为同一事项，则会对市场、社会、行业部门与社区产生影响。税收优惠与商业机会的流动可能仅仅基于如下最低限度的意图：让更多真正的竞争对手处于不利地位，并最终以取代甚至牺牲社会影响力的方式促进私人利益——基于社会企业的目标，这无疑是一种反常的结果。或者，问责甚至可能会被移除，以致导致轻率行事或欺诈，从而更广泛地破坏人们对商业与公益事业的信任与信心。换言之，如果以“影响力”作为“意图”的代表，则我们可能会面临自欺欺人的风险，并且减少据称正在推进的具有社会影响力的结果之机会。

作为政策事项及其对实践的影响，文字是颇为重要的。将“影响力”重新定义为“意图”或理解为“努力”是没有益处的，虽然它对标语与品牌而言可能颇为实用。每个都有自己的位置与作用：“意图”驱动具有“影响力”或者产生结果的“努力”。这可能是有意的，也可能并非希望如此。类似地，“努力”或者行为表现出“意图”，而该意图可能抑或未必有助于预期的成果。但在社会企业方面，情况往往并非如此。

例如，在“影响力”投资中一个普遍接受的定义是，投资者“意图”实现社会影响力与财务回报。[1] 类似地，社会企业往往包括具有既寻求财务回报又寻求社会影响力特征的企业。因此，“影响力”被重新定义为“意图”，而不是通常等同于“影响力”的效果、成果或者结果。因此，假定将“影响力”理解

---

〔1〕 AMIT BOURI, ABHILASH MUDALIAR, HANNAH SCHIFF, JESSICA MATTHEWS, & DAVID STERNLICHT, GLOB. IMPACT INV. NETWORK & CAMBRIDGE ASSOCS., INTRODUCING THE IMPACT INVESTING BENCHMARK (June 25, 2015), www.thegiin.org/knowledge/publication/introducing-the-impact-investing-benchmark [hereinafter IMPACT INVESTING BENCHMARK]; MORGAN STANLEY INST. FOR SUSTAINABLE INV., SUSTAINABLE REALITY: UNDERSTANDING THE PERFORMANCE OF SUSTAINABLE INVESTMENT STRATEGIES (Mar. 2015), www.morganstanley.com/sustainableinvesting/pdf/sustainable-reality.pdf [hereinafter sustainable reality].

为“投资”的修饰语，则它虽然看起来很自然，但可能是致命的。[1] 尤其是对于政策而言，这至少在语义学之外又提出了两个基本意涵。

首先，该重新界定纳入了时间变化。一般意义上的“影响力”是在行动或决定之后而被确定的，因为我们可以观察到行动或决定的效果。“意图”是在行动或决定之前或与其一起形成的。因此，“影响力投资”虽然暗示了行动后的内涵，但实际上使用了行动前的信念系统。关于这一时间焦点的政策与监管(甚至是实际的)混淆可能会反常地激励与所期望的相反事项——财务收益可能先于社会福利而得到考虑，甚至会替代后者。

从政策与问责的角度看，这具有实质性影响，因为我们不清楚问责是否与结果、意图或者努力有关。其中一个影响来自针对结果的法律问责与责任。该结果并非美国信义义务观念中的组成部分，因为它们要求并不可能的预测程度。这就解释了为何其重点通常是基于善意的努力与决策过程，而非结果。针对结果或影响力的责任，正如通常所理解的，在很大程度上改变了一项努力的风险状况，并且可能会抑制该努力甚至减少履行其承诺。鉴于社会领域中的努力已经面临障碍，增加风险与后果的这一做法似乎是不明智的。

其次，该重新界定采用隐含的客观性，并将其转化为主观事项。例如，为其后关于社会成果(social outcomes)的承诺之探讨埋下伏笔的是，为了将该投资视为一项“影响力投资”或者让一家企业有资格成为社会企业，是否需要投资者就社会影响力具有必要的意图水平？它必须小于 100%，因为财务回报也是定义的一部分。它必须至少 1%，因为一些预期的社会影响力必须存在。因为这个定义是如此开放，所以“影响力投资”与针对社会企业家的社会影响力必须意味着意图实现 1%～99%的社会影响力。那么，在被重新界定的基础上，不受到进一步限定的“作为意图之影响力”享有无须考虑意图预期范围的类似待遇。

1%的社会福利意图是否真的足以证明扰乱市场与损害传统企业的政策优惠或偏袒具有合理性？如果 100%致力于财务回报是“绝对贪婪的”，那么 1%的“影响力投资者”或社会企业家将等同于“近乎完全的贪婪”。这真的是

---

〔1〕 我毫无夸张地有意选择“致命”。在社会影响力领域中的很多努力实际上都是生死问题，而几乎所有人至少都希望积极地影响生活质量与标准。如果文字的选择与潜在的假定干扰或阻止了这些努力，那么其含义可能是实质性的，甚至在终极意义上是颇为重要的。

政策目标吗？特别是在政策提出相对于传统企业的歧视性优惠的情况下，这真的是政策目标吗？

类似地，在实践中，1％的社会投资者/企业家在关注度、资源分配与风险承担方面可能会比 99％、50％甚至 30％的社会投资者/企业家期望甚至要求不同的待遇。

意图的分级并非与政策或法律格格不入，尽管将它们量化为前面三段中所隐含（但未提倡）内容的做法可能会存在格格不入的问题。例如，在“善意”与“恶意”之间存在着意图之范围。[1] 对于侵权责任，有时意图根本不重要，就像严格责任的情况一样，而在其他情况下，在事故、疏忽、鲁莽、粗心、故意与其他方面的性质上，存在着用于确定责任（culpability）的分级。我们的刑法也类似地区分意图或犯罪意图（mens rea）。因此，社会福利空间中的政策应当完全能够明确考虑与纳入“意图”，而不是将其与“影响力”合并或者混淆。

为了使得政策较为清晰并且具有可预测性，以及在减轻相关社会问题方面提供连贯性与可靠性，政策制定者必须适当理解并纳入他们在实践中所适用的这些概念。一开始，他们应当确定理想的意图水平，以反映对社会结果的承诺，以及（如果可能）其努力与这些结果之间的联系。政策——无论是文字还是精神——都应当清楚地传达承诺与联系的预期范围，并且，至少暗示性地传达那些不足以保证从政策激励或保护中受益的部分。

如果没有澄清上述概念，则其假定就是，其范围内的任何地方——包括我所说的近乎完全的贪婪——都是被允许的，并将得到回报，而那些超出范围者将处于不利地位。否则，其政策背景将是模棱两可的，而监管与执法也是如此。这会阻碍采纳，减少潜力，最终减少影响力，并且可能产生其他损害。

同样的语言准则也可以使得那些在实践中参与社会企业者——投资者、企业家、雇员、消费者或其顾问——受益。例如，如果雇员认为影响力意味着产出与结果，但所有者或管理层意在良好的意图，那么这种脱节最终可能导致操作上的问题。同样的情况也可以归因于其他群体之间没有对概念达成共识。如果投资者的律师对影响力的理解与上述雇员相似，但是投资者的意

---

〔1〕 参见 RESTATEMENT(SECOND) OF CONTRACTS 205；U. C. C. § 1－201(20)；Wood v. Duff-Gordon，222 N. Y. 88(1917)；Robert S. Summers，*The General Duty of Good Faith-Its Recognition and Conceptualization*，67 CORNELL L. REV. 810(1982)。

思仅限于意图,问题就会加剧——并且,也许更具私人性。这些对话与决定的框架可以促进对概念达成一致以及广泛认可社会企业及其潜力。

对追求社会结果的承诺

在促进社会企业发展时,如果税收减免可供利用,信义义务可被放松,偏爱可获得展示,或者公共资本可以更容易地获得,那么受益者/接受者应当具有并表现出追求预期社会结果的相应且合理特定的承诺。[1]

那些承诺容忍社会福利结果者是否应当得到与那些完全追求这些结果者的相同有利待遇?如果接受者实际上希望得到这些结果,而不是仅仅作为附属于其他目的而容忍它们,则这重要吗?如果其承诺不是完全投入,而是最好的意图,则又当如何?图 3.1 显示了这种连续体的可能样态,并且每一点都在接下来的段落中得到描述。

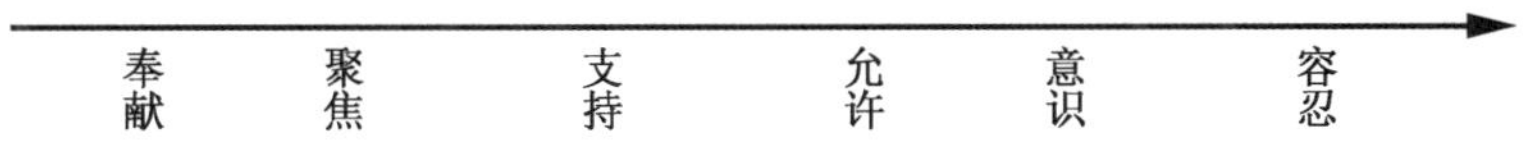

图 3.1 社会福利承诺的范围

我不清楚这些问题的答案,并且,我怀疑答案可能会因政策事项以及正在争论的场景而有所不同。关键在于,如果政策干预将该市场隔离开来,从而使其有别于追求自身差异化的市场,则人们应当问及这些类型的问题,就其可能的路径进行争论,并且达成共识。“承诺”可能对于政策目的而言过于模糊,但是,作为政策优惠的前导条件,我们依然有必要对这一专题加以深思熟虑。

承诺的范围:奉献

在该承诺范围的一端是奉献(devotion),这意味着对社会福利的排他性或者近乎排他性的承诺。在这一端或者接近这一端,抑或超越这一端的,可能是第 501 条 c(3)款中的组织,这些组织必须“排他性地”促进实现法律所界

[1] 在某些方面,这一主题与本章中的其他主题跟人们关于政府的作用及其参与或应当参与“挑选赢家”(picking winners)的观点交织在一起。对这场争论的介入已经超出了本章范围,但无论人们从哪里开始,本章所提出的问题依然是至关重要的。政治哲学可以告知如何处理或回答这些问题,但是,政治哲学并不否定对承诺、联系、损害与问责的认识所具有的重要性,因为它们都与社会企业有关。

定的慈善目的。因此，法律要求远远超过容忍或接受慈善目的的程度，并且，追求这些目的的意图本身也不能成为免税与慈善性支出扣除的正当理由——必须存在实现这些目的的遗传倾向(genetic predisposition)。

对追求社会成果的类似奉献可能对于社会企业政策目的而言过于极端，特别是关键目标是吸引财务、人力与其他资源来解决问题或者追求通常不属于传统商业、公益或政府领域的机会的情况下。要求"奉献"可能会阻碍公益事业或政府部门以外的其他人的参与，而这可能会不当地限制吸引新资本解决问题或追求机会的能力。但是，对某些政策而言，这可能是完全正确的。

承诺的范围:聚焦、支持或允许

对追求社会结果的较低程度的承诺可能会包括聚焦(focus)、支持(favor)或者允许(permit)这些结果。对追求社会结果的承诺之聚焦将会把这些追求优先于其他目标，例如财务回报或资本增长。其依然将注意财务目标，但只是作为第三顺位的考虑。低收益有限责任公司与项目相关投资(PRIs)可能是对慈善目的"聚焦性"承诺的例证，尽管其构成一个"社会"目的的更狭窄的子集。

支持追求社会结果的承诺可能依然将社会目标优先于财务目标，但是将允许对后者进行第二顺位的考虑。它可能涉及一种可反驳的推定，即优先考虑社会追求，除非或直到这种偏袒会危及或阻碍有效追求或实现指定社会结果的能力。现行法的一个必然结果可能是，在某些情况下，私人基金会如何将项目相关投资转化为使命相关或者常规投资。

颇具讽刺意味的是，目前的社会企业形式——福利公司或者社会目的公司——都不符合聚焦或支持标准，因为它们并未被假定将社会目标优先于所有者价值。与之相反，它们使得(如果需要)允许支持社会目的的灵活性获得优先地位，但是，财务目的依然可以在考虑任何特定决定或环境时被予以优先处理。[1] 因此，福利公司与社会目的公司可能构成一种典型的允许程度的承诺。

---

〔1〕 John Tyler et al., *Purposes, Priorities and Accountability under Social Business Structures: Resolving Ambiguities and Enhancing Adoption*, 19 ADVANCES IN ENTREPRENEURSHIP, FIRM EMERGENCE AND GROWTH(Jerome Katz & Andrew C. Corbett eds. 2018) [hereinafter *Purposes, Priorities and Accountability*]; *John Tyler et al., Producing Better Mileage: Advancing the Design and Usefulness of Hybrid Vehicles for Social Business Ventures*, 33 QUINNIPIAC L. REV. 235(2015) [hereinafter *Producing Better Mileage*].

承诺的范围:意识或容忍

在这一范围内的最后两种承诺反映了目前的情况,即将信义义务是否指向所有者价值——收益最大化——作为该范围内最为保守与最远的点,抑或是超越该范围的点。在这一点上,社会目的作为一项目标或优先事项而言,是一种梦魇(除非全部所有者都同意并且始终保留该协议),因此,社会福利结果充其量只能被容忍(tolerated)为聚焦或奉献给收益的附带且必要的副产品。很多传统企业在该承诺范围内经营,并在如此行事的过程中贡献了种类多元与数量颇多的社会福利。

一个不那么极端的阵营可能依然优先考虑对所有者价值与收益的承诺,但会更多地意识到并有意追求某些社会目的,例如公司社会责任或者环境、社会、治理投资,当然,其前提是后者有助于改善所有者的财务回报。与容忍一样,很多传统企业意识到营利与某些社会优先事项之间的关系,取得成功并为社会做出了很大贡献。

在这一承诺范围的端点中探讨其义务,已经超出了本章范围。但是,如果政策将有利于其范围内的其他点,则这些点可能会不利于在这一目的或者接近这一目的上运营的企业。这种待遇可能对在收益导向型的点上所带来的社会福利产生有害影响。例如,将税收抵免或投标采购程序中的额外点数授予对社会福利具有聚焦性承诺的社会企业这一政策可能会导致仅仅容忍社会福利的企业丧失收益,从而可能导致此类企业裁员甚至关闭,并对其雇员与社区产生相应影响。深思熟虑的政策将是策略性的,以分解与减轻这些与潜在利益指标并存的歧视性损害类型。

识别并证实承诺

就像“意图”一样,承诺多半是一种主观状态,除非它在声明与/或该事实发生后的行为中表现出来。此外,思想是不可知的——其并非作为信任与正直的事项而不可靠,而是不可知的,因为只有用心思考的人才有能力知晓它们是什么。人们可能会告诉我们他们在想什么,而基于他们自己的理解,即使并不存在欺骗的意愿,其想法也可能是抑或不是准确的、完全的。相反,法律与人类互动将客观陈述与行为作为意图与承诺的指标。它们进一步依靠在类似于不同情况下的广泛经验解释意图与承诺。我们不妨再次考虑针对善意、犯罪意图、疏忽甚至是税收减免与慈善性支出扣除的政策路径。这些经验教训可以帮助社会企业空间的政策发展。

与承诺水平一样，在作为政策事项而决定社会企业的承诺应当如何表现为优惠待遇（如果存在）与相应公共妥协（如果存在）的条件时，可以存在不同的行为类型。此外，哪些行为更为优先，将取决于并且应当适应于正在考虑中的政策。不太可能存在一种“一刀切”的行为，这种行为假定或者总是证明社会福利作为每一种政策可能性事项的优先性。

需要考虑的关键特性与子因素包括如下方面：

1. 事先做出的承诺陈述或声明：(1)其可以是私人的或公共的；或者(2)其可以通过宣誓方式进行。

2. 已经采取或者完成的行动、行为与努力。

3. 事后报告的情况如下：(1)是否由公司或者第三方编制；(2)是否得到独立审计；(3)是否为公众获得，以及如果可以为公众获得，则是否可以通过自愿或强制方式实现。

在所有这些因素中，也存在关于这些情况下所要求或者期待的特性与细节程度的决定，包括与预期问责的主要方式有关的决定。如果单纯是因为承诺及其证据可能与所做的努力有关，则很多这些相同的问题或特征也会在考虑如何证明努力与成果之间的联系时以某种形式得到适用。

努力与社会结果之间的联系

除了“为成功付款”的宏大倡议（其中只有社会成果才是重要的）这一大局政策影响外，应当存在作为政策事项并且可以决定是否给予有利地位或避免不利地位的一些标准。这些标准涉及所开展的活动或者做出的承诺与社会成果、结果或实际影响力之间的关系。在这里，依然存在一个可能承载这些关系的范围。努力与影响力之间的不同联系将表明不同程度的可预测性、可复制性与可拓展性，以致当时努力的风险轮廓可能不会改变，但未来努力的风险轮廓可能会在某种程度上发生实质变化——或者不会发生实质变化，这在某种程度上取决于努力与结果之间的关系。后者可能足以吸引更为传统的商业资本与活动，或者巩固对传统公益事业或政府的需求。

例如，未被希望抑或预期的社会福利是否应当将那些享有与如下情况相同的支持予以正当化：因为行为与影响之间存在因果关系而产生的社会福利？也许。但是，政策很难激励旨在实现意外与随机后果的行动或决定。因此，如果激励措施在整个范围中都是相同的，则人们不会追求更难但是可能更富有意义、更具有拓展性与可复制性的事项。毕竟，其风险轮廓是不同的。

图 3.2 显示了一系列联系的潜在范围排列。意向性从右到左随着风险轮廓而逐渐减少（其中复制成果的可能性从左到右减少）。

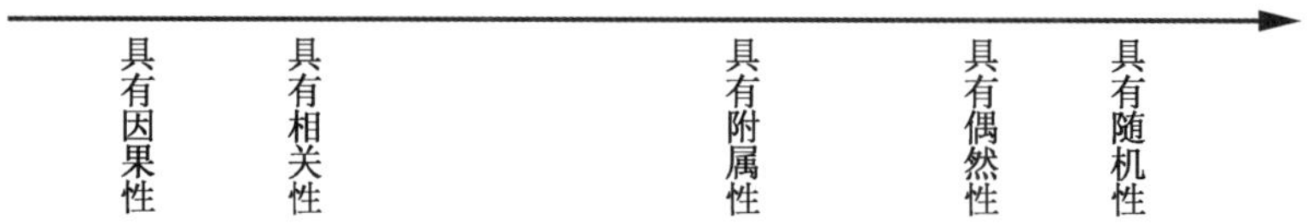

图 3.2 努力与社会结果/成果之间的联系

因果与随机关系：划定范围的终点

图 3.2 中所描述的范围两端的关系可能被标记为“因果关系”与“随机关系”。在第一种情况下，可以证明一种联系，即干预、行为或决定可以说造成了由此产生的影响力，并且，“要不是”该干预，该结果就不会发生。知晓因果关系可以降低风险，并且增加复制该干预与拓展其影响力的可能性，但是，真正建立因果关系可能是一项挑战。

另外，随机产生的社会福利可能依然有益并且可取，但是，它们不太可能是可复制或可扩展的，因为人们并不清楚重复什么行为或决定。有时“比好更幸运”可以是据此谋生的话语，但它很难证明调和信义义务、予以税收抵免或投标采购优惠以及施加其他政策优惠具有正当性。

相关性联系

因果关系的表亲可能是一种具有相关性的关系。这种关系可能无法被确定为因果关系，但是，关于一种联系及其可复制能力的证据足够稳健——并且足够可靠，从而允许相当高程度的可预测性：行为 A 很可能产生结果 B 或者产生影响力 C。正如在科学中一样，存在足够的证据得出合理结论并采取更多行动。在相关性关系中，存在的值得考虑一些可能性的等级，但是，其已经超出了本章范围。

附属性与偶然性关系

更接近中间但倾向于随机性这一端点的可能是附属性与偶然性联系。这两者之间的主要区别可能是避免与/或预测结果的能力事项。

“附属”这一术语是从非营利免税组织的法律中借用过来的。该法律禁止私人利益,除非它是为追求慈善目的而“附属”的。我们不妨考虑一个非营利组织,它在明确的范围、时间表与质量下向供应商购买服务。在志愿者无法合理满足这些需求与标准的情况下,以市场利率或者低于市场利率的方式补偿供应商的非营利组织从事了一项被允许的私益交易,该交易附属于非营利组织慈善目的。供应商随后的经验与教训也可以被认为是附属于该非营利组织慈善目的与活动的被允许的私人利益。这些经验与教训不能脱离那些基础性的参与或活动,而是构成它们不可分割的一部分,并且,通常可以被预见到,并因此被设法保护以防止超过附属私利的程度。

如果这些私人利益构成那些基础性参与的预期结果与实质性原因,就会失去其附属地位,从而威胁到其慈善性。我们不妨考虑一家设计、制造与销售驱除传播疟疾的蚊子之服装的公司。这通常是第三世界的关注点,因此,其销售可能被认为附属于减轻贫困效果这一慈善目的。假定寨卡(Zika)病毒在2015年开始猖獗传播后,人们发现同样的衣服也能驱除携带寨卡病毒的蚊子,后者也对发展中经济体与第三世界产生了破坏性影响。但是,在缺乏全面流行病的情况下,不能基于这一新的主要商业市场的情况,就使得在美国销售这种服装附属于慈善目的。相反,销售收益更有可能是一个主要目的,所以慈善目的可能被认为只是附属于营利目的。因此,如果成果或结果并不具有特定指向性,但依然被知悉或者可被知悉,并且因此受到人们的合理期待,则基于政策目的,该成果或结果可能与决策和行为具有“附属的”联系。

“偶然的”社会成果或结果可能是那些事先并未得到合理预期的事项,并且因此并未得到优先追求,但是,事后的益处允许其关系得以识别与理解。该知识允许复制到可以修正意向性的地步。以使用驱蚊剂衣服为例。一个偶然的成果或结果可能是学习到相同的衣服或衣服上的化学物质促进了头发生长。虽然不一定是通常所定义的“社会”福利,但是该偶然发现所催生的头发修复市场可能会产生一项商业活动或许可证,并伴有追求社会福利或创造财富的重要的资金流。

这一发现本身是偶然性的，但是，它之后可能被如何利用则并非如此。政策目的的关键是认识到，偶然关系虽然事先无法获得合理预测，但可以重复甚至测量。而这构成了区分偶然与随机成果或结果的标准的一部分，并且它可以将该发现转换为相关性甚至因果性。因此，政策偏好或优惠不能被期望去预先支持、告知甚至激励这些决策或行为，但是，它们可能适用于一旦发现后应当将其用于何处。

我们不妨继续使用驱蚊衣与头发修复这一例子，同时假定其序列被反转。如果后来了解到头发修复成分特别有效地驱除或杀死携带寨卡病毒的蚊子，那么最初的努力就不是社会性的。但是，随后用于寨卡目的的应用则可能是社会性的——特别是在发展中国家与第三世界，并且这一努力（即化学成分）与社会成果（即驱除/杀死携带寨卡病毒的蚊子）之间的联系可能足够深入并且可以证实，以至于政策优惠或支持可以被证明是合理的，从而鼓励廉价或者非营利性的运用。努力与社会成果之间最初的偶然关系已经成为相关或因果关系。

前面的探讨假定了有益且积极的成果、未预期效果或意想不到的机会。但是，并非所有这些成果、效果或机会都是积极的或有益的；很多也可能是有害的。因此，决策者与从业人员应当考虑的第三个因素是，是否或者如何处理由社会关注的努力所造成的、与之相关的或者与之相伴而生的损害。

损害的重要性

当在社会企业领域适用“损害”一词时，我们可以从很多方面加以设想。本节探讨了其中三个，以及其运用方法与使用它们的相应责任（如果存在）。

第一类损害是，通常使用这个词时可能立即会想到的实质性负面影响：污染、失业、经济不稳定或者停滞、疾病等。这些损害可能与活动直接相关，例如向土著居民提供保暖的毯子，而事实上，接受者对这些毯子携带的疾病并无免疫力。相关的损害可能是间接的或次要的，例如向贫困社区提供鞋子或眼镜，以促进依赖以及/或者破坏或阻止这些产品在当地经济中的发展。

考虑损害的另一种方法是，如何处理来自实质性损害的基础知识与教训，以及促成或导致这些损害的决策努力。如果分享这些见解，则会负有什么责任？这种披露会防止（或者不披露会导致）什么损害？例如，被浪费的金钱、人才、时间以及其他与复制已经失败的未披露的努力相关的资源？而披露又会产生什么损害？例如，牺牲竞争市场优势及其随后对收益与持续提供社会福利的能力之影响？如何评估或权衡这些损害？如下政策期望是否应当存在：使披露成为政策优惠之相应回报的一部分？

如果传统商业或公益路径可以更好或者更为有效地实现规模化与/或损害较小的社会影响力，则第三种损害可能来自机会成本。如下假定似乎是不妥当的：仅仅因为意图是好的，就假定社会性的路径会更好地运作并且更具延展性。关于这些路径及其在实现社会影响力方面的可能性的相对主义理解是有益的（也许是微小的）。至少，与传统路径的比较可能为那些有重叠关系的行业、垂直市场或者企业提供基准，这些行业、垂直市场或者企业将重新与前两类损害发生联系：实质性或次要性负面影响。

与本章的其他部分一样，本节提供了一个思考、探讨与分析的框架——而非必然取决于所适用场合的具体且全面的答案。

为何将实质性损害纳入“社会福利”的分析

一致性与完整性要求社会企业有目的地考虑实质性损害。毕竟，社会企业及其支持者经常将自己或反对传统路径的运动单列出来的方式就是：援引企业所造成的损害，或者明显无法让“社会性”考虑胜于收益最大化。更为重要的是，一致性同样伴随着频繁的“行善”、关心社区与社会，以及将自我与进取心类似地投身于超过财务回报的事项。因此，这两种立场都要求，至少在分析伪善风险的影响时需要考虑一些有意义的损害因素——更不用说不成比例与不公平的政策牺牲了。

从政策与实践角度看，至少有四种路径可以处理实质性与次要性损害。(1)通过仿效对传统商业的共同指控而将其忽略。(2)特别是通过其与努力的联系，而将其加以识别与理解。这些努力是否导致了损害，仅仅与损害具有相关性，抑或只是附属或者偶然的？(3)可以通过正向社会影响力来识别，尽可能量化，并且“捕获”。(4)在识别与理解损害后，可在这些情况下做出尽可能合理地预防、最小化或者减轻损害的承诺。

至少，决策似乎应当包括对可能的损害及其程度的认识。但是，作为最低限度，这一标准并未将这种考虑与传统企业区分开来。毕竟，即使是追求收益最大化的企业，也希望知晓可能会增加责任风险、增加生产或合规成本、降低效率、造成竞争劣势、损害士气（从而损害生产率）或损害信誉以及抵制潜在买家或资本来源的这些损害。社会企业的动机或意图可能是不同的，但在为了实现社会福利而不是最大化所有者价值方面，两者都存在相同的效果：损害发生。因此，优惠或者不优惠政策应当要求在行动与后果层面进行有意义地区别对待。

政策分化可能会鼓励或要求任何特定的路径，或者可能通过要求私人决策者知悉与处理损害风险而在实践与实体层面威慑私人决策者。决策者可以评估在承诺与联系的范围之间的何处妥协。例如，针对公共投标项目或公共融资而给予税收优惠待遇可能分别针对的是，该承诺与联系范围中的"聚焦性"与"相关性"部分，但也要求考虑某些损害。

针对损害的该路径可能意味着，"识别与理解的路径"伴随着披露的义务。或者，一旦一些标准以一种可以适用于实体之间的一些类似一致性（如果不是像公认会计原则一样适用于整个行业）的方式发展，则它可能需要采用标准或者第三方认证，从而"捕获"损害。或者，它可能期望将资源用于减少损害，因此对业务管理者与运营者施加要求。但是，这种要求不应当与政策优惠或机会所可能给企业带来的利益不成比例。

即使缺乏政策干预，投资者、企业家以及其他与社会企业相关者也应当意识到损害，以便他们能够评估各自在是否或者如何解决这些问题方面的一致性。在这些群体中，一些人大概会致力于（或有意参与）分配资源——财务、人才、注意力、信誉等——以理解或减轻损害。一些人的偏好可能是忽略损害，除非这些损害给营利带来了实际风险。有几个例子也许有助于说明政策与实践层面的考虑。

买一捐一的商业模式增加了对消费者的吸引力[1]，它们同时提升了财务与社会利益，并且产生了行善的温暖之光（warm glow）。[2] 但是，一个给定的模型对社区经济带来何种影响？它对当地制造业、批发、零售、分销与供应链、创造就业机会、税基与创收带来何种影响？它对促进对该个体或社区的依赖而不是自力更生带来何种影响？短期行善的长期后果是什么？其回应可能是额外的正向社会福利，而这取决于如何处理该模型中的"捐一"这一

〔1〕 参见 Christopher Marquis & Andrew Park, *Inside the Buy-One Give-One Model*, 12 STAN. SOC. INNOVATION REV. 28－33(Winter 2014)。

〔2〕 参见 Galle, *supra* Chapter 2。

部分。社会企业政策与实践的关键是问题的提出与回答，以及它们促成了建设性的行动。

使命旅行(mission trips)也很受欢迎，其有时提供医疗保健与用品，有时建造或者修理房屋或社区机构(例如学校)，有时打井或修建其他基础设施。作为其社会意识的一部分，一些企业对这些努力提供带薪休假的支持，或者承诺捐赠一定比例的收益或提供实物。同样，财务与社会利益都得到增长，而温暖之光也是如此。但是，对当地经济、供应链、就业等会产生什么影响？[1] 对当地社区居民时间、精力与才能的需求之机会成本是什么，以及如果不是这样，则如何才能——也许更有成效地——做出相同贡献？其对社区心理及其成员有什么影响？更为长期的需求以及针对维持其供给的机会是什么？当基础设施随着时间的推移而崩溃时，会带来什么负担？该活动可能对地方治理与/或跟附近社区或部落的关系产生什么影响？全部答案可能都证实了温暖之光及其参与度。这些答案可能识别了那些可以得到解决的实质性或者次要性损害。同样，关键是去追问并回答这些类型的问题，然后采取相应的行动。

我无法确定在特定情况下“采取相应的行动”是什么意思。这可能意味着，停止做一个人一直在做的事情，而其后果是它将阻碍善行的实现。这可能意味着，根据因其损害而减少的社会福利的净影响而决定，将资源用于处理这些损害，改变商业模式以减轻已识别的损害并为社会福利创造机会，或者分享经验教训与理解从而使得其他人不会犯同样错误——或者使得这些人可以运用自己的聪明才智并且通过其独特努力应对这些损害。

将损害后果/结果理解为其自身的社会福利

对有害后果、结果或副产品与促成它们的先前决定和行为之间的关系之理解本身就可以构成一种社会福利。毕竟，特别是如果它能够确定努力与效果之间的联系是因果性、相关性、附属性、偶然性或随机性，则一个特定实体对其损害的认识可能会告知它是否或者如何消除、避免或尽量减少这些损害。

更宽泛地讲，分享损害的教训可能会吸引那些用来解决问题或识别机会

[1] 参见 ROBERT D. LUPTON, TOXIC CHARITY: HOW CHURCHES AND CHARITIES HURT THOSE THEY HELP(AND HOW TO REVERSE IT)(2011)。

的独创性、资源以及那些可能会解决结果性损害的替代路径。这种传播也可能有助于其他人避免同样的有害决定与/或结果。

当然,也可能存在不披露损害的正当理由,特别是当努力与效果之间的联系是或可能是稀薄的时。此外,披露可能会暴露商业秘密或者竞争性商业模式的优势,进而削弱甚至毁灭该企业——以及由此产生的良好效果。缺乏根据的披露可能会阻碍吸引金融资本,因为这可能对财务回报产生负面影响。

因此,这并不像相信透明度与披露从来都不是错误那样简单,也不像相信它们本身就是终极的纯产品那样简单。[1] 相反,就像社会企业的通常情况一样,其选择可能是在相互竞争的"产品"之间进行——分享关于损害的有益信息,抑或阻碍实现其他社会福利的努力。但是,人们可能需要做出选择,这种选择强化了如下观念:社会企业的核心最终是做出选择。

政策探讨至少会产生两个问题:如何或者在何处平衡可能伴随实质性损害披露的损失以及不披露的利益?以及谁应当做出决定?是政策制定者、投资者、企业家与/或其雇员、消费者,还是其他群体市场?

从政策角度看,这两个问题的答案可能取决于在承诺与联系范围内决策者的目标以及优惠的性质。更多或者更大的优惠可能为针对如下事项的更大期待提供了正当性:共享信息(这些信息可以减轻、消除或者防止损害),并且甚至可能惩罚未能披露损害的行为。同样的情况也可能为政策制定者作为有别于其他身份的决策者提供正当性,尽管较少或者较小的优惠可能在是否披露、披露什么以及披露多少方面需要政策尊重私人决策者。

来自产品安全召回与证券披露等领域的经验教训及其门槛考虑可能是有益的。有时在这些领域,披露是强制性的,但有时,人们尊重行业标准或者公司决策者,两者都以私人决策为基础。这使我们回到了实践层面。

从实践角度看,至于是否披露、披露什么以及披露多少关于损害的信息,可能需要确定不同利益相关者对信息(与/或没有信息但后来通过常规或秘密渠道了解到信息)的回应方式。一个问题可能是,这些决策是基于提高某些利益相关者的满意度,以防止某些利益相关者的不满,还是基于原则性的以价值为导向的总体"社会福利"考虑。如果不是后一种情况,那么社会企业

---

[1] 参见 JOHN TYLER, TRANSPARENCY IN PHILANTHROPY: AN ANALYSIS OF ACCOUNTABILITY, FALLACY, AND VOLUNTEERISM (Philanthropy Roundtable 2013), www.philanthropyroundtable.org/file_uploads/Transparency_in_Philanthropy.pdf。

如何与传统企业区分开来？如果在实践中无法区分，那么应当给予政策优惠吗？

作为损害的机会成本

对社会企业之损害的一种不太公认的思考方式是它的机会成本。是否可以以更低成本、更大规模，或者以其他方式通过传统商业或公益路径，更好、更快、更有效地实现预期社会影响力？是否可以更好地管控或减轻实质性损害？

如果只有意图、努力或温暖之光具有重要性，则这种相对主义的路径是不具有相关性的。但是，如果实际成果与影响力非常重要，则一种承认将财务、人力与其他资源用于实现社会影响力的其他可能性的相对主义路径就有其益处。并且，如果规模性的社会影响力是一个最终目标，那么在某些情况下，更为传统的路径甚至可能会更好。

基于社会企业的双重利益，我们还应当比较商业与公益之财务回报的机会成本。证明通过社会企业与行业可以获得非优惠的市场回报率的这一努力有助于确认这一点。其方式是，试图证明一些努力可能不具有财务上的机会成本。此外，从定义上讲，财务利益与社会企业具有相关性。

财务回报既涉及资本回报，也涉及资本增长，这是企业（至少对于投资者而言）的优先事项。公益不能满足这些目的，因为其并不存在所有者。因此，社会企业在这些方面的相对机会成本是，它是否作为一个运动、行业或者企业，会返还资本与/或以与传统企业相同、优于或者低于传统企业的速度实现资本增长。

在社会影响力方面，商业的相对比值并非零；即使是最单一的收益导向型企业也会产生一些社会影响力。对于公益而言，其唯一目标是社会性与慈善性的影响力。

在社会企业中，至少存在可以与传统路径比较的五种模式。在第一种路径中，所有人都追求财务与社会回报最大化并且被期待如此——我称之为“乌托邦理念”(utopian ideal)。第二种路径是像传统商业那样追求最大化财务回报，但努力产生比商业更好但可能不像公益那样强大的社会影响力——我称之为“改良的商业”(modified business)。第三种路径以与改良的商业路径相同甚至更好的方式实现或者争取社会影响力，但会承认一定程度的资本回报或其增长——也许是一个“更为宽容与温和的商业”(kinder，gentler business)。第四种路径是“更具进取心的公益”(more aggressive philanthropy)，它试图匹配公益的社会影响力，同时也做得比其财务回报与增长更好，但在这些方面可能做得不如商业更好。第五种路径是，反映公益的社会影响力，全部归还资本，但这种资本并未增长，即“无息贷款”(no interest loan)。

表 3.1 总结了这五种模式的机会成本。表中的数字仅用于解说目的，其中“3”表示一个实质性目标，而“0”则根本不是一个目标；基于社会企业的各种优先项，“1”与“2”则有助于说明相对主义的定位。因此，如果任何社会企业模式或者整个运动至少没有产生 1 的社会成果，则传统商业可能是实现预期影响力的更好的替代方案。或者，如果其只产生 1 或 2，但使用公益则更有可能产生 3——例如，因为其损害较小，或者其影响力更为广泛或更为持久等，则在这种情况下，公益可能是最为可取的。

表 3.1　　评估相对于传统商业与公益的影响力

		财务资本收益	资本增长/分配	社会成果
	传统商业	3	3	1
	传统公益	0	0	3
社会企业的路径	乌托邦理念	(=商业) 3	(=商业) 3	(≥公益) 3
	改良的商业	(=商业) 3	(=商业) 3	(>商业) 2
	更为宽容与温和的商业	(公益<) 2 (<商业)	(公益<) 2 (<商业)	(>商业) 2
	更具进取心的公益	(公益<) 1 (<商业)	(公益<) 1 (<商业)	(≥公益) 3
	无息贷款	(=商业) 3	(=公益) 0	(≥公益) 3

资料来源：John Tyler，*Social Impact of the Social Enterprise Zoo*，*in* THE SOCIAL ENTERPRISE ZOO：A GUIDE FOR PERPLEXED SCHOLARS，ENTREPRENEURS，PHILANTHROPISTS，LEADERS，INVESTORS，AND POLICYMAKERS(Dennis R. Young，Elizabeth A. M. Searing，& Cassady V. Brewer eds.，2016)。

针对这种机会成本的路径在现实中面临着明显的挑战。它假定社会企业以一种与传统商业或者公益事业竞争的方式运行。这种假定可能符合，也可能不符合现实，但是基于社会企业与“影响力投资”的很多构想，其肯定具有可能性。它还假定一种量化影响力与损害从而进行相互比较的能力，但是这很难实现。

这里的要点是，如果社会企业希望忠于其目标，则它必须认识到商业或者公益的传统路径在某些情况下可能最有利于社会影响力。如果是这样，则针对社会影响力的意愿将意味着资本、人力与其他资源有时最好通过这些路径来使用，并且，通过社会企业来利用这些资源则是有害的——或者至少不是那么具有影响力。

小结

从政策角度看，在计算社会是否正在获得至少与所做出的优惠相称的社会影响力时，即便不需要减轻或者预防这些损害，决策者与公众也应当了解实际与潜在的损害。从实践角度看，对针对损害的路径进行调整可以为关于财务与其他资源分配的决策提供信息，包括是否停止、以之为中心或者继续该努力。

在这两种情况下——政策与实践——承诺的深度/广度以及与社会福利的联系将决定如何确定与处理损害，包括是否与如何在外部分享以及如何将损害纳入对“社会福利”的分析。对损害的考虑也会影响问责（特别是面向所有者的问责）方式以及公共披露是否会取代法律问责。

针对社会影响力的问责：形式与后果[1]

政策与实践都受益于对问责制的明确思考，其原因有两点：(1)为了什么，以及(2)如何追求。就“什么”而言，它是对整体社会成果与结果的问责，还是只对正向社会结果、努力、意图、善意、过程——抑或其某种组合的问责？就“如何追求”而言，它是通过诉讼与救济的法律事由，通过公众或社会施压，与/或通过可以任命与替换董事的所有者来实现？

针对具有社会影响力的成果——或者实际结果与影响力——的问责更容易通过依靠所有者与/或公众施压实现，而不是通过诉讼与救济的法律事由来实现。事实上，针对实际成果或影响力（或更准确地说——其失败）的法律问责可能会同时阻碍（如果不是禁止）资本与人员的参与。但是，针对善意、努力或过程的问责可能更适合于法律问责，以补充面向所有者与/或公众施压的问责。

从政策角度看，问责特别重要，因为是什么与如何做可以被定义为政策

---

〔1〕 参见 Tyler et al., *Producing Better Mileage*, *supra* note 5; Tyler et al., *Purposes, Priorities and Accountability*, *supra* note 5。

的一部分，并被用来具体测量政策目标。在实践中，参与者应当知晓自己如何被问责，并确保自己能够按照真正期望的程度向他人问责。至少，缺乏明确问责制可能会以如下方式影响风险计算：禁止将资源用于该努力而阻碍其影响力，或者将资源用于争议解决而非使命目标。

经由公众/社会手段的针对社会影响力之问责

每个人或企业都会受到某种形式的公众/社会问责，无论是营利组织、非营利组织、私人基金会、政府机构、民选或任命的官员，还是私人。这在社交媒体无所不在的现代社会尤其如此：在这个时代，任何有意见无论好坏与获得技术者都可以把意见带到社交媒体上。这种意见不需要被告知，只要其以事实为依据，在某种程度上甚至是有益的。这是公众/社会问责的实质。

最终，公众问责真正重要的事项是，存在（1）充分数量的（2）民众关心并且（3）愿意采取行动。"充分数量"可能是整个社会，也可能需要数千或者数百万人，这取决于具体情况。在现实中，如果一个人通过编写某种允许感知胜过现实的自动程序、算法或编程创造个体外观，那么可能不需要具有充分的数量。但是，这些感知在现实中可能导致必要的充分数量。

"民众关心"是指民众出于善意、恶意抑或基于对中立或冷漠的背离，而对某人或者某一话题感兴趣。"愿意采取行动"意味着，能够对企业及其运营、资本或人员产生重要的影响——并希望如此行事。例如，破坏信誉的行动可能会阻止新的资本或者人才加入该企业；它们可能会影响与企业相关者的士气，从而影响其生产力。雇员的行动可能会完全终止其运营，或者至少会破坏其运营。消费者可以在其他地方购买，从而损害或者毁灭其财务绩效。但是，公众/社会问责不仅仅有消极的一面。它也可以是非常积极的：作为一个生产性的、提升信誉的信息来源，其可能有助于吸引资源，提高士气，并增加销售量。

无论是消极的还是积极的，第四个补充部分对于真正的公众/社会问责而言是必要的：获得充分的正确信息，以便充分关心的充分数量的民众可以以负责任的方式团结起来实现其所希望的目标。当然，信息也会受到混淆、编造与其他误导的努力之影响，同时信息也需要在技术上可供人们获取。这就是为何信息必须是"正确的"原因。

如果这四个组成部分中缺少任何一个或者多个组成部分，那么公众/社会问责不会变成任何问责。例如，如果缺乏足够的正确信息可供利用，则那些可能构成充分数量者并充分关心从而采取行动者将不会知晓他们可能想做什么。如果信息是可供利用的，但只有少数人可以接触该信息，并且他们缺乏必要的可信度、网络、技术或者营销智慧，那么他们的行动意愿与随后行动就不太可能吸引让公众问责具有意义所需的充分数量——从这个意义上讲，我们缺乏"合适"的民众。

公众问责在实践中可能会非常有效。巴塔哥尼亚(Patagonia)与其他地区的福利报告似乎是善意遵守福利公司架构内的公众/社会问责规定与精神的典范。[1] 但是，作为社会企业的一项政策事项，公众/社会问责不太可能有效地取代法律问责，并且，支持某些企业获得超过其他企业的优惠的折中方案是值得怀疑的。

如果其政策目标是实际的成果与结果，并且，如果优惠是有意义的，那么单靠公众/社会问责是不可能有益的。如果强制要求规定保证充分的正确信息能够到达充分数量的关心此事的合适民众那里，那么具有过程强制要求的公众/社会问责就可能是有效的。如果其目标是努力或者意图，并且并不存在优惠或者偏袒，则对公众/社会问责的依赖作为所有者问责以及普通法律机制之补充，可能是充分的。

那些参与社会企业实际运营者应当清楚地了解他们在多大程度上依赖于公众/社会问责。对于该群体中的大多数人而言，追索权仅限于这种问责，或者他们个体或集体行动的能力(例如辞职、罢工、抗议、在别处购买等)。这并不必然有别于他们原本持有的让传统企业接受问责的追索权。因此，他们可以/应当意识到这种依赖性，并且确保他们可以接触到充分的正确信息，以及那些充分关心从而采取行动或者至少知晓自己缺乏这种能力的充分数量之民众。

经由企业所有者的针对社会影响力之问责

在具有所有者的任何企业形式中，其中有些所有者有权任命与罢免董事或管理者。通常这是一个简单多数决，但是，基于所有者的协议，其可能要求

[1] 参见 PATAGONIA WORKS, ANNUAL BENEFIT CORPORATION REPORT, FISCAL YEAR 2016, www.patagonia.com/static/on/demandware.static/-/Library-Sites-PatagoniaShared/default/dw883f0dc2/PDF-US/2016-B-CorpReport-031417.pdf883f0dc2/PDF-US/2016-B-CorpReport-031417.pdf (last visited Aug. 25, 2017)。

绝对多数，甚至完全一致。因此，只要那些负责运营者满足优先事项、成果、努力、资源分配要求或者符合必要法定人数的所有者在该特定时间内认为是最为重要的其他标准，其运营就会继续保持现状。

其现状可以是来自财务结果、社会影响力、慈善目的、努力、意图、过程或者任何其他符合当时法定人数的所有者之信念的优先事项。因此，对于社会企业而言，其现状可能有利于也可能不利于社会影响力或者其任何特定子集（而非财务回报）。因此，所有者问责的"是什么"通常是变化无常且不可预测的，并且随着时间的推移可能是不可靠的。

对于符合法定人数的所有者改变他们的想法从而违反其原有承诺，并不存在任何制约。因此，企业所有者可能会在特定时间点一致地理解：相对于可分配的收益，社会福利是神圣不可侵犯的。但是，他们可能会改变想法——更为确切地讲，他们中的法定人数可以如此行事，并且确保其运行得以相应地推进。另外，新所有者可能具有不同的优先事项或可能改变他们的想法。如果缺乏程序或法律保护（例如强制收购持不同意见的所有者的股权）或者针对社会福利的信义义务，则符合该法定人数者的意愿就会胜出。只要全部所有者都理解这一立场如何影响他们的优先事项、承诺与期望，这可能就是有益的。

虽然符合法定人数的所有者根据传统法律可能负有一些保护少数者财务利益的义务，但（充其量）尚不清楚的是，针对社会影响力，其是否负有相同的义务，尤其是如果——如前所述，在福利公司或社会目的公司中——法律优先事项是在财务回报与社会回报之间灵活选择。因此，在缺乏包括优先考虑社会影响力之明确的信义义务的情况下，更为重要的是，所有者理解他们在交换针对公众/社会问责的法律追索权（甚至是实践中的所有者问责）时舍弃了什么，正如福利公司与社会目的公司模式所显示的那样。

经由法律的针对社会影响力之问责：合同、信义义务与监管

针对社会成果的三种法律问责类型最有可能是：合同、信义义务与监管。在针对社会企业的现有架构下，包括经由合同修正的传统架构下，这三种类型均是无力的。

无论是在政策上还是在实践中，对违约、诉讼原因与救济的依赖至少存

在两个问题。首先，违约需要有意愿与资源者来执行。如果全部所有者都改变主意，决定不优先考虑社会影响力，则如何处理？如果一些所有者依然关心社会成果，但缺乏诉讼资源，则又应当如何应对？在这两种情况下，即使存在违约，也不会有人救济。

其次，为了在违约时追偿，原告必须确定四个要素：存在一项合同，该合同被违反，原告在经济上遭受损害，并且，该违约行为造成了该损害。后两个要素对社会企业而言尤其存在问题。

让我们再次考虑先前关于追求社会福利之所有者协议的推定，但是，现在假定，法定人数违反了该协议，并剥夺了社会福利的优先地位，以强调财务回报。三件事之一会发生：公司会赚钱，赔钱，或者收支相抵。如果它收支相抵，则不会产生损害。如果公司赚钱（包括对于原告而言），则原告是如何在经济上承受损失的？他们已经赚钱了，因此，并未遭受损失！如果该公司亏损，则原告可能无法证明其损失是由违约而非社会企业固有高风险属性所造成的。因此，其因果关系可能并不清晰。在这两种情况下，原告败诉的可能性都非常大。

原告可能会得到一项针对未来违约行为的禁令，如果违约方后来违反了禁令，则会被判定藐视法庭。但是，这并不会纠正过去的违约行为，并且可能只是促使符合必要法定人数的所有者改变治理文件。因此，经由合同的问责对于优先考虑社会福利而言是无力的。

现在让我们考虑违反信义性的注意义务之权利主张。在传统商业框架下，存在一些争议的是，在缺乏利益相关者法（constituency statute）以及特定情况时〔1〕，股东价值最大化是否是可强制执行的信义义务。〔2〕特拉华州法院一贯坚持股东至上的标准，并且，看起来，很多营利性律师或者其客户愿意承受在缺乏一些保护的情况下单方面偏离这一标准的风险。〔3〕

如果传统企业形式在提供社会福利的信义性优先选项方面是令人怀疑

〔1〕参见 John Tyler，*Negating the Legal Problem of Having "Two Masters": A Framework for L3C Fiduciary Duties and Accountability*，35 VT. L. REV. 117(2010)。但是，利益相关者法几乎都是宽容的，并且并不要求选择社会福利而非所有者价值。康涅狄格州与亚利桑那州规定了有限的强制性规定。康涅狄格州要求，根据《1934年证券交易法》第12条而登记的有表决权股票类别的公司董事应当考虑股东、雇员、消费者、债权人、供应商与其他因素的利益，但是，该义务仅限定于合并与出售资产的情况。并且，考虑本身并不强制要求优先选项。CONN. GEN. STAT. § 33－756(d)(2008). 亚利桑那州需要考虑公司及其股东长期与短期利益，但并未提到非股东利益。ARIZ. REV. STAT. ANN. § 10－2702 (LexisNexis，2009).

〔2〕参见 Tyler et al.，*Producing Better Mileage*，*supra* note 5，at 274－77 and citations therein。

〔3〕参见 eBay Domestic Holdings，Inc. v. Newmark，16 A. 3d 1，33(Del. Ch. 2010)。

的,或者显然并未提供社会福利的优先地位,那么新社会企业架构必须填补这一空白。但是它们并未做到这一点。福利公司与社会目的公司模式都调整了信义义务,以允许董事视情况在所有者价值与社会福利之间选择。换言之,这两种形式通常都未使得任何特定目的处于优先地位。相反,它们优先考虑灵活性,以选择基于环境与其判断而显示的优先事项。当然,这需要得到具备符合法定人数的所有者的认同。

其例外可能是低收益有限责任公司。根据法律,该公司明确要求慈善目的的优先性并剥夺所有者价值的优先地位,从而在法律上确立了目的、优先选项与权重。[1] 但是,这些法律也可以说使得低收益有限责任公司的成文法方案转换为仅仅出于某种原因或情况而不执行该方案的事项。这种易于转换并且不叠加该法律的信义性机制的做法使得该法律毫无意义,而这是解释规则所不允许的。即使如此,正如前面所指出的,其义务针对的是,社会福利的狭义性的慈善这一子集,而非更为宽泛的社会福利的概念。后者只得到了有限(但依然有益的)运用。

因此,对于社会企业中的信义义务而言,"是什么"并不处于危险之中。而这是不幸的,因为政策与法律可以很容易创造一种可以真正调整信义义务以明确地将社会福利优先于财务回报与增长的形式。这一义务也可以基于潜在的惩罚性赔偿、吐出收益、揭开公司面纱,甚至是越权行为(包括监管制度下的内容)而得到有意义的执行。

如果希望做到这一点,就应当注意在不可知的未来情况下尊重私人决策的重要性。施加针对成果的信义义务——这在特别是包括传统商业或公益的任何其他情况下都不存在——将会适得其反。作为替代,这一义务应当反映传统领域的义务,并遵守诚信、符合程序与努力行事,同时伴随着问责。

但是,目前的情况并未显示针对一个信义性注意义务的基础:该义务强调伴有通常在传统商业类型中可供利用的相应监管路径的社会影响力。例如,在缺乏明确优先选项的情况下,刺破公司面纱与越权行为的诉讼事由与救济并未提供给州首席检察官或者与该企业存在交易关系的第三方。如何将灵活性作为优先事项而加以执行?除非相关文件中存在披露与免责声明,否则证券欺诈与消费者保护标准可能是有益的。

---

〔1〕 参见 Tyler, *supra* note 13; Dana Brakman Reiser, *Theorizing Forms for Social Enterprise*, 62 EMORY L. J. 681, 696(2013)。

因此，愿意通过让利、豁免与例外规定而让社会企业受益的政策制定者应当确保建立新的、明确的与可取的问责制，使其各自的弱点与可能性得到充分理解，并确保对社会企业的优惠和对传统商业的损害与正在做出的公共牺牲和正在取得的收益相称。从实践角度看，参与社会企业者应当了解问责制在何处确实存在或者不存在，并且在何处其仅仅是虚构的存在而在实践中并不存在。

结　语

尤其是在结合其运用的明确性的情况下，如下社会企业政策将会带来直接与间接利益：有意纳入针对社会影响力的具体承诺、努力与结果之间的联系、如何处理损害以及针对是什么以及如何做的问责。这一关注也将有助于防止无意中使得不应当、不适当与不公平地损害他人或社会福利者受益。这种关注与明确性也将增加那些参与社会企业者的确定性，或者那些希望与他们一起参与其努力场景者的确定性。因此，颇有希望的是，更多的人会参与进来，并且更有可能地充分参与。

其中一些确定性可以得到实现，因为监管者对其责任与边界更为清楚，这意味着执法可能会更有针对性——并且，这样的目标风险可以得到更好地校准与/或减轻。这种动态通过提升可预测性来帮助社会企业家及其资本来源。

类似地，通过明确与有意地理解他们如何与社会企业接触，那些启动、发展、投资、经营以及以其他方式与社会企业互动者可以更加深思熟虑并专注于他们的努力。他们并不需要完全的整齐划一，但是，如果他们至少知晓哪里缺乏以及在何种程度上缺乏整齐划一，就可以更好地准备在出现问题时最有效地解决问题。在政策与实践中缺乏对这些核心概念的正式关注甚至可能会无意中限制社会企业的潜力。也许，只要有适当的关注水平，政策与实践就可以在规模上促进实现最终所预期的影响力。本章雄心勃勃并且可能是略显天真地希望为这一目的而做出贡献。

第二部分

历史背景与政治经济学

社会企业的三条立法路径

当所有企业都具有社会性时

社会企业法的早期教训

形塑公司改革

社会企业对低收入社区的承诺

第四章 社会企业的三条立法路径：低收益有限责任公司、福利公司与第二代合作社

布雷特·H. 麦克唐纳

引 言

越来越多的企业并不适合被纳入传统分类，后者区分了专注于为投资者赚钱的营利组织与专注于行善的非营利组织。很多企业家、投资者、消费者与雇员似乎有兴趣成为这些所谓的社会企业的一部分。[1] 作为回应，各州立法者颁布了法律，为商业社团创造了各种新的法律形式，以满足这种新商业趋势为人所感知的需求。

本章分析了三种新法律形式的发展：低收益有限责任公司[2]（通常称为"L3Cs"）、福利公司（benefit corporations）[3]，以及新的或第二代合作社[4]（以前从未被称为"C2Gs"，但让我们拭目以待其是否会适用该标签）。每一种新形式都建立在一种旧法律形式之上。对于每一种形式，我们探讨了其新形式旨在解决哪些被意识到的缺陷，如何解决这一缺陷，以及迄今为止被州立

---

〔1〕 Robert A. Katz & Antony Page, *The Role of Social Enterprise*, 35 VT. L. REV. 59(2010); Heerad Sabeti, *The For-Benefit Enterprise*, 89 HARV. BUS. REV. 98(Nov. 2011).

〔2〕 J. Haskell Murray & Edward I. Hwang, *Purpose with Profit: Governance, Enforcement, Capital-Raising and Capital-Locking in Low-Profit Limited Liability Companies*, 66 U. MIAMI L. REV. 1 (2011); Elizabeth Schmidt, *Vermont's Social Hybrid Pioneers: Early Observations and Questions to Ponder*, 35 VT. L. REV. 163(2010).

〔3〕 WILLIAM H. CLARK JR. & LARRY VRANKA, WHITE PAPER, THE NEED AND RATIONALE FOR THE BENEFIT CORPORATION: WHY IT IS THE LEGAL FORM THAT BEST ADDRESSES THE NEEDS OF SOCIAL ENTREPRENEURS, INVESTORS, AND, ULTIMATELY, THE PUBLIC(2013), http://benefitcorp.net/sites/default/files/Benefit_Corporation_White_Paper.pdf; Corporate Laws Committee, ABA Business Law Section, *Benefit Corporation White Paper*, 68 BUS. LAW. 1083(2013).

〔4〕 CHARLES T. AUTRY & ROLAND F. HALL, THE LAW OF COOPERATIVES 20－22 (2009); James B. Dean & Thomas Earl Geu, *The Uniform Limited Cooperative Association Act: An Introduction*, 13 DRAKE J. AGRIC. L. 63(2008).

法者与个别企业所采用方面的成功情况。我们从这些发展中总结了一些教训,并且探讨了其他新形式是否可以更好地应对社会企业所面临的挑战。

第二部分分析了几种不同的方式,即旧法律形式通过这些方式可能不足以满足社会企业的一些需要。其中存在两种基本的不充分性:(1)法律障碍可能(或多或少地完全与决定性地)阻碍社会企业践行其双重使命;(2)法律可能无法确定能帮助社会企业克服组织挑战。新法律形式可能会增加授权收益与目的相混合的这一法律特质,并有助于成本更低且更有效地组织社会企业。

第三部分介绍并分析了三种新法律实体类型。低收益有限责任公司遵循有限责任公司法,并附加了一组关于低收益有限责任公司必须遵循的目的规则。低收益有限责任公司通常被描述为第一个专门为社会企业而开发的法律形式,并且其见证了一些早期的成功,但是各州对该法律形式的采纳已经停滞。这可能是因为低收益有限责任公司是最低限度的,其很少能够满足社会企业的组织需求。

福利公司是公司法的补充。福利公司法增加了(1)要求董事与高级人员考虑社会目的的信义义务规则;(2)定期披露公司为实现这些目的所做的工作,以及直接涉及社会目的的规定。因此,福利公司是一个比低收益有限责任公司更有针对性与更为强大的创新,更多的州与公司已经采用了这一新形式。但是,关于福利公司法是否足以应对组织挑战,从而使得该形式成为一个真正有价值的选择,依然存在严重的问题。

有别于低收益有限责任公司与福利公司,第二代合作社是通过自成一体的法律来创设的。但是,这些法律在很大程度上借鉴了规制传统合作社的法律,因此,对那些了解这种法律形式的人而言,这些法律看起来相当熟悉。第二代合作社采用了一种新近适应于社会企业的治理机制,即成员投票,以确保受益群体的利益在决策中得到真正代表。第一部第二代合作社法要早于第一部低收益有限责任公司法。这使得它成为针对社会企业的真正的第一部新成文法形式,但到目前为止,还没有多少州采用该新形式。我探讨了其中存在的几个原因。

第四部分探讨了迄今从这些新法律形式的实践中所吸取的一些教训。这些形式借鉴了各种公司治理机制。至少在这三种形式之一中,目的、义务、披露与投票/代表都似乎是促进实现社会企业目标的策略。本章对关于社会企业的文献贡献是，将作为社会企业新法律形式的第二代合作社加以分类与分析。它是一种理论上意义重大的形式，因为它使用投票作为确保企业依然专注于一组特定社会利益的核心法律策略。更为知名的新社团形式受到了广泛批评，因为它并未充分帮助社会企业致力于其社会目的。第二代合作社可能为克服这一批评提供了一条推进的路径。

第五部分探讨了这里所考虑的三种形式之经验所显示的其他法律创新类型。两个已经存在，但只存在于几个州中。福利有限责任公司（benefit LLC）给有限责任公司法增加了福利公司给公司法所增加的相同目的、义务与披露条款。这些规定可以提供与福利公司相同的能动特征，但又具有税收与灵活性优势，从而使得有限责任公司成为新型企业的主导形式。社会目的或特定福利公司在结构上很像福利公司，但又具有更为有限的社会目的。这种形式可以避免一些法律上的不确定性，这些不确定性来自标准福利公司的目的与相应义务的宽泛范围。最后，我提出了一个创设在第二代合作社基础上的新形式之建议。我们不妨称它为第三代合作社，或者 C3G。第三代合作社将消除一些可能限制第二代合作社吸引力的强制性规则，并允许复合类型（而不仅仅是两种）成员的可能性。这种修正将促进在该实体架构中建立多种利益的代表机制。更宽泛地讲，存在着进行各种试验的需求与空间，从而为非股东群体参与社会企业决策提供途径。

社会企业与现有形式的局限性

越来越多的人似乎希望投资于那些模糊了纯营利与非营利组织之间界限的组织、为其工作或从其中购买产品。人们通常认为纯营利与非营利组织都存在严重缺陷。当如此行事会提升收益时，营利企业经常会施加社会危害。非营利组织经常运作效率低下，并且发现自己总是很难筹集资金。也许把两者的特征结合起来的组织可以做得更好。

“社会企业”一词涵盖了介于这两种理想类型之间的组织。这是一个广阔的地带，并且，尽管“社会企业”并不是一个精确的法律术语，但已经以各种方式而得到使用。对“社会企业”的一个相当笼统的定义是，“一个利用商业方法来实现社会目标的组织”[1]。这个宽泛的术语可以分为两个重要的企业子集，我们可以称之为非营利性社会企业与营利性社会企业。非营利性社会企业具有排他性的社会目的，不存在向股权投资者分配收益的情形，但它们使用商业方法（例如，通过销售产品或服务而创造收益）来实现其社会目的。营利性社会企业拥有股权投资者，后者要求至少获得组织产生的部分收益。因此，营利性社会企业具有双重使命：既为其投资者赚钱，同时也追求一个或多个社会目的。[2] 我在本章的重点是后一种形式，即营利性社会企业。为了节省空间，我简单地称之为“社会企业”。

随着越来越多的新企业使用社会企业进行试验，一些参与新企业者对现有法定商业社团形式感到失望，这些形式包括（营利性）商事公司、非营利公司、合作社与有限责任公司。这种不满促使人们努力创设新的法律形式，从而更好地服务于社会企业。本章所评论的三种新法律形式正是这一举措的产物。

为何那些试图发现与经营社会企业者对旧法律形式感到失望？我们可以将其关切分为两个基本类别。第一个同时也是更为严重的障碍所发生的场合是，法律的特性积极地阻止社会企业采取行动或以其希望的方式组织自己。我们将其称为法律路障（legal roadblocks）。一个路障可能完全禁止一家企业做它想要做的事，或者如果该企业根本不采用任何商事社团法律形式，则该路障可能会大大增加那些超出常规的成本。社会企业法律路障的一个主要例子是非营利法中的非分配约束。[3] 那些控制非营利组织者不被允许向自己或者成员分配收益。州非营利公司法通过对股东的临时与清算分配的限制以及对补偿的限制来施加这一约束。[4] 对于免税的非营利组织，税法强化了这种非分配约束。[5] 由于为股权投资者的利益而创造收益是我正在使用的社会企业这一术语的一个决定性特征，因此这种非分配约束使得那些社会企业经营者不可能采用非营利公司形式。[6] 在商事公司法中，备受

---

[1] Dana Brakman Reiser, *Theorizing Forms for Social Enterprise*, 62 EMORY L. J. 681, 681 (2013).

[2] Katz & Page, *supra* note 1, at 61－62.

[3] Henry B. Hansmann, *The Role of Nonprofit Enterprise*, 89 YALE L. J. 835, 838(1980).

[4] Model Nonprofit Corporation Act §§ 6.40, 6.41, 14.05(d).

[5] I. R. C. § 501(c)(3).

[6] 一些广义的社会企业，正如我早些时候所说的非营利社会企业，可以使用非营利形式，尽管诸如营业外收入税（unrelated business income tax）与商业活动法理等税法要素可能会造成路障。Jaclyn Cherry, *Charitable Organizations and Commercial Activity: A New Era – Will the Social Entrepreneurship Movement Force Change?*, 5 J. BUS. ENTREPRENEURSHIP & L. 345(2012); John D. Colombo, *Commercial Activity and Charitable Tax Exemption*, 44 WM. & MARY L. REV. 487(2002).

争议的股东财富最大化规范代表了一个可能但存在争议的路障,这是我们在稍后转向福利公司时需要探讨的问题。

第二个对旧商业社团形式的关切可以被称为法律空白。法律空白并未积极阻止一家企业采取它希望采取的一些行动。但是,因为存在空白,所以法律并未积极给予任何帮助,以便企业能够以促进其实现目的的方式建构其关系。商业社团法的一个主要益处是,它提供了一套现成的法律规则,并且被证明对很多企业非常有用。合伙法的很多特征(共享治理、控制权转让的限制、撤回投资的能力)已经被证明在具有少数积极参与的所有者的营利企业中非常有用。公司法的很多特征(董事会任命高级人员、股票自由转让性与资本锁定)已经被证明在公众拥有的营利公司中相当有用。信义义务作为一种控制那些控制者自我交易的方式,已经被证明在很多企业中是有用的。个别企业往往不会选择使用某一特定法律形式所提供的全部现成规则,但是,利用其中很多规则进而根据需要对其他要素进行特殊化的这一能力,是具有多样性与灵活性的美国商事社团法的巨大优势之一。

法律路障和法律空白之间的这种区别与强制性规则和默示性规则之间的区别密切相关。〔1〕路障更有可能是由强制性规则造成的,因为企业一旦采用了受该规则规制的法律形式,就不能绕过强制性规则而签订合同。当然,这种区别并非不容变通的:因为一些困难的变更规则,所以人们可能在签订合同时也很难绕过默示性规则。〔2〕

人们可以理解的是,当涉及社会企业的组织挑战时,旧法律形式会存在法律空白。毕竟,社会企业,至少作为有意识的选择,是一个相对较新的发展。旧的法律设计并未考虑到社会企业,所以人们不会期望这些法律会提供有助于解决社会企业所面临的任何特殊挑战的规则。

这些特殊挑战可能是什么?平衡推进实现一个或多个社会目的的同时为投资者创造收益的双重使命并不总是容易的。推进既定社会目标有时会相当昂贵,从而导致收益下降。在这种情况下,社会企业应当做什么?

这被广泛地援引为"两个主人"(two-masters)问题。〔3〕目标之间的冲突

---

〔1〕 FRANK H. EASTERBROOK & DANIEL R. FISCHEL, THE ECONOMIC STRUCTURE OF CORPORATE LAW(1991).

〔2〕 Brett H. McDonnell, *Sticky Defaults and Altering Rules in Corporate Law*, 60 S. M. U. L. REV. 383(2007).

〔3〕 Dana Brakman Reiser, *The Next Big Thing: Flexible Purpose Corporations*, 2 AM. U. BUS. L. REV. 55, 78 n. 106(2012).

可能会同时造成内部与外部问题。在内部，冲突与紧张局势可能导致企业经营者决策不力。管理者可能试图避免艰难的决策，或者依靠拙劣的探索法来避免怀疑与遗憾。[1] 在外部，投资者、雇员与有意参与社会企业的消费者面临两难处境。他们希望投资平衡社会目的与收益的公司、购买其产品或为其工作。但是，他们如何才能判断一家公司是否真正追求这两个目标？这给双方都造成了一个困境——公司经营者可能真正意欲平衡社会目的与收益，但如果他们不能让投资者与消费者确信他们实际上正在如此行事，则可能在其真正致力于践行双重使命时无法吸引投资者与消费者。[2]

因此，社会企业创始人希望发现有助于他们平衡社会目的与收益的法律规则。也许更为重要的是，他们寻求的规则将帮助他们可信地向外部投资者与其他人承诺，他们将努力实现这一平衡，而不会始终固守这两个目标之一。当然，除了采取某种法律形式来应对这些挑战外，还存在其他方式，并且，社会企业正在尝试很多方式。但是，如果一种法律形式提供了一套被证明是有用的现成规则，那么采用这种法律形式将是帮助应对这些法律挑战的低成本方式。但是，存在着可以提供帮助的规则吗？那些创设低收益有限责任公司、福利公司与第二代合作社者认为他们已经发现了一些。让我们看一下他们是否是正确的。[3]

三种形式与三条路径

这一部分探讨社会企业的三种新法律形式。该部分对它们加以描述，分析它们如何试图改进现有法律形式，并探讨其缺陷。

低收益有限责任公司

低收益有限责任公司法是有限责任公司法的补充。对于“补充”而言，我的意思是，除非低收益有限责任公司的法律规定修正了有限责任公司法的规定，否则低收益有限责任公司就是有限责任公司，根据其所选择的州有限责

[1] Mark J. Loewenstein, *Benefit Corporations: A Challenge in Corporate Governance*, 68 BUS. LAW. 1007, 1027－34(2013).

[2] Joseph W. Yockey, *Does Social Enterprise Law Matter?*, 66 ALA. L. REV. 767, 798－813(2015); Brett H. McDonnell, *Committing to Doing Good and Doing Well: Fiduciary Duty in Benefit Corporations*, 20 FORDHAM J. CORP. & FIN. L. 19, 29(2014).

[3] 本章只关注美国的法律发展。更宽泛的调查将考虑其他地区，特别是在欧洲的发展，包括社区投资公司、社会合作社与公平股份公司倡议。

任公司法而予以登记，并完全受到该州有限责任公司法规则规制。

有限责任公司是一种非常灵活的法律形式[1]，并且，它们已经成为美国新企业所选择的形式。例如，在我的家乡明尼苏达州，2014 年，有 30 449 个新的国内（即州内）有限责任公司向明尼苏达州州务卿办公室提交了申请。下一个最为接近的形式是商事公司（营利组织），有 5 909 家——只是新有限责任公司数量的五分之一。有限责任公司提供有限责任与"复选框"（check-the-box）式的税务规则。它们的大多数规则是默示性规则，并且可以在个别公司的运营协议中随意更改。由有限责任公司法所提供的默示性规则对小型企业是有益的。该法提供了两种默示管理结构：成员管理型，其中成员选择直接运营该公司；管理者管理型，其中成员将大多数决策授权给一个或多个管理者。这两种结构已经被证明对不同的企业具有用处，并且，有限责任公司法使得选择一个或另一个结构变得简单化。由于大多数社会企业都是拥有股权投资者的小型企业，因此使用有限责任公司结构作为基础，可以使低收益有限责任公司从作为有限责任公司的诸多优势中获益。

低收益有限责任公司法在这上面补充了什么内容？低收益有限责任公司法并不旨在消除限制个别公司自由的法律路障。相反，其目标是通过提供公司可以更便宜地实现某些目标的规则来填补空白。[2] 佛蒙特州最初的低收益有限责任公司法就是典型。佛蒙特州的低收益有限责任公司是选择满足三个要求的有限责任公司。这三个要求都涉及公司目的。第一，该公司必须"显著促进……一个或多个慈善或教育目的的实现"。第二，"该公司的重大目的并不是创造收益抑或资产增值；但是，在缺乏其他因素的情况下，一个人所实现的创造显著收益与资产增值这一事实不应当成为涉及创造收益或资产增值的一项重大目的的确凿证据"。第三，"公司目的并非是实现一个或多个政治或立法目的"。[3]

这种语言并不是随机的。它来自界定项目相关投资（PRI）的《国内税务法典》（IRC）的规定。受到某些消费税限制的慈善基金会可以限制这些限定的范围，从而使得投资符合项目相关投资规则。[4] 对社会企业感兴趣的一

---

[1] LARRY E. RIBSTEIN，THE RISE OF THE UNCORPORATION（2009）.

[2] 接下来所描述的这些规则对于选择成为低收益有限责任公司的有限责任公司而言是强制性的。但是，在有限责任公司法的场景下，这仅仅是增加了一个新的选项：如果公司如此选择，则可以采取之。

[3] VT. STAT. ANN. TIT. 11 § 4162.

[4] I.R.C. § 4944（c）；MARION R. FREMONT-SMITH，GOVERNING NONPROFIT ORGANIZATIONS：FEDERAL AND STATE REGULATIONS 77（2008）.

个重要的投资者群体是基金会，后者在寻找自己的项目相关投资目标。作为低收益有限责任公司基础的最初概念是，提供一种鼓励这种投资的法律形式。更具体地说，支持者所构想的低收益有限责任公司就是用来促进“分层”投资。项目相关投资的投资者将以符合项目相关投资规则的低利率进行债务或者优先股权投资，而寻求更高财务回报的投资者将投资于其他如果公司成功则将获得更高收益的股权类型。在低收益有限责任公司的目的要求中复制成文法上的项目相关投资表述旨在提供确定性，即低收益有限责任公司中的项目相关投资将满足《国内税务法典》的规定。

低收益有限责任公司取得了一些初步的成功，但是后来停滞不前。在佛蒙特州于 2008 年颁布了第一部法律之后，其他 8 个州也在 2012 年先后立法。〔1〕 但是，从那时起，再没有任何州颁布低收益有限责任公司法，并且，北卡罗来纳州在 2014 年废除了这一法律。根据一项统计，截至 2016 年 11 月，存在 1 476 家低收益有限责任公司。〔2〕 这一现状尚可，但是，正如我们在下面所看到的，福利公司的数量目前略高于这一总数。

为何低收益有限责任公司立法的增长停滞不前？在一定程度上，这是因为这种形式从未被接受为项目相关投资的专属目标。尽管支持者希望如此，但是国税局从来没有承认在项目相关投资方面，低收益有限责任公司具备任何特殊地位。〔3〕 最近关于项目相关投资的国税局指南明确拒绝提供进一步的指导。〔4〕 根据一些相当激烈的学术评论，这完全是适当的，因为低收益有限责任公司法至少在促进分层投资方面的构想不周。在分层投资的情况下，实现财务回报的目标因投资类型而异——有些部分获得低回报，但另一些则试图获得更高回报。只有前者应当构成项目相关投资的工具。但是，低收益有限责任公司法建立在整个实体层面的低收益目的上。对于高收益的部分而言，则并非如此。〔5〕 如果这一批评被假定是正确的，则我们不应当期望国

---

〔1〕 SOCIAL ENTERPRISE LAW TRACKER, http://socentlawtracker.org/#/l3cs(last visited July 7,2017).

〔2〕 *What Is an L3C?*, INTERSECTOR PARTNERS L3C, www.intersectorl3c.com/l3c(last visited July 7,2017).

〔3〕 John A. Pearce II & Jamie Patrick Hopkins, *Regulation of L3Cs for Social Entrepreneurship: A Prerequisite to Increased Utilization*, 92NEB. L. REV. 259,272—73(2013).

〔4〕 Examples of Program-Related Investments, 81 Fed. Reg. 24,014(Apr. 25,2016)(to be codified at 26 C. F. R. pt. 53), www.federalregister.gov/documents/2016/04/25/2016-09396/examples-of-program-related-investments.

〔5〕 Carter G. Bishop, *The Low-Profit LLC(L3C): Program Related Investment by Proxy or Perversion?*, 63 ARK. L. REV. 243(2010); Daniel S. Kleinberger, *A Myth Deconstructed: The "Emperor's New Clothes" on the Low-Profit Limited Liability Company*, 35 DEL. J. CORP. L. 879(2010).

税局会永远护佑低收益有限责任公司。如果缺乏这种护佑，则基金会不太可能依靠低收益有限责任公司的地位来选择其针对项目相关投资的对象。

尽管如此，1 400 多家企业已经选择成为低收益有限责任公司，这也颇为重要。它们为何要这么做？针对低收益有限责任公司法的第二个填补空白的目的已经出现。公司选择成为低收益有限责任公司，是一种将自身作为致力于一项社会目的之品牌的方式。有限责任公司的一般优势同样适用，但是其名称与成文法目的发送了信号。[1] 但是，该法究竟需要提供多少帮助才能使得低收益有限责任公司致力于实现这一目标？采用该目的以及虽然采用该目的但并未予以遵循的法律后果是什么？根据法律，停止遵循其被要求的目的限制的低收益有限责任公司将停止成为低收益有限责任公司，并且，必须更改其名称以放弃低收益有限责任公司的名称。[2] 事情就是如此。甚至并不存在用来监督与执行这种柔性惩罚的机制。

致力于践行双重使命的需求是一个严重的组织挑战，并且，有效的承诺手段很难得到实现。低收益有限责任公司法所提供的全部内容似乎就是一个附有相关目的的名称。确保符合这一目的的机制完全取决于私人部门。也许这个名称足以提供一点帮助——毕竟，成为低收益有限责任公司并不需要什么成本，并且，有些公司确实继续采用这种形式。但是，这过于无力，并且，这种极简主义可能解释了为何大多数围绕社会企业的法律活力已经转向别处。

福利公司

类似于低收益有限责任公司，福利公司是商事公司的补充。公司依然是针对大型企业的主导性商事社团法律形式。公司存在双重缴税的缺陷，尽管很多小型公司能够使用“S 分章节”(Subchapter S)的规则，后者允许类似合伙关系的缴税制度。[3] 董事会与高级人员的管理结构更加精细且集中，并且伴有往往被视为对小型企业并无必要的更多程序，尽管董事会结构确实为不同利益的代表提供了机会。我们将稍后探讨这一点。

为何商事公司被认为不足以满足社会企业需求？与低收益有限责任公司不同，公司法通常被视为是一种法律路障。公司董事与高级人员通常被理

---

〔1〕 Schmidt, *supra* note 2.

〔2〕 VT. STAT. ANN. TIT. 11 § 4163.

〔3〕 26 I. R. C. § 1361 subchapter S.

解为负有只关注收益与股东财务利益的法律义务，而其他公司利益相关者的利益仅在追求这些其他利益会增加收益的情况下才会发挥作用。因此，公司可以说无法自由地追求被用来界定社会企业的双重使命。很多学者与其他人认为，这种股东价值最大化目标既是公司法实际要求的，也是法律应当合理要求的。[1] 而颇为令人意外的是，判例法对这一点的支持并不多见——其标准援引是道奇诉福特汽车公司案[2]，尽管这是一个来自密歇根州的近百年前的案例。除了这一案例，该州在公司法方面并无任何显著地位。更为重要的判例支持来自实际上颇为重要的特拉华州：这些判例是露华浓公司诉麦克安德鲁斯-福布斯控股公司（Revlon，Inc. v. MacAndrews & Forbes Holdings，Inc.）案[3]与易趣国内控股公司诉纽马克案。[4]

很多人质疑，股东收益最大化是否真的是美国商事公司必要的唯一目的。[5] 在大多数情况下，商业判断规则在实践中给予董事会非常宽泛的自由裁量权。在具有公司利益相关者法（corporate constituency statutes）的州，考虑股东以外群体利益的自由裁量权是一项明确的成文法规定。[6] 因此，完全不清楚的是，是否有必要进行任何进一步改革，从而使得公司能够追求有时可能与增加收益的目标相冲突的社会目的。但是，就利益相关者法所授予的许可范围而言，几乎并不存在任何司法指导，并且，流行的股东规范加上商业律师的自然保守主义，使得董事及其顾问难以在商事公司场景下明确地将社会目标置于与股东收益相等的水平。

福利公司法也存在一个法律空白的理由。这与低收益有限责任公司的理由非常相似。标准公司法并不比有限责任公司法更能帮助解决如何引导社会企业决策者并帮助他们致力于实现双重使命的问题。

福利公司受到公司法的全部规则规制，除非后者与附加的福利公司成文

---

〔1〕 Significant examples include Leo E. Strine，Jr.，*Our Continuing Struggle with the Idea That For-Profit Corporations Seek Profit*，47WAKE FOREST L. REV. 135(2012)；Stephen M. Bainbridge，*Director Primacy：The Means and Ends of Corporate Governance*，97 NW. U. L. REV. 547(2003)；Milton Friedman，*A Friedman Doctrine-The Social Responsibility of Business Is to Increase Its Profits*，N. Y. TIMES，Sept. 13，1970，at SM17.

〔2〕 170 N. W. 668(Mich. 1919).

〔3〕 506 A. 2d 173(Del. 1986).

〔4〕 16 A. 3d 1(Del. Ch. 2010).

〔5〕 Examples include Lyman Johnson，*Unsettledness in Delaware Corporate Law：Business Judgment Rule，Corporate Purpose*，38 DEL. J. CORP. L. 405(2013)；Lynn A. Stout，*Bad and Not-So-Bad Arguments for Shareholder Primacy*，75 S. CAL. L. REV. 1189(2002)；David Millon，*Communitarians，Contractarians，and the Crisis in Corporate Law*，50 WASH. & LEE L. REV. 1373(1993).

〔6〕 Brett H. McDonnell，*Corporate Constituency Statutes and Employee Governance*，30 WM. MITCHELL L. REV. 1227(2004).

法规定发生冲突。相对于低收益有限责任公司对有限责任公司法的补充，福利公司对公司法的补充部分更多。与低收益有限责任公司一样，存在着一个目的要素。在大多数福利公司法所遵循或者至少受其深刻影响的示范福利公司立法中，福利公司必须以创造“一般公共利益”(general public benefit)为目的。[1] 这一短语被相当宽泛地界定为“作为一个整体而对社会与环境产生的实质性积极影响力”[2]。福利公司也可以追求其公司章程中所规定的一个或多个特定社会目的。[3]

福利公司法还具有两个其他组成部分，这使得该形式比低收益有限责任公司更具有实质内容。这些法律改变了董事与高级人员的信义义务，而后者构成公司法的一个核心要素。法律修正义务的确切方式在不同的州略有差异。但是，其基本思想与示范立法相似。在那里，董事与高级人员有义务考虑他们的行动将对公司追求一般公共利益的能力与对各种非股东群体(包括雇员、消费者、社区与环境)的影响。[4] 如果股东认为董事或者高级人员违反了这一义务，则股东可以提起诉讼，尽管在这种诉讼下的救济措施会受到严格限制。这一新义务相当清楚地消除了只考虑收益最大化作为公司唯一目的的义务这一潜在路障。除此之外，它还提供了一种方式来确保更为有力地致力于社会企业双重使命——完全忽视其使命的董事会与董事有可能会被起诉。但是，我们必须追问的是，这会产生多大的承诺。

福利公司法的第三个要素是一份必要的报告，其中涉及福利公司为追求一般公共利益所做的工作，以及一家特定公司的任何特定公共目的。[5] 披露有助于外部投资者与其他人了解一家公司为践行其使命而正在做的事情。不提供令人满意的披露的公司会面临丧失当前或潜在投资者、消费者与雇员的风险。但是，我们再次不得不追问的是，披露规则实际上究竟提供了多少指导与承诺。

第一部福利公司法于2010年在马里兰州颁布。31个州现在拥有了福利

[1] Model Benefit Corporation Legislation [hereinafter Model Legislation] § 102, http://benefitcorp.net/sites/default/files/documents/Model_Benefit_Corp_Legislation.pdf.

[2] *Id*. § 102.

[3] *Id*. § 201(b). 在特拉华州版本的福利公司中，它们需要具有一个特定目的。DEL. CODE ANN. TIT. 8 § 362(a).

[4] Model Legislation, *supra* note 35, § § 301, 303.

[5] Id. § 401.

公司法。[1] 目前存在2 000多家福利公司。[2] 因此,从目前为止在州立法层面以及在个别企业的采用数量看,福利公司已经超过低收益有限责任公司而成为社会企业的主要形式。这一天可能很快就会到来:绝大多数(如果不是全部的)州都会拥有福利公司法。然而,虽然很多企业已经采用了这种形式,但与美国的公司总数相比,它们依然微乎其微。此外,绝大多数福利公司都是小型的紧密控股公司。目前尚不存在上市的福利公司,尽管"桂冠教育"(Laureate Education)已经提出了上市申请。[3]

进一步增长的前景是什么?这取决于人们认为福利公司法中的义务与报告规定在多大程度上有助于解决社会企业试图说服投资者与其他人其真正致力于双重使命的承诺问题。在这一点上已经存在很多质疑,尽管其意见各异,并且依然未有定论。至于这些义务规定,在公司信义义务案件中一般难以胜诉,并且福利公司立法极大地限制了可用的救济手段。[4] 一些人认为,这些义务规定是毫无意义的。[5] 我认为,可能并非如此。这些规定可以在促进董事与高级人员忠实地践行其双重使命而不会引发大量破坏性诉讼方面取得适当平衡。但是,现在这样表述还为时过早,并且这很大程度上取决于法院如何解释这些成文法。[6]

或许这些义务规定过于严苛:因没有追求一般公共利益而被起诉的机会可能很大,从而足以使得社会企业家因为恐惧而不选择福利公司形式。毕竟,"一般公共利益"的定义是非常宽泛的。这似乎需要考虑每一个重要的公司决策对每一个可能受到波及的群体与利益的影响。作为回应,为了给社会企业家提供一种具有比福利公司的目的更为聚焦的形式,几个州已经创设了

---

〔1〕 SOCIAL ENTERPRISE LAW TRACKER, socentlawtracker. org/#/bcorps(last visited July 10,2017).

〔2〕 Ellen Berrey, *How Many Benefit Corporations Are There?* (May 14,2015), https://papers. ssrn. com/sol3/papers. cfm? abstract_id=2602781.

〔3〕 Brett H. McDonnell, *Benefit Corporations and Public Markets: First Experiments and Next Steps*, 40 SEATTLE U. L. REV. 717(2017).

〔4〕 Model Legislation, *supra* note 35, § § 301(c),303(c),305(b).

〔5〕 例如,参见 Antony Page, *New Corporate Forms and Green Business*, 37 WM. & MARY ENVT'L L. & POL'Y REV. 347,364(2013); J. William Callison, *Putting New Sheets on a Procrustean Bed: How Benefit Corporations Address Fiduciary Duties, the Dangers Created, and Suggestions for Change*, 2 AM U. BUS. L. REV. 85,109—10(2012); J. Haskell Murray, *Choose Your Own Master: Social Enterprise, Certifications, and Benefit Corporation Statutes*, 2 AM U. BUS. L. REV. 1,33(2012)。

〔6〕 McDonnell, *supra* note 15, at 65—70.

社会目的公司[1]或者特定福利公司。[2] 这些法律的基本结构与福利公司法相同,其规定涉及目的、义务与报告。但是,其目的要具体得多,每个公司都确定了它将追求的社会目的。其承诺的重点更为突出,因此主张一家公司并未遵循其规定的目的的空间更小。

至于其报告规定,这些法律并未规定公司必须报告的详细规则。相反,它们规定,福利公司必须使用独立第三方所制定的标准。[3] 这些标准必须全面、可信与透明。[4] 其在很大程度上取决于公司所使用的第三方标准的质量。到目前为止,领先的标准是由共益实验室开发的。这是一家认证社会企业执行其标准的公司,也是示范立法的创设者。[5] 在这个阶段,在关于社会绩效报告的立法中不需要规定得太多也许是有道理的——如何准确且可信地传达信息是一个非常困难的问题。很多组织正在解决这个问题,并且,标准也在演变。但是,依然有待观察的是,这一演变将会取得多大的成功。

第二代合作社

相比于公司、非营利公司或者有限责任公司,合作社更为小众,也更不为人所知。它们通常并不是社会企业话语的一部分。但是,在某些方面,合作社自 19 世纪以来一直在发扬社会企业家精神。我们不妨探讨一下合作社的界定原则:

(1)开放且非歧视性的成员资格;

(2)基于一个成员/一张选票的民主控制;

(3)通常基于成员对合作社产品或服务的使用而公平分享收益;

(4)合作利益方面的教育与培训。[6]

合作社一直活跃在很多行业,包括保险互助协会、信用社、零售合作社、农业合作社与雇员合作社。实属侥幸的是,传统合作社符合这里所使用定义中的社会企业资格。它们的成员已经被它们联合起来为实现共同社会目标

---

〔1〕 CAL. CORP. CODE tit. 1 Div. 1. 5,Social Purpose Corporations Act,http://leginfo. legislature. ca. gov/faces/codes_displaySection. xhtml? lawCode＝CORP&sectionNum＝2601;WASH. REV. CODE § 23B. 25,Social Purpose Corporations,http://app. leg. wa. gov/rcw/default. aspx? cite＝23B. 25.

〔2〕 MINN. STAT. § 304A,Minnesota Public Benefit Corporation Act,www. revisor. leg. state. mn. us/statutes/? id＝304A.

〔3〕 Model Legislation,*supra* note 35,§ 401.

〔4〕 *Id*. § 102.

〔5〕 *About B Lab*,b lab,www. bcorporation. net/what-are-b-corps/about-b-lab(last visited July 10,2017).

〔6〕 CHARLES T. AUTRY & ROLAND F. HALL,THE LAW OF COOPERATIVES 9(2009).

团结在一起。至于收益分享,收益基于对合作社的资助而非股权投资水平而分享。事实上,传统上编纂合作社形式的法律并不允许非资助者成员的股权投资。因此,与非营利组织不同,合作社确实提供营利分配。但是,在很多合作社中,个体成员获得的收益份额很小,并且,他们无法通过出售自己的利益将收益流资本化,因此其营利动机起不到什么作用。

对股权投资的限制一直是很多合作社的主要障碍,其限制了它们筹集资金的能力。很多合作社已经在尝试那些使用合作社形式同时依然提供并非单纯债务的外部融资方式。[1] 这导致各州起草法律,从而为新一代合作社提供更好的架构。怀俄明州是第一个州,明尼苏达州、田纳西州、威斯康星州、艾奥瓦州与内布拉斯加州紧随其后。[2] 这些法律引发了《统一有限合作社协会法》(Uniform Limited Cooperative Association Act)的制定[3],该法已在 6 个州[4]获得通过,因此现在至少有 12 个州拥有了第二代合作社法。

与低收益有限责任公司或福利公司不同,这些新的第二代合作社法是自成一体的,而不是补充性的。但是,它们密切遵循其他法律。例如,在明尼苏达州,第二代合作社法第 308B 章[5]非常密切地遵循旧合作社法第 308A 章。[6] 当然,这些新法也做出了一些重要修正。它们允许两类成员:传统的资助者成员与股权投资者成员。[7] 虽然它们以一个成员/一张选票标准开始,但是这些法律允许通过协议进行一些修正,包括对允许资助者投票抑或股权利益的修正。[8] 合作社具有改变资助者与股权投资者成员相对投票权的空间,但是,必须给予资助者一定的投票权。[9] 合作社也具有改变如何在资助者与投资者成员之间进行收益分配的空间,尽管也存在必须给予资助者成员一定比例的要求。[10] 在管理架构方面,这些法律效仿公司法,从而让成

---

[1] James B. Dean & Thomas Earl Geu, *The Uniform Limited Cooperative Association Act: An Introduction*, 13 DRAKE J. AGRIC. L. 63, 72—74(2008).

[2] *Id*. at 74.

[3] NAT'L CONF. COMM'RS ON UNIF. STATE L., UNIFORM LIMITED COOPERATIVE ASSOCIATION ACT(2008), www.uniformlaws.org/shared/docs/limited%20cooperative%20association/ulcaa_final_07.pdf.

[4] Uniform Law Commission, *Limited Cooperative Association Act* (2007)(last amended 2013), www.uniformlaws.org/Act.aspx? title=Limited%20Cooperative%20Association%20Act%20(2007)%20(Last%20Amended%202013)(last visited July 10, 2017).

[5] MINN. STAT. § 308B, Minnesota Cooperative Associations Act.

[6] MINN. STAT. § 308 A Minnesota Cooperative Law.

[7] Uniform Limited Cooperative Association Act(ULCAA) § 602; MINN. STAT. § 308B.005 subd. 19 & 23.

[8] ULCAA § § 511, 512 MINN. STAT. § § 308B.545. 308B.551.

[9] ULCAA § 514。其至少针对资助者成员而要求多数。MINN. STAT. § 308B.545 subd. 1。其至少针对资助者成员而要求 15%的投票权。

[10] ULCAA § 1000(c). 该法规定比例为 50%。MINN. STAT. § 308B.721. 该法规定比例为 15%。

员选举董事。

第二代合作社并未迅速发展起来，尽管它们也并非完全微不足道。我们已经发现了12部第二代合作社法，这比8部低收益有限责任公司法略多一点，但比31部福利公司法少很多。我并不知晓采用第二代合作社形式的企业数量的全国数据。在明尼苏达州这一早期采用这种形式的地区，从2011年到2015年，在第二代合作社法第308B章下成立了68家新合作社，在传统法第308A章下成立了82家合作社。[1] 我认为，第二代合作社对我们有很多助益，它们利用投票权作为一种方式，从而使得组织致力于追求一个目标群体的利益。那么，为何这种形式并未实现跨越式发展？

我可以发现几个可能的原因。该新形式植根于一种旧形式，即合作社，后者本身并非被广泛采用或熟悉的形式。[2] 此外，这种形式还要求制定一部新法，而不是现有法律的简单补充。这需要立法机关与帮助起草法律的律师委员会做更多的工作，并且，为新企业提供法律实体选择方面建议的业务律师也需要做更多的工作。另一种可能性是，虽然比传统合作法更为有利，但其依然可能存在太多的强制性规则。例如，公司结构的使用可能涉及对很多小型企业而言并无必要的决策架构与程序要求。

一个更为基础的问题也可能在发挥作用。第二代合作社结构将资助者与投资者成员之间的权力分开。这也许会导致需要高效运作的企业内部存在太多政治化与争论——或者，至少，也许社会企业家担心会发生这种情况。这类似于对德国法上的劳资协同经营制度（codetermination）的批评：在德国，雇员与股东分别有权选举董事会成员。[3] 或者，尽管股权投资者意欲促进社会福利，但是他们最终只会走到这一步——他们可能不愿意放弃对那些可能违背其财务利益的决策者的控制权。如果这解释了第二代合作社的低采用率，那么该形式可能在提供用来形构社会企业的建设性潜力方面意义不大。如果这种理解是正确的，则这个解释就会很有启发性。这可能对于社会企业家与影响力投资者在多大程度上真正愿意投资于一个更为美好的世界而言，构成一个相当严重的限制。

---

〔1〕 参见2017年2月13日明尼苏达州州务卿法律顾问伯特·布莱克（Bert Black）写给布雷特·麦克唐纳的电子邮件作为对照，根据明尼苏达州福利公司法，目前已经成立了93家福利公司。*Id*.

〔2〕 这本身值得解释。关于一些建议，参见 Peter Molk, *The Puzzling Lack of Cooperatives*, 88 TUL. L. REV. 899（2014）。

〔3〕 参见 Katherina Pistor, *Codetermination: A Sociopolitical Model with Governance Externalities*, *in* EMPLOYEES AND CORPORATE GOVERNANCE 163（Margaret M. Blair & Mark J. Roe eds., 1999）。

如果是这样，则其成果将是令人失望的。表决权的使用是针对社会企业的其他新法律形式所缺失的一种强有力治理机制。并非依靠义务或信誉来促使决策者为了不同利益相关者利益而采取行动，第二代合作社至少给了利益相关者决定这些决策者是谁的权力，并且如果后者做出了该群体所不认同的决策，利益相关者就可以将其替换。特拉华州首席大法官一再争辩说，商事公司的股东至上规范来自让股东并且只让股东选举董事会的这一基本决策。[1] 这一论点具有很多优势。福利公司的形式并未直接面对它；而新一代合作社则直接与之相遇（就这一点而言，旧一代也是如此）。

来自这三条路径中的教训

前面的历史与分析提出了一些教训。新成文法形式以旧形式为基础，为至少两组群体创造了价值。首先是那些必须为新实体而制定法律者。低收益有限责任公司法颇为简单，只存在少量规定。福利公司法做得更多，并且因此耗时更长且更为复杂。我并未夸大这一点。我是起草明尼苏达州福利公司法的委员会成员，并且，这个过程花了几年时间。但是，这比从头开始起草一种全新法律的文本耗费更少的工作量，并且示范立法也对我们有所助益，尽管明尼苏达州的委员会比很多州更多地偏离了该示范立法。

第二代合作社法则耗时更长，也更为复杂，因为它们创造了一个全新实体。但是，这些法律是基于以前的合作社法，并且，逐字重复其很多规定。人们事实上怀疑，被起草的第二代合作社法是否是用来补充或修正现有合作社法的某些条款，但保留其余条款。上述策略的一个问题可能是，与公司法或有限责任公司法相比，全国各地的合作法更为不统一，因此示范立法，就像福利公司法一样，可能不是那么容易得到移植。无论如何，第二代合作社现在拥有了一部统一法案，这将会减少未来有意采用该形式的其他州的工作。

因将新成文法形式建立在旧成文法形式之上而获益的另外一个群体是律师，后者就形式选择与新公司设立而向客户提供建议。即使存在更为复杂的第二代合作社法，熟悉合作社形式的律师也会发现这些新法很容易理解。对于第二代合作社法而言，这种益处不多，因为合作社并不那么常见，并且熟悉这种形式的律师也更少。

---

〔1〕 参见 Strine, *supra* note 29。

其次，不同的新实体类型如何使用或者不使用传统公司治理工具来实现其为社会企业提供支持的目标。无论是低收益有限责任公司还是福利公司，都采用目的规定，以试图将社会企业与其社会目标联系起来。这种路径更符合公司法的发展趋势。公司曾经通常具有有限目的，并且越权主义构成对那些在其目的之外行事者的一个重要限制。但是，法律现在允许公司为任何合法目的而加以组织，并且，大多数公司在其公司章程中也确实如此处理。因此，越权主义通常被认为已经死亡，或者至少行将就木。〔1〕 在其标题中引用最多的带有“越权”字样的法律评论试图在为公司利益相关者理论服务中复活该学说，但是，其标题“越权尚存！”〔2〕以其感叹号的方式泄露了该主张的强烈反向性质。无论如何，正如很多人所指出的，如果社会企业的目的包括社会目标与营利目标，则几乎任何行动通常都可以被证明符合这些目的之一。毫不奇怪的是，低收益有限责任公司单独使用目的作为公司治理工具的这一做法，似乎收效甚微。

信义义务是现代公司治理的主要工具之一，并且，因此它似乎更有希望作为确保董事与高级人员至少对其社会目的给予重大关注的一种手段。但是，两个主人问题可能会使得社会企业中的义务并不十分可靠，因为追求收益或者社会目的的该义务通常可以让任何行动都具有合理性。但是，该义务通常是考虑社会目的与利益相关者群体，因此完全忽视一些利益的做法可能被证明是需要被追究法律责任的。〔3〕 此外，信义义务规则可能具有重要的规范强化性质〔4〕，因此，明确阐明一项追求各种利益相关者利益与社会目的的规范可能会带来真正的效果，即使它很少引发实际法律责任。但是，社会企业中义务的法律约束力似乎很弱，并且，我对其规范效力的强度也表示质疑。即使是善意的董事与高级人员也只能发挥他们的想象力与意愿，以涵盖很多群体与利益，而其中一些人与他们个体相当遥远。在一定程度上，该问

---

〔1〕 Kent Greenfield, *Ultra Vires Lives! A Stakeholder Analysis of Corporate Illegality (with Notes on How Corporate Law Could Reinforce International Law Norms)*, 87 VA. L. REV. 1279, 1310—14(2001).

〔2〕 *Id*. 尽管如此，格林菲尔德(Greenfield)提出了一个强有力的理由，即成文法目的条款确实排除了非法活动，并且，这是一个有助于保护各种利益相关者的重要限制。

〔3〕 McDonnell, *supra* note 15, at 43.

〔4〕 Claire Hill & Brett McDonnell, *Executive Compensation and the Optimal Penumbra of Delaware Corporation Law*, 4 VA. L. & BUS. REV. 333(2009); Lyman Johnson, *Counter-Narrative in Corporate Law: Saints and Sinners, Apostles and Epistles*, 2009 MICH. ST. L. REV. 847; Edward B. Rock, *Saints and Sinners: How Does Delaware Corporate Law Work?*, 44 UCLA L. REV. 1009(1997); Melvin Aron Eisenberg, *The Divergence of Standards of Conduct and Standards of Review in Corporate Law*, 62 FORDHAM L. REV. 437(1993).

题是大量潜在冲突利益所造成的心理紧张。[1] 也许更为严重的问题是，人类克服其以自我为中心的属性的能力存在很大限制。[2]

披露是另一种经典且重要的公司治理机制。福利公司采用了披露以及要求编制年度报告。披露可以对信誉压力以及失去(包括投资者与消费者在内的)其他人参与的这一威胁予以控制。但是，到目前为止，一个基本问题是，很多公司似乎甚至并未提交其报告。[3] 假定我们能克服这个问题，还存在一个问题：有多少投资者与消费者愿意为与社会企业合作而支付额外费用。但最为根本的挑战是，披露是否能够充分发挥作用，从而真正揭示公司在追求其社会使命方面的表现情况。这个问题相当复杂。目前，我认为，这些法律的做法是正确的：尊重由私人当事方所设定的标准，并且允许灵活性，以便我们可以看到是否会出现一些高质量的标准。如果做到这一点，则来自法律层面的更多指导可能就会变得有用。目前，像共益实验室这样的私人认证者可能比成文法报告发挥更为重要与更为有益的作用。[4]

最后，公司治理的另一个重要工具是投票。如前所述，首席大法官斯特林最近指出了公司法赋予单独股东以投票权这一事实的重要性。近年来，人们越来越多地通过股东章程、代理参与(proxy access)与积极投资者基金等发展而关注到股东投票的作用。探讨最多的新社会企业形式即福利公司与低收益有限责任公司并不使用投票权。它们依靠股东选举的董事与其任命的高级人员，或者直接依靠股权投资者成员，来选择追求超出其自身收益的利益。但是，直接受到那些能够移除你权力的利益群体问责可能会产生更强的效果。[5]

这就是第二代合作社法与之前的传统合作社法是一个重要选择的原因。它们将资助者投票放在其公司治理策略的前端与核心。可能存在着这一特定形式不太可能奏效的原因。也许受影响的非股东利益相关者的参与将需

[1] 参见 Loewenstein，*supra* note 14。

[2] 我运用莱茵霍尔德·尼布尔(Reinhold Niebuhr)的神学理论来探讨了这一点：Brett H. McDonnell，*Between Sin and Redemption*：*Duty*，*Purpose*，*and Regulation in Religious Corporations*，74 WASH. & LEE L. REV. 1043(2017)。

[3] J. Haskell Murray，*An Early Report on Benefit Reports*，118 W. VA. L. REV. 25(2015).

[4] 关于福利报告要求如何通过私人部门的发展而演变成一个有益的治理生态系统的分析，参见 Alina S. Ball，*Social Enterprise Governance*，18 U. PA. J. BUS. L. 919(2016)。

[5] 例如，我们不妨考虑一下：最近股东激进主义的增长似乎对公司治理的影响已经超过了授权董事独立性的尝试。参见 Lucian A. Bebchuk，Alon Brav，& Wei Jiang，*The Long-Term Effects of Hedge Fund Activism*，115 COLUM. L. REV. 1085(2015)；Lisa M. Fairfax，*The Uneasy Case for the Inside Director*，96 IOWA L. REV. 127(2010)；Usha Rodrigues，*The Fetishization of Independence*，33 J. CORP. L. 447(2008)。

要采取选举董事以外的形式，尽管选举董事的做法特别有力（事实上，最终的问题是它是否太过有力，以致社会企业家与影响力投资者无法容忍）。我们需要更多的试验，但是第二代合作社法指出了一种试验的路径，而该路径到目前为止几乎并未得到社会企业改革者太多的关注。

可能的下一步

前两部分的分析提出了社会企业法律形式未来不断演变的可能步骤。在这里，我特别提出三个建议。前两个相对温和，主张进一步采用一些州已经创设的法律形式。这些形式是第三部分中所探讨的形式的小型但却可能有益的修正。第三个建议是一个更大且更为新颖的变化。这可能在政治与实际上都不那么可行，但是，支持该做法的论点表明，在公司与成文法层面进行进一步的试验可能是有益的。

福利有限责任公司

三个州已经将福利有限责任公司作为社会企业的另外一种新法律形式而加以采用。[1] 福利有限责任公司之于有限责任公司，就相当于福利公司之于公司。换言之，福利有限责任公司是对有限责任公司法的补充。福利有限责任公司是有限责任公司，受到有限责任公司法的规制，但是，与福利有限责任公司法的附加条款产生冲突的情形除外。福利有限责任公司法增加了目的、义务与报告规定，就像我们在福利公司领域所看到的那样。

如果人们认为福利公司的唯一正当性在于，消除普通公司所面临的股东至上的路障，人们就会对福利有限责任公司的存在感到困惑。毕竟，有限责任公司非常灵活，并且关于目的与义务的默示性规则都可以很容易地通过运营协议加以改变。但是，消除可能的义务路障并非福利公司存在的唯一原因。福利公司法可以填补法律空白，提供有助于社会企业家更可信地承诺追求双重使命的成文法规定。福利有限责任公司法的附加条款在使用有限责任公司而非公司作为其基本形式的企业中扮演了同样的角色。低收益有限责任公司分享了使用有限责任公司这一基础的优势，但是，福利有限责任公

〔1〕 *Status Tool*：*BLLCs*，SOCIAL ENTERPRISE LAW TRACKER，http://socentlawtracker.org/#/bllcs(last visited July 11，2017). 这些州分别是马里兰州、宾夕法尼亚州与俄勒冈州。

司及其义务与报告规定在帮助公司承诺其双重使命方面提供了更多实质内容。

并且,我们不妨回想一下,有限责任公司是新小型企业法律实体的主要选择,并且存在着有力的理由。它们提供了灵活性、完全有限责任与单层缴税机制(pass-through taxation)。因此,福利有限责任公司形式将福利公司的承诺——强化义务和报告规则与有限责任公司的普通小型企业友好性结合起来。这种形式似乎是一个非常自然的进展,并且,我们很难理解为何没有更多的州采纳该赋权型立法。我怀疑其中一个原因是,对股东至上规范的关注在福利公司法的正当性中发挥了过大的作用。

福利有限责任公司并非灵丹妙药。福利公司的义务与报告规定在确保公司承诺追求双重使命方面只发挥着有限作用,并且,福利有限责任公司承继了同样的局限性。但是,由于前面所述的原因,福利有限责任公司依然是向前迈出的适当的一步。

社会目的/特定福利公司

一些州采取了一种被称为社会目的公司或者特定福利公司的形式。这些法律形式类似于福利公司,其在公司法的基础上增加了关于目的、义务与报告的规定。但是,社会目的公司的目的相对于福利公司受到更多限制。更为有限的目的导致关注点更为集中以及更少的不确定性。[1]

一些人反对社会目的或特定福利公司。一家公司可以致力于推进一个特定且狭小的社会目标,但依然愿意施加所有其他类型的社会损害。最初的福利公司立法防范这一关切,而仅具有更为特定的目的与义务的立法则无法做到这一点。但是,如果投资者、消费者与雇员同时关心一般与特定目的,他们就可以相应地决定在哪里投资、购买或者工作。[2] 在这两种实体类型之间做出选择似乎是向前迈出的有益一步——同样,这是一个有限的步骤,因为依然存在着对义务与披露作为治理机制的批评。在其法律创造了一般与特定福利公司的明尼苏达州,更多公司已经选择使用其特定形式——在根据该法登记的 93 家公司中,有 56 家是特定福利公司。[3]

支持特定福利公司的论点可以与先前支持福利有限责任公司的论点相

---

〔1〕 参见 Johnson, *infra* Chapter 19。
〔2〕 假定他们理解不同实体类型的含义——诚然,在某些情况下,这可能是一个延伸。
〔3〕 Black email, *supra* note 62.

结合，从而提出一种新的形式：特定福利有限责任公司或者社会目的有限责任公司。这一拓展应当是颇为明显的。社会目的有限责任公司将增加具有特定而不是一般的目的、义务与报告条款，就像社会目的公司一样。但是，它是通过作为有限责任公司法而非公司法的附加条款来加以处理的。到目前为止，我并未发现有任何州是如此行事的。

第三代合作社

我的最后建议更具有推测性的意味。它尚未在任何现有法律中予以规定[1]，并且，它会受到严重反对。但是，它可以有助于释放社会企业的潜力，并且，至少思考这个办法可以帮助我们识别第一批新法的缺陷。

这个办法就是创设第三代合作社。它建立在之前所探讨的第二代合作社法的基础上，并加以拓展。最为简单的是，第三代合作社将删除一些剩余的强制性规则，例如对投票权多少以及可以流向股权投资者的收益分享之限制。这将创造更多的灵活性，并且使得个别公司能够更好地根据其特殊需要来调整投票与财务安排。

一个更大的改变将是提供拥有两类以上成员的可能性。这将允许董事会代表各种利益，而不仅仅是投资者与资助者群体的利益。这些成员应当被允许成为组织，而不仅仅是个人。因此，例如，为了确保环境利益得到代表，该合作社中可以存在一种由一个或多个确定的环境组织组成的成员类别，并且这些组织将能够选择一个或多个董事会成员。

只要收益与投票流向一些广泛的社会福利群体，例如代表环境的组织，这种形式就可以为第三代合作社提供税收优势。为了让一般利益群体（而不是特定个人）受益而流动的收益部分可以适当地获得免税，其条件是该一般利益目的通常符合慈善目的规则。[2]

与低收益有限责任公司与福利公司等其他新成文法形式相比，第三代合作社（以及一般的合作社）所拥有的核心优势是投票权。低收益有限责任公司与福利公司指示公司决策者考虑除股东或成员外的其他群体利益，但是，它们并未赋予其他群体执行这些指示的能力。它们取决于决策者与投资者

---

〔1〕英国的公平份额模型项目与这里的建议存在很大的共同点。参见 *FairShares Model*，fairshares，www.fairshares.coop/fairshares-model/（last visited July 11，2017）。

〔2〕I.R.C. § 501(c)(3). 显然，税收方面的建议需要得到进一步充实，但是，在某些方面，其遵循了黛娜·布雷克曼·莱瑟与史蒂文·A. 迪恩在 SE(C)(3)领域的建议。Dana Brakman Reiser & Steven A. Dean，*SE(C)(3)：A Catalyst for Social Enterprise Crowdfunding*，90 IND. L. J. 1091(2015).

的善意。善意具有意义,但其只能走这么远。将各类受影响的群体的当选代表列入董事会,作为决策权力的核心,将是一种更为有力的承诺手段。对于不同公司而言,这一承诺可能存在不同的程度——基于投票权的分配,股东可以保留选举大多数董事的能力,或者没有任何一个群体可以拥有如此多的投票权。

第三代合作社可以运作起来吗?这在一定程度上取决于什么原因最能解释第二代合作社到目前为止的有限成功。第三代合作社更为灵活,可以回应更为广泛的群体外展服务与承诺的需求。另一方面,第三代合作社依然植根于合作社形式,并且依然需要一部新法。因此,如果这些是其障碍,则这些障碍将继续存在。也许像第三代合作社这样的组织可以被构造为公司或者有限责任公司法的附加部分——这将需要比福利公司或者有限责任公司立法更多的工作,但它肯定是可行的。

一个更为基础的问题是,在董事会中代表多种利益相关者是否会产生潜在冲突,从而使得企业家与投资者望而却步。如果是这样,则第三代合作社的构想本身就是跛脚的。但是,即使在董事会中代表其他利益相关者的意愿很小,我们也需要注意到,存在着各种各样的其他机制可以给非股东利益相关者一些发言权。[1] 例如,非股东群体可根据合同获得起诉权,以执行福利公司中的信义义务。[2] 或者,利益相关者可以被安排在仅具有咨询权的分委员会中。类似地,他们可以被赋予更为明确的权力,但只能在有限决策范围内行使这些权力。关键是,在公司层面存在很大的试验空间。如果某种形式的利益相关者参与显示出足够的承诺,那么未来的成文法改革将有助于体现与加强这种参与。无论像第二代或者第三代合作社这样的形式是否是前进的方向,那些致力于社会企业形式者都应当思考如何使得非股东群体比目前更为彻底地参与决策过程。

结　语

对社会企业日益增长的兴趣正在催生创设新商事企业形式的创造力与活动。人们可以合理地认为,现有形式已经是充分的,并且,如果我们继续发

〔1〕 Alicia E. Plerhoples, *Social Enterprise as Commitment*: *A Roadmap*, 48 WASH. U. J. L. & POL'Y 89, 122－31(2015).

〔2〕 *Id*. at 128－29.

明新的形式，就会增加投资者与消费者的困惑。但是，人们有理由相信，我们还没有想出一种帮助社会企业充分发挥其潜力的形式。目前，也许大多数试验将会并且应当在单个企业层面进行。但是，我们可以继续观察与学习它们的经验，以及新成文法形式在实践中的经验。到目前为止，我已经提出了一些从上述经验而来的初步教训。最为重要的是，我建议，我们为促进社会企业而制定的公司治理机制可能过于无力，因而无法充分指导企业并帮助它们致力于践行其双重使命。找出如何让各种利益与利益相关者更为积极地参与发展和追求社会企业的目标，是一个值得追求的项目。

第五章　当所有企业都具有社会性时：公司形式的公共利益起源

罗伯特·C.霍克特

引言：一些令人疑惑的相似性

现代银行监管与既往普通公司法存在显著但却很少被提及的相似之处。例如，就像银行执照即便是如今依然并非权利事项，而是有条件的特权一样，公司执照以及有限责任这一特权不久之前也是如此。[1] 另外，正如特许银行享有即使在今日也不得偏离的有限且经列举的权力一样，在不久之前公司也被限制在有限的目的上，如果其利益相关者发现该公司存在越权行为，则该公司会丧失其有限责任。[2] 就像银行即使如今也受到严格的资本监管一样，不久之前全部公司同样如此。[3]

人们很自然地希望知晓为何如此，以及它可能意味着什么。这些相似之处只是稀奇的事件，还是存在一些可以阐明其背后机理的"深刻"的解释？如果答案是后者，那么为何最初的共同特征最终会在一般公司的道路上减少，而在注册银行中依然存在？并且，如果存在，则从这些问题的答案中可以进一步得出哪些结论？银行监管可能会给现代公司的性质方面带来教训吗？抑或反之亦然？

最后一个问题的答案似乎是肯定的。本章相应地解释了这个答案，并回应了刚才提出的其他问题。我的假定是，尤其是公司股东有限责任——这本应当是在引入一个基于问责制的法律制度时对普遍规范的一种特殊偏离——是一个基于公共原因而被有条件授予的公共利益。当公司违反这些

---

〔1〕 参见 *infra* Parts Ⅱ and Ⅲ。
〔2〕 *Id*.
〔3〕 *Id*.

条件并存在越权行为时，该公共原因停止运作。在这个意义上，“私人”公司是一个“公共”工具，是一个固有的“社会企业”。它代表了一个实质上的公共职能的有条件“外包”。在这方面，公众有点像特许授权者，而那些成立公司者是其特许经营者。因此，存在着一度流行而如今过时的专门术语“公司特许经营者”(corporate franchise)。[1]

只要我们不再像曾经那样以有限的追求实质性公共目标作为成立公司的条件，就不再会把私人公司视为公共特许经营者(public franchise)，尽管我们依然赋予它们有限责任、资产隔离、永久存在等公共利益。这可能被认为是一件好事——也许对于鼓励投资、资本集中、“公司民主”或其他类似事情而言是必需的，或者它可能并非如此。同样，只要我们继续像曾经对待所有公司一样对待注册银行，我们就会继续把它们当作公共特许经营者，尽管它们是私人所有的。这也可能被认为是一件好事——也许是因为银行显然依然具备“公共事业”或“社会企业”的属性，或者它可能并不具备。我在适当情况下探讨这些问题。但是，首先，必须提出我的核心论点。

本章内容如下。第二部分阐述并至少部分证实了我关于在美国发展起来的公司形式的起源与原始功能的假定。我的结论是，美国的公司形式是作为一种外包基础设施而发展起来的，这在资本稀缺并且尚处于形塑美国早期民族时代特征的初期政治政府的条件下可能是必要的。[2] 有限责任免除了当时变幻莫测的资本在项目失败时的损失风险，所以，有限责任相应地被要求仅仅指向那些为社会所认知到的“项目”。因此，从事此类项目以外的任何其他项目都是越权行为，从而丧失有限责任的保护。在这种情况下，一个令人困惑的问题是，为何其条件逐渐扩展到消失的地步，以及，即使在资本不再稀缺并且我们政府也不再软弱之后很久，为何越权理论相应地仍被近乎搁置一边，并且很少援引“揭开面纱”的理论。我相信这里同时具有善意与“公共选择”——粗陋——的解释，并且相应地加以阐述。

---

〔1〕 例如，参见 RONALD E. SEAVOY, THE ORIGINS OF THE AMERICAN BUSINESS CORPORATION, 1784－1855: BROADENING THE CONCEPT OF PUBLIC SERVICE DURING INDUSTRIALIZATION(1982)；*infra* Parts Ⅱ and Ⅲ。

〔2〕 就“基础设施”而言，我指的是比公共金融教科书中所遇到的熟悉形式更为广泛的事项。例如，除了通信、交通、供水与学校外，我的构想中还包括社会保障网、图书馆等产品，甚至还包括如下努力：从主要是农业市场转向商业与工业市场中积极改变新国家在国内与全球市场上的相对优势。参见 *infra* Parts Ⅱ and Ⅲ；Robert C. Hockett & Saule T. Omarova, *Public Actors in Private Markets: Toward a Developmental Finance State*, 93 WASH. U. L. REV. 103(2015)。

第三部分转向剩余的——“特殊的”——注册银行的情况。[1] 我首先详细描述了当代银行监管如何继续密切遵循所有注册企业曾经受其规制的规范。然后，我提出了关于事情为何是我所描述的那样的似乎最为合理的猜测。在这里，该解释遵循了我在其他论坛上所做的其他研究，其表明银行是相当明显的分配公共资源的特许经营者——由其中央银行即美联储所管理的美国货币化的信任与信用。[2] 由于立法者、监管者甚至公众至少依然对银行实质性公共职能知之甚少，因此虽然我们继续维持旧的公司结算制度，但是有时不能完全清楚地认识到其原因。但是，近几十年来，这一制度一直受到威胁，因为有些人开始把银行视为股东所享有的收益丰厚的公司，并且与其他现代公司不相上下。并且，一些传统公司法学者也试图将银行监管问题限缩为对如何最好地调整我们“公司治理”制度的常见探究。[3] 一个可能的结果是，改变我们对待公司形式的公共选择动力同样可能会改变我们对待银行与其他金融机构的态度。我不相信这会是有益的发展。

第四部分开始从第二与第三部分的结果中得出暂时性的政策结论。我认为，如下两个结论值得特别强调。第一，对注册银行特许经营者性质更为充分且明确的认识是为了更为普遍地维护监管稳定与避免公司法的命运。其替代选择是继续放松银行监管制度，以致最终危及宏观经济乃至未来的政治稳定。第二，对所有公司特许经营者性质更为充分且明确的认识——当然是在过去，并且，它在现在看来——也将是合理的。因为正如其他人所定期指出的，有限责任与我们现在发现的其他公司法制度构成了对剥削与“社会成本”(即施加外部性)的公开邀请；几乎并不存在对资本稀缺与软弱政府所一度需要的那种公共利益的明显补偿。[4] 回顾与提醒我们自己关于公司形

---

〔1〕 在“特殊”旁边加引号是有原因的。“银行是特殊的”是一句口头禅，是银行监管界所熟知且陈腐的专业术语。对这种观点的典型处理参见 E. Gerald Corrigan, *Are Banks Special?*, FED. RES. BANK OF MINNEAPOLIS(Jan. 1, 1983), www.minneapolisfed.org/publications/annual-reports/are-banks-special。参见 E. Gerald Corrigan, *Are Banks Special? A Revisitation*, FED. RES. BANK OF MINNEAPOLIS(Mar. 1, 2000), https://minneapolisfed.org/publications/the-region/are-banks-special。

〔2〕 参见 Robert C. Hockett, Finance Without Financiers(Working Paper, 2015)(on file with author)。

〔3〕 Robert Hockett, *Are Bank Fiduciaries Special?*, 68 ALA. L. REV. 1071(2017). 我的观点是，虽然自伯利与米恩斯(Berle and Means)时代以来，公司治理方面的很多学术成果产生了有益的见解，并且，有时对法律与法院起草的法学理论进行了有益修正，但是，很多当代学术成果对改善公司作为一种社会生产合作活动模式或者包容性经济发展引擎的事业几乎并无价值，更不用说更普遍地对银行监管或者金融监管的事业做出贡献了。ADOLF A. BERLE & GARDINER C. MEANS, THE MODERN CORPORATION AND PRIVATE PROPERTY(1932).

〔4〕 参见 BERLE & MEANS, *supra* note 8; Henry Hansmann & Reinier Kraakman, *Toward Unlimited Shareholder Liability for Corporate Torts*, 100 YALE L. J. 1879(1991)。

式的历史，应当有助于澄清目前的制度是多么特殊、偶然与不再必要，并且因此为其改进奠定基础。

“公司特许经营者”：它真的曾经是特许经营者

有限责任，以及一个人可能会因为“赚钱”这一并不多么崇高的目的而获得一家永续性公司执照的这种理念，似乎已经成为美国商业领域的组成部分，以致可能很少有人会停下来怀疑事情是否总是如此。但是，这里的答案是相当清楚的：事情并不总是如此。事实上，一位著名的公司形式历史学家认为，随着跨类别的一般公司法的出现，根据这一法律，有限责任与公司成立可以用于任何目的，而这种现象属于他所描述的美国公司演进的第五阶段（也是最后阶段），其始于19世纪末。[1] 在此之前，有限责任只能用于追求具有明显公共目的的项目，并且，其条件经常是，立法机关或者其指定的行政机构能够核实承诺的项目是所追求的实际项目。[2]

我们不难理解为何早期有限责任的设立是例外而不是规则。我们也不难看出为何这些例外会首先出现在它们所处的位置与方式上。就第一点而言，在任何重视与维护义务与问责（即责任）的法律制度中，有限责任本身都是例外的。整个民事义务法——特别是合同与侵权行为——毕竟是以责任为基础的。[3] 合同法规定，一方可以要求另一方对其承诺负责，但条件是这

[1] 参见 SEAVOY, *supra* note 4, at 6－7, 191－254; Ronald E. Seavoy, *The Public Service Origins of the American Business Corporation*, 52 BUS. HIST. REV. 30(1978)。塞沃伊(Seavoy)的关注点主要是纽约州的事态发展，他（在我们看来，这是合理的）认为这是美国各地事态发展的象征。对于在美国其他地区所达到与塞沃伊相似结果的研究，参见 EDWIN MERRICK DODD, AMERICAN BUSINESS CORPORATIONS UNTIL 1860, WITH SPECIAL REFERENCE TO MASSACHUSETTS(1954); JOHN WILLIAM CADMAN JR., THE CORPORATION IN NEW JERSEY: BUSINESS AND POLITICS, 1791－1875(1949)。关于英国公司形式发展的类似呈现，参见 BISHOP CARLETON HUNT, THE DEVELOPMENT OF THE BUSINESS CORPORATION IN ENGLAND, 1800－1867(1936); RONALD RALPH FORMOY, THE HISTORICAL FOUNDATIONS OF MODERN COMPANY LAW(1923)。延伸到中世纪的一个令人着迷的公司形式通史参见 David Ciepley, *Beyond Public and Private: Toward a Political Theory of the Corporation*, 107 AM. POL. SCI. REV. 139(2013)。关于术语的一个简短表述将是合理的。“一般公司法”中的“一般”一词，当作为美国法律术语时，指的是不需要单独立法来给某一特定企业颁发执照。换言之，这意味着通过有关法律的立法者已经将个别企业执照决定的权力授权给诸如国务卿等行政官员。第一批这样的法律，在设立时可以用于任何目的这一意义上，并非一般公司法。第一部通过的一般公司法事实上与致力于特定目的的企业具有相关性，例如建造公路、码头与运河。读者可以再阅读一下两个刚刚被援引的文献。关于这一点的更多文献将在下面予以呈现。

[2] 例如，参见 sources cited *supra* note 10; JOSEPH STANCLIFFE DAVIS, ESSAYS IN THE EARLIER HISTORY OF AMERICAN CORPORATIONS(1917); ERNST FREUND, THE LEGAL NATURE OF THE CORPORATION(1897)。

[3] 例如，参见 JAMES GORDLEY, FOUNDATIONS OF PRIVATE LAW: PROPERTY, TORT, CONTRACT, UNJUST ENRICHMENT 7(2006)。

些承诺已经得到另一方同意,或者已经引发对另一方的合理信赖。[1] 侵权行为法允许一方要求另一方对后者因故意、鲁莽或过失行为而给前者造成的直接或间接损害负责。[2] 在这两种情况下,问责——因此潜在的责任——是相关法律体系的本质。这就是法律的目的所在。[3]

即使被告与其他人一起行动,包括通过资助他人来行动,我们法律中的这些事实也依然是正确的。例如,一个人即便仅仅作为犯罪团伙成员之一,或者故意提供犯罪团伙成员用来购买火把或助燃剂的资金,也需要承担潜在的责任。[4] 事实上,在这些情况下,在涉及民事义务法时,其责任是"连带性的",并且,在涉及刑法时,属于宽泛的"共谋"类别。[5] 但是,行为与后果之间的这种联系恰好被有限责任所切断。在适当情况下,它将可能损失限制在不超过向企业投入的股本,而不管你在为该企业融资时间接或者直接促成了何种损害。

暂且不谈对该特权的授予,人们为何会构想出如此非凡的特权?我们至少很容易想到一个可能的答案。在资本稀缺但必须为大型公共项目筹集资金的情况下,并且无论出于何种原因或理由而使得政府调动与配置这种资本的能力本身受到限制时,限制私人资本提供者可能面临的责任自然会变得具有吸引力。[6] 当公众本身缺乏如此行事的最优能力,并且当私人选择受限时,公开鼓励具有公共意义的项目利用私人资本是一种显而易见的手段。[7]

从这个意义上讲,有限责任公司可以被看作向私人当事方"外包"重要的公共投资任务的一种手段。只要后者是该企业实际上所从事的任务,有限责任这一盾牌就会被认为是正当的。如果该公司偏离最初确保其有限责任的目的,并且该形式的目的实际上将被滥用,而人们可能会期望该企业将被视为从事了越权行为,则其股东的有限责任"面纱"会被相应地合理"刺破"。

---

〔1〕 JAMES GORDLEY, FOUNDATIONS OF PRIVATE LAW: PROPERTY, TORT, CONTRACT, UNJUST ENRICHMENT 7(2006). at 289-418.

〔2〕 *Id*. at 159-286.

〔3〕 *Id*. at 7.

〔4〕 *Id*. at 159-286. 即使在这些情况下考虑到"出资"(contribution)、"赔偿"(indemnification)与"近因"(proximate causation)等理论所带来的细微差别,其主要问题依然是:包括以资助其业务的形式参与的参与者需要承担与"直接"犯有相关民事或刑事过错者类似的责任。

〔5〕 *Id*.

〔6〕 关于纽约的案例,参见 SEAVOY, *supra* note 4, at 3-7 and *passim*; Seavoy, *supra* note 10。关于新泽西州的案例,参见 CADMAN, *supra* note 10。关于马萨诸塞州的案例,参见 DODD, *supra* note 10; Hockett & Omarova, *supra* note 5; JOHN LAURITZ LARSON, INTERNAL IMPROVEMENT: NATIONAL PUBLIC WORKS AND THE PROMISE OF POPULAR GOVERNMENT IN THE EARLY UNITED STATES(2001)。

〔7〕 引自 *supra* note 18。

这似乎在很大程度上是18世纪末以及19世纪美国的实际运作方式。[1]在殖民时期与早期国家时期,可利用的财富尚未大量积累,并且州或者联邦也不具备在国内积累与利用资本的显著能力。[2] 当杰克逊总统否决了原本可以延长美国第二银行执照的法案后,联邦政府尤其关注到这一点。[3] 很多州相应地推迟向计划中开展基础设施项目的企业提供有限责任的公司资格。[4] 我们接下来所展开的故事可以被有益地划分为几个不同的(如果是不可避免地程式化的)历史阶段。[5]

第一阶段始于殖民后期,持续到早期国家时期。其见证了殖民时期的州立法机关为相当有限的特定目的而赋予特定公司组织以执照。这些主要是市政、教育与慈善(又称"仁善")机构,以及在少数情况下提供码头等具有商业重要性的公共基础设施的合伙。[6]

第二阶段见证了广泛颁布的"一般"(general)公司法,即针对相同类型的一般机构——市政当局、宗教团体、教育机构、图书馆、医疗协会等——而将授予执照的职能从立法机关授权给行政机构的法律。[7]

第三阶段见证了广泛颁布所谓的一般监管法。[8] 这些法律是"一般的"与"管制的",因为它们一次性列举了涉及特定类型公司的全部权力与限制,但同时依然要求立法机关单独给企业授予个别执照。[9] 这些法律所规制的企业几乎一致地致力于建设所谓的国内改进(internal improvements)——具有商业重要性的公共基础设施——并被冠以"特许经营公司"(franchise cor-

---

〔1〕 引自 *supra* note 18。

〔2〕 *Id*. Robert E. Wright, *Rise of the Corporation Nation*, *in* FOUNDING CHOICES: AMERICAN ECONOMIC POLICY IN THE 1790s(Douglas A. Irwin & Richard Sylla eds. ,2011). 该文提供了颇为有益的信息,但是具有一些令人意外的炫耀意味。

〔3〕 关于纽约的情形,参见 SEAVOY, *supra* note 4, at xi—xii, 105 *passim*。关于新泽西州的情形,参见 CADMAN, *supra* note 10, at ix—xiv, 3—83。关于美国的普遍情形,参见 DODD, *supra* note 10, at 3—9, 11—65, 123—88。关于马萨诸塞州的情形,参见 DODD *supra* note 10, at 195—441。

〔4〕 参见 *supra* note 22.

〔5〕 这里的阶段在很大程度上遵循了塞沃伊(*supra* note 4:5—7)所提出的"阶段"。塞沃伊自己指出,阶段之间的界限并不完全是不容更改的,特别是考虑到不同国家进入与通过它们的速度有别。"在整个发展过程中,存在很多重叠,因此这些类别在任何一个州的任何一类公司中都不是连续性的。"

〔6〕 关于纽约的情形,参见 SEAVOY, *supra* note 4, at 3—4, 9—38。关于新泽西州的情形,参见 CADMAN, *supra* note 10, at 3—83。关于美国普遍情形,特别是马萨诸塞,参见 DODD, *supra* note 10, at 44—45, 158—63, 226—65, 349—54。

〔7〕 关于纽约的情形,参见 SEAVOY, *supra* note 4, at 9—38。关于新泽西州的情形,参见 CADMAN, *supra* note 10, at 3—83。关于美国普遍情形,特别是马萨诸塞,参见 DODD, *supra* note 10, at 265—66, 354—61。

〔8〕 关于纽约的情形,参见 SEAVOY, *supra* note 4, at 5, 39—52。关于新泽西州的情形,参见 CADMAN, *supra* note 10, at 3—83。关于美国普遍情形,特别是马萨诸塞,参见 DODD, *supra* note 10, at 265—66, 354—61。

〔9〕 引自 *supra* note 27。

porations)的名称。[1] 部分由于这一原因,部分则由于这类企业通常享有的有限责任、收费(toll-collecting)与征用权(eminent domain powers),立法机关只有在公众听证会之后才能授予它们执照。立法机关在听证会上可以彻底审查任何此类企业的公众需要与可取性。[2] 银行法学者将在这里认识到与银行执照决定所采取的形式——从实质与程序上讲——之相似性。[3]

美国公司形式发展的第四阶段也将最初为仁善机构所制定的那种一般公司法带到特许经营公司,至少在它们不参与已经由独资公司与合伙所占据的活动领域中的竞争情况下即是如此。[4] 换言之,在这里,立法机关开始将执照决定授权给行政官员,就像它们以前在宗教与慈善公司中所做的那样。[5] 与此同时,这些法律所承认的"公共服务"职能的类别逐渐扩展,以包括更为明显的营利性业务,至少在这些企业的利益相关者所寻求的"私人"利益继续伴随着明确的"公共"利益情况下即是如此。[6] 其例子包括电报、铁路、天然气与电力照明企业,以及银行、保险公司与共同贷款企业。[7] 但是,随着拟议的法律上所承认的公共服务网络扩展,政治争议预兆性地开始进入起草与颁布一般公司法的进程之中。[8]

这些争议最终在 19 世纪末得到解决。其原因是可能被称为"超一般"的公司法的激增,这些法律大致允许创设任何合理目的的公司。[9] 这是美国公司法发展的第五阶段,这一阶段一直持续到今日——除非诸如有限责任合伙与有限责任公司等(允许有限责任,而又不要求双重缴税这一公共利益补偿物)承担有限责任的合伙(limited liability partnership)变种之增长在 20 世

〔1〕 引自 *supra* note 27。参见 *LARSON*,supra *note* 18。

〔2〕 *Id*.

〔3〕 更多关于银行执照的内容参见 *infra* Part Ⅲ。

〔4〕 关于纽约的情形,参见 SEAVOY,*supra* note 4,at 6,53－236。关于新泽西州的情形,参见 CADMAN,*supra* note 10,at 3－201。关于美国普遍情形,特别是马萨诸塞,参见 DODD,*supra* note 10,at 265－66,354－61。

〔5〕 参见 *supra* note 10。

〔6〕 关于纽约的情形,参见 SEAVOY,*supra* note 4,at 5,39－52。关于新泽西州的情形,参见 CADMAN,*supra* note 10,at 3－201。关于马萨诸塞和新英格兰的情形,参见 DODD,*supra* note 10,at 364－437.

〔7〕 *Id*.

〔8〕 *Id*.

〔9〕 关于纽约的情形,参见 SEAVOY,*supra* note 4,at 6－7,177－230,266－74.关于新泽西的情形,参见 CADMAN,*supra* note 10,at 3－201。关于马萨诸塞和新英格兰的情形,参见 DODD,*supra* note 10,at 364－437。

纪的最后几十年里被视为第六阶段。〔1〕

当然，值得注意的是，除了第五阶段（以及如果接受先前的建议，则还包括第六阶段）之外，在所有阶段，有限责任与其他公司特权之授予都被附加了严格条件。〔2〕企业必须在其执照中陈述其特定公共目的，以及在从事其活动时遵循这些目的。〔3〕立法机关以及其后的公共行政人员必须分别对每一家企业授予执照，并采取行动——部分通过公开听证，而部分则通过报告要求——以确保特定公司化的企业实际上为公众所需要，并且遵循其执照中的条款。〔4〕企业还必须维持资本储备，以尽量减少任何债权人因所有者有限责任而受到道德风险危害的机会。〔5〕违反这些条件的行为被认为是滥用公司形式或者越权行为——超越该企业的合法权利——并相应地导致企业所有者丧失其所享有的有限责任保护。〔6〕

直到 19 世纪末，公司法制度的所有这些特征结合在一起，明确地阐释了为何在这一时期，很多公司被认为是，并且通常被称为是"特许经营者"。〔7〕大多数公司，即使不是市政公司而是私人公司，实际上也是公共特许经营者。它们是公众的创造物，其被创造并授权代表公众行事。实际上，它们是通过私人融资并且让私人获利的公共代理人。那么，在 19 世纪后期发生了什么变化？公司的特许经营者性质与其有限责任及其他公司特权的受限性是如何消失的？〔8〕

其答案似乎部分是清白的，而部分则是肮脏的。其解释的清白因素在于，到 19 世纪后期，大型资本密集型产业开始在全国各地增长与扩散。〔9〕因此，立法机关越来越难以通过一般公司法而将每一家企业单独而非一并创设

〔1〕关于有限合伙、有限责任合伙、有限责任公司及其在 20 世纪 80 年代的增长，"单层"缴税优势（"pass-through" taxation advantages）的探索之公共选择解释，国税局的协议及其发展史，参见 WILLIAM T. ALLEN, REINIERKRAAKMAN, & GUHAN SUBRAMANIAN, COMMENTARIES AND CASES ON THE LAW OF BUSINESS ORGANIZATIONS 121－35(4th ed. 2012)。

〔2〕参见 *supra* notes 10－38。

〔3〕*Id*.

〔4〕*Id*.

〔5〕例如，参见 ALLEN ET AL.，*supra* note 38，at 141。

〔6〕例如，参见 Kent Greenfield，*Ultra Vires Lives! A Stakeholder Analysis of Corporate Illegality (with Notes on How Corporate Law Could Reinforce International Law Norms*，87 VA. L. REV. 1279，2001)。

〔7〕例如，参见 SEAVOY，*supra* note 4，passim；CADMAN，*supra* note 10；DODD，*supra* note 10。

〔8〕或者，正如塞沃伊所言，什么解释了"公共服务职能从仁善公司（benevolent corporations，主要是宗教团体与学院）转移到国内改进公司（internal improvement corporations，付费公路与桥梁），再到利用匿名市场（工厂）的商事公司"？SEAVOY，*supra* note 4，at 7.

〔9〕关于纽约的情形，参见 SEAVOY，*supra* note 4，at 6－7，177－230，255－74。关于新泽西州的情形，参见 CADMAN，*supra* note 10，at 111－201。关于马萨诸塞和新英格兰的情形，参见 DODD，*supra* note 10，at 364－437。

起来。[1] 而更难以分析与具体说明的是，工业化所产生的哪些利益具有公共属性，而哪些利益则仅仅具有私人属性。[2] 这反过来意味着，更难以准确地决定哪些公司行为是越权行为，哪些不是越权行为，这当然会给维持该理论带来压力。最后，一种公司特权民主化因素似乎也在发挥作用：小型企业所有者与出资者一旦发现大型企业的公共目的越来越难以从继续受益的私人目的中分离出来，就会越来越要求有限责任特权本身。[3]

当然，再加上所有这些放松公司要求的善意理由，这就不再会显得那么崇高了。无条件的有限责任毕竟是一种将成本外部化的工具，而在刚刚描述的事态发展中，那些被这种诱惑所驱动者发现了他们对公司资格需求的更高尚的理由。[4]

颇具讽刺意味的是，在后一种情况下，说服立法机关逐步取消一度强加于公司资格上的条件的主导角色似乎是由自由银行与其他最低监管形式的金融服务（如保险与非银行贷款）的倡导者所扮演的。[5] 这些倡导者（主要是寻求额外信贷来源以资助快速扩张业务的企业家）寻求并及时为银行与其他贷款机构争取到了一般公司立法——这些机构是明确为营利目的而创设的，但在资本稀缺情况下很容易被定性为公用事业。它们的成功为争取其他营利企业可以利用的一般公司法铺平了道路。当然，根据我在第三部分中所探讨的，沿着这些思路取得的成功是颇具讽刺意味的——银行其后保留了较旧且更为严格的公司监管环境的经典遗留实例。我试图在第三部分解释这是如何发生的。

最后，无论如何，随着时间的推移，关于公司的资格与理解从初始状态开始已经发生了根本性变化。公司执照变得更容易获得；越权行为理论衰落、消散并最终消失；甚至资本监管也被取代，首先是伴随着责任保险要求，继而

---

〔1〕 关于纽约的情形，参见 SEAVOY, *supra* note 4, at 6－7, 177－230, 255－74。关于新泽西州的情形，参见 CADMAN, *supra* note 10, at 111－201。关于马萨诸塞和新英格兰的情形，参见 DODD, *supra* note 10, at 364－437。

〔2〕 *Id*.

〔3〕 *Id*.

〔4〕 例如，参见 Hansmann & Kraakman, *supra* note 9。

〔5〕 关于自由银行及其历史的翔实论述，参见 Andrew Economopoulous & Heather O'Neil, *Bank Entry During the Antebellum Period*, 27 J. MONEY, CREDIT & BANKING 1071(1995); Howard Bodenhorn, *Entry, Rivalry and Free Banking in Antebellum America*, 72 REV. ECON. & STAT. 682(1990); Kenneth Ng, *Free Banking Laws and Barriers to Entry in Banking*, 1838－1860, 48 J. ECON. HIST. 877(1988)。关于银行游说在一般公司法推广中所扮演的角色，参见 SEAVOY, *supra* note 4, at 53－176。

是几乎没有任何要求。[1] 如今，旧制度就还剩下衡平居次（equitable subordination）、欺诈性转让与刺破面纱理论（用来规制那些实际上欺骗自愿性债权人的滥用公司形式行为）等少数内容。[2]

虽然对受到条件限制的目的与相关越权理论加以取消的做法或许是可以理解的，因为这实际上是不可避免的，但就有限责任本身而言，情况似乎并非如此。一方面，近几十年来资本似乎并不稀缺——事实上，恰恰相反。[3] 另一方面，政府——特别是联邦政府——在资金或有效权力方面并未像过去那样捉襟见肘。最后，正如甚至在18世纪人们所承认的那样，有限责任的替代选项并不限于与一般合伙有关的无限连带责任；股东之间的按比例赔偿责任至少是可行的，并且其对任何公司股票持有人在公司破产时可能损失多少设置了自然限制。[4]

那么，基于（1）建设基础设施这一目的不再是必要的，并且（2）确保它只被用来促进提供这种基础设施——其最初的理由——在任何情况下都不再可行，为何不取消目前有限责任形式？我在第三部分中探讨了这个问题。

“银行特许经营者”：它真的是特许经营者

如前所述，我们的银行监管制度在很多重要方面更为普遍地复制了既往的公司法制度。我们通过只批准有限数量的银行执照的方式来控制其行业准入。这种银行执照是任何希望从事“银行业务”者所必需的。[5] 在这个意义上，我们赋予银行以有限的寡头垄断资格。我们保障银行执照授予与持续效力的条件，反过来取决于银行是否符合我们对其活动所施加的多重限制。其中之一的限制是，银行只从事与银行业务长期相关的某些业务形式，所有

---

〔1〕 引自 *supra* notes 43，44。

〔2〕 引自 ALLEN et al.，*supra* note 38，at 161。

〔3〕 例如，参见 DANIEL ALPERT，ROBERT HOCKETT，& NOURIEL ROUBINI，THE WAY FORWARD（White Paper，New America Foundation，Oct. 10，2011），http://newamerica. net/publications/policy/the_way_forward；Ben S. Bernanke，*The Global Savings Glut and the U. S. Current Account Deficit*：*Remarks at the Sandridge Lecture*，virginia association of economists（Mar. 10，2005），www. federalreserve. gov/boarddocs/speeches/2005/200503102。

〔4〕 参见 Hansmann & Kraakman，*supra* note 9；SEAVOY，*supra* note 4，at 44。

〔5〕 例如，参见 12 U. S. C. § 27。这是国家银行执照的法定理由。根据美国所维持的双重银行制度，各州也通过其法定与行政制度来授予银行机构执照。

这些业务都是由我们的银行法所肯定性地列举的。[1] 其中还包括严格的资本要求,违反这些要求会很快导致银行被罚款或清算,其高级人员被罚款或监禁,或者其任何组合性后果。[2] 在这些方面,银行监管看起来就像曾经公司监管的残余形式。这不仅有趣,并且颇具讽刺意味,因为正如前面所指出的,19 世纪那些支持自由银行的政治压力似乎在推动立法机关首先扩展公司特许经营者方面发挥了关键作用。[3]

为何银行普遍保留了这些曾经仅仅是公司法的特征?为何银行是特殊的?[4] 我猜想银行会继续被以曾经对待全部公司的那种方式予以处理,因为对于银行而言,该实体的实质性公私特许经营者性质依然比其他企业更为明显。在 19 世纪中叶至后期的美国自由银行时代,这种性质的发现——或再发现——是颇为困难的。它拥有私人所有的银行机构多次过度发行货币的经验,继而是系统性的恐慌与崩溃。它还面临私人组建的结算中心的最终失败,这种结算中心是一种汇集与自我调节性地降低崩溃风险的手段。

事实上,直到 1913 年美国再次建立了中央银行——美联储系统,然后在 1929 年以及紧随其后的时期经受住了考验,我们才终于在责任方面充分严肃地理解了采取如下观点的必要监管后果,正如我们在权利方面所做的那样:自由银行家支持将银行视为公用事业。在第四部分中,我探讨了与自由银行有关的"再发现"的对应物是否可能是为了"自由创设"(free incorporating)。

我在这里所提到的银行作为特许经营者及其特许经营者性质已经被重新发现,究竟是什么意思?作为一般事项,我指的是第二部分中的特许经营者之含义。据此,只有当私人企业履行基本公共职能时,这些私人企业才会被公开授予特权。银行满足特许经营者这一特殊定义的方式是为人所熟知的。银行作为公用事业在分配信贷与提供支付系统方面的性质确实被普遍注意到,并且(如果没有根据一些人所说的那样进行国有化)被认为是值得特

---

〔1〕 例如,参见 12 U.S.C. § 24(Seventh);Arnold Tours,Inc. v. Camp,400 U.S. 45(1970)。诚然,货币审计办公室(Office of the Comptroller of the Currency)对所列举的银行权力之解释有时相当自由。例如,参见 Saule T. Omarova,*The Quiet Metamorphosis*:*How Derivatives Changed the* "*Business of Banking*,"63 U. MIAMI L. REV. 1041(2009)。这并不改变如下事实:银行监管制度在成文法上假定银行是具有有限列举权力的实体。我将在第四部分探讨监管懈怠的含义及其应对。此外,正如前面脚注中所指出的,在这里我也引用了联邦法律。每个州本身也具有针对获得州营业执照的银行机构的制度。

〔2〕 例如,参见 12 U.S.C. § 1818。所有希望获得存款保险的银行,即所有银行,无论是被国家授予执照,还是被各州授予执照,都受其规制。

〔3〕 参见 *supra* note 52。

〔4〕 参见 *supra* note 6。该文涉及这一"特殊性"的相关引用。

别监管的。但是,我认为,在一个更为特殊并且事实上更为字面的意义上,银行也应当被理解为是特许经营者。也许其最好的解释是提及:与一个国家中央银行相联系并得到其支持的任何私人银行机构实际分配——各国授予该银行以执照,以充分利用国家信用,发放货币。[1] 换言之,现代经济体中的银行发放的不仅仅是信用,而且是公共信用(public credit)。这可以通过阐释一个典型的银行贷款交易机制而得到最好的说明。

在美国,当一家银行收到信誉良好的企业家的借款申请时,它以该借款人的名义开立或贷记一个账户,然后将该交易一方面记录为自己的资产与负债,另一方面记录为该借款人的资产与负债。[2] 该交易簿是银行的资产,因为银行现在被欠着贷款。它记录着银行的一项债务,因为银行现在必须尊重借款人在账户上开出的所有汇票,直至其达到贷款金额。其交易被记录为借款人的资产,因为该借款人现在拥有并且能够在一个新的(或者新的贷款增长的)账户上提取付款。它被记录为该借款人的负债,因为该借款人必须按照贷款协议的条款偿还给银行。

作为一个财务问题,上文所描述的贷款交易并不违反关于相对于负债的资产守恒的任何特别的牛顿定律。资产与负债之间依然存在着一一对应关系,而根据财务惯例,这种对应关系总是相互抵销的。[3] 但是,现在经济中有更多的资金在发挥着作用,这通常被那些称为银行货币、信贷货币或者广义货币的货币度量所追踪。[4] 从这个意义上讲,在贷款被偿还与消灭之前,该交易确实违反了货币领域的牛顿能量守恒定律。因为银行确实(暂时)创造了这个银行货币。

似乎为了强调这最后一点,中央银行或货币当局在如下情况中,将不得不适应私人贷款银行的货币创造行为:它(1)与大多数银行一样维持隔夜银行间拆借利率目标,(2)与大多数银行一样管理一个其私下开出的支票按票

---

[1] 以下几段文字部分引自 Hockett,*supra* note 7。

[2] 一个可以理解且并非过于简单的关于银行贷款机制的描述是 Michael McLeay,Amar Radia,& Ryland Thomas,*Money Creation in the Modern Economy*,BANK OF ENGLAND Q. BULL.(2014),www.bankofengland.co.uk/publications/Documents/quarterlybulletin/2014/qb14q1prereleasemoneycreation.pdf。另见英格兰银行为补充这篇文章而制作的有益的视频系列:Michael McLeay et al.,*Money Creation in the Modern Economy*,youtube(Mar. 12,2014),www.youtube.com/watch?v=CvRAqR2pAgw。一个简短与同样容易理解的关于银行贷款是如何运作的描述(尽管它夸大了银行在美国可能需要符合的准备金与资本要求)是 John Carney,*Basics of Banking:Loans Create a Lot More Than Deposits*,CNBC(Feb. 26,2013),www.cnbc.com/id/100497710。参见 *John Carney*,*What Really Constrains Bank Lending?*,CNBC(Apr. 5,2012),www.cnbc.com/id/46970418.;Seavoy,*supra* note 4。

[3] 引自 *supra* note 62。

[4] *Id.*

面价值结清的支付基础设施，或者(3)两者同时具备。因为它如果不如此行事，则(1)贷款银行将不得不向其他银行借款以满足其准备金要求，这会对银行间拆借利率造成上行压力；(2)贷款银行中的一些支票将无法在中央银行结清，或者(3)两者兼而有之。[1]

因此，中央银行通过贷记该银行的准备金账户来容纳私人银行的贷款，使原借款人从银行提取的新账户上的支票得以结清。在如此行事时，它实际上公开地将由银行首先向其贷款的个体借款人所签署的本票予以货币化，这将国家的全部信任与信用置于个人信用之后。所有这些都是有关各方所事先理解的。这都是游戏的一部分——中央银行、私人银行与后者的借款人之间安排的一部分。[2]

这一切都显示了一些在我们银行系统方面非常重要但却并未得到充分重视的事项。这就是，甚至私人银行特权实际上也是一种可无限扩展的公共资源——一种授权它们收取私人寡头租金的资源。换言之，这些银行是如下物品的特权经销店：这种物品最终被公开生产并且或多或少地免费扩展给银行——而银行又反过来用这种物品来赚取收益。在美国，这种物品就是被货币化的美国的充分信任与信用。在允许银行从这种资源中赚取租金的同时，我们实际上正在将铸币税私有化。

现在，正如我所建议的，一般外行可能不清楚刚刚所描述的动态。典型的国会议员，特别是茶党(Tea Party)成员很可能比外行更能清楚地表达它。无论如何，大多数制定政策者至少会意识到银行作为公共资源分配者的性质——并据此认识到它们作为特许经营者的角色。可能是出于这个原因，我认为，在银行方面，依然存在着旧公司法制度的诸多残余。然而，尽管存在这些事实，但是近几十年的趋势似乎预示着银行法与公司法的命运并无不同。

我在这里指的是两个相关现象。第一个是银行家在监管边界上的稳步推进——这种推进经常改变着立法者甚至监管者，而立法者与监管者甚至经常鼓励这种推进。例如，对银行权力的限制一直在稳步地向外推进——在涉

---

〔1〕 关于这一机制及其推动因素的更多信息，参见 Jaromir Benes & Michael Kumhof, *The Chicago Plan Revisited*(IMF Working Paper No. 12/202, Aug. 2012), www. imf. org/external/pubs/ft/wp/2012/wp12202. pdf; Piti Disyatat, *Monetary Policy Implementation: Misconceptions and Their Consequences*(BIS Working Paper No. 269, December 2008), www. bis. org/publ/work269. htm; Ulrich Bindseil, *The Operational Target of Monetary Policy and the Rise and Fall of the Reserve Position Doctrine*(ECB Working Paper No. 372, June 2004), www. ecb. europa. eu/pub/pdf/scpwps/ecbwp372. pdf。

〔2〕 引自 *supra* note 65。

及金融衍生品交易的情况下，这可能是以最戏剧性与最不祥的方式推进。[1]众所周知，关于控股公司结构中的银行与非银行企业的联系的限制也同样如此。[2] 第二种现象是，在 2008—2009 年危机后，在一些传统的公司与证券法学者中，存在将导致危机的银行视为普通公司治董事项的显著倾向，就好像银行根本不存在特别之处，并且就像旧公司与证券理论所理解的那样。[3]

刚刚所描述的趋势具有一定的讽刺意味。事实上，正如人们长期以来所说的那样，银行可能并不是特别的——但其后的结论并不是，银行现在应当得到类似于普通公司一个世纪以来一直受到法律与学者所处理的那种对待；而是一般公司应当再次得到以前的对待，正如银行依然所接受的对待一样。换言之，法律应当重新发现涉及有限责任或被承认的寡头垄断地位等特权的任何公司之特许经营者性质，并相应地对这些特权施加条件。而学者则应当认识到，对公司治理在避免公司带来社会弊病之力量的信念涉及在银行监管与公司法方面的一个一厢情愿的显著因素。我们现在探讨一下为何，以及如果放弃则会产生的其他影响。

特许经营者观点的含义：如果我们不再允许“自由银行”，为何还允许“自由创设”？

对公司最初公共特许经营者性质以及银行机构所维持的这种性质之提醒，引起了近几十年来在公司组织形式方面罕见的反思。这种思考反过来又导致考虑实行试探性的新政策。正如前面所建议的，那些我认为最为迷人的事项所涉及的是，认为银行具有特殊性的这一监管惯例的持续活力。[4] 因为公司形式与银行监管的历史表明，后者在其当前伪装中与前者在其最初伪装中颇为相似——并且还是出于同样原因，银行的特殊性看起来更像是一种分级式而不是分类式的区别。就这种情况而言，人们反过来很容易会追问，我们所发现的这两种以目前形式所存在的监管制度之间的明显区别本身是否不应当在边缘处加以模糊。

---

〔1〕 例如，参见 Omarova，*supra* note 57。

〔2〕 例如，参见 Financial Services Modernization Act of 1999，Pub. L. No. 106－102，113 Stat. 1338(1999)。

〔3〕 引自 *supra* note 8。

〔4〕 参见 *supra* note 6。

例如，如果我们不像曾经那样监管或者限制公司特权分配，则是否应当以我们在银行方面依然如此行事的方式加以处理？或者，抛开这个问题，如果我们发现，就像曾经监管所有公司一样，继续监管——或者更确切地说，重新监管——并且已经在监管银行的方式上是明智的，尽管19世纪末自由银行倡导者在改变公司法制度方面发挥了主导作用[1]，则是否有必要重新审视后一种制度从而恢复一些被放弃的监管形式？

在20世纪八九十年代，甚至2000年后到2008年之前，很多银行与更为宽泛的放松金融管制倡导者实际上追问并回答了第一个问题。他们所追问的是，使银行监管与更为广泛的公司法制度更加一致是否具有意义。基于颇为明显的原因，现在很少有人提出这个问题；但是，如果关于2008—2009年危机的记忆有机会作为关于既往危机的记忆而趋于模糊，则这个问题肯定会再次出现。但是，就目前而言，在我们自己的学术与政策利益方面，我认为考虑第二个问题更有意义。换言之，我认为，值得考虑的是，是否再次将授予公司特权限定于履行某种真正有用的公共职能的企业。

为了理解这个问题的重要性，我们首先需要注意的是，如今支持企业组织的公司形式以及其他同源形式的大多数理由都符合资本化的必要性。由于现代生产活动比19世纪初需要更为密集的资本，这一论点认为，企业需要分散的投资者比以前更多地进行参与。[2] 只有这样，才能调动稀缺的资本，为自由放任经济中的生产活动提供资金。[3] 但是，为了做到这一点，就不能让那些为企业融资者担心，在企业破产并让债权人一无所获时，他们就会失去个人资产。[4] 此外，如果继续沿着这一思路，则企业在初级资本市场上优化资本结构需要深入且流动的二级市场，以免投资者感到被其投资所限制或锁定。[5] 但是，这反过来又要求企业股票的价值变动不应当与投资者的个人财富过于密切，仿佛投资者需要承担无限个人责任一样。[6]

关于这种一般形式之辩护存在两个显著的特征。第一个是，它们似乎与当代货币与金融条件脱节。第二个是，在一些表达中，在涉及它们的上下文

---

〔1〕 参见 *supra* note 52 及随后的内容（阐明了自由银行运动在推动无条件的公司特权议程中所发挥的历史作用）。

〔2〕 例如，参见 ALLEN ET AL.，*supra* note 38，at 145；John Armour，Henry Hansmann，& Reinier Kraakman，*What Is Corporate Law?*，*in* REINIER ET AL.，THE ANATOMY OF CORPORATE LAW 1－5（2004）。

〔3〕 *Id.*

〔4〕 *Id.*

〔5〕 *Id.*

〔6〕 *Id.*

中，它们是完全不连贯的。关于第一点，如果说我们从早期里根时代以来30年频繁发生的金融动荡与偶尔灾难中学到了些经验，那就是金融资本总量并不稀缺。[1] 鉴于管理一种弹性的、"法定"货币的任何中央银行或同等货币当局所发挥的作用，金融资本总量也不可能稀缺。[2] 我们现在所面临的挑战并非资本稀缺，而是其对立面，即资本过剩与调控不足——以及通常的错误配置危险。[3] 这表明，在目前条件下，旨在吸引股票购买者的公司法制度的各个方面即便不是危险的，也是多余的，无论其在19世纪（当时资本确实稀缺，并且中央银行或者货币当局并未被授权发行一种不依附于铸币的货币）看起来是多么明智。[4]

这种情况不仅体现为最近信贷推动的资产价格泡沫，包括在2008—2009年之前的泡沫[5]，并且也体现在近年来关于目前公司融资实践的一些常见抱怨。其中之一是，众所周知，企业现在为其业务与扩张而融资，当它们开始扩张时，它们利用的是留存收益，而不是注入新的资本。以这种方式来为其业务融资的场合导致了几种不同的抱怨。一是在一些股东权利倡导者看来，这种收益应当以股息的形式返还给股东。二是用留存收益为其业务融资的行为使得管理层免受股东与其他投资者原本会施加的纪律的影响，后者通常将根据旨在提高其福利的具体要求来确定其提供后续资金的条件。另一个（也是相关的）抱怨是，利用留存收益作为融资手段的这种行为剥夺了普通公民进一步参与企业所有权的可能途径，因此，其至少反对一种公司民主形式。现在被如此频繁地表达的这些不满都不符合资本稀缺的假定，也不符合投资者普遍不愿意购买企业股票的假定。事实上，它们引发的是相反的结论。

似乎为了支持关于留存收益之抱怨，另外两个关于当代公司融资实践的抱怨也以其为前提。其中之一是，自危机以来，企业一直在积蓄其收益，而非投资。在这过程中，抱怨仍在继续：这些企业正在否认宏观经济是投资需求的一个重要来源，该投资需求可以弥补后危机时代的债务—通货紧缩—陷入困境的消费者需求不足。[6] 另一个抱怨是，公司管理者实际上是利用留存收益而从现有股东手中购回股票，其目的都是人为地——并且短期地——推

---

〔1〕 参见 *supra* note 53 和随后的内容（资本稀缺）；Hockett，*supra* note 7。
〔2〕 参见 Hockett，*supra* note 7。
〔3〕 参见 *supra* note 72；Hockett & Omarova，*supra* note 5。
〔4〕 因为通货膨胀，所以危险。参见 *supra* note 55；Hockett，*supra* note 7。
〔5〕 *Id*. 参见 Robert Hockett，Debt，Deflation，*and Debacle*（Working Paper，2013）。
〔6〕 *Id*.

高股价，从而提高参照股价计算的管理层薪酬。[1] 实际上，这一抱怨表明，企业——甚至非金融企业——实际上正在吹大自己股票证券中的小泡沫，而所有这些都是为了以破坏企业长期生存能力及其意欲从事的生产活动的方式让管理者受益。[2] 在这里也是如此，就像关于用留存收益融资的抱怨一样，这些抱怨与资本稀缺或任何吸引来自易受惊吓的潜在股东投资的相关需求并不相容。

我在这里的目的并非评判这些现在为人所熟知的主张，以及它们所引起的学术与政策争论。相反，我的观点是，这些近年来越来越普遍的抱怨并非在资本稀缺或者投资者胆怯的情况下所听到的那种抱怨。这些是一种类似于“绝望地寻找收益”（这也是最近被广泛注意到的）的抱怨，其只有当寻找收益的金融资本总量大大超过公司管理者对其进行有效利用的能力时才会出现。这反过来表明，在假定需要吸引股东的情况下而支持持续无条件的公司特权的论点，无论其曾经多么恰当，在这一点上充其量也是不合时宜的。

我注意到，影响无限制的公司特权之吸引力的第二个缺陷是，它在某些情况下的阐述并不连贯。在这里，我想到了这样的论点：即虽然“总资本不足”是理论上刺破公司面纱的根据，但是，它不应当成为这一根据。这一论点的理由是，它“威胁到公司形式的完整性”，并且因此有可能阻却这一形式所要吸引的资金。[3] 这一论点是不连贯的，因为企业总资本不足起初就无法表明利用有限责任来吸引资本的这一理由。如果有人试图用公司形式保护自己，但却未能给公司本身提供充分资本，那么公司形式显然并未完成其任务。它没有吸引资本，而只是引发盗窃。因此，它是一种自我反驳，因为在捍卫我们称之为“自由创设”（即无条件的设立）时，诉诸吸引资本的任何需求的做法是不合时宜的。

那么，通过在设立时重新引入条件，就像我们在涉及银行执照时依然如此行事那样，我们究竟希望去实现什么？对此，存在着大量可能性。目前，我只提出与暂时捍卫这些可能性，而不是毫无保留地推荐或致力于实现这些可

---

〔1〕 例如，参见 William Lazonick, *The Financialization of the U.S. Corporation: What Has Been Lost, and How It Can Be Regained*, 36SEATTLE U. L. REV. 857(2013)。

〔2〕 *Id*.

〔3〕 *Id*.

能性。[1]

其中一种可能性是,重新引入旧公共目的要求的某些版本作为设立条件——并且,作为其对立面,恢复越权理论。正如前面所指出的,特别是有限责任,当其首次被授予时,其是一项极为特殊的授权。[2] 它直接违背了作为全部民事义务法(合同与侵权行为)核心的责任伦理。[3] 唯一能够证明对西方传统法律价值的重大背离之理由就是必要性,抑或某种形式的补偿,再或者两者兼而有之。[4] 但是,我恰好注意到,似乎不再存在假定曾经具有的任何必要性。因此,某种形式的补偿似乎是必要的。如果我们继续鼓励通过授予公司执照来实施负外部性,那么通过补偿来要求一些正外部性的做法似乎是合理的。[5] 否则我们仅仅提供了一张免费执照,从而使得一些人在追求未分享的收益时对他人造成不予补偿的损害。[6]

这里还应当指出的是,正如前面所指出的,由于资本不再稀缺,针对公司特权的补偿不能仅仅是“资本流通”与随之而来的“工业化”“增长”或“创造就业机会”,就像19世纪初可能会争论的那样。[7] 因为观察到资本不再稀缺并且实际上可能是过剩的,仅仅是观察到公司特权对于工业化、增长或创造就业机会的目的而言是不必要的。此外,由于当前的经济条件(包括前面提到的关于当前公司融资实践的抱怨所指出的那些条件)变得清晰,因此公司特权也不足以生产这些产品。为了使公司利益相关者真正获得公司特权,这些利益相关者大概必须能够指出他们公司提供了一些真正的公共利益,从而使得其成为一个善意的公共特许经营者。另一种选择可能是,用某种形式的公司财务短缺之比例赔偿责任取代有限责任。这在19世纪末之前是常见的,而汉斯曼与卡拉克曼在一个多世纪后才重新发现了这种情况。[8]

目前的反思中所提出的一种相关的可能性是,重新引入非公司但类似于公司的企业形式(例如有限责任合伙与有限责任公司)的“双重缴税”。我认为,看待公司双重缴税的一种方式是,作为一种公开要求补偿的形式,其旨在

---

〔1〕 在达到这一点之前,将需要更多的审查与思考——比在像现在这样的简短章节范围内所能做得更多。

〔2〕 参见 *supra* Part Ⅱ。

〔3〕 *Id*.

〔4〕 *Id*.

〔5〕 参见 Hansmann & Kraakman,*supra* note 9 和随后的内容(施加外部性)。

〔6〕 *Id*.

〔7〕 参见 *supra* Part Ⅱ。

〔8〕 参见 Hansmann & Kraakman,*supra* note 9 和随后的内容(施加外部性)。

减轻公司形式所带来的道德风险与随之而来的社会成本危险。但是,在有限责任合伙、有限责任公司与其他涉及有限责任的合伙变体的情况下,并未要求这种补偿。这些企业的合伙人或成员享受"单层"缴税待遇,尽管他们享有与公司股东相同的有限责任,并且,他们的企业资本不足的可能性比一般公司更大。[1] 这当然是荒谬的。唯一符合我们法律的合理解释是,"公共选择"的解释——听起来是一种见利忘义的解释——而不是基于价值的解释。

当然,经过深思熟虑后才能大力倡导任何沿着这里所设想的路线的行动。例如,公共目的问题是否比 19 世纪后期更容易得到评判或者受到更少的政治忧虑?[2] 如果答案是肯定的,并且我们其后开始在这种目的的追求上设定公司特权的条件,则是否会存在大规模从股权投资流向债务投资的趋势?如果存在,则这是否会产生问题?当然,这实际上可能是有益的,因为债权投资者在定义上是更为厌恶风险的,因此是更为谨慎的投资者。而这反过来意味着企业本身将不得不变得更加谨慎,减少边缘外部性,从而继续吸引(现在的债务)资本。但这也可能是存在问题的,因为我们希望企业具有企业家精神。

在任何州或者国家修正公司法制度之前,我们也希望通过该制度与其他制度的互动来加以思考。例如,通过公司特权来鼓励股权投资的做法是否可以与根据现行税务法典而通过税收注销(tax write-offs)方式来鼓励债务投资相比较?如果我们要删除前者,我们是否也希望删除后者,以避免支持债务投资的过度弄虚作假?与此相关的是,使公司特权再次成为有条件的这种做法如何影响或受到公司治理制度的影响,并且,由另一方引起的任何变化是否有益或有问题?我承认,在这个时刻,很难有信心地知晓从何处开始解决这些问题。但我也相信这很值得尝试。支持当前制度的最经常遇到的论点过于乏力,并且它所带来的成本太大以致只能忽略这一任务。

结语:将企业再次视为"社会性的"

我在这一章中所做的,在本质上是一个扩展性的但依然是暂时性的反思。这种反思根植于当今银行监管与既往公司法之间的平行观察。从那里,

---

〔1〕 参见 *supra* note 38 及相关内容。
〔2〕 参见 *supra* Part Ⅱ。

本章开始了一些更为详细的历史挖掘，然后对最初观察到的相似点与历史记录进行了探索性解释。之后，本章转向关于规范性影响的临时思考，首先追踪其中一些影响，然后识别一些可能的政策结论本身所提出的进一步的问题。在这一点上，我还没有能够走得更远。这里的一切都是暂时性的；所有这些都可能需要进一步阐述或修正。

我计划在今后研究中进一步阐述，也许这是为了得出更有信心的政策结论，并建构更为具体的回应性建议。但是，我希望目前至少已经启动了这一进程。至少这里提出的似乎是需要转变态度。设立公司所带来的益处给该设立本身带来了一项特殊的公共资助——实际上，这是公众给那些设立公司的私人当事方的赠与。这种资助过去大体上是“有偿性”的，以公司形式当时尤其可以带来公共利益这一方式进行。而目前情况似乎不再是这样了。对比如今的自由设立制度跟几乎与自由银行全盛期截然不同的银行监管制度，我们可以发现其已经朝着更为明显的宽松化方向演变。事实上，我已经指出，如今的银行监管制度只是一种过往有条件设立制度的最后残余。

在我看来，在这种情况下，我们至少应当看到，当考虑向享有不必要特权者提出更多要求的前景时，作为社会整体，我们不必感到胆怯抑或表示歉意。这并不是以某种方式威胁“自由”公司或者冒着生产活动资本不足的风险。这只是为了恢复从最初就一直是西方文明与法律文化核心的问责形式。当然，它也可以证明正统经济学家的说法，即并不存在免费的午餐——甚至对于公司管理者或投资者而言也不存在。

第六章 社会企业法的早期教训

凯罗尔·廖

引 言

日益严重的经济不平等导致一半的全球人口整体拥有不到1%的全球财富[1],而最富有的1%人口拥有与世界其他人口整体一样多的财富。[2] 气候变化、生物多样性丧失与生态系统崩溃、失业与就业不足、粮食与水危机以及财政危机被列为世界面临的一些最重大的长期风险。[3] 经济、社会、地缘政治、环境与技术挑战加速了对约束我们全球共同体的新型与可持续关系的探寻。

公司社会责任作为改善与/或应对由公司行为所造成或者加剧的一些长期全球风险与挑战之可能机制而经常得到利用、批评与捍卫。在过去的几十年中,公司社会责任的主题充斥于学术研究中,其涵盖了很多学科,包括但不限于商学、政治学、经济学、法学、社会学、人类学、环境研究与女性研究。公司社会责任的多学科性质与对这一术语的开放式使用可能会导致它的毁灭,因为行业领导人与学者已经开始宣布,公司社会责任"死亡"[4],并且这个术语"在如此多的不同场景下被使用,以致它失去了其全部的意义"[5]。可持

---

[1] CREDIT SUISSE,GLOBAL WEALTH REPORT 12(2016),www.credit-suisse.com/ch/en/about-us/research/research-institute/global-wealth-report.html.

[2] OXFAM INT'L,WORKING FOR THE FEW:POLITICAL CAPTURE AND ECONOMIC INEQUALITY(2017),www.oxfam.org/sites/www.oxfam.org/files/bp-working-for-few-political-capture-economic-inequality-200114-summ-en.pdf.

[3] WORLD ECONOMIC FORUM,THE GLOBAL RISKS REPORT 2017(12th ed. 2017),www3.weforum.org/docs/GRR17_Report_web.pdf.

[4] 例如,参见 Dermot Egan,*CSR Is Dead,Long Live Social Enterprise*,the guardian(Aug. 9,2011),www.theguardian.com;Tim Draimin,*Corporate Social Responsibility Is Dead,Long Live Corporate Social Innovation*,SIG:SOC. INNOVATION GENERATION(July 12,2010),www.sigeneration.ca。

[5] S. Prakash Sethi,*Dimensions of Corporate Social Performance:An Analytical Framework*,17 CAL. MGMT. REV. 58(1975);John M. Conley & Cynthia Williams,*Engage,Embed,and Embellish:Theory Versus Practice in the Corporate Social Responsibility Movement*,31 J. CORP. L. 1(2005).

续性正在成为新兴的商业大趋势[1]与当今的新标语。责任投资与社会责任投资等金融实践在全球舞台上日益突出。公司正在面对越来越多的期望,以减少其行动所造成的负外部性,甚至在促进社会经济发展方面发挥作用。

近年来,商业概念与社会行动主义的融合越来越受到欢迎。公司正在试图兜售清洁资本主义,用生态产品来争夺市场份额,并发起绿色运动,从而迎合不断变化的消费者需求。[2] 一个新的"社会"企业家阶层正在寻求通过商业来改变世界。自称为社会企业的组织在全球范围内的扩散使得人们对社会企业的定义产生了疑问。英国、美国与加拿大对其的处理存在显著差异。在美国,这个词被广泛使用与宽泛界定,并且鲜有监管干预或澄清。[3] 另一方面,英国与加拿大则采取了明显不同的路径来引导对这一业务描述的日益认可。两国政府都有目的地申明,并不存在专门用于社会企业的单一法律形式,尽管它们提供了一般的定义与准则。2002 年,英国贸易与工业部[Department of Trade and Industry,以及后来的商业创新与技能部(Department for Business Innovation and Skills)]提供了以下定义:

> 社会企业是一种具有以下主要社会目标的企业:其盈余主要为了该目的而再投资于该行业或社区,而非由股东与所有者获得最大收益的需求所驱动……社会企业是多样化的,并且在很多层次上运营。它们包括当地社区的企业、社会性的企业、合作社等互益组织以及在全国或国际上运作的大型组织……社会企业并不存在单一的法律模式。它们包括担保有限责任公司、工业福利协会(industrial and provident societies)以及股份有限公司。一些组织是非法人组织,而一些则是已登记的慈善组织。[4]

在 2016 年,加拿大创新、科学与经济发展部(Canadian Ministry of Innovation,Science,and Economic Development)的网站上出现了以下定义,尽管几乎并未大肆宣传:

---

[1] 例如,参见 David A. Lubin & Daniel C. Esty,*The Sustainability Imperative*,88 HARV. BUS. REV. 42(May 2010),https://hbr.org/2010/05/the-sustainability-imperative。

[2] 参见 Sheila Bonini & Jeremy Oppenheim,*Cultivating the Green Consumer*,6 STAN. SOC. INNOVATION REV. 56(Fall 2008);JOEL SOLOMON,THE CLEAN MONEY REVOLUTION:REINVENTING POWER,PURPOSE,AND CAPITALISM(2017)。在加拿大,自称社会企业的数量从 2010 年到 2016 年增加了两倍以上。参见 PETER HALL,PETER R. ELSON,& PRISCILLA WAMUCII,BRITISH COLUMBIA SOCIAL ENTERPRISE SECTOR 2012 SURVEY REPORT 9(2014),www.sess.ca/english/wp-content/uploads/2014/04/BC-Report-April-17-rev.pdf。

[3] 参见 *supra* Means & Yockey,Introduction。

[4] DEP'T OF TRADE & INDUS.,SOCIAL ENTERPRISE:A STRATEGY FOR SUCCESS 13 (July 2002),www.faf-gmbh.de/www/media/socialenterpriseastrategyforsucess.pdf(emphasis added).

社会企业通过销售产品与服务来实现社会、文化或者环境目标。社会企业可以是营利性的，也可以是非营利性的，但大多数净收益必须指向一个社会目标，而只有有限的收益会分配给股东与所有者。[1]

同时，联邦政府开始在其加拿大公司能力(Canadian Company Capabilities)数据库上开发一个全国性社会企业名录(Social Enterprises Directory)。这是一个自由、集中与可搜索的数据库，其中涵盖5万多家公司。[2] 根据之前的定义，自我认定为社会企业的组织可以被允许登记并被列入社会企业名录。

将大部分收益再投资于该企业背后的社会目的是英国与加拿大社会企业的一个显著特征。[3] 这两个国家的定义反映了在社会企业这一动态领域内所发生的变化。世界各地的社会企业家开始检测那些容纳其社会企业的传统公司法律形式之治理与融资限制。作为社会企业的公司的自我标签打开了一种“社会性清洗”(social-washing)[4]形式的高度可能性，并使得这些企业很可能作为一种公共关系实践而采用社会企业这一标签，但却几乎不从事附随活动。这些社会性清洗问题类似于宣传公司社会责任运动的漂绿关切。[5] 在一定程度上，为了消除这些关切，也为了防止社会使命偏移[6]，立法者正在开始为社会企业创造新的法律形式，以满足企业家日益增长的需求——尽管其结果喜忧参半。这些新法律形式提供了营利性与非营利性法律特征的混合形态，以管理完成经济与社会任务的企业。这些专门为社会企业而设计的混合性[7]法律实体——被创设的“社会企业法”——都包含了对企业家及其社会企业具有潜在吸引力的治理与融资特征。

社会企业法的出现对公司法基本原则提出质疑，并且追问主流法律制度是否需要调整，以适应对可持续性与社会创新的更大需求。它们还导致关于

---

[1] *Directory of Canadian Social Enterprises*, GOV'T OF CANADA(Aug. 17, 2016), www.ic.gc.ca/eic/site/ccc_bt-rec_ec.nsf/eng/h_00016.html(emphasis added).

[2] *Id.*

[3] 有趣的是，通常被认为是社会企业法的一个突出例子的美国福利公司并不存在这种要求。

[4] J. J. McMurtry & Francois Brouard, *Social Enterprises in Canada: An Introduction*, 6 CAN. J. NONPROFIT & SOC. ECON. RES. 6, 15(2015).

[5] 例如，参见 Lorianne D. Mitchell & Wesley D. Ramey, *Look How Green I Am! An Individual-Level Explanation for Greenwashing*, 12 J. APPLIED BUS. & ECON. 40(2012)。

[6] Alnoor Ebrahim, Julie Battilana, & Johanna Mair, *The Governance of Social Enterprises: Mission Drift and Accountability Challenges in Hybrid Organizations*, 34 RES. ORG. BEHAV. 81(2014).

[7] 本章所使用的“混合性”这一术语被用来描述社会企业法中所创造的各种公司法律形式。需要注意的是，这个术语并不固定，其可能具有不同的含义。也请注意来自共益实验室的以下内容：“误解：福利公司是非营利组织或者混合实体。福利公司是除了为股东创造收益之外还希望考虑其他利益相关者的营利公司。它们不是非营利组织、混合性组织或者慈善组织。”其网站并未界定“混合性”这一术语。*Common Misconceptions*, b lab, http://benefitcorp.net/common-misconceptions(last visited Nov. 13, 2017).

如下问题的争论：社会企业法是否只会通过将社会成果的期望注入一个小众法律部门来维持现状。是否需要新的法律来促进、正当化与/或监管那些自我认同为社会企业的企业？无论一个人的立场是什么，这些法律创新都在对如下观点提出发人深省的挑战：公司在追求一个单一目标中得到了最优治理，而非营利组织的营利能力应当受到限制。阿育王基金会（Ashoka Foundation）与“火星探索区”（MaRS Discovery District）以及始于2003年的《斯坦福社会创新评论》（*Stanford Social Innovation Review*）等一些期刊越来越受到欢迎，这表明人们越来越有兴趣弥合营利/非营利鸿沟，以应对紧迫的社会与环境挑战。至于社会企业，虽然“并不存在神奇的答案”[1]，但是显然有几个国家愿意尝试新的法律。

尽管近年来英美国家存在着对社会企业法的狂热追求，但重要的是，我们需要认识到，社会企业本身在欧洲存在悠久历史，其与合作社所有权运动和非营利部门存在深厚联系。[2] 此外，虽然本章侧重于在英国、美国与加拿大出现的最近法律发展，但是，社会企业法似乎正在成为一种全球现象。比利时、希腊、荷兰与芬兰等国都在不同程度上尝试了不同形式的社会企业法。[3] 在亚洲，很多国家出台了社会企业法，其具体目标是满足弱势群体与边缘化人口的需求。[4] 澳大利亚已经在积极促进社会企业，包括在实现正义背景下的社会企业。[5] 英国社区福利公司（CIC）监管者注意到，日本与韩国的立法者对社区福利公司模式表达了兴趣。[6]

虽然世界各地的社会企业家精神正在兴起，并且，相应的社会企业法正在随着该运动而出现，但是，这些法律的作用及其寿命依然是一个问号。本章第二部分概述了英国、美国与加拿大所发展起来的社会企业法律图景。第

---

〔1〕 Burton A. Weisbrod, *The Pitfalls of Profits*: *Why Nonprofit Organizations Should Get Out of Commercial Ventures*, 2 STAN. SOC. INNOVATION REV. 40, 46(Winter 2004).

〔2〕 例如，参见 THE EMERGENCE OF SOCIAL ENTERPRISE(Carlo Borgaza & Jacques Defourny eds., 2001); Robert Yalden, Janis Sarra, & Paul Paton, *Social Enterprises*, *in* YALDEN ET AL., BUSINESS ORGANIZATIONS: PRACTICE, THEORY, AND EMERGING CHALLENGES (2d ed. 2017)。

〔3〕 关于这些国家的更多信息，参见 Tineke Lambooy, Aikaterini Argyrou, & Rosemarie Hordijk, *Social Entrepreneurship as a New Economic Structure that Supports Sustainable Development*(University of Oslo Faculty of Law Legal Studies Research Paper No. 2013—30, Oct. 30, 2013), https://papers.ssrn.com/sol3/papers.cfm?abstract_id=2346684。

〔4〕 BRITISH COUNCIL, ASEAN SOCIAL ENTERPRISE STRUCTURING GUIDE(2018).

〔5〕 JO BARRAKET, NICK COLLYER, MATT O'CONNOR, & HEATHER ANDERSON, AUSTL. CTR. FOR PHILANTHROPY & NONPROFIT STUD., FINDING AUSTRALIA'S SOCIAL ENTERPRISE SECTOR: FINAL REPORT (June 2010), http://cdn.socialtraders.com.au/app/uploads/2016/07/FASES-2010-full-report.pdf.

〔6〕 Off. of the Regulator of Cmty. Int. Co., *Annual Report* 2012 to 2013, GOV.UK(July 16, 2013), www.gov.uk/government/publications/cic-regulator-annual-report-2012-to-2013.

三部分运用过去十余年的经验教训，探讨了社会企业法中所出现的一些问题，并为国内与国际立法者考虑在其管辖范围内实施类似法律提供了初步的策略框架。第四部分对社会企业法的未来与下一步研究提出了一些观点。

英国、美国与加拿大社会企业法概述

一场正在进行的运动试图回避公司法中的股东至上规范[1]，以鼓励企业实现经济与社会目的，同时提供治理基础设施以支持这一追求。社会企业法正在测验这些进行中的研究，后者使公司领导者了解到，长期愿景、可持续目标与多方利益相关者合作对于其企业长期成功至关重要。[2] 这些新法律为寻求接受社会企业的企业家提供了机会，同时也试图平衡私人部门的负外部性，并声明"社会价值与商业收益创造的独立性是虚构的"[3]。投资者意识到这些实体中所体现的社会任务，以及对财务优势（如果存在）的特殊法律限制——这意味着这些新法律形式的投资者本质上是社会性或者影响力投资者。接下来的几十年将非常清楚地表明这些新法律形式是否会取得成功，以及它们是否会在企业家精神实践中获得显著支持。

图 6.1 与表 6.1 概述了目前英美社会企业法律实体在既有公司备选方案中处于何种位置。在图 6.1 中，在其范围的左边，慈善组织被显示为在收益产生方面最具法律限定性。虽然慈善组织不受阻碍地产生收益本身，但其主要目的是在法律承认的某些慈善目的领域中产生社会价值，其收益必须重新投资于这一目的。慈善组织获得了最大的税收优势与开具捐赠收据的能力。在该范围的右边是"营利"公司，它们在学术研究中存在着一个备受争议的公司目的[4]，但在规范上往往被认为是追求单一营利目标的实体。但是，

---

〔1〕 参见 Carol Liao, *Limits to Corporate Reform and Alternative Legal Structures*, *in* COMPANY LAW AND SUSTAINABILITY: LEGAL BARRIERS AND OPPORTUNITIES 274(Beate Sjåfjell & Benjamin Richardson eds., 2015)。该文探讨了公司法中根深蒂固的意识形态规范。Ian B. Lee, *Efficiency and Ethics in the Debate about Shareholder Primacy*, 31 DEL. J. CORP. L. 533(2006); Jill E. Fisch, *Measuring Efficiency in Corporate Law: The Role of Shareholder Primacy*, 31 J. CORP. L. 637(2006).

〔2〕 参见 Dominic Barton & Mark Wiseman, *Focusing Capital on the Long Term*, 92 HARV. BUS. REV. 44(Jan.-Feb. 2014); Robert G. Eccles, Ioannis Ioannou, & George Serafeim, *The Impact of a Corporate Culture of Sustainability on Corporate Behavior and Performance*(Harvard Business School Working Paper No. 12-035, May 9, 2012), www.triodos.nl/downloads/private-banking/impact-corporate-culture-of-sustainability.pdf。该文发现高度可持续性企业在 18 年间内以每年超额完成 4.8%的任务。

〔3〕 Julie Battilana, Matthew Lee, John Walker, & Cheryl Dorsey, *In Search of the Hybrid Ideal*, 10 STAN. SOC. INNOVATION REV. 50, 52(Summer 2012)。

〔4〕 例如，参见 Lynn A. Stout, *Bad and Not-So-Bad Arguments for Shareholder Primacy*, 75 S. CAL. L. REV. 1189, 1190(2002)。

我们应当指出的是，并不存在公司必须追求收益的成文法要求。[1]

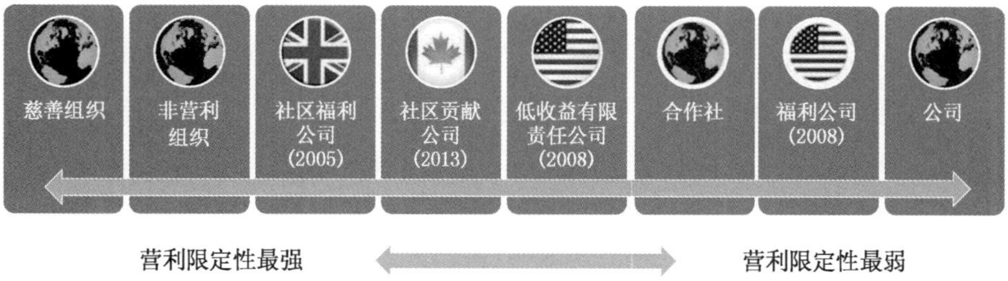

注：改编自 Carol Liao，*The Changing Face of the Non-Profit Sector：Social Enterprise Legislation in British Columbia*，*in* THE SHIFTING TERRAIN：NONPROFIT POLICY ADVOCACY IN CANADA（Nick J. Mulé & Gloria C. DeSantis eds.，2017）。

图 6.1　英国、美国与加拿大的社会企业法律实体

一个有趣的问题是，图 6.1 是否也反映了从左到右是从最注重社会目的的实体到最不注重社会目的的实体。在某些情况下，这种理解是正确的，例如，慈善组织必须处于加拿大法上四类慈善目的范围之内[2]，而这对于大多数其他传统法律实体而言，并非准确的法律描述。虽然人们通常认为，非营利组织致力于帮助他人与行善，当然，这往往是如此，但并无法律要求非营利组织提供任何社会福利。[3] 合作社领域也并不存在任何追求社会利益的法律要求，但无论如何需要给其成员带来利益，[4]尽管国际合作社联盟（International Cooperative Alliance）确实将"关心社区"作为合作社的七项指导原则之一。[5] 最后，虽然董事会通常决定追求收益是符合公司最优利益的，但

〔1〕 可持续公司项目（Sustainable Companies Project）的多地区研究显著表明，尽管存在规范假定，但是，股东至上在任何被调查的国家都不是法律要求。参见 Univ. of Oslo，Faculty of Law，Projects and Concluded Projects，*Companies*，*Markets and Sustainability*，http://jus. uio. no/companies [hereinafter *Sustainable Companies Project*]；Beate Sjåfjell，Andrew Johnston，Linn Anker-Sørenson，& David Millon，*Shareholder Primacy*：*The Main Barrier to Sustainable Companies*，*in* COMPANY LAW AND SUSTAINABILITY：LEGAL BARRIERS AND OPPORTUNITIES 79（Beate Sjåfjell & Benjamin Richardson eds. 2015）。关于加拿大的更多信息，参见 Carol Liao，*A Canadian Model of Corporate Governance*，37 DALHOUSIE L. J. 559（2014）。

〔2〕 慈善组织必须位于四类慈善目的范围之内，即救济贫困、促进教育、促进宗教或者其他根据普通法而被法院认定的目的。后者所根据的是 Commissioners for Special Purposes of Income Tax v. Pemsel，[1891] AC 531（HL），http://203. 55. 28. 185/sites/default/files/file_manager/1891_ac_531. pdf 以及 § 149. 1 of the Income Tax Act（Canada）（ITA），R. S. C. ，1985，c. 1（5th Supp. ）。同时，为了维持其免税资格，其必须遵循诸如不得参与政治活动等若干限制（§ § 149. 1[6. 1] and [6. 2]）。

〔3〕 例如，在加拿大，非营利组织受到其《所得税法》第 149 条第 1 款第 l 项规制，后者要求非营利组织必须仅服务于"营利之外的社会福利、公民进步、娱乐或任何其他目的"。

〔4〕 这一陈述适用于传统合作社所有制形式，但不一定适用于纳入社会价值治理的新合作社法律形式，例如，社区服务合作社（community service cooperative）。参见 CO-OP LEGISLATION，BC COOP，www. bcca. coop/content/legislation（last visited Nov. 13，2017）[hereinafter *Co-op Legislation*]。

〔5〕 *Co-operative Identity*，*Values and Principles*，COOP：INT'L COOP. ALL.，https://ica. coop/en/whats-co-op/co-operative-identity-values-principles（last visited Nov. 13，2017）.

是，并无任何法律限制公司也追求社会目的，或者完全出于社会目的而行事。[1]

在表 6.1 中，我们可以看到，纯粹从数据角度来看，社会企业法的发展存在一些问题。一些混合形式未能从社会企业家那里获得任何支持，因此数量非常少（包括一些并未反映在数据中的分支机构，例如英属哥伦比亚省的社区福利合作社，其 2007 年开始出现，但是迄今只成立不到 20 家）。[2] 其他的数字可能看起来很高，例如，英国的社区福利公司，其已经登记的有 13 755 家。但是，这一数字并不能反映这样一个事实，即这些社区福利公司中的绝大多数是担保有限责任公司，而只有少数是股份有限公司。[3] 这些事实与数字是否具有相关性，以及是否可以对其进行价值判断，在很大程度上取决于伴随这些新法律形式实施中的人们所感知的目标是什么。但是，一个一致的观点可能是，如果只有极少数企业家最终使用这种形式，那么花费时间与精力制定新法就没有什么意义。必须有理由证明实施社会企业法是合理的，包括它们可能被行业所使用。需要注意的是，图 6.1 与表 6.1 所示的社会企业新法律形式中没有一种得到任何优惠性的税收待遇。

图 6.1 与表 6.1 初步讲述了一个故事，但重要的是，我们需要注意到，本章甚至本书正在探索这个新社会企业法领域中所未知的地带。这一章是对 2004 年在英国开启并似乎正在增长的一场运动的反思之汇编。由于这是一个动态与演进的运动，因此依然存在丢失的数据与未回答的问题。在替代选项名册中引入新混合体的任何地区都会面临潜在风险。社会企业法可能会无意中吸纳传统上由慈善组织与非营利组织所使用的资源，例如，公司捐赠。存在的一种风险是，主流公司可能觉得它们几乎并无义务考虑社会问题或者环境问题，这些社会问题或者环境问题现在应当留给社会企业解决。社会企业法可能会加剧对传统公司法的误解。一些公司可能已经认为，社会与环境问题应当完全由公共部门解决，并且，在执行社会企业法时感到它们的立场

---

〔1〕 参见 *Sustainable Companies Project*，*supra* note 27；Lynn Stout et al.，*The Modern Corporation Statement on Company Law*（Cornell Law School，Oct. 29，2016），https://papers.ssrn.com/sol3/papers.cfm?abstract_id=2848833。

〔2〕 *Co-op Legislation*，*supra* note 30.

〔3〕 全部社区福利公司必须根据如下法律规定而作为股份有限公司或者担保有限公司而运营：Companies Act 2006（UK），ch. 46，§ 6；DEP'T FOR BUS.，ENERGY，& INDUS. STRATEGY，Chapter 3：LIMITED COMPANIES 3（2016）。股份社区福利公司类似于通过出售股票来筹集资本的公司。担保社区福利公司类似于非营利组织，因为其并不存在股东，并且董事或"受托人"每人需要提供通常在 1 英镑到 10 英镑的担保。一经设立，股份社区福利公司不得改制为担保社会福利公司，反之亦然。*Id*.

得到了肯定。监管者也可能被促使持有类似的观点。这些关切在社会企业法从发展初期到目前为止，并未得到经验证据的证明。此外，其答案可能在很大程度上取决于具有这些法律的特定地区以及其他社会、政治、经济与文化因素。关于社会企业法这一现象，行业领袖与学者之间的探讨才刚刚开始形成。

表 6.1　社会企业法中的现有数量

名称与地区	年份与立法	主要特征	数量	备　注
社区福利公司(英国)	2005 年 2004 年公司(审计、调查与社区企业)法	社会福利测试； 资产锁定； 股息封顶，并且可结转四年未使用的股息； 如果应付利息与绩效挂钩，则是债务利息封顶； 年度报告要求； 社会福利公司监管局	13 755*	大多数社区福利公司是担保有限责任公司； 监管局编制年度报告并雇佣全职人员
低收益有限责任公司(美国 8 个州与 2 个原住民地区)	2008 年佛蒙特州有限责任公司法	为慈善或教育目的而成立，并存在遵循如下税法规则的表述：允许基金会投资于项目相关投资°； 没有任何重大目的是为了产生收益、财产增值或者用于政治目的的支出	1 200#	从 2014 年约 800 家后增长缓慢； 无法获得美国国税局的总括性私信裁定(blanket private letter ruling)，后者可以确保对低收益有限责任公司的投资构成项目相关投资； 不太可能在其他州被采用
福利公司或类似组织(美国 33 个州)	2010 年 佛蒙特州商事公司法	以第三方标准测量的一般或特定公共利益； 考虑利益相关者的信义义务； 福利执行诉讼； 福利董事(在一些州)； 年度报告要求	约 4 000+	开始于非营利性共益实验室的私人共益公司认证； 共益实验室努力游说各州与其他国家立法

续表

名称与地区	年份与立法	主要特征	数量	备　注
社区贡献公司（加拿大2个省）	2013年 英属哥伦比亚商事公司法	通过一致股东批准成为社区贡献公司； 至少存在三名董事； 资产锁定，转移到另一个未被排除在资产锁定之外的社区贡献公司； 股息封顶，并且可以无限期地结转未使用的股息； 如果应付利息与执行情况年度报告要求挂钩，则是债务利息封顶； 年度报告要求	52~	在英属哥伦比亚利用率很低； 并无监管者（相比于英国社区福利公司）； 新斯科舍省2016年新社区福利公司模式； 新斯科舍省社区福利公司登记者； 新斯科舍省社区福利公司所要求的社区福利计划与社区声明

* Office of the Regulator of Community Interest Companies(@TeamCIC),twitter,https://twitter.com/ TeamCIC(Tweet on November 3,2017).

J. Haskell Murray,*The Social Enterprise Law Market*,75 md. l. rev. 541,546—47 (2016).

+ 有些州称其为“特殊目的”“灵活目的”或“公益”公司。

~ 由英属哥伦比亚财政部提供(截至2017年4月)。

°U.S. Internal Revenue Code 4944(c) and Reg. 53.4945—5(b)(3).

社会企业法策略性实施框架

这一公司史的关键时刻充当了社会企业法之功用的现场试验。地方化的复杂性与特定地区的细微差别对于考虑任何拟议的新法律来促进、支持与治理社会企业而言是颇为重要的，而忽视这些复杂性只会以一种并无预期的方式增加立法得不到充分利用的机会。潜在实施社会企业法的以下初步框架应当有助于未来的立法者探讨制定新的法律，以满足其利益相关者与社区的需要。

必须得到准确识别之需求

据说阿尔伯特·爱因斯坦曾说过：“问题的构想往往比解决方案更为重要……如果我有一个小时来解决一个问题，那么我会花55分钟思考这个问题，花5分钟思考解决方案。”[1]这55分钟体现在第一步中。特定地区内的问题是什么？如果社会企业家对他们的选择感到受挫，则立法者就有必要了解其受挫产生于何处，以及社区内的特殊需求是否得到满足及其原因。在这个阶段，起草者必须与所有潜在的利益相关者群体沟通。立法者需要确定他们是否正在满足来自非营利或营利性领域的需求。自2004年以来所创设的每一种新法律形式都是针对某一特定部门的需要与需求，无论这是有意的还是无意的。重要的是，在创造混合形态的初始阶段，对谁是潜在利益相关者以及如何清楚地确定与满足他们的需求，应当存在360°的评估。改革者还需要认识到，也许有机会改进现有法律或政策，而不必创造一种全新企业形式——并且，他们当然不应当在现阶段绕开这一机会。

例如，我们可以从美国低收益有限责任公司的实践中吸取一些教训，其于2008年4月在佛蒙特州开始得到创设。[2] 低收益有限责任公司模式旨在提供现有国税局规则下的项目相关投资，以使基金会能够更好地投资于项目相关投资，而不必担心损害其免税资格。罗伯特·朗(Robert Lang)与卡罗尔·科伦(Carol Coren)将低收益有限责任公司描述为“具有非营利灵魂的营利组织”，因为“根据法律，低收益有限责任公司品牌的‘基因’可以确保其营利次于其社会使命”。[3] 低收益有限责任公司立法已在九个州与两个联邦承认的美国土著部落获得通过。[4] 2014年1月，北卡罗来纳州废除了其低收益有限责任公司法。[5]

为了成为项目相关投资，其“必须与基金会的使命有关，并且风险—回报比率必须超过标准的市场驱动性投资(即风险必须更高，并且，回报更低)”。[6] “损害性投资”(jeopardizing investments)根据国税局规则，可能使得私人基金会承受相当高的消费税(excise taxes)。[7] 如果项目相关投资的

---

[1] J. DANIEL COUGER, CREATIVE PROBLEM SOLVING AND OPPORTUNITY FINDING 178(1995).

[2] VT. STAT. ANN. tit. 11, § 3001(27).

[3] Carol Coren & Robert M. Lang, *The L3C: The For-Profit with the Nonprofit Soul*, BRIDGES (Winter 2009—10), www.stlouisfed.org.

[4] 除了佛蒙特州州，密歇根州、怀俄明州、犹他州、奥格拉拉苏克斯部落、伊利诺伊州、北卡罗来纳州、路易斯安那州、缅因州、罗德岛与纳瓦霍部落也通过了立法。*Here's the Latest L3C Tally*, INTERSECTOR PARTNERS, L3C(Aug. 15, 2017), www.intersectorl3c.com/l3c [hereinafter *Latest L3C Tally*]. 蒙大拿州克罗人印第安地区与波多黎各也被列入了该名单。*Laws*, AM. FOR CMTY. DEV. https://americansforcommunitydevelopment.org/laws.

[5] Anne Field, *North Carolina Officially Abolishes the L3C*, FORBES(Jan. 11, 2014), www.forbes.com.

[6] Jim Witkin, *The L3C: A More Creative Capitalism*, TRIPLE PUNDIT(Jan. 15, 2009), www.triplepundit.com/2009/01/the-l3c-a-more-creative-capitalism.

[7] IRM Taxes on Investments Which Jeopardize Charitable Purposes § 7.27.18.

主要目的“是实现该[组织被豁免]目的之一或更多……并且并无重大目的……是[用于]产生收益或财产增值”抑或用于政治目的的支出，则该项目相关投资不会被认定为损害性投资。[1] 很多基金会不愿意投资于营利实体，其原因是尽管有可能获得回报，但是，它们未必有资格成为项目相关投资。验证“负担沉重与昂贵的”项目相关投资的国税局要求意味着“在美国成千上万的资助型基金会中，仅有几百家进行项目相关投资”。[2] 在低收益有限责任公司尚未出现的2000与2001财政年度，估计在私人与社区基金会中，项目相关投资“约占其总资助与项目相关投资产出的0.45%”[3]。

因此，低收益有限责任公司这种设计是为了让基金会能够更为容易地进行项目相关投资。有限责任公司这一实体选择由于其灵活性而受到特别欢迎，并且，关于有限责任公司的州法为低收益有限责任公司法的发展提供了基础。从低收益有限责任公司法的措辞中，我们可以清楚地看出，该实体的创设仅仅是为了“满足项目相关投资标准”[4]。朗指出，“由于低收益有限责任公司是一种具有特定要求的法定商业形式……成员必须以符合低收益有限责任公司法的方式撰写其运营协议”，该运营协议随后会规定其适合项目相关投资的目的。[5] 伴随低收益有限责任公司的全部限制实质上反映了国税局规则所规定的语言，其中包括低收益有限责任公司只是为了其慈善或教育目的才会得以创设。这是为了使得基金会确信：在以低收益有限责任公司模式进行项目相关投资时，其免税资格将完好无损。

低收益有限责任公司设立者应当更好地与基金会合作，以观察低收益有限责任公司模式是否会为它们的项目相关投资提供充分的保障。他们也应当与国税局就其对低收益有限责任公司的可能处理进行类似的完整探讨。基金会对低收益有限责任公司模式并不完全满意，并且其需要国税局提供更多的保证，以确保项目相关投资的适格性。虽然基金会在进行项目相关投资之前并不需要国税局私信裁定(PLRs)，但是，考虑到其风险，很多基金会更倾

[1] I. R. C. §§ 4944(c) and 4945.

[2] *What Is a Program-Related Investment*?, GRANTSPACE, http://grantspace.org/tools/knowledge-base/Grantmakers/pris. (Last visited Nov. 13, 2017).

[3] J. William Callison & Allan W. Vestal, *The L3C Illusion: Why Low-Profit Limited Liability Companies Will Not Stimulate Socially Optimal Private Foundation Investment in Entrepreneurial Ventures*, 35 VT. L. REV. 273 n. 4(2010).

[4] Dana Brakman Reiser, *Governing and Financing Blended Enterprise*, 85 CHI.-KENT L. REV. 619, 622(2010).

[5] ROBERT M. LANG, AM. FOR CMTY. DEV., THE L3C: BACKGROUND AND LEGISLATIVE ISSUES 5(2009-13), www.americansforcommunitydevelopment.org/downloads/The%20L3C%20Law%20-%20Background%20&-%20Legislative%20Issuesrev12-12.pdf.

向于获得一项裁定。一旦低收益有限责任公司倡导者意识到这一点，他们就会寻求立法支持或者来自国税局的一揽子私信裁定，以专门识别自动符合项目相关投资资格的低收益有限责任公司。被拟议的《2008年项目相关投资促进法案》(Program-Related Investment Promotion Act of 2008)试图使得低收益有限责任公司有权获得可反驳的推定资格，即基金会低于市场收益的投资符合项目相关投资。[1] 该提案最终并未被提交给美国国会，因此未能成为新的联邦法律或者国税局裁定依据。类似地，随后《2011年公益促进法》(Philanthropic Facilitation Act of 2011)提案的这一尝试已经提交给了国会。其目的是建立一个简单的国税局登记与审批程序，以防止在一家低收益有限责任公司每次尝试获得项目相关投资时，基金会需要耗费大量时间与金钱获得国税局私信裁定。拟议的立法也没有导致任何联邦层面的作为，并且国税局拒绝提供全面的私信裁定。这基本上印证了基金会所感受到的不安。

2012年5月，国税局发布了其拟议的条例，其中提供了9个符合项目相关投资条件的额外投资实例。这些条例并未提到低收益有限责任公司，但有助于更好地说明现有条例的适用性。低收益有限责任公司模式的批评者认为，如果缺乏相应的联邦立法或者国税局裁定，则低收益有限责任公司几乎没有任何价值。此外，他们质疑低收益有限责任公司是否"可能将慈善资产从非营利组织转移出去"，以及如何对低收益有限责任公司进行监督，"从而确保收益依然是次于慈善目的的目标，并且投资者不会获得不正当利益"等。[2] 朗与低收益有限责任公司背后的组织[即美国社区发展组织(Americans for Community Development)]经常发现自身需要为该模式可行性进行辩护。[3] 朗承认，"国税局永远不会对低收益有限责任公司作为一个实体的总体可接受性做出规定……对于商事组织结构，国税局并无积极或消极的偏好。其只感兴趣的是，由此产生的结构使用慈善投资来促进被允许的豁免目的"[4]。

鉴于低收益有限责任公司的特殊性以及对具有特定地区色彩的美国联

---

[1] MANNWEILER FOUND. INC., THE PROGRAM-RELATED INVESTMENT PROMOTION ACT OF 2008: A PROPOSAL FOR ENCOURAGING CHARITABLE INVESTMENTS(2011), www.charitableplanning.com.

[2] Christopher Reinhart, *Low-Profit Limited Liability Companies or L3Cs*, OLR: OFF. OF LEGIS. RES. (Oct. 7, 2011), www.cga.ct.gov/2011/rpt/2011-R-0344.htm.

[3] LANG, *supra* note 46, at 23.

[4] Robert M. Lang, *L3Cs and the IRS*, www.americansforcommunitydevelopment.org, archived in COMPANY LAW AND SUSTAINABILITY: LEGAL BARRIERS AND OPPORTUNITIES 301(Beate Sjåfjell & Benjamin J. Richardson eds., 2015).

邦税务规则的严格遵守，低收益有限责任公司不太可能具有全球影响力，当然，它从未意欲成为一种国际模式。鉴于国税局有目的地忽视承认低收益有限责任公司在项目相关投资方面的作用，其似乎不会很快被其他州所采纳。目前尚不清楚基金会是否曾经被低收益有限责任公司特别吸引到——当然，低收益有限责任公司在项目相关投资方面提供了比营利实体更大的保证，但是，国税局在这一问题上却保持了死寂的沉默。目前尚无定论的是，低收益有限责任公司是否有助于提高项目相关投资相对于总资助的百分比以及基金会的项目相关投资产出。[1]

从低收益有限责任公司的经验来看，跨部门与跨地区的对话在考虑社会企业新法律形式的初始阶段尤为重要。引导具有利益相关者的探讨组、一对一访谈以及在特定部门收集定性与定量数据，将为特定需求无法得到满足的背景提供框架。实现未被满足之需求的潜在解决方案——包括可能实施新法——应当在探讨组内处理，从而评估其利益水平，并且确定利益相关者是否认为这种解决方案是可行的。人们应当与将会参与任何未来社会企业法的监管机构与政府机构接触，并在这一初始阶段探讨。人们会假定，在国税局的支持下，低收益有限责任公司的反复出现将会更为有效地为基金会提供必要便利，并且，反过来可以更好地解决低收益有限责任公司所旨在解决的问题。

法律必须具有意义

一旦其问题被准确地识别出来，并且用来纠正它的常规路径被发现是不充分的，则必须对现有的法律进行调查。关于法律所要求事项的假定与实践中的假定可能是不一致的。如果其重点是提供一个公司的替代物，那么人们需要了解哪些方面打破了主流模式，以及如何应对这些方面。新社会企业法必须考虑到一个地区现有的公司法。试图强加来自其他国家的现成的社会企业法，而不考虑现有法律，可能会模糊地区差异，并且导致荒谬的公司替代选择。毕竟，没有必要为社会企业创造这样一种新的法律形式：这种形式只是表面上增加了某一特定地区法律中已经提供的内容。新的混合性实体的核心中必须存在一个有价值的差异。

例如，加拿大正在进行的关于是否采用类似于美国福利公司模式的探讨

[1] *Latest L3C Tally*, *supra* note 38.

可以凸显关于特定地区现有替代办法之假定中所存在的一些问题。在2011年左右,加拿大掀起了推动立法者将美国福利公司纳入现有省与联邦公司法中的浪潮。福利公司是一个公司型法律实体,其目标是通过要求具备"公共利益"的目的,以及其他治理特征,来满足在营利部门经营的社会目的企业的需要。共益实验室这一位于费城的美国福利公司认证背后的非营利组织[1],过去与现在都在积极游说美国州政府与其他国家采取福利公司形式。共益实验室渗透进了加拿大社会部门,并与加拿大几个领先的社会创新者合作,以倡导福利公司模式。财富储蓄与信用联盟(Vancity Savings and Credit Union)、自然步骤(Natural Step)、社会创新一代(Social Innovation Generation)以及J. W. 麦康奈尔基金会(J. W. McConnell Foundation)等在过去一直倡导加拿大版本的福利公司。安大略省与英属哥伦比亚是热点省份,其正在积极探索福利公司立法。[2] 一家加拿大社会创新中心火星探索区(MaRS Discovery District)甚至起草了一份白皮书,敦促立法者创设一个相当于福利公司的机构,并将称其为"加拿大的机会"。[3] 在2012年,英属哥伦比亚社会创新委员会(BC Council for Social Innovation)发布了一项行动计划,其中一项建议包括促进社区贡献公司(C3),以及政府探索创设公共福利公司的可能性。[4] 在加拿大,对采用福利公司模式的可能性的抱怨声继续存在。[5]

其问题在于,倡导者宣称美国福利公司是针对股东至上治理模式的创新解决方案,同时,其中很多倡导者也倾向于认为加拿大公司法与美国公司法是相同的。这些倡导者并未考虑美国福利公司的法律特征以及现有的加拿大公司法,从而确保提供真正的替代方案。在加拿大,采用美国福利公司模式在法律上并无意义。福利公司在美国的创新吸引力在于,除了其他特征之外,它需要在其公司决策中考虑利益相关者的利益。但是,将其与加拿大现有公司法并列之后,其所增加的利益是微乎其微的,甚至为零。在加拿大,董

〔1〕 关于共益公司认证的详细信息,参见 Molk, *infra* Chapter 14。

〔2〕 参见 Rachel Mendleson, *Canadian "B Corps" Put Their Money Where Their Branding Is on Social Causes*, HUFFINGTON POST CANADA(Mar. 2, 2012), www.huffingtonpost.ca; Adam Spence, *In Search of the Benefit Corporation*, mars(Nov. 25, 2010), www.marsdd.com/news-and-insights/in-search-of-the-benefit-corporation/; beneficial corporations, sustainable prosperity(Oct. 2012), http://institute.smartprosperity.ca。

〔3〕 STACEY CORRIVEAU ET AL., MARS CTR. FOR IMPACT INVESTING, BENEFIT CORPORATIONS IN CANADA: A TOOL TO SUPPORT BLENDED ENTERPRISE IN CANADA(2011)(MaRS White Paper, draft with author).

〔4〕 BC SOC. INNOVATION COUNCIL, ACTION PLAN RECOMMENDATIONS TO MAXIMIZE SOCIAL INNOVATIONS IN BRITISH COLUMBIA(2012), www.sauder.ubc.ca.

〔5〕 参见 Dennis Tobin, *The Benefit Corporation Should Become a Legitimate Business Model*, THE GLOBE AND MAIL, Oct. 30, 2017。

事的信义义务要求他们考虑"公司最优利益"。[1] 连同压迫性救济(oppression remedy)[2]以及加拿大最高法院(SCC)在人民百货商店公司诉怀斯[Peoples Department Stores Inc. (Trustee of) v. Wise]案[3]与BCE公司诉1976年债券持有人(BCE Inc. v. 1976 Debenture Holders)案[4]中关于考虑利益相关者利益的判决,我们有充分的证据表明,与美国相比,加拿大公司法支持一种更为基于利益相关者的模式。事实上,一些福利公司的标准较弱,例如福利执行诉讼,这与加拿大的压迫性救济相比显得颇为苍白。这是对(针对董事违反其对公司的职责的)派生诉讼[5]以及在上市公司场景下的多方文件61-101《特殊交易中的少数证券持有人之保护》(Multilateral Instrument 61-101 Protection of Minority Security Holders in Special Transactions)[6]的补充。

当利益相关者的要求从福利公司结构中剥离出来时,剩余的法律特征就有些简略了。福利公司创造"以第三方标准测量的一般公共利益"的要求乍一看似乎令人印象深刻,但很少有企业被排除在这一标准之外。[7] 任何已经接受公司社会责任运动并在其业务中采用某种公司社会责任实践形式的公司都可以成为福利公司。福利公司也缺乏用来对抗公司社会责任中的营利限制的法律特征。[8] 在福利公司中,并不存在超出可供加拿大常规公司所使用的范围之外的嵌入式法律机制来阻止这种公司行为类型。如果福利公司背后的支持者确实认为它提供了有别于主流公司的事项,并且假定它们

---

[1] Canada Business Corporations Act, RSC, 1985, ch. C—44, § 122(CBCA). 其规定"公司的每一名董事与高级人员在行使其权力与履行其职责时,应当诚实与善意行事,以维护公司最优利益",并且"行使一个理性谨慎人在类似情况下将保有的谨慎、勤勉与技能"。

[2] 压迫性救济规定于《加拿大商事公司法》第241条以及类似的省法中,其用来描述任何现任或前任证券持有人、现任或前任董事或者高级人员、《加拿大商事公司法》之下的董事或者法院所确定的任何其他适当人员向法院申请纠正所申诉的如下事项:(1)公司任何作为或不作为造成了后果;(2)公司业务或事务是以某种方式进行或实施;或(3)公司董事行使权力的方式压迫或不公平地损害或者不公平地无视任何证券持有人、债权人、董事或高级人员的利益。这一权利超出了公司股东的范围。

[3] Peoples Department Stores Inc. (Trustee of) v. Wise, [2004] 3 S. C. R. 461(Can.).

[4] BCE Inc. v. 1976 Debenture Holders, [2008] 3 S. C. R. 560(Can.).

[5] 根据《加拿大商事公司法》第239条与类似的省法,派生诉讼为某些除了股东之外的利益相关者(如债权人)创造了更为宽泛的诉讼权利,从而在董事本身不愿意如此行事的情况下,代表公司提起诉讼,以强制董事履行对公司的职责。原告可以是证券(包括股份与债务)的登记或受益持有人、该公司董事或高级人员或者前董事或高级人员,抑或"根据法院酌情决定,是提出申请的适当人员的任何其他人"。原告在获得法院许可后,可以提起诉讼,行使公司的权利,包括与公司高级人员与董事的义务有关的权利。CBCA, RSC, 1985, ch. C—44, § 239.

[6] Multilateral Instrument 61—101 *Protection of Minority Security Holders in Special Transactions*, OSC MI 61—101, 31 OSCB 1321(Feb. 1, 2008).

[7] 更多信息,参见 Carol Liao, *A Critical Canadian Perspective on the Benefit Corporation*, 40 SEATTLE U. L. REV. 683, 711(2017)。

[8] 例如,参见 Donald S. Siegel & Donald F. Vitaliano, *An Empirical Analysis of the Strategic Use of Corporate Social Responsibility*, 16 J. ECON. & MGMT STRATEGY 773(2007)。

如此行事,那么它们的法律特征就需要更加明确,并能使它们有别于关于商业如何转化为公共利益的经典经济学定义。事实上,在BCE公司诉1976年债券持有人案判决中,加拿大最高法院指出,董事们应当寻求“被视为一个良好公司公民的”[1]该公司的最优利益。如果这些话语背后存在任何法律意义,那么全部的加拿大公司都应当成为福利公司。[2] 当然,福利公司也可以选择在其治理文件中包括产生“特定公共利益”的要求,但是,加拿大常规的公司也可以如此行事。

除了在与加拿大公司法相比时对裁员的直接关注外,还有一个总体的关切是,如果在加拿大实施,则福利公司可能只是一种品牌活动。更为严重的是,福利公司之采用可能只会混淆或者歪曲加拿大公司法的现状。如果新法律形式被认为是主流公司模式的明确替代品,那么企业家可能会错误地认为,如果不冒某种法律风险,则他们就无法在其业务中追求社会与经济价值。这将阻碍很可能是福利公司背后的领导者所试图实现的社会目标。

在加拿大实施福利公司的努力尚未消散,而英国与澳大利亚实施福利公司的模式也存在争议。从加拿大的经验来看,加拿大福利公司倡导者似乎并未考虑到国家自己现有的法律。当然,在一个国家法律制度上做功课可能不如如下做法更令人兴奋:直接跳过而兜售一种新法律形式是那个国家下一个最好的事项,特别是当它背后存在广泛的营销活动时。但这是一个错误。

虽然很多州已经通过了福利公司立法,但是,这一模式今后是否会加速增长依然有待观察。虽然与其他形式相比,美国福利公司的估算数量可能看起来很高(当然,赋权型法律通过后的最初几年会产生很大差异),但是,如果结合30多个州颁布了福利公司法或其同等法律这一事实来看,几千的数字就不那么令人印象深刻了。事实上,随着更多的学者与从业人员关注这些新法律,与美国公司相比,美国就福利公司在法律意义上的重要性所展开的探讨已经越来越多。[3]

就加拿大而言,倡导社会企业法的社会领导者必须致力于更好地理解加拿大公司治理状况及其进步轨迹。我们不建议一些地区在不真正考虑其现有硬法供给的情况下就采用社会企业法。如果现有替代方案允许“混合性”

---

[1] BCE Inc. v. 1976 Debenture Holders,[2008] 3 S. C. R. 560(Can.).

[2] 关于私人与上市公司的更多差异,参见Liao,*supra* note 63。

[3] 例如,参见Noam Noked,*Benefit Corporations vs. "Regular" Corporations:A Harmful Dichotomy*,HARV. L. SCH. F. ON CORP. GOVERNANCE & FIN. REG.(May 13,2012)。

类型——事实上，几乎所有这些都在一定程度上做到了，就必须进一步探讨如何创设一个可以治理现存活动之外的双重活动的有效公司法定模式。

经济学与激励必须具有意义

一旦立法者确定有必要为社会企业探索一种新法律形式，下一步就是考虑它的设计。这对于社会企业法起草者而言是最具挑战性的阶段，因为需要发现能够对新法律形式产生兴趣的激励因素。立法者需要理解为何企业家会选择一种混合模式而不是另一种现有选择。公司在其目的方面享有相当大的自由。起草者必须考虑为何在企业家已经可以以他们希望的任何方式公开显示这一点的情况下，会选择以一种混合形式下的法定方式来积极地表达他们公司的社会价值组成部分。至于那些目前在非营利部门工作者，免税资格会被作为拥有更多资本的自由市场企业而加以经营中所发现的巨大价值所抵销。理由必须是其将促进行业发展，否则法律可能会被闲置或者休眠。美国低收益有限责任公司与加拿大社区贡献公司是可能跌入企业家低兴趣之沙坑的两个混合性模式例子。“如果你建造它，他们就会来”这句话并不总是在社会企业法领域中具有合理性。

现实情况是，对于某些社会企业法，新型混合模式的法律特征是重要的，但是立法以外的因素对其成功起着至关重要的作用。对于寻求种子资金融资的企业家而言，甚至在致力于发挥其商业计划的优势之前，花费精力对潜在投资者进行该混合模式法律要求的教育的这种做法是不理想的。虽然睿智的演讲者可以将社会企业法作为积极因素纳入其双重使命，但具有陌生的法律结构可能会使得社会企业家在最初阶段相对于公司竞争对手处于不利地位。合作社运动中的很多人对这个问题发表了评论（并且，颇具讽刺意味的是，合作社是最为古老的法律形式），因为金融机构似乎根本不愿意就合作社融资问题进行自我教育。[1] 这些挑战意味着应当做出相当大的努力，以支持有助于新社会企业法取得成功的非法律因素。以下分节概述了创设那些似乎需要用来吸引社会企业家的经济结构与激励措施的一些方面。

---

〔1〕 JAMES R. BAARDA，COOP. PROGRAMS RURAL DEV. U.S. DEP'T OF AGRIC.，CURRENT ISSUES IN CO-OPERATIVE FINANCE AND GOVERNANCE：BACKGROUND AND DISCUSSION PAPER（Apr. 2006），http://uwcc.wisc.edu/info/governance/baard.pdf；Amanda Wilson，*Financing the Co-operative Movement：For Better or for Worse?*，dominion（Apr. 5，2010），www.dominionpaper.ca/articles/3270.

作为援助之手的无形之手

利己主义与利他主义是奇怪的伴侣。但是，特别是在迎合目前正在营利部门工作者的情况下，社会企业法的目的可能就是培育这种结合。如何才能发现一种方法来掌控企业家的营利能力，同时也帮助社会并且确保这一双重使命的连续性？除了社区目的要求之外，英国的社区福利公司与加拿大社区贡献公司已经通过实施资产锁定与股息封顶来解决这个问题，但是，它们均未提供税收优惠。

在很多方面，混合模式设计中的激励机制就像金丝雀与三只熊的故事一样——发现经济与社会治理激励的正确组合，从而使得一切都是正确的。太多的经济限制与混合模式可能会被很多潜在企业家认为是缺乏吸引力的，而太少的经济激励又引起了一个问题：为何在普通公司可以做得很好的情况下，企业家会费心转向一种新混合形式。[1] 新社会企业法正在不断得到社会创新者的考虑。例如，2012 年，一群加拿大专业人士与学者提出了一项建议，敦促其省级政府采用“审慎公司”(deliberate corporation)模式，在这种模式下，股息的支付取决于可测量的非货币目标的实现。[2] 将经济奖励与社会价值产出结合起来的理念是有价值的想法，任何新社会企业法都应当认真考虑。我们必须实现经济与社会治理激励的正确组合，以获得有意追求混合形式的企业家支持。

必须具有足够数量的早期采用者与支持者

与该混合形态中经济与社会设计特征的正确组合相伴随的是，社会企业新法律形式的初步推出需要足够数量的早期采用者，以产生一种可能导致广泛成功的势头。这一领域的主要思想领袖也应当予以一定程度的社会性支持。共益公司(B Corporation)运动(以及随后的福利公司运动)始于 80 家创始公司。[3] 在启动共益公司认证之前，共益实验室与这些信誉卓著并受人尊敬的公司接触，并且这些公司同意予以支持。这一初步支持的益处是深远

---

[1] Mayer, *infra* Chapter 9.

[2] JASON DUDEK & ALEX ZIEBA, THE DELIBERATE CORPORATION: MOVING BEYOND SOCIAL BUSINESS(Apr. 2012), www. truevaluemetrics. org.

[3] 共益实验室经常更新与修正其网站，并且其编码不再被引用。共益实验室目前将在其网站上列明的某些公司作为“创始共益公司”。*Founding B Corporations*, B LAB, www. bcorporation. net/community/founding-b-corps(last visited Nov. 13,2017).

的。除了让创始公司梳理这一新法律形式潜在结构的任何问题外，它们的支持还表明，该模式是稳健的，并且值得其他人采用。如前所述，美国低收益有限责任公司的支持者提供了一个例子，该例子说明未能确保关键利益相关者的支持则可能会导致法律无法执行。国税局对该模式缺乏识别与支持，导致其应用有限。我们应当使利益相关者了解拟议的社会企业法，并且(如果存在)在通过这些法律之前考虑其利益。在理想情况下，早期采用者与支持者是知名公司，他们愿意支持被提出的该模式，并提高在下一节中所探讨的营销与品牌意识。

还存在可以在早期获得足够数量的采用者的其他方法。英国社区福利公司监管局为社区福利公司模式的早期签署人提供了对社会资金池的专属享用权。一直在财务上苦苦挣扎的非营利组织认为，该可利用的融资是一种真正的激励，可以用来改变现状，并且成为社区福利公司模式的早期引领者。获得专属资本的这一提议创造了一个必要的早期采用者群体，这也为新社区福利公司模式带来了动力与激励。其他方法包括增加社会采购机会，以促进该混合模式发展。[1] 因此，虽然混合模式的法律设计可能存在弱点，使其不受欢迎，但混合模式的成功或消亡也可以由与最初推出有关的一些因素所决定。加拿大社区贡献公司模式的推出充其量是最小的，并且在存续两年后，在英属哥伦比亚只设立了 33 家社区贡献公司，5 年后只有 52 家。让我们再把它与 80 家创始共益公司进行比较。事实上，社区福利公司在英国已经相对成功，而在实质上效仿了社区福利公司的加拿大社区贡献公司则并未取得成功，这表明其并不单纯是设计缺陷问题。一旦该模式可用，缺乏最初支持者群体就应当被视为是一次被错过的巩固加拿大社区贡献公司品牌的机会。

营销与品牌意识

与足够数量的早期采用者与支持者有关的是，必须存在一个基本的营销水平与品牌意识支持该模式。这种营销可以像美国共益公司与福利公司以及英国社区福利公司一样广泛，或者它可以是加拿大社区贡献公司中所体现的最低限度。到目前为止，福利公司与社区福利公司在其管辖范围内的增长

---

[1] 社会采购可以被界定为“利用购买力创造社会价值。在公共部门采购方面，社会采购涉及利用采购策略支持社会政策目标”。参见 JoBarraket & Janelle Weissman, *Social Procurement and Its Implications for Social Enterprise: A Literature Review* iii(Austl. Ctr. for Philanthropy and Nonprofit Stud., Queensland U. of Tech. Working Paper No. CPNS 48, Dec. 2009); DAVID LEPAGE, EXPLORING SOCIAL PROCUREMENT, CAN. CED NETWORK(Mar. 2014), https://ccednet-rcdec.ca。

与相对成功很可能与已经开展的意识宣传存在很大关系。特别是共益实验室，其聚焦于促进与教育公众了解其共益公司认证的优势——例如，一个用户友好型网站、吸引人的标志、广告宣传与表彰奖励。其前提是，如果公众看到了该认证的价值，就会吸引更多公司采用该认证。在吸引投资者方面，任何品牌优势都将在一定程度上取决于营销活动。如果投资者已经意识到该模式的有益特性与优势，吸引投资者就会变得更为简单。

工具必须自我延续

一旦存在足够数量的采用者，以及潜在利益相关者了解新社会企业法的推出期，就不应当持续需要说服企业家采用一种特定的混合性法律模式。一旦企业家意识到该模式的特征，其优势就应当是显而易见的。并且，在理想情况下，该模式可以自行增长。应当存在着一个自然的吸引力，企业家在其中看到该模式的设计利益，并知晓它是否会对他们有用。一旦达到了临界状态并且存在支持，则该设计本身一定会具有足够吸引力来实现自我延续。

建立一个独立的监管机构？

最后一个问题是，社会企业的新法律形式是否需要超越营利部门与非营利部门内可用的通常渠道来加以监管。英国社区福利公司监管局办公室在促进与正当化社区福利公司品牌方面发挥了重要作用。其方法是要求制作正式的年度报告，概述成就与挑战，审查个别社区福利公司的社区福利报告，并在必要时识别不尽责的社区福利公司。该监管局办公室对于社区福利公司的品牌意识以及作为社区福利公司的指导而言是很有价值的，因为这些公司在社区福利公司立法中航行于未知领域。对社区福利公司模式并不清楚的潜在投资者可以简单地发送电子邮件或者打电话给社区福利公司监管局办公室，以获得澄清或保证。在创设社区福利公司办公室方面，存在很多积极因素。并且，该办公室将社区福利公司的大部分成功归因于监管局在促进全国社区福利公司发展方面所发挥的核心作用。

在加拿大，英属哥伦比亚省政府从一开始就明确表示，除了执行新的立法外，并无资金用来支持社区贡献公司。在这些与英国社区福利公司的广泛推出存在很大不同的条件下，立法者把教育自己与获得兴趣的责任施于公众。在社区贡献公司模式公布两年后，几个私人实体试图引起轰动，例如英属社会企业中心(BC Centre for Social Enterprise)[1]与“加速社会影响力CCC”(Accelerating Social Impact CCC)[2],但是,5 年后,数字依然低得令人失望。值得争论的是,在缺乏其他要素——早期采用者与支持者、品牌意识等的最初临界点——的情况下,中央办公室之创设是否会带来不同。除非监管者率先做出这样的努力,否则任命监管者的做法可能是徒劳的。当然,在达到标准数量的社区贡献公司之后,总是存在创设一家监管者的可能性。这在很大程度上是加拿大的试验。在新斯科舍省,2016 年向公众提供的新社区福利公司确实具有一个被指定的登记者,因此时间可能会揭示这种作用的重要性。

这个问题归结为成本与承诺之一。当然,建立中央办公室来巩固社会企业新法律形式的身份与存在,是获得坚实支持基础并提供动力的一个重要步骤。这项努力确实存在成本,并且,它需要政府最低限度的财政承诺。有一种风险是,如果混合形态在实践中并未获得支持,就没有必要任命监管者监管——但是,这是一个循环论证,因为人们可能会认为,拥有中央办公室与监管者或登记者将有助于该模式获得必要的关注与动力。因此,就监管而言,其在很大程度上取决于所涉及的法律形式类型,以及其设计特征是否在正当性方面特别重要,或者它们是否任务繁重与/或容易腐败。英国社区福利公司监管者办公室是一个很好的例子,其说明宽松监管是如何有效的。但是,如果正当性的成本很低,则鲜有监管必要。视情况而定,现有基础设施可能足以监管新法律模式,直到需要特别监管者为止。

持续地追问:最终目标是什么?

一旦创设了一种新混合形式的法律与非法律特征,我们就必须持续地追问一个基本问题——正在解决的问题是什么?正在满足的需要是什么?理想的做法是,确保通过新社会企业法而提出的任何解决方案继续解决这一问题,并在必要时予以调整。英国社区福利公司监管者对已登记的社区福利公司维持着良好的记录,包括其原始公司形式、行业、地点与规模,以及识别主要问题和挑战与如何解决这些问题和挑战。这些数据的价值在于,评估一种新法律形式所预期产生的利益,以及是否有必要对该设计或者其他非法律支

[1] BC CTR. FOR SOC. ENTERPRISE, www.centreforsocialenterprise.com(last visited Nov. 13,2017).

[2] *Social Enterprise: A Tool to Enhance Rural & Urban Community Assets!*, ACCELERATING SOC. IMPACT(Apr. 17,2017), http://asiccc.ca.

持机制进行任何调整。在使这些法律落实到位的复杂过程中，很容易遗忘或忽视这个问题。如果方案并不周密，则对所有人让步的结果就是没有对任何人让步。这些新社会企业法是否正在解决这个问题？这些新法是否给其他人带来了需要现在应对的新损害？这些问题需要在任何新社会企业法律形式的早期、适应期、实施期与维护期中予以提出。

结　语

股东至上应当指导公司行为的这一假定深深植根于英美意识形态信念之中。股东至上的法律基础一再被法律学者批评的这一事实并未削弱其顽固立场。当然，如果社会企业家发现公司、非营利组织或者其他法律形式（包括慈善信托）构成可供其社会企业利用的工具，那么为何要在法律名册上另外添加一种新法律形式？公司形式是一种灵活的模式。紧密控股公司最终可以在法律规则与条例范围内做它们想要做的任何事情，因为这些法律规则与条例并不限制它们追求社会效益。尽管存在规范假定，但是，该公司的"营利"要素在加拿大、英国与美国是一个使用不当的名称。[1] 在任何这些国家，股东优先并非法律要求。由55位学者与行业领袖签署的《关于公司法的现代公司声明》（Modern Corporation Statement on Company Law）也强调了这场战斗是一场规范性战斗，而不是一场法律的战斗。[2]

当然，在上市公司的场景下，董事会将很难证明低收益是合理的，因为股东是其主要利益相关者。很多法律概念涉及公司内部不同的权力动态。董事与高级人员拥有一定的权力，股东拥有一定的权力，债权人拥有一定的救济性权力，其他利益相关者也可能拥有强大的影响力。这些理论上的权力划分的重要部分是对人类秩序有着普遍影响的其他权力观念。因此，主流公司形式存在局限性。新社会企业法应当提供可与主流选择相区分的替代方案，而不仅仅是定向营销。这些法律需要满足创新企业家的要求：这些创新企业家希望治理机制将会支持完成经济与社会双重任务。这些法律还应当向投资者与其他利益相关者表明这些双重任务的重要性，并确保更为脆弱的"社会"任务继续受到保护，以免在未来发生使命偏移。潜在用户应当能够观察

---

〔1〕 美国的例外情况是，在某些收购情况下，其董事会被要求最终担任拍卖人；Revlon，Inc. v. MacAndrews & Forbes Holdings，Inc.，506 A.2d 173(Del. 1986)。

〔2〕 Stout et al.，*supra* note 32；*Sustainable Companies Project*，*supra* note 27.

到不同法律实体之间的明确划分,并且,决策者应当回避那些可能只会给关于公司的存在问题的规范理解增加混乱的模式。

正如本章所指出的,除了企业家现有的公司选择外,先前对新法律形式的强烈需求是有益的。该模式必须为现有法律提供一个真正的替代方案,并且其不得以关于这些法律的不正确假定为根据。除了法律上的理由外,还必须存在经济上的理由,以及政府在管理、监督、促进与教育任何向公众提供的社会企业新法律形式方面的大量支持,从而确保品牌意识与长期成功。如果缺乏必要的初始支持,则每一种混合法律结构都面临很高的失败机会,从而成为在促进社会变革与推进社会经济方面未得到使用的无效立法,或者更为严重的是,在主流股东优先模式方面的现有改革努力中徘徊不定。

怀疑论者可能会注意到,如果企业家不选择同时追求经济与社会效益,即使他们已经可以通过现有公司模式来加以实现,那么他们为何会选择一种新法律形式?其论点是,如果企业家真的希望在其公司中完成双重任务,就会存在更多的这些混合形式,因为法律允许之;如果只有少数存在,则即使引入了一种新混合形式,也不太可能存在更多的混合形式。这一立场是可以理解的,但是,其风险在于,简化了复杂问题并因此放弃了可能的机会。当然,世界各地社会企业的激增印证了前者,即企业家确实需要达成双重目的的企业。在英国,商业创新与技能部的《小企业调查》(Small Business Survey)发现,在一个由 5 115 名中小型企业(SMB)雇主组成的随机集合中,27%的雇主认为他们的企业是社会企业,其被定义为"主要具有社会或环境目标的企业"。[1] 这一比例超过该样本集的四分之一。如果按比例对应于既存的 524 万家英国中小型企业[2],则该样本集提供了社会企业潜在规模的大体情况。

社会企业家可能并不希望重新发明"法律"车轮。他们可能是专业商务人士与领导者,但大多数不是也并不寻求成为法律专家。社会企业家的法律选择应当是明确的。企业家愿意寻求独立的法律咨询意见,甚至试图自行重新设计其法律治理结构的这种情况是颇为罕见的,并且会给个体企业家带来过于沉重的负担与成本,以致后者无法想出创造性的自我治理方法。社会企业家渴望创业。正如美国社会企业家丹·帕洛塔(Dan Pallotta)所说:"我不

---

〔1〕 UK DEP'T FOR BUS. INNOVATION & SKILLS, SMALL BUSINESS SURVEY 2014: SME EMPLOYEES 35 (Mar. 2015), www.gov.uk/government/publications/small-business-survey-2014-businesses-with-employees.

〔2〕 *Id.* at 112.

是一名学者。我是一名活动家与企业家，并具有这些角色所暗示的所有激情与焦躁。”[1]如下期待是低效的：每一名企业家都花时间在法律上重新设计其治理结构，以完成双重任务与防止使命偏移；并且，针对这些一次性变化，以某种方式向他们的利益相关者开展通报与教育工作。事实上，如此行事的困难催生了帕洛塔的著作《非慈善：对非营利组织的限制如何削弱它们的潜力》(*Uncharitable：How Restraints on Non-Profits Undermine Their Potential*)[2]，以及社会领导人对企业家所面临的问题的抱怨，后者希望有一个关于如何在法律上支持他们想做的事情的清晰路线图。[3]

这并不是说企业家自己无法设计一次性法律结构，并且，很多人当然选择追求一些自己所施加的任何法律或其他标准之外的社会与环境目标。社会创新者由于缺乏他们自己可以利用的法律基础设施而无法利用公司力量的这一暗示似乎对其能力不屑一顾。因此，重要的是在这里澄清，并不是社会企业家无法设计自己的基础设施，而是提供一种深思熟虑的现成的混合替代方案，比期望每个社会企业设计自己的一次性支持基础设施更为有效。如果假定理性行为是利己主义的(正如资本主义所假定的那样)[4]，则我们可以公平地说，相较于创设一些自我强制执行的机制，当创造力带来巨大财务回报时，这样的回报会刺激更多的努力与创新。其问题应当是，提供一种有利的混合替代方案是否能够更多地刺激创新，而不是让企业家通过自己的方式去探索。来自英国的证据印证了其正确性，但是，其答案要微妙得多，并且需要进一步研究。

虽然考虑到与新社会企业法的冲击有关的潜在风险是至关重要的，但是我们也应当考虑维持现状的风险，以及从这一全球趋势中可能实现的潜在益处。虽然社会企业法总是有可能成为一个国家的公司部门的破坏性创新，其会努力提升市场份额并最终取代主流模式，但发生这种情况的可能性很小。根深蒂固的意识形态信仰与路径依赖将使人们很难根除既定权力结构，并

---

[1] DAN PALLOTTA，UNCHARITABLE：HOW RESTRAINTS ON NON-PROFITS UNDERMINE THEIR POTENTIAL xv(2010).

[2] *Id*.

[3] 例如，参见 Josh Wingrove，*Marc and Craig Kielburger's Do-Gooding Social Enterprise*，THE GLOBE AND MAIL，Mar. 19，2010，at 2。加拿大前总理保罗・马丁(Paul Martin)评论道，“政府政策还没有赶上……我认为加拿大已经准备好了。我认为加拿大正在寻找它”。Testimony of Tim Draimin，Social Innovation Generation，to the Standing House of Commons Committee on Industry，Science and Technology，Meeting No. 43，40th Parliament，2nd Session，Nov. 16，2009，at 15：40.

[4] 例如，参见 RICHARD A. POSNER，A FAILURE OF CAPITALISM：THE CRISIS OF '08 AND THE DESCENT INTO DEPRESSION(2009)。

且，从实际意义上讲，混合模式如何渗透到全球范围内的跨国公司是值得怀疑的。愤世嫉俗者可能会预测，大多数社会企业将在市场的一个小众部门内落脚，并且以一种主流公司模式的补充方式加以运营，而非将其超越。但是，社会企业正在开始发挥重要作用，以挑战主流模式，并且迫使立法者考虑现有模式中的法律限制。在一国的公司图景中，在正确实施社会企业法方面存在尚未开发的潜力。社会企业法可能是发展社会经济与显著提升可持续实践水平的有机组成部分。

因此，有几个问题有待今后研究，例如，这些模式如何在当地与全球社会经济中发挥作用，它们如何与其他备选项平衡，它们如何被视为公司集团中的子公司，它们是否从其他更需要资源的地方取走这些资源，或者，它们是否引发私人资金流入社会部门。还有一个重要的问题是，是否应当调整税收与其他法律以适应这些模式；以及，如果答案是肯定的，则具体如何调整。本章只在这里识别了这些问题，并借鉴了这些新法律形式的经验教训，从而为其他国家如何考虑在实施社会企业法方面开展工作提供早期的经验教训与建议。社会企业法的新领域开始关注全球问题，并且，我们很快就会更加清楚地看到其可能带来的利益与成本。

第七章　形塑公司改革：社会企业、合作社以及使命主导型与雇员所有型企业

尼娜·博格

引　言

我们如今面临的很多极为严重的挑战，包括气候变化威胁、大规模移民以及主要的收益与财富不平等水平，都与商事公司的活动有关。大型跨国公司参与资源消耗、社会与经济剥削以及其他公司丑闻造成了怀疑与不信任。尽管公司行动者试图确保或至少给人一种更好的行为印象，但对公司社会责任与股东至上等既定公司规范的普遍怀疑态度已经生成。由此产生的公司正当性危机部分源于持股的金融属性（其中股票被作为投资组合的一部分而持有），并且股东远离公司但却专注于最大限度地提高投资回报。此外，对于这些金融化结构而言，高级人员似乎已经放弃了对公司的信义义务，并且转而专注于为投资者与他们自己获取价值。

通过优先考虑短期的收益导向型目标，而非优先考虑包括一整套更为宽泛目的的长期目标，公司董事首先管理公司，以使其股东价值最大化，即使如此行事意味着对公司内部（雇员）与外部（消费者、供应商、社区、纳税人与环境）的其他利益相关者产生直接或者间接的负面影响。这些外部性在很大程度上依然并未得到解决（它们并未实现内部化），除非监管干预导致公司改变其行为。但是，公司权力与影响力延伸到决定这些法律的政治决策方面。公司广泛游说，并且资助政治激进主义。它们对我们经济的投资使得其能够接触我们的政府与政治决策者，并对后者拥有权力。它们也投资于对我们社会的控制：塑造我们的知识、认识与观念，例如我们认为的“正常”公司与我们的工作场所应当是什么样子；我们如何衡量财富、成功与社会正义；我们如何认

真对待身体的健康与健康环境等。

简言之，公司对其股东之外者承担的责任很少，但是，它们却对任何其他人具有巨大的社会、经济与政治影响力。这就是目前使得它们问题丛生的原因。在这一章中，我简要地阐述了为何这些关切导致一些评论者认为，彻底改革公司形式对于应对其目前的失败及其所积累的广泛权力而言是必要的。然后，笔者转而探讨商事公司的一些现有与新兴的替代形式，并追问这些形式及其所代表的组织的巨大多样性将在何处可能有助于关于改革我们公司治理的批评性争论。这些替代商业形式主要在主流资本主义模式的“裂缝”中运营，为独特并且往往是本地化的小众市场服务，尽管也存在着明显例外。[1] 但是，本章认为，它们包括很多社会责任型组织的例子，这些组织可以为更为广泛的公司治理改革提供可能性。通过这种方式，本章探讨了英国社会企业、合作社、使命主导型与雇员所有型企业的发展，并追问我们是否可以期待这些模式为彻底的公司改革提供灵感。最后一节简要探讨了这些形式的动机力量，即它们有赖于那些准备利用商业作为社会行动工具的强大企业家人物，是否同时也构成了它们潜在的陷阱之一：也许我们应当提防对激进主义企业家的美化？

针对公司改革的案例

在 2008 年全球经济危机之后，公司治理改革一直是一个被广为探讨的问题。为了应对这场危机，各国政府与决策者至少口头上表示了这样的想法，即公司应当对自己行动承担更为严格的责任，并且，它们提出了更多的治理要求，以避免今后发生此类危机。但是，大多数回应并无效果。正如帕迪·爱尔兰(Paddy Ireland)所观察到的，最近几次出现的公司丑闻的频率与规模表明，“公司的不负责任似乎正在达到新的高度”[2]。除了其他情况之外，这反映了有意义的公司治理改革之缺乏，尽管各国政府做出了协调一致的努力，向公众传达了它们正在(更为)认真地对待公司问责制问题的信息。

这些回应总体而言依然并不充分与无效的原因在于公司本身及其政治

---

〔1〕 例如，我们不妨考虑一下英国雇员拥有的约翰·刘易斯合伙企业(John Lewis Partnership)，或者总部设在西班牙巴斯克地区的蒙德拉贡合作社财团(Mondragon cooperative consortium)。

〔2〕 Paddy Ireland, *Corporate Schizophrenia: The Institutional Origins of Corporate Social Irresponsibility*, *in* SHAPING THE CORPORATE LANDSCAPE: TOWARDS CORPORATE REFORM AND ENTERPRISE DIVERSITY, chapter 1(Nina Boeger & Charlotte Villiers eds., 2018).

权力。公司法与公司治理的监管是由大型公司对监管过程的政治影响而形成的,并且这种影响也许比任何其他监管领域都要多。我们在后危机时代所看到的,并非是对公司治理规则进行系统性变革,而是对公司失败予以"同样陈旧的"市场主导型回应。这充斥于围绕公司社会责任、可持续性与利益相关者责任的大量探讨之中。但现实是,在过去十年中引入的额外改革(包括试图实现更为独立的非执行董事与审计者、更多的透明度与披露要求,但也减少了"繁文缛节")中,很少存在对公司结构与组织进行的系统性改革。它们也并未被证明是特别有影响或者根本性的。相反,通过让股东确保公司董事承担责任,从而提高公司透明度,其中一些改革已经进一步加强了股东在公司治理中的首要地位。

但是,正如爱尔兰所提醒我们的,针对公司治理改革,知识界越来越倾向于批评现状。越来越多的学者、颇受欢迎的政治评论者,以及商界领袖,开始严肃地质疑自 20 世纪 90 年代以来支撑公司治理的新自由主义意识形态,即股东价值位于公司目的与运作方式的核心。然而,虽然这些批评者中有很多人质疑股东价值最大化与短期主义的观点,但是,很少有人进一步提出对股东至上规范本身进行更为根本的修正。在爱尔兰看来:

> 但是,这些批评通常不会导致对股东至上的拒绝。相反,他们的目标通常是让管理者以一种更为"开明"的方式实现股东价值,并专注于长期而不是短期财务回报。因此,出现的很多改革建议都试图让股东以更像"适当的"、积极的、坚定的"所有者"的身份采取行动……并说服管理者适应"管家"这一角色。[1]

另外,爱尔兰认为,在大多数股票都是由遥远的股东作为金融投资组合的一部分而持有的情况下,让这些金融家更像该公司的负责任的"所有者"而采取行动无疑是一场与系统性风险的斗争。组合性投资鼓励股东疏远与关注短期财务结果,而不是让这些股东积极参与管理公司。因此,试图让股东在公司治理中发挥更负责任的作用,就像洛林·塔尔博特(Lorraine Talbot)也指出的,会加剧金融化与公司不负责任所带来的问题,而不是解决这些问题。[2]

---

[1] Ireland, *supra* note 2.

[2] Lorraine Talbot, *Why Shareholders Shouldn't Vote: A Marxist-Progressive Critique of Shareholder Empowerment*, 76 MOD. L. REV. 791(2013).

那么，我们在这里所发现的命题是，改革必须指向公司结构与目的的根本改变。应对股东与管理者的责任，而不从根本上质疑他们与公司关系的做法是不充分的。相反，这些改革必须从挑战股东声称是公司的“所有者”或者在公司中具有类似所有者的地位这一基本命题开始。一个关键的结构性问题是，正如爱尔兰所认为的那样，公司法律形式目前赋予股东剩余财产权（特别是获得股息与任命董事会成员的权利），但通常伴随这些权利的相关责任却很少：“股东与债权人一样，被免除了公司错误与债务的责任，但同时被允许保留剩余财产权，这使得他们能够确保公司以符合其专属利益的方式运营。”[1]

当这些权利与为增加收益和提高股价而设计针对董事的财务薪酬激励机制并存时，就会产生一种高度营利导向型公司文化。同时，董事可以宽泛地保护自己免于承担个人责任，特别是通过援引公司章程与/或宽泛的赔偿与保险政策中的特定宽恕条款。因此，改革的理由直接产生于公司法人资格。正如目前所解释的那样，法人资格赋予公司很多优势，但却给股东或公司高级人员规定了很少的个人责任。

与此相关的是如下建议：公司形式本身就是一个社会建构型组织（a socially constructed organization）。并且，正如马丁·帕克（Martin Parker）提醒我们的那样，公司“仅仅是在很多人之间加以组织的一种形式而已”[2]。帕克与爱尔兰都质疑这样一种观点，即我们所知晓的以股东至上为核心的公司，在某种程度上，作为一种必要的事项，牢固地确立了我们应当如何进行商业与贸易的方式。相反，有人认为，对社会与经济组织采取更加开放与试验性的知识态度是必要的，以使公司适合我们这个世纪，处理必要的公司改革，并应对我们目前所面临的全球挑战。作为人类，我们具有一种内在能力来共同塑造我们的组织，并且，正如科林·梅耶尔（Colin Mayer）所指出的，“创造概念与机构来帮助而不是征服我们”[3]。这种能力迫使我们认识到，我们的组织选择，包括我们如何组织与合法地构建公司，基本上依然是由我们的政治所决定的问题。它不能由一种“虚假的必要性”之意识来决定，正如罗伯

〔1〕 Ireland, *supra* note 2.

〔2〕 Martin Parker, *Epilogue: Necessity Organisation and Politics*, *in* SHAPING THE CORPORATE LANDSCAPE: TOWARDS CORPORATE REFORM AND ENTERPRISE DIVERSITY (Nina Boeger & Charlotte Villiers eds., 2018).

〔3〕 COLIN MAYER, FIRM COMMITMENT: WHY THE CORPORATION IS FAILING US AND HOW TO RESTORE TRUST IN IT 255(2013).

托·曼加贝拉·英格尔(Roberto Mangabeira Unger)所说的那样[1]，根据这一意识，现有组织，特别是那些像公司一样深刻地支配我们社会与经济生活的组织，被理解为反映了决定我们发展或人性的某些目的命令或自然法。总而言之，这里的概念起点是，公司法律形式是一种社会构造与政治选择，而不是由任何形式的经济必要性所决定的。选择从根本上改革公司，或寻找新的商业与贸易方式，同样是一个政治事项。它不能被视为处于在政治上可行抑或可接受的事项之外。[2]

现有与新兴的替代者

在结构与目的上与公司有着根本不同的商事公司替代形式的存在与浮现，已经成为这些关于公司治理改革的批评性争论越来越核心的主题。正如博格(Boeger)与维利尔(Villier)所建议的，通过超越传统公司形式，并从现有替代方案(例如合作社与社会企业)中汲取灵感，我们可以在这些例子中发现经验教训，从而确定组织商事企业以造福企业家与全球社会的新方法。[3]通过研究这些替代形式，我们或许有能力设计出更好的组织工具，从而将公司结构与目的向更为广泛的社会关切开放，同时确保它们的经济可持续性。如此一来，我们不仅可以为公司治理改革的进展提供灵感与动力，而且我们最终或许有能力挑战公司本身作为组织集体经济活动的(必然)最适当形式的霸权。[4] 与此同时，通过研究这些替代办法，我们可以确定它们在如今塑造资本主义方面更为广泛的作用，即使其中很多依然在小众市场中运作。

尽管主流公司法文献与大多数商事从业者重点关注传统公司形式，但是，如今全球存在巨大的多样性形式，使得商事企业能够解决股东收益最大化以外的问题。事实上，其多样性本身对任何纯粹主义者的如下声明提出了质疑："行善"是留给非营利组织的事项，而商业的(唯一)目的是通过赚钱来

[1] ROBERTO UNGER, FALSE NECESSITY: ANTI-NECESSITARIAN SOCIAL THEORY IN THE SERVICE OF RADICAL DEMOCRACY(2004).

[2] Parker, *supra* note 6.

[3] Nina Boeger & Charlotte Villiers, *Introduction*, *in* SHAPING THE CORPORATE LANDSCAPE: TOWARDS CORPORATE REFORM AND ENTERPRISE DIVERSITY(Nina Boeger & Charlotte Villiers eds., 2018).

[4] 事实上，实践中开始挑战这种霸权：如下所述，作为传统公司的替代手段，美国有限责任公司快速增长。Mark Little, *Trends in New Business Entities: 30 Years of Data*, BERKMAN SOLUTIONS(July 5, 2016), www.berkmansolutions.com/blog/item/trends-in-new-business-entities-30-years-of-data.

“做好”。它们的形式数量众多且特别多元化，以致如今的关键挑战之一是确定共同基础与共同语言，以便我们能够研究它们的特性，进行比较，找出差异，同时也可以发展出跨领域的想法与概念，从而定义（新的）法律与治理结构。个别企业的需求与能力必须与现有法律与治理模式仔细匹配，因此，某种多样性是有利的，但它不应当掩盖我们所需要的结构性凝聚力，以便在这种多样化与不断变化的公司图景中发展可行的组织形式。

例如，在英国，我们可以通过至少四种不同的类型大致划分现有的替代商业形式：社会企业、使命主导型企业（mission-led businesses）、雇员所有型企业与（更为宽泛的）合作社。在这些类型之间存在很多重叠的方面与模糊的边界，并且，我们不能期望所有替代性商事组织都能在一个或其他类别中整齐地匹配，尽管这些类别或类型有助于我们识别某些主题与特征。在如此行事时，我们还应当采取一个关键的视角以扫描这些模式，不仅是基于它们的优势与机会，而且同样是基于现有弱点、潜在风险与意想不到的后果。意识到单一章节范围对该任务所施加的限制，本部分试图介绍这四种替代性商业形式的关键特征，以提供关于它们的核心特征、关键发展与挑战（包括它们之间相互关系）的观点。[1] 随后在下一部分，我们探讨了这些不同形式方面的经验如何在实证与概念上有助于塑造关于公司改革的争论。

社会企业

这些类别中的第一个是用来界定本书的事项：社会企业。虽然社会企业的概念在国际上是颇有争议的并且通常意味着，正如蒂斯代尔（Tesdale）提醒我们的那样，“对不同的人在不同背景与不同时间点中的不同事物”[2]，但是，在英国，至少对其基本定义存在粗略与现成的共识。从广义上讲，我们所理解的社会企业是通过贸易赚取大部分收益的企业，但也致力于特定社会与/或环境目的，并主要将其剩余收益再投资于促进这一/这些目的。[3] 除

---

〔1〕 我们原本可以在这里探讨进一步的备选方案，例如互益企业与国有企业。但是，为了下面的探讨，并考虑到本章的限制，我们将重点放在这四种类型上。

〔2〕 Simon Teasdale, *What's in a Name? The Construction of Social Enterprise*(Third Sector Research Centre, University of Birmingham, paper presented to Public Administration Committee Conference, Sept. 8, 2010), www4. ntu. ac. uk/nbs/document_uploads/99669. pdf.

〔3〕 Dan Gregory, *The Politics, Policy, Popular Perception and Practice of Social Enterprise in the 21st Century*, *in* SHAPING THE CORPORATE LANDSCAPE: TOWARDS CORPORATE REFORM AND ENTERPRISE DIVERSITY, chapter 17(Nina Boeger & Charlotte Villiers eds., 2018).

了这一基本定义外,社会企业依然具有一系列的治理选项[1],在规模与法律形式、社区参与强度与金融投资程度、商业贸易数量以及再投资以实现其社会目的的收益比例方面各不相同。有些在当地运作,有些在国内甚至在国际上运作。[2] 有些是存在已久的企业,有些则是初创企业。

很多社会企业的重大关切之一是确保它们的社会使命将持续下去,并被"锁定"到该企业中,以防止以营利为目的而出售商业资产以及在未来任何时候过度抽取收益。在英国,诸如社区福利公司[3]或社区利益协会[4]等法律形式可用于锁定企业资产,这是一种防止向成员分配剩余资产的章程手段,并确保任何留存盈余或剩余价值之社区利益不被用于其成员的私人利益。[5] 此外,作为股份有限公司设立的社区福利公司需要遵守股息封顶——主要作为被宣布的总股息的总限额而予以计算——的规定。这些规定主要是为了确保收益继续主要用于社区利益。但在英格兰几乎一半的社会企业继续将获得融资视为实现经济可持续性的关键障碍或潜在障碍的情况下[6],一些社会企业家担心,这些商业限制会使得包括社会影响力投资者在内的投资者丧失兴趣。[7] 这些关切并不新鲜。在该部门内部呼吁增加财务灵活性后,2014 年,立法机关批准了修正,以放松原来的股息封顶制度,以及与绩效有关的贷款限制,从而创设了目前这种更为灵活的规则。[8] 在这些立法改革之后,社会金融以及对社区福利公司的投资近年来似乎有所增加。

股份社区福利公司(community interest company limited by shares)在立法修正后受到的限制较少,体现了这一法律模式更为商业化的面向。虽然依

---

[1] RORY RIDLEY-DUFF & MIKE BULL, UNDERSTANDING SOCIAL ENTERPRISE: THEORY & PRACTICE(2d ed. 2015).

[2] *State of Social Enterprise Reports*, soc. enter. uk, www.socialenterprise.org.uk/Pages/Category/state-of-social-enterprise-reports(last visited Sept. 14, 2017) [hereinafter *Social Enterprise Reports*].

[3] Companies(Audit, Investigations and Community Enterprise) Act 2004 and Community Interest Company Regulations 2005(SI 2005/1788), as amended by the Community Interest Company(Amendment) Regulations 2009(SI 2009/1942) and Community Interest Companies(Amendment) Regulations 2014(SI 2014/2483).

[4] Co-operative and Community Benefit Societies Act 2014.

[5] Off. of the Reg. of Cmty. Int. Co., *Community Interest Companies: Guidance Chapters*, GOV.UK(Aug. 2, 2013), www.gov.ukuk/government/publications/community-interest-companies-how-to-form-a-cic.

[6] *Social Enterprise Reports*, *supra* note 16.

[7] Stephen Lloyd, *Transcript: Creating the CIC*, 35 VT. L. REV. 1, 31—44(2010).

[8] Nina Boeger, Sara Burgess, & Julie Ellison, *Lessons from the Community Interest Company*, *in* SHAPING THE CORPORATE LANDSCAPE: TOWARDS CORPORATE REFORM AND ENTERPRISE DIVERSITY, chapter 18(Nina Boeger & Charlotte Villierseds, 2018).

然不像担保社区福利公司(community interest company limited by guarantee)那样普遍,但股份社区福利公司的登记存在适度的上升趋势。目前的趋势表明,这种更为商业化的模式可能正在逐步补充那个更为传统的混合模式:在传统混合模式中,组织控制着一家私人有限公司,同时该组织表现得更为慷慨,并且经常侧重于资助型收入。2014 年在英国推出的社会投资税收减免也开始吸引小投资者的兴趣,后者可以基于他们在社区福利公司(与其他资产锁定模式)的投资而获得税收减免。它为社会企业提供了"更为廉价"的资本,并且无须承担稀释其公司所有权的潜在风险。很多投资者与社区福利公司本身目前依然不确定社会投资税收减免的性质,但是,社区福利公司与一般社会企业似乎有兴趣更具策略性地发展其业务,并且在商业上变得更为强大,也更具影响力。

使命主导型企业

希望创设使命主导型企业者可以利用受到较少商业限制的形式。英国政府已经将其界定为具有如下特征的企业:将收益分配给股东与所有者,但同时也将产生正向社会影响力作为该企业的核心目的。它们长期致力于实现这一目的,并定期向其利益相关者报告其社会影响力。[1] 与资产锁定与股息封顶相比,保护这些企业社会或环境目的的程序机制被进行了更为灵活的设定。尽管有人对社会使命"锁定"到企业一段时间——也许是可预见的未来——表示关切,但是,这些模式通常被设计成更为适应投资者的财务期望,并因此,对其商业模式的未来演变会采取更为宽松的态度。在不进行资产锁定或限制股息分配的情况下而创设一种使命主导型企业的方式是,成为一家经认证的共益公司。共益公司的这一标签为美国的公司律师所熟知。共益公司起源于美国,并在 2015 年拓展到英国。其并非一种法律形式,而是在向一家独立与国际运营的非营利组织共益实验室提交申请(并支付费用)后可以获得的一种自愿的公司认证。共益公司认证提供了一个独立的保证,即一家企业通过其章程与治理,不仅致力于服务其股东,并且致力于服务其

---

[1] *Mission-Led Business Review: Call for Evidence*, GOV. UK(May 9, 2016), www. gov. uk/government/consultations/mission-led-business-review-call-for-evidence; ADVISORY PANEL'S INDEP. REP. ON THE REV., ON A MISSION IN THE UK ECONOMY: CURRENT STATE OF PLAY, VISION AND RECOMMENDATIONS FROM THE ADVISORY PANEL TO THE MISSION-LED BUSINESS REVIEW 2016, www. gov. uk//government/uploads/system/uploads/attachment_data/file/574694/Advisory_Panel_Report_-_Mission-led_Business. pdf(last visited Sept. 14, 2017) [hereinafter on a mission in the uk economy].

更为宽泛的利益相关者与环境。除其他事项之外,该认证程序至少每两年对该企业治理以及内外利益相关者(包括雇员、社区与环境)的总体影响力进行一次独立评估。它还要求企业在其治理文件中列入一项使股东受益并对社会与环境产生积极影响力的目标[1],并要求签署一项宣言,以阐明其对利益相关者与环境的承诺。[2]

政府最近授权对使命主导型企业进行了一次独立审查,这一审查导致了关于共益公司之外的一场更为宽泛的争论:该争论的对象是一种依然完全进行营利分配并从事商业活动的更负责任的商业形式。在其总结性报告中,独立审查小组将其描述为,使命主导型企业的"精神"是"通过其运营、货物与服务而为社会做出积极贡献"。[3] 该报告进一步指出,目前英国约有 123 000 家使命主导型企业,其年营业额为 1 650 亿英镑,并雇用约 14 万人。它进一步估计,"到 2026 年,所有英国企业都将具有包括服务社会与环境在内的使命。最成功的企业将是那些明显完成这一使命的企业"[4]。正如亨特(Hunter)与博格所观察到的,这些"可能是令人惊讶的数字,因为这对很多人而言是一个新的概念",特别是因为这一估算需要得到仔细解释。这不仅是因为"所有"一词的不可否认的雄心,而且是因为"包括"可以涵盖广泛的意图,而并非所有的意图都有利于全部利益相关者。[5] 因此,预测这份报告最终将产生何种影响还为时过早;这在很大程度上取决于政府对它的回应,以及是否有任何政治动力认真对待其理念。

但是,该报告本身已经引起了一些批评性的反思与争论,特别是因为它显然选择将公司的社会使命或者精神特质主要定义为商业理由,认为这将会使得公司在经济上更加成功,并使其具有"竞争优势"[6],例如,这将影响雇员士气与生产力,抑或消费者满意度。这一点,以及该小组对由使命主导型企业所实现的"对英国增长的贡献"[7]之额外关注已经引起了社会关切:这

---

[1] 在英国,这要求在治理文件中采用一种重复《2006 年公司法》第 172 条第 1 款的措辞,但是,存在可以符合该法律标准的一些"微小但重要"的修正。David Hunter, *The Arrival of B Corps in Britain: Another Milestone Towards a More Nuanced Economy?* *in* SHAPING THE CORPORATE LANDSCAPE: TOWARDS CORPORATE REFORM AND ENTERPRISE DIVERSITY, chapter 13(Nina Boeger & Charlotte Villiers eds., 2018).

[2] *The B Corp Declaration: Declaration of Interdependence*, b lab, www.bcorporation.net/what-are-b-corps/the-b-corp-declaration(last visited Sept. 15, 2017).

[3] ON A MISSION IN THE UK ECONOMY, *supra* note 24, at 8.

[4] *Id*. at 31.

[5] David Hunter & Nina Boeger, *What Is the Point of Business?*, UNIVERSITY OF BRISTOL LAW SCHOOL BLOG(Dec. 2016), https://legalresearch.blogs.bris.ac.uk/2016/12.

[6] ON A MISSION IN THE UK ECONOMY, *supra* note 24, at 5.

[7] *Id*. at 3.

是否是在真正寻求改革商事企业，抑或仅仅是一种其核心依然是关注增长与生产力的重新命名之做法。更具体地说，人们担心，公司可能会把使命主导型企业标记为一个“品牌”，而非推动对其公司文化的根本改变。换言之，这会不会仅仅是公司社会责任的一次迭代更新？正如亨特与博格指出的，“如果它被赋予了立法上的正当性，并进一步提供了明显的良好意图，但公司实际上在背后只是‘照常营业’，则可能会更加危险”[1]。此外，在完全营利分配的企业可能在——消费者、投资者、决策者、公众——面前将自己塑造成具有社会使命但不能保证这一使命完全扎根的情况下，真正的完全锁定资产的社会企业是否能够维持其市场地位，并保持甚至增加获得负担得起与可持续的融资机会？

雇员所有型企业

如果社会企业与使命主导型企业的界定性特征是其社会目的或者使命，那么雇员所有型企业与合作社之所以与众不同，主要是因为它们的民主所有权与治理结构。但是，在实践中，这些边界当然不是清晰的。例如，合作社通常具有明确的目的（它们被称为“初始的”社会企业），并且，很多现代合作社明确地认同自己是社会企业。另外，很多雇员所有型企业尽管存在独特结构，但并不会认为自己是一家社会企业。

几十年来，雇员所有型企业一直是英国经济的一部分，尽管相对而言，它们依然是一种小众商业形式。尽管如此，英国的雇员所有制协会（Employee Ownership Association，EOA）认为雇员所有制是“显著的与……增长的”，每年提供英国 GDP 的 4%。[2] 根据雇员所有制协会的表述，雇员所有型企业的优势包括“更高的生产力与更高的创新水平”“参与程度更高、满足感更强与压力更少的雇员”，以及针对经济动荡的更大的弹性。[3] 英国以外的实证研究支持了这些主张。例如，20 世纪 80 年代美国审计总署（General Accounting Office，GAO）对美国雇员持股计划（Employee Stock Ownership Plans，ESOPS）进行的一项研究发现，“雇员参与公司决策的程度越高，雇员

[1] Hunter & Boeger, *supra* note 28.

[2] *What Is Employee Ownership?*, EMPLOYEE OWNERSHIP ASSOCIATION, http://employeeownership.co.uk./what-is-employee-ownership/(last visited Sept. 15, 2017).

[3] *Id*.

持股计划前后生产率的变化率就越高”[1]。但是，如果民主决策与生产率之间存在相关性，那么为何更多的企业并未受到其雇员控制？

新自由主义经济理论表明，这是因为雇员所有制产生低效，正如詹森(Jensen)与梅克林(Meckling)所言，“这种制度很少产生于个人之间的自愿安排这一事实有力地表明，共同决定或者产业民主的效率不如在竞争环境中成长与生存下来的替代办法”[2]。

另一方面，大卫·埃尔达尔(David Erdal)针对这些实证证据，指出雇员所有制依然是一种小众形式并且并未获得更大市场份额的真正原因并非结构上的低效率，而是既得公司利益：传统公司形式目前为投资者与董事提供了获取金融财富的广泛机会，因此，“涉及他们放弃这些利益的改进将会受到强烈抵制”[3]。即使可以重组其公司以引入更多的民主，他们通常也不会选择如此行事，因为如此行事会损害他们的个人财务机会。

同样，理查德·沃尔夫(Richard Wolff)也反对“资本主义与非资本主义企业[包括(雇员所有型企业)]之间的竞争必然导致并始终导致同样的结果：前者的主导地位与后者的消失”[4]。他认为，雇员所有型企业并不是“实质上不成功的竞争对手”[5]。相反，当经济、政治与文化条件有利时，如果它们得到适当的商业策略支持，就会茁壮成长。但是，沃尔夫也提醒我们，雇员所有制与民主治理本身就是多样化的商业形式。并不是所有这些形式都是他所说的完全的“雇员导向型”(worker-directed)企业。例如，雇员持股计划将雇员转变为公司股东，并给予他们任命董事等相关权利。然而，沃尔夫指出，虽然它们以这种方式吸收雇员，但这些企业在概念上与传统公司形式并无不同。事实上，雇员持股计划在很多主流公司中发挥重要作用，包括重要的伦敦《金融时报》100 指数(FTSE 100)企业[6]，尽管它们有时在该企业内分布

---

[1] GAO, REP. TO THE CHAIRMAN, COMM. ON FIN., US SENATE, EMPLOYEE STOCK OWNERSHIP PLANS: LITTLE EVIDENCE OF EFFECTS ON CORPORATE PERFORMANCE 31 (Oct. 1987), www.gao.gov/assets/150/145909.pdf.

[2] Michael Jensen & William Meckling, *Rights and Production Functions: An Application to Labor-Managed Firms and Codetermination*, 52 J. BUS. 469, 473(1979).

[3] David Erdal, *Recognising Facts in Economic Democracy*, *in* SHAPING THE CORPORATE LANDSCAPE: TOWARDS CORPORATE REFORM AND ENTERPRISE DIVERSITY, chapter 11(Nina Boeger & Charlotte Villiers eds., 2018).

[4] RICHARD D. WOLFF, DEMOCRACY AT WORK: A CURE FOR CAPITALISM 156(2012).

[5] *Id.* at 158.

[6] SHARED CAPITALISM AT WORK: EMPLOYEE OWNERSHIP, PROFIT AND GAIN SHARING, AND BROAD-BASED STOCK OPTIONS(Douglas L. Kruse, Richard B. Freeman, & Joseph R. Blasi eds., 2010).

不均，或者在董事会的自由裁量下容易发生逆转。[1] 沃尔夫自己反而提出了在企业内部推行更为激进的民主的理由——他称之为雇员自我导向型企业。他解释说，在这样一家企业中，“所有在企业内部创造盈余的雇员都集体行使该企业职能，以拨付与分配这些盈余……他们——在一个共享的民主决策过程中——与地区、区域与国家各级的周边社区联合行事”[2]。

合作社

一些合作社可以被认为是“雇员导向型”企业（尽管沃尔夫认为它们是不同的形式），但是，并不是所有的合作社都是雇员所有的。更宽泛地说，合作社企业由参与该企业者（其成员）共同所有——这些人可能是雇员，或者消费者、居民、租户、一群艺术家、出租车司机、农民等，并且，它们由其成员民主治理。[3] 英国的合作社传统可以追溯到 18 世纪中期，当时第一家合作社在罗奇代尔（Rochdale）镇成立，并规定了如今为全球所知的七项合作社原则：(1)自愿与开放的成员资格，(2)民主的成员控制，(3)成员的经济参与，(4)自治与独立，(5)教育、培训与信息，(6)合作社之间的合作，(7)对社区的关注。合作社运动的这些根源依然具有影响力，尽管如今英国经济中存在的各种合作社形式已经得到拓展。例如，英国最大的合作社成员协会倾向于更笼统地宣称是“合作社经济”，而不是一种特定合作社形式，并将合作社宽泛地解释为“让人们对其所关心事项加以所有与控制的组织”[4]。它还强调，合作社几乎在英国经济的每个部门中都发挥重要作用，小型与大型合作社存在于从银行与能源到食品、卫生与住房的诸多领域之中。[5] “合作社协会”(cooperative society)是为合作社量身定做的一种法律形式，但是，合作社企业倾向于选择满足其个体需要的任何形式，并以协会、合伙与公司等不同形式组建。

---

[1] JOSEPH R. BLASI, RICHARD B. FREEMAN, & DOUGLAS L. KRUSE, THE CITIZEN'S SHARE: REDUCING INEQUALITY IN THE 21ST CENTURY 195—223(2014); DAVID ERDAL, BEYOND THE CORPORATION: HUMANITY WORKING 20(2011).

[2] WOLFF, *supra* note 37, at 118.

[3] JOHN RESTAKIS, HUMANIZING THE ECONOMY: CO-OPERATIVES IN THE AGE OF CAPITAL(2010); STEFANOZAMAGNI & VERA ZAMAGNI, COOPERATIVE ENTERPRISE: FACING THE CHALLENGE OF GLOBALIZATION(2010).

[4] *Reimagine the Economy: The UK Co-operative Economy* 2017, CO-OPERATIVES UK, http://reports.uk.coop/economy2017/(last visited Sept. 15, 2017) [hereinafter *UK Co-operative Economy* 2017].

[5] THE CO-OPERATIVE ADVANTAGE: INNOVATION, CO-OPERATION AND WHY SHARING BUSINESS OWNERSHIP IS GOOD FOR BRITAIN(Ed Mayo ed., 2015) [hereinafter CO-OPERATIVE ADVANTAGE].

与前面所探讨的雇员所有制一样，研究表明，合作可以促进创新与生产力，以及更为广泛的民主参与。[1] 市场压力迫使合作社在定价、薪酬与治理方面仿效标准的公司实践[2]，但是，正如弗莱查（Flecha）与恩盖（Ngai）所言，有可能通过调整业务增长策略保持合作社企业的特征。[3] 尽管合作社成员人数呈上升趋势，但英国合作社经济只占更为广泛的经济的一小部分。[4] 如果存在针对合作社的商业理由，则为何没有更多的理由？其论点在某种程度上与雇员所有制相关。一组论点认为，合作社形式在结构上（因此在本质上）是低效的，因此在经济上是不可行的，或者，正如乔恩·埃尔斯特（Jon Elster）所言，"雇员更喜欢在资本主义企业工作"[5]。但是，埃尔斯特指出，这些解释不一定是正确的，并且，其他解释可能也需要考虑："可能是在资本主义经济中被孤立的合作社遇到了在完全合作情况下不会出现的困难。这种困难可能以四种方式而发生：内生偏好的形成、逆向选择、歧视与外部性。"[6]

我们现在套用一下这四个论点。第一，人们不选择合作社可能单纯是因为合作社很少。第二，建立合作社者往往是改革者，而不是有经验的商人。第三，在某些情况下，合作社可能受到不公平的歧视（例如，它们可能难以满足获得信贷的要求）。第四，最为严重的是，合作社的存在如此之少（正如埃尔斯特所言，它们是"被孤立的"），这使得那些确实存在的合作社更容易受到"资本主义企业创造的负外部性"的影响——特别是廉价劳动力的可用性，但也会受到"它们未能将自身产生的正外部性加以内部化"（例如，因为很少有合作社需要合作）的影响。[7] 这些并非是不可逾越的障碍，但也不是微不足道的。

---

〔1〕 George Cheney, Iñaki Santa Cruz, Ana Maria Peredo, & Elías Nazareno, *Worker Cooperatives as an Organizational Alternative: Challenges, Achievements and Promise in Business Governance and Ownership*, 21 ORG. 591(2014); Virginie Pérotin, *What Do We Really Know About Worker Co-operatives?*, CO-OPERATIVES UK, www.uk.coop/sites/default/files/uploads/attachments/worker_co-op_report.pdf (last visited Aug. 21, 2017); *CO-OPERATIVE ADVANTAGE*, *supra* note 44.

〔2〕 Chris Tomlinson, *The False Alternative of Co-operative Choice Under Capitalism*, *in* PEOPLE OVER CAPITAL: THE CO-OPERATIVE ALTERNATIVE TO CAPITALISM 202(Rob Harrison ed., 2013).

〔3〕 Ramon Flecha & Pun Ngai, *The Challenge of Mondragon: Searching for the Cooperative Values in Times of Internationalization*, 21 ORG. 666(2014).

〔4〕 *UK Co-operative Economy* 2017, *supra* note 43.

〔5〕 Jon Elster, *From Here to There; or, If Cooperative Ownership Is So Desirable, Why Are There So Few Cooperatives?*, 6 SOC. PHIL. & POL'Y 93(1989).

〔6〕 *Id*. at 96.

〔7〕 *Id*. at 98.

它们的成员传统上是合作社的主要受益者，但合作社形式在历史上也比投资者所有的公司更为倾向于社区价值观。[1] 这些合作社原则明确地与“对社区的关注”融为一体，并且，国际合作社联盟1995年制定的国际合作社原则包括对促进整个社区可持续发展的承诺。因此，很多合作社模式也是社会企业，并且这两个标签之间的界限被进一步模糊化了，因为“社会合作社”(social cooperatives)明确承诺其企业致力于从事一项特定的社会事业。[2]

合作社经济的一个新的相关发展是多元利益相关者合作社的出现，包括在线“开放平台”合作社。这一“新合作主义”(new cooperativism)[3]背后的核心理念“更为强调利益相关者之间的共享回报与团结，而不太强调满足单个利益相关者的需要”[4]。正如里德利-达夫(Ridley-Duff)所言，有别于“旧合作主义”将对共同纽带(团结)的探讨局限于单个利益相关者群体(雇员、消费者、生产者等)的社会特征，新合作主义假定，只要存在适当制度安排，所有这些利益相关者之间就可以形成团结。[5] 这一趋势的一个例子是一套由里德利-达夫等人设计的“公平股份”(FairShares)示范章程。这些示范章程为希望作为有限公司、社团或协会而设立的企业提供了创设多元利益相关者合作社企业的章程模板，其中包括对合作社原则以及社会性或社区目的的承诺，但也提供了向企业创始人、投资者、用户与雇员发放不同类型股份的机会，并附有民主分配的投票权(一人一票)。其核心理念是，对企业中不同形式的投资(不仅仅是资本投资)进行估值，从而使得“就像金融投资者可以收回其原来的资本加上股息，所有智力(劳动)投资者可以收回其原来的资本加上应得的任何股息”[6]。

塑造关于公司改革的争论

我们已经看到，尽管公司占据主导地位，但是，仅在英国，目前就有各种

---

[1] RORY RIDLEY-DUFF, THE CASE FOR FAIRSHARES: A NEW MODEL FOR SOCIAL ENTERPRISE DEVELOPMENT AND THE STRENGTHENING OF THE SOCIAL AND SOLIDARITY ECONOMY(2015), http://shura.shu.ac.uk/10198/1/TheCaseForFairSharesV1.2-SHU.pdf.

[2] 例如，意大利已经为社会合作社创设了一种法律形式，后者主要是作为提供社区护理服务的工具。参见 Jacques Defourny & Marthe Nyssens, *Social Cooperatives: When Social Enterprises Meet the Cooperative Tradition*, 2 J. ENTREPRENEURIAL & ORG. DIVERSITY 11, 12(2013)。

[3] RIDLEY-DUFF, *supra* note 52; Marcelo Vieta, Editorial, *The New Cooperativism*, 4 AFFINITIES: J. RADICAL THEORY, CULTURE, & ACTION 1(2010).

[4] RIDLEY-DUFF, *supra* note 52, at 22.

[5] *Id.* at 17.

[6] *Id.* at 37—38; *Welcome to the FairShares Association Web Portal*, FAIRSHARES, www.fairshares-association.com/index.html(last visited Sept. 15, 2017).

各样的替代类型的商事企业似乎以比大多数公司更为承担社会责任的方式经营。尽管它们具有多样性，但似乎将这些商业形式结合起来的是它们对创造价值的承诺，这种价值不是用股东的（短期或长期）财务回报测量的，而是通过考虑到企业对更为广泛的利益相关者的积极与消极影响力而更为宽泛地界定的。良好的绩效通过最大化对内部与外部利益相关者的积极影响，同时限制负面影响，而产生价值，并且任何协调都要相互平衡。这涉及平衡企业所识别到的各种利益相关者群体的利益，他们可能是公司内部利益相关者（投资者、管理层与雇员），也可能是外部利益相关者，并且无论是直接受到影响（例如消费者、供应商、当地社区与居民），还是间接受到影响（例如福利国家的公民、纳税者与环境）。这些替代的公司形式已经在其业务中建立了不同的程序机制，以确保对其利益相关者的承诺将在实践中得到保持，例如合作社与（某些）雇员所有型模式中的共同所有权与民主治理、大多数社会企业中的资产锁定，或者在使命主导型企业中更为一般的保护利益相关者的一系列章程条款。上述程序保证使得这些形式与传统公司完全不同，后者包括那些虽然具有自愿的公司社会责任政策但这些政策依然最终致力于实现股东价值的公司。通过这种方式，它们的治理提供了一些例子，可以为更为广泛的公司改革争论提供有益的方向与动力。本部分的剩余内容概述了一些关键贡献。在最后一节中，本文对我们在从中获得灵感时应当谨记的一些风险予以简要考虑。

所有权

首先，我们尤其可以利用合作社模式指出修正与改革公司所有权的可能性。在传统公司形式中，股东的剩余财产权为支持目前公司治理中的股东至上模型提供了核心理由，并且它们依然被广泛地用于证明公司董事作为其股东代理人的角色而负有最大化按股价计算的股东回报的义务。其次，我们在合作社与某些形式的雇员所有权中发现的共同所有权结构，直接挑战了金融投资者在企业中享有专属财产权的核心公司理念。在这些替代模式中，企业所有权被以公平股份赋予全部成员（即企业的参与者），而在多元利益相关者合作社的情况下，这些成员由几个不同利益相关者群体组成。成员之间的公平与团结取代了股东至上而作为指导准则，并且，在诸如章程规定汇集资源与/或知识产权的情况下,共享与协作所有权的理念补充了个体财产权的存在。[1]

董事义务

与关于所有权的争论有关,如今存在一种普遍的假定,即股东至上与董事所负有的最大化股东价值的最重要义务直接来源于公司法。这些假定夸大了法律的严格性。事实上,正如贾菲尔(Sjåfjell)对我们的提醒,股东至上依然是一种社会规范,而非严格的法律义务。公司法大多赋予董事一些灵活性,以引导其在履行义务时面向更为广泛的利益,从而促进他们公司的成功。[2] 因此,在贾菲尔看来:

> 在目前的制度中,公司法相对而言为董事会提供了相当大的自由度,进而拓展给管理层,从而使其以可持续的方式塑造其业务。但是,董事会通常不会在商业理由的范围内选择环境友好与低碳的选项,更不用说超越商业理由而以可持续方式追求利益以挑战该范围的其他边界。这是因为股东至上的社会规范。[3]

使命主导型企业的出现似乎强化了这一观点,但是,它也许标志着:该企业朝着可能偏离或至少放松目前围绕公司世界中股东至上假定的方向迈出了第一步。我们可能记得,使命主导型企业被定义为完全收益分配的企业,而该企业的承诺正如我们在共益公司认证选项中看到的那样,被嵌入某些章程条款。这些现象在不需要任何具体立法修正或改革的情况下依然存在的事实表明,现在实际上可以通过适当方式起草章程文件,将利益相关者的利益纳入公司形式。换言之,公司已经可以自由地(并在法律上被允许)成为使命主导型企业,并且,绝大多数公司(依然)不选择成为使命主导型企业的现象并非法律必要性问题,而是市场力量与董事个人业务判断的产物。最近共益公司与其他形式的使命主导型企业的激增,以及它们所吸引的注意力,可

---

[1] 例如,公平股份模型要求成员—股东共享他们通过联营企业而生成的任何知识产权,并公平地分配这些权利的回报。

[2] 在英国,这方面的相关规范将是《2006 年公司法》第 172 条,该条款规定了"开明"股东价值原则。关于第 172 条的解释之探讨,参见 Georgina Tsagas,*Section 172 of the Companies Act 2006:Desperate Times Call for Soft Law Measures*,in SHAPING THE CORPORATE LANDSCAPE:TOWARDS CORPORATE REFORM AND ENTERPRISE DIVERSITY,chapter 7(Nina Boeger & Charlotte Villiers eds.,2018)。

[3] Beate Sjåfjell,*Dismantling the Legal Myth of Shareholder Primacy:The Corporation as Sustainable Market Actor*,in SHAPING THE CORPORATE LANDSCAPE:TOWARDS CORPORATE REFORM AND ENTERPRISE DIVERSITY,chapter 4(Nina Boeger &Charlotte Villiers eds.,2018).

能意味着关于这些事项的趋势开始发生转向。但是，具有讽刺意味的是，这些论点也被认为是对使命主导型企业“标签”的批评。这种批评的根据是，以某种方式将这些品牌命名为“新”商业形式充其量是多余的，并且在最坏的情况下是具有误导性的。事实上，它只重申了公司如今在很大程度上已经可以在法律上实现——但是公司很少选择如此行事——的事项。

指出这种法律灵活性并不应当阻止我们考虑进一步的法律改革；无论是通过引入新的公司法律形式（例如“福利公司”），还是通过修正一般公司法。贾菲尔本人建议对董事义务的规定做出明显改变，从而使得公司更为可持续，并因此“适合 21 世纪”[1]。但是，作为我们关于法律改革争论的起点，这有助于我们认识到，法律已经在其中嵌入了进步模式；我们“仅仅”需要加强与强调法律中的这些进步因素即可。

公司目的

股东至上模式的优势或者被感知到的优势之一是其追求单一目标（最大化股东回报）的相对简单性。经济学家认为，单一目的模型是有效的，其避免了董事与投资者在决策中必须平衡多个利益相关者利益时的困难。取而代之，其理念是为持股精英创造财富，这些财产最终将通过“涓涓细流”造福于每个人。我们现在已经知晓，涓滴效应（trickle-down effect）并未发生，相反，财富不平等正在迅速增长。我们还知晓，其他外部因素，特别是环境退化，正在由于公司治理的“单一目的”路径而加剧，并且并未通过对公司行为的外部监管而得到有效解决。鉴于这些失败，我们可以直接转向社会（以及使命主导型）企业，并重新考虑更为有效与可持续的公司治理模式是否在实际上需要接受双重或者多重公司目的并且对多个利益相关者负责。

社会企业在本质上是一种“混合企业”形式，并且具有服务于多方主体的丰富经验。毫无疑问，这一特征带来了相当大的挑战，正如布雷克曼·莱瑟所言：“混合企业有时会追求更多的收益而非更多的社会福利，并且，有时会追求更多的社会福利而非更多的收益……因此，实现与管理真正的混合企业意味着始终如一地为两个主人服务，而这具有众所周知的困难性。”[2]

但是，社会企业支持者会认为，基于充分的结构支持（包括适应性充分的

---

[1] Sjåfjell, *supra* note 60.

[2] Dana Brakman Reiser, *Blended Enterprise and the Dual Mission Dilemma*, 35 VT. L. REV. 105(2011).

法律形式与可获得的金融工具）以及必要的创业领导力，它们的双重（或多重）目的以及它们对多个利益相关者的责任，并不是新商业形式自我创设与成长不可逾越的障碍。马乔里·凯利（Marjorie Kelly）认为，这在很大程度上取决于建立一种以团结与“生产性”（generative）而非“汲取性”（extractive）财富为中心的替代性公司文化。换言之，从公司专注于汲取最大数量的金融财富转向“旨在为我们共同生活的繁荣创造条件”[1]的公司文化。至少，正如大卫·亨特（David Hunter）所指出的，混合形式的企业强调了追求收益而排斥所有其他目标的做法最终不利于公司本身。相反，给它们一个更为广泛的目的，可能会提供必要的调节效应，以防止资本主义播下自己崩溃的种子。[2]

决　策

公司通常会通过分层结构加以管理。即使在引入了更为扁平且网络化的决策架构的公司（谷歌是一个被经常引用的例子），竞争原则也往往支配着其内部管理，就像竞争定义了公司在市场上的外部运作一样。正如马丁·帕克所提醒我们的，基于“为了吸引与留住人才，需要大量的差异化薪酬差异”[3]这一假定，公司的等级制度，或者更一般地说，财富与收益（与地位）的分化，通常是合理的。它们被用作效率、生产力与问责制以及更大士气的驱动因素，但是，正如夏洛特·维利尔（Charlotte Villiers）所言，它们也导致了公司内部“不那么仁慈的文化”，并且产生了很多（负面）影响公司社会责任的削减成本措施。[4]

相反，很多替代性商业形式的治理，特别是社会企业与合作社的治理，既不具有内在竞争力，也不像大多数传统公司那样依赖差异化作为激励因素。例如，在社会性或者合作社企业中，高层人员与雇员之间的分配不平等程度远不如我们在传统公司特别是大型公司中所看到的那样。相反，很多有益的

---

〔1〕 Marjorie Kelly, *The Architecture of Enterprise: Redesigning Ownership for a Great Transition*, *in* GREAT TRANSITION INITIATIVE: VISIONS AND PATHWAYS FOR A HOPEFUL FUTURE(Dec. 2012), www. greattransition. org/archives/perspectives/Perspective_Architecture_of_Enterprise. pdf.

〔2〕 David Hunter, *Never Mind the Bake Off, Here's the Great Business Bake In?*, UNIVERSITY OF BRISTOL LAW SCHOOL BLOG(Apr. 2017), https://legalresearch. blogs. bris. ac. uk/2017/04.

〔3〕 Parker, *supra* note 6.

〔4〕 Charlotte Villiers *Corporate Governance, Responsibility and Compassion: Why We Should Care*, *in* SHAPING THE CORPORATE LANDSCAPE: TOWARDS CORPORATE REFORM AND ENTERPRISE DIVERSITY, chapter 8(Nina Boeger & Charlotte Villiers eds. , 2018).

例子表明，其治理结构与公司存在根本不同，因为它不太依赖个人主义动机，而更多地依赖关心、同情与合作的关系原则。在社会企业中，它们通常来源于工作人员对社会使命的承诺，以及企业中的其他人（与更为广泛的社会企业社区）共有的相同或类似承诺。在合作社中，这些特征直接来源于它们作为成员组织的性质，以及它们对民主治理与横向共享决策架构的承诺。合作社形式给其成员多于公司股东的权利：每个成员在组织中享有平等发言权（一人一票），并且，作为所有者，全部成员不仅平等地分享所有收益（避免报酬不平等的问题），并且更多地参与集体决策与商业实践。成员权利的平等也影响其企业的治理：更多地进行横向决策，甚至所有成员都参与决策。[1]

提防美化激进主义企业家

这些都是富有希望的联系，其表明我们可以借鉴其他商业形式的见解，包括社会企业、合作社、使命主导型与雇员所有型企业，以发展我们关于将商事公司治理转变为更具社会责任感的形式之机会的理解。我们可以进一步考虑它们的（积极）影响。在这些选择的背后，一场强大的社会运动似乎已经发展起来，该运动依靠个体企业家或团体通过激进主义方式行使他们的经济自由，更具体地说，他们用来创设企业与从事经济活动的这一自主权。[2] 他们激进主义的目的是创设商业组织，这些组织的各种形式在经济上具有可持续性，同时比传统商事公司更具社会责任感，无论是以更为直接的方式（例如，为特定社会目的设立）还是在更为广泛的意义上（致力于更广泛地考虑利益相关者的利益）。无论是采用哪种方式，它们的建立与运行都挑战了现有自由市场秩序及其潜在的意识形态。

实现更为广泛的公司改革可能并非全部替代性商事企业的明确抑或直接目的［尽管共益公司的口号——“共益变革”（B the Change）——表明，其中一些企业肯定会以这种方式为自己打上烙印］。但是，在任何情况下，驱动它们的动机与持有它们的结构，间接地有助于那些支持改革传统公司形式的理由，这正是因为它们表现出对这种形式（在所有权、义务、目的与决策方面）的

---

〔1〕 Fabio Sabatini, Francesca Modena, & Ermanno Tortia, *Do Cooperative Enterprises Create Social Trust?*, 42 SMALL BUS. ECON. 621(2014).

〔2〕 Nina Boeger, *The New Corporate Movement*, *in* SHAPING THE CORPORATE LANDSCAPE: TOWARDS CORPORATE REFORM AND ENTERPRISE DIVERSITY, chapter 10(Nina Boeger & Charlotte Villiers eds., 2018).

可行替代方案。它们越成功,就越能使公司的失败得到缓解。最终,它们的成功也可能会促进放松公司形式(作为标准形式)所保留的针对商业规范假定的要点——规模提高了效率;汲取性财富与财富差异是完全正当的;等级制度是可以接受的;股东最大化是最重要的义务;等等。[1] 并且,在这一点上,我们可能开始进行真正的政治探讨,以权衡并未被商事公司现有权力与新自由主义经济理论从根本上支配(并扭曲)的各种商业形式之利弊。

但与此同时,我们必须警惕美化激进主义企业家的风险,以及商业可以并且必须作为一种向善力量加以运作的理念,因为这些理念最终可能导致我们再次在关键的社会、政治与经济选择上将太多的权力交给商事企业。人们出于不同的个人原因而成为激进主义企业家——改变他们的职业,惹恼他们的父母,给他们的朋友留下深刻印象,让世界变得更美好;等等。对大多数人而言,这些决定涉及一个深刻的反思过程,这导致他们决心对某种形式的社会变革承担责任,并利用他们的企业家创造力如此行事。因此,他们大多是非常有动力的个人或群体,具有一定的社会愿景或激情与使命感。但是,他们依然是商事企业家——事实上,正是因为他们具有将其企业作为一种"向善力量"来推动的强大的社会与环境等承诺,他们中的很多人都是特别具有"实践性"的企业家。例如,很多社会企业选择保留一个小型董事会,帮助董事(通常是企业所有者)继续专注于企业的使命,并确保快速且有目的的决策。[2] 因此,在很多这些组织中,涉及利益相关者利益及其相互平衡的决定广泛地落在董事与企业所有者手中,他们可能致力于与相关利益相关者接触,但最终将对关键决定保留权力。

我们可以认为,这涉及如何有效管理社会企业。并且,其中很多组织将在制定企业应对社会关切的政策方面发挥高度有效与创新性的作用。但是,将这些回应置于社会企业家或管理委员会的要求之下,可能会助长一种在传统公司结构中众所周知的恶习:公司董事、管理者的声音压倒一切,并最终将为公司全体做出"正确"的决定。但是,由于这些人现在扮演着社会企业家的角色,人们可能会默认其具有可信赖性,而这对社会而言,是真正危险的事项。这意味着我们可以"信任"那些负有社会责任的商事企业家来解决我们这个时代最为紧迫的社会与环境问题——"放松,我是个好人"。因此,我们

[1] Parker, *supra* note 6.
[2] Boeger et al., *supra* note 22.

塑造公司改革的重点不能完全或者主要针对企业的目的或使命。另一个重要的补充挑战是，在我们的企业中纳入真正民主的要素：利益相关者问责制、民主(或合作)决策、横向架构以及共同与真正的“生产性”所有权。有必要避免这样一种情况，即通过鼓励社会企业与社会责任型企业，我们可能最终会扩展公司权力，但却无法保证我们的社会(及其各种利益相关者)能够对其进行终极控制。

这表明我们需要强化特定的改革，以确保我们的公司与其他商业形式的民主治理，同时为商业发展出更为广泛的(社会)使命。正如我在其他地方所说的，我们需要确保被听到的声音确实将社会利益嵌入企业之中。[1] 因此，正如理查德·沃尔夫所模拟的，合作社形式与“雇员导向型”企业在指导发展(更多)社会责任型商业形式之轨迹方面具有基础性地位。但是，这些关切也迫使我们重新考虑商业模式如何保证其接受利益相关者的问责是具有影响力的，包括有效的执行机制。社会影响力报告与财务会计是提高透明度与问责制的一个工具。在透明度方面，重要的是确保企业必须报告业务活动的全部影响，而不是侧重于财务结果。此外，为了确保真正的问责制，斯图尔特·库珀(Stuart Cooper)认为，“仅由被问责者向问责者提供透明与高质量的信息是不充分的”。此外，利益相关者必须能够“与公司管理层和其他利益相关者探讨”，并且，最为重要的是，通过这些探讨，他们必须被赋予“影响决策”的权力。在缺乏改变公司行为的权力的情况下，问责制(以及透明度)依然是空洞的承诺。[2]

但是，即使利益相关者的问责制被嵌入企业章程，它也颇为值得仔细研究。例如，将利益相关者的关切纳入使命主导型企业的章程目标条款，肯定会使得董事有时偏离他们通常关注的股东价值。但在并未向这些利益相关者提供一条明确的途径(司法或其他途径)来执行其被考虑的权利的情况下，这些目标，即使可能被载入企业章程，也可能是低效与边缘的。重要的是，它们只是应董事与股东(他们可以要求董事承担责任)的要求而规定了对利益相关者的问责。这些是主张共益公司认证依然没有为其提供结论性答案的

---

[1] Nina Boeger, *Embedding Society in the Firm: The Role of Social and Cooperative Enterprise in Shaping Capitalism*(UNSW Law Research Paper Series, Working Paper No. 50, July 2017), http://ssrn.com/abstract=3008987.

[2] Stuart Cooper, *Can Reduced Shareholder Power Enable Corporate Stakeholder Accountability? The Case of Triodos Bank*, *in* SHAPING THE CORPORATE LANDSCAPE: TOWARDS CORPORATE REFORM AND ENTERPRISE DIVERSITY, chapter 12(NinaBoeger & Charlotte Villiers eds., 2018).

论点。其程序目前要求修正公司的章程文件,但并不保证利益相关者可以获得任何形式的补救。例如,在英国,相关的章程文本包括一个具体的免责声明,其中任何相关的章程条款都不会"旨在向任何人(公司除外)创设或授予任何权利或诉讼理由"。[1] 对于利益相关者而言,很难保证他们能够有效地向公司问责。

结　语

本章提出了这样的论点,即企业多样性可以并且应当是当前关于公司改革的批评性争论中的变革动力。确定商事企业的替代形式——包括社会企业、合作社、使命主导型与雇员所有型企业——以及它们所涉及的法律与治理模式的多样性,有助于推进如下公司改革:这些公司改革可以培养公司如何行善(并且做好),并且解决它们目前在很大程度上负有责任的全球挑战。本章概述了四个领域——所有权、董事义务、公司目的与决策,其中替代性商业模式目前为公司形式的结构变化提供了一些动力。尽管对我们的政治民主感到自豪,但是,我们在包括(特别是)大型跨国公司在内的商事公司中广泛忽视了这一特征。但是,正如科林·梅耶尔所言,公司是一个"有机会进一步改变我们在世界各地的生活"[2]的机构。通过专注于在我们全部的企业中发展民主,我们可以释放这一潜力,但避免我所说的"美化激进主义企业家"的陷阱。尽管我们需要有进取心的个人的强有力领导,但是可持续的公司改革是关于如何更好地反映在商事企业中我们作为一个社会的集体选择。

---

[1] Hunter, *supra* note 64.

[2] Colin Mayer, *Foreword*, *in* SHAPING THE CORPORATE LANDSCAPE: TOWARDS CORPORATE REFORM AND ENTERPRISE DIVERSITY(Nina Boeger & Charlotte Villiers eds., 2018).

第八章　社会企业对低收入社区的承诺

艾丽西娅·E. 普莱霍普斯

引　言

企业家精神创造就业机会、个人财富、经济发展与社会经济流动性。在美国，1 300 万个体经营者持有美国总财富的 37.4%。[1] 但是，并未占有这些财富的低收入社区的创业率依然很低。此外，美国的黑人与拉美裔很大程度上缺乏创业精神。非拉美裔白人雇员的自雇率为 11.1%；亚裔雇员的自雇率为 11.8%。[2] 作为对照，只有 7.5%的拉美裔雇员与 5.1%的黑人雇员是自营职业者。[3] 低收入社区与一些有色人种在创业活动中表现不足，这对经济不平等产生了影响。基于 2011 年基尼系数为 0.48[4]，美国已经成为世界上经济最为不平等的国家之一，与伊朗与莫桑比克不相上下。在创业可以创造财富、就业机会、社会经济流动性与经济发展的范围内，提高低收入社区与有色人种社区的创业率是一项可以减少经济不平等的政策。例如，据估计，有色人种拥有的企业数量如果增加 10%，则将为有色人种带来大约 100 万个就业机会。[5]

但是，什么类型的创业能够给低收入社区与有色人种社区带来真正的承诺？商事创业（即以私人营利为目的的创业）[6]率高往往会推动中产阶级

---

〔1〕 ROBERT W. FAIRLIE & ALICIA M. ROBB, RACE AND ENTREPRENEURIAL SUCCESS: BLACK-, ASIAN-, AND WHITE-OWNED BUSINESSES IN THE UNITED STATES 1(2008).

〔2〕 *Id*.

〔3〕 *Id*.

〔4〕 JOSEPH E. STIGLITZ, THE PRICE OF INEQUALITY: HOW TODAY'S DIVIDED SOCIETY ENDANGERS OUR FUTURE 29(2013).

〔5〕 Emily Fetsch, *Including People of Color in the Promise of Entrepreneurship*, EWING MARION KAUFFMAN FOUND. (Dec. 5, 2016), www.kauffman.org/what-we-do/resources/entrepreneurship-policy-digest/including-people-of-color-in-the-promise-of-entrepreneurship.

〔6〕 James Austin, Howard Stevenson, & Jane Wei-Skillern, *Social and Commercial Entrepreneurship: Same, Different, or Both?*, 30 ENTREPRENEURSHIP, THEORY & PRAC. 1—22, 3(2006).

化。低收入的个体与有色人种因为缺乏参与经济繁荣的资源(并未参与创业项目抑或创业所带来的利益)而被赶出了中产阶级社区。洗衣店被瑜伽工作室取代,而住宅区附近的商店则配有高档餐厅。

本章提出了社会企业是低收入社区与有色人种社区经济发展的较优策略的理论主张。有别于商事企业家寻求创造私人价值然后为自己获取剩余价值,社会企业家则寻求创造与社会共享的社会价值。与公共慈善组织一样,社会企业的目标是产生社会或者环境影响力,因此,比纯粹的私人企业更有可能惠及低收入人群。私人无法从公共慈善组织那里获得财务回报,而低收益社会企业家可以通过社会企业的私有权来创造财富。社会企业对低收入社区的承诺在于这两个方面——社会企业对其使命的承诺以及在社区内获取与保留财富的潜力。社会企业家可以承诺在其社区解决社会或环境问题,例如贫困或结构性种族主义。并且,社会企业家也可以致力于解决中产阶级化问题,而这是商事企业家不太可能做出的承诺。

但是,社会企业部门必须民主化,以惠及低收入社区。太多的社会企业领军者——例如阿育王、绿色回响(Echoing Green)、REDF、斯科尔基金会——将低收入的个体视为需要解决的问题,而非其自身能够成为社会企业家的人物。这些领军者充当守门人的角色,并且复制了大多数白人且受过大学教育的社会企业家所识别与支持的种族、社会经济、性别、年龄与地理偏见。社会企业倡导者必须重新思考他们目前的守门人制度,使其更具包容性,并且更为支持来自低收入社区的社会企业家。社会企业倡导者不仅必须消除他们在识别其所支持的社会企业家方面的偏见,还必须积极努力在低收入社区内发展社会企业生态系统。发展以社区为基础的社会企业举措包括:设在低收入社区的孵化器与共同工作空间;仅向低收益社会企业家提供的小额种子投资;针对低收益社会企业家的课程、有偿实习与学徒制;以及与市政当局、教堂与社区中心等既有社区机构的伙伴关系。只有当社会企业倡导者在低收入社区内建立社会企业生态系统时,社会企业部门的包容性才会发生。

企业家精神之承诺

政策制定者与资助者使用四种常见的叙述来解释为何企业家精神对个体与社区有利。第一,有大量的实证研究表明,企业家精神创造了就业机会。

第二，企业家精神使得企业家及其家庭的财富增加。第三，企业家精神对更为广泛的社会具有影响力，因为它推动了广泛的经济发展。第四，企业家精神通过企业家在社会经济中流动而获得个人利益。这些叙述基于实证研究，但可以在政策制定者与资助者使用这些叙述来支持他们的观点时自我证成。这种对社会企业的实证研究是缺乏的，但叙述并非如此。围绕社会企业的叙述听起来很像关于私人企业的叙述，而私人企业往往并不提供额外的共享利益。

企业家精神创造就业机会

关于企业家精神有益的最为普遍的说法是，新公司创造了就业机会。布鲁金斯研究所(Brookings Institute)的汉密尔顿项目(Hamilton Project)根据小企业管理局(Small Business Administration)的数据而撰写报告称，小企业占 1993 年至 2013 年创造的总的新就业机会的 63%。[1] 但是，创造这些就业机会的不仅仅是小企业，而且是新的小企业。新企业对创造新就业机会承担了不成比例的责任。[2] 新企业的雇用人数——只占美国总就业人数的 3%——占总雇用人数的 20%。[3] 同样，考夫曼基金会分析了衰退后形成的新企业，发现“过去 30 年来，拥有 1～4 名雇员的存续时间不到一年的公司平均每年创造了 100 多万个工作岗位；拥有 5～9 名雇员的公司平均每年增加了 50 万个工作岗位”。[4]

企业家精神创造财富

企业家精神作为个人财富创造道路的叙述得到了一项研究的支持，该研究表明企业家比非企业家更为富有。[5] 美国经济研究局(National Bureau

[1] Sabrina Tavernise, *A Population Changes, Uneasily*, N. Y. TIMES(July 17, 2011), www. nytimes. com/2011/07/18/us/18dc. html.

[2] JASON WEINS & CHRIS JACKSON, EWING MARION KAUFFMAN FOUND., THE IMPORTANCE OF YOUNG FIRMS FORECONOMIC GROWTH 2(Sept. 14, 2015), www. kauffman. org/～/media/kauffman_org/resources/2014/entrepreneurship%20policy%20digest/september%202014/entrepreneurship_policy_digest_september2014. pdf.

[3] John Haltiwanger, Ron S. Jarmin, & Javier Miranda, *Who Creates Jobs? Small Versus Large Versus Young?*, 95 REV. ECON. STAT. 347－61, 348(2013). 考夫曼基金会强调了如下事实：一旦考虑企业存续时间，则小企业并未对创造就业带来很大影响。参见 WEINS & JACKSON, *supra* note 8。

[4] IAN HATHAWAY, JORDAN BELL-MASTERSON, & DANE STANGLER, THE RETURN OF BUSINESS CREATION 2(July 2013), www. kauffman. org/～/media/kauffman_org/research%20reports%20and%20covers/2013/07/firmformationandeconomicgrowthjuly2013. pdf.

[5] Marco Cagetti & Mariacristina De Nardi, *Entrepreneurship, Frictions, and Wealth*, 114 J. POLIT. ECON. 835－70, 839(2006). “企业家是人口中相对较小的一小部分，但却持有财富总净值的很大一部分。”

of Economic Research)的一份工作文件发现,"企业家的财富收益中位数为6.0,是非企业家财富收益中位数的4倍"[1]。这在整个收益层次上都是正确的。[2]

企业家精神推动经济发展

已经得到大量研究的企业家精神的另一个益处是它在经济发展中的作用。在分析企业家精神对经济影响的国际数据时,道格拉斯·卡明(Douglas Cumming)根据世界银行的数据集(包括来自125个国家的商业信息)与概要(Comendia,其中包括11个西欧国家、美国与加拿大的信息)发现,企业家精神增加了人均GDP、产品与服务出口占GDP的百分比以及专利率,并且减少了失业率。[3] 仅世界银行的一组数据就显示:"在一年内开始的新企业增长1%,就会使得人均GDP相对于平均值增长38.44%,失业率下降20.02%,出口占GDP比例增长5.33%,人均专利增长51.99%。"[4]

企业家精神促进社会经济流动性

关于企业家精神的积极影响的最后叙述是,它允许企业家与其家人体验社会经济流动性。布鲁金斯研究所汉密尔顿项目中的一篇文章引用了一项研究,发现"在五年期满时拥有一家企业的家庭较同一时期的其他家庭更有可能加入高收入群体"[5]。汉密尔顿项目中的文章还报告称,即使人口与经济变量受到控制,"非裔美国企业家都比非裔美国非企业家更有可能进入更高的收入群体,并且这也可能跟白人企业家的情况一样"[6]。

---

[1] WILLIAM M. GENTRY & R. GLEN HUBBARD, ENTREPRENEURSHIP AND HOUSEHOLD SAVINGS 8—9(Nat'l Bureau of Econ. Res., Working Paper No. 7894, 2000), www.nber.org/papers/w7894.pdf.

[2] *Id.*

[3] Douglas Cumming, Sofia Johan, & Minjie Zhang, *The Economic Impact of Entrepreneurship: Comparing International Datasets*, 22 CORP. GOV.: AN INT'L. REV. 163(2014), https://onlinelibrary-wiley-com.ezp.lib.unimelb.edu.au/doi/epdf/10.1111/corg.12058.

[4] *Id.*

[5] MICHAEL S. BARR, BROOKINGS INST. HAMILTON PROJECT, MINORITY AND WOMEN ENTREPRENEURS: BUILDING CAPITAL, NETWORKS, AND SKILLS 9(Mar. 2015), www.brookings.edu/wp-content/uploads/2016/07/minority_women_entrepreneurs_building_skills_barr.pdf,引自 citing Vincent Quadrini, Entrepreneurship, Saving, and Social Mobility, 3 REV. ECON. DYN. 1—40(1998)。

[6] *Id.* 引自 William D. Bradford, The "*Myth*" *that Black Entrepreneurship Can Reduce the Gap in Wealth Between Black and White Families*, 28 ECON. DEV. Q. 254(2014)。

商事企业家精神之失败

这四种共同的叙述——创造就业机会、创造财富、推动经济发展与增强社会经济流动性——为推动企业家精神作为一项公共政策背后的理由奠定了基础。但是,缺乏针对低收入个体与有色人种的企业家精神计划。他们所面临的挑战包括系统性的障碍,例如缺乏获得资本的机会、资金中的社会经济与种族偏见、对企业家精神的低接触率以及缺乏教育。[1] 处于不利地位的少数群体拥有的企业往往小于非少数群体,并且更为不成功(较低的销售额、较少的雇员、较低的薪酬、较低的收益、较高的倒闭率)。研究还表明,由于显性或者隐性种族偏见,白人男性(有时是女性)比有色人种更有可能获得小型企业融资。

拟提议的政策解决方案是,向少数族裔拥有的企业提供合同预留(contracting set-asides)、价格折扣与优惠贷款,以促进企业发展与减少财富不平等。很少有人提出商事企业家精神是否是低收入社区与有色人种社区的理想目标的问题。高成功率的商事企业家精神可以导致低收入社区与有色人种社区的中产阶级化。随着成功的商事企业迁入,以及其他税收奖励被用来鼓励发展或获得新住房所有权,租金会增加,并且长期持有的房主与房客会被排挤出去。华盛顿特区给出了一个引人注目的例子。从2000年到现在,处于中位数家庭收入与中位数家庭价值的后40%的社区中,有超过一半(51.9%)已经中产阶级化。[2] 哥伦比亚特区政府收入分析办公室(Office of Revenue Analysis)2015年的一份报告发现,与高收入居民相比,低收入居民更有可能离开特区。[3] 在1970年,特区的黑人居民人数约为70%,但2011年对该城市而言是一个不幸的里程碑,因为特区的黑人人口在最近的历史上第一次下降到50%以下。[4] 特区不断变化的种族与社会经济人口是"近15

---

〔1〕 Fetsch, *supra* note 5.

〔2〕 Governing: The States & Localities, *Washington, D.C. Gentrification Maps and Data*, www.governing.com/gov-data/washington-dc-gentrification-maps-demographic-data.html(last visited Sept. 5, 2017).

〔3〕 YESIM SAYIN TAYLOR, OFF. REV. ANALYSIS, & OFF. CFO, GOV'T OF D.C., WHO STAYS IN THE DISTRICT? WHO LEAVES? PRELIMINARY FINDINGS FROM DC TAX FILERS FROM 2004 1(Jan. 28, 2015), https://cfo.dc.gov/sites/default/files/dc/sites/ocfo/publication/attachments/Family%20Structure%20Web%20Paper.pdf.

〔4〕 Carol Morello & Dan Keating, *Number of Black D.C. Residents Plummets as Majority Status Slips Away*, WASH. POST(Mar. 24, 2011), www.washingtonpost.com/local/black-dc-residents-plummet-barely-a-majority/2011/03/24/ABtIgJQB_story.html.

年中产阶级化的结果，这改变了华盛顿的大片地区，特别是市中心。随着房价的飙升，在杜邦环岛(Dupont Circle)等地区之外询问价格的白人专业人士开始迁移到以黑人为主的地区，例如佩特沃思(Petworth)与布鲁克兰(Brookland)”[1]。

此外，对企业家精神的投资可能会导致中产阶级化，从而将现有的夫妻经营型企业挤走。例如，在《纽约时报》关于华盛顿中产阶级化的一篇文章中，一名在H街上拥有一家小型企业的非裔美国人宣称：“在这座城市开始建造一套她从来不想要的电车系统以来的三年半里，她的财产缴税单增加了两倍多。她说她付不起钱，并且，她是几十个有可能在欠税拍卖中失去财产的业主之一。”[2]经济发展政策往往通过与发展中社区内现有企业或低收入社区成员的保护背道而驰的指标来测量成功。成功的测量标准包括：更高的房地产价值、增加的税收、高档餐馆与零售商的数量以及新的商业走廊。如果成功的经济发展可以用社区成员的数量与其增加的财富来测量，则情况又会如何？社会企业可以做出这样的承诺。

社会企业：带来福利的企业家精神

社会企业可以更好地帮助低收入社区与有色人种参与更为典型的中等收入和富裕社区的财富与就业创造、经济发展以及社会经济流动。社会企业采用基于市场的机制解决社会与环境问题。“致力于改善社会或者环境问题是社会企业的一个核心属性。”[3]这种承诺通常被表述为“使命锁定”(mission lock)，这意味着始终优先考虑社会企业的使命，或者至少与财务收益受到同等重视。社会企业对低收入社区的承诺在于这一使命锁定。低收入社区内的社会企业家在她的社区内与贫困做斗争。但是，社会企业家也可以致力于打击中产阶级化。商事企业家不太可能做出这样的承诺。商事企业优先考虑中产阶级化的财务收益与利益。低收入社区的社会企业可以负责承诺在其社区内保持就业与财富，并且解决其社区的社会问题与环境危害。

---

[1] Carol Morello & Dan Keating, *Number of Black D.C. Residents Plummets as Majority Status Slips Away*, WASH. POST(Mar. 24, 2011), www.washingtonpost.com/local/black-dc-residents-plummet-barely-a-majority/2011/03/24/ABtIgJQB_story.html.

[2] Tavernise, *supra* note 7.

[3] Alicia E. Plerhoples, *Social Enterprise as Commitment: A Roadmap*, 48 WASH. U. J. L. & POL'Y 89, 91(2015).

低收入社区将大大受益于其社区内的这些不会特别优先考虑财务价值的企业。很长一段时间以来,低收入社区一直是大型烟草公司等公司的目标。[1] 杂货店与提供日常生活必需品的其他零售商则忽视了这一点。并且,这些社区已经被开发商跟州与地方政府联合腐蚀,后者投机性地在低收入社区与有色人种社区设置垃圾填埋场、工业厂房、有毒废物场所与堵塞的公路。[2] 社会企业则对低收入社区抱有希望,因为它们考虑到其财务价值创造的社会与环境影响。至少,社会企业将社会与环境外部性加以内部化。为了充分发挥其潜力,社会企业必须为其所有者与受益者创造社会、环境与财务价值。这些位于低收入社区内的社会企业将努力实现共同的价值理想,例如基本生活薪酬、零排放、种族与性别平等。此外,创造就业机会往往是社会企业的一个关键目标。社会企业通常雇用最为边缘化的人口,例如长期失业或者未充分就业者、返乡的公民、以前无家可归者,以及其他面临经济排斥风险者。

社会企业对低收入社区的社会与环境影响是显而易见的。但是,单纯社会与环境影响尚不充分。为了消除经济不平等,社会企业还必须在低收入社区产生财务影响。它们必须做的不仅仅是创造就业机会——它们必须创造由低收入社区成员持有的财富。非营利组织可以产生社会与环境影响。非营利组织可以为长期就业不足者创造就业机会。但是,非营利组织不能被所有,也不能为受益者创造财富。而社会企业则可以。低收益社会企业家可以通过社会企业的私人所有权来创造财富。为了实现社会企业部门改善低收入社区的潜力,低收入个体不能仅仅是社会企业产品或者服务的受益者,他们也必须参与到社会企业的所有权中。

我对社会企业的要求高于其他社会企业倡导者的要求。这是对社会企业倡导者的明确批评,他们允许“社会企业”一词涵盖的范围超过它应当涵盖的范围。例如,买一捐一的企业通常被称为社会企业,而不是它们真正的称谓:公司慈善。这种慈善行为虽然意图良好,但是不可持续。它也不是以社区或受益者为中心的,并且它可能会破坏社区中已经发生的商业或者贸易。

---

〔1〕 Stephen Smith, *Tobacco Signs Still Target City's Poorer Areas*, BOS. GLOBE (Aug. 30, 2010), www.boston.com/news/health/articles/2010/08/30/tobacco_signs_still_target_citys_poorer_areas. 波士顿大学公共卫生学院的一项研究发现,烟草公司将贫困社区作为对象目标。

〔2〕 Emily Badger, *Pollution Is Segregated, Too*, WASH. POST (Apr. 15, 2014), www.washingtonpost.com/news/wonk/wp/2014/04/15/pollution-is-substantially-worse-in-minority-neighborhoods-across-the-u-s. 其报道了明尼苏达大学对二氧化氮的研究,该研究发现少数群体与穷人受到污染的比例过大。

一家卓越的买一捐一的公司TOMS因向发展中国家的贫困社区提供免费鞋子并使得当地的鞋子销售商退出业务而受到批评。[1] TOMS无疑认为其鞋子的接受者是有需求的个体,但也许不认为接受者本身是他们自己的有能力的变革代理人,也不认为接受者的社区如果有机会或许能够为自己提供鞋子与其他资源。通常,所谓的社会企业会介入一个社区,以满足短期需求,而并不考虑长期影响抑或寻求社区利益相关者的投入。TOMS原本可以采取不同的路径。TOMS可以不采用买一捐一的商业模式,并且利用其在发达国家的鞋类销售收益,补贴当地鞋类销售商,帮助降低鞋类成本,或者为鞋类销售商与制造商创造学徒机会。这些选项应当鼓励当地行业,创造竞争,降低鞋价,同时也扩展当地的商业机会。简言之,社会企业的目标应当是增加财富与创造可持续的就业机会,而不是提供不可持续的施舍。社会企业致力于改善或者减少代际社会不平等与问题,而不仅仅是短期不平等与问题。

民主化社会企业

为了实现其针对低收入社区的潜力,社会企业需要民主化。尽管该行业的目标是解决棘手的问题——例如种族与经济不平等,但是,社会企业倡导者正在复制商事企业家精神中同样存在的种族与经济不平等。根据全球企业家精神监测(Global Entrepreneurship Monitor,GEM)2016年对社会企业家精神的研究,社会企业家的教育水平高于普通成年人与非社会企业家(即商事企业家)。[2] 美国与澳大利亚的社会企业家(全球企业家精神监测研究小组在其全球研究中将这两个国家归为一类)中有62%的人经营社会企业,并且,55%的美国与澳大利亚社会企业家创办了初期的社会企业。这些社会企业家接受过高等教育(即他们接受过中学后高等教育)。[3] 与此相比,美国与澳大利亚43%的成年人接受过高等教育。

另一项研究显示了额外的差异。阿育王研究了由领先的社会企业机

---

[1] 例如,参见 *The One-for-One Business Model:Avoiding Unintended Consequences*,KNOWLEDGE@WHARTON(Feb. 16,2015),http://knowledge.wharton.upenn.edu/article/one-one-business-model-social-impact-avoiding-unintended-consequences。

[2] NEILS S. BOSMA ET AL.,GLOBAL ENTREPRENEURSHIP MONITOR:SPECIAL TOPIC REPORT:SOCIALENTREPRENEURSHIP 22—23(2016),http://gemconsortium.org/report/49542.

[3] *Id*. at 23.

构——阿育王、绿色回响、斯科尔基金会以及德雷珀·理查兹·卡普兰(Draper Richards Kaplan)——从1995年到2015年资助与支持的560名美国社会企业家。阿育王发现，超过60％的社会企业家在四个沿海城市——波士顿、纽约、旧金山与华盛顿特区——运营。[1] 阿育王发现自己的成员(fellows)是“不成比例的白人、男性与受过高等教育者”[2]。

与17％的美国人口相比，不到5％的人认同自己是西班牙裔；并且，与13％的美国人口相比，只有7％的人认同自己是非裔美国人。男子占阿育王中成员的65％。值得注意的是，97％的成员至少具有学士学位，而只有34％的美国人具有这样的教育水平。另外，37％的人拥有常春藤联盟院校的学位。[3]

这项研究证实了职业白人男性社会企业家在美国的主导地位。在美国，低收入的个体、农村地区的人与有色人种更有可能成为社会企业工作的受益者，而非社会企业创始人或者所有者。

我们需要重新形构美国的社会企业家。他们不需要完全是受过高等教育的专业人士。他们不需要完全是白人，也不需要来自城市中心或者海岸。社会企业倡导者需要在其封闭网络之外识别社会企业家。他们必须少做守门人，并且，必须认识到自己在识别与支持社会企业家方面的偏见。社会企业倡导者对美国受过高等教育的白人男性社会企业家的压倒性支持是在维持现状。财富保持在受过高等教育的白人男性人口中——他们依然是社会企业的所有者；他们拥有资本。这种社会企业家的排他性支持也复制了主导公益世界的“救世主”叙事，即穷人，特别是有色人种，只能由受过教育的局外人拯救。这种叙事不仅在心理上是有问题与困难的，并且当外部社会企业家为他们进入的社区创造不妥当甚至有害的服务与方案时，其会在社会企业运作中产生不利后果。

社会企业倡导者还需要认识与理解专业社会企业家与社区社会企业家之间的社会经济与文化差异。社区社会企业家或许更有可能通过非营利组织而非企业，通过教堂而非大学来开展工作。社会企业资助者也应当愿意回顾社会企业家对他或她自己工作的介绍(由于缺乏教育，这可能看起来并不

---

〔1〕 Michael Zakaras, *Let's Redraw the Map*, 14 STAN. SOC. INNOV. REV. 59(Fall 2016).
〔2〕 *Id*.
〔3〕 *Id*.

专业),并且更多地深入实质问题。她在其社区的工作是什么?她是否在别人已经失败时被社区接受?

社会企业倡导者也必须具有内部视角。其工作人员是否代表了人口的不同阶层?他们是否接受过识别与克服直接与间接偏见的训练?他们可否被教导不去优先考虑教育与常春藤联盟的简历?社会企业倡导者受益于将其工作人员与办公室安置在低收入社区,以更多地了解他们希望实现变革的社区。

此外,更为多样化的社会企业群体必然要求社会企业倡导者停止优先考虑个体社会企业家。企业家精神与社会企业家精神的主要叙述是一个单独的创始人,并且该创始人独自拥有一个成功的愿景。这种优先次序排除了可能没有多少个人手段但却集体拥有巨大资源的团体与联盟。社区社会企业家可能需要汇集有限的资源才能取得成功。因此,低收入社区中的社会企业控制与所有权形式可能不同于专业化的社会企业。

社会企业倡导者还必须就社会企业应当解决哪些问题,而重新思考自上而下的决策。社会企业资助者往往决定他们将资助解决的问题。他们会选择社会企业的倾向,例如,教导学生产生共鸣或者防止人口贩运。虽然这些问题颇为重要,但是,其可能不是特定低收入社区需要解决的问题。从事不那么受欢迎、不那么浮华的工作的社会企业被置之不理。如果一个更具包容性的美国社会企业家群体在种族、性别、社会经济与地理上是多样化的,那么人们可以期待它试图解决的问题也是多样化的。

最后,也是颇为重要的是,社会企业倡导者不仅应当寻求支持低收入社区内的新社会企业。他们还应当与低收入社区中希望重新命名为社会企业的现有小型企业合作。在社区内打击中产阶级化与保留财富的一个重要方法是保护与支持已经存在的小型企业。与其把街角商店变成一家高档餐厅,不如通过财务与技术支持而重新开办一家小型杂货店,或者一家新鲜水果与蔬菜合作社,后者以基本生活薪酬雇用社区成员并支持当地的流动厨房。业主不会被赶出,他们保留自己的所有权,而社区不再是食物沙漠(food desert)。

在低收入社区中促进社会企业生态系统

社会企业倡导者必须做的不仅仅是识别与消除他们自己在识别与支持

低收益社会企业家方面的偏见。打开闸门不会造成洪水。他们必须与市政当局、大学、社区中心、教堂、非营利组织及其他社区机构合作，在低收入社区内建立一个社会企业生态系统，以支持低收益社会企业家，而不是外部专业社会企业家。正如肯·哈林顿(Ken Harrington)在他对堪萨斯城与圣路易斯的创业生态系统的研究中指出的："任何生态系统的最终目标都是从补贴发展到市场融资与财务自我维持。"〔1〕

哈林顿认为，任何地区的创业生态系统都始于企业家的发展。〔2〕各区域往往把重点放在风险开发，即选择与资助风险投资；或者经济发展，即决策者实施税收激励等公共政策，以进一步鼓励企业发展。〔3〕在不首先培育当地企业家的情况下为风险与经济发展提供资金，会导致中产阶级化，因为拥有专门知识与资源的专业企业家在社区企业家能够具有这些条件之前就已经获得了全部激励。

哈林顿列出了创业发展的阶段。首先，存在一个发现阶段，在这个阶段，企业家"发现一个问题，但还没有想出一个可能的解决方案"。〔4〕创业发展组织通过进行与分享关于这个问题的研究，并主办"问题日"来产生创意，从而帮助这一阶段的企业家。〔5〕在创意阶段，企业家"正在试图弄清他们的创意是否具备潜力"〔6〕。创业发展组织通过提供"演讲会、企业家聚会活动、资源展览会、教育课程、辅导、办公时间与社会活动"来予以帮助。〔7〕在启动阶段，企业家必须发现和利用人力与金融资本来启动该企业。最后，在增长阶段，经由消费者购买而来的收入，"消费者对一家公司加以认证"〔8〕。

通过将哈林顿的框架应用于社会企业家精神，社会企业倡导者应当努力培育低收入社区的社会企业家。从一开始，政策制定者与资助者就必须直面他们自己不让低收入个体与有色人种成为有能力的变革代理人的这一种族与阶级偏见。如前所述，这意味着将社会企业与专业化脱钩。这也要求人们承认，并非所有的社会企业都符合最新的公益趋势。并且，重要的是，这需要

〔1〕 KEN HARRINGTON & EWING MARION KAUFFMAN FOUND., ENTREPRENEURIAL ECOSYSTEM MOMENTUM AND MATURITY: THE IMPORTANT ROLE OF ENTREPRENEUR DEVELOPMENT ORGANIZATIONS AND THEIR ACTIVITIES 16(May 25, 2017), www.kauffman.org/what-we-do/research/2017/entrepreneurial-ecosystem-momentum-and-maturity.

〔2〕 *Id*. at 6.

〔3〕 *Id*.

〔4〕 *Id*. at 9.

〔5〕 *Id*.

〔6〕 *Id*.

〔7〕 *Id*.

〔8〕 *Id*.

在低收入社区内发展社会企业生态系统。社会企业倡导者必须在低收益社会企业家所在的地方处理发展性与地理性问题。在地理性上,这意味着将工作人员、办公室与其他资源放在低收入社区——教堂、社区中心与学校——而不是在高档商业走廊或大学校园。在发展性上,这意味着培养兴趣与技能。“了解企业家的人更有可能成为企业家,而接触企业家精神则增加了参与创业的可能性。”[1]

在西班牙巴伦西亚进行的一项社会企业的定性比较分析得出了类似发现。这项研究存在很大的局限性,该局限性包括它是在一个政治与经济气候与美国截然不同的国家进行的。但是,该研究发现,社会企业在几种条件下均创造就业机会,而培训、经验与财务支持则是社会企业创造就业的“关键条件”[2]。但是,这项研究最具启发性的是,并不是所有的关键条件都需要同时存在,以便社会企业创造就业机会。该研究发现,如果存在其他关键条件,则不需要高水平的教育。换言之,即使创始社会企业家的教育水平较低,但在得到财务支持,并且具备经验与受过专业培训的情况下,社会企业也会创造就业机会。[3] 该分析还发现,缺乏财务支持与缺乏经验对社会企业创造就业机会可能会产生消极影响。[4] 经验与财务支持是社会企业成功的关键条件。“这些发现对私人投资者、企业孵化器、公共机构以及其他寻求发扬[社会]企业家精神的机构具有影响……这些企业家精神政策与支持的实践者应当促进与强调让社会企业家获得专业经验的活动与做法,而不仅仅是理论抑或抽象知识。”[5]

在社会企业倡导者开始在低收入社区举办问题日或演讲会之前,他们必须打好基础。他们应当开始在青年中发展企业家心态,通过课前或者课后方案向青年提供社会企业家精神课程。他们可以潜在地与男孩女孩俱乐部(Boys & Girls Clubs)、男孩女孩童子军(Boys and Girls Scouts)、基督教青年会(YMCAs)、商会、图书馆及社区中心等结成伙伴以制定关于社会企业家精神的青年方案。但是,教育与培训本身是不充分的。很多低收入青年没有足够的时间投入校外的额外项目或课程,因为他们必须在课前或课后工作来养

---

[1] Fetsch, *supra* note 5.

[2] Andrea Rey-Martí, Domingo Ribeiro-Soriano, & José Luis Sánchez-García, *Giving Back to Society: Job Creation Through Social Entrepreneurship*, 69 J. BUS. RES. 2067(2016).

[3] *Id.* at 2070.

[4] *Id.*

[5] *Id.* at 2071.

家。考虑到这一障碍,社会企业倡导者还应当资助有偿学徒与社会企业实习。创业成功的一个关键决定因素是,以前在一家小型企业工作过,无论是家族企业还是自己的企业。因此,在让低收入青年为自己的成功做好准备中,应当包括带薪的在职经验。

同样,社会企业倡导者应当为低收入个体举办社会企业家精神课程,提供培训、学徒与实习机会。另外,为了吸引与留住低收入个体的参与,社会企业倡导者应当提供有报酬的机会,甚至支付上课或其他培训的费用,以及提供托儿服务与交通费补贴。低收入个体不太可能将无报酬的社会企业课程优先于有报酬的工作或家庭时间。一些社会企业发展组织,例如"地区马克杯"(District Mugs)[1]与"认知改变"(Changing Perceptions)[2],了解这一艰难的权衡,并向参加其课程的个体提供小额津贴。

随着低收益社会企业家群体从这些发展课程、培训、学徒制与实习中脱颖而出,社会企业倡导者可以将他们转移到哈林顿所探讨的发现阶段。[3]在社会企业的这一阶段,低收益社会企业家参加问题日活动,在此期间,她确定了想解决的问题。社会企业倡导者可以提供如下帮助:通过主办问题日,来提供关于问题的研究以及将社会企业家与其他社会企业家及社区成员联系起来以帮助确定解决方案。从这个发现阶段中可能出现的不是一个有商业计划的单独的社会企业家,而是一个具有如何前进的理念的社会企业集体。该集体汇集其有限的资源,并进入创意阶段,以测试其创意。社会企业倡导者可以在这里协助提供宣传会议、见面会、辅导与更多的教育课程。[4]当然,还需要技术援助与财务支持来检验这一创意。

一旦该集体承诺启动社会企业,它就会进入启动阶段,根据哈林顿的说法,该企业将需要测试其雏形,完善其业务模式,测试消费者需求,保护知识产权,并筹集资金。[5] 社会企业还需要一个法律实体。在这一阶段,社会企业倡导者应当承诺以会计、法律、营销与其他商业服务的形式来提供大量技术援助。社会企业倡导者也可以在这一阶段提供帮助,为低收益社会企业家提供商业引介与联系。最后,他们还应当向这些社会企业提供 5 000～30 000 美元的种子资助。为了将他们的资金集中在低收益社会企业家身上,社会企

---

〔1〕 DISTRICT MUGS,www. districtmugs. com/(last visited Sept. 9,2017).
〔2〕 CHANGING PERCEPTIONS,http://changingdcperceptions. org/(last visited June 28,2017).
〔3〕 Harrington,*supra* note 33,at 9.
〔4〕 *Id*.
〔5〕 *Id*.

业倡导者应当将其资金限制在一个社区的长期居民身上，或者将其资金绑在联邦贫困指南(federal poverty guidelines)的一定百分比内的个体身上。这些要求将阻止专业或富裕的社会企业家为自己获取这些资源。

大多数社会企业不会走出启动阶段，这就是创业活动的现实。而跨越启动阶段的以低收入社区为基地的社会企业可能会更少，因为其成功面临额外的障碍。但是，致力于使该部门更具包容性的社会企业倡导者必须愿意接受这一点：较少的成功表明风险较高。更高风险伴随着以更大影响力为形式的更高回报。社会企业倡导者不仅仅是帮助下一个专业的社会企业家把她的商学院理念转变为她的第一次创业。在低收入社区内创设一个社会企业生态系统需要时间；正如哈林顿提醒我们的那样，最终的目标是一个可持续的生态系统。

结 语

本章为低收入社区与有色人种社区的社会企业潜力提出了一个理论论据，并提出了解决社会企业部门同质化的办法。低收入社区的社会企业可以帮助改善这些社区所面临的问题，同时也增加社区内的就业机会与财富。但是，社会企业倡导者必须抛弃他们关于低收入的个体是缺乏资质、没有能力与没有用处的有害观点。本章并未提到的是，以其他方式使社会企业部门多样化的努力，包括性别多样性与农村穷人的融入。本章也并未探讨政府可能采取的干预措施，例如税收激励措施，以在低收入社区内建立社会企业生态系统。社会企业并不是政府所提供的社会安全网的替代品。但是，由于社会企业倡导者主要是非政府组织，因此本章期待其开始纠正该部门内的排外主义问题。与其支持专业的社会企业家，社会企业倡导者不如停止采摘低垂的果实，并挑战自己，从而创造一个更为包容且更具影响力的社会企业部门，以促进作为合作伙伴的低收入社区成员的充分参与。

第三部分

税务与融资

为社会企业创造税务空间

影响力投资与替代资本渠道

社会企业融资

新西兰社会企业众筹

第九章　为社会企业创造税务空间

劳埃德·黑陶希·梅耶尔

虽然与传统非营利组织与营利组织相比，社会企业的数量依然很少，但是，它们的崛起不仅可能会扰乱现有商业模式，而且可能会扰乱几十年来在很多方面几乎没有根本变化的法律领域。其中一个领域是国内税法，社会企业目前在其中发现自己受到营利性活动与实体规则的约束。在这里，学者与决策者都开始追问，修正现有税收规定以更好地适应社会企业是否必要抑或可取，即是否需要为社会企业创造一个独特的税务空间。

本章探讨了针对这个问题的一些初步答案，并且将它们置于一个更大的税收理论框架内，以推动对这一新出现的问题的审视。我首先考虑如何最优地定义"社会企业"，以解决这一问题，并描述一些现有与拟议的税法条款，特别是与社会企业有关的条款。我在这一章的其余部分专门探讨，对侧重于这些企业的可能税收规定的高级理论考虑是否提供了关于哪些规定可能值得追求的见解。主要根据税收补贴这一路径，我的结论是，虽然税法可以被用来激励社会企业对法律形式的投资、承诺或者选择，但是，设计出可能实现预期目标的具体税收规定的数据有限，并且，其前景并不确定，因此，我们此时应当警惕联邦一级的重大变化。取而代之，我建议在州与地方各级试验这些条款，以帮助确定如何通过税法来最优地实现这些目标。

界定"社会企业"

一个初步问题是决定如何准确地定义"社会企业"，以便专门为这些实体设计税务规则。正如很多学者所指出的，美国对"社会企业"并不存在单一的定义,无论是法律性还是非法律性的。[1] 这与其他一些提供单一法律定义的国家形成鲜明对比。例如,加拿大政府将社会企业定义为一个实体,该实体"试图通过销售产品与服务来实现社会、文化或环境目标。社会企业可以是营利性的,也可以是非营利性的,但是,大多数净收益必须指向一个社会目标,并有限地分配给股东与所有者"[2]。类似地,英国政府将社会企业定义为"主要具有社会目标的企业,其盈余主要为了这一目的而再投资于该企业或社区,并且不被股东与所有者最大化收益的需要所驱动"[3]。在比利时[4]与意大利[5],也可以发现相关的国家界定的实例。

虽然定义不同,但是,它们往往具有三个共同元素。[6] 第一,社会企业是从事产品或服务销售的企业。第二,社会企业至少有一个非金钱性的追求社会利益的目标,并且后者至少与创造收益的目标在优先性上是平等的;为了简单起见,我把这样一个目标称为"社会利益目标"。第三,与第二个要素相一致,社会企业限制其分配给所有者的数额与所有者在出售企业时可以获利的程度,而不允许无限分配(直到企业收益的全部)与无限销售收益。这最后一个要素有助于支持优先考虑社会利益目标而不是最大化收益(例如,雇用生产力较低但难以雇用的个体,以便为他们提供工作经验与培训),因为超过一定程度后,所有者不得从增加的收益中受益。

在美国的一些州中可能存在一个问题,即后两个要素是否符合现行州法中的营利性法律形式。部分基于这个原因,对社会企业的国内关切导致大多数州与一些其他地区通过立法来允许创设"混合性"法律实体,后者则明确允许或者要求第二个要素(因此,含蓄地要求第三个要素)。正如很多学者在这一领域所指出并且在本书中所探讨的那样,这导致了越来越多的混合法律形

---

〔1〕 例如,参见 Mystica M. Alexander, *A Comparative Look at International Approaches to Social Enterprise: Public Policy, Investment Structure, and Tax Incentives*, 7 WM. & MARY POL'Y REV. 1, 2, 14—15(2016); Robert T. Esposito, *The Social Enterprise Revolution in Corporate Law: A Primer on Emerging Corporate Entities in Europe and the United States and the Case for the Benefit Corporation*, 4 WM. & MARY POL'Y R. 639, 681—82(2013)。

〔2〕 GOVERNMENT OF CANADA, DIRECTORY OF CANADIAN SOCIAL ENTERPRISES, www.ic.gc.ca/eic/site/ccc_bt-rec_ec.nsf/eng/h_00016.html(last visited June 27, 2017); Carol Liao, *A Critical Canadian Perspective on the Benefit Corporation*, 40 SEATTLE U. L. REV. 683, 714(2017).

〔3〕 OFFICE OF THE THIRD SECTOR, SOCIAL ENTERPRISE ACTION PLAN: SCALING NEW HEIGHTS 10(2006); Esposito, *supra* note 1, at 674—75.

〔4〕 Matthew F. Doeringer, Note, *Fostering Social Enterprise: A Historical and International Analysis*, 20 DUKE J. COMP. & INT'L L. 291, 308(2010).

〔5〕 Alexander, *supra* note 1, at 9.

〔6〕 *Id.* at 3—6.

式，包括福利公司、公共福利公司、社会目的公司、低收益有限责任公司等。[1] 虽然多个地区采用了一些标签，但这并不意味着相关法律是相同的，因为每个地区往往在其法律中列入独特的规定。[2] 所有这些混合形式的两个共同要素是，所有者有权拥有至少部分企业收益(及其解散时的资产)的能力，以及至少存在一个社会利益目标的要求。虽然并无明确说明，但第三个共同要素似乎是假定所有类型的混合体将是从事产品或服务销售的企业。

这种“社会企业”国内法律定义之缺失跟各种正在考虑与采用的混合法律形式的结合究竟意味着什么？实际上，在美国，我们依然处于一个宽泛意义上的社会企业应当采用何种法律形式的试验时期。事实上，这一试验是本书各章以及这一领域更为广泛的法学研究的共同主题。[3] 与此同时，越来越多的社会企业正在利用这些混合法律形式，其中包括新兴企业与一些老牌企业，例如 Kickstarter 与巴塔哥尼亚。[4] 现有的有限信息表明，有数千种混合模式存在，尽管关于包括资产、收益与支出在内的其总财务状况的数据不足，并且尽管与美国数百万非营利与营利实体相比其数据相形见绌。[5]

正如读者可能注意到的那样，其他国家对“社会企业”国内法律定义的三个共同要素与为社会企业而设计的美国混合法律形式的三个共同要素并不完全一致。存在矛盾的要点包括：社会企业是否可以拥有非营利法律形式，因此缺乏所有者；社会利益目标是否必须至少与创造收益的目标平等；以及对所有者的分配是否会受到限制。虽然其他国家的国内定义通常包含了所

---

〔1〕 例如，参见 *id.* at 14－15；Alicia E. Plerhoples, *Social Enterprise as Commitment: A Roadmap*, 48 WASH. U. J. L. & POL'Y 89－90(2015)；Lloyd Hitoshi Mayer & Joseph R. Ganahl, *Taxing Social Enterprise*, 66 STAN. L. REV. 387, 393－402(2014)；Dana BrakmanReiser, *Theorizing Forms for Social Enterprise*, 62 EMORY L. J. 681, 689－91(2013)。

〔2〕 参见 BENEFIT CORPORATION, THE MODEL LEGISLATION, http://benefitcorp.net/attorneys/model-legislation(last visited June 27, 2017)；J. Haskell Murray, *Corporate Forms of Social Enterprise: Comparing the State Statutes* (Jan. 21, 2015), https://papers.ssrn.com/sol3/papers.cfm?abstract_id=1988556。

〔3〕 例如，参见 J. Haskell Murray, *The Social Enterprise Law Market*, 75 MD. L. REV. 541, 586 (2016)；Brent Kakesako, Note, *The "Aloha Corporation": Infusing the Culture of Hawai'i to Broaden the Perspective of Business and Return to Community*, 34 U. HAW. L. REV. 221(2012)。

〔4〕 参见 Mike Isaac & David Gelles, *Kickstarter Focuses Its Mission on Altruism over Profit*, N. Y. TIMES, Sept. 21, 2015, at B1; John Tozzi, *Patagonia Road Tests New Sustainability Legal Status*, BLOOMBERG(Jan. 4, 2012, 7:57 AM ET), www.bloomberg.com/news/2012-01-04/patagonia-road-tests-new-sustainability-legal-status.html。

〔5〕 参见 ELLEN BERREY, HOW MANY BENEFIT CORPORATIONS ARE THERE? (May 14, 2015), https://papers.ssrn.com/sol3/papers2.cfm?abstract_id=2602781；Kate Cooney, Justin Koushyar, Matthew Lee, & Haskell Murray, *Benefit Corporation and L3C Adoption: A Survey*, STAN. SOC. INNOVATION REV. (Dec. 5, 2014), https://ssir.org/articles/entry/benefit_corporation_and_l3c_adoption_a_survey; *What Is an L3C?*, INTERSECTOR PARTNERS, www.intersectorl3c.com/l3c(last visited June 27, 2017)。

有这些要素，但是，创设美国混合法律形式的法律并不一定会如此行事。换言之，与产生收益与分配给所有者的目标相比，其他国家的国内定义在社会利益目标的优先排序方面往往更具限制性，而美国的混合法律形式在可供利用的所有权结构方面更具限制性。这是可以理解的，因为美国已经存在非营利形式选项。

由于本章重点是美国关于社会企业的税法，因此主要依据"社会企业"一词在国内(特别是基于混合体共同要素)如何使用的这一做法是有意义的。基于本章后面已经明确的原因，我采用了两个定义，一个不与州法律形式(无论是营利性、混合性还是非营利性)挂钩，而另一个则与州法律形式挂钩。更为一般的定义是：社会企业是一种销售产品或服务(或两者兼而有之)的企业，其目标是创造收益与社会利益目标。[1] 混合定义则是：社会企业是一个法律实体，它为所有者提供至少一部分实体收益(及其解散时的资产)的权利，并要求该实体既具有产生收益的目标，也具有社会利益目标。[2] 我有意使得这两个定义都较为宽泛，甚至是仅限于混合体的定义，因为这与美国社会企业似乎主要是根据纳入混合体的要求而加以构想的方式是一致的。因此，这两种定义既不要求对所需的双重目标进行特定优先排序，也不要求所涉实体参与某些活动(包括限制对所有者的分配)或者取得某些结果。

针对社会企业的税法

第二个初步问题是，探究——通过适用这两种定义中的任何一种而——专门为社会企业制定的少数现有税法，以及专门针对社会企业的现行税法建议。似乎只存在两项现行法律——一项在费城，而另一项在英国，尽管至少美国的另一个地区已经提出了这样的法律建议，但最终却拒绝了它。至于尚未受到政治审核的提案，既有一般的"营利性慈善组织"(for-profit charities)提案，也有最近专门与新兴的混合法律形式挂钩的几项提案。

现行税法

费城是迄今为止美国唯一颁布社会企业税法的地区。该市于 2009 年通

〔1〕 例如，参见 Alexander，*supra* note 1，at 4—5；Mayer & Ganahl，*supra* note 7，at 394—95。

〔2〕 例如，参见 Brakman Reiser，*supra* note 7，at 683；Matt Devine，Note，*Aligning Profits with Purpose：An Analysis of the Philadelphia Sustainable Business Tax Credit*，25 TEMP. POL. & CIV. RTS. L. REV. 75，95—96(2016)。

过了费城可持续商业税收抵免(Sustainable Business Tax Credit,SBTC)政策,其明显目标是鼓励创设社会企业。[1] 根据该政策的规定,最多25家符合条件的企业每年可获得最多4 000美元的抵扣,以申请免除来自该市的商业收益与收据税(Business Income and Receipts Tax)。为了符合资格,费城可持续性办公室(Philadelphia Office of Sustainability)必须确认这些企业是可持续企业,后者具有由私人慈善组织共益实验室认证并提供符合其标准的初步证据的"共益公司"资质。这些要求包括:董事考虑其决策对所有利益相关者而不仅仅是股东的影响,以及满足某些公共报告要求,并且满足影响力评估测试。[2]

很明显,以目前形式存在的税收抵免面临几个问题。一个问题是,可持续商业税收抵免基本上是作为共益公司认证的补贴,因为到目前为止,所有申请这一福利的企业都是得到认证的共益公司。[3] 另一个问题是,尽管该方案范围不大,但是,自成立以来,该方案尚未实现充分参与,每年分配的税收抵免数不到25个。这在很大程度上是由于抵免金额与年度销售额挂钩:只有当年度销售额接近300万美元时,才能获得4 000美元的完整抵免,而这是大多数适格企业所不能达到的。[4] 最后,可持续商业税收抵免似乎对一家企业接受共益公司认证的决定产生极小影响,也对财务回报产生极小影响。[5] 换言之,企业似乎在不考虑可持续商业税收抵免的情况下决定是否寻求这种认证,这表明可持续商业税收抵免并未明显地促进其增加费城社会企业数量的明显目标。

其他唯一专门针对社会企业的现行税法是英国2014年制定的社会投资税收减免(Social Investment Tax Relief,SITR)规定。[6] (意大利向社会合作社提供各种税收优惠,但不再更为普遍意义上向社会企业提供。[7])与费城可持续商业税收抵免不同,社会投资税收减免针对的是社会企业的潜在投资者,而不是企业本身,其目的是为现有社会企业创造更多投资。在所得税

---

〔1〕 Phila. code § 19—2604(10);Devine,*supra* note 13,at 97—101.

〔2〕 参见 CERTIFIED B CORPS AND BENEFIT CORPORATIONS,www. bcorporation. net/what-are-b-corps/certified-b-corps-and-benefit-corporations(last visited June 27,2017)。

〔3〕 参见 Devine,*supra* note 13,at 99—101。

〔4〕 *Id.* at 100,102.

〔5〕 *Id.* at 101.

〔6〕 GOV'T OF UK,SOCIAL INVESTMENT TAX RELIEF,www. gov. uk/government/publications/social-investment-tax-relief-factsheet/social-investment-tax-relief(last visited June 27,2017);Alexander,*supra* note 1,at 32.

〔7〕 参见 Alexander,*supra* note 1,at 32。

层面，社会投资税收减免向这些投资者提供其投资成本30%的抵扣。为了使得该投资具有资格，其必须在具有明确与受监管的社会目的的组织中进行。这些组织包括社区福利公司，即英国的混合法律形式。法律要求社会福利公司需要具备一份社区福利声明(Community Interest Statement)以解释它将如何造福社区，提交一份年度报告以详细说明它在这一年中如何造福社区，限制向其所有者的分配，将其剩余资产专用于造福社区，并向专门的社区福利公司监管者申请登记。[1] 其他在社会投资税收减免下具有资格的组织是，具备资产锁定(即要求其资产依然专门用于造福社区)的社区福利协会(community benefit societies，为社区利益开展业务而不分配收益的法人实体)，以及(非营利)慈善组织。[2] 为了符合社会投资税收减免资格，一个组织不仅必须属于这三种类型之一，而且必须具有少于500名的全时工作量的雇员，在投资前具有不超过1 500万英镑的总资产，在投资适格后不得立即具有超过1 600万英镑的总资产。每个适格组织只能获得有限数量的享有社会投资税收减免的投资(以前三年内293 000英镑，而现在增加到150万英镑)。[3] 投资者必须持有该投资至少三年，并且只能要求总投资中上限为100万英镑的抵扣。

英国采纳社会投资税收减免的效果依然并不确定。一份报告在通过两年后发表，该报告发现，30个具有社会投资税收减免资格的组织获得了大约340万英镑的投资。[4] 虽然报告中包含一些有趣的信息表明，至少有一些投资是因为存在社会投资税收减免而发生的，但是，其影响的程度尚不清楚。并且，后来的一项评估认为该报告在测量社会企业税收减免的影响方面做得相对较差。[5] 类似地，社区福利公司的形成率在采纳社会企业税收减免政策之前似乎趋于平稳而在近几年又有所上升，但是，尚不清楚社会企业税收减免是否导致了这一增长，特别是因为社区福利公司并非是唯一有资格接受

〔1〕 *Setting Up a Social Enterprise*, GOV. UK, www. gov. uk/set-up-a-social-enterprise(last visited June 27, 2017).

〔2〕 HM REVENUE & CUSTOMS, SOCIAL INVESTMENT TAX RELIEF(SITR): GUIDE FOR SOCIAL ENTERPRISES(2014), www. gov. uk/government/uploads/system/uploads/attachment_data/file/378085/se-guide. pdf; INVEST N. ISLAND, CHOOSE THE RIGHT STRUCTURE FOR YOUR SOCIAL ENTERPRISE: COMMUNITY BENEFIT SOCIETIES, www. nibusinessinfo. co. uk/content/community-benefit-societies(last visited June 27, 2017).

〔3〕 参见 Vanessa Houlder, *Do Good and Save Tax - Invest in Social Enterprise: Tax Breaks for Social Investment Will Be Expanded Fivefold This April*, FIN. TIMES(Feb. 10, 2017)。

〔4〕 ABIGAIL ROTHEROE & PLUM LOMAX, SOCIAL INVESTMENT TAX RELIEF: TWO YEARS ON 2(2016), www. thinknpc. org/publications/social-investment-tax-relief-sitr.

〔5〕 CENTRE FOR PUBLIC IMPACT, THE SOCIAL INVESTMENT TAX RELIEF SCHEME IN THE UNITED KINGDOM(Feb. 21, 2017), www. centreforpublicimpact. org/case-study/social-investment-tax-relief-scheme-united-kingdom.

或者事实上已经接受了符合社会企业税收减免资质的投资的实体。[1]

在美国,另外唯一一个明显的尝试是,夏威夷州采纳一项旨在让获得任何重大市场认可度的社会企业受益的税法。在那里,立法机关颁布了一项所得税豁免条款,以配合该州初始的福利公司法,但是,州长对该立法行使了否决权,其部分原因是该被包含的税收利益(并可能是为了回应公众对该利益的批评)。[2] 夏威夷州后来确实颁布了福利公司法,但并未规定任何有利于这些实体的税法条款。

税法提议

近年来,基于营利实体也有能力追求社会利益,一些学者与其他评论者质疑为何非营利慈善组织所享有的税收优惠被保留给这些实体。[3] 他们认为,将这些重大税收利益的资格扩展到营利实体将会激励这些实体追求社会利益。一系列批评声音回应了这些公认的大胆建议,而这很大程度上是因为政府在如下情况中所遇到的明显困难:试图通过营利性投资者拥有的实体在定性与定量方面来确保充分的社会受益活动。鉴于现有税法中对“慈善”的模糊定义,情况尤其如此。[4] 就像我与约瑟夫·加纳尔(Joseph Ganahl)在其他地方的撰文所言,同样的问题也适用于将这些税收利益批量拓展到混合形态的情况。[5]

---

〔1〕 参见 ROTHEROE & LOMAX,*SUPRA* NOTE 24,AT 2;REGULATOR OF COMMUNITY INTEREST COMPANIES,ANNUAL REPORT 2015/16 18(2016),www. gov. uk/government/uploads/system/uploads/attachment_data/file/538040/cic-16-3-community-interest-companies-annual-report-2015-2016. pdf。

〔2〕 参见 H. B. 3118,23d Leg. Sess. § 10(Haw. 2006);LINDA LINGLE,STATEMENT OF OBJECTIONS TO HOUSE BILL 3118(July 10,2006),at 3;Editorial,*“Responsible” Firms Don't Merit New Prize*,HONOLULU STAR ADVERTISER(Mar. 29,2006),http://the. honoluluadvertiser. com/article/2006/Mar/29/op/FP603290318. html。

〔3〕 例如,参见 DAN PALLOTTA,UNCHARITABLE:HOW RESTRAINTS ON NONPROFITS UNDERMINE THEIR POTENTIAL 116－25(2008);M. Todd Henderson & Anup Malani,*Corporate Philanthropy and the Market for Altruism*,109 COLUM. L. REV. 571(2009);Anup Malani & Eric A. Posner,*The Case for For-Profit Charities*,93 VA. L. REV. 2017(2007);Hadley Rose,Note,*The Social Business:The Viability of a New Business Entity Type*,44 WILLAMETTE L. REV. 131,148－49,153－58(2007)。

〔4〕 例如,参见 Benjamin Moses Leff,*The Case Against For-Profit Charity*,42 SETON HALL L. REV. 819(2012);Dana Brakman Reiser,*Charity Law's Essentials*,86 NOTRE DAME L. REV. 1,40(2011);Brian Galle,*Keep Charity Charitable*,88 TEX. L. REV. 1213(2010);James R. Hines Jr.,Jill R. Horwitz,& Austin Nichols,*The Attack on Nonprofit Status:A Charitable Assessment*,108 MICH. L. REV. 1179(2010);Victor Fleischer,*“For Profit Charity”:Not Quite Ready for Prime Time*,93 VA. L. REV. IN BRIEF 231(2008),www. virginialawreview. org/volumes/content/profit-charity-not-quite-ready-prime-time。

〔5〕 参见 Mayer & Ganahl,*supra* note 7;Mystica M. Alexander,*Benefit Corporations-The Latest Development in the Evolution of Social Enterprise:Are They Worthy of Taxpayer Subsidy?*,38 SETON HALL LEGIS. J. 220,266－79(2014)。

但是，这些关切并无必要延伸到关于社会企业的更具针对性的税法规定。我与其他人建议放宽一些将营利与非营利组织区分开来的现有联邦税务规则，例如，对C公司(C corporations)的慈善捐款减免的限制，对其他免税组织在S公司(S corporations)投资的回报而征收的营业外收入税，以及对免税组织商业活动的限制，以便不妨碍被宽泛界定的社会企业(包括非混合性组织)实现社会利益目标与营利的能力。[1] 另一种路径是如下提议：将州所得税豁免赋予在夏威夷州被倡议的一种新混合形式("Aloha公司")，该混合形式将被要求执行特定的州目的，以便有资格获得该税收利益。[2] 然而，该提议并未明确说明，为何提议人认为拟议的新形式需要免税，尽管它似乎既是鼓励创设这些新实体的一种手段，也是激励该实体履行其特定州目标的承诺的一种机制。但并无迹象表明夏威夷计划通过立法创造这种新混合形式。

迄今为止，沿着这些思路而进行的最为详细的提议来自黛娜·布雷克曼·莱瑟与史蒂文·迪恩。[3] 其"SE(c)(3)"提议所根据的是一种被认知到的需求，即散户投资者需要采用低成本方法确定自我认定的社会企业实际上是否致力于实现其所述的社会利益目标。这一需求反过来又抑制了社会企业从缺乏这种方法的投资者那里筹集资本的能力。简言之，两位教授的提议主要是寻求提供这样一种方法：将重大税收利益与这种承诺挂钩(并对向所有者进行的某些分配施加重大的税收成本)，从而使得国税局在确保该承诺是真实的方面具有利害关系，并为社会企业及其投资者履行这一承诺创造强有力的财务激励。布雷克曼·莱瑟与迪恩的希望是，如果这种方法到位，则它将从——特别是通过新兴的众筹工具——一些希望投资于社会企业的投资者那里释放大量资本，后者如果缺乏高度可见与可执行的承诺工具，则会犹豫不决。同时，两位教授还认为，这种方法将导致投资者自行选择支持他们投资的社会企业的社会利益目标，从而使得这些投资者不太可能在未来利用其影响来破坏社会企业对这些目标的承诺。

---

〔1〕 参见 Mayer & Ganahl, *supra* note 7, at 439－41; Brakman Reiser, *supra* note 29, at 55; Rose, *supra* note 28, at 153－55。

〔2〕 Kakesako, *supra* note 9, at 253－54.

〔3〕 参见 Dana Brakman Reiser & Steven A. Dean, SE(c)(3): *A Catalyst for Social Enterprise Crowdfunding*, 90 IND. L.J. 1091(2015)。

为社会企业创造税务空间

正如上一节所指出的，关于是否应当具有专门为社会企业所设计的税法的探讨——无论是以一种只包括混合形式的方式抑或更为宽泛的方式予以定义——都处于早期阶段。尽管如此，我希望在本章的其余部分中证明，后退一步并试图将这些探讨更为普遍地纳入税法理论存在一些益处。我首先简要介绍税基理论，然后重点介绍税收补贴理论。

税基理论

认识到这一步骤容易受到认为它只是击倒一个稻草人的批评，我想简单地探讨，因为这类企业的收益及其投资应当适当地在(收益)税基之外考虑对社会企业免税或者社会企业投资抵扣应纳税款的可能性。这种可能性来自关于慈善组织的不受欢迎但不时被提出的论点，即针对慈善捐赠的免税与扣除反映了对税基而非针对这些实体补贴的正确理解。[1] 该理论的核心是，通过不可撤销地将其收益(与捐赠者不可撤销地将其捐款)专用于慈善目的与那些受益于这些目的者(通常是低收入个体)，这些收益与捐款不应当再被视为慈善组织或其支持者(收益)税基的一部分。相反，这些捐款应被视为是针对(低或零边际税率)受益者的税基的一部分，或者是构成已经用于整个社区福利的资金，并因此根本不是一个适当的征税对象。

仅仅陈述这一理由本身就表明了为何它不适合大多数社会企业。除非社会企业被构建为非营利组织——换言之，不存在所有者，否则社会企业的全部净收益或者它所获得的所有投资都不具备这种不可撤销的奉献精神。即使采用州法上的混合法律形式，而不是营利法律形式，也不会使得一个实体不可撤销地将其收益或者其所获投资的任何特定比例用于社会利益目标。因此，如果我们采用社会企业的混合定义，则税基理论是不合适的，无论它在

[1] 例如，参见 Johnny Rex Buckles, *The Community Income Theory of the Charitable Contributions Deduction*, 80 IND. L. J. 947(2005); Boris I. Bittker & George K. Rahdert, *The Exemption of Nonprofit Organizations from Federal Income Taxation*, 85 YALE L. J. 299(1976); William D. Andrews, *Personal Deductions in an Ideal Income Tax*, 86 HARV. L. REV. 309, 346－51(1972); Peter Swords, *The Charitable Real Property-Tax Exemption as a Tax Base － Defining Provision*, *in* PROPERTY-TAX EXEMPTION FOR CHARITIES: MAPPING THE BATTLEFIELD 377－79(Evelyn Brody ed., 2002)。

慈善组织的场景下具备何种优势。[1]

如果我们转而采用更为一般的社会企业定义——销售产品或服务(或两者兼而有之)并具有创造收益与社会利益目标的企业,则同样的批评也具有适用性,除非社会企业被构建为非营利组织。但是,如果一个特定社会企业被构建为非营利组织(虽然可能是为了资助拓展其社会受益性商业活动而依然寻求营利),则考虑到现有免税类别的数量与广度(特别是《国内税务法典》501(c)(4)下的宽泛且模糊的"社会福利组织"类别),它很可能将会获得至少联邦所得税的豁免资格。一家社会企业甚至可能有资格成为慈善组织以及伴随该身份的附加税收利益。因此,似乎并无必要修正现行税法,从而为非营利性社会企业提供适当空间。(如果应税非营利组织被证明对社会企业而言是一种具有吸引力的选择,则情况就会有所不同,正如卡萨迪·布鲁尔在本书中所探讨的那样。[2])

最后,正如前面所指出的,我与其他人建议修正各种联邦税法条款,这些条款在理论上可能破坏社会企业实现其社会利益目标的能力(而不是采取以某种方式补贴社会企业的变化),但在实践中似乎没有必要进行这种修正。例如,只有当一个社会企业通过向慈善组织提供大量捐款来促进实现其社会利益目标时,才有必要增加对可扣除的慈善捐款的限制;但是,似乎大多数(如果不是全部)社会企业主要是通过开展业务活动的方式来追求其社会利益目标(Newman's Own,Inc.则是一个显著例外)。[3] 只有当免税组织是这类社会企业的重要资本来源时,才有必要改变关于免税组织向被归类为S公司的社会企业投资的营业外收入税规则。但是,正如下面探讨所表明的,似乎大多数(如果不是几乎全部)社会企业的投资都来自其他来源。最后,改变对免税组织商业活动的限制只有在如下情况下才是必要的:此类组织寻求通过从事与其免税目的并无实质性关系的商业活动而参与社会企业。但是,似乎大多数抑或所有的社会企业都是由免税非营利组织以外的组织所追求的——或者它们涉及与经营非营利组织的豁免目的存在很大关系的企业。基于这些原因,似乎并无必要为社会企业创造一个不同于现有营利企业税务

[1] 参见 Joseph M. Binder,Note,*A Tax Analysis of the Emerging Class of Hybrid Entities*,78 BROOKLYN L. REV. 625(2013)。

[2] Brewer,*infra* Chapter 16.

[3] 参见 *Total Giving*,NEWMAN'S OWN FOUNDATION,http://newmansownfoundation.org/about-us/total-giving/(last visited June 27,2017)。

规则的税务空间，除非以某种方式补贴或者激励社会企业是可取的。[1]

税收补贴理论

一种更有希望的路径，即针对社会企业的少数现有税收规定与关于此类额外规定的各种提议似乎都会接受的路径，就是利用税法来补贴，因此希望激励某些有利于社会企业的行为。采用这一路径需要解决为何对社会企业进行普遍资助是可取的这一门槛问题，然后解决一系列问题，具体来讲，通过税法应当与可能会有效地激励什么。

虽然关于什么法律规则应当适用于社会企业，以及它们是否要求诸如现有混合法律形式等特殊法律形式的学术与政治争论颇多，但是，现有的全部社会企业文献几乎都假定，在最高抽象层次上，至少有两个原因可以用来支持社会企业的创设与成功具有可取性。首先，社会企业将成功的营利企业财务资源与成功的慈善组织社会利益目标最优化地结合起来，从而提供了一种克服慈善组织资源受限与营利公司同情心受限的手段。其次，即使人们不接受在单一企业中将收益产生与社会利益目标结合起来最终才能成功，社会企业也为那些认为这种组合可以成功者提供了工具，并且也提供了检验其是否正确的手段。至少在社会企业试验继续进行的同时，考虑如何最好地构建法律环境——包括税法——来促进它是有价值的。

尽管如此，在考虑是否专门修正税法以补贴社会企业的一个或多个方面时，需要回答四个关键问题。我从一般的税收补贴文献，包括最近一次关于利用税法来增加创业活动的研讨会中抽象出了这些问题。[2] 第一，应当考虑激励社会企业的哪些方面？第二，作为一个政策问题，激励这些方面中的一个或多个实际上是否可取？第三，税法在理论上是否能够激励一个期望的方面；换言之，税法所配置的工具是否适合于实现这一目标？第四，税法是否足以激励所需的方面，以证明如此行事的成本是合理的？这些成本不仅包括政府失去了收益，还包括所增加的复杂性与其他意外后果（包括测量该激励实际运作程度的可行性及其所带的成本）。[3] 本节回答第一个问题，然后考

---

〔1〕 关于现有规则如何适用于社会企业的探讨，参见 Mayer & Ganahl, *supra* note 7, at 416－21。

〔2〕 参见 Deborah H. Schenk & Eric M. Zolt, *Forward*, 69 TAX L. REV. 311(2016)。

〔3〕 关于其意外后果的一个例子，参见 J. Paul Singleton, *Can You Really Have Too Much of a Good Thing? How Benevolent Tax Policies Have Contributed to the Explosion of Healthcare Costs and How New Policies Threaten to Do More of the Same*, 8 DEPAUL BUS. & COM. L. J. 305(2010)。

虑第一个答案中所识别的社会企业每一方面的其他三个问题。

与社会企业有关的现有与拟议税法条款提出了三个可能的激励选项：投资、承诺与选择。对于投资，我的意思是鼓励投资者向社会企业提供所需的资本，这是英国社会企业税收减免的直接目标，也是SE(c)(3)提议的间接目标。对于承诺，我的意思是鼓励社会企业尊重或者加强其对社会利益目标的承诺，这是费城可持续商业税收抵免的直接目标，是SE(c)(3)提议用于鼓励投资的手段，并且可能是Aloha公司提议的部分动机。最后，对于选择，我的意思是鼓励新的与现有的企业选择成为既具有创造收益目标又至少具备一个社会利益目标的社会企业。鼓励这种选择可能是我们所探讨的所有现有与拟议税收规定的隐含目标，也是首先创设混合法律形式的目标。其他可能的目标通常属于这三个领域；例如，特别鼓励共益公司认证（有时是由共益实验室推广的，并且已经受到费城可持续商业税收抵免的影响）的做法同时会激励承诺与选择。[1]

激励投资

本书与社会企业文献中所提出的一个共同关切是，社会企业的资本不足，即使它们能够向投资者提供一定程度的财务回报（如果该企业是成功的）以及对社会利益目标的追求。[2] 考虑是否与如何处理这一关切颇为困难，其原因在于如下几点。

首先，在这种投资给投资者与社区的总回报高于对其他营利企业的投资回报（这表明鼓励对社会企业进行更大的投资在效率上具有正当性）的情况下，只有有限的证据表明，目前社会企业从投资者那里获得的资本数额不太理想。例如，英国的社会企业税收减免的部分动力是2013年对伦敦金融城富人的调查，该调查发现"税收激励缺失是……对那些希望进行社会投资者的障碍，因为风险投资与慈善捐赠均有税收激励。这表明，税收减免将在不

---

〔1〕 参见 Anurag Gupta, Note, *L3Cs and B Corps: New Corporate Forms Fertilizing the Field Between Traditional For-Profit and Nonprofit Corporations*, 8 N. Y. U. J. L. & BUS. 203, 225(2011)。

〔2〕 例如，参见 Heminway, *infra* Chapter 11; Tucker, *infra* Chapter 10; Thomas Kelley, *Law and Choice of Entity on the Social Enterprise Frontier*, 84 TUL. L. REV. 337, 352—55(2009); Brakman Reiser & Dean, *supra* note 33, at 1091—93; Doeringer, *supra* note 4, at 322; Dilpreet K. Minhas, Note, *Enhancing the Legal and Regulatory Environment for Investment in Social Enterprise*, 3 MICH. J. PRIVATE EQUITY & VENTURE CAP. L. 257, 262—66(2014)。

同类别的富人群体之间有效地激励社会投资”[1]。布雷克曼·莱瑟与迪恩则指出了影响力投资与社会意识型投资基金(socially conscious investment funds)所持有的资金数额,并且指出,这些资金到目前为止通常尚未进入社会企业。[2] 但是,同时至少有一位学者兜售社会企业目前所受到的“前所未有的支持”(引用了类似于布雷克曼·莱瑟与迪恩论文中的数据)。[3]

其次,对当前投资次优水平与激励此类投资的可取性之假定会导致一个后续问题:对水平相对较低的原因存在分歧。一些评论者似乎认为:由于社会企业不仅专注于创造收益,而是至少具有一个其他(社会利益)目标,投资者(也许正确地)假定,他们对社会企业的投资回报平均低于对传统营利企业的投资回报(不考虑投资者无法获得的前一种投资对社区的益处),并因此他们对社会企业的投资率低于最优水平。[4] 相反,布雷克曼·莱瑟与迪恩得出的结论认为,鉴于在影响力投资与社会意识型投资工具中所积累的可用资本相对较大,资本不足的原因不是对社会利益目标的承诺太多,而是社会企业是否对社会利益目标做出足够的承诺(即它们让社区受益的程度之不确定性)。[5] 这一分析会因如下事实而进一步复杂化:基于投资者并非铁板一块,所以这两种意见可能都是正确的;一些主要是追求收益的投资者可能会被社会企业对社会利益目标的承诺(以及投资者无法从追求这些目标中获取对社区的益处)所阻却,而其他除了获得财务回报外还寻求支持社会利益目标的投资者可能会被社会企业对社会利益目标缺乏充分且易于核实的承诺所阻却。

这些不确定性使得人们很难决定如何在理论上修正税法以激励对社会企业的投资。如果社会企业的大多数或者几乎所有潜在资本都是由主要或专门寻求收益的投资者所持有,而这些投资者被社会企业那种所感知到的也许是实际较低的回报率所阻却,则英国的社会企业税收减免的做法应当是成功的:向社会企业的投资者提供税收优惠,如扣除或抵免,从而提高这些投资的有效回报率。一种更为微妙的路径是调整现有税收规定,这些规定要么倾

---

〔1〕 WORTHSTONE, THE ROLE OF TAX INCENTIVES IN ENCOURAGING SOCIAL INVESTMENT vii(2013), www.cityoflondon.gov.uk/business/economic-research-and-information/research-publications/Documents/research-2013/the-role-of-tax-incentives-in-encouraging-social-investment-WebPDF.pdf; Alexander *supra* note 1, at 33.

〔2〕 Brakman Reiser & Dean, *supra* note 33, at 1098—99.

〔3〕 Esposito, *supra* note 1, at 643—46; Yablon, *infra* Chapter 22.

〔4〕 例如,参见 Kelley, *supra* note 42, at 354, 359; Stephen Lloyd, *Transcript*: *Creating the CIC*, 35 VT. L. REV. 31, 42(2010); Doeringer, *supra* note 4, at 322; Minhas, *supra* note 42, at 264。

〔5〕 参见 Brakman Reiser & Dean, *supra* note 33, at 1104—05。

向于限制投资(例如,风险与消极活动规则),要么已经旨在激励某些情况下的投资(例如,针对某些小型企业股票的特别规则),而不各自适用于社会企业或扩展到社会企业。[1] 如果社会企业的大多数潜在资本由社会意识型投资者持有,并且这些投资者被阻却的原因主要是对社会利益目标缺乏足够明确与可执行的承诺(但在选择投资时考虑到社区福利),那么布雷克曼·莱瑟与迪恩所提出的路径就应当发挥作用:通过修正税法,以加强社会企业对社会利益目标的承诺水平与能见度。但是,在这两种情况下相反的策略也是正确的;如果社会意识型投资者持有社会企业的大部分潜在资本,则增加回报的路径就不会发挥作用;如果谋求回报最大化的投资者持有社会企业的大部分潜在资本,则加强承诺的路径就不会发挥作用。

投资者对社会企业投资不足背后的原因之变化,以及不同类型投资者持有多少潜在资本的不确定性,将决定针对某一类型或另一类型投资者的税法修正是否实际上增加了对社会企业的投资。但是,衡量这种影响可能是困难的,因为在这一点上,并不存在关于一般社会企业或者特殊混合形式之财务的总体信息。(这与英国形成鲜明对比,在英国,单一的全国混合法律形式与报告要求的存在有助于收集关于这些混合形式的信息。[2])因此,即使可以追踪任何税法规定的使用情况,也缺乏与之比较的基准;换言之,我们不可能知晓这种使用是否反映了新社会企业投资以及即使没有激励也会发生的社会企业投资,也不知晓该规定是否增加了对社会企业的投资(如果我们接受这种投资水平目前低于最优水平,则增加投资就是我们所期望的目标)。[3] 这是在激励承诺与费城可持续商业税收抵免方面所出现的问题:税收优惠似乎并未实际改变行为。

激励承诺

与规制社会企业尤其是混合形式的美国法有关的一个重大关切是,现有法律所要求的社会利益目标承诺存在缺陷。[4] 如前所述,这与其他一些国家对社会企业的定义形成了鲜明对比,后者一般包含了这样的要求,即这些

---

[1] 参见 26 U.S.C. §§ 465,469,1202,1244。

[2] 例如,参见 REGULATOR OF COMMUNITY INTEREST COMPANIES,*supra* note 26,at 10。

[3] 关于该问题在不同税务场景下的例子,参见 Ryan Leagre,*Community-Based Tax Credits:Tax Credits That Reduce Consumer-Driven Pollution by Encouraging Collective Action*,47 IND. L. REV. 791,808(2014)。

[4] 例如,参见 Eric H. Franklin,*A Rational Approach to Business Entity Choice*,64 KAN. L. REV. 573,599—601(2016);Brakman Reiser & Dean,*supra* note 33,at 1124—25。

目标必须至少与创造收益的目标平等，并限制对所有者的分配，从而将超过允许分配的任何收益用于这些目标。这种缺陷是非常严重的，以致一些评论者认为：其中存在很大的“粉饰”风险，或者通过对社会利益目标的明确承诺来吸引投资者与消费者，而不是实际上以任何有意义的方式推进这些目标。[1] 对社会利益目标的承诺以及创造收益即使在最广义的定义下也会构成社会企业的核心要素。据此，对这些目标的承诺构成了激励的主要选项，尽管我们注意到迄今为止，几乎并无证据表明这种风险以任何实质性的方式表现出来（我稍后会重新探讨这一点）。但是，有一个重大关切可能会破坏激励承诺的可取性。正如之前关于激励投资的探讨所表明的，确保或者增加社会企业对社会利益目标的真实承诺实际上可能会导致对社会企业的投资减少（一开始选择成为社会企业的企业可能会减少）。因此，对激励承诺的关注实际上可能会破坏促进一般社会企业的总体目标。

虽然不太清楚是否可以修正税法以增加这一承诺，但是，一些迹象表明，至少在理论上，这应当是可能的。最为明显的机制，并且也是通过英国商事组织法而采取的一种机制，是某种类型的资产锁定，它将为如下社会企业提供税收利益：这些社会企业限制对所有者的分配，从而将任何超过允许分配的收益承诺用于其社会利益目标。SE(c)(3)提议是这一方法的复合应用[尽管布雷克曼·莱瑟与迪恩注意到，从整体上看，SE(c)(3)不是一种“补贴”，因为对股东收益所征收的高税负会将其抵销[2]]，其目的是加强社会企业及其投资者的这一承诺（从而减少这些投资者可能影响社会企业放弃这一承诺的风险）。[3] 费城可持续商业税收抵免所涉及的另一种路径是对如下做法提供税收激励：执行独立第三方标准与审查程序以提高这一承诺的可信度，例如共益公司认证。

甚至更为困难的是，确定这类税法条款是否实际上会成功到足以证明其成本的正当性。由于社会利益目标的模糊属性，税务当局很难直接确定它们是否被社会企业给予足够的优先地位。资产锁定路径的优势是，它是实现这一目标的间接手段，并且更容易管理，因为它基于可衡量的资金流动，并且它可以基于明确的数字规则。但更难确定的是，这种路径是否会在实际上导致

---

〔1〕 例如，参见 Alicia E. Plerhoples, *Nonprofit Displacement and the Pursuit of Charity Through Public Benefit Corporations*, 21 LEWIS & CLARK L. REV. 525, 558－62(2017). Plerhoples, *supra* note 7, at 96。

〔2〕 Brakman Reiser & Dean, *supra* note 33, at 1110－11.

〔3〕 *Id.* at 1118 n.160.

对社会利益目标的更大承诺。在免税慈善组织的场景下，在理论上，根据州法律形式法以及联邦与州税法，其需要 100%的资产锁定。而将资产用于慈善目的的承诺通过旨在防止变相分配或将收益用于非慈善用途（例如过度补偿、与内部人员的不公平商业交易以及向营利企业提供“私人利益”）的规则而得到进一步执行。[1] 但是，这种措施在实践中的成功程度尚不确定，并且由于依然允许以社会企业形式向投资者提供某种回报，这些措施在社会企业中的应用将会变得复杂化。此外，与激励投资一样，还存在一个基准问题，即并不存在关于社会企业已经在多大程度上限制了对所有者的分配，从而将其部分收益用于社会利益目标的合理数据。因此，即便并非不可能，也很难确定沿着这些路线的税法条款是否实际强化了这一承诺，以及如果强化，则在多大程度上强化了这一承诺。

激励某种独立第三方对社会利益目标承诺加以认证的这种替代路径具有直接解决上述承诺问题的优势。而其缺陷当然是，这种路径的优势取决于第三方认证程序的优势。虽然目前似乎只有一个获得了显著市场认可度的程序，即共益实验室的共益公司认证——该程序已经得到了深入的探讨，但是，如果该认证会提供获得有利可图的税收优惠的机会，则其他也许不那么严格的认证程序可能也会出现（并且，甚至可能刺激针对此类认证基准的竞争）。为了确保这一程序实际上将使得社会企业对社会利益目标做出更为有力的承诺，任何此类税法规定都需要仔细描述可以使得被认证者有资格获得税收优惠的该认证程序所需的内容。[2] 最后，正如费城可持续商业税收抵免的经验所表明的，需要考虑这样一项规定是否实际上增加了选择获得认证的社会企业的数量（这似乎在费城并未发生），以及这些企业是否为了获得资格认证而实际上需要增加对公共利益的承诺。前一个调查应当是可能的，因为诸如共益实验室等认证服务可以跟踪未完成的认证数量。如果认证程序要求足够严格，以致社会企业除非实际寻求认证，否则不太可能符合这些要求，则第二次调查可能是不必要的。但是，正如我们已经指出的，非常严格的做法可能会导致更少的投资者投资于社会企业以及更少的企业选择成为社

[1] 参见 Lloyd Hitoshi Mayer, *The "Independent" Sector: Fee-for-Service Charity and the Limits of Autonomy*, 65 VAND. L. REV. 51, 95—97(2012)。

[2] 关于需要仔细管理与评估税收激励措施的一个例子，参见 John T. Schuring, *Detroit's Renaissance Zones: The Economics of Tax Incentives in Metropolitan Location Decisions, the Results of the Zones to Date, and Thoughts on the Future*, 83 U. DET. MERCY L. REV. 239(2006)。

会企业，从而会阻碍促进社会企业发展的这一总体目标。[1]

激励选择

第三个可能的激励目标是增加选择成为社会企业的新企业数量与选择成为社会企业的现有企业数量。假定基于我们已经探讨过的原因，需要增加社会企业数量、财务规模与影响力，则考虑直接促进社会企业数量的增长是有意义的。正如罗伯特·霍克特在本书中所指出的，试图鼓励所有或者大多数企业成为社会企业的做法甚至可能是可取的。[2]

理论上，税法可以在这方面产生实质性影响，因为它有能力为选择成为社会企业者提供财政激励，无论是以豁免、减免抑或抵免的形式。根据非混合性的定义，针对所有社会企业安排这种激励将是复杂的，因为需要提供"社会利益目标"的确切定义，并具体说明除了创造收益的目标外，还需要什么才能证明企业具有这样的目标。相反，更为简单的是，使用混合性定义，并因此将采用一种或多种现有州法上的混合法律形式的激励机制联系起来，因为它们已经提供了关于什么构成社会利益目标以及一个实体如何证明其采用了这一目标的规则。事实上，这种税收激励结构甚至可以要求超出一般定义的某些特征，例如，只有混合法律形式才会具备这些特征，而这些混合法律形式需要关于其对公共利益目标承诺的某种类型的公共报告。使用现有州法上的法律形式的便捷性表现在当前的联邦"复选框规则"中，该规则使用这种形式来回答曾经的困难问题，即某些州法(与外国法律)上的实体是否适格成为联邦税法上的公司或者合伙。[3] 这些规则也经常被用于确保它们获得合伙税务待遇，从而证明税法有潜力成功地激励采用特定州法上的法律形式，以促进有限责任公司的推广。

与投资跟承诺不同，只要使用"社会企业"的混合定义，就应当相对容易地确定为增加社会企业数量而通过的税法规定是否成功。根据州公司法而形成的混合形式的数量由各州自己跟踪，因此可以收集，尽管需要付出一些

---

[1] 关于在另一个场景下创造一种并未引发很大兴趣的税收激励的例子，参见 Katherine Cummings, *Adapting to Water Scarcity: A Comparative Analysis of Water Harvesting Regulation in the Four Corner States*, 27 J. ENVTL. L. & LITIG. 539(2012)。

[2] 参见 Hockett, *supra* Chapter 5。

[3] 例如，参见 Steven A. Dean, *Attractive Complexity: Tax Deregulation, the Check-the-Box Election, and the Future of Tax Simplification*, 34 HOFSTRA L. REV. 405(2005); Carol J. Miller, Douglas J. March, & Jack E. Karns, *Limited Liability Companies Before and After the January* 1997 *IRS "Check-the-Box" Regulations: Choice of Entity and Taxation Considerations*, 25 N. KY. L. REV. 585(1998)。

努力。[1] 根据各州有限责任法而创设的其他混合形式类型的数量可能更难确定，但如此行事依然具有可能性(在任何条件下，这些形式似乎不那么受欢迎，尽管为使用它们而创造强有力的税收激励可能会改变这一事实)。[2] 这种激励措施也将使得新企业与原本会选择一种混合法律形式的现有企业受益，因此必须根据采用这种形式是否比目前的采用率大幅增加来衡量成功与否。

但是，使用税法来激励采用混合法律形式至少会面临两个重大风险。首先，如前所述，现有的美国混合法律形式在确保对社会利益目标的承诺方面通常相对无力。因此，为采用这种形式而提供有利可图的税收优惠将产生一种风险：税法只会鼓励采用“社会企业”的标签，而并未实际上大幅强化这一承诺。这一观点在如下情况下将尤为正确：在联邦层面制定这种税收激励的一个影响将是，加速美国各州立法，以允许那些附有确保承诺的相对无力的规定的混合法律形式，从而导致该领域的一个更大缺陷。其次，目前还不确定哪种程度的税收优惠将在激励这种选择及其成本之间保持最优平衡，并且，鉴于迄今为止并无地区采用与适用与一个混合法律形式相绑定的单独税收优惠，在美国尚缺乏据此决定的数据(尽管夏威夷州考虑如此行事)。

* * *

总而言之，关于税收补贴的现有可能目标中并不存在完美选项。针对社会企业的投资受到以下因素的阻碍：有限的证据表明这种投资不太理想，对投资者可能不敢进行这种投资的原因存在分歧，以及难以确定按照这些方针而制定的税法条款是否以及在何种程度上成功地增加了对社会企业的投资。针对社会企业的社会福利目标承诺受到以下因素的阻碍：难以直接测量这种承诺，以及对这种承诺进行间接测量(例如部分资产锁定与第三方认证)的有效性并不确定。最后，针对混合法律形式的选择可以很容易地评估，但是，其风险在于，其激励的只是一个标签，而不是显著有别于营利企业中的行为。由于缺乏这类补贴的经验，我们也难以确定适当的税收补贴水平。

这些障碍并不一定意味着如下尝试是愚人所为：试图为社会企业创造税收空间，以激励其投资资本、对社会利益目标的承诺抑或数量的大幅增长。相反，它强烈地表明，即使各州继续为这些企业尝试最优的混合法律形式，它们也应当在设计与执行侧重于社会企业的税法条款方面进行试验。这种试

---

〔1〕 参见 Berrey, *supra* note 11; Cooney et al., *supra* note 11。
〔2〕 参见 Cooney et al., *supra* note 11; INTERSECTOR PARTNERS, *supra* note 11。

验应当从州与地方两级开始，因为这将允许在较短时间内考虑与测试税法条款的更大变化，也因为这将避免在这种影响可以被预测之前就去创设一个具有全国影响的联邦条款的风险。正如夏威夷州的经验所表明的那样，我们依然需要对社会企业税法的规定进行论证，以获得足够的政治支持。但是，如果这些规定不能在州或地方一级进行政治推销（其中一个卖点是：在建设社会企业方面有可能获得相对于其他地区的竞争优势），则类似的提议在联邦一级不太可能取得成功。[1]

结　语

为社会企业创造一个税务空间的做法是可行且可取的，这能够激励对这类企业的投资，这类企业对社会利益目标的承诺，或者新兴与现存企业对这些企业的选择。但是，在制定具体税收规定之前，人们需要更多的信息，从而强有力地保证，它们将大幅促进预期目标，并且不会在税收损失、复杂性增加与意外后果方面产生不当成本。产生这种信息的最优希望是鼓励在州以及地方层面对这种税收规定进行试验。这也将有助于收集现有社会企业（以及特别是那些根据州法而形成的混合体）的数量、财务与其他属性方面的数据。

最后，我应当指出，为了简洁起见，我并未考虑是否正在审议的任何税收规定可能会受到其他现有税收规定的削弱，或者小型企业或其他方面是否可能在政治上坚决反对这些规定。我也并未将可能的税收规定与其他可能的激励投资、承诺或选择的方式进行比较。例如，可能存在更为有效与负担更少的非税务性的监管方法，例如创设一个类似于英国的专门监管机构，提供直接资助以支持社会企业，为社会企业设立公共投资基金[2]，或者根据公共采购法而优先考虑社会企业。[3] 或者可能存在更好的非政府方法，例如鼓励私人企业采用有利于社会企业的供应商标准。但是，考虑到这里相对较高层次的考量，在确定哪些税收规定可以实现这些目标以及在多大程度上实现这些目标之前，对这些问题暂不考虑的做法是适当的。

---

〔1〕 参见 Ross Kelley，Note，*The Emerging Need for Hybrid Entities：Why California Should Become the Delaware of "Social Enterprise Law*，"47 LOY. L. A. L. REV. 619，653（2014）；Christen Clarke，Note，*California's Flexible Purpose Corporation：A Step Forward，a Step Back，or No Step at All?*，5 J. BUS. ENTREPRENEURSHIP & L. 301，327（2012）。

〔2〕 例如，参见 Alexander，*supra* note 1，at 25—26。

〔3〕 例如，参见 The California Benefit Corporation Discount Ordinance，S. F. ADMIN. CODE § 14C. 3（June 3，2012；expired Sept. 1，2015）。

第十章　影响力投资与替代资本渠道：资助社会企业的成功与规模

安妮·M.塔克

本章探讨美国针对社会企业的投资渠道，特别是影响力投资基金。追求收益与目的的企业——就像所有的企业一样——依赖于筹集资本。社会企业实体为了在其市场上取得成果、拓展规模，并与传统实体竞争，就必须能够筹集资金以资助其业务发展与增长。社会企业如果要实现其社会与环境目标，则也需要资本。联合国估计，为了实现其既定的可持续发展目标，每年需要2.5万亿美元的资金赤字。[1] 从任何一方的角度——收益或目的，金钱都是成功的关键因素。一切照旧不会解决这两个问题，所以我们必须超越传统角色，并且探索利用私人投资来实现影响力目标的创新性金融。[2]

需要大量外部资本的社会企业可能希望识别能够容忍（如果不是分享）其影响力目标的资本来源。影响力投资基金汇集个别投资，并投资于影响力驱动型实体。尽管存在很多变体形式，但是，"影响力投资"（impact investment）这一术语通常指的是旨在获得财务收益，同时产生社会与环境影响力的投资。[3] 影响力基金将影响力驱动型投资者与社会企业联系起来。其"投资者"而非"捐赠者"的这一标签承认出资者与创始人之间在财务回报与

---

[1] Saadia Madsbjerg & Lorenzo Bernasconi, *Development Goals Without Money Are Just a Dream*, ROCKEFELLER FOUND (June 4, 2015), www. rockefellerfoundation. org/blog/development-goals-without-money-are-just-a-dream.

[2] 关于创新性金融的深入探讨，参见 *Innovative Finance: Mobilizing Capital for Maximum Impact*, KNOWLEDGE@WHARTON(Apr. 2016), http://knowledge. wharton. upenn. edu/special-report/innovative-finance-mobilizing-capital-maximum-impact。

[3] *Introducing the Impact Investing Benchmark*, CAMBRIDGE ASSOCS. & GLOB. IMPACT INVESTING NETWORK(2015), i, http://40926u2govf9kuqen1ndit018su-wpengine. netdnassl. com/wp-content/uploads/2015/06/Introducing-the-Impact-Investing-Benchmark. pdf; *Impactbase Snapshot: An Analysis of 300+ Impact Investing Funds*, GLOB. IMPACT INVESTING NETWORK (GIIN) (Apr. 2015), 7, https://thegiin. org/assets/documents/pub/ImpactBaseSnapshot. pdf. 为了获得影响力投资的资格，积极影响力的"意图"必须与可测量的结果相匹配。Sean Greene, *A Short Guide to Impact Investing*, CASE FOUNDATION(Oct. 2015), 4, 10, http://casefoundation. org/wp-content/uploads/2014/09/Short-Guide-Oct2015-Digital-FINAL. pdf.

使命联合方面的平行动机。

影响力投资——一种投资策略,而非资产类别——在2015年达到770亿美元以上。[1] 虽然只是超过200万亿美元金融市场的一部分,但是,影响力投资是一种不断增长的投资策略,其正在吸引诸如贝莱德集团(BlackRock Inc.)与贝恩资本(Bain Capital LP)等主要市场参与者。全球影响力投资网络(Global Impact Investing Network,GIIN)年度影响力投资调查的受访者表明了未来几年的承诺资本与管理资产(assets under management,AUM)的增长。影响力驱动型融资选择将社会企业框架导入财务方面,扩展了社会企业参与者的可能数量,以及社会企业运营的规模与影响力。

在简要探讨传统企业的资本流动之后,本章识别了阻碍社会企业家资本流动的法律障碍与商业障碍。本章注意到了私人合同在替代资本渠道中的作用:当事方通过讨价还价而获得与目的相平衡的收益份额。因此,本章尤其关注影响力投资方面的私人秩序解决方案。

尽管影响力投资起源如此,但是,针对影响力投资与替代资本渠道的宽泛法律框架正在出现。在这个日益增长的领域,内容可能会迅速变化,但是,基础法律框架应当持续下去。为了建立这个框架,我们首先必须研究公法与私人合同的相对作用——以及两者之间的相互作用。本章的探讨不是详尽无遗的,而是说明性的。与其说编写一个行为指南,不如说本章通过关注基金组织、治理权、财务权、信息权、利益冲突与退出,旨在为替代资本渠道中的私人协议奠定法律基础。

针对社会企业的资本渠道与障碍

传统资本渠道

传统美国营利企业的资本流动范围从个人储蓄到银行贷款、股权销售与

[1] *Research Team*,2016 *Annual Impact Investor Survey*,GIIN(2016),12,https://thegiin.org/assets/2016%20GIIN%20Annual%20Impact%20Investor%20Survey_Web.pdf.其估计156个调查答复者所管理的影响力投资资产为774亿美元。如果包括环境、社会与治理(ESG)筛选与选择基金,则其资产估计在2016年跃升至8.72万亿美元。2016 *Trends Report Highlights*,US SIF:FORUM FOR SUSTAINABLE & RESPONSIBLE INVESTMENT,www.ussif.org/files/Trends/US%20SIF%202016%20Trends%20Overview.pdf(last visited July 20,2017).

风险投资，现在则包括众筹等新兴来源。[1] 个别资本来源资助了高达 57% 的初创企业。[2] 个别来源——纯粹的私人资本渠道——包括个人储蓄、个人与商业信用卡、在线贷款平台、家人与朋友的贷款以及住宅权益贷款。为了了解这相当于多少资本，我们不妨考虑一下，仅在 2015 年，美国小企业管理局[3]就通报了向小企业提供近 6 亿美元银行贷款。[4] 众筹、点对点贷款与“基于贷款的众筹”(lending-based crowdfunding)与“基于债务的众筹”(debt-based crowdfunding)是小企业融资的新来源。[5] 这些来源与传统来源一样，为社会企业提供了直接资本来源，而不是通过影响力投资基金实现的间接或集合融资。

公共资金也促进了小企业的发展。美国联邦政府通过小企业管理局支持的项目为公司提供资金，包括“7(a)小型企业贷款”(Small Business Loans)，这是新商业资本的最大联邦政府来源。[6] 小企业管理局也提供小额贷款(最多 5 万美元)[7]以及小企业创新研究项目(Small Business Innovation Research，SBIR)与小企业技术转让项目(Small Business Technology Transfer Programs，SBTT)。这些项目促进公私研究伙伴关系，从而将联邦研究基金开发的技术与科学创新商业化。[8] 各州还通过社区发展金融机

---

〔1〕 例如，参见 DAVID SCHAEFER，SUREFIRE STRATEGIES FOR GROWING YOUR HOME-BASED BUSINESS 103—09(1998)；Joan MacLeod Heminway & Shelden Ryan Hoffman，*Proceed at Your Peril：Crowdfunding and the Securities Act of* 1933，78 TENN. L. REV. 879，880(2011)。

〔2〕 *Small Business Finance Frequently Asked Questions*，U. S. SMALL BUS. ADMIN.(SBA)，OFF. OF ADVOCACY(July 2016，1)，www. sba. gov/sites/default/files/Finance-FAQ-2016_WEB. pdf (reporting 2012 US Census Bureau data).

〔3〕 *Id*.

〔4〕 “小企业”一词可能具有误导性，因为它除了新成立的组织外，还涵盖了各种各样复杂的商事企业。美国小企业管理局通过使用人口普查数据估计，美国存在超过 2 800 万个符合条件的小企业。*Starting and Managing Businesses*，*Small Business Trends*，SBA(Jan. 2017)，www. sba. gov/managing-business/running-business/energy-efficiency/sustainable-business-practices/small-business-trends. 小企业管理局根据行业结构、联邦采购、技术变革、竞争产品与增长趋势等行业因素而制定规模标准，并且，其可包括在住宅建设中拥有不超过 3 600 万美元的企业或者在采矿领域拥有 1 200 多名雇员的企业。参见 *Contracting Standards*：*What Are the Small Business Size Standards*，SBA(Jan. 2017)，www. sba. gov/contracting/getting-started-contractor/make-sure-you-meet-sba-size-standards/what-are-small-business-size-standards. Small Business Size Regulations，13 C. F. R. § 121(2017)，www. ecfr. gov/cgi-bin/text-idx?tpl=/ecfrbrowse/Title13/13cfr121_main_02. tpl。

〔5〕 MIRIAM SEGAL & SBA OFF. OF ADVOCACY，PEER-TO-PEER LENDING：A FINANCING ALTERNATIVE FOR SMALL BUSINESSES(Sept. 9，2015)，www. sba. gov/sites/default/files/advocacy/Issue-Brief-10-P2P-Lending_0. pdf.

〔6〕 *General Small Business Loans*：7(*a*)，SBA，www. sba. gov/loans-grants/see-what-sba-offers/sba-loan-programs/general-small-business-loans-7a(last visited July 20，2017).

〔7〕 *Microloan Program*，SBA，www. sba. gov/loans-grants/see-what-sba-offers/sba-loan-programs/microloan-program(last visited July 20，2017).

〔8〕 *About SBIR*，SBIR/STTR，www. sbir. gov/about/about-sbir(last visited July 20，2017)；*About STTR*，SBIR/STTR，www. sbir. gov/about/about-sttr(last visited July 20，2017).

构、准州政府机构、社区发展中心与州风险资本项目的贷款为小型企业融资。[1] 最近，《2010 年小企业就业法》(Small Business Jobs Act of 2010)创设了州小型企业信贷倡议(State Small Business Credit Initiative，SSBCI)，为各州拨出不超过 15 亿美元，并使得各州通过其项目来分配，从而向小企业与制造商提供贷款。[2]

股权——股票或其等价物——是另一个标准资本渠道。股权销售的范围从要求家人与朋友“投资”一项新业务到提供资本以换取所有者权益的专业投资者，后者通常伴随着准管理权与控制权。小企业管理局估计，在 2015 年，金融公司[3]、天使资本与风险资本为小企业提供了超过 5 930 亿美元。总体而言，这可能会产生一些定价过高的股权，但是，考虑到风险资本与天使投资者(为初创企业与企业家提供融资的适格投资者)资助了不到小企业市场的 2%，其平均风险资本交易价值为 1 170 万美元，平均天使投资交易 33 万美元，我们又无须过于担心。[4]

股权销售需要遵守各州与联邦证券法，因此股权是一种混合性的公共与私人渠道。股权销售触发了一个复杂的州与联邦法律网络，后者规制公司组织(即州公司法)与证券销售(即 1933 年与 1934 年法案和州蓝天法)。很多财务、治理与信息权问题都是通过法定违约与私人秩序的结合来解决的。所有融资渠道都融合了私法与公法框架。关于股权的区别是程度上的，而不是种类上的。股权销售牵扯复杂的成文法框架，并且往往涉及详细的、可协商的与高度定制化的合同。

诸如影响力投资基金等间接投资扩展了这些差异，其将投资公司法与私

---

〔1〕 *Best Practices from Participating States: Venture Capital Programs*, U. S. DEP'T OF TREASURY, STATE SMALL BUS. CREDIT INITIATIVE(SSBCI)(Apr. 2014), www. treasury. gov/resource-center/sbprograms/Documents/SSBCI%20VC%20Program%20Best%20Practices%204%2024%202014%20FINAL. pdf; *Information and Observations on State Venture Capital Programs*, U. S. DEP'T OF TREASURY, SSBCI(Feb. 14, 2013), www. treasury. gov/resource-center/sb-programs/Documents/VC%20Report. pdf.

〔2〕 *Resource Center on SSBCI*, U. S. DEP'T OF TREASURY(Oct. 27, 2016), www. treasury. gov/resource-center/sb-programs/Pages/ssbci. aspx; Small Business Jobs Act of 2010, Pub. L. No. 111—240, 15 U. S. C. A. § 631.

〔3〕 例如卡贝奇(Kabbage)自称为真实世界提供小企业贷款，并告诉消费者他们可以“以卡贝奇的信贷额度快速获得周转资金”。*Small Business Loans for the Real World*, KABBAGE, www. kabbage. com/(last visited July 21, 2017)。

〔4〕 *Small Business Finance Frequently Asked Questions*, SBA, OFF. OF ADVOCACY(July 2016), 1, www. sba. gov/sites/default/files/Finance-FAQ-2016_WEB. pdf.; Jeffrey Estes, Benedict Kwon, & Michael Brown, *Venture Capital Investment in the United States: Market and Regulatory Overview*, WESTLAW(Mar. 1, 2015), https://1-next-westlaw-com. ezp. lib. unimelb. edu. au/Document/Ieb4a24ed1cb511e38578f7ccc38dcbee/View/FullText. html? contextData=(sc. Default)&transitionType=Default.

人秩序添加到了一个已经颇为臃肿的框架中。大多数私募股权与风险投资基金通过通常使用《条例 D》(Regulation D)或《条例 A》(Regulation A)而进行未登记的豁免发行,或者通过以"多德-弗兰克"命名的《2010 年私人基金投资顾问登记法》(Private Fund Investment Advisers Registration Act 2010)来吸引投资者。[1]《2012 年创业企业扶助法》(2012 Jumpstart Our Business Startups Act,JOBS Act)是畅通资本与企业联系之路的一个尝试,该法豁免了最多 100 万美元的私人证券发行以及为创业企业提供的众筹举措,从而扩展了进入私募股权市场的机会。[2]

额外的融资选择,例如贷款与股权组合——通过可转换债务,也称为准股权——模糊了债务与股权以及私法与公法之间的界限。可转换债务始于具有固定利率与还款条件的贷款。如果公司符合合同中规定的某些成功绩效基准,则"贷款人"有权选择将本金贷款额转换为股权。金融工具的结合增加了用来规制这些金融工具的法律之数量。

对社会企业传统资本渠道之破坏

当无论是初创还是"小"企业都存在如此多的资本渠道时,为何还需要创新融资资助影响力驱动型企业?以下探讨强调了影响力聚焦型企业所面临的特有筹资挑战,而其重点是公法与私法上的障碍。

公法障碍

(1)董事的信义义务。除了证券登记要求与贷款要求外,信义义务也属于一种公法范畴,其可能会阻碍社会企业的资本渠道。在平衡收益与目的时,营利公司董事义务的不确定性是争论与混乱的根源,而这减缓了面向社会企业的资本分配。

特拉华州收购法最为坚固与最为持久的原则之一,如果不是一般公司法

---

〔1〕 例如,参见 *Investor Bulletin*:*Private Placements under Regulation D*,U. S. SEC. & EXCH. COM. (SEC)(Sept. 24,2014),www. sec. gov/oiea/investor-alerts-bulletins/ib_privateplacements. html; *Investor Bulletin*:*Regulation A*,SEC(July 8,2015),www. sec. gov/oiea/investor-alerts-bulletins/ib_regulationa. html; § 9:21. CFTC-registered investment advisers,21 SECURITIES CRIMES § 9:21(2d ed. 2013)。

〔2〕 参见 Jumpstart Our Business Startups Act,Pub. L. No. 112—106,126 Stat. 306(2012);Title II Access to Capital for Job Creators;Title Ⅲ Capital Raising Online While Deterring Fraud and Unethical Non-Disclosure Act of 2012(CROWDFUND Act);*Regulation Crowdfunding*:*A Small Entity Compliance Guide for Issuers*,SEC(May 13,2016),www. sec. gov/info/smallbus/secg/rccomplianceguide-051316. htm #1。

的神话，则是股东财富最大化标准。[1] 这一标准或规范将根据州公司法而产生的董事一般信义义务解释为要求董事最大限度地提高股东收益——这一概念至少在表面上跟收益与目的的双重业务重点产生矛盾。观念如果不是现实，则通过引入一个定义不明确的法律风险会阻却面向社会企业的资本分配。

一个普通故事说明了股东财富最大化规范与社会企业之间的张力。本杰瑞冰激凌(Ben & Jerry's Ice Cream)是首批致力于收益与目的的标志性与双重底线公司之一，它自身恰当地称之为"二次探底"(double dip)。谁会不喜欢关于冰激凌的童年记忆？对某一代人而言，这些记忆可能会特别集中在本杰瑞[2]异想天开的味道组合、时髦的冰激凌店以及它独特的田园—相遇—卡通包装。该公司通过可持续产品、环境保护、以基本生活薪酬与福利支持雇员以及大量慈善捐款，显示了其对目标的承诺。2000 年，联合利华从不情愿的董事会那里收购了本杰瑞："我们不想卖掉企业；那是一个非常困难的时期。但我们是一家上市公司，并且董事会首要义务就是股东利益。这就是该决定的原因。"[3]

学者们认为该销售是可以避免的。但认为销售是不可避免并且已经由法律强制要求的这一信念占据主导地位。[4] 从关于本杰瑞这一案例研究所得到的一般结论是，传统营利追求与社会企业并不兼容。当存在传统的纯粹营利导向型公司时，为何要承受社会企业的复杂因素与二元性的风险？很多公司法学者认为，这一结论在技术上是不正确的，至少不是在全部情况下都正确，对于私人公司而言尤其如此。[5] 一个明显的解决办法是，企业家组成一个混合实体——就像特拉华州公共福利公司一样，其中，法律规定董事与

---

〔1〕 关于股东财富最大化标准之介绍，参见 Dodge v. Ford Motor Co., 170 N. W. 668, 684(Mich. 1919)；George A. Mocsary, *Freedom of Corporate Purpose*, 2016 B. Y. U. L. REV. 1319, 1344；Stephen M. Bainbridge, *In Defense of the Shareholder Wealth Maximization Norm: A Reply to Professor Green*, 50 WASH. & LEE L. REV. 1423(1993)。CF., LYNN STOUT, THE SHAREHOLDER VALUE MYTH: HOW PUTTING SHAREHOLDERS FIRST HARMS INVESTORS, CORPORATIONS AND THE PUBLIC(2012)。

〔2〕 关于出售本杰瑞的完整历史，参见 Antony Page & Robert A. Katz, *Freezing Out Ben & Jerry: Corporate Law and the Sale of a Social Enterprise Icon*, 35 VT. L. REV. 211(2010)。

〔3〕 Hannah Pool, *Question Time with Hannah Pool*, GUARDIAN(July 31, 2008), www.guardian.co.uk/business/2008/jul/31/5(interview with Jerry Greenfield, cofounder of Ben & Jerry's).

〔4〕 例如，参见 Page & Katz, *supra* note 20, at 2012。该文提到"我们拒绝接受这一主张，即公司法迫使出售本杰瑞给联合利华"。

〔5〕 例如，参见 David Millon, *Radical Shareholder Primacy*, 10 U. ST. THOMAS L. J. 1013, 1020(2013)；Lawrence E. Mitchell, *A Theoretical and Practical Framework for Enforcing Corporate Constituency Statutes*, 70 TEX. L. REV. 579, 623－24, 626, 631－32(1992)。该文主张董事信义义务并不要求股东财富最大化。

管理者负有针对该公司所预期的社会利益以及一群利益相关者的信义义务，而这些利益相关者不仅包括股东，还包括债权人、消费者与当地社区。[1]

营利公司追求目标与收益的能力（及其董事的自由度）的持续不确定性可能会抑制融资机会，并且阻碍社会企业的融资能力。

（2）机构投资者的信义义务。机构投资者的独立信义义务是社会企业资本分配的第二个公法障碍。养老金、共同基金与捐赠基金的机构投资者控制着超过96.5万亿美元的资产，这使得它们成为公共与私人公司的主要资本来源。[2] 机构投资者特有的信义义务——源于它们从个体投资者那里汇集资金并代表后者投资的这一事实——在公司董事负有做出旨在赚取收益决定的信义义务之外增加了法律障碍。

机构投资者必须遵守极多的联邦法律，以致无法在本章中全部列出。信托法是全部机构投资者监管的共同支柱，其要求基金的受托人"作为一个谨慎投资者"行事，并构成第二层次所施加负担之典型。[3] 这一标准要求"保持合理的注意、技巧与谨慎，其并非适用于孤立的投资，而是适用于信托投资组合范围内并且作为应纳入适合该新信托的风险与回报目的的总体投资策略组成部分"[4]。此外，《1974年雇员退休收益保障法》（Employee Retirement Income Security Act of 1974，ERISA）规制私人固定福利养老金计划（private defined benefit pension plans）。《1974年雇员退休收益保障法》规定了一个负有遵守忠实与注意义务的更高的信义标准，其要求计划管理应当为了受益者最优利益。[5] 公共养老金计划（主要受州法规制）也受到"谨慎人"标准约束，并且在大多数州，还受到《统一谨慎投资者法》（Uniform Prudent

---

〔1〕 例如，参见 David G. Yosifon, *Opting Out of Shareholder Primacy: Is the Public Benefit Corporation Trivial?*, 41 DEL. J. CORP. L. 461, 469－75(2017)。该文在特拉华州法上股东财富最大化场景下，探讨了公共福利公司。Jamie Hopkins, *Low-Profit Limited Liability Companies: High-Risk Tax Fad or Legitimate Social Investment Planning Opportunity?*, 35 CARDOZO L. REV. DE NOVO (2014), www.cardozolawreview.com/content/denovo/HOPKINS_2014_35.pdf. 该文将低收益有限责任公司界定为501(c)(3)下的非营利组织与在全部50个州都得到承认的有限责任公司之间的混合形态。Dana Brakman Reiser, *Governing and Financing Blended Enterprise*, 85 CHI.-KENT L. REV. 619(2010). 该文探讨了不同混合实体形式及其益处。

〔2〕 *OECD Business and Finance Outlook* 2015, OECD.ORG(June 24, 2015), 90, www.oecd.org/finance/oecd-business-and-finance-outlook-2015-9789264234291-en.htm.

〔3〕 RESTATEMENT (THIRD) TRUSTS: GENERAL STANDARD OF PRUDENT INVESTMENT § 90(2007).

〔4〕 *Id.* § 90(a).

〔5〕 ERISA § 404(a), 29 U.S.C. § 1104(a)(2016).

Investor Act，UPIA）规制。[1]

基于对机构投资者信义义务的大多数解释，影响力驱动型投资即便并未被认为是直接禁止的，也至少是颇为可疑的。[2] 2015 年，劳工部（Department of Labor，DOL）下属的雇员福利保障管理局（Employee Benefits Security Administration）发布了新的监管指南，从而削弱了一些法律障碍。2015 年的指导方针移除了前劳工部部长托马斯·E. 佩雷斯（Thomas E. Perez）所谴责的“投资虱子”（investment cooties）[3]。当《1974 年雇员退休收益保障法》中私人养老金计划受信人（例如，受托人）考虑制定节约导向型投资与/或具有明确的环境、社会与治理因素的投资策略时，由劳工部指南加以处理。[4] 2015 年的劳工部指南特别重申了“一切平等”规则，认为环境、社会与治理因素可以成为同等投资机会之间的纽带。[5] “等价”要求是指预期的收益，并且依然给受信人带来很大的负担，使其能够证明未来平等的绩效机会。等价标准是绩效指标——例如，如何量化与货币化影响力回报——仍在发展的这一领域中的一个挑战。等价在如下情况下也是一种负担：传统财务绩效基准不能涵盖与气候变化、资源稀缺或者不平等与压迫所造成的社会或政治动荡有关的发展风险，即所有可能的影响力焦点。我们目前的语言——其诞生于公认会计原则（Generally Accepted Accounting Principles，GAAP）——在描绘一幅与影响力及传统投资相关的利益与风险画面时只具备有限的能力。通过这种方式，投资管理者的信义义务可能会作为资本流向社会企业的障碍

---

〔1〕 David Hess，*Public Pensions and the Promise of Shareholder Activism for the Next Frontier of Corporate Governance：Sustainable Economic Development*，2 VA. L. & BUS. REV. 221，247－48（2007）；NAT'L CONF. OF COMM'R ON UNIF. STATE L.，UNIFORM PRUDENT INVESTOR ACT（1995），www.uniformlaws.org/shared/docs/prudent%20investor/upia_final_94.pdf and as codified at，for example，Uniform Prudent Investor Act，WIS. STAT. ANN. § 881.01（West 2014）.

〔2〕 Christopher Geczy et al.，*Institutional Investing When Shareholders Are Not Supreme*，5 HARV. BUS. L. REV. 73，81－88（2015）（with Jessica Jeffers，David K. Musto，and Anne M. Tucker）. 该文探讨了机构投资管理者的信义义务以及劳工部解释性指南在禁止或有时授权影响力驱动型投资方面的作用。J. Haskell Murray，*Social Enterprise and Investment Professionals：Sacrificing Financial Interests?* 40 SEATTLE U. L. REV. 765，778－85（2017）. 该文探讨了社会企业投资的法律界限，包括《1974 年雇员退休收益保障法》中的义务）。

〔3〕 Susan H. MacCormac，Paul Borden，Kristin A. Hiensch，& Jesse Finfrock，*Department of Labor Clarifies ERISA Fiduciary Requirements with Respect to Economically Targeted Investments and Environmental，Social，and Governance Goals*，BLOOMBERG BNA（Dec. 22，2015），www.bna.com/department-labor-clarifies-n57982065457.

〔4〕 Interpretive Bulletin Relating to the Fiduciary Standard Under ERISA in Considering Economically Targeted Investments，29 C. F. R. pt. 2509（2015）. 该文澄清了《1974 年雇员退休收益保障法》第一章第 4 部分第 403 节与第 404 节所规定的法律标准，其涉及计划受信人决定将计划资产投资于“节约导向型投资”。

〔5〕 “只要该投资与缺乏此类附带利益的投资，在适当时间范围内对受益者的回报与风险而言，在经济上大致相当，则计划受信人就可以部分地以其附带利益为基础进行经济目标投资。”29 C. F. R. pt. 2509（2015）.

而持续存在，至少在采用更强的共同指标之前一直如此。

在2016年，国税局对另一个重要法律障碍加以缓和化，其为通过投资于影响力基金或直接投资于社会企业的方式而进行项目相关投资的私人基金会提供了最新监管指南。财政部/国税局指南澄清到，“潜在高回报率不会自动阻止一项投资符合项目相关投资要求”，并且，项目相关投资可以包括“向个人、免税组织与营利组织提供贷款，以及对营利组织进行股权投资”以及准股权投资（可转换为股权的债务）。[1]

关于信义义务的关切造成了一种寒蝉效应，即共同持有的信念或者持续存在的神话——而不是绝对的法律禁止——造成了最大的损害。被允许的影响力聚焦型投资之边界依然未经测试，因此不甚清晰。但是，对公司与基金两级信义义务的仔细理解则为向社会企业投资预留了空间。

私法障碍

资助社会企业的最重要障碍来自私人秩序的挑战，而非公法禁令。

(1)缺乏标准化的影响力预期与测量。影响力基金及其投资组合公司的一个决定性特征是，它们测量其工作的影响力。[2] 但是，该领域缺乏一套标准化的测量社会与环境影响力的指标。对于什么构成影响力缺乏普遍的一致意见，更不用说采取适当的影响力举措。[3] 因此，需要一种共同语言来指导投资者以及司法机构，后者负责监督与评价影响力导向型商业运营和决定的优势及合理性。虽然存在重要且有根据的路径——例如随后将探讨的全球社会价值投资网络（GIIN）的影响力报告与投资标准（Impact Report and Investment Standards，IRIS），但是，影响力测量缺乏统一性。对于社会企业所涉及的其他利益相关者（例如，私人投资者、公共当局、雇员与预期受益者）而言，这些不同群体需要一个针对其影响的多面向系统，而这进一步使得该测量程序复杂化。[4] 速度是影响力投资空间中的另一个巨大挑战。至关重要的是，立即需要创设一种通用的描述性语言来评估一项商业投资的最优与

---

〔1〕 INTERNAL REVENUE BULLETIN：2016－19，T. D. 9762，*Examples of Program-Related Investments*（Apr. 2016），www. irs. gov/irb/2016-19_IRB/ar08. html.

〔2〕 Deborah Burand，*Contracting for Good：Embedding Social and Environmental Impact Goals into Loan Agreements*（Working Draft Mar. 1，2017）（on file with author）.

〔3〕 例如，参见 Jim Clifford，Kate Markey，& Natasha Malpani，*Measuring Social Impact in Social Enterprise：The State of Thought and Practice in the UK*，E3M（Feb. 27，2013），www. can-online. org. uk/uploads/editor/files/Invest/Measuring_Social_Impact_in_Social_Enterprise_report. pdf。

〔4〕 例如，参见 *Policy Brief on Social Impact Measurement for Social Enterprise：Policies for Social Entrepreneurship*，OECD（2015），www. oecd. org/industry/Policy-Brief-social-impact. pdf。

最坏方面。在缺乏共同语言的情况下,以影响力为重点的社会企业投资很容易受到更多审查与司法监督。

创造一致与普遍采用的标准并不是一项小任务。我们不妨考虑一下公认会计标准(GAAP)起源于20世纪30年代,而自1973年以来一直由财务会计准则咨询委员会(Financial Accounting Standards Advisory Board,FASAB)管理。即使在干净整洁的会计世界中,无数的本能判断依然是估计财务绩效所必需的。[1] 通过这个复杂系统,一种共同财务语言得以出现,从而减少解释每家公司财务绩效的细微差别与个性。缺乏针对影响力的共同语言或者类似工具,阻碍了将社会与环境驱动型资本和社会企业家匹配的能力。

全球社会价值投资网络开发了影响力报告与投资标准。该标准是与洛克菲勒基金会、聪明人基金(Acumen)、共益实验室等社会企业驱动型团体合作而列出的普遍接受的绩效指标。[2] 经济合作与发展组织(Organisation for Economic Co-operation and Development,OECD)是影响力测量领域的另一个思想领导者,其收集学术研究、私人测量选项与影响力测量的替代路径。[3] 这些努力都没有获得完全解决现有差距所需的统一性与采纳度。[4] 一种针对影响力投资的共同语言是可以产生的,但是,以具有普遍吸引力与信任度的方式快速发展该语言则是颇为困难的。

(2)市场与基础设施。一些社会企业努力的属性本身——地点、部门、技术与消费者——可能会扰乱资本流动。一些社会企业的预期影响要求公司在经济不利的地点(即经济增长低迷或者腐败严重的地点)、在新兴投资市场,以未经证实的技术(即燃料替代品)或者在不稳定的市场部门经营。“最缺乏资本的国家、部门与机构缺乏资本是有原因的:它们很难创造财务获利

---

[1] 例如,参见 MIRACEL GRIFF, PROFESSIONAL ACCOUNTING ESSAYS AND ASSIGNMENTS(2014); THOMAS S. BATEMAN & SCOTT A. SNELL, MANAGEMENT: LEADING & COLLABORATING IN A COMPETITIVE WORLD(8th ed. 2009); *FASAB Facts*, FASAB(Sept. 2012), www.fasab.gov/pdffiles/fasab_facts.pdf。

[2] *About IRIS*, GIIN, IRIS, https://iris.thegiin.org/about-iris(last visited July 24, 2017).

[3] 例如,参见 *Policy Brief*, *supra* note 37。

[4] 参见 Sarah Dadush, *Regulating Social Finance: Can Social Stock Exchanges Meet the Challenge?*, 37 U. PA. J. INT'L L. 139, 175(2015)。该文警告说:“正是因为[社会影响力指标]负责讲述广大投资者都能理解的投资回报率故事,所以社会绩效指标在讲述一个关于社会影响力的完整与准确的故事这一任务上妥协了。量化工具以更大的‘赋权、宽容、真实、团结与关怀’的形式测量受益者经验的能力有限,这使得替代问题更加复杂。”Briana Cummings, *Benefit Corporations: How to Enforce a Mandate to Promote the Public Interest*, 112 COLUM. L. REV. 578, 600(2012). 该文将共同的批评概括为“尤其是对小公司而言,收集与报告数据过于烦琐,并未产生任何有助于改进实践的信息,并且将资源从践行公司的使命中转移出去。批评者认为,这些成本并未伴随着问责方面的收益,而这首先是因为公众信息太多,无法通过宽泛的公司披露来收集信息,其次是因为他们无论如何都不能理解所披露的材料”。

型的投资。”[1]

(3)社会企业交易管道。影响力基金投资社会企业同样面临着由其商业模式所产生的障碍。有限的规模经济与缺乏重复的玩家利益阻碍了影响力投资。从基金的角度看,新兴经济体的投资机会有限,特别是使命相关投资的机会颇为有限。影子投资池给基金带来了一系列的挑战,包括信息不对称[2]、投资规模小[3]、难以建造交易管道[4],以及有限的退出机会。例如,识别与审查一个基金的50万美元小型社会企业投资所需的研究可能跟识别与审查1 500万美元传统私募股权交易所需的资源相当。高信息成本与低投资机会是影响力投资的运营性挑战,其可能阻止传统投资者,并抑制针对社会企业的私募股权支持。[5] 基金在社会企业投资方面也可能面临较高成本,因为需要存在必要的信息来评估每个潜在投资组合公司的投资,这使得开发专门知识、确定效率与建立稳定的交易管道变得更加困难。当财务报表不能成为勤勉的唯一焦点时,基金需要投入时间与人力资本来理解该公司所特有的预期影响与指标。基金管理者对2016年全球社会价值投资网络调查的答复表明,缺乏具有绩效记录的适当高质量投资机会是社会企业融资的最关键挑战之一。[6] 全球社会价值投资网络与其他来源报告显示,基金往往持有未分配的承诺资本,并且对所筹集的资金无法全部投资出去。[7]

(4)善意通行证(goodwill pass)与转化中的丧失。另一个私法障碍是“善意通行证”。深入社会影响力世界的投资专业人士对一些社会企业家表示沮丧,后者对行善的潜力感到兴奋,但却忘记专注于基本的商业计划。一位基金管理者将这个问题描述为缺乏对赚取与维持收益的可行性的批判性分析,因为一些社会企业家似乎默契地相信,他们想法中的善意成分会给他们一个

---

〔1〕 ANTHONY BUGG-LEVINE & JED EMERSON, IMPACT INVESTING: TRANSFORMING HOW WE MAKE MONEY WHILE MAKING A DIFFERENCE 31(2011).

〔2〕 影响力基金管理者必须获得关于使命相关公司现有投资机会的知识,然后帮助这些企业家发展成功管理公司的技能。*Id.* at 34,76.

〔3〕 小型投资可能会影响基金向投资组合公司提供技术援助的能力,而有些人认为该能力是风险投资成功的关键组成部分。*Id.* at 34.

〔4〕 *Id.* at 76.该文提到了受限的投资机会。

〔5〕 Paul Brest & Kelly Born, *Unpacking the Impact in Impact Investing*, stan. SOC. INNOVATION REV. (Aug. 14,2013), http://ssir.org/articles/entry/unpacking_the_impact_in_impact_investing. “私募股权投资者的目标是投资于具有高增长潜力或被低估资产价值的投资组合公司,与管理层合作以提高公司绩效,并退出投资以实现重大收益。”Hugh Manahan, *Private Equity Investments in Microfinance in India*, 4 MICH. BUS. & ENTREPRENEURIAL L. REV. 293,313(2015).

〔6〕 Abhilash Mudaliar, Hannah Schiff, & Rachel Bass, 2016 *Annual Impact Investor Survey*, GIIN: GLOB. IMPACT INVESTING NETWORK (May 18, 2016), https://thegiin.org/assets/2016%20GIIN%20Annual%20Impact%20Investor%20Survey_Web.pdf.

〔7〕 *Id.*

通行证。另一位管理者将这种现象描述为一种担忧，即“柔软的心灵创造了柔软的想法”。无论这种刻板印象是否正确，社会企业倡议——作为投资机会——必须呈现出良好的财务状况与为人熟知的绩效基准。

其必然的关切是，过分强调财务与影响力绩效基准可能会稀释与减损影响力使命。专注于可测量的绩效可能削弱创始人与投资者的社会愿景。一句格言是，我们考核什么，我们就鼓励什么。影响力投资者对如下事项表示担心：对基准的强调将有限资源转移到考核本身，反倒使得影响力发挥次要作用。[1] 当社会企业家被迫讲述传统金融的语言时，他们工作所富有生机的目的可能会在转化中丧失。

鼓励针对社会企业的资本

总的来讲，抛开信义义务的挑战，公法为社会企业引入了很少的资本障碍。最大的资本池与最重要的障碍都来自私人方面。因此，前进的道路必须集中于私人解决方案，特别是私人秩序。作为一种解决方案，私人秩序既容易——它不需要改变法律或者第三方倡导——又复杂，因为它会随着时间推移而演变。

本章其余部分侧重于影响力投资——寻求将社会或环境利益与收益结合起来的基金——并提出在这一领域处理私人秩序的一般框架。其重点是五个领域：(1)财务回报与激励；(2)治理控制与机制；(3)退出权与控制权；(4)信息与其他投资者权利；(5)影响力指标。这里将合同分为两类，影响力投资基金文件与投资组合公司投资文件，并进一步发展了该框架。[2]

基金层面的文件

基金文件是创造影响力投资基金、确定其投资界限、规定投资者和基金管理者权利和义务的法律与准法律文件。基金文件包括私募备忘录(private placement memoranda，PPMs)或其他国家中的相应文件、章程文件(例如有限合伙协议或者运营协议)，以及基金会提供的对影响力投资基金施加额外

[1] 例如，参见 Burand，*supra* note 35，at 11。

[2] 这里所描述的意见是与沃顿社会影响力倡议组织(Wharton Social Impact Initiative)一起进行的宽泛的合同审查项目的结果，该组织运营与管理沃顿影响力研究与评估数据库(Wharton Impact Research & Evaluation Database，WIRED)。研究的全部结果将在未来发表。我将在那时分享我的个人观察。

限制的附带信函协议(side letter agreements)。

私募备忘录向潜在投资者传达基金的财务与影响力目标,以及投资的粗略界限。它们是“准合同”,因为它们设定了投资预期,并创造了法律边界。但是,在大多数情况下,它们并未创设可强制执行的合同权利。证券交易委员会的强制执行权力以及投资者对其所依赖的私募备忘录声明中的虚假或误导之私人诉讼权利,创造了其“准”合同属性。[1]

作为对照,基金的章程或者组织文件是一份可执行的合同。组织文件构成基金与基金投资者之间的合同。如果私募备忘录是愿景性的,则组织文件通过识别异常行为,例如利益冲突或被禁止的投资活动,来保护影响力投资的边界。由于组织文件是一份可执行的合同,因此它们不包含私募备忘录中的愿景要素。例如,私募备忘录可能会陈述创造 2 000 个新就业机会、为目标区域带来 500 万美元新收益、增加获得清洁水的机会或者 11%的市场利率财务回报的预期影响力。但是,相应的组织文件不会保证预期的影响力或者预期的财务回报,这在文件之间造成了差距。相反,组织文件将愿景目标的组成部分纳入具体合同条款。因此,有限合伙协议可以规定向投资者付款的时间与条件,限制该公司资金投资的地点或类型,要求第三方审计与报告其影响力,并保证投资者的知情权。

就影响投资力基金而言,在愿景声明与表述性声明南辕北辙时——财务回报与福利,私募备忘录与组织文件之间就会不断脱节。组织文件具有一项明确的任务,即在基金成立时,并且可能在基金甚至投资于任何投资组合公司之前,就为可知且具体的内容订立合同。

财务回报与激励

全部基金组织文件都包含与关注财务条款。影响力投资合同金融条款借用了传统私募股权与风险资本合同条款。这些合同强调资本承诺时间与金额(即投资“锁定”了多长时间与多少数量),描述了资金提取限制与通知,并指定了对投资者的收益分配。

---

〔1〕 根据联邦证券法,私募备忘录受到第 10b－5 条中的责任约束;它们不能包含欺诈声明。Rule 10b－5 of the Securities Act of 1934,17 C. F. R. § 240. 10b－5. 关于投资策略、风险与禁止某些投资活动或类型的声明可能受到法律处罚。《1934 年证券交易法》第 10b－5 条规定,如果并未附有充分的警示声明或者在《1995 年私人证券诉讼改革法》(Private Securities Litigation Reform Act of 1995)的安全港条款内做出陈述,则关于出售未登记证券之重大事实的虚假或误导性陈述均为非法。Private Securities Litigation Reform Act of 1995,Pub. L. No. 104-67,109 Stat 737;Andrew M. Campbell,“*Bespeaks Caution*” *Doctrine Under Federal Securities Laws*,130 A. L. R. FED. 119(1996).

影响力投资基金可能会使用一个熟悉的私募股权支付计划——“瀑布式付款”(“the waterfall”),并借此实现收益分层分配。基金首先向投资者支付他们最初被承诺的资本金额和优先回报。一旦基金支付了优先回报率,基金就达到了收益“最低预期资本回收率”(hurdle rate),并完成了第一层。对最低预期资本回收率的实现接着触发下一层,即支付给基金管理者(通常是普通合伙人或者管理成员,当然这取决于其实体结构)。这一层是“追赶期”(catch-up period),其中该管理者会获得不超过已经支付给其他投资者的收益。在第三层,基金在投资者(75%～90%)与基金管理者(10%～25%)之间分配额外收益,其中支付给管理者的比例被称为“绩效分成”(carried interest)。

影响力投资基金,即使是那些寻求优惠或者低于市场回报的基金,也试图获利。影响力基金的预期财务回报决定了合同规定与重点。影响力基金越寻求与传统风险投资或私募股权公司相当的收益,它就越能遵循在该空间中所建立的合同规范。例如,寻求市场利率回报的基金很可能在组织文件中设定更为强有力的财务保护与传统私募股权/风险资本规定。相反,专注于——低于市场利率的——优惠回报的影响力基金将反映组织文件中的优先选项,并且可能偏离传统的私募股权/风险资本合同规范。例如,优惠型影响力基金(concessionary impact fund)的文件可能包含对基金投资者的更少的稳健财务保护——也许会远离收益的瀑布式付款分配,并对收益分配与管理者投资分配设置更多的条件,以保护基金的预期影响力。同样,其重点可能是鼓励收益的再投资,让基金影响力委员会发挥更强有力的作用,抑或利用其他合同工具保护基金的影响力使命。

基金管理者的控制与限制

基金组织文件规定了基金管理者的权利与义务。与传统私募股权合同一样,基金管理者每年的管理费通常为被承诺资本的1%～2%。基金管理者可能被要求以被承诺资本的最低百分比(1%)投资,从而确保管理者利益与投资者利益保持一致。除了财务基准外,影响力投资组织文件中的创新规定还可以将管理者费用与收益及在投资组合公司内实现影响力基准相结合,或者汇集到影响力基金之中。使命绩效费(mission-performance fee)尚未成为一种标准做法,但可能成为在影响力基金与投资组合公司层面协调利益与保护影响力使命的另一种重要方式。

影响力基金组织文件很少对基金管理者在影响力方面施加额外的信义义务。标准的利益冲突条款依然适用，这要求管理者为基金投入时间，并在第一只基金关闭或者完全认购之前不创设竞争性基金。此外，基金管理者或者其他投资者对投资组合公司的共同投资可能会受到限制，从而减少利益冲突。

调整基金管理者的投资自由裁量权，使其与预期影响力保持一致，是影响力基金组织文件的独特之处。这在传统私募股权投资协议中所发现的限制之外，创造了新的限制。例如，影响力基金管理者可能必须将最低投资分配用于影响力预期区域（阿巴拉契亚或撒哈拉以南的非洲），抑或采用投资组合公司寻求影响力的方法，例如，农业、清洁水、小额信贷或者可再生能源。影响力投资基金文件也可能明确禁止管理者向非影响力聚焦型公司（例如，化石燃料能源）或者区域外公司（即发达与经济富裕地区）进行某些投资分配。影响力基金管理者也可能被禁止进行某些明确的投资，例如犯罪过滤条款（sin screen provisions）：明确禁止雇佣童工、违反国际环境条约、使用武器等。

投资要求与限制保护了基金的影响力使命，防止了基金管理者滥用，并阻却了漂绿的可能性。[1] 影响力基金组织文件也可能载有传统私募股权规定，例如对一个公司、国家、区域或行业进行投资的最高数额，并且可能限制对其他集合资产的投资（即只投资于另一只影响力基金）。限制收益再投资以及共同投资的规定进一步限制了影响力基金管理者的投资自由裁量权。

投资委员会与/或影响力委员会是调整影响力基金组织文件以反映与保护影响力使命的另一种方式。影响力基金也可以通过有限合伙人咨询委员会——传统基金中的一个共同委员会——来建设投资监督机制，其就利益冲突、估值与基金管董事宜向普通合伙人提供指导与反馈。虽然投资与咨询委

---

〔1〕 漂绿描述了肆无忌惮的资产管理者所使用的一种做法，即在销售传统投资产品时，不合理地将社会或环境影响作为一种空洞的营销伎俩、招聘工具与/或投资酌处权手段。例如，参见 *Impact Investment*，UNDP：UN DEV. PROGRAMME（June 10，2016），www. undp. org/content/sdfinance/en/home/solutions/impact-investment. html。

员会在私募股权/风险资本中颇为常见[1],但是,组建一个委员会来监督影响力目标则并非如此。为了实现这一策略,章程文件可以设立一个投资/影响力委员会,并设定具体的服务资格与界限。例如,它们可能需要任命一名基金会伙伴代表、一名社会企业代表或者一名太阳能等相关领域的专家。同样,组织文件可以通过要求委员会批准授权投资组合公司、指导投资组合公司与审查影响力结果来加强委员会的作用。对基金管理者的自主控制加以稀释与对影响力目标之结构支持加以建构,有助于保护基金的影响力使命,并向投资者保证其资本是为影响力而投资的。对基金运作程序的关注将影响力目标纳入传统私募股权结构。这是保持影响力基金免于其投资机会被漂绿的一种方法。

退出权利与控制

影响力基金组织文件限制投资者的退出权,其将投资者的资本锁定为基金的典型寿命——7～10 年,并且在相应情况下可以选择延长。资本锁定与影响力基金持续时间跟传统私募股权与风险投资的模式是一致的。僵尸基金——由于基金退出投资组合公司的机会有限而超出预期寿命的基金——是一种更加适用于影响力投资空间的现象。[2] 社会影响力与退出约束助长了影响力投资中的僵尸基金现象。洛克菲勒基金会在僵尸基金方面的经验引发了一个问题,即影响力聚焦型投资是否需要超过传统的 10 年期限。影响力基金管理者正在“努力实现社会影响力与财务回报;与很多正在创新的初创公司合作;也许正在资本市场发育程度不高、流动性不足的国家运营;并试图建立影响力投资的初步生态系统”。[3]

为了应对退出的复杂性与时间表,影响力投资私人秩序方面的未来发展

---

〔1〕 黑石集团利用几个委员会评估与分配投资决策。“审查委员会成员就策略、程序与其他相关考虑向交易小组提供指导。在吸收审查委员会的建议与决定而进行拟议交易后,拟议的投资将由投资委员会审查。我们公司私募股权基金的投资委员会由高级管理层的某些成员组成,包括斯蒂芬·A. 施瓦兹曼(Stephen A. Schwarzman)与汉密尔顿·E. 詹姆斯(Hamilton E. James),以及私募股权部门的高级执行董事。投资委员会负责批准代表我们公司私募股权基金做出的所有投资决定。审查委员会与投资委员会的程序都涉及委员会成员之间的协商一致决策。”THE BLACKSTONE GROUP,L. P. ,*SEC Form* 10 - K (filed March 2,2009),www. wikinvest. com/stock/Blackstone_Group_(BX)/Filing/10-K/2009/F6215966. 风险投资企业,例如美国的聪明人基金与贝尔资本(Belle Capital USA),利用投资委员会审查与选择投资组合公司。例如,参见 *A Global Community*,ACUMEN,http://acumen. org/about/people/investment-committee/(last visited July 31,2017);*Investment Committee*,belle capital usa,www. bellevc. com/investment-committee. html(last visited July 31,2017)。

〔2〕 Brinda Ganguly,*Zombie Funds and Impact Investing*,ROCKEFELLER FOUND. (Oct. 27,2016),www. rockefellerfoundation. org/blog/zombie-funds-impact-investing.

〔3〕 *Id*.

可以考虑替代性基金结构，例如控股公司，而不是目前对有限合伙或者有限责任公司结构的强调。如果具有控股公司，则会存在附有管理费与投资的额外灵活性，并且，退出也不再固定于特定时间。灵活的退出可能会产生更好的整体回报，尽管缺乏投资者明确退出权的机制可能是缺乏吸引力的：这可能最终会阻却这一选项。

知情权与其他投资者权利

影响力基金组织文件应当保证基金投资者收到经审计的年度财务报表与基金管理者的影响力声明。后者是影响力投资领域的独特之处。年度投资者沟通显示了影响力基金的双重性以及收益与目的的联姻。这些通信强调被承诺资本的数额、仍未投资的资本数额、迄今获得的收益、迄今的分配情况以及未来一年的预期退出事件。影响力基金组织文件也可能要求影响力报告或者第三方对影响力的验证。相反，一些影响力基金组织文件可能对报告与验证保持沉默，因为除非需要吸引投资者，否则基金并无产生与报告及外部验证有关的成本与时间之激励。影响力基金组织文件也可以由基金会与该基金的非营利投资者所施加的条件来补充，这些条件可能会要求更多的信息、报告或者验证。无论其法律激励机制如何，投资者所获取的来自基金管理的信息都成为关于基金财务与运营影响力的问责制与透明度的组成部分。

与基金会以及其他投资者签订的附带信函协议

影响力基金与投资者（通常是具有自己特定使命的基金会）之间的附带信函协议是基金层面的另一个私法来源。附带信函协议对基金施加额外的投资限制、报告与信息要求以及程序保证，例如在投资/影响力委员会的代表权。附带信函也可能增加预期影响力的明确性、详细程度与定义，从而符合投资者的影响力预期（例如，29％的基金将投资于经济萧条地区）。附带信函协议是该基金组织文件的双边附录。虽然其他基金投资者在并非合同当事人的情况下无法执行附带信函中的条款，但是，基金将在附加要求的情况下运营与分配投资。

投资组合公司文件

当影响力基金投资于投资组合公司时,二者制定一份投资条款清单(a term sheet)。这是一份准合同,其处于充分确定的协议(因此可以强制执行)与一份表示同意的协议之间。当事人可以用认购协议、贷款协议或者投资协议来正式订立合同。无论机制如何,私人秩序都有利于资本从影响力基金流向社会企业。

对于投资组合公司文件,合同规范的驱动力是投资组合公司的预期影响力。影响力类别宽泛地包括产品/服务影响力、运营影响力与次要影响力。

对于产品或服务影响力而言,当公司将产品或服务推向市场时,就会产生"福利"。其例子包括提供海水淡化服务的公司、向贫困社区提供的小额借贷,或者低燃料/清洁空气炉灶。

运营影响力存在一些重叠,并且可以将其区别于该公司运营所产生的主要积极影响力。格雷斯顿面包店(Greyston Bakery)的宣传标语是"我们通过烘焙核仁巧克力饼来雇用员工",诠释了公司运营所产生的主要利益。该公司的重点是通过有目的地雇用前服刑人员与移民,在经济不景气的地区从事工作培训与创造就业机会。[1]

次要影响力意味着公司的使命包括一个支持性目标,即提供辅助产品或者运营的利益。例如,TOMS 的鞋子[2]以及沃比·帕克(Warby Parker)[3]所推广的"买一捐一"项目。公司向使命相关的慈善组织捐赠一定比例收益、支付基本生活薪酬、减少碳排放与从事可持续实践。这些做法在实践中提供了其他次要影响力的例子。

一家公司的预期影响力决定了一只影响力投资基金的需求以及由此产生的规范。例如,对于产品/服务影响力而言,不太需要包括建立与确保影响力的合同条款,因为如果公司经营,就会产生影响力。另外,对于次要影响力聚焦型公司而言,合同在保护预期影响力与防止使命偏离或漂绿方面发挥着更大的作用。了解影响力发生的唯一路径是通过报告,而不是通过与业务运

---

〔1〕 *Greyston Bakery*, BENJERRY. COM, www. benjerry. com/greyston(last visited July 31, 2017); *Greyston Bakery Harvest Cookies Wins Sofi Gold Award*, greyston. com, http://greyston. com/(last visited July 31, 2017).

〔2〕 *Bee Kind*, TOMS. COM, www. toms. com/(last visited July 31, 2017).

〔3〕 *History*, WARBYPARKER. COM, www. warbyparker. com/history (last visited July 31, 2017).

营同时发生的影响力所在的公司。

针对社会企业投资组合公司的影响力投资之合同框架同样侧重于(1)财务回报与激励,(2)影响力基金治理控制与限制,(3)影响力基金退出权,(4)影响力基金知情权与其他权利,(5)投资组合公司影响力指标。对于尚处于起步阶段的领域出现的规范而言,相同的警告适用于其组织文件。在这里,我们还必须考虑到投资组合公司的特殊需要与场景影响了由此产生的合同,使"趋势"或规范更难识别,适用性更弱,变化可能更快,并且更受特定地点的合同约束。

财务回报与激励

与投资组合公司签订合同,从而向社会企业家提供资本——无论是股权还是债务——的影响力基金记录了与传统私募股权一致的金融权利与控制。两个因素决定了这些协议中涉及金融权利的合同条款。首先,基金投资的性质——股权、贷款或者准股权——驱动合同条款来确保影响力基金的财务回报与权利。例如,投资组合公司向基金支付的优先收益或股息在股权投资中是颇为常见的。进行债务投资的基金往往以清算权的形式寻求强有力的终止权与优先偿还权。进行准股权投资的合同则侧重于定义触发事件与条件,根据这些触发事件与条件,影响力基金可以将其债务转换为投资组合公司股权。其次,基金寻求的预期财务回报。如果该基金寻求更高的市场利率回报,则可能会在投资合同中协商获得更强的财务权利与激励措施。相反,与寻求较低或者优惠回报的基金所签订的投资协议可能会减少该基金的财务与终止权。

影响力投资基金通常会通过商定的优先购买权与反稀释条款来保护它们在投资组合公司的财务投资。优先购买权条款通过促进参与随后发行的股票证券,来保护基金在公司的所有者权益,并进而控制公司。反稀释条款则涉及股价稀释,而不是控制权稀释。反稀释条款保护基金免于在新投资者以较低估值价格投资之前不久就需要支付更高价格。如果随后的投资者以较低价格购买股权,则投资组合公司可以保证向该基金分配额外股票,从而为其投资提供同等的股票价值。

基金也可能鼓励(如果不要求)雇员所有权项目:其中,投资组合公司将公司股票——通过赠与或期权——授予其雇员。影响力基金可以将共享所有权计划视为公司的财务最优实践。基金作为投资组合公司的股东，可以采用投资组合公司的传统偏好，作为其收益追求的一部分。基金可能采用熟悉的公司偏好，例如调整雇员利益、招聘与留住人才，以及识别对公司未来持乐观态度的潜在雇员。基金也可能使用雇员所有权条款来降低发行的每股价格，这种做法有时被称为"期权洗牌"(option shuffle)。期权洗牌的工作方法是，将即将发行的新雇员期权池纳入交易前估值——该基金在基金投资前对投资组合公司的估值。交易前估值也设定了基金投资的每股价格。通过降低每股价格，它们增加了基金获得投资财务回报的机会。更为慷慨的是，共享所有权可能以两种方式直接服务于基金的影响力目标。首先，雇员所有权可能有助于锁定公司的"福利"使命，从而锁定基金投资的影响力。其次，雇员所有权可以直接服务于基金的既定影响力目标，例如创造就业、经济赋权、包容与稳定。[1]

治理控制与限制

私募股权投资的一个重要利益是，它通常伴随着商业计划的"指导"(coaching)与支持，这可以在技术援助协议中作为单独的文件来加以正式化。与影响力投资组合公司签订的基金投资合同反映了对指导的类似强调：通常是在公司董事会(或同等机构)上至少安排一名基金代表，并将重大决定的批准/权力授予该基金代表。指导与控制条款是更为宽泛的滚动(roll-up)假定的一部分。进行投资的影响力基金希望公司在财务与预期福利方面表现良好，因此对投资组合公司运营的支持符合该基金的最优利益。[2] 基金向投资组合公司提供的主要支持是通过对重大决策(例如业务计划、债务转让与主要资本支出)的指导，以及通过对公司董事会与行政领导的非正式指导来实现的。

此外，基金通常享有介入权：一旦存在某些低财务绩效基准，影响力基金就会被授权控制公司的业务与决策。介入权通常与退出情景相联系，在这种情况下，如果在通常为五年的最初投资期限之后，影响力投资基金缺乏可行的退出路径，基金就可以接管该投资组合公司。

---

[1] 参见 Christopher Geczy et al., *In Pursuit of Good and Gold: Data Observations of Employee Ownership & Impact Investment*, 40 SEATTLE U. L. REV. 555(2017)(with Jessica S. Jeffers, David K. Musto, & Anne M. Tucker)。

[2] *Id.* at 575—76.

影响力基金退出权利

退出与财务权利决定了基金在投资组合公司中赚钱的能力。因此，退出权——类似于财务权——会被完整地记录，并遵从私募股权与风险资本规范。共同条款侧重于以下领域。

(1)锁定资本与人才。大多数投资合同对影响力投资企业的锁定通常为期3至7年。同样，基金通常将禁止公司创始人与关键领导——作为雇员或投资者——离开该企业作为投资条款。

(2)识别退出机会。大多数投资合同都规定了影响力基金的退出方案，例如首次公开发行(IPO)、出售控制权、期限届满或者实现某些盈利基准。大多数合同包括首次公开发行的登记权。很多投资组合公司的文件规定，投资组合公司有义务为基金的股票确定第三方买家，或者在锁定期届满后筹集资本以出价购买该基金的股票，将传统私募股权与风险资本关于退出与登记权的规定包括在内的做法提供了额外的保护。(即便存在，也)很少有影响力投资管道中的投资组合公司上市。传统保护的稳健性与关于公司上市的可识别"规范"具有误导性，因为这些规定很少被使用，以致它们很难影响该交易的推进。

(3)退出困难。当一只基金被困在投资组合公司的投资中，缺乏可行的退出机会时，它就属于早期探讨的僵尸基金现象。本章第一部分所识别的资本渠道障碍也会破坏与侵害退出机会。社会企业融资挑战延伸到在投资期限届满时促成影响力基金的退出。

(4)强化基金退出控制。很多投资组合公司文件包括领售权(drag-along)与随售权(tag-along)，从而使得投资基金有权将其他投资者拉入拟向第三方进行的公司股票出售中。随售权允许基金在创始人或其他投资者退出时出售其公司股票。这些规定与做法符合传统私募股权与风险资本合同路径，但是，鉴于影响力投资基金在功能上有限的退出机会，它们在影响力空间中可能具有更大的重要性。在缺乏强大的公共市场以及让公司上市的机会的情况下，出售公司股票——无论是由基金还是创始人发起——是基金获得投资回报的主要途径。

(5)在退出时锁定使命。影响力投资领域所特有的退出问题是，如何在影响力基金退出投资组合公司后鼓励或者锁定投资组合公司的使命。一种途径是，鼓励或要求在第三方销售时销售给其他影响力聚焦型投资者或基金会。另一种途径是，要求投资组合公司在影响力基金的投资过程中转换为受使命保护的实体——比如特拉华州公共福利公司——或者寻求共益实验室的共益公司认证。这种做法类似于一个风险资本投资者要求从格鲁吉亚重新登记到特拉华州，或从有限合伙转换为公司。另一个保护或锁定使命的合同工具是基金在退出后依然担任投资组合公司董事会成员或顾问。最后，影响力基金对投资组合公司的初始投资可能是为了该公司获得其他影响力基金或者基金会投资，从而同时解决先前所探讨的渠道障碍。

影响力基金知情权与其他权利

影响力基金，作为投资组合公司的股东或者债权持有人，通过合同来获取财务信息——包括月度报表以及经审计的年报。此外，基金通常通过合同来接收年度业务计划，这支持了前面所探讨的指导功能与控制权。基金通常通过合同来获得对公司业务计划的变更与其他重大业务决策的审批权，例如，承担重大债务或者进行重大资本支出（超过20%）。知情权与传统私募股权和风险资本领域是一致的，但是，控制与指导职能在影响力领域中可能更为重要，从而解决某些社会企业家场景下所出现的针对基础设施或复杂性的关切。

投资组合公司的影响力指标

在投资条款清单中，投资组合公司经常同意跟踪与报告其影响力表现。报告的严谨性与程度取决于投资组合公司的业务阶段、业务模式与预期影响力。次要影响力聚焦型企业往往具有更为健全且复杂的绩效指标与报告合同规定。在这些公司中，报告与绩效基准是必要的，以证明影响力。这是公司功能的次要因素，否则对投资者来说并不明显。在投资组合公司的产品/服务与运营产生影响力的情况下，对福利的量化会面临更大的挑战。当公司的运营是该福利背后的驱动力时，也可能不太需要建立合同机制来加强与保证对该福利的关注。“额外性”的概念进一步加剧了影响力测量与报告的困难。“额外性”一词用于询问如果没有投资组合公司的存在，进而没有影响力投资，则是否会产生一项福利。最后，另一个合同变量是，投资组合公司是否使用福利审计者或者可比较的第三方来验证其福利测量与报告。

结 语

影响力投资基金为社会企业提供了必要的资本。私法合同将投资者投资于影响力基金以及影响力基金投资于社会企业投资组合公司的收益与目的联系在一起。这些协议部分解决了社会企业的融资差距,并克服了一些资本渠道障碍。

影响力投资合同——影响力基金组织文件与投资组合公司投资协议——为投资组合公司与基金创造影响力并产生财务回报提供了所需的基础与结构。这些协议通常侧重于财务、治理、知情与退出权。影响力基金的财务与福利期待很难在投资开始时减少到可执行的合同条款。在缺乏直接控制的情况下,次优方法是集中于间接控制,调整激励措施,并通过禁止基金管理者与投资组合公司违反预期影响力的行动来保护其边界。私人协议的最优实践与合同规范将随着影响力投资吸引更多资本并为社会企业部门中的更多公司提供支持而得以演变。

这一评估合同条款、激励措施与目标的初步框架为探讨与评估影响力投资合同创造了一个共同的语言与透镜。该框架还将有助于识别新的趋势,并了解促成它们的动机。识别社会企业特有的合同条款对于调整合同以保护与产生收益和影响力至关重要。找出如何最好地撰写与评估影响力投资合同的方式会有助于将影响力资本与社会企业匹配起来,从而实现创新性金融的承诺。

第十一章 社会企业融资:众筹是答案吗?

琼·麦克劳德·海明威

对于希望“行善”同时做好其业务融资的一家企业而言,它会如何行事?特别是,这种企业如何发现那些理解并同时致力于其非财务目标与财务目标的投资者?考虑到这些问题,本章探讨了公司治理与公司融资的交叉问题。具体来讲,本文识别了社会企业与众筹的共同基础要素,观察众筹目前用于资助社会企业风险的情况,并评估了众筹是否可能是针对社会企业的一个具有前途(甚至合适)的资金来源。

“社会企业”这一术语并不存在精确定义,但是,通常包括至少将其部分运营集中于社会或者环境改善上的商事企业。[1] 人们可以把它描述为一种运动。但是,它目前的普及性,包括特别是美国促进福利公司与其他社会企业商事实体立法采纳的运动,源于平民主义。

通过专注于双重或者三重底线——服务于社会或环境目标以及为股东首要利益而创造财务收益,社会企业代表了组织与开展经营活动的一种独特路径。为了回应市场上对商业形式、执照与税收优惠的未满足或未充分满足的需求,活动家与立法机关最近在美国与其他国家的商法词汇表中引入了营利性社会企业实体形式。这些新形式的实体,特别是其中最受欢迎的实体(即福利公司),旨在向风险投资者提供通过其他方式而无法利用的商业组建与运营的替代方案。特别是在美国,福利公司立法所填补的明确市场定位是营利公司与非营利公司之间的空间。社会企业实体环境的历史性选择通常是由这两种公司形式构成的——一种有时被认为是狭隘地围绕收益与股东财富最大化,而另一种则是围绕禁止公司所有者、负责人或雇员对财务价值

---

[1] 虽然评论者使用不同方式来定义“社会企业”,但“社会企业定义的共同线索是关注社会改善的主要动机,同时相信盈余主要应当再投资于这一使命”。Mystica M. Alexander, *A Comparative Look at International Approaches to Social Enterprise: Public Policy, Investment Structure, and Tax Incentives*, 7 WM. & MARY POL'Y REV. 1,34(2016).

获取私人利益。

与社会企业一样，众筹对市场——商业资本市场——中未满足或未充分满足的需求做出了回应。此外，“众筹”的定义与“社会企业”的定义类似：两者都有些难以捉摸。在承认并不存在一个广为接受的定义的基础上，本章将众筹恰当且简单地理解为一种要求金融支持的公开呼吁：从一个无差别且不受限制的群体（“人群”）那里筹集资金，并且他们通常是在互联网上提供资金。[1] 因其形式不同[2]，众筹可能涉及很多不同法律领域。它在商法场景下与设置实体选项考量与商业融资（融资、重组与投资退出考量，包括合并与收购）发生交叉关系。在本章中，识别与标记几种不同类型的众筹是有益的：

> 捐赠型众筹通常用来描述出于慷慨而以利他方式所提供的资金，除了资助者支持一个与众不同的业务或项目所带来的满足感之外，资助者并未期望得到任何回报……
>
> 奖励型众筹涉及投资者的出资，并且出资人会被以产品或服务的方式而得到承认。如果未来产品或服务以折扣方式提供给资助者以换取其财务支持，则这种融资通常被标记为预订型众筹（pre-order crowdfunding）或者预售型众筹（pre-sale crowdfunding）。
>
> 证券众筹（有时也称为投资众筹）涉及股权（诸如股票或有限合伙或有限责任公司权益等具有嵌入式金融与治理权利的所有者权益）、债券或其他证券的发行与出售——这些工具承诺向出资人（投资者）提供财务回报。[3]

但是，无论它采取何种形式，众筹通常使用技术来增加企业或项目潜在资助者的基数，以改变传统筹资程序。众筹运动——如果我们能把它贴上这样的标签——演变成了一场平民主义冒险，在这场冒险中，金融业参与者与

---

〔1〕 例如，参见 Paul Belleflamme et al., *Crowdfunding: Tapping the Right Crowd*, 29 J. BUS. VENTURING 585, 588(2014)。该文提道：“众筹包括主要是通过互联网公开呼吁以捐赠或者以换取未来产品或某种形式的奖励来提供财务资源，以支持为了特定目的的倡议。”Joan MacLeod Heminway, *Business Lawyering in the Crowdfunding Era*, 3 AM. U. BUS. L. REV. 149, 151(2014). 该文提道：“众筹以最为纯粹的形式涉及资本的民主化——最为常见的是通过完全或者主要在互联网上进行的交易而从一大群无差别的资助者中逐步筹集少量资本。”

〔2〕 众筹分类比比皆是。例如，参见 Melek Demiray et al., *The Crowdfunding Market, Models, Platforms, and Projects*, in CROWDFUNDING FOR SUSTAINABLE ENTREPRENEURSHIP AND INNOVATION 90, 91－99(Walter Vassallo ed. 2017); Joan MacLeod Heminway, *What Is a Security in the Crowdfunding Era?*, 7 OHIO ST. ENTREPRENEURIAL BUS. L. J. 335, 358－59(2012)。

〔3〕 参见 Joan MacLeod Heminway, *Small Business Finance: Is the Crowd the Answer?*, 10 WEALTHCOUNS. Q. 44, 45－46(2016)(emphasis added), www.law-hd.com/insights/small-business-finance-is-the-crowd-the-answer。证券众筹也可以被描述为众筹投资。点对点（P2P）、众筹贷款通常是指众包贷款（银行贷款的一种替代方式）。

政府行动者将筹款者与资助者的热情转换为法律改革，以使他们能够在基本上被排除在外的市场上享有参与权。

社会企业与众筹在新千年里都很受欢迎——也许在2008年全球金融危机后的几年里最为明显。虽然目前关于社会企业的数据（基于定义与事实问题）很难被获取，但是，从1974年到2004年，公众可获得的信息文件表明了在社会企业组建方面的总体增长。[1] 并且，一位评论者指出，到2012年，“60％的美国社会企业是在2006年或以后创设的，29％则是自2011年以来创设的”[2]。对共益公司认证、低收益有限责任公司、福利公司与社会目的公司的引入都代表并促进了对社会企业与其他使命驱动型企业的兴趣。

在众筹方面，Kickstarter、Indiegogo、GoFundme等平台在美国推广了捐赠型、奖励型与预售型众筹。为Statista所撰写的市场分析估计，到2021年，美国众筹融资产品（包括众筹投资、众筹贷款与其他类型的众筹）的总交易价值可能达到820亿美元；在全球范围内，预计到2021年，市场将增长到5 652亿美元。[3]

也许不足为奇的是，美国社会企业已经相对迅速地将众筹作为一种新兴或现有企业融资的手段。此外，在美国，依据《众筹条例》（Regulation Crowdfunding）[4]——根据《网上融资同时阻却欺诈与不道德的不披露行为法（众筹法）》（Capital Raising Online While Deterring Fraud and Unethical Non-Disclosure Act，the CROWDFUND Act），即《创业企业扶助法》第三部分[5]颁布——而进行的证券发行的早期数据表明社会企业的证券众筹发生率相对较高。[6] 社会企业与众筹作为基层运动，联合起来反对被认为是精英或者排他性的法律与金融结构。这种一般叙述以及社会企业和众筹的平行增

---

[1] 参见 COMMUNITY WEALTH VENTURES，INC.，SOCIAL ENTERPRISE：A PORTRAIT OF THE FIELD 2（2009），http://community-wealth. org/sites/clone. community-wealth. org/files/downloads/report-cwv-sea-case. pdf。

[2] Ben Thornley，*The Facts on U. S. Social Enterprise*，THE BLOG，HUFFINGTON POST（Nov. 8，2012），www. huffingtonpost. com/ben-thornley/ social wenterprise_b_2090144. html.

[3] TOBIAS BOHNHOFF，FINTECH：BUSINESS FINANCE，STATISTA. COM（Feb. 2017），www. statista. com/download/outlook/whiterpaper/FinTech_Business_Finance_Outlook_0217. pdf.

[4] 17 C. F. R. § § 227. 100－503（2017）.

[5] Pub. L. No. 112－116，126 Stat. 306 § § 301－305（2012）（codified as amended in scattered sections of 12 U. S. C. and 15 U. S. C. ）.

[6] 参见 MARC A. LEAF ET AL.，CROWDFUNDING REPORT － FINRA’S FIRST ENFORCEMENT ACTION AND UPDATED DATA ANALYSIS（Jan. 30，2017），www. drinkerbiddle. com/insights/publications/2017/01/crowdfunding-report。该文指出：“大约16％的发行人要么登记为福利公司……经认证的共益公司……要么在传统公司形式下运作，同时具有强大的社会与/或环境使命……”

长模式与轨迹可以（至少部分）解释社会企业在为其业务融资时会使用众筹。

无论如何，社会企业在众筹领域的早期采用者地位与普遍意义到目前为止并未得到充分研究，并上升为理论。本章提供的信息旨在通过阐释与评论通过众筹为社会企业融资的历史、当前经验与未来前景——特别是通过证券众筹为福利公司融资——来解决人们在文献中所感受到的不足。本章具有一个适度的目标：基于学说、政策、理论与实践而对社会企业众筹进行系统观察。这些观察包括认为众筹可能是资助社会企业的一种有希望的手段的理由，以及关于用资金众包来支持社会企业的警示故事。

在承诺方面，证券众筹为社会企业——在商业融资市场上前景有些不确定的企业——提供了一种基础广泛的新型融资选择。很多社会企业是小企业，而小企业难以吸引资本。社会企业具有忠实的受众，但其支持基础是分散的，同时并不总是在传统资金来源基础上得到很好体现。虽然影响力投资者的数量正在增加，市场逐步深入，但是，很多（如果不是大多数）种子资本、天使融资与风险资本融资的提供者更习惯于（并且喜欢）单一底线企业。这一领域的两位重要学者将社会企业与众筹之间的潜在协同作用总结如下：

> 众筹似乎是为社会企业量身定制的融资方案。它为小型私人公司提供了资金来源。大多数社会企业规模小，都是私人拥有的，并且几乎都需要融资。众筹允许未经认证的“普通”投资者参与资助初创企业。众筹的成功发生在一个项目在网络上激起大量潜在投资者兴趣（通常是触动其心弦）时。社会企业信奉社区伦理，它们的双重底线愿景符合众筹平台资助创造力与灵感的承诺。社会企业创始人、雇员与消费者已经与参与众筹的时髦人士、千禧一代人群存在很多共同之处。利用众筹吸引他们的资本似乎不费吹灰之力。[1]

其他评论者通过援用类似的互益来认同如下观点：为社会企业（包括福

〔1〕 Dana Brakman Reiser & Steven A. Dean, *SE(c)(3): A Catalyst for Social Enterprise Crowdfunding*, 90 IND. L. J. 1091, 1103 (2015) (footnote omitted).

利公司)众筹的做法是有希望的。[1]

但是,警示故事也可能是令人信服的。人们所感知到的回报与风险可能在通过证券众筹来资助社会企业时无法实现平衡。众筹融资市场依然很年轻,并且一个长期融资市场可能不会出现并具有可持续性。此外,众筹成本可能是令人望而却步的;欺诈与虚假陈述的风险——甚至误解——可能会一般性地削弱证券众筹市场(或者尤其是社会企业投资众筹)[2];证券众筹随着时间推移可能无法适应社会企业融资的整体计划;证券众筹可能会吸引错误的发行人或者投资者类型(腐蚀市场)[3];并且发行条款的公平性以及发行的一般质量可能也是缺失的。最后,在利用证券众筹来为福利公司融资时,可能会引起人们的特别关注:这些公司本身是不确定的新实体形式,其既有缺点也有优点。

本章首先简要回顾了当前社会企业与众筹表现形式的共同运动与平民主义基础。接下来,探讨了通过众筹来为社会企业融资的问题,重点是最近出现的证券众筹(尤其包括 2016 年 5 月在美国根据《众筹条例》而引入的证券发行)。本章的其余部分通过将社会企业众筹置于社会企业融资的整体市场中,并对不确定性的成本、诉讼风险以及社会企业与证券众筹之间的可能影响进行评论,从而反思这些基本事项。虽然这一章主要集中在美国的社会企业与众筹,但是,某些观察结果——或许——具有更为宽泛的适用性。

---

〔1〕 例如,Brett H. McDonnell,*Benefit Corporations And Public Markets:First Experiments And Next Steps*,40 SEATTLE U. L. REV. 717,730(2017)。该文认为:"众筹似乎有可能成为福利公司资金的主要来源。"Nicholas Herdrich,*Just Say No To Crowdfunding*,6 u. PUERTO RICO BUS. L. J. 157,174(2015),http://uprblj. org/wp-content/uploads/2015/03/6-UPRBLJ-157-Nicholas-Heirdrich-Just-Say-No-To-Crowdfunding-2015. pdf. 该文指出:"福利公司提供了一个营利公司形式与社会或环境使命的混合体,是一个以公民为基础的众筹融资的候选者。"J. Haskell Murray,*Social Enterprise Innovation:Delaware's Public Benefit Corporation Law*,4 HARV. BUS. L. REV. 345,367-68(2014). 该文提道:"'众筹'可能是公共福利公司的另一资金来源。"Shelley A. D. Sandoval,Note & Comment,*Ready to Re-Launch:Fixing the Pitch for the Social Enterprise*,37 N. ILL. U. L. REV. 340,360(2017). 该文提道:"在对社会企业感兴趣的消费者可以选择的投资选项中,著名的领先者最近获得联邦《创业企业扶助法》的众筹豁免。众筹在一些投资者群体中发现了动力,这些投资者认同社会价值的创造,对整体投资的回报鲜有期望。"Doug Rand,*The Promise of Crowdfunding for Social Enterprise*,obamawhitehouse. archives. gov/blog(June 28,2012,6:15 PM),https://obamawhitehouse. archives. gov/blog/2012/06/28/promise-crowdfunding-social-enterprise. 该文指出:"众筹提供了巨大的希望。一些人认为,它有可能通过改善小型企业获得资本的机会从而振兴服务不足的社区。"

〔2〕 例如,参见 Alan R. Palmiter,*Pricing Disclosure:Crowdfunding's Curious Conundrum*,7 OHIO ST. ENTREPRENEURIAL BUS. L. J. 373,389(2012)。该文指出:"众筹也有可能成为互联网欺诈与骗局的工具,先是损害投资者,而最终吓跑他们。"

〔3〕 例如,参见 Herdrich,*supra* note 12,at 175-76(2015)。该文指出:"众筹为无资质的投资者提供了投资机会,这些投资者在历史上被视为易受欺诈与无法轻易承受金融损失的投资者。"

社会企业与众筹发展中的平行关系

一个法律体系可能是不完整的，因此为进入市场者造成了障碍。在人们所感知到的法律框架内的覆盖范围空白，以及由此导致对理想市场进入者的排除，可能会催化创新。营利性社会企业与众筹可能被视为是对这类缺陷予以回应的创新。特别是，营利性社会企业（尤其是以福利公司的形式）对商事社团与众筹市场上的明显缺陷做出回应，而众筹则对金融资本市场上的明显缺陷做出回应。政府行动者与倡议并未领导这两项市场创新，尽管立法在每一项创新的发展中都发挥了作用。相反，社会企业与众筹最初在很大程度上从大众中兴起，并被富有政治智慧的领导人予以进一步推进与更为坚定地制度化，这些领导人试图鼓励支持和服务于其观察到的公众需求。

社会企业及其实体形式解决了公众更为明确与积极地通过商业倡议来为社会或环境以及金融目标服务的需要。商业推动者与投资者都理解，现行商事社团法——特别是规制管理层信义义务的公司决策法——对满足这一公共需求提出了挑战。认为公司业务运作与管理决策必须始终将收益与股东财富放在第一位——在其他公司目标之前——一直是社会企业与相关信号机制的强大驱动力。具体来讲，关于股东财富最大化规范对公司治理与融资的影响之关注促进了公认的第三方认证制度的开发，例如共益实验室（非营利性认证中介）提供的共益公司认证项目以及更具整体性的新型使命驱动型法定商业实体形式（主要包括福利公司，但也包括低收益有限责任公司与社会目的公司）。

沿着类似的思路，在个体、朋友与家庭资金来源枯竭后，无法吸引到天使或者风险资本支持的初创企业与小企业往往会有被拒之门外的感受。此外，财力有限的个体可能强烈希望逐步为初创企业与小企业提供资金，但无法发现其所支持的企业。众筹具有回应这些未被满足的需求的潜力。[1]

草根性的公众支持，加上集中的政治参与，已经在商业话语与实践中牢固地建立了社会企业与众筹的地位。每一个都被称为“运动”或“平民主义”

〔1〕 参见 Payal Jain，*A Crowd-Funder Value（CFV） Framework for Crowd-Investment：A Road-map for Entrepreneurial Success in the Contemporary Society*，*in* CROWDFUNDING FOR SUSTAINABLE ENTREPRENEURSHIP AND INNOVATION 300（Walter Vassalloed.，2017）。该文指出：“众筹是一种有益的工具，其通过向大众投资者提供投资机会，并通过支持与促进创业项目来满足公众未获满足的需求。”

间接崛起的证据。[1] 这些术语在社会科学场景下可能被视为具有不同的含义：

虽然社会运动是从自我组成的公民团体或网络所采取的自发集体行动形式中产生的，但是，平民主义通常会涉及那些控制社会动员渠道、节奏与组织形式的主导性人物对大众主体性的占用。事实上，在全国选举或全民投票中投票的个人行为之外，平民主义并不要求大众选民参与集体行动。虽然这两种形式的大众主体性竞争都创造了精英，但是，社会运动自下至上动员了这种竞争，而平民主义通常是由反精英的领导层从上向下动员了大众选民。[2]

社会企业与众筹的发展同时具有自下而上与自上而下双重努力的特质。虽然目前的社会企业与众筹举措的一部分源于草根层面的分散化且未受管理的社会与经济活动，但是，每一项活动都受益于一些政治参与和法律变革，而后者代表了反精英人士所领导的协同性公共活动。

具体来讲，社会企业填补了一个市场空白——商业治理与商业实体市场的空白。换言之，社会企业在内部治理与实体选择决策中为如下企业提供了一个位置：这些企业支持超过财务目标的其他目标，并且服务于超过所有者利益的其他利益。营利性社会企业治理结构通过明确追求双重或三重底线，对推定（即使并非法律界定）的股东财富最大化规范提出质疑。营利性社会企业实体引入了这一双重或三重底线，同时允许任何非营利组织类型都无法

---

〔1〕 例如，参见 Christine Hurt, *Pricing Disintermediation: Crowdfunding and Online Auction IPOs*, U. ILL. L. REV. 217, 260(2015)。该文将社会企业描述为具有"平民主义品质"。Anjanette H. Raymond & Abbey Stemler, *Trusting Strangers: Dispute Resolution in the Crowd*, 16 CARDOZO J. CONFLICT RESOL. 357, 373, 392, 394(2015); Lawrence A. Hamermesh & Peter I. Tsoflias, *An Introduction to the Federalist Society's Panelist Discussion Titled "Deregulating the Markets: The JOBS Act,"* 38 DEL. J. CORP. L. 453, 468(2013). "《创业企业扶助法案》的众筹豁免提供了金融平民主义与放松监管哲学的颇具吸引力的组合。"J. Haskell Murray, *Choose Your Own Master: Social Enterprise, Certifications, and Benefit Corporation Statutes*, 2 AM. U. BUS. L. REV. 1, 4, 5, 26(2012).

〔2〕 Kenneth M. Roberts, *Populism, Social Movements, and Popular Subjectivity, in* THE OXFORD HANDBOOK OF SOCIAL MOVEMENTS 681－82(Donatella Della Porta & Mario Diani eds., 2015). 罗伯茨(Roberts)还指出："这些区别并未得到普遍承认或接受，其部分原因在于，平民主义是一个众所周知的富有弹性与颇有争议的概念，其具有不同的意涵。当用极简主义的话语或意识形态术语概念化时，平民主义很容易与一些社会运动混为一谈，这些社会运动以一种二元的方式构建政治秩序，在真实的大众意志与不负责任且不具有代表性的权力精英之间竞争。"*Id.* at 682; Agatha Bordonaro, *Populism Is a Dominant Theme This Political Season— and Don't Expect It to Go Away Anytime Soon*, COLUM. BUS. SCH. (Nov. 4, 2016), www8.gsb.columbia.edu/articles/no-association/populism-has-been-dominant-theme-election-and-don-t-expect-it-go-away-november-9. 该文将平民主义定义为"普通公民从一小群强大的精英中重新控制其政府的政治运动"。

获得的股权融资与私人获利。[1] 对社会企业的需求是广泛存在的，并且源于基层——与企业家与其他商业负责人一起——填补这些空间的努力。

但是，为了将这些分散性的努力形成合力，领导性的群体出现了。这些支持者带头发起倡议，并催生了以私人认证（主要包括共益公司认证）与商业实体立法（主要包括福利公司立法）的形式而做出的针对性回应。[2] 在这一社会企业领导人群体中，值得注意的是共益实验室。该实验室发表了一份白皮书，起草了示范立法，并开展了推进州议会通过该示范立法的运动。[3] 其对立法的推动尤为显著。[4] 其他主体也在国家或地方层面推动了福利公司立法。[5] 例如，在田纳西州，其商会（由共益实验室支持）是促进通过福利公司立法的重要力量，并且压倒了田纳西州律师协会商法部（Business Law Section of the Tennessee Bar Association，通常与税法部一起在撰写与审查田纳西州商业实体立法提议方面发挥主导作用）成员的意见。这些努力已经使得美国 30 多个州通过了福利公司法。[6]

同样，众筹是建立在公众认为需要为有价值的企业与项目民主化筹资的基础上的，特别是那些不容易获得或参与传统商业融资的企业与项目。在缺

---

〔1〕 参见 Dana Brakman Reiser, *Benefit Corporations — A Sustainable Form of Organization?*, 46 WAKE FOREST L. REV. 591, 617(2011)。该文指出："由于非分配约束，作为非营利组织的社会企业将无法利用股权资本。"

〔2〕 参见 J. Haskell Murray, *The Social Enterprise Law Market*, 75 MD. L. REV. 541, 572－81(2016)。该文描述了利益群体对美国社会企业倡议的参与。Benjamin M. Leff, *Preventing Private Inurement in Tranched Social Enterprises*, 45 SETON HALL L. REV. 1, 2－3(2015). 该文指出："社会企业运动伴随着最有可能被称为社会企业法律改革运动的现象……很多州已经颁布了法律，从而为社会企业提供新商业实体名称，并且，这种新商业形式法包括福利公司、低收益有限责任公司、灵活目的的公司、福利有限责任公司等。"Antony Page & Robert A. Katz, *Is Social Enterprise the New Corporate Social Responsibility?*, 34 SEATTLE U. L. REV. 1351, 1361－62(2011). 该文指出："越来越多的有影响力的领导人与机构接受了社会企业的理念。一些社会企业的主要支持者试图通过商事组织法，特别是通过向社会企业家提供专门为社会企业设计的新法律形式，促进与激励社会企业的形成。"

〔3〕 参见 J. Haskell Murray, *Defending Patagonia: Mergers and Acquisitions with Benefit Corporations*, 9 HASTINGS BUS. L. J. 485, 488－89(2013)。该文指出："共益实验室这个非营利组织开始将一些公司认证为'经认证的共益公司'，最终，共益实验室也开始游说各州去颁布福利公司法。"

〔4〕 参见 Brett McDonnell, *Benefit Corporations and Strategic Action Fields or (the Existential Failing of Delaware)*, 39 SEATTLE U. L. REV. 263, 282(2016)。"这里至少有一家组织在大力推动福利公司立法（共益实验室本身）。"Sean W. Brownridge, *Canning Plum Organics: The Avant-Garde Campbell Soup Company Acquisition and Delaware Public Benefit Corporations Wandering Revlon-Land*, 39 DEL. J. CORP. L. 703, 719(2015). 该文指出："除了为立法者通过福利公司立法提供程序框架外，共益实验室还推广了示范福利公司立法。"Joseph W. Yockey, *Does Social Enterprise Law Matter?*, 66 ALA. L. REV. 767, 798(2015). 该文指出："共益实验室进行了游说，以使其示范法案的版本在大多数州获得通过，而现在这些州多数都存在福利公司法。"

〔5〕 例如，参见 Joseph Karl Grant, *When Making Money and Making a Sustainable and Societal Difference Collide: Will Benefit Corporations Succeed or Fail?*, 46 IND. L. REV. 581, 582－83(2013)。该文将美国可持续商业委员会（American Sustainable Business Council）、共益实验室以及小威廉·H. 克拉克（William H. Clark Jr.）——共益实验室示范立法主要起草人——列入州立法机关福利公司倡导者名单。

〔6〕 参见 *State by State Status of Legislation*, B LAB, http://benefitcorp.net/policymakers/state-by-state-status(last visited Sept. 19, 2017)。

乏任何领导群体予以协调的情况下，众筹实际上是从市场活动之中产生的。它在具有如下真诚信念的环境中，作为电子商务与社交媒体工具及行为的联合体而有机地发展起来：人们真诚地相信产品与服务的可行性——以及提供这些产品与服务的人——并且愿意为比自己更为重要的事业而做出贡献。根据一个观察者的说法：

一段时间以来，"人群"一直围绕着利益与使命形成亲密关系，创造新产品与服务，支持创新，并且，用《连线》(*Wired*)记者杰夫·豪(Jeff Howe)的话，他们"使用互联网来处理数百万人大脑的剩余加工能力"。其中一个结果是，建立在信任与参与基础上的新思维模式：准备接受多样性，能够自我改造，并有能力改变世界。我们支持和参与我们所关心的项目的需要深深植根于我们的人性，就像我们改善事物与创新以更好地生活的倾向一样。众筹可以被看作一种自然反应，以填补现代社会在资本形成与筹资模式方面所留下的空白。[1]

在这种情况下，人群与寻求资助者一道利用互联网工具与能力来设计、建构与推广众筹。[2] 互联网接入对人群成员以及他们旨在资助的企业与项目进行赋权，从而使其能够实现自我发展与提高市场实力。

大多数早期众筹努力集中通过捐赠型、奖励型或预售型众筹中的利他主义或者促销利益来奖励人群成员。但是，有些人提供了少量的财务利益。不幸的是，根据美国法律，早期众筹融资产品如果承诺将收益留给投资者，则会构成违法行为。因为提供给资助者的财务利益将该资助利益从慈善或商业利益转换为投资工具——一种证券。[3] 证券发行受到美国联邦与州法规制。如果缺乏适用豁免，则政府条例将包括昂贵且耗时的发行登记要求，这些要求往往阻碍初创企业与小企业获得金融资本。[4]

因此，需要通过立法来为美国证券众筹赋权，从而克服资本市场介入这

---

〔1〕 Daniela Castrataro，*A Social History of Crowdfunding*，SOC. MEDIA WK.(Dec. 12，2011)，https://socialmediaweek.org/blog/2011/12/a-social-history-of-crowdfunding.

〔2〕 例如，参见 Adelia Gregory，*Crowdfunding：A Grassroots Revolution in Startup Investment*，BERKELEYHAAS BLOG(Mar. 11，2016)，http://cmr.berkeley.edu/blog/2016/3/crowdfunding-grassroots-revolution。该文指出："众筹确实是金融/投资世界的一场草根层面的革命……现在，普通人可以采取伯尼·桑德斯式的竞选方式，并且抓住投资策略中的民主革命。"Claire Millard，*A Return to Our Roots：A Brief History of Crowdfunding*，FUNDWISE BLOG(Jan. 7，2016)，https://fundwise.me/en/blog/return-our-roots-brief-history-crowdfunding。该文描述了促成众筹的金融、社会与技术因素。

〔3〕 参见 Joan MacLeod Heminway & Shelden Ryan Hoffman，*Proceed at Your Peril：Crowdfunding and the Securities Act of* 1933，78 TENN. L. REV. 879(2011)。该文描述了美国证券众筹的早期环境，概述了其法律问题，并提出了解决这些问题的程序。

〔4〕 参见 *id*. at 907—21。

些新兴企业的人力与金融资本障碍。对立法进程的参与涉及将基础广泛且分散的众筹运动转变为更有重点的努力，从而在政治领域产生变革性影响。这在资本市场上造成了某种不和谐。正如杰克·罗德森(Jack Wroldsen)所指出的：

> 互联网众筹作为一场草根性的民主运动而发展起来，并用于支持非营利性筹款、资助创造性想法与点对点贷款等活动。但是，随着《众筹法案》将向初创企业的众筹投资合法化，众筹的民主精神侵入了初创企业投资的资本主义范畴——仿佛初创企业投资的资本主义力量与众筹的民主参与发生了碰撞。[1]

但是，这种碰撞并非致命性的。恰恰相反。

促进证券众筹的这一最终立法程序涉及那些整合与协调动员人群之政治活动的诸种努力。这些倡议背后不断崛起的精英来自专业活动的各个领域，包括投资银行与法律，以及政治与政府。[2] 在《众筹法案》通过后，来自私人部门的为美国证券众筹立法努力的领导人开始成立众筹贸易社团，并参与相关的商业倡议。[3] 通过将电子商务与社交网络的联合权力联姻以及将人群理论与公共选择理论结合，众筹使得筹款与资助者能够为了社会福利而改变商业融资的法律图景。[4]

现代社会企业与众筹的并行发展本身就是耐人寻味的。每个项目都源于市场疏离、挫折以及在市井街巷中所产生的活动家决心；而为了确保始于草根运动的众筹之可行性与持续性，每个项目都需要与华尔街更为一致的新

---

[1] John S. Wroldsen, *The Crowdfund Act's Strange Bedfellows: Democracy and Start－Up Company Investing*, 62 U. KAN. L. REV. 357,400(2013).

[2] 参见 Jack Wroldsen, *Creative Destructive Legal Conflict: Lawyers as Disruption Framers in Entrepreneurship*, 18 U. PA. J. BUS. L. 733,776(2016)。该文指出："为众筹立法而奋斗者包括代表新兴产业的各种利益相关者……众筹法是基于来自社交媒体、商业领袖、学者、政治家、企业家与投资者等多个方面的压力联合而被积极改变的。"

[3] 例如，参见 John Cook, *Crowdfunding Gets Serious as Leaders Form Trade Group*, GEEKWIRE(May 7,2012), www.geekwire.com/2012/crowdfunding-industry-leaders-form-industry-trade-group。该文描述了舍伍德·奈斯(Sherwood Neiss)在立法工作与众筹专业社团(Crowdfunding Professional Association)中的作用。*Our Story*, CROWDFUND CAPITAL ADVISORS, http://crowdfundcapitaladvisors.com/our-story(last visited July 1,2017). 该文指出："众筹资本顾问(Crowdfund Capital Advisors,CCA)创始人杰森·贝斯特(Jason Best)、舍伍德·奈斯、扎克·卡萨迪－多里安(Zak Cassady-Dorion)领导了美国的众筹投资运动，为其通过进行了游说，并且为2012年总统签署的法律撰写了相关框架。"

[4] 参见 Joan MacLeod Heminway, *How Congress Killed Investment Crowdfunding: A Tale of Political Pressure, Hasty Decisions, and Inexpert Judgments That Begs for a Happy Ending*, 102 KY. L.J. 865,875(2014)。该文指出："在五年的时间里，众筹——包括一些投资众筹——从网络商业融资的个体试验发展到了一个名副其实的国际运动，以至于监管机构需要经常在市场上迎头赶上。" Wroldsen, *supra* note 28, at 359－60。该文指出："众筹产生于'众包'，后者不像众筹那样把资金集中起来，而是利用集体知识集中解决问题或完成任务，因此其颂扬的是民主性的'人群智慧'而非专家的专业化知识。"

兴精英实施与采用必要的激励结构。从社会运动到平民主义使命的转变是自然发生的，并且几乎是无缝对接的。

这种共同的演变本身也是颇为重要的，因为它可能表明社会企业可以利用众筹的益处，反之亦然。当代社会企业与众筹分别以潜在的共生方式增强了商业实体与商业融资中先前存在的市场。社会企业众筹存在于这些市场转型的交汇处。

通过众筹为社会企业融资

随着时间的推移，关于社会企业融资的不确定性已经存在很多书面报道。尽管有文件记载了（包括投资者）对社会企业的兴趣，但是“社会企业通常依然很小，并表示迫切需要资本”[1]。两位法学教授专注于社会企业融资的重要研究与写作，其对社会企业家发现自己所处的金融环境进行了生动描述：

初创企业需要资本，初创社会企业也不例外。一个有远见的社会企业家可以投资自己的储蓄，并刷爆自己的信用卡，从而创设一个既有利于社会又会获得收益的公司。根据其个人净资产与关系网络，该社会企业家或许能够把一个好主意变成一家喧闹的小企业。但是，最终，她将需要——或者只是想要——用超出她与她个人网络所能提供的资本来资助其社会企业。当她如此行事时，她将面临一个令人生畏的双重信任问题。她如何才能将投资者与她自己的双重使命相匹配，并且这些投资者不会推动她将企业的社会承诺边缘化以换取更大财务回报？并且，如果可以发现坚定的双重使命投资者，她又如何说服他们她自己本身并非披着羊皮的狼？[2]

成功的投资关系所必需的相互信任似乎是难以实现的。正如本文引用的段落所指出的，社会企业与投资者的一个核心关切包括如下可能性的存在：管理层不受信任或误解会导致使命偏移，或者更为明显的是，社会企业会

[1] Brakman Reiser & Dean, *supra* note 11, at 1095.

[2] Dana Brakman Reiser & Steven A. Dean, *Financing the Benefit Corporation*, 40 SEATTLE U. L. REV. 793, 795—96(2017).

转化为传统营利企业或形式。〔1〕寻找那些愿意为社会企业提供资金者，并且，让这些资助者对社会企业使命中的非财务——以及财务——部分做出可信承诺，无疑是一项艰巨任务。

尽管存在这些固有的信任问题(这也许是因为社会企业与众筹的共同根源)，众筹已经被证明是识别投资者并吸引他们为社会企业提供所需水平与类型的金融支持的流行方式。〔2〕2013 年与 2014 年社会企业与众筹的会议得以举办。〔3〕专门为社会企业服务的众筹平台也获得发展。〔4〕

但是，直到最近，社会企业的证券众筹才被要求通过登记公开发行而加以开展。对于大多数社会企业而言，登记公开发行过于费时且昂贵。〔5〕这在很大程度上将迫使社会企业寻求其他众筹形式——捐赠型与奖励性众筹。

《众筹法案》以及证券交易委员会在其授权下所通过的规则改变了这一法律背景。具体来讲，《众筹法案》于 2012 年 4 月成为法律，其规定特定类型的证券众筹免于登记。但是，法律要求证券交易委员会采取监管行动，以使其条款生效。而证券交易委员会的这些条例则用了几年时间才完成。

在 2016 年 5 月发生效力的《众筹条例》实施了期待已久的国会在《众筹法案》中制定的证券众筹登记豁免。这种豁免使得社会企业与其他人能够使用特定众筹方式来发现感兴趣的投资者，并且通过指定的联邦监管门户而在互联网上发行与出售证券。这一改变已经传开，并且新登记豁免(对很多人)催

---

〔1〕参见 Robert A. Katz & Antony Page, *The Role of Social Enterprise*, 35 VT. L. REV. 59, 95 (2010)。该文描述了"社会企业可能使社会使命服从于营利"的情况。Murray, *supra* note 19, at 558. 该文描述了社会企业实体法中实体转换与异议人权利之间的相互作用。Joseph W. Yockey, *The Compliance Case for Social Enterprise*, 4 MICH. BUS. & ENTREPRENEURIAL L. REV. 1, 6(2014). 该文指出："社会企业所面临的最大挑战之一是避免所谓的使命偏移，即对收益的追求开始阻却对公共利益的追求。"

〔2〕参见 Jain, *supra* note 15, at 301。社会企业正在使用众筹模式，其中一些为企业家提供社会融资，以创造社会与环境价值。

〔3〕参见 SOCIAL ENTERPRISE AND CROWDFUNDING CONFERENCE, http://secfc.co(last visited Sept. 20, 2017)。该文描述了一个旨在"汇集全国各地的社会创新者来探讨社会企业家精神、影响力投资、公益与众筹"的活动。Press Release, The Social Enterprise and Crowdfunding Conference, *Inaugural Social Enterprise and Crowdfunding Conference at Snowbird*, PR NEWSWIRE(Sept. 4, 2013), www.prnewswire.com/news-releases/inaugural-social-enterprise-and-crowdfunding-conference-at-snowbird-september-27-2013-222423481.html.

〔4〕参见 Devin Thorpe, *Eight Crowdfunding Sites for Social Entrepreneurs*, FORBES.COM(Sept. 10, 2012), www.forbes.com/sites/devinthorpe/2012/09/10/eight-crowdfunding-sites-for-social-entrepreneurs/#16a3d01a70fa。作为参考，其中一个平台描述自己如下：StartSomeGood 是一个专门用于社会变革倡议的众筹平台。我们的存在是为了帮助社会企业家、非营利组织与社区团体筹集其发挥作用所需的资金。我们希望赋予任何人一个伟大的想法，从而使得世界更为美好。我们提供无与伦比的个性化支持，从而使运动创造者能够发起伟大的运动，团结一个支持者社区，并筹集资金，以创造改变世界的影响力。我们的团队亲自审查与批准所有的项目。*About Us*, STARTSOMEGOOD, https://startsomegood.com/about? view=what_we_do(last visited Sept. 20, 2017).

〔5〕但是，存在着一些公众持股的共益公司，而一家福利公司则停止了首次公开发行。参见 Joan MacLeod Heminway, *Corporate Purpose and Litigation Risk in Publicly Held U.S. Benefit Corporations*, 40 SEATTLE U. L. REV. 611, 615−16(2017)。

生了一些真正的热情。

另外，大多数观察者认识到，《众筹法案》与《众筹条例》建立了一种相对狭窄与昂贵的融资方法（尽管不像公开发行那样昂贵）。特别是，需要使用联邦监管的中介机构、提交已审计财务报表的潜在责任、在发行阶段与之后的其他强制披露义务类型以及与新形式的发行和执行行动相关的不确定的赔偿责任前景，都催生了根据《众筹法案》融资而被感知到的以及实际的成本。〔1〕已发表的报告表明，通过证券众筹来寻求资本的企业与项目可能在专业服务上需要花费多达5万美元。〔2〕评论者注意到，其实际成本可能更高或更低，并且随着提供服务的参与者及其服务提供者习惯于新的监管制度，其实际成本可能会降低。〔3〕

虽然人们可能推测，与社会企业融资有关的不确定性——连同根据《众筹条例》而融资的成本以及对互联网交易的匿名性质的保留——可能不是一个成功的组合，但是，社会企业在那些在新监管环境下从事证券众筹者中的表现突出。德林克-比德尔-里斯律师事务所（Drinker Biddle & Reath LLP）的三位律师2016年7月与2017年1月分别发表了关于《众筹条例》下的众筹发行报告。在每一份报告中，社会企业发行者都占据了众筹发行者中的很大比例（尽管是绝对数量的一小部分）：

正如我们在上一次众筹报告中所指出的，社会企业……在排名前五十的发行人中占有很大比例。这一趋势在2016年剩余时间内依然持续。大约16%的发行者是登记福利公司[例如，马萨诸塞州的一家福利公司贝塔仿生

---

〔1〕参见Britney Ocampo, *The State Answer to Flawed Federal Crowdfunding*, 9 THE CRIT: A CRITICAL STUD. J. 1, 4—5(2016); Heminway, *supra* note 31, at 880—85; Jason W. Parsont, *Crowdfunding: The Real and the Illusory Exemption*, 4 HARV. BUS. L. REV. 281, 300—18(2014)。该文比较了众筹法案下的证券众筹成本与第506条c款规则下的互联网融资成本。C. Steven Bradford, *The New Federal Crowdfunding Exemption: Promise Unfulfilled*, 40 SEC. REG. L. J. 195, 216—17(2012); Stuart R. Cohn, *The New Crowdfunding Registration Exemption: Good Idea, Bad Execution*, 64 FLA. L. REV. 1433, 1439(2012).

〔2〕参见Lizette Chapman, *U. S. Startups Fail to Attract Crowd of Small Investors*, BLOOMBERG TECHNOLOGY(May 19, 2017), www.bloomberg.com/news/articles/2017-05-19/u-s-startups-fail-to-attract-expected-crowd-of-small-investors。该文指出："NextGen的数据显示，公司在法律、会计与市场营销方面的支出通常在2万至5万美元——这对一家只想筹集20万美元的初创公司而言是一笔巨额支出。"Nate Nead, *The True Cost of Equity Crowdfunding*, INVESTMENT BANK, https://investmentbank.com/cost-of-equity-crowdfunding(last visited Sept. 20, 2017).

〔3〕例如，参见Seth C. Oranburg, *Bridgefunding: Crowdfunding and the Market for Entrepreneurial Finance*, 25 CORNELL J. L. & PUB. POL'Y 397, 401(2015)。该文指出："《创业企业扶助法案》的要求使得创业公司在通过众筹出售股权之前，花费多达15万美元(例如，独立审计、披露文件、备案费用与律师费用)。"David J. Willbrand & Medha Kapil, *Blurred Lines: Crowdfunding, Venture Capital, and the Capitalization of Start-Ups*, 83 U. CIN. L. REV. 505, 511(2014). 该文注意到第三部分(Title Ⅲ)的众筹方面的巨大成本，但预测"长期来看合规成本将不会成为障碍"。

公司(Beta Bionics,Inc.)]、经认证的共益公司[例如,夏威夷奥拉酿造公司(Hawaiian Ola Brewing Corporation)],或者以传统公司形式经营但具有强大的社会与/或环境使命的公司(例如,Atmocean,Inc.,一家在缺乏电网情况下使用潮汐能源来为海水淡化供电的特拉华州公司)。[1]

早期的回报是有希望的。尽管如此,现在还不清楚这些早期众筹证券发行是否会全部或者大量产生成功的融资,或者社会企业在证券众筹市场是否会随着时间的推移而持续下去。但是,在《众筹条例》下的发行初期,社会企业对证券众筹的兴趣相对较强,这本身就是引人瞩目的。

社会企业融资形势下的众筹

迄今为止,社会企业对众筹(包括证券众筹)的兴趣,以及众筹与社会企业背后的共同动力,表明众筹可能是为社会企业融资的一种很有前途的工具。[2] 事实上,其他人已经通过引用各种因素与趋势,注意到了——在某些情况下——这种潜在共生关系:

> 营利性社会创业可能会发现股权众筹既有吸引力,也具有可利用性。营利性社会企业家或许能够利用众筹工具将自己塑造为忠实于社会准则者,从而吸引那些在传统资本市场之外经营,并可能寻找无形回报的个体与机构事业投资者……忠实于社会准则的股权众筹资助者可能会反驳早期股权投资者期望高回报或者退出机制的传统观点。这一途径可能是私募股权融资的一种具有吸引力的替代选项,而私募股权虽然诱人,但也可能导致使命偏移与创始人丧失控制权。[3]

根据所使用的众筹类型与投资者的位置,获得众筹的社会企业也可能积极参与该社会企业组织或者运营所在的社区。[4] 但是,通过众筹为社会企业融资的大多数预期优势依然是投机性的。时间将告诉我们其是否可以并

---

[1] LEAF ET AL., *supra* note 10.

[2] 参见 Jain, *supra* note 15, at 301。该文指出:"由于社会企业具有积极影响社会的巨大潜力,因此,可以认为,如果社会企业家精神与众筹模式……结合在一起,就可能最大化并且增加针对社会整体发展与福利的社会价值。"

[3] Hurt, *supra* note 16, at 221.

[4] 参见 Jain, *supra* note 15, at 301。该文指出:"通过采用社会性众筹融资模式,可能会使得社区成员参与进来并帮助他们成为众筹资助者或企业家。"

确实实现潜在的协同作用。[1]

事实上，我们可以识别到使用众筹作为资助社会企业的方法的一些缺陷。这些缺陷包括一般的缺陷、众筹融资的不足以及对社会企业融资的特别关切。管理层与其他决策者在就社会企业形式的融资做出决策时应当考虑到这些潜在缺陷。

例如，人群可能不想在短期或长期为社会企业提供资金。正如本章前一部分所指出的，虽然社会企业根据《众筹法案》在第一年就进行了大量众筹发行[2]，但是，这些发行的总体成功（以及已经与将要进行的其他发行）与获得众筹的社会企业的可持续性依然有待观察。评论者已经开始质疑，是否存在一个显著或者连续的投资者受众来进行一般影响力投资，以及——包括福利公司在内的——更为特殊的社会企业证券发行投资。规制福利公司与其他社会企业的法律在确保社会企业对非财务目标的承诺执行方面可能不会给投资者带来多少安慰。[3]

此外，如前所述，众筹——特别是证券众筹——对很多社会企业而言可能太过昂贵。[4] 具体来讲，《众筹条例》下的证券众筹的以下几个方面结合在一起，产生了很多希望借此筹集所需资金的小企业所无法承担的成本：

- 强制保留一种特定类型的受监管中介，并且必须通过这种中介发行证券；
- 可能需要在业务运作早期阶段聘请会计专业人员；
- 存在特定且持续的强制披露要求；
- 可能适用额外的新型披露责任。

社会企业的这些支出连同其他相关专业费用、不确定性成本与诉讼风险，耗费了更多的使命中心型投资资金。

---

〔1〕 Sarah Tucker, *Should a Social Enterprise Crowdfund?*, THERSA. ORG (Sept. 30, 2013), www. thersa. org/discover/publications-and-articles/rsa-blogs/2013/09/should-a-social-enterprise-crowdfund. 该文指出："因为众筹活动是值得怀疑的，所以你作为一家社会企业是否会或多或少地取得成功——人们是否更有可能基于帮助正当事业而产生的良好感受这一因素来支持你的社会企业？对此尚未有定论。"

〔2〕 参见 *supra* notes 10 and 42 及相关内容。

〔3〕 例如，参见 Deborah Burand, *Resolving Impact Investment Disputes: When Doing Good Goes Bad*, 48 WASH. U. J. L. & POL'Y 55, 59(2015)。该文指出："但是，影响力投资是否能够实现其承诺，很可能取决于投资是否实际上实现了其多重底线——换言之，其提供财务回报的能力，以及对预期社会与环境影响力的可测量进展。"Dana Brakman Reiser & Steven A. Dean, *Hunting Stag with FLY Paper: A Hybrid Financial Instrument for Social Enterprise*, 54 B. C. L. REV. 1495, 1516(2013). 该文指出："混合形式未能保护社会使命，这给投资者的资本投入构成了一个持久障碍……对于那些看重双重底线而忽视自身经济利益的投资者，如果单纯依赖一名企业家的承诺，则是不明智的。"

〔4〕 参见 *supra* notes 39—41 及相关内容。

此外，作为一种新资本筹集形式，众筹可能风险太大——无论是被单独使用，还是在社会企业融资环境中加以使用，特别是在作为资助（也是新型）福利公司实体形式的一种手段时。例如，厌恶风险的发行人与投资者可能会发现，基于对众筹（由于对互联网欺诈的普遍关注）与社会企业（特别是以漂绿形式）中欺诈的关切，对社会企业进行众筹的风险状况是令人不快的。[1] 艾丽西娅·普莱霍普斯教授令人信服地解释了漂绿的概念，并且提供了一个简单的例子，一家名为“滋养”（Nourish）的企业以买一捐一的方式向经济上处于不利地位者捐赠食品（每出售一件产品就捐赠一件产品）：

> 虽然最初适用于环境问题，但是，漂绿也适用于任何企业声称其活动或行动改善环境或社会，抑或解决环境或社会问题的主张。漂绿涉及转移注意力、欺骗与伪善……因此，漂绿对社会企业而言是一个特别严重的问题，因为它们声称创造社会与环境价值。例如，滋养的买一捐一捐赠模式。换言之，滋养每出售一个营养棒，就捐赠一个营养棒给穷人与低收入者。滋养已经致力于推进这种买一捐一的捐赠模式，并且，如果作为替代方式，它每出售三个营养棒才捐赠一个营养棒，则它就在“漂绿”。根据联邦真实广告法与可能的州慈善法，滋养的这种欺骗将是非法的。[2]

社会企业众筹中的欺诈会对社会企业市场产生负面影响，并且，社会企业中的欺诈可能对众筹市场产生负面影响。此外，社会企业与众筹投资者之间关于公司目的或公司治理的频繁对抗——或者社会企业的大量商业失败——可能会损害为社会企业众筹的市场，或者在众筹资助者中产生恶劣影响。

虽然平台处理程序——例如，包括严格的筹资者资格标准与内部或第三方尽职调查程序——可能有效地减轻了某些投资风险，但是，没有什么能够消除企业可能错报或误导性地遗漏重大事实陈述、未能兑现其实际或被感知到的承诺，或者从经营或财务角度失败的风险。当然，众筹发行的价格或出资水平以及支付给众筹平台的补偿可能会被打折，以反映剩余风险的存在与

---

〔1〕 参见 Thomas Lee Hazen, *Crowdfunding or Fraudfunding? Social Networks and the Securities Laws—Why the Specially Tailored Exemption Must Be Conditioned on Meaningful Disclosure*, 90 N. C. L. REV. 1735, 1769(2012)。该文在详细描述了众筹中欺诈的可能性之后，注意到“如果历史教会了我们任何东西，则其教训就是，社交媒体技术增加而非减少了欺诈的潜力”。Heminway, *supra* note 38, at 627—28 n. 67.

〔2〕 Alicia E. Plerhoples, *Social Enterprise as Commitment: A Roadmap*, 48 WASH. U. J. L. & POL'Y 89, 96(2015)(footnotes omitted).

数量。但是，这种折价的准确性是基于如下假定：那些参与确定所要求的金额者已经识别了其显著风险，并精确计算了其影响。

社会企业融资市场中，尤其是众筹市场中被感知到的公平性与一般质量也可能成为众筹作为支持社会企业筹资手段成功的因素。如果只有低质量的社会企业发行人——几乎没有人相信其实现财务与非财务目标的能力〔1〕——被众筹所吸引，那么社会企业众筹市场可能难以实现、停滞、动摇或者遭受不利后果。同样，如果众筹——更具体地说，证券众筹——通常是次品市场，那么它可能会损害社会企业在金融（甚至其他）市场上的信誉。〔2〕但是，一位评论者推测，"众筹可能不是社会企业的耻辱，而社会企业有能力将其平民化的质量用于品牌目的"〔3〕。此外，平台处理可能限制但不太可能消除通过众筹寻求融资的低质量企业与项目（包括但不限于社会企业）的存在。

但即使是善意的社会企业与平台，通过众筹而吸引到的社会企业投资者类型也可能与理想的社会企业投资者形象并不匹配——后者致力于该企业的全部（财务与非财务）使命。在传统商业融资环境中，社会企业家与社会企业管理者可以拒绝那些并不致力于其企业使命者的私人投资。〔4〕在黛娜·布雷克曼·莱瑟教授与史蒂文·迪恩教授看来：

> 资本形成总是受到信任的限制，并且，在双重使命企业中，信任变得更加困难。企业家不得不担忧投资者的承诺，以免投资者通过推动企业家边缘化其社会目标，来获得财务收益。影响力投资者希望将他们的美元投资于社会福利，但很难监督正在产生的社会价值。除非双方都愿意相互信任，否则投资将会受到限制，并且，受到资本约束的福利公司将在其所能创造的社会价值方面受到限制。〔5〕

在接受众筹的社会企业中，企业及其投资者（如果存在）通过互联网联络。它们对彼此的了解在本质上不同于传统私募发行。在社会企业环境中，构成健康投资关系的特征的必要信任要素（如本章前面所指出的，一个社会

---

〔1〕参见 *supra* note 33 及相关内容。

〔2〕参见 Hurt，*supra* note 16，at 254；Darian M. Ibrahim，*Equity Crowdfunding：A Market for Lemons?*，100 MINN. L. REV. 561，591—603(2015)。

〔3〕Hurt，*supra* note 16，at 260.

〔4〕参见 Brakman Reiser & Dean，*supra* note 33，at 796。该文指出："如果社会企业家相信投资者会迫使自己放弃社会承诺，则该企业家很可能会拒绝接受该投资。"

〔5〕*Id.* at 818.

企业融资中的一般问题)可能在众筹环境中更难实现。

此外,社会企业筹资周期的总体性质可能不容易或者有效地纳入众筹,特别是股权投资众筹。所有企业,包括社会企业,都应当考虑它们所预测的企业生命周期内的融资策略与轨迹。如果社会企业通过股权众筹(发行与出售公司股票或其他股权的证券众筹)融资,则以后可能无法获得私人或公共融资的某些途径。具体来讲,如果一家企业拥有大量的股权投资者,则其可能无法获得或者无法较为容易地获得种子或天使融资、风投融资与登记公募发行。资本重组可以或不可以用来进行必要调整。尽管如此,社会企业不得选择通过众筹来发行与出售股权证券。此外,即使它们确实做出了这一选择,“社会企业可能不希望再有以后几轮融资与最终的上市”[1]。无论如何,谨慎行事都是适当与可取的。

对于利用众筹来为社会企业融资,特别是作为福利公司的社会企业融资,也许最为明显的关切是,与使用新融资形式资助新实体形式相关的不确定性和不可预测性之相对未定义——但颇为明显——的成本。众筹作为一种基于互联网的商业融资方法仅仅存在不到十年;美国证券众筹的发行登记豁免仅仅生效了几年。虽然社会企业现象已经明显存在了很长时间,但是,福利公司甚至比众筹更为年轻。因此,证券众筹与福利公司在美国实际上基本都未得到测试。评论者指出,证券众筹与福利公司都可能增加复杂性,并且导致效率低下。[2] 此外,证券众筹与福利公司的诉讼风险尚未得到系统探讨。[3]

---

〔1〕 Hurt, *supra* note 16, at 260.

〔2〕 例如,参见 Kevin V. Tu, *Socially Conscious Corporations and Shareholder Profit*, 84 GEO. WASH. L. REV. 121,126(2016)。该文指出:“(自福利公司出现以来)法律框架增加了一层复杂性,这可能造成更大的不确定性与效率低下。”Ibrahim, *supra* note 53, at 587. 该文指出:“第三部分……是一种范式转变。这不是简单地在网上移动当前的网络,而是完全创设一个新的网络。”Brett H. McDonnell, *Committing to Doing Good and Doing Well: Fiduciary Duty in Benefit Corporations*, 20 FORDHAM J. CORP. & FIN. L. 19,34(2014). 关于福利公司场景下的信义义务法,该文注意到“关于其所产生的义务范围及其司法执行,存在着很大的不确定性”。Kyle Westaway & Dirk Sampselle, *The Benefit Corporation: An Economic Analysis with Recommendations to Courts, Boards, and Legislatures*, 62 EMORY L. J. 999,1033(2013). 该文注意到“福利公司立法是新的,因此在法院如何解释立法时的不确定性中存在一些法律风险”。Cohn, *supra* note 39, at 1445. 该文指出:“众筹豁免……通过创造一种不切实际的豁免,可能会使得真正小规模的促销活动更加困难。”Joan MacLeod Heminway, *Securities Crowdfunding and Investor Protection*, 14 CESIFO DICE REPORT 11,14(2016). 该文指出:“众筹融资在商业融资领域依然多少有点不为人知。证券众筹作为该融资市场的一个子集,同样如此。不同的投资者与风险构成了一个复杂的监管难题。”

〔3〕 例如,参见 Heminway, *supra* note 38, at 625-45。该文强调了适用于公众拥有的福利公司的预期诉讼风险。Parsont, *supra* note 39, at 335. 该文注意到“遵守零售众筹制度的复杂性加上后果的严重性(最值得注意的是,责任规定)可能对发行人使用零售众筹产生巨大影响”。Westaway & Sampselle, *supra* note 58, at 1040. 该文指出:“在福利公司因违反信义义务而提起福利公司诉讼的情况下,提出权利主张将构成克雷默诉西太平洋实业公司(Kramer v. Western Pacific Industries, Inc.)案中所展示的传统诉讼资格与直接-派生区分所带来的挑战之外的额外独特挑战。”

在实践中，这里所识别到的获得众筹的社会企业风险可能会也可能不会出现。但我们可以评估其概率，并起草其披露情况以通知投资者。此外，正如本章前面所提到的，这些风险及其发生的概率可以计入企业的估值与由此产生的任何众筹证券发行的定价。我们可以调查一下，获得众筹资助的社会企业的发行价格是否（如果是，则在何种程度上）可能会基于这些风险的可能性而打折。事实上，人们已经对从事证券众筹的企业之估值及其证券在众筹发行中的定价提出了疑问。[1] 目前的市场还是太过年轻，以致无法确定这些关切是否具有充分基础抑或是不合时宜的。如果所识别到的（或其他）风险确实是重大的，并且既未被适当计入社会企业证券的众筹发行定价，也不能由发行人或投资者以其他方式收回，则社会企业众筹将不会取得广泛成功。

结　语

作为年轻、受欢迎且平民主义的公司治理与公司融资活动，社会企业与众筹具有一定的相互吸引力与认可度。社会企业与众筹来自共同的起源——两者都是从基层公众运动开始的，并寻求类似的进步目标：分别努力填补实体选择与商业融资的市场空白。因此，它们看起来自然是互补的。然后，人们可能会期待众筹会成为社会企业项目的一种常见融资方法。

事实上，证券众筹正在被用来资助社会企业。但是，公认的社会企业与众筹之间的协同作用在长期内可能被证明是微不足道的，并且，众筹所资助的社会企业之相关公共利益可能是虚幻的，或者在实践中很少得到实现。任何真实并得到实现的利益都可能不会超过随之而来的财务与信誉风险以及成本。

特别是，针对社会企业的众筹证券发行呈现了一些重大挑战。社会企业与众筹在很大程度上都是早期试验。社会企业持续利用证券众筹最终将为作为社会企业融资手段的众筹之成败提供经验证据。在此期间，社会企业与众筹作为基层运动的共同基因，加上针对福利公司与证券众筹的相对较轻的

---

〔1〕 例如，参见 Annalise H. Farris, *Strict in the Wrong Places*: *State Crowdfunding Exemptions' Failure to Effectively Balance Investor Protection and Capital Raising*, 38 CAMPBELL L. REV. 267, 283(2016)。该文指出："在众筹活动中，对证券的定价存在……担忧，因为并不存在承销商或者机构投资者就其发行价格进行协商。"Palmiter, *supra* note 13, at 373－75. 该文根据证券众筹的性质与法律地位，对众筹证券发行中的估值与定价披露表达了关切。

新兴监管,结合起来创设了一个实验室。在该实验室中,社会企业、众筹平台、其他商业融资中介机构与资助者可以在学术界与其他研究人员(以及法院、决策者与行业领袖)的监督下,参与资本形成方面的合作试验。即使试验结果是互益的潜力并未实现或者无法实现,我们也无疑将从该试验过程中学到很多真知。

第十二章 新西兰社会企业众筹

安德鲁·A. 施瓦茨

引 言

证券众筹是世界范围内很多国家授权的一种去管制化的最新实践。这个概念起源于美国,但在新西兰很快就浮出水面。并且,在2014年——比美国提前两年——新西兰将其众筹市场付诸实施。这使得新西兰成为研究这一新兴领域及其与社会企业联系的最优地区。因此,作者在新西兰实地花费了六个月的时间,对律师、学者、政府官员与众筹市场的其他参与者进行了研究与访谈。本章介绍了这项研究的一些发现。

在先前的论文中,作者预测,众筹投资者通常会具有如此行事的非经济动机。[1] 例如,他们可以投资于一个可持续的有机农场以表达政治观点,购买当地咖啡馆的股票以支持其社区,或者投资于太阳能电池板制造商以帮助保护环境。这些公司是否会产生丰厚的财务回报只是数学运算的一部分;很多众筹基金投资者也希望获得非财务回报。[2]

为了检验"非经济动机"假定,本章探究了世界上最为成熟的众筹市场(即新西兰)的证据之一。如果众筹投资者真的关心财务回报以外的事项,则我们应当期望很大一部分成功的众筹活动是针对"社会企业"的,这意味着那些旨在同时寻求实现非金钱目标与财务回报的企业。[3] 本章提供了一份关于新西兰迄今经验的非正式报告,其显示约三分之一的新西兰股权众筹活

[1] Andrew A. Schwartz, *The Nonfinancial Returns of Crowdfunding*, 34 REV. BANKING & FIN. L. 565(2015).

[2] Schwartz, *supra* note 1, at 573. 该文指出:"即使财务回报很少或者根本不存在,众筹投资也可能以各种非金融方式而获得回报。"

[3] 参见 Benjamin Means & Joseph W. Yockey, *supra* Introduction。该文界定了社会企业这一术语。

动——以及三分之一的成功活动——涉及社会企业。这一发现与非经济动机假定是一致的。

众筹证券

证券众筹是一种基于众包与奖励型众筹实践的新概念。[1] 在众包中,公众——“人群”——被邀请为一个在线项目出资。最著名的例子可能是维基百科这一经由众包而产生的百科全书。

众筹本身有别于众包,因为人群被要求为集体努力而提供资金,而非劳动力。大多数众筹项目都是以所谓的奖励型众筹形式而进行的,提供资助的参与者会收到书籍、唱片或电子游戏等项目成果。诸如 Kickstarter 等网站已经进行了大约十年的奖励型众筹,在此期间,这种实践已经发展成为一个数十亿美元的市场。[2] 对于捐赠型众筹而言,其出资者不会收到任何有形的捐款回报。这种形式也在包括 GoFundMe 在内的网站上表现良好,其资金筹集总额达数十亿美元。

见证了奖励型与捐赠型众筹的成功,人们开始建议众筹可以并且应当用于销售制造商的股票而非其产品。因此,在 21 世纪末的某个时间点,证券众筹(也被称为股权众筹与投资众筹)的理念诞生了。只是存在一个问题——但这是一个大问题:如果没有立法豁免,则证券众筹是非法的。证券众筹直接违反了证券法的基本规则,即在首次公开发行(IPO)前,所有证券必须在一家政府机构(如证券交易委员会)“登记”。

但是,证券法可以随时改变,这正是过去几年在世界各地所发生的事情。人们普遍认为,让初创企业与其他小型企业有办法寻求公共资本,而不必遵守关于传统首次公开发行的全部规则与条例将是有益的。因此,法律被进行了修正,以允许证券众筹的做法。美国是第一个采取这一行动的国家。

美国的证券众筹

在美国,2012 年《创业企业扶助法》第三部分修正了联邦证券法,从而为

〔1〕 Andrew A. Schwartz, *Crowdfunding Securities*, 88 NOTRE DAME L. REV. 1457, 1459—60 (2013).

〔2〕 Andrew A. Schwartz, *Inclusive Crowdfunding*, 2016 UTAH L. REV. 661, 663.

众筹证券登记要求增加了新的豁免。[1] 这项法案是在两党支持下通过的，此后很多州都制定了类似的法律。对证券众筹的热情主要基于一种普遍认同的观点，即美国传统的首次公开发行程序变得如此繁重与昂贵，以致很多有价值的公司不能或者选择不从公众那里获得资金。

首次公开发行的巨大费用主要是由于遵守现有证券法律与条例的高成本。根据传统证券法，所有证券必须在证券交易委员会或类似机构登记，然后才能出售给公众。这种登记程序通常要求公司全面与明确地披露针对首次公开发行的投资风险，然后在公司上市后持续披露。多年来——美国联邦法律从20世纪30年代开始——由于立法修正案与监管命令的累积，这些披露要求变得越来越苛刻，以致上市过程花费了数百万美元的法律、会计与其他费用。这阻碍了除最大与最为成功的公司以外的所有公司的首次公开发行。[2]

证券众筹对这一问题的回应是，让众筹发行免于适用针对公开发行的通常登记与披露要求。通过消除与筹备登记声明相关的大量律师成本、承销成本、印刷成本与会计成本，这种豁免允许比传统首次公开发行更低的合规成本。该公司同样不需要满足针对上市公司的持续（与昂贵）的报告要求。[3]

除了较低的合规成本外，证券众筹还提供了一种成本低得多的促进股票发行的手段。传统首次公开发行的一个重要组成部分是路演。路演过程涉及一系列面对面的会议与向潜在投资者的演示，这些会议与演示需要雇用公共关系、餐饮、旅行、印刷与其他领域的顾问与专家。换言之，它是昂贵的。[4]

作为对照，在证券众筹中，并无必要进行实体路演，因为它完全是在互联网上进行的。如此一来，众筹发行的成本将远远低于首次公开发行。即使如此，美国证券众筹也并未完全免于监管上的繁文缛节以及相关的合规成本。

《创业企业扶助法》授权证券众筹，但它也对其实践施加了很多限制与规则。[5] 对公司与投资者而言，都存在严格的货币限制。公司只被允许每年

---

〔1〕 Jumpstart Our Business Startups Act, Pub. L. No. 112—106 tit. Ⅲ(codified at 15 U. S. C.), www.gpo.gov/fdsys/pkg/PLAW-112publ106/pdf/PLAW-112publ106.pdf.

〔2〕 Schwartz, *supra* note 4, at 1468—70.

〔3〕 *Id.* at 1470—71.

〔4〕 *Id.* at 1470.

〔5〕 Jumpstart Our Business Startups Act, Pub. L. No. 112—106 tit. Ⅲ, §§ 302(众筹豁免), 304(融资门户监管)；参见 Robert B. Thompson & Donald C. Langevoort, *Redrawing the Public-Private Boundaries in Entrepreneurial Capital Raising*, 98 CORNELL L. REV. 1573, 1605(2013)。该文指出：《创业企业扶助法》并未创造"无监管区"，而是"对发行人与任何帮助它们的中介机构施加了一整套相当繁重与昂贵的责任。"

筹集100万美元，而对于投资者而言，法律则限制了任何一个投资者每年可以购买的众筹证券数量。投资者可能提供的最大金额是以基于收益与净资产的浮动制为前提的；对大多数人而言，这将是2 000～5 000美元。这一投资上限的目的是保护投资者免受比他们能够合理承受的更多的风险。[1]

根据《创业企业扶助法》，交易必须通过在证券交易委员会登记的金融中介机构执行；因此，它们不能直接在发行人与投资者之间完成。金融中介机构（也称为"平台"或"门户"）根据法律而负有很多义务，包括确保每个投资者审查某些教育信息并积极证实某些陈述，例如他们冒着损失全部投资的风险。公司不得为该发行本身做广告；必须通过中介机构筹资。[2]

任何私人国内公司（"投资公司"除外）都可以援引《创业企业扶助法》中的众筹豁免。在纽约证券交易所上市的公司与外国公司则被排除在外。公司必须向投资者、中介机构与证券交易委员会大量披露信息，包括公司名称、地址与网站，董事、高级人员与大额投资者姓名/名称，对业务与预期业务计划的描述，对发行人财务状况的描述（根据筹集的金额而变化），对收益目的与预期用途的描述，证券的价格，以及对发行人所有权与资本结构的描述。[3]

《创业企业扶助法》进一步规定，公司必须为其筹资目标规定一个指标，并且只有在指标达到或超过时，这些公司才能收到资金。在发行未决期间，所有投资者都有权随时取消其订单。如果融资活动成功，则只要证券仍在流通，公司就必须向投资者与证券交易委员会提供年度报告。此外，众筹证券在购买之日后一年内不得由投资者转让或出售，除非作为证券交易委员会登记的发行的一部分转让给发行人，或者转让给有资质的投资者或家庭成员。

最后，为了保护投资者，《创业企业扶助法》专门授权对误导众筹投资者的发行人、董事与公司高级人员进行欺诈的民事诉讼。州与联邦政府当局，包括证券交易委员会，也有权对不法行为者采取行动。

《创业企业扶助法》在2012年为证券众筹创造了基本框架，但很多事项被授权给证券交易委员会，由后者通过规则制定来完善，而这一过程耗时几年才最终得以完成。证券交易委员会于2013年10月公布了585页拟议条例，并邀请公众对此发表评论。两年后，即2015年11月，证券交易委员会颁

---

[1] Schwartz, *supra* note 4, at 1461－66.
[2] *Id*. at 1462－63.
[3] *Id*. at 1464.

布了《众筹条例》(Regulation Crowdfunding)的最终版本，其篇幅近 700 页。《创业企业扶助法》与《众筹条例》规制下的证券众筹最终在 2016 年 5 月开展。

新西兰的股票众筹

新西兰在其《2013 年金融市场行为法》(Financial Markets Conduct Act of 2013)中授权股权众筹。[1] 该法明确效仿了美国《创业企业扶助法》[2]，尽管新西兰版本因对该实践施加极少的规制而更为自由(放任主义)。同样，相关的新西兰监管机构即金融市场管理局(Financial Markets Authority, FMA)颁布了一整套比美国证券交易委员会的条例更为容易管理的条例。基于这种宽容，新西兰股权众筹市场于 2014 年年中生效，比美国市场早了两年。

根据新西兰法，发行公司并无强制性的披露义务，这从根本上简化了向公众出售股票的过程，并降低了如此行事的成本。在美国，法律要求获得众筹的公司向证券交易委员会披露重要且具体的财务与商业信息。而在新西兰，其并无法律义务向金融市场管理局或者其他政府部门提交任何文件。关于众筹公司的唯一法律限制是，它们每年最多只能出售价值 200 万新西兰元的股权。

新西兰同样对参与众筹的投资者施加了很少限制。有别于美国及其他国家(它们对每个人可能投资于众筹证券的金额实行年度上限)，新西兰并无这样的上限。新西兰当初就意识到美国《创业企业扶助法》包括这样一个上限，并且在立法起草阶段考虑了这一问题。但最后，政府决定不对投资者可能出资的数额设置任何限制。[3]

正如我们所看到的，新西兰股权众筹法是颇为自由的，但它并不是完全无政府性的。法律与相关条例确实要求众筹中介机构(也称为平台)在开始营业前从监管机构获得执照，并且获得该执照需要满足一定条件。中介机构

---

〔1〕 美国《创业企业扶助法》允许任何类型的证券众筹。Schwartz, *supra* note 4, at 1482. 但是，相关的新西兰法律只授权“股权”(股票)众筹。Financial Markets Conduct Regulations 2014(LI 2014/326) § 185(1). 因此，“股权众筹”一词而不是“证券众筹”被用来描述新西兰的做法。

〔2〕 例如，参见 CABINET BUSINESS COMMITTEE, FINANCIAL MARKETS CONDUCT REGULATIONS PAPER 4－LICENSING REGIMES § § 136－43(June 27, 2013)(NZ), www.mbie.govt.nz/info-services/business/business-law/financial-markets-conduct-act/regulations/financial-market-conduct-regulations-decisions-june-2013/documents-images-library/Paper%204%20-%20licensing.pdf [hereinafter licensing regimes]。该文考虑到《创业企业扶助法》第三部分的“美国众筹豁免”。Title Ⅲ of the JOBS Act. *Id*. § 137).

〔3〕 LICENSING REGIMES, *supra* note 15, § § 136－43.

必须制定适当政策，以识别与管理欺诈风险。这包括要求平台使用公开的信息来确认发行人董事与高级人员身份，并且，中介机构必须具有排除欺诈性发行的政策。中介机构还必须具有“充分的披露安排……从而使得投资者能够随时获得……及时与可理解的信息……以帮助投资者决定是否购买股权”[1]。但与美国不同的是，新西兰并无政府强制要求的提交格式；相反，披露内容、方式与风格由中介机构的业务判断加以决定。中介机构还必须发布某些关于众筹风险的公式化警告，并允许投资者获取有关发行人的信息。这可以通过如下方式实现：在平台上提供一个让潜在投资者向发行人提问的空间，以便在线回答。[2] 中介机构还负有一些其他义务，但总体而言，其法律义务颇为简单，并且很少。

由于新西兰提前两年将其股权众筹法付诸实施，研究人员有机会看到新西兰实际发生了什么，并吸取可能适用于其他地方的经验教训。本章通过分析社会企业在新西兰股权众筹市场上是否成功地筹集资本回答上述问题。

众筹投资者的非金钱动机

证券与股权众筹起源于以往的奖励型与捐赠型众筹实践。对于前者，支持者被允诺获得奖品而非财务回报；对于后者，捐赠者什么也得不到。但是，人们很高兴地贡献了他们辛苦赚来的数十亿美元来奖励众筹项目。他们为何会如此行事？也许他们如此行事存在非财务性的理由，可能包括利他主义、社区建设与政治表达。

在先前的论文中，我假定证券众筹投资者在参与这个新市场时也具有非财务动机。[3] 本章的目的是结合新西兰股权众筹的实际例子，检验这一“非金钱动机”假定。

很多观察者认为，证券众筹投资者可能会损失掉其大部分或者全部资金。[4] 对证券众筹持怀疑态度者对激进的实践表示担忧。很多评论者预计，不老练的投资者将会被肆无忌惮的促销者欺骗，后者承诺巨大的回报但

---

[1] Financial Markets Conduct Regulations 2014(LI 2014/326) § 186(1)(d)(NZ), www. legislation. govt. nz/regulation/public/2014/0326/59. 0/DLM6293539. html(last visited Oct. 2,2017).

[2] *Id.* § § 184—86,195—97,213—20,227.

[3] 参见 Schwartz, *supra* note 1, at 565。

[4] 例如，157 CONG. REC. H7286(November 3, 2011)(statement by Rep. Polis), www. congress. gov/crec/2011/11/03/CREC-2011-11-03. pdf。该文将证券众筹描述为给“中产阶级家庭与百万富翁总是不得不赔钱的机会”。

什么也不会提供。[1] 他们担心证券众筹会“打开……证券欺诈的闸门”[2]。

也有人对众筹企业的公司管理层自我交易问题表示关切。一旦筹集到资金，管理者就可能会被诱惑，例如，利用众筹获得的资金而给自己提供荒谬水平的薪酬。[3] 同样，其后接触该公司的其他投资者群体也可能会滥用众筹投资者身份。例如，投资于以后融资“轮”的风险资本家可能会稀释众筹出资者的持股，或者将他们排除在与公司进行的具有吸引力的交易之外。[4]

最后，即使一家公司是诚实经营的，众筹投资者也可能仅仅因为他们投资于低质量的公司（这些公司最终提供的回报很少或者根本没有回报）而失去资金。基于所谓的柠檬问题，这是一个特殊的关切。[5] 这里的理念是，具有良好前景的高质量公司将获得其他融资手段，例如银行贷款或者风险资本，而唯一寻求通过众筹吸引投资者的公司将是没有吸引力的残羹冷炙。[6]

由于这些原因以及其他理由，很多评论者预计众筹出资者将失去他们投资的大部分或者全部资金。虽然这不一定是准确的预测[7]，但是我们暂时假定它是。如果众筹投资者可能会损失其资金，那么他们为何还会投资？

其中一个答案是，他们并不知晓他们正在承担的金融风险。但是，这只能在众筹制度开始时才是真实的；在亏损了几年之后，信息就足够清楚了。因此，把无知放在一边，假定很多人将他们的资金投资于众筹证券——事实上，数百万美元的证券已经在美国与新西兰被予以众筹——似乎他们可能具有信奉社会准则方面的投资理由，而不仅仅是寻求财务收益。这些原因包括政治表达、环境保护、艺术赞助与社区建设。

---

[1] 例如，7 ALAN R. BROMBERG ET AL.，BROMBERG AND LOWENFELS ON SECURITIES FRAUD § 13:206(2d ed. 2014)。该文表达了众筹可能成为“一个充满欺诈的股票市场，在那里大量的低净值个体会被欺骗”这一关切。

[2] Michael B. Dorff，*The Siren Call of Equity Crowdfunding*，39 J. CORP. L. 493，506(2014).

[3] C. Steven Bradford，*Crowdfunding and the Federal Securities Laws*，2012 COLUM. BUS. L. REV. 1，107(2012). 该文显示众筹将为“企业家提供自我交易、过高的薪酬，[以及]滥用公司机会的可能性”。

[4] John S. (Jack) Wroldsen，*The Social Network and the Crowdfund Act*：*Zuckerberg*，*Saverin*，*and Venture Capitalists' Dilution of the Crowd*，15 VAND. J. ENT. & TECH. L. 583，615(2013). 该文探讨了“初创公司后续几轮融资与潜在退出事件会给[众筹投资者]带来的经济风险”。

[5] 参见 George A. Akerlof，*The Market for "Lemons"*：*Quality Uncertainty and the Market Mechanism*，84 Q. J. ECON. 488(1970)。

[6] Dorff，*supra* note 22，at 517. 该文认为：“可以从其他来源获得资金的企业家……将会更为偏爱这些来源而非股权众筹。因此，股权众筹出资者所获得的是那些已经被更为成熟的投资者所拒绝的机会。”

[7] 参见 Andrew A. Schwartz，*The Digital Shareholder*，100 MINN. L. REV. 609(2015)。该文认为众筹可以克服这些以及其他问题。

政治表达

一个人可以通过其消费选择而做出政治声明。很多购买有机蔬菜者如此行事，部分是为了对其喜欢的社会类型做出政治声明。通过购买这种产品而非那种产品来发送政治信息的能力明显地为这些人提供了一些非金钱价值。同样，众筹投资者可以投资于他们作为政治事项而支持其业务或者风格的公司。例如，有机农业的支持者可以投资于有机农场。[1]

环境保护

很多人希望支持那些明确旨在保护自然环境的公司，以及那些以保护环境的方式来开展业务的公司。前者的例子是一家生产太阳能电池板、风力涡轮机或者用其他手段发电而不消耗化石燃料的公司。后者的例子是在其生产过程中使用回收材料或者废水的公司。[2]

艺术赞助

所有类型的艺术家通常都需要一个或多个“资助者”的财务支持。因此，博物馆、管弦乐队与个体艺术家不断请求捐款(以及出售门票等)。这种捐赠在奖励型众筹中发挥着重要作用，它资助了无数电影、书籍、专辑与其他形式的艺术表达——并不具有任何财务回报的潜力——并且可以在证券众筹中发挥类似作用。例如，唱片公司可以吸引众筹投资来资助音乐专辑的创作。如此一来，证券众筹为大众赞助艺术提供了一种现代方式，并且，支持艺术公司的投资者可以获得艺术资助者传统上所享有的威望与其他非经济利益。[3]

社区建设

很多人认为，对他们所在地域的支持是信奉社会准则的一种方式，并为他们的社区提供了非财务利益。[4] 他们认为，在城镇里有一家独特的当地商店，而不是你可能在其他地方发现的同一家连锁店，为当地居民提供了一

---

〔1〕 Schwartz, *supra* note 1, at 576－77.

〔2〕 *Id.* at 576.

〔3〕 *Id.* at 577－78.

〔4〕 例如，当地投资也可能会以增加销售税收益或更高的财产价值的形式而带来直接财务回报，但是，目前的重点是社区建设的非财务性社会利益。

种无形利益。因此，众筹投资者可能会发现投资当地企业是值得的，例如咖啡店或手工酿酒厂，即使该投资永远不会产生财务回报。[1]

我们当然还可以举出众筹投资者信奉社会准则的非财务动机的其他例子，但这里的目标只是提供一些可能的非金钱动机的例子。此外，如果这一假定是正确的，那么我们应当期望众筹证券的投资者具有参与的非财务动机，因此他们应当表现出对提供非金钱利益的公司的偏好。换言之，我们应当期望众筹投资者会表现出对寻求推进政治或者社会使命的“社会企业”的偏好。本章最后一部分报告了这一预测在新西兰众筹中所取得的一定成果。

为社会企业而众筹：新西兰的经验

“社会企业”这一术语并未得到法律界定，对于哪类公司应当有资格获得这一标签，存在很多不同的观点。[2] 本章并未深入探讨这一问题，而是采用了一个简单而宽泛的概念：就目前而言，社会企业是同时寻求实现非金钱目标与财务回报的企业。或者，从众筹投资者的角度看，我们可以将社会企业理解为投资者出于与潜在经济收益无关的原因而选择支持的企业。

这两个概念是同一枚硬币的两面：具有非金钱动机的投资者应当更愿意投资于社会企业；社会企业应当在一群具有非金钱动机的投资者中获得非凡的成功。这是一个可检验的假定，而这一部分回顾了新西兰迄今为止的经验，并分析了该假定是否与现实生活一致。新西兰社会企业是否选择通过证券众筹来筹集资金？新西兰众筹投资者是否表现出对社会企业的偏好？根据数据与对市场参与者的访谈，这两个问题的答案似乎都是肯定的。

数 据

新西兰于 2014 年年中开始股权众筹，并且，以下数据是基于前两年的活动。[3] 当时，有 55 家公司在新西兰开展了股权众筹活动。这些活动中有 37 次是成功的，这意味着它们达到了筹款目标，并向投资者发行了证券。而 18

---

〔1〕 Schwartz, *supra* note 1, at 579.

〔2〕 参见 Means & Yockey, *supra* Introduction。该文分析了这一术语的不同含义。

〔3〕 这里提供的数据是基于网站 Crowdready 以及作者及其助理的研究。参见 *New Zealand Equity CrowdFunding－1st Year in Review*, CROWDREADY (Aug. 18, 2015), www.crowdready.com.au/news-1/2015/8/new-zealand-equity-crowdfunding-1st-year-in-review; *New Zealand Equity CrowdFunding-2nd Year in Review*, CROWDREADY (Oct. 16, 2016), www.crowdready.com.au/news-1/2016/10/nz-equity-crowdfunding-2nd-year-in-review。这些数据并不能保证是完全精确的，而只是用来让读者大致了解新西兰的众筹经验。

项活动并未取得成功，这意味着它们并未达到其目标，也未出售证券。

在所有 55 项活动中，有 16 项是为社会企业（即那些具有明显非经济性的社会目的的企业）而开展的，占所有众筹活动的 29%。在 37 项成功的活动中，11 项与社会企业有关，占成功活动的 30%。简言之，新西兰大约三分之一的众筹活动在宽泛意义上用于支持社会企业。一些例子可能有助于理解这些数据。

Ooooby

Ooooby 是一家技术公司，其“使命是将小规模可持续农业置于我们食品系统的核心”。[1] Ooooby 提供软件，并通过订阅服务而将当地农民与当地买家联系起来，并且，该公司 90% 的股份由一个非营利信托 Ooooby 基金会持有。通过 2015 年的股权众筹，Ooooby 从 150 多个投资者那里筹集了近 30 万新西兰元（22 万美元或 18.5 万欧元）的资金。

Thought-Wired

Thought-Wired 是一家技术公司，它为那些由于脑瘫或者其他身体残疾而不能移动或说话者开发了一种思想控制的通信系统，该通信系统类似于斯蒂芬·霍金（Stephen Hawking）所使用的那部知名设备。[2] 该公司的社会目标是将这种技术带给大众，使瘫痪的儿童，无论国籍或财富，都能获得“世界上的平等机会”[3]。2016 年，Thought-Wired 从 170 多名投资者中众筹了近 30 万新西兰元（22 万美元或 18.5 万欧元）。

CarbonScape

CarbonScape 是一家清洁能源公司，利用林业废物制造“绿色焦炭”（Green Coke）以取代在炼钢过程中用于燃料炉的煤基焦炭。2014 年，200 多名投资者通过股权众筹共出资超过 75 万新西兰元（55 万美元或 46 万欧元）。

这些公司，以及很多其他类似的公司，除了财务使命外，还具有一个明确

---

[1] Ooooby, www. ooooby. org/auckland(last visited Oct. 3, 2017).

[2] *THOUGHT-WIRED*, www. thought-wired. com/(last visited Oct. 3, 2017).

[3] Dmitry Selitskiy, *Where It All Began*, THOUGHT-WIRED(Aug. 18, 2016), https://blog. thought-wired. com/where-it-all-began-2d6031e20e52; Sarvnaz Taherian, *Why Designing for Disability Is Being "Human," Not "Humane,"* THOUGHT-WIRED(Aug. 29, 2016), https://blog. thought-wired. com/why-designing-for-disability-is-being-human-not-humane-3a3907f09572. 其中，共同创始人描述了她的“社会良知”与“针对不公正的雷达”是如何促使她创办该公司的。

的社会使命。[1] 此外，这一探讨与前面提到的数据不包括缺乏具体社会使命的“当地”公司。即使如此，正如第二部分所解释的，投资者也可能选择为社区建设而非为金钱回报而支持这些公司。虽然它们可能不完全符合社会企业的资格，但是，新西兰一些最成功的接受众筹的公司可以被公正地描述为家乡的英雄。地方性的工艺酿酒厂在众筹中取得了巨大成功，包括 Renaissance Brewing、Zeffer Cider 以及 Yeastie Boys。[2] 同样，新西兰当地的电影制作人试图根据新西兰的一部小说来制作一部电影，并通过众筹成功地筹集到了资金。[3]

总而言之，在新西兰，大约三分之一的股权众筹活动(以及稍微高一点的成功活动百分比)是为社会企业而开展的，并且，如果将以本地为发展重心的公司包括在内，这一数字则更为接近一半。作为对照，我们可以考虑美国福利公司的例子。福利公司是一种专门为社会企业设计的商业实体形式，适用美国大多数州法。[4] 特拉华州的法律将福利公司定义为“营利公司……旨在产生公共利益……并以负责任与可持续的方式运作”。[5] 其他州的法律也颇为相似。

鉴于社会企业以福利公司形式加以组织(或重组)的这一新选择，有多少人选择如此行事？研究表明，截至 2014 年，约有 1 000 家福利公司已经成立[6]，并且，其中一家福利公司已经通过首次公开发行上市。[7] 这与上市公司的数量或者美国公司的全貌相比如何？截至 2013 年，美国约有 4 000 家上

---

[1] 为了提供背景，样本中的一些“常规”(非社会性)企业是无人机制造商 Aeronavics、运输应用程序制造商 Tapp 与超市机器人生产商 Shelfie。

[2] 例如，参见 *Invest in Zeffer Cider Co.*，snowball effect，www.snowballeffect.co.nz/offers/zeffer (last visited Oct. 3,2017)。该文指出：“我们愿意与新西兰人分享我们的世界级的独特的苹果酒。将喜欢我们苹果酒的人列为股东，是在我们增长之旅的一个令人兴奋的时代做强 Zeffer 团队的机会。一起加入我们，我们创造了新西兰的下一个……成功故事。”Stu McKinlay，*About Yeastie Boys*，PLEDGEME，www.pledgeme.co.nz/investments/78-yeastie-boys(last visited October 3,2017)。该文指出：“多年来，我们的支持者一直在问他们是否有办法帮助我们成长。嗯，现在有了……股权众筹对 Yeastie Boys 而言是一个明显的选择。它将使热爱我们的啤酒并相信我们的能力的人成为 Yeastie Boys 未来的一部分。”

[3] *Invest in Manaha*，SNOWBALL EFFECT，www.snowballeffect.co.nz/offers/the-patriarch (last visited Oct. 3,2017).

[4] 例如，参见 DEL. CODE ANN. tit. 8，§ § 361 et seq。

[5] DEL. CODE ANN. tit. 8，§ 362(a).

[6] J. Haskell Murray，*The Social Enterprise Law Market*，75 MD. L. REV. 541,547(2016)。最新的数字大致相仿。*First Benefit Corporation Goes Public — Laureate Education*，CSRWIRE(Feb. 13, 2017)，www.csrwire.com/press_releases/39700-First-Benefit-Corporation-Goes-Public-Laureate-Education. 截至 2017 年年初报告了 4 500 家福利公司。

[7] *Laureate Education*，*supra* note 43. 其报告“第一家福利公司上市”。

市公司[1],而总商业实体约为 700 万家。[2] 通过比较这些数字,我们发现社会企业占上市公司的 0.025%,占所有公司的 0.01%。

让我们回顾一下:大约 30%的新西兰获得众筹的公司可以被归类为社会企业。虽然不一定是对应的比较——其部分原因在于,新西兰并无上市公司法,但是,这说明先前提供的数据是多么令人印象深刻。至少在新西兰,在证券众筹领域,社会企业正在发现异常肥沃的土地,而这一发现为非金钱动机假定提供了支持。[3]

访谈

作者 2017 年在新西兰花了几个月时间与那里的股权众筹行业大多数关键参与者交谈与访谈。这涵盖高级人员(包括首席执行官)与主要众筹平台的外部顾问、发行人的首席执行官以及很多投资者。其也包括该领域的当地学者与新西兰政府官员,例如商务部部长以及商业、创新与就业部和金融市场管理局(新西兰版的证券交易委员会)的高级官员。在不要求科学精确性的情况下,本节传达了从这些访谈中所收集到的定性信息。这些信息与前面提出的定量证据一样,符合非金钱动机假定。

很多受访者表示,众筹投资者在投资一家公司时通常具有多种动机,而产生财务回报的愿望只是其中之一。投资者具有社会动机,例如保护环境或者改善公共卫生。他们具有情感动机,比如作为一家公司的所有者而获得的自豪感与威望。他们具有利他主义动机,希望看到企业家在他们的项目中取得成功。他们喜欢把自己看作一个群体的一部分,这一群体聚集起来支持他们所相信的一家公司。用一位受访者的话说,他们想成为"故事的一部分"。总而言之,所有类型的受访者都一致表示,众筹投资者基于多种非金钱动机而参与其中,包括对社会企业的支持。

此外,受访者证实了很多人的怀疑,即众筹投资往往不会产生惊人的财务回报。在新西兰的几十家众筹公司中,没有一家进行首次公开发行抑或为

---

〔1〕 Kathy Kahle & René Stulz, *Is the American Public Corporation in Trouble?*, HARV. L. SCH. FORUM ON CORP. GOVERNANCE & FIN. REG. (Mar. 24, 2017), https://corpgov.law.harvard.edu/2017/03/24/is-the-american-public-corporation-in-trouble。

〔2〕 *Statistics of U. S. Businesses (SUSB)*, U. S. CENSUS BUREAU, www.census.gov/programs-surveys/susb.html(last visited Oct. 3, 2017). 截至 2013 年共报告 6 730 942 家。仅仅特拉华州就有 100 多万家公司,并且每年都有数十万家新公司成立。Murray, *supra* note 43, at 547.

〔3〕 参见 *supra* note 16。

投资者提供其他类型的营利性“退出”渠道。针对众筹股票的公开二级市场尚未得到发展(尽管存在一些私人交易)。有别于上市公司的股票(投资者可能会获得股息,或者可能溢价而出售股票),对于众筹投资者而言,尚无显著的财务成功纪录。

但是,新西兰众筹依然相当活跃,数十场活动产生了大量投资。过去几年,数百名投资者购买了股票,筹集了数千万美元。鉴于新西兰经济的规模(其国内生产总值约占美国的1%),众筹正在成为初创企业资本的重要来源。此外,据一位受访者称,个人有时在一次众筹活动中投资了多达50万新西兰元。在缺乏丰厚财务回报的情况下,这种热情本身就符合非金钱动机假定。

结　语

作者先前的论文假定,众筹投资者具有重要的非财务动机来从事投资。为了检验这一非金钱动机假定,作者在世界上最为成熟的众筹证券监管体系所在地新西兰进行了研究,并分析了社会企业在众筹中不成比例地参与和成功的程度。

本章的研究表明,社会企业确实受到新西兰股权众筹投资者的青睐。寻求众筹的公司中的三分之一,以及成功达到目标融资额的公司中有类似比例的公司,均是某种程度上的社会企业。此外,定性访谈证实,很多通过股权众筹投资的新西兰人在投资时牢记非金钱目标,这使得他们成为针对社会企业的理想投资者。

总而言之,本章表明,新西兰迄今为止的实际经验与非金钱动机假定是一致的。展望未来,这一结论对社会企业与证券众筹都具有重要意义。那些寻求鼓励对社会企业投资者应当接受证券众筹,因为这些类型的公司特别有可能从众筹中吸引大量资金。支持证券众筹者应当寻求鼓励社会企业参与这种新型的融资,因为它们特别适合这种融资。

第四部分

形式选择

社会企业的生命周期

我们是否需要专门针对社会企业的商业形式?

社会锁定与合作社形式

为社会企业而使用应税非营利公司

形式遵从功能

第十三章 社会企业的生命周期

黛娜·布雷克曼·莱瑟 史蒂文·A. 迪恩

社会企业的生命周期——获得正当性、追求增长以及实现稳定——在个体企业层面与整个社会企业部门的集体层面均有展现。迄今为止,社会企业法的大部分工作集中于通过发展专门的法律组织形式从而使得双重底线正当化。这些努力在提供此类形式方面取得了非凡成功,甚至打破了特拉华州法律的黄金标准。这些进步不仅为个体企业家提供了完全适合其双重底线企业的工具,还体现了一种对社会企业将收益与公共利益加以非常规混合的制度性接受。

现在,重点应当开始转向推动该部门的扩张。如果社会企业法希望继续促进社会企业部门的发展,就必须超越发展组织形式,利用促进增长的工具。律师与法律学者能够也应当致力于设计工具,从而帮助企业家与投资者发现并信任彼此,并且说服雇员、消费者与其他关键利益相关者相信其同行的决心。成功将使得个别企业筹集到其拓展所需的资本,从而滋养整个部门。失败将使得社会企业家失去拓展一家(保持其双重底线的)羽翼未丰的企业所需的资源。[1]

最后,为了使得社会企业部门长期蓬勃发展,社会企业法必须帮助对社会使命的承诺长期存续下去。如果每个企业的私人利益与公共利益的混合可以经由连续的所有者并且超越任何特定实体的消失而继续存在,那么显而易见的是,社会企业将呈现出同样的稳定性。本章列举了社会企业生命周期的挑战,并提供了法律工具与技术,以帮助社会企业运动——以及个别社会企业——顺利发展。

正如社会企业显而易见地会寻求正当性、增长甚至长存,个别双重底线

---

〔1〕 Sheelah Kolhatkar, *No More Mr. Nice Guy*, NEW YORKER(June 5—12 2017), at 44. 该文描述了一家作为优步(Uber)竞争者的支持雇员型公司在增长与使命之间的冲突,其结果是"创始人出售了该公司并同意削减公司的股票奖励,因为他们找不到新的投资者来为其增长提供资金"。

企业也是如此。这些社会企业都是在实现社会福利的同时为所有者谋取收益的营利企业。但是,它们并不都是相似的。就其销售的产品与提供的服务而言,社会企业填补了所有可能的小众市场。随着时间的推移,它们在社会企业生命周期中也占据着非常不同的位置。虽然任何企业的成熟都经历不同的阶段,但是,双重底线企业的混合性质会使得社会企业生命周期具有特殊意义。在社会企业发展的不同阶段,其所选择的收益与社会使命之平衡受到的不同威胁有增有减。

一开始,社会企业需要确保它们具有实现其双重使命的安全空间,并将自己与市场上的其他企业区分开来。专门的法律形式可以有助于这两方面的努力,在内部为受信人与管理者正当化双重底线概念,并将其传播给投资者、雇员、供应商与消费者。随着社会企业寻求证明概念、成长与规模,它们对资源的需求增加了。为了满足这些需求,社会企业家需要发现使命驱动型投资者、雇员与消费者,并说服他们相信自己的使命承诺是可信的。在这方面,法律再次提供了解决方案:这一次是以创造性合同的形式,即使命保护型毒丸计划(mission-protecting poison pills,MP3s),后者包括可靠的信号与执行机制。即使衰退的阴影笼罩着社会企业,交易结构与治理机制也可以通过出售或者解散来管理社会使命。

正当性

就其核心而言,社会企业法代表了一种承认:致力于推进一项社会使命的营利企业具有特定的需求,并且,这些独特的关切是正当的。社会企业组织形式的出现直接回应了这些与企业组建相关的挑战。[1] 组建容纳社会企业的实体可能并不代表一个有意义的终点,但在很多情况下,它代表了实质性的第一步。例如,这样一个实体可以为其创造者提供有限责任,从而使得这些创造者免于承担其企业立足所需的风险。虽然非营利抑或营利公司或有限责任公司可以提供这些甚至更多,但是,传统组织形式可能不适合这些以大致相同的方式将私人收益与公共利益结合起来的企业。

尽管存在这样的标签,但非营利公司在追求收益方面并未受到限制。非

〔1〕 参见 Dana Brakman Reiser, *Theorizing Forms for Social Enterprise*, 62 EMORY L. J. 681, 685—93(2013)。

营利公司可以并且也确实在盈利;法律只限制其可以用收益来从事的行动。[1] 非营利组织的净收益必须再投资于其实体本身,以生产与其慈善使命相一致的产品或服务。非营利组织不能通过股权或其他收益分享安排而将净收益分配给该组织的控制人。[2] 但是,它可以向其雇员支付合理报酬,即使这些雇员也是董事或者以其他方式对该实体拥有控制权。[3] 既想行善又想把事情做好的企业家可以从一家成功的非营利组织那里获得丰厚的薪酬。但是,即使是那些违背了关于合理性的法律要求的补偿,也很难提供像营利性初创企业股权增值那样所代表的财富前景。

营利形式为社会企业家提供了更多自由来分享其企业所产生的收益,但是,营利形式并不完全拒绝追求社会使命。例如,只要股票依然在长期持有人手中,营利公司法就允许在追求收益的同时追求其他目标。我们可以从阿利托(Alito)法官在伯韦尔诉霍比·罗比百货公司(Burwell v. Hobby Lobby Stores,Inc)一案的观点中发现针对目的的制度中立程度。[4] 正如阿利托所言:"虽然营利公司的核心目标当然是赚钱,但现代公司法并不要求营利公司以牺牲一切为代价来追求收益,并且,很多公司也并不会如此行事。"[5]在一长串关于公司任务(corporate mandate)性质的模棱两可的司法声明中,这只是最新的一个。这一声明表明,传统公司可以轻松地容纳社会企业。正如阿利托所建议的那样,一个营利公司至少可以就其目标做出特殊的选择。如果其目的包括以牺牲其原本可能获得的大部分收益的方式追求一项社会使命,则除非有一个或多个股东对其提出质疑,否则这种选择就不会受到审查。

当然,将控制权保留在长期持有人手中的这一附加说明是颇为重要的。股东通过选举董事的权力,对公司拥有最终——即便是间接——的控制权。[6] 在公司运营中,董事与管理层具有很大的自由裁量权,从而使得社会影响力优先于收益[7],但其前提是股东愿意接受。发动政变来推翻一个董

---

〔1〕 参见 Henry B. Hansmann, *Reforming Nonprofit Corporation Law*, 129 U. PA. L. REV. 497,501(1981). 汉斯曼(Hansmann)所说的"非营利公司的定义性特征"是"非分配约束"。*Id*.

〔2〕 例如,参见 Revised Model Nonprofit Corporation Act § § 1.40,13.01。禁止非营利公司"分配",即"向公司成员、董事或者高级人员支付股息或者公司收益或收益的任何部分"。Hansmann, *supra* note 3, at 501.

〔3〕 参见 Hansmann, *supra* note 3, at 501。

〔4〕 134 S. Ct. 2751(2014). 关于霍比·罗比百货公司一案判决意见中的这一因素的潜在有害影响,参见 Pollman, *supra* Chapter 1。

〔5〕 *Id*. at 2771.

〔6〕 例如,参见 DEL. CODE ANN. tit. 8 § 211。

〔7〕 参见 Einer Elhauge, *Sacrificing Corporate Profits in the Public Interest*, 80 N.Y.U. L. REV. 733(2005)。

事会或者其多数成员的席位会引发具有挑战性的集体行动问题，但是，足够数量的具有该动机的股东肯定会“把懒汉（在这种情况下可能是天使）扔出去”。为了保护营利公司的社会导向，致力于这一重点的股东必须保持控制权。不过，如此行事必然会限制其融资能力，因为其只能向其无法信任其偏好的外部投资者出售有限的股票。

即使保留了控制权，也不能保证营利公司的社会目标不受持不同意见的股东影响。相隔近一个世纪的两个判例都阻止了控股股东追求以社会福利来替换增加收益的这一特殊偏好。1919 年道奇诉福特公司案中，少数股东对亨利·福特（Henry Ford）拒绝派发股息的行为提出挑战，福特的目的是雇用更多雇员，并为这些雇员提供收益以“改善其生活与住房”[1]。少数股东胜诉，并且，密歇根州法院认为“一家商事公司的组织与运营主要是为了股东利益”[2]。董事并无选择减少这些收益以用于其他目的的自由裁量权，无论该目的是多么崇高。2010 年易趣诉克雷格列表（eBay v. craigslist）一案也得出类似结果。特拉华州衡平法院驳回了克雷格列表（Craigslist）控股股东兼创始人的声明。该声明称，在面临“套现”的压力下，他们希望维持网站的“社区服务”定位以防止收购的这一防御策略是合理的。[3]“克雷格列表加以经营的公司形式……并非是针对纯粹慈善目的的合适工具，至少在其他股东有兴趣实现其投资回报的情况下是不合适的。”[4]

这类案例虽然罕见，但表明拥有控制权并不总是充分的。为充分保障作为营利公司而组建的社会企业的社会使命，所有股东必须继续致力于这一使命。如果一个人的背叛就会破坏社会企业的核心承诺，那么社会企业家必须非常仔细地筛选投资者。他们可以毫无恐惧地加以利用的资本实际上会变得极为有限。

在其他营利实体的场景下，可以依赖的理论与判例法较少，但这些形式侧重于为所有者提供灵活性，这表明我们有理由抱有希望。在这些形式中，有限责任公司尤为重要。将公司的有限责任与合伙的单层缴税待遇相结合，有限责任公司已经成为小型企业所选择的工具，尤其是那些刚刚起步的小型

[1] 170 N. W. 668，468(Mich. 1919).
[2] *Id*. at 507.
[3] 16 A. 3d 1，8—9(2010).
[4] *Id*. at 34.

企业。[1] 初创社会企业也基于同样原因而被吸引到有限责任公司形式。此外,有限责任公司法并不具有公司法专注于股东价值最大化规范的传统。一些有限责任公司法对此类实体“商业”目的的要求可能会使得用有限责任公司来容纳纯粹非营利实体具有挑战性。[2] 尽管社会企业致力于创造社会福利,但是,社会企业依然是营利企业。这种狭义的赋权型法案不应当阻止社会企业作为有限责任公司而成立。另外,包括最新的统一法案在内的很多有限责任公司法,将设立有限责任公司的正当目的扩展到“任何合法目的”,并且有时会特别指出这些目的包括非营利目的。[3] 有限责任公司形式在目的上的开放性应当会吸引那些对道奇诉福特案与易趣诉克雷格列表案等案件存在阴影的社会企业家。

有限责任公司所有者(称为“成员”)所获得的相当大的自由应当会进一步加强这种偏好。有限责任公司法的试金石是针对所有者的灵活性。[4] 这些赋权型法律包含了对实体治理的默示性规定,但是,几乎所有这些规定甚至包括信义性的忠实义务,都可以在采纳实体的运营协议中予以修正或者放弃。[5] 有限责任公司的治理机制很大程度上由运营协议中的选择加以建构。所有者可以就这些合同进行协商,从而毫无顾虑地表述其双重使命。

随着时间的推移,所有者还可以利用有限责任公司所提供的灵活性来保护企业使命。例如,在限制转让方面,这就是事实。有限责任公司成员资格所附带的财务利益可以自由转让,但是,治理权则不能转让。作为默示性规则,现有成员必须批准接纳新成员,即使新成员购买了现有成员的股权。[6] 如果现有成员不信任潜在的受让人,则他们可以阻止其获得治理权。

不幸的是,灵活性的益处也使得有限责任公司无法实现在组建时至关重要的表述性目标。尽管营利性有限责任公司形式已经成熟,可以适应特定社会企业的需要,但是,这种形式的灵活性意味着,对这种形式的采用并未对特定实体的特点加以说明。为了知晓一家特定有限责任公司是否具有双重使

---

〔1〕 参见 David S. Walker, *A Consideration of an LLC for a* 501(*c*)(3) *Nonprofit Organization*, 38 WM. MITCHELL L. REV. 627,634 n. 31(2012)。该文将有限责任公司描述为“组织一家企业的主要形式选择”,并且引用包括特拉华州在内的多个州的文件,后者披露了有限责任公司的组建远远超过了公司登记速度。

〔2〕 *Id.* at 642—47.

〔3〕 *Id.*

〔4〕 1 RIBSTEIN & KEATINGE ON LIMITED LIABILITY COMPANIES § 2:1(2016).

〔5〕 *Id.* § 9:4.

〔6〕 例如,参见 Revised Uniform Limited Liability Company Act § § 501—02。

命，不同的受众需要检查其运营协议与投资者的内心。此外，对于那些缺乏法律顾问者而言，难以设计与管理这种高度灵活的形式。正是因为它的可塑性，有限责任公司根本就不是用来正当化双重使命实体的现成法律形式。

社会企业可以采用前述的任何一种组织形式。非营利组织不禁止营利，营利公司也不禁止实质性的社会使命。有限责任公司几乎允许其所有者追求任何目标。但是，这些形式都不能为用来定义社会企业的收益与使命之结合提供正当性。

在过去十年中，为了填补双重使命企业缺乏安全感且现成形式的空白，人们设计了各种创新形式。每一种形式都明确允许实体追求所有者收益与社会福利。并且，尽管并无强制要求，但是，每一种形式都允许实体优先考虑社会目标而非收益。[1] 第一种形式是佛蒙特州低收益有限责任公司。[2] 并且，随着时间的推移，其他一些地区也发展出了本州特有的形式。[3] 但是，福利公司显然是当前的领跑者。

现在已有 30 多个州通过了福利公司赋权性立法，它主要遵循了共益实验室所建立与提倡的模式。共益实验室是一个非营利组织，致力于"为商业向善的全球民众运动提供服务"[4]。它为那些希望传播与验证其社会承诺的双重使命企业提供各种认证、基准与其他服务。其旗舰产品"共益公司"认证适用于以下营利企业：(1)采用表明其社会导向目的的治理文件，并指导其领导人在决策时考虑收益以外的因素；(2)在其专有的社会影响力评估工具上获得足够高的分数。[5] 对福利公司形式的采用，可以满足——并且在某些情况下必须满足——第一个要求。[6] 共益实验室与律师以及倡导者合作，创立了其持续更新的示范福利公司法，并且，在推动全美各地采用这些示

---

〔1〕 本章重点关注美国的社会企业与社会企业法。但值得注意的是，与美国的形式相反，英国的社区福利公司施加了优先选项要求。参见 Off. of the Regulator of Cmty. Int. Co. ,INFORMATION AND GUIDANCE NOTES 3(May 2016)，www. gov. uk/government/uploads/system/uploads/attachment_data/file/524148/cic-12-1333-community-interest-companies-guidance-chapter-1-introduction. pdf。英国还创设了一个专门的、颇为活跃的社区福利公司监管者，参见 UK Companies Act 2004 § 30。关于英国情况与经验的详细探讨，参见 Boeger，*supra* Chapter 7。

〔2〕 参见 VT. STAT. ANN. tit. 11，§ 3001。

〔3〕 加利福尼亚州与华盛顿州都发展了社会目的公司形式，参见 CAL. CORP. CODE § § 2500-3503(2014)；REV. CODE WASH. § § 23B. 25. 005 to. 150(2013)。一些州也允许福利有限责任公司。参见 MD. CODE ANN. ,CORPS. & ASS'NS § § 11－4A－1201 to 11－4A－1208,11－1－502,5－6C－03(2013)。简要探讨了特拉华州的公共福利公司。

〔4〕 *About B Lab*，b lab，www. bcorporation. net/what－are-b-corps/about-b-lab(last visited Aug. 22,2017).

〔5〕 参见 *How to Become a B Corp*，B LAB，www. bcorporation. net/become-a-b-corp/how-to-become-a-b-corp(last visited Aug. 22,2017)。

〔6〕 参见 *Legal Roadmap*，B LAB，www. bcorporation. net/become-a-b-corp/how-to-become-a-b-corp/legal-roadmap(last visited Aug. 22,2017)。

范法方面发挥了关键作用。[1]

基于这种共同的模式，大多数福利公司法都存在四个核心组成部分。

第一，其改变了标准公司法关于公司目的的规定（这些规定倾向于允许实体为任何合法目的或者合法商业目的而成立），从而要求采用该形式的实体具有“创造一般公共利益的目的”[2]。一般公共利益被定义为“在考虑到福利公司根据第三方标准之报告而产生的影响力基础上，该被评估的福利公司的业务与运营作为一个整体，而对社会与环境产生的实质性积极影响力”[3]。

第二，每一个采用的实体必须选择一个第三方标准来评估自己，这个标准不一定必须是共益实验室的评估工具。这种对营利公司法标准目的规定的变化也许最能说明福利公司法的表达功能。它表明合规的福利公司将会并且必须有别于传统营利公司，并且其不同之处就在于它们的双重底线。

第三，关于受信人行为（fiduciary conduct）的规定要求董事不仅需要考虑其决策对股东的影响，还需要考虑对雇员、供应商、消费者、社区、社会甚至当地与全球环境的影响，以及“福利公司实现其一般公共利益目的的能力”[4]。福利公司法并未指示受信人优先考虑清单上的任何一类利益相关者的利益，而非其他类型利益相关者抑或股东的利益。但是，如果受信人选择如此行事，则福利公司法将会提供保护以防止道奇诉福特公司案或易趣诉克雷格列表案类型的权利主张。股东投票规定增加了摆脱双重使命的难度；公司章程之修正抑或将导致福利公司地位产生或终止之交易必须得到三分之二股东的批准。[5] 最后，福利公司法施加了披露要求。采用该形式的实体必须向股东提供年度福利报告，该报告再次识别该福利公司所选择的第三方标准，并参照该标准来评估其绩效。[6]

福利公司并不是美国社会企业唯一的专门法律形式，但迄今为止，它已经远远超过其竞争对手。但是，即使具有这种优势，特拉华州的公共福利公司形式在实体适用方面也会超过福利公司。特拉华州公司法是商业形式的

---

〔1〕 参见 *Benefit Corporation*：*The Model Legislation*，B LAB，http://benefitcorp.net/attorneys/model-legislation(last visited Aug. 22,2017)；*Our History*，B LAB，www.bcorporation.net/what-are-b-corps/the-non-profit-behind-b-corps/our-history(last visited Aug. 22,2017)。该文注意到了几家福利公司发展的重要阶段。

〔2〕 MODEL BENEFIT CORPORATION LEGISLATION § 201(a)(Apr. 17,2017).

〔3〕 *Id*. § 102.

〔4〕 *Id*. § 301(a)(1)(vii).

〔5〕 *Id*. §§ 102,105.

〔6〕 *Id*. § 401(a)(2).

黄金标准，并且，虽然小型封闭式企业通常在其所在州创立，但是，那些有计划(甚至期望)获得外部资本的企业更为喜欢特拉华州。特拉华州在2013年创立了公共福利公司，部分原因是对其作为市场领导者地位的认可。并且，如果在这场游戏的早期就把特拉华州排除出去，则那会是颇为愚蠢的。[1]

公共福利公司立法将采用该形式的实体定义为“旨在产生一项或多项公共利益，并且，以负责任与可持续的方式运作”的实体。[2] 其传达了一种与福利公司立法相似的信息。这两种法律的绝对多数投票要求也颇为相似。但是，特拉华州的进路与福利公司在三个重要方面有所不同。(1)每个公共福利公司必须在其章程中选择并确定至少一项其计划追求的特定公共利益；对福利公司而言，这样的指定是可选的。[3] (2)与福利公司董事被要求的考量清单不同，公共福利公司董事会被要求“平衡……股东的金钱利益、受公司行为实质性影响者的最优利益，以及公司章程上所确定的特定公共利益”[4]。(3)特拉华州的披露要求也比较有限[5]，其中最显著的一点是，它们不需要使用第三方标准。事实上，根据公共福利公司法，为任何目的而对第三方标准加以使用完全是可选的。[6] 尽管存在这些显著差异，共益实验室还是非常欢迎特拉华州加入福利公司的行列。[7]

不管是这些形式之一作为胜利者而出现，还是很多法定形式持续繁荣，福利公司及其混合模式为那些原本可能被边缘化的选择提供了正当性。一名自认为是社会企业家的非营利组织管理者可能会提高薪酬，从而作为股票上涨的适当替代方案，尽管这可能会违背“不分配约束”[8]的精神——甚至其规则。除非负担过重的州首席检察官或美国国税局恰巧注意到这一点并

---

〔1〕 参见 Press Release，News. Delaware. gov，*Governor Markell Signs Public Benefit Corporation Legislation*(July 17，2013)，http://news. delaware. gov/2013/07/17/governor-markell-signs-public-benefit-corporation-legislation。

〔2〕 DEL. CODE ANN. tit. 8 § 362(a).

〔3〕 *Compare id. with* model benefit corporation legislation § 201(b). 关于赞成修正福利公司立法从而类似地要求所有采用福利公司形式的实体追求特定福利，参见 Johnson，infra Chapter 19。

〔4〕 *Compare* DEL. CODE ANN. tit. 8 § 365 *with* MODEL BENEFIT CORPORATION LEGISLATION § 301. 关于特拉华州法院可能如何解释与适用这些义务的探讨，参见 Simmons，*infra* Chapter 20。

〔5〕 *Compare* DEL. CODE ANN. tit. 8 § 366. 其要求仅向股东披露，且每两年披露一次。MODEL BENEFIT CORPORATION LEGISLATION § 402. 其要求每年都向股东与公众披露。

〔6〕 参见 DEL. CODE ANN. tit. 8 § 366(c)。

〔7〕 参见 *Our History*，B LAB，*supra* note 26。该文描述了特拉华州“福利公司法的通过”在其组织史上的时间表。*Open Letter to Business Leaders*，B LAB(July 30，2013)，www. bcorporation. net/open-letter-to-business-leaders. 该文宣称该法案是“福利公司”理念的胜利。*Today Marks a Tipping Point in the Evolution of Capitalism*，B LAB THE BLOG(July 17，2013)，www. bcorporation. net/blog/today-marks-a-tipping-point-in-the-evolution-of-capitalism.

〔8〕 参见 Hansmann，*supra* note 3。

利用其有限资源对该行为进行纠正,否则这种越权行为不会受到挑战。[1]相反,如果营利性组织的唯一股东相信无论法院在受案后可能做出什么决定,都没有人有权提起这种诉讼,则该股东可能会提升社会使命。[2] 有限责任公司所有者可以相互之间签订合同,以采用并执行双重底线,但是,法律所规定的有限的默示性规则并不会为他们在出现争议时提供解决方案。法律可能无力惩罚这种选择,但它也并不接受这种选择。

正是因为其提供这种支持——福利公司法明确要求让内部人士获得收益并且让更为广泛的公众受益,所以创设福利公司为社会企业家提供了相当大的表述性胜利。既不像最高法院在温莎(Windsor)诉美国案[3]与奥伯格费尔诉霍奇斯(Obergefell v. Hodges)案[4]中对同性婚姻的支持那么紧密,也不像消遣类大麻合法化的前景那么激进,旨在兼顾收益与社会使命的混合组织形式代表了同样戏剧性的政策转变,即官方接受了以前只能勉强容忍的事情。

州立法机关已经明确表示,支持通过混合形式而将社会企业中的私人收益与公共利益非常规地结合起来。与压倒性的公众认可相比,采用混合形式中所体现的私人选择可能显得苍白无力。尽管未能采用混合形式可能表明缺乏对收益与使命的混合承诺,但至少在某些情况下,使用混合形式也不会改变实际情况。如果一个非营利性的小型社会企业能够成功地将所有收益作为薪酬分配出去,或者一个少数人拥有的营利企业能够成功地将社会使命提升到收益之上,则这种情况就是真实的。

福利公司及其类似组织具有一种为该视角所忽视的重要性。为了理解其中的原因,我们不妨考虑一下立法者此前制定的有限措施,这些措施在满足收益需求的同时,也兼顾了非财务动机。为了应对那些针对董事会(关于潜在收购的)决策的挑战威胁,利益相关者法(constituency statutes)扩展了被允许的公司目标范围:在法律上规定了即使董事决策会牺牲股东潜在收

[1] 例如,参见 MARION FREMONT-SMITH, GOVERNING NONPROFIT ORGANIZATIONS 352(2004)。该文指出首席检察官办公室内慈善组织部门的"预算极为有限"。Evelyn Brody & Marcus Owens, *Exile to Main Street: The I.R.S.'s Diminished Role in Overseeing Tax-Exempt Organizations*, 91 CHI.-KENT L. REV. 859(2016). 该文描述国税局日益减少的执法预算。

[2] 关于控股股东此类诉讼的例子, Richard Steinberg, *What Should Social Finance Invest in, and with Whom?*, in SOCIAL FINANCE 30—33(Alex Nicholls, Rob Paton, & Jed Emerson eds., 2015)。

[3] United States v. Windsor 133 S. Ct. 2675(2013). 其承认同性婚姻在联邦法律下有效。

[4] Obergefell v. Hodges 135 S. Ct. 2584(2015). 其承认同性婚姻的宪法权利。

益,董事也依然具有考虑雇员、债权人与社区利益并采取行动的自由裁量权。[1] 实际上,利益相关者法只是给潜在诉讼当事人在下述情况下增加了更多障碍:诉讼当事人基于另一种方式收益更大这一理由而试图挑战董事会的选择。虽然利益相关者法所规定的有限豁免有时可能具有决定性,但是这种有限豁免主要是为了强调公司的社会使命代表的是一种越界而非一种成就的看法。

对混合组织形式的接受使得社会企业可以摆脱这一动态,并自豪地宣布——而非寻求宽恕——将私人收益与公共利益相结合的承诺。有别于像利益相关者法那样宽恕公司未能专注于收益,选择混合形式会引发公众对社会企业双重底线的认可。成为特拉华州的一家公共福利公司,可以确保对社会使命与收益的同时追求不再仅仅是一种被放纵的怪癖。相反,对目的导向型实体的采用允许社会企业大胆地宣布其非传统的商业路径。

例如,一家名为 Method 的可持续清洁产品公司在其网站的"Beyond the Bottle"部分标注了其福利公司的身份。它解释说,这一举措"正式将我们的可持续发展使命融入我们公司的基因。这一独特的公司结构使得 Method 能够开展更为开明的业务,从而平衡收益与环境及社会责任。[2] 作为对照,利益相关者法所保护的对象是发生在董事会会议室的非公开决策,并希望它永远不需要在法庭上曝光。

混合社会企业形式的出现使得抓住社会企业的披风变得更加容易。福利公司与其他专项法律形式并未将对狭隘任务之拒绝视为一种有待宽恕的罪过,而是为追求收益与社会使命的企业提供了一种方式:这种方式义正词严地向消费者与其他受众传达了它们通往资本主义的非传统路径。到目前为止,公司实际上尚未像州立法机关那样迅速地采用这些专项法律形式。尽管研究受限,并且数据收集也具有挑战性,但是较为乐观的统计表明,在第一个州赋权性立法通过十年后,根据任何相关法律而设立的实体数量是 5 000

---

[1] 参见 Lisa M. Fairfax, *Doing Well While Doing Good: Reassessing the Scope of Directors' Fiduciary Obligations in For-Profit Corporations with Non-Shareholder Beneficiaries*, 59 WASH. & LEE L. REV. 409, 459(2002)。

[2] *Beyond the Bottle, Our Business, B Corporation*, METHOD, http://methodhome.com/beyond-the-bottle/our-business/(last visited Aug. 22, 2017).

家抑或更少。[1] 或许，这些缺乏活力的数字表明，这些法律的表述性胜利在得到各州采用时就已经完成了，并且，个别实体不再需要使用这些新型形式来享有其胜利。鉴于州立法机关对社会企业的大力支持，个体企业采用何种法律形式的细则可能无关紧要。或者这些数字仅仅表明了一种新形式的缓慢而稳定的应用，而该形式终将会实现繁荣发展。不管是什么解释，在庆祝特殊形式出现的彩纸与气球被清除之后，将潜力转化为成就的艰苦工作就必须启动了。在社会企业生命周期的第二阶段，目的——无论多么正当且真诚都——已经不再是充分的。

增　长

一个社会企业为了取得成功，就需要做出类似于维持营利与非营利组织所要求的承诺。社会使命与财务收益的增长必须以投资者、雇员与消费者的有意义的出资来支撑。吸引推动社会企业发展所需的那些人力资本与财务资源，意味着需要向利益相关者承诺：不会在没有警告的情况下，就把地毯从他们脚下撤走。正如法律可以为社会企业的正当化提供工具一样，它也可以有助于创造那些预期的保障。

尽管取得了很多成就，但是，福利公司与美国目前的其他社会企业法律形式并不具备完成这项任务所需的能力。它们允许采用该形式的企业及其受信人将社会使命优先于私人收益，但它们并未为此施加任何义务。在缺乏这种制度的情况下，很容易表达社会承诺，但几乎不可能执行。福利公司董事会的如下做法完全是在其义务范围内：在每一个决策中都考虑雇员利益与环境，但是始终选择支持股东收益。法律要求董事发布可能告知股东其真实方向的报告，但目前对福利公司披露要求的执行情况是令人失望的。[2] 并且，即使股东知晓并反对该报告——尽管她可能因为董事会的收益优先导向而获利颇丰，她也缺乏诉讼资格，并且，在试图通过投票罢免董事会时，她还

---

〔1〕 参见 J. Haskell Murray, *The Social Enterprise Law Market*, 75 MD. L. REV. 541, app. A (2016). 文中称发现有 4 500 多家社会企业。Kate Cooney et al., *Benefit Corporation and L3C Adoption: A Survey*, STAN. SOC. INNOVATION REV. ONLINE(Dec. 5, 2014), http://ssir.org/articles/entry/benefit_corporation_and_l3c_adoption_a_survey. 文中称发现大约 2 000 个这样的组织。*Frequently Asked Questions: Will It Be More Difficult for Benefit Corporations to Get D&O Insurance?*, B LAB, http://benefitcorp.net/faq(last visited Aug. 22, 2016)。该文提及"全国现有 3 000 多家福利公司"。

〔2〕 参见 J. Haskell Murray, *An Early Report on Benefit Reports*, 118 W. VA. L. REV. 25, 42—47 & tbl. A(2015)。该文对低于 10%的相符率加以报告与评论。

需要解决一个巨大的集体行动问题。

混合形式还允许在缺乏一定共识的情况下，采取更为根本的举措来放弃公共利益。如果一家福利公司三分之二的股东投票赞成一项将会取消其公共利益导向的公司合并，则剩余股东无权阻止该合并。低收益有限责任公司必须“显著促进……实现一个或多个[免税的]慈善或教育目的”〔1〕。但是，低收益有限责任公司的管理者可以单纯地停止服务于这些目的，将其活动与运营转移为仅仅对收益的追求，并且不会承担任何后果。它可以根据法律而转型为传统的有限责任公司，但是，没有人有必要对此知情，并且更为重要的是，没有人可以加以反对。当社会企业家在其最亲密圈子之外寻求财务与人力资本时，双方必须能够相信对方的社会承诺是真实且可执行的。〔2〕选择福利公司或者另一种美国社会企业专门形式将不足以满足这些关键但持怀疑态度的当事人的需求。〔3〕幸运的是，组织形式并不是法律提供给他们的唯一技术。

构成金融工具之核心的合同，无论是熟悉的还是陌生的，都可以创造可靠的执行力，从而产生对社会企业资本化至关重要的保证与信任。正如我们在其他地方所主张的〔4〕，可以设计一种或有可转换债务工具(a contingent convertible debt instrument)，以打消投资者对社会企业致力于平衡社会使命与收益的疑虑。灵活低收益票据[Flexible Low-Yield(FLY) Paper]是一种长期且低于市场收益率的票据，据此，如果企业家出售其股票，则该票据持有人可以将其权益转换为股权——可以通过给投资者一份使命保护型毒丸计划来做到这一点。〔5〕灵活低收益票据向投资者保证，他们不会被企业家愚弄：企业家通过编造社会福利的故事从而使得投资者释放廉价资本，然后企业家在出售企业时为自己而将资本转换为真金白银。如果存在这种出售行为，则

---

〔1〕 11 VT. STAT. ANN § 3001(27)(A)(1).

〔2〕 参见 DANA BRAKMAN REISER & STEVEN A. DEAN, SOCIAL ENTERPRISE LAW: TRUST, PUBLIC BENEFIT AND CAPITAL MARKETS 13—15(2017); Dana Brakman Reiser & Steven A. Dean, *SE(c)(3): A Catalyst for Social Enterprise Crowdfunding*, 90 IND. L. J. 1091, 1104—05(2015)。

〔3〕 这是迄今为止对这些形式的采用有限的另一种可能的解释。

〔4〕 参见 BRAKMAN REISER & DEAN, *supra* note 49, at 83—90; Dana Brakman Reiser & Steven A. Dean, *Hunting Stag with FLY Paper: A Hybrid Financial Instrument for Social Enterprise*, 54 B. C. L. REV. 1495, 1517—31(2013)。

〔5〕 在敌意收购的全盛时期，毒丸的出现有力地保护了公司董事会制定公司路线的自由裁量权。这一法律机制阻止不受欢迎的收购者在未经董事会批准情况下收购一家公司的超过一小部分股权的份额。参见 JAMES D. COX & THOMAS L. HAZEN, BUSINESS ORGANIZATIONS LAW § 23.7(3d ed. 2011)。除非董事会解除毒丸，否则获得一个具有潜在影响力的职位会自动为其他所有人提供新股，进而减少收购者以往的大部分或全部收益。

持有者有权将其债权转换为股权，而这就降低了出售企业的可能性，也降低了不诚信企业家漂绿的吸引力。

同样重要的是，在高收益替代品随处可见的情况下，灵活低收益票据的购买者通过购买长期且低收益的投资，向企业家显示了其社会承诺。[1] 灵活低收益票据投资者只扮演贷款人的角色，除非发生转换事件（a conversion event），否则该投资者对企业治理并无发言权。这可以进一步减轻企业家的疑虑。在为社会企业提供了低成本资金后，灵活低收益票据债权人无权强迫该社会企业同意出售或进行其他可能威胁其社会使命的交易。灵活低收益票据通过让投资者作为代表来监督社会企业，使得社会企业对其社会使命的承诺具有稳定性。这种路径当然是非正统的，但是，它在防范那些被列举的威胁方面可能是有效的。

不同类型的"毒丸计划"可以扮演类似的角色，并潜在地获得包括雇员与消费者在内的利益相关者的广泛支持。[2] 营利企业长期以来一直依靠期权确保雇员的忠诚度。而社会企业可以彻底颠倒这一实践：利用期权授权雇员监督该社会企业对社会使命的承诺。

负责指导企业成功的高级人员通常会获得该企业股权。[3] 理论上，这使他们的所得成为企业财富的因变量，从而将决策者与其所服务的所有者的利益连为一体。任何股权都能达到这一目的，但通常奖励给高级雇员的期权类型会发挥更大作用。这种期权通常会随着时间的推移而予以兑现。[4] 这将确保那些有实力的雇员有动力为企业长期利益——或者至少不仅是短期利益——而采取行动。

人们可能会接受为雇主与雇员之间的关系建立明确预期的这一核心理念，但同时可能会围绕收益与社会使命之间的平衡而对该理念进行重新调整。在这里，如果发生了触发灵活低收益票据的事件类型，则由不同雇

---

〔1〕 为了使收益在整个票据期限内保持较低水平，需要将利率与市场收益指标挂钩，而不是固定在一定百分比上。

〔2〕 关于如何构建替代金融工具的更全面的探讨，参见 Dana Brakman Reiser & Steven A. Dean, *Financing the Benefit Corporation*, 40 SEATTLE U. L. REV. 793(2017)。对新兴社会企业投资空间中交易文件的实证研究，参见 Tucker, *supra* Chapter 10。

〔3〕 Shannon Hannes & Avraham Tabbach, *Executive Stock Options: The Effects of Manipulation on Risk Taking*, 38 J. CORP. L. 533, 539－40(2013).

〔4〕 参见 Lucian A. Bebchuk & Jesse M. Fried, *Paying for Long-Term Performance*, 158 U. PA. L. REV. 1915, 1923(2010)。该文在提倡对其进行更改的文章中描述了标准兑现方式。

员——普通雇员而非高级人员——所持有的期权将会兑现。[1] 例如,内部人士在一定年限内对控制权的出售,可能会赋予雇员从新所有者手中夺取控制权的权力。[2] 这些社会企业期权的雇员所有者无权发起出售,但却可以阻止出售。[3]

对这种机制的批准将允许内部人士把自己与社会企业绑定在一起,以证明他们致力于平衡社会使命与收益。并不是每一个潜在雇员都会重视这样的确认。当然,那些自我选择且愿意优先考虑使命的少数人,恰恰是社会企业更愿意雇佣的人。如果雇员相信,任何用来让内部人士获益的快速出售都不会破坏其共同承诺,则这些雇员可以致力于确保企业的持久成功。

雇员退出权——辞职——与发言权之结合,代表了一种可以扩展到包括消费者的模式。显然,消费者享有相当大的自由来拒绝一家放弃其社会使命承诺的企业。传统的消费者忠诚计划(旨在确保对消费者的忠诚,而不是消费者的忠诚)之转变可以允许消费者扮演与先前考虑的持有社会企业期权的雇员相同的角色。

社会企业忠诚计划将为消费者提供使命保护型毒丸计划,而不是折扣。如果内部人士试图套现,则购买一种旨在兑现的期权,将赋予社会企业的消费者群体稳定其社会使命的权力。Kickstarter 等众筹平台会为初创企业提供小额资金。[4] 通常,初创企业会向资助者提供购买产品的机会,并依赖资助者的付款作为种子资本。[5] 购买与产品或服务捆绑在一起的忠诚期权(a loyalty option)可以帮助社会企业成长,同时也会加强其对社会使命的承诺。

无论是驱动雇员的使命保护型毒丸计划,还是驱动消费者的使命保护型

---

[1] 这些权益可以被设计成传统期权,或者使用简单的未来股权协议作为蓝图。这种简单的投资工具由 Y Combinator 首创,并被设计成可转换债券的简化替代品。参见 *Startup Documents*,Y COMBINATOR(Feb. 2016),www. ycombinator. com/documents。

[2] 当然,上述任何一种安排的触发因素都不必仅限于出售创始人的股份。如果可以制定与跟踪可靠的特定任务基准,则可以使用这些基准创设更为灵敏的执法机制。关于为社会企业设计与利用绩效指标所带来的挑战之探讨,参见 BRAKMAN REISER & DEAN,*supra* note 49,at 120－30;Dadush,*infra* Chapter 25;Sarah Dadush,*Impact Investment Indicators*:*A Critical Assessment*,*in* GOVERNANCE BY INDICATORS:GLOBAL POWER THROUGH QUANTIFICATION AND RANKINGS 392,402(Kevin Davis et al. eds.,2012)。

[3] 与灵活低收益票据的发行人一样,考虑发行此类期权的所有者需要认识到,如此行事会将阻止重大交易的权力交给雇员,从而可能产生抵制问题。雇员可能为了让自己获益而阻碍销售或者其他交易。因此,人们应当权衡这种风险与这些期权在吸引与维持有使命感的雇员方面的价值。

[4] 参见 Andrew A. Schwartz,*Crowdfunding Securities*,88 NOTRE DAME L. REV. 1457,1459－60(2013)。

[5] *Id*. 例如,参见 *Projects We Love*,KICKSTARTER,www. kickstarter. com/discover/recommended? ref=discovery_overlay。该文列出产品资助者可以获得回报的各种项目,例如短片、威士忌酒杯与装满好消息的印刷报纸(Aug. 22,2017)。

毒丸计划,从概念到实施的道路都不会一帆风顺。但是,现在的条件比以往任何时候都更为有利。从历史上看,宽泛的豁免保护了雇员的股票期权免受代价高昂的联邦与州证券监管。[1] 但是,这些相同的证券法使得小型企业很难将股权交给雇员以外的小型投资者。[2] 新规定旨在为初创企业从大众那里筹集资金铺平道路[3],但是,这些新规定也可以同样允许雇员与消费者小额购买股权。这里所描述的合同机制可以使得投资者、普通雇员,甚至消费者有权监督内部人士的忠诚,从而确保那些有能力与动机为收益而牺牲使命者去抵制这种诱惑。

当然,社会企业家也可能寻求外部主体的认证,以此说服投资者、雇员与消费者相信他们的社会承诺。前面探讨过的共益实验室在为社会企业开发私人认证方面发挥了突出作用。如果一家企业要求其董事负有考虑多方利益相关者利益的责任,并且在共益实验室的"共益影响力评估"中得分足够高,则这家企业就可以声称具有经认证的共益公司身份。经认证的共益公司可以授权将其共益公司标志用于其产品与宣传材料,并向每一位潜在投资者、雇员与消费者宣布其并非一家普通企业。共益公司的标志还处于早期阶段,但是,公平贸易咖啡与海豚安全型金枪鱼捕捞的文化重要性证明了私人认证的潜在力量。[4]

当然,共益实验室希望共益公司的认证变得广为人知且容易理解。而这就要求它对那些寻求认证者是开放的,并且对该认证的潜在用户而言是可靠的。[5] 这些努力的核心是发展以自我管理为主,但极具活力的共益影响力

---

〔1〕 证券交易委员会的一项特殊规则免除了补偿性股权奖励的烦琐登记要求。参见 17 C. F. R. § 230.701。

〔2〕 参见 Michael B. Dorff, *The Siren Call of Equity Crowdfunding*, 39 J. CORP. L. 493, 501—03 (2014)。

〔3〕 参见 *SEC Spotlight: Jumpstart Our Business Startups (JOBS) Act*, SEC, www.sec.gov/spotlight/jobs-act.shtml (Aug. 23, 2017)。该文描述了《2012 年创业企业扶助法》与实施条例的计划,包括有关众筹的第三部分。新众筹条例为小型初创企业提供了筹集适中数量股权的机会,并且不受制于昂贵的登记要求,从而为这些期权创造了第 701 条的可能替代方案。参见 Rules Governing the Offer and Sale of Securities through Crowdfunding under Section 4(a)(6) of the Securities Act, codified in scattered sections of 17 C. F. R., available in Federal Register format at 80 Fed. Reg. 71,387 (Nov. 16, 2015)。关于众筹与社会企业发展重叠的探讨,参见 Heminway, *supra* Chapter 11。

〔4〕 参见 Jani Actman, *Dolphin-Safe Tuna Rules Just Got Tougher*, NAT'L GEOGRAPHIC (Mar. 25, 2016), http://news.nationalgeographic.com/2016/03/160325-dolphin-safe-tuna-label-mexico-world-trade-organization。该文描述了海豚安全型金枪鱼标签的历史与批评,以及它如何引发了在世界贸易组织中的斗争。Colleen Haight, *The Problem with Fair Trade Coffee*, STAN. SOC. INNOV. REV. 74—79 (Summer 2011)。该文描述了公平贸易咖啡认证的文化重要性与尖锐批评。

〔5〕 参见 Mary Kay Gugerty & Aseem Prakash, *The Accountability Club Framework*, *in* VOLUNTARY REGULATION OF NGOS AND NONPROFITS (Mary Kay Gugerty & Aseem Prakash eds., 2010)。该文描述了为非营利组织创设问责认证的挑战,"这些认证必须足够严格从而证明其对减少代理成本的可靠承诺,也必须足够合理从而使得一些最低数量的参与者愿意并能够支付满足这些要求的费用"。关于为社会企业制定与实施自我监管标准所面临的挑战之探讨,参见 Galle, *supra* Chapter 2。

评估。申请获得共益公司认证的申请者需要使用共益实验室的免费在线工具,来对自己的运营进行全面内部审查。[1] 考虑到很多因素会影响一家公司产生社会影响力的能力,共益影响力评估调整其提出的问题,并根据申请者的规模及其所在的行业与地理位置而对答案进行权衡,从而确定最终分数。[2] 在提交最终版本与所需的支持性文件之前,申请者也有机会与共益实验室工作人员探讨其初步结果。[3] 共益实验室审查这些材料并开展背景调查[4],而只有在申请者得分至少 80 分时才许可这些申请者使用共益公司标志。认证为期两年,每年选择 10%的认证公司进行审计。[5]

共益实验室创始人认为,公司需要拥抱社会目标,"以保持竞争力,满足下一代消费者与雇员的更高期望,后者希望将自己的购买与自身价值观相一致并且每天都全身心地投入工作"[6]。截至本文撰写时,只有不到 2 300 家企业获得了共益公司认证。[7] 为了让共益公司的地位进入业界并创造显著的网络效应,其认证就必须具有更大的渗透力。时间会证明共益公司认证的要求与监管是否足以为企业家、投资者、雇员与消费者提供为社会企业成长做出贡献所需要的保证。

但是,共益实验室自己的行动表明,它认为至少对一些用户而言,它还需要做更多的事情。它最近推出了一款新产品——全球影响力投资评级体系(GIIRS),这是一种为投资者而设计的认证制度。全球影响力投资评级体系的程序从共益影响力评估开始,但需要经过更为广泛的审查过程,并且,会向用户提供关于特定企业与基金的更详细的信息。[8] 相较于共益公司认证只是一个开关,全球影响力投资评级体系会在多元类别中对企业与基金进行分

---

〔1〕 这个工具是由一个标准咨询委员会开发的,该委员会由商业、公益与社会企业专家组成,他们每两年对这个工具进行一次重新审视与修正。参见 *Frequently Asked Questions:Who Develops the Standards?*,B LAB,http://bimpactassessment.net/how-it-works/frequently-asked-questions/top-10#who-develops-the-standards(last visited Aug. 23,2017)。

〔2〕 参见 Michael B. Dorff,*Assessing the Assessment:B Lab's Effort to Measure Companies' Benevolence*,40 SEATTLE U. L. REV. 515,523(2017)。

〔3〕 参见 *Performance Requirements*,B LAB,www.bcorporation.net/become-a-b-corp/how-to-become-a-b-corp/performance-requirements(last visited Aug. 23,2017)。

〔4〕 *Id.*

〔5〕 *Id.*

〔6〕 Andrew Kassoy,Bart Houlahan,& Jay Cohen Gilbert,*Impact Governance and Management:Fulfilling the Promise of Capitalism to Achieve a Shared and Durable Prosperity* 3(Brookings Institution 2016),www.brookings.edu/wp-content/uploads/2016/07/b_corps.pdf.

〔7〕 参见 *bthechange.com Is Now on Medium*,B LAB,https://www.bcorporation.net/(last visited Aug. 23,2017)。

〔8〕 参见 *Get Started*,GIIRS,http://giirs.nonprofitsoapbox.com/companies/get-rated-companies(last visited Aug. 23,2017)。

级评定。[1] 这种差异化产品表明，增长所需要的各类利益相关者可能需要关于社会企业之社会承诺的不同层次的保证。简单的共益公司地位可能足以满足消费者购买当前使用的单一产品的需求，但在社会企业“游戏”中拥有更多皮肤与寿命的投资者可能会要求更大的确定性。

此外，共益实验室对福利公司立法的坚定主张表明，它认为私人认证无法做到法律形式所能做到的一切。也许是认识到私人认证在准入与可见性方面的局限性，共益实验室继续敦促州立法机关将福利公司立法作为一种各州支持的认证。组建一个传统的营利性或者非营利实体可以充分传达其维护者的意图与义务。每一种都构成了一个任何人在短时间内可以轻易获得并且成本可以忽略不计的强大品牌。共益实验室认为，设立一家福利公司同样可以识别出那些将一系列利益相关者的目标优先于财务收益的企业。[2]

正如前面所探讨的，我们对专项法律形式——至少目前在美国是这样——提供如下保证的能力表示不太乐观：利益相关者需要在得到这种保证的基础上，才会为社会企业增长做出贡献。目前的混合形式在许可与正当性方面做得较多，但在执行方面却存在不足。甚至那些利用州支持形式所保障的共益公司认证者也不会产生什么效果，除非或者直到这种认可变得更有意义。

我们对私人认证的潜力更为乐观，这些认证可以证明一家公司实际上已经为实现其既定社会目标做出了巨大努力，特别是那些由共益实验室等致力于改变与完善其产品的实体所提供的认证。新的众筹门户网站[3]以及新兴的社会证券交易所[4]也可以为那些寻求在其平台上列出其产品的社会企业而开发认证或者类似认证的审批流程。通过这些努力，认证者或许能够提供可靠的执行机制，从而确保企业家、投资者、雇员与消费者能够相互信任。就像前面探讨的使命保护型毒丸计划（包括灵活低收益票据、雇员期权与消费者忠诚计划）一样，私人认证最终是合同的产物。双方同意：经认证的实体符合认证要求，并且，经认证的实体承诺为认证者所控制的标志使用权而支付

---

〔1〕 参见 *Company Ratings*，GIIRS，http://giirs.nonprofitsoapbox.com/companies/companies（last visited Aug. 23，2017）。

〔2〕 参见 *Business Operations*：*What Are the Business Benefits from Electing Benefit Corporation Status*?，B LAB，http://benefitcorp.net/faq（last visited Aug. 23，2017）。

〔3〕 关于众筹门户的探讨，参见 Heminway，*supra* Chapter 11；BRAKMAN REISER & DEAN，*supra* note 49，at 102—07。在税收抵免提议场景下探讨了众筹发展，该提议旨在向散户确定值得信赖的社会企业。Brakman Reiser & Dean，*supra* note 49，at 1102.

〔4〕 关于社会证券交易所的探讨，参见 Dadush，*infra* Chapter 25。

费用。

合同的魅力与力量在于，它能够将人们很容易不信任的愿望与承诺，转变为可强制执行的义务，从而使人们有可能信赖这些义务。只有起草者的创造力才会限制他们设计合同以提供社会企业家、投资者、雇员与消费者所需要的保证的能力。为了使得双重使命企业在社会企业生命周期的成长阶段蓬勃发展，这种创造力只需被释放出来。

维　持

为了确保对外承诺(社会企业能够将为控制权人提供财务回报与社会福利整合在一起)，企业维持这种平衡的奉献精神必须是强有力的。但是，它不必是永久的。慈善组织有义务继续履行其最初的慈善使命，或者在某些情况下，转而履行另一项慈善使命。[1] 但是，社会企业之所以有价值，部分是因为它们具有更大的变革能力。像传统营利企业一样，社会企业可以并且必须根据市场的需求而发展。

成功地从有前途的初创企业一跃成为成熟企业的社会企业可能最终需要转手他人。拥有蓬勃发展的双重使命企业的社会企业家与投资者，有时会希望——或者需要——出售其股份。并且，很多社会企业也会像其他小型企业一样举步维艰。当然，每个企业家都应当为接班而做出计划，即使他或她意欲留在一家企业直到最后一刻。在最令人担心的情况下，社会企业甚至可能成为被收购的目标。

与传统营利企业一样，对社会企业而言，通过被收购而放弃独立性的做法并不等于投降。传统智慧认为，收购一家社会企业，特别是当它将与一个更为大型的传统企业合并时，是对前者社会使命的否定。这样的警示故事比比皆是。但是，历史证明，这样的结果是可以避免的，并且它甚至在并不那么具有戏剧性的情况下，为出售与转型计划提供了教训。

当联合利华因收购本杰瑞而引起公众关注时，很多人认为这意味着，被收购对象对环境与雇员的承诺将不复存在。[2] 事实上，基于一系列公司治

---

〔1〕 参见 Dana Brakman Reiser, *Enron.org: Why Sarbanes-Oxley Will Not Ensure Comprehensive Nonprofit Accountability*, 38 U.C. DAVIS L. REV. 205, 212—15(2004)。

〔2〕 参见 Antony Page & Robert A. Katz, *Freezing Out Ben & Jerry: Corporate Law and the Sale of a Social Enterprise Icon*, 35 VT. L. REV. 211, 211—13(2010)。

理机制与合同条款，这一收购最终保留了很多上述承诺，并促使联合利华这个更大的品牌采取了一些更具社会意识的实践。[1] 出售协议包括了联合利华所做出的很多承诺，其中一些承诺在短期内有效——比如承诺两年内不裁员，而联合利华在刚满两年时确实进行了裁员，而其他一些则长期有效，比如无限期地维持并继续增加对本杰瑞基金会的投入，并支付本杰瑞雇员的基本生活薪酬。[2] 一些长期承诺还附带了强有力的执行权，包括规定在需要诉讼情况下的成本转移。[3]

更为有力的是，这笔交易为本杰瑞的未来创造了一个独特治理体系。尽管该公司成了联合利华的全资子公司，但是，出售后的本杰瑞的绝大多数首批董事会成员都是与本杰瑞而非联合利华有关的个体，这包括其最初的创始人。[4] 联合利华只被授权在未来的 11 名董事会成员中挑选两名。董事会本身控制着剩余席位的继任。出售协议所规定的该董事会首要义务是，“维护与提升那些彰显该公司历史性社会使命的发展中的目标”，以及“维护品牌基本要素的完整性”，包括产品标准、商标使用与领导决策。[5] 收购本杰瑞后的道路并不总是一帆风顺，但是，在过去 10 年里，本杰瑞董事会在确保其社会承诺的延续方面发挥了积极作用[6]，并且，联合利华的发展在一定程度上得益于其经营本杰瑞品牌的经验。[7]

当然，很少有社会企业能像本杰瑞那样具有明星效应。其大品牌的信誉与价值使得联合利华做出的让步，几乎无法复制。例如，尽管联合利华标榜其最近收购第七代（Seventh Generation）是遵循了本杰瑞的成功蓝图[8]，目前尚不清楚它创设的治理委员会是否具有本杰瑞董事会那样的独立性。[9]

---

[1] 参见 BRAD EDMONDSON，ICE CREAM SOCIAL：THE STRUGGLE FOR THE SOUL OF BEN & JERRY'S(2014)；Page & Katz，*supra* note 80，at 242－48。该文描述了混合性的早期结果。

[2] 参见 EDMONSON，*supra* note 81，at 170－80。

[3] *Id.*

[4] *Id.* at 170.

[5] *Id.* at 171.

[6] *Id.* at 185－252.

[7] 参见 Martine Geller，*Unilever Says Its Socially Responsible Brands Outperform Rest*，REUTERS(May 4，2015)，www.reuters.com/article/us-unilever-sustainability-idUSKBN0NQ02G20150505；*Unilever's CEO on Making Responsible Business Work*，HARV. BUS. REV.(May 2015)，https://hbr.org/2012/05/unilevers-ceo-on-making-respon。引用首席执行官保罗·波尔曼(Paul Polman)的话：“在我看来，对于企业颇为明确的是，如果它们把[可持续性发展]作为自己的商业模式，并为此精心规划，则这实际上是增长的加速器。”

[8] 参见 Unilever，Press Release，Unilever to Acquire Seventh Generation，Inc.(Sept. 19，2016)，www.unilever.com/news/press-releases/2016/Unilever-to-acquire-Seventh-Generation-Inc.html。

[9] 参见 *Bringing Our Mission to the World*，SEVENTH GENERATION(Sept. 19，2016)，www.seventhgeneration.com/transforming-commerce/unilever-acquisition。该文描述第七代的新社会使命委员会由“第七代与联合利华的领导者以及其他公司社会责任远见者”组成。

事实上,最近联合利华对卡夫食品(Kraft Foods)的收购已经促使联合利华自己重新审视如何“为股东利益而加速价值传递”。[1] 尽管如此,本杰瑞及其收购方的市场地位的独特性,并未削弱从其出售中所能获得的核心教训。

维持使命的灵活性取决于资产,而交易条款与治理结构则是允许卖方利用这种灵活性的法律工具。有时,社会企业的营利能力与社会承诺密不可分。[2] 在这种理想场景中,即使是纯粹财务聚焦型买家也会保持该企业的社会导向,因为如此行事符合其自身利益。并不是每一个小型或者刚起步的社会企业都能达到这种理想境界。但是,即使对那些达不到理想境界的社会企业而言,它们针对社会使命的选择能力通常也会随着该企业资产价值的增加而拓展。当有价值的资产吸引买家时,社会企业家与投资者会站在优势地位进行协商。它们可以设计包括结构与融资的交易条款,以确保并执行维持其使命的承诺——尤其是在它们愿意在价格上做出让步的情况下。[3] 如果它们选择如此行事,则一开始就考虑退出的企业家与投资者甚至可以设计自己的治理与合同权利,从而以增强社会使命的方式来分配针对退出的控制权。

在前景更为暗淡的情况下,适应市场需求可能意味着解散,甚至破产。正如它帮助社会企业扎根与成长一样,法律也可以帮助确保这种激进变革尽可能少地损害社会企业的核心目标。虽然法律限制了破产企业的自主权,并且对破产企业施加了更为严格的约束,但是,企业破产并不意味着其使命的彻底终结。

如果企业解散时尚存资产,则存在很多保存这种资产的途径。法律上的解散并非在一瞬间完成,而是经由向债权人偿付债务并将剩余资产分配给所有者这一过程。[4] 企业的资产可以被清算并以现金分配,或者只要债权人予以认可,所有者就可以同意以实物分配。如果一个社会企业开始解散,但依然具有足够的资产履行其对债权人的义务,那么所有者可以协商,将对使命而言至关重要的资产——可能包括存货或知识产权——交给将继续使用它们来产生社会影响力的人。随着资产缩水,有意维护其实体社会承诺的社

〔1〕 参见 Unilever, Press Release, Unilever Review(Feb. 22, 2017), www.unilever.com/news/press-releases/2017/Unilever-review-170222.html。

〔2〕 参见 Julie Battilana et al., *In Search of the Hybrid Ideal*, STAN. SOC. INNOVATION REV. 51, 52(Summer 2012)。

〔3〕 BRAKMAN REISER & DEAN, *supra* note 49, at 150—58.

〔4〕 参见 COX & HAZEN, *supra* note 52, § 26.1。

会企业家与投资者将需要面对现实并采取果断行动。如果他们长时间等待追求增强社会使命的策略来解散，则这些选项可能会因债权人的替代主张而丧失。

破产将权力从受信人与他们所代表的所有者那里转移给债权人——而债权人可能致力于也可能不致力于该实体的社会使命。如果破产是通过联邦破产程序加以管理，则债权人的权力将得到进一步巩固。[1] 那些负责社会企业破产者将被要求保存企业的资产以满足债权人的要求，而非追求使命抑或兼顾所有者财务回报。

虽然破产可能永远不会是商业计划的一部分，但是，对债权人在这种情况下所扮演的关键角色之理解强调了起初就选择合适的贷款人的重要性。如果社会企业进入解散程序时尚有资产，则影响力优先型贷款人可能会同意在返还本金时接受折抵，以便这些资金用于完成使命相关型项目。或者，如果破产意味着社会企业的股权持有人将发现他们的股权被消除，但非营利债权人将控制企业的核心资产，则破产可能会加强而非削弱其使命。

无论贷款人是谁，如果资不抵债或者破产的情况不可避免，则在任何资金易手前，贷款人与借款人所协商的条款都可能决定该企业社会使命的命运。除了贷款利率与期限外，贷款人还可能同意一些附加条款，从而规制那些对社会企业使命具有独特价值的资产处分。清算时，债权人可能会约束自己向特定慈善组织提供优先购买权、购买专利或接管长期合同的机会。一家制药类社会企业可能会授予旨在维护全球卫生的慈善组织购买社会企业解散时的专利的权利——甚至可能以优惠价格，从而确保它所开发的药物依然可供弱势人群使用。或者，一家为新移民提供烹饪行业培训并与高档酒店签订烘焙食品供应合同的社会企业，可以协商一项赋予支持移民的慈善组织在社会企业解散时接管其合同的权利的条款。

就像在组建与成长阶段一样，随着所有权的转移或实体的解散，法律可以为社会企业提供真正的援助，以保护其使命。法律形式考虑了采用该形式的实体将达到的目的，同时，精心设计的金融工具回应了出售或者解散对其当事方的后果。但是，在出售与解散的不同场景下，新型且不同的法律工具往往是最有效的。毕竟，社会企业的任何法律形式都不会永远锁定使命——如此行事将会挫败双重底线的目的，并且只是复制慈善形式。为保留社会使

[1] 1—15 COLLIER ON BANKRUPTCY §15.01—04.

命而制定计划的金融工具在这些计划启动时可以成为当事人意图与执行工具的有力信号，但是，很多社会企业不会发行这种特别适用的金融工具。然而，所有的社会企业最终都会走到尽头。并不是每一个社会企业都具有适于维护使命的商业模式，但是，创造性的交易结构可以在社会企业生命周期结束时产生这种可能性。

结 语

社会企业法已经取得了很大进步。但是，对于律师而言，为了成为双重使命企业的真正盟友，他们必须继续努力。专项形式使得社会企业双重底线得以正当化，从而使其在法律实体分类中占有一席之地。为了在这一表述性胜利基础上取得进一步发展，并且帮助成功的社会企业发展壮大，律师们应当转而起草创新性合同，从而确保利益相关者对彼此的承诺放心。无论这些合同是自我执行式的使命保护型毒丸计划（例如灵活低收益票据、雇员或者消费者期权），还是依赖于外部机构（如认证者、门户或者交易所），它们发出信号并确保社会使命承诺的能力是其力量的关键。此外，无论成功与否，全部社会企业最终都会面临生存挑战。任何领导者或者投资者都不可能永远存在下去，如果社会企业的利益相关者希望在其有生之年或投资期之外继续践行其使命，那么关于继任与解散可能性的规划是至关重要的。在考虑这些困难时刻时，法律可以——至少向那些拥有资产的社会企业——提供援助与解决方案。交易结构、合同条款与治理都可以在考虑社会使命时加以利用。

社会企业远非同质化，但是它们都面临以特定与可预测的方式挑战其社会使命承诺的生命周期。本章已经开启了法律工具设计方案，从而在社会企业生命周期的每个阶段都适应与协助这些企业。我们期待它们随着时间的推移而继续得到扩展与完善。

第十四章　我们是否需要专门针对社会企业的商业形式?

彼得·莫克

引　言

对社会企业的兴趣已经从企业家群体迅速蔓延到各州立法者。自2010年以来,有31个州颁布了创设"福利公司"的法律,并且,8个州的法律授权创设了"低收益有限责任公司"。"这些新的组织形式旨在促进社会企业发展。"[1]支持者热情地鼓吹这些新形式的前景。在一篇关于福利公司的文章中,《时尚先生》(*Esquire Magazine*)希望它们"会像黑人的民权或者女性的投票权一样——作为一种起初古怪且不受欢迎的观念而最终深入人心并改变世界"[2]。北卡罗来纳州的低收益有限责任公司法被描述为"通过从海外带回就业机会、提供新的就业机会……以及吸引针对本州企业的新金融投资,来振兴停滞不前的州经济"这一努力的组成部分。[3] 一家流行户外服装制造商巴塔哥尼亚的首席执行官将福利公司运动标榜为"我们一生中最为重要的运动之一"[4]。

---

〔1〕 *State by State Status of Legislation*, B LAB, http://benefitcorp. net/policymakers/state-by-state-status(last visited July 11,2017). 该文显示了31个州的福利公司法。*Latest L3C Tally*, INTERSECTOR PARTNERS, www. intersectorl3c. com/l3c(last visited July 11,2017). 该文显示了9个州与2个部落授权低收益有限责任公司的成文法。其他不太流行的努力包括灵活或社会目的的公司、福利有限责任公司与社区改善公司。Carlos Jurado, *The Fourth Sector*: *Creating a For-Profit Social Enterprise Sector to Directly Combat the Lack of Social Mobility in Marginalized Communities*, 13 HASTINGS RACE & POVERTY L. J. 349,377(2016). 该文评析了社会企业类型。

〔2〕 John H. Richardson, *Saving Capitalism from Itself*, *Greener Pastures Edition*, ESQUIRE (Aug. 25,2010), www. esquire. com/news-politics/news/a8308/benefit-corporation-law-082510.

〔3〕 Jamie Patrick Hopkins & John A. Pearce II, *L3C*: *Bringing Change or in Need of Change*? (2012), https://papers. ssrn. com/sol3/papers. cfm? abstract_id=2229430.

〔4〕 *Annual Benefit Corporation Report*, *Fiscal Year* 2013, PATAGONIA WORKS 3(2014), www. patagonia. com/static/on/demandware. static/-/Library-Sites-PatagoniaShared/default/dwa67ade40/PDF-US/bcorp_annual_report_2014. pdf [hereinafter Patagonia Report].

在围绕这些新社会企业形式的兴奋之中，很少有人全面探讨它们相对于更为传统的现有企业结构方式的优势。支持者通常指出，这是营销利益与平衡营利和社会福利能力的复合体。[1] 但是，新组织形式是如何获得这些优势的？它们是否比现有法律实体做得更好？

本章从第二部分开始，探讨如何通过非营利组织、公司与有限责任公司等传统商业组织形式实现社会企业目标。这三种形式都可以为社会企业提供不同程度的成功，但是，我将展示有限责任公司如何为追求社会企业使命提供了最为可行的法律解决方案。然而，尽管有限责任公司为企业家追求社会企业提供了必要的法律灵活性，但是，它们无法向消费者、投资者与其他人发出社会承诺的信号。第三部分探讨如何解决发信号问题。认证制度可以为社会企业制度的成功提供可靠的信号，并且，该部分展示了如何以最优方式实施这一制度。第四部分接着转向新社会企业法，并批判性地评估了它们与以有限责任公司为基础的制度的比较优势，而其重点是福利公司。我展示了福利公司与建立在有限责任公司和认证基础上的体系具有惊人相似性，并用这种相似性展示了如何修正社会企业法，以提供比目前更为有力且更为可信的实现社会性目标之承诺。如此行事有助于最大限度地发挥致力于社会企业的组织实体的潜力。其后我进行了总结。

经由传统实体的社会企业

社会企业的目标是将营利与一定数量的社会福利相结合。例如，这可能包括以较低收益而向有需要的消费者出售全地形轮椅（all-terrain wheelchairs）[2]，经营一家将存款投资于社区事业的商业银行[3]，或者雇佣难以就

---

〔1〕 例如，Doug Bend & Alex King, *Why Consider a Benefit Corporation?*, FORBES (May 30, 2014), www.forbes.com/sites/theyec/2014/05/30/why-consider-a-benefit-corporation。倡导者还希望获得税收优惠待遇或者获得基金会投资资格的优惠能力，但是，到目前为止，这两者都尚未实现。Anne Field, *IRS Rule Could Help the Fledgling L3C Corporate Form*, FORBES (May 4, 2012), www.forbes.com/sites/annefield/2012/05/04/irs-rules-could-help-the-fledgling-l3c. 该文描述了基金会投资情况。2009 B Corporation Annual Report, B LAB 4 (2009), www.bcorporation.net/sites/all/themes/adaptivetheme/bcorp/pdfs/B%20Corp_2009AnnualReport.pdf [hereinafter B Lab 2009 Report]. 该文描述了支持性的国税局税收优惠。

〔2〕 Susan Adams, *The Freedom Chair: A Millennial Entrepreneur's Social Enterprise that Makes All-Terrain Wheelchairs*, FORBES (Aug. 1, 2016), www.forbes.com/sites/forbestreptalks/2016/08/01/the-freedom-chair-a-millennial-entrepreneurs-social-enterprise-that-makes-all-terrain-wheelchairs.

〔3〕 *About Us*, NEW RESOURCE BANK, www.newresourcebank.com/about-us/ (last visited July 11, 2017).

业的雇员并为他们提供丰富的培训项目。[1] 社会企业的支持者认为,专项形式是企业家有效实现这些目标的必要条件;传统商业实体被认为是不充分的。[2] 但这是否是真实的? 非营利组织、公司与有限责任公司具有相当程度的灵活性。本部分表明,社会企业的双重目标——营利与提供社会福利——可以通过这些更为传统的商业形式实现。

以非营利组织形式成立的社会企业

非营利组织的本质是,法律禁止它们将收益分配给所有者。[3] 这种"非分配约束"是非营利组织的一种可信承诺:它追求有别于获得收益的另外一种目标,比如提供高质量的产品与服务或者社会福利。[4] 在公众关心社会企业的范围内,非营利组织将自己与慈善使命捆绑在一起的能力提供了一种独特的益处:它们可以利用这种能力为自己的产出收取更高的价格,或者从社会意识型投资者那里获得折扣。[5]

虽然非营利形式当然可以为社会企业家提供可靠的手段追求社会福利,但是,其获得收益的能力受到了更大限制。这并不意味着,就像人们有时所认为的那样,非营利组织会排除营利。[6] 随着时间的推移,非营利组织可以获得可观的收益——很多非营利大学的巨额捐赠就是一个生动的提醒。但是,非分配约束确实排除了传统的股权分配,这使得企业家更难以直接基于自身成功的努力而获得资本。

但是,更为困难并不意味着企业家无法获得与其成功相称的报酬;相反,她的"股权"回报必然以间接方式而产生。虽然法律似乎禁止直接将收益分成返还给企业家,但是,非营利组织允许向包括企业家在内的雇员的服务支

---

〔1〕 *About Greyston*,GREYSTON BAKERY,http://greyston.com/about-greyston/(last visited July 11,2017).

〔2〕 参见 George A. Mocsary,*Freedom of Corporate Purpose*,2016 B. Y. U. L. REV. 1319,1369-73。该文质疑现行公司法是否允许背离股东财富最大化。

〔3〕 Henry B. Hansmann,*The Role of Nonprofit Enterprise*,89 YALE L. J. 835(1980).

〔4〕 关于对所有权与可信承诺的作用的进一步探讨,参见 Peter Molk,*The Ownership of Health Insurers*,2016 U. ILL. L. REV. 873(2016);Peter Molk,*The Puzzling Lack of Cooperatives*,88 TUL. L. REV. 899(2014)。

〔5〕 与非分配约束所提供的绑定有关,非营利组织通常也被认为可以为与之互动者提供独特的"温暖之光"。Brian Galle,*Social Enterprise:Who Needs It?*,54 B.C. L. REV. 2025,2029(2013). 如同对追求社会企业的可靠承诺一样,温暖之光为非营利组织提供了其他组织形式所不具备的竞争优势。

〔6〕 参见 Dana Brakman Reiser,*Theorizing Forms for Social Enterprise*,62 EMORY L. J. 681,686(2013)。该文认为"采用非营利组织法律形式的社会企业不能明确承诺同时追求社会福利并为所有者追求收益"。

付“合理”费用，而这通常相当于后者在营利性部门的收益。[1] 因此，位于西奈山的伊肯大学医学院(Icahn School of Medicine)与联合之路(United Way)这两家非营利组织的首席执行官的年度收入都超过了 100 万美元。[2] 这些支付不一定是直接的薪酬；非营利组织领导者定期获得与组织绩效挂钩的奖金与激励。[3] 合理补偿与禁止收益分配之间的确切界限尚不明确；[4]但是，有一点是明确的，在社会企业是以非营利组织形式设立时，社会企业家至少有一些方法可以将其成功的观念所产生的收益变现，即使这些方法比可供营利性企业家利用的方法更为受限。

赚钱与获取收益对企业家而言颇为重要。获得资本来追求这些收益也是如此。在这一点上，非营利组织提供的选项有限，但终究还是存在选项。由于法律禁止常规的收益分配，因此非营利组织不具有股权所有者。这使得非营利组织只能依靠债务融资、影响力投资者与慈善捐赠(如果它们具有免税资格)满足其资金需求——这一资金池一般被认为比营利组织的资金池更小。[5] 更为有限的资本池提高了企业家的资金成本，这反过使得企业的收益更低，并且对企业家的吸引力也更小。但是，资金成本更高并不意味着非营利组织不能筹集资金。此外，对于试图创办服务型企业的企业家而言，除了人力资产之外，任何高昂的资金成本都可能是无关紧要的。

综上所述，通过非营利组织形式开展社会创业虽然困难重重，但绝非不可能。企业家获得收益的途径有限，但并非完全无法获得收益。此外，与其他商业形式相比，企业家只能接触到有限的资金池。

另外，非营利组织也具有一些自身的优势。对非营利组织有利的是501(c)(3)中慈善资格的可能性，这提供了吸引捐款与所得税豁免的更大潜力，从而减轻了其资本约束。同样对它们有利的是，无论其是否符合免税条件，非分配约束为追求社会使命提供了强有力的可信承诺，这可能会使得社会企业家的产品或服务对社会意识型消费者与投资者更具吸引力。

尽管存在这些益处，它们仍不太可能抵销非营利组织在社会企业场景中

---

〔1〕 Treas. Reg. § 53.4958,26 C.F.R. § 53.4958—6.

〔2〕 CHARITY NAVIGATOR,2016 CHARITY CEO COMPENSATION STUDY 9(2016).该文指出，10 家慈善组织的首席执行官的年薪超过 100 万美元。

〔3〕 *Id*. at 7—8.

〔4〕 不幸的是，非分配约束的外部边界并不是非营利法中唯一缺乏明确性的重要方面。关于非营利组织赚取与其慈善使命并无相关性的收益的能力之混乱属性，参见 PeterMolk,*Reforming Nonprofit Exemption Requirements*,17 FORDHAM J. CORP. & FIN. L. 475,486—512(2012)。

〔5〕 Hansmann,*supra* note 10,at 877.

的相对劣势。例如，一些社会企业使命可能并无资格享受慈善税收待遇；一些企业可能是资本密集型企业；并且一些社会企业家可能希望从其企业中获得直接收益。这些企业家该怎么办？在新的社会企业特定形式出现前，他们有两个主要的选择：公司与有限责任公司。[1] 我接下来探讨的是公司。

以公司形式成立的社会企业

多年来，公司一直是企业家从事各种营利活动的灵活手段。公司的很多特征都可以通过所有者之间的合同而加以改变；法律只要求董事会、管理层与所有者之间强有力的信义义务、针对某些基本商业交易的表决权、提起派生诉讼的能力，以及一些日常重要性有所降低的特征。

那么，什么阻止了公司追求收益与社会福利之组合最大化这一社会企业使命？在某种程度上，我们并无答案。毕竟，很多起初作为公司而经营多年的企业现在已经转变为新社会企业形式。[2] 它们之所以能够如此行事，是因为公司法长期以来一直允许公司灵活地考虑投资者以外的其他利益相关者。尽管特拉华州通常遵循“股东至上”规范，即董事的首要义务是实现公司收益最大化，但是，管理层在如何追求这些收益方面享有很大的自由裁量权。如果管理者声称如此行事最终会有利于增加投资者收益，则这种行使其商业判断的自由裁量权允许管理者从事像追求社会福利这样明显无私的行为。[3] 此外，大多数州利益相关者法明确允许管理层在决策时考虑非股东利益，从而允许管理层追求社会目标且无须将其掩盖为股东利益。[4] 最后，即使缺乏各州利益相关者法的明确授权，公司也可以修正其章程，从而授权

---

〔1〕 合作社等其他形式当然也可以得到利用，并且，本书中的其他撰稿人已经对此予以充分解读。参见 Tamara Belinfanti，*infra* Chapter 15；Brett H. McDonnell，*supra* Chapter 4。社会企业合作社可以被认为是试图弥合非营利组织与投资者拥有的公司之间的差距；但是，由于难以激励社会意识型消费者或者投资者来监督企业，因此单靠合作社结构所提供的任何追求社会企业的承诺都可能是相当无力的。参见 Molk，*supra* note 11。

〔2〕 Patagonia Report，*supra* note 4，at 5. 该文描述了巴塔哥尼亚相关公司向福利公司的转变。*King Arthur Flour Becomes a Vermont Benefit Corporation*，KING ARTHUR FLOUR(Mar. 16，2012)，www.kingarthurflour.com/press/Vermont-Benefit-Corporation.html. 该文描述了亚瑟王面粉(King Arthur Flour)向福利公司的转变。

〔3〕 参见 Joseph W. Yockey，*Using Form to Counter Corruption：The Promise of the Public Benefit Corporation*，49 U.C. DAVIS L. REV. 623，639－40(2015)。该文探讨传统公司从事社会企业的相对容易程度。当企业决定不可避免地出售自己时，这种宽松式路径存在一个重大例外。在这种情况下，董事的唯一义务是确保出售价格最大化，而不考虑社会或其他影响。Revlon，Inc. v. MacAndrews & Forbes Holdings，Inc.，506 A.2d 173(Del. 1986)。

〔4〕 例如，参见 N.Y. BUS. CORP. LAW § 717(b)。该法允许董事考虑对现有与退休雇员、消费者、债权人与社区等的影响。Joseph W. Yockey，*Does Social Enterprise Law Matter*？，66 ALA. L. REV. 767，786(2015). 该文指出有 33 个州具有利益相关者法。

管理层将对非股东利益的影响力纳入决策。[1]

尽管公司具有灵活性，但是，社会企业支持者往往认为，传统公司至多是实现其目标的不完整手段。其中一个原因是，特拉华州最近的决策引发人们质疑公司在营利潜力很小或者缺乏营利潜力的情况下做出决策的能力。[2]另一个原因是，公司形式并未向社会企业提供有意义的承诺：在那些允许管理层考虑决策对非股东利益相关者的影响的州，管理层通常被允许而非被要求如此行事。较弱的承诺也削弱了企业家吸引消费者或者投资者的能力，这些消费者或者投资者希望确保其资金用来支持社会使命。[3] 最后，尽管可以修正公司章程来要求或者允许董事考虑非股东利益，但是，这些规定可以通过同样的修正程序予以删除——通常只需要董事会与大多数股东的批准即可，这将会削弱公司对社会目标的长期承诺。[4] 总而言之，公司在追求一些非财务目标时呈现出一幅复杂的法律图景，并且，可能也缺乏同时追求收益与社会福利之强有力承诺的能力。[5]

那么最后一种广泛使用的商业组织——有限责任公司——又是什么情况？有限责任公司是一种相对较新的商业形式，但是，它们已经迅速崛起。现在，它们的数量远远超过了公司，并且越来越受欢迎。虽然在关于新社会企业实体的争论中，有限责任公司实现社会企业目标的能力并不突出[6]，但是，它们展现出了巨大的潜力。

以低收益有限责任公司形式成立的社会企业

有限责任公司[7]将公司的有限责任保护与合伙实体提供的收益单一缴税（single taxation）的潜力结合起来。在大多数州，有限责任公司还为所有者提供了无与伦比的灵活性，以制定内部治理的个性化条款。特拉华州是各州

---

[1] 例如，参见 B Lab 2009 Report, *supra* note 5, at 16。该文在采用特定社会企业形式之前，推荐这一路径。

[2] 例如，参见 eBay Domestic Holdings, Inc. v. Newmark, 16 A. 3d 1(Del. Ch. 2010)。

[3] 例如，参见 N. Y. BUS. CORP. LAW § 717(b)。其"赋予"董事考虑非股东利益的权利。

[4] 例如，参见 DEL. CODE ANN. tit. 8, § 242(b)(1)。其描述了特拉华州公司章程的修正程序。

[5] 参见 B Lab 2009 Report, *supra* note 5, at 13。其探讨了对社会企业特定形式而非一般公司的需求。

[6] 例如，参见 *Id*. 该文聚焦于公司作为社会企业的替代品。Brakman Reiser, *supra* note 13, at 689. 该文发现有限责任公司与类似实体并不合适，因为它们无法扩展规模并且其设置成本较高。Cassady V. Brewer *A Novel Approach to Using LLCs for Quasi-Charitable Endeavors* (*a/k/a "Social Enterprise"*), 38 WM. MITCHELL L. REV. 678(2012).

[7] 这里的重点是有限责任公司，但合伙实体也存在类似优势，尽管其有限责任保护的力度较小。参见 Peter Molk, *How Do LLC Owners Contract Around Default Statutory Protections?*, 42 J. CORP. L. 503(2017)。

有限责任公司的领导者,它在其有限责任公司法中很好地体现了这一原则:"本章的政策是,使得合同自由原则与有限责任公司协议的可执行性发挥最大的效力。"[1]狭义的诚实信用与公平交易默示契约是特拉华州有限责任公司内部治理协议的唯一强制性规则;其他规则与原则在默认情况下予以适用,但可以根据所有者的意愿,对其进行扩展、削减抑或完全取消。[2]尽管一些州施加了额外的强制性规则,但与其他实体尤其是公司相比,这些州法通常仍为有限责任公司制定自己内部治理条款提供了更多的合同自由。

因此,社会企业家可以用有限责任公司完成其可以通过传统公司所完成的一切——有限责任公司所有者可以,但不被强制,使用有限责任公司法所提供的额外治理自由。但是,有限责任公司能否解决公司所面临的缺陷:澄清管理层可以以牺牲股东利益为代价追求纯粹的社会目标,以及发出实现这些目标的可信承诺的信号?我认为每个问题的答案都是肯定性的。

我们不妨考虑一下企业家以牺牲利润为代价来追求社会目标的法律能力。如果法院限制了公司的社会支出,法院就会煞费苦心地澄清,这些限制源于公司形式的选择或者传统信义义务对公司管理层的适用。例如,在易趣诉纽马克一案中,特拉华州衡平法院指出,创立人是以"营利性特拉华州公司"的形式加以组织的,并且,其"受到该形式所附带的信义义务与标准约束"[3]。当然,有限责任公司并非公司,因此不受仅适用于公司的司法障碍的限制。并且,如果其受到信义义务限制,则有限责任公司具有放弃或者修正这些义务的很大自由。[4]非公司形式(例如,有限责任公司)的选择与信义义务的减少之结合,为企业家提供了追求社会企业目标的法律自由,而这些目标在作为公司加以组织时可能会受到限制。

我们不妨考虑一下该组织做出追求社会福利的可信承诺的能力。我们可以回想一下,公司在默认情况下并未被法律要求对社会使命投入任何注意力抑或资金;并且,如果试图通过改变公司章程补救这一点,则只要得到董事与具有多数股权的股东同意即可予以撤销。有限责任公司可以在其运营协

---

〔1〕 DEL. CODE ANN. tit. 6,§ 18-1101(b).

〔2〕 关于所有者如何利用这种合同自由的分析,参见 Molk, *supra* note 29; Peter Molk & Verity Winship, *LLCs and the Private Ordering of Dispute Resolution*, 41 J. CORP. L. 795(2016)。

〔3〕 eBay Domestic Holdings, Inc. v. Newmark, 16 A.3d 1, 34(Del. Ch. 2010).

〔4〕 DEL. CODE ANN. tit. 6,§ § 18-1101(c),-1104. 即使是施加强制性信义义务的州,通常也允许有很大的余地来修正这些义务。例如,参见 CAL. CORP. CODE tit. 2.6,§ 17701.10(c)-(g); REVISED UNIF. LTD. LIAB. CO. ACT § 110(c),(d)(UNIF. LAW COMM'N 2006)。其允许有限责任公司限制或者取消这些义务,只要如此行事不是"明显不合理的",并且运营协议规定了那些将不会产生信义义务的行为或情况。

议中使用类似措辞复制这种微弱的承诺，并且，在少数情况下，已经朝着这个方向采取了措施。[1] 但与公司章程不同的是，有限责任公司运营协议可以自由地设定自己的变更与修正规则。因此，有限责任公司可以通过在其运营协议中运用语言对社会企业做出特别强烈的承诺，并且，规定对该语言的修正需要取得成员一致同意，或者需要政府官员等可信的第三方同意，而非具有多数股权的股东批准。[2] 同时，与公司股东协议不同，有限责任公司在制定运营协议方面几乎享有无限自由；要求实现社会企业目标的语言不应当成为问题。[3]

通过这种方式，有限责任公司能够比公司更为坚定地致力于社会目标，这使得有限责任公司对社会企业家更有吸引力。但是，这种承诺的力度取决于它是否可以并且将会被强制执行；不受监督或者执行的要求根本就不是真正的要求。在社会企业领域，这个问题似乎特别严重，因为第三方消费者或者资助者通常缺乏执行运营协议的条款的诉讼资格。但是，由于其灵活性，有限责任公司再次提供了答案。运营协议可以并且已经授予并非所有者的第三方享有各种权利与实现这些权利的资格。[4] 因此，人们可以想象，一家寻求对社会企业做出最大承诺的有限责任公司，会给予审计者、勤勉公正的政府官员，甚至社会企业利益相关者群体查阅其账簿与记录的权利以及执行该有限责任公司使命的起诉权。[5] 至于这些第三方是否有动机或者专业知识追求这项权利，则是我稍后会探讨的另一个问题；目前，我只是指出，这种

[1] 例如，参见 Limited Liability Company Operating Agreement of O2S LLC(March 4,2011)，§ 18.6(b)(on file with author)。其采用公司伦理规范，并赋予所有者对公司运营予以审计从而确保相符性的权利。Limited Liability Company Agreement of GC Distribution Systems LLC(April 8,2003)，§ 7.2 [xiii](on file with author).其为公共福利或者宗教、慈善、科学、文学或教育目的而授权捐赠。J. William Callison & Allan W. Vestal, *The L3C Illusion: Why Low-Profit Limited Liability Companies Will Not Stimulate Socially Optimal Private Foundation Investment in Entrepreneurial Ventures*, 35 VT. L. REV. 273,287(2010).其探讨利用运营协议实现社会企业目标。

[2] 例如，参见 Amended and Restated Limited Liability Company Agreement of O Waters, LLC (Jan. 28,2004)，§ 5.6(on file with author)。其仅允许在 A 类所有者权益多数决下修正运营协议，但是，要求任何受到不利影响的成员批准改变分配的这些修正。REVISED UNIF. LTD. LIAB,CO. ACT § 112(a)(UNIF. LAW COMM'N 2006).其授权运营协议要求非当事人第三方批准修正。

[3] 乍一看，有限责任公司运营协议解决方案似乎可以通过股东协议而在公司环境中予以复制；但是，这些协议已经受到司法限制。当存在反对的非当事人股东时，对股东协议的大多数限制就会出现。但是，即使面对一致的初始股东协议，这些协议似乎依然受到限制。例如，参见 Model Business Corporation Act § 7.32(2016)。其授权偏离法案所列举的类别，但均不涉及信义义务或者将营利放在首位的要求。

[4] 例如，参见 Amended and Restated Operating Agreement of World Market Center Venture, LLC (Apr. 27,2004)，§ 12.18(on file with author)。其授予非当事人第三方受益者查阅账簿与记录的权利。NAMA Holdings, LLC v. Related World Market Center, LLC, 922 A.2d 417(Del. Ch. 2007).其以有利于第三方的方式执行这一表述。

[5] 当然，有限责任公司给予执行权的第三方越多，有限责任公司就越难以在没有不当阻碍的情况下处理普通业务事项。因此，有限责任公司不太可能向公众提供践行社会使命的权利，即使撒下广泛的网可能会为追求社会企业目的提供重大承诺。

语言可以提高有限责任公司的社会企业承诺之可信度。

鉴于有限责任公司明显有能力实现社会企业目标，为何新形式被认为是必要的？批评者对有限责任公司提出了很多反对意见。首先，他们指出，投资者对有限责任公司相对缺乏了解。传统上，如果企业家预期最终将其公司上市，则他们会避开有限责任公司而选择公司，因为人们普遍认为，公共资本市场与大型私人投资者更为青睐公司。[1] 但是，随着时间的推移，有限责任公司已经变得更加为人所熟悉，这种形式已经越来越多地用于上市公司与大型私人公司，这使得这种反对意见变得不那么具有重要性——在人们意识到新社会企业特定实体甚至比有限责任公司更少经受战火洗礼的情况下，尤其如此。

有限责任公司的设立成本也被认为更高，因为它们往往需要基于当事人的个别需求而由律师制定相应的运营协议。[2] 这种担忧看起来至少也有些夸张。有限责任公司的治理条款不需要以昂贵且个性化的方式加以制定；事实上，人们可以以 150 美元的适中价格在热门网站上获得设立有限责任公司的标准形式运营协议。如果企业家对专用于社会企业的有限责任公司存在需求，则我们可以预期市场力量会产生低成本的有限责任公司运营协议，该协议使得有限责任公司能够在营利的同时考虑社会目标。或者，正如标准风险投资形式的情况一样，行业团体可以向社会企业家免费或者低成本地提供其所建议的运营协议措辞，因为对社会企业的促进最终可以反过来会拓展更多的行业团体业务，或者因为这些团体具有一种促进社会企业广泛发展的无私愿望。[3] 无论如何，采取有利于社会企业的运营协议之费用都不应当成为通过有限责任公司来创设社会企业的长期重大障碍。[4]

总而言之，有限责任公司显然有能力为社会企业提供形式上的法律框架，而传统上针对它们的反对意见并不是特别具有说服力。但是，问题依然

---

〔1〕 例如，参见 Brakman Reiser, *supra* note 13, at 689。该文提到了这一论点。Joe Wallin, 12 *Reasons for a Startup Not to Be an LLC*, STARTUP LAW BLOG(Sept. 30, 2011), www.startuplawblog.com/2011/09/30/12-reasons-for-a-startup-not-to-be-an-llc/(same).

〔2〕 例如，参见 Brakman Reiser, *supra* note 13, at 689。该文指出“法律上不成熟的小企业创始人既缺乏专业知识，也没有律师为其从事复杂的合同起草工作”。

〔3〕 例如，参见 *Model Legal Documents*, NATIONAL VENTURE CAPITAL ASSOCIATION, http://nvca.org/resources/model-legal-documents/(last visited July 12, 2017)。事实上，由一家行业组织带头为各州采用福利公司法做出了努力。该组织为各州提供了示范法。当制定这些法律时，该组织恰好从增加的业务中获得了收益。*The Model Legislation*, B LAB, http://benefitcorp.net/attorneys/model-legislation(last visited July 12, 2017).

〔4〕 毫无疑问，要开发出第一份社会企业有限责任公司运营协议会产生一些初始成本，但是这些成本似乎并未强加任何足以阻止精明的律师事务所、利益集团或者其他实体利用市场优势的成本——特别是考虑到在全国范围内通过社会企业法所花费的成本与精力。

存在:如果社会企业家的法律目标——追求收益,同时承诺实现社会福利——可以通过有限责任公司而毫无困难地加以实现,那么为何支持者需要花费如此巨大的努力与金钱采用社会企业特定形式?

答案似乎是社会企业特定组织形式所带来的市场营销价值。[1] 采用福利公司形式,会向社会意识型公众发出一个明确的信号,即该组织优先考虑社会福利;采用有限责任公司形式,则不会发出任何信号,除非公众查阅有限责任公司的运营协议。

因此,有限责任公司的挑战似乎在于如何以一种容易理解的方式向公众传达其承诺。这个问题并非社会企业所独有。企业已经在各种市场中遇到了这个问题,并且,通常出现的解决方案是使用认证制度。当然,如果公众将认证标志与社会企业承诺联系起来,则这种私人秩序解决方案可以提供类似于单独社会企业形式的市场营销利益。下一部分我们将探讨在何种条件下,这种认证制度可以仿效社会企业特定形式的益处,从而有助于进一步强调针对已出现的专门形式的任何剩余需求。

将低收益有限责任公司与私人秩序认证相结合

这一部分分析了如何通过认证制度解决有限责任公司向公众发出社会企业承诺的信号问题。我首先展示了这个制度的潜力,然后探讨了其缺陷,同时我用该缺陷展示了特定社会企业形式可以填充的剩余空间。

认证潜力

首先,我们应当注意到,很多涉及福利公司的社会企业运动都围绕着共益实验室而展开。共益实验室是一个具有社会企业认证制度的私人组织。[2] 虽然共益实验室与新福利公司组织形式协同工作,但是,它也认证公

---

〔1〕 例如,参见 Dana Brakman Reiser, *Benefit Corporations — A Sustainable Form of Organization?*, 46 WAKE FOREST L. REV. 591,621—24(2011)。该文探讨了品牌对于社会企业法的重要性。

〔2〕 Yockey, *supra* note 22, at 784—85, 802—06. 该文描述了共益实验室在更为广泛的自我监管制度中作为认证制度的角色。

司等更多的传统实体[1]，并且，在第一部福利公司法通过之前就已经开始运营。[2] 显然，即便不存在专门为社会企业设计的组织形式，认证制度也依然有可能发挥作用。

认证项目涵盖了各种各样的产品，包括众所周知的例子，例如有机食品、可持续性林业产品[3]，还有犹太食品；甚至还包括更为小众的形式，例如奶制品的真实成分（表示用真实乳制品而不是仿制乳制品生产的产品），以及农民的"经认证的过渡"（certified transitional）认证（用于介于传统与有机生产之间的农场）。有时项目的出现是为了满足明显存在的现有市场需求；有时这些项目似乎是为了满足自己的需求。[4] 但它们的共同之处是，提供可信的价值信号：经认证的企业可以利用该信号而为其产品或者服务获得溢价。[5] 例如，由于有机认证与该认证信号所传递的感知价值，经认证的有机食品相对于传统产品的售价更高。[6] 甚至名义上旨在促进社会变革的认证可以通过溢价实现这一点：例如，经公平劳动标准认证的服装产品，通过吸引重视公平劳动实践的消费者实现社会变革，而这会导致这些经认证的产品价格上涨，从而抵销其较高的生产成本。[7]

认证如何融入围绕有限责任公司而加以组织的社会企业制度？我们不妨回想一下，以有限责任公司为基础的社会企业制度的主要问题是，消费者、投资者与社会意识型公众可能难以识别那些已经做出社会企业承诺的有限责任公司。发信号的挑战之所以会出现，是因为有限责任公司的社会企业主

---

〔1〕 例如，尽管两家上市公司均获得了共益实验室的认证，但是，这两家公司都不是福利公司。Jena McGregor, *What Etsy, Patagonia and Warby Parker Have in Common*, WASH. POST(Apr. 20, 2015), www.washingtonpost.com/news/on-leadership/wp/2015/04/20/what-etsy-patagonia-and-warby-parker-have-in-common. 共益实验室要求在某些州登记成立的公司在认证后四年内成为福利公司；但是，在大多数州，共益实验室只要求修正公司章程以采用便于社会企业发展的语言。*Corporation Legal Roadmap*, B Lab, www.bcorporation.net/become-a-b-corp/how-to-become-a-b-corp/legal-roadmap/corporation-legal-roadmap(last visited July 12, 2017).

〔2〕 B Lab 2009 Report, *supra* note 5, at 13－16。该文探讨了在努力通过第一批福利公司法的场景下的运营。

〔3〕 已经存在多种林业认证体系，也许最著名的当前示例是 FSC 森林管理认证。*Forest Management Certification*, FSC, https://ic.fsc.org/en/certification/types-of-certation/forest-management-certification(last visited Mar. 14, 2017); Karen Bradshaw Schulz, *New Governance and Industry Culture*, 88 NOTRE DAME L. REV. 2515(2013). 该文探讨了几个林业可持续发展项目。

〔4〕 Tim Bartley, *Certifying Forests and Factories: States, Social Movements, and the Rise of Private Regulation in the Apparel and Forest Products Fields*, 31 POL. & SOC'Y 433, 436(2003).

〔5〕 例如，参见 Gabriele Jahn, Matthias Schramm, & Achim Spiller, *The Reliability of Certification: Quality Labels as a Consumer Policy Tool*, 28 J. CONSUMER POL'Y 53(2005)。该文以食品行业的认证为模型。

〔6〕 部分溢价还归因于有机食品相对于传统农业而言更高的生产成本。*Organic Market Overview*, U.S. DEP'T OF AG. (Apr. 4, 2017), www.ers.usda.gov/topics/natural-resources-environment/organic-agriculture/organic-market-overview.aspx.

〔7〕 关于对劳动认证社团发展的探讨，参见 Bartley, *supra* note 48。

张只有在如下情况下才具有可信度：该企业的组织文件支持该主张，并且这些文件会得到执行。因此，那些试图支持社会企业的消费者需要获取并阅读潜在有限责任公司的运营协议——而这本身已经构成一项艰巨任务，然后审查这些有限责任公司的记录，以确保该协议得到切实遵守。考虑到消费者从支持社会企业而不是传统竞争对手中获得相对较小的增量利益，更不用说消费者在这些问题上缺乏专业知识，消费者似乎更有可能陷入理性冷漠：严重低估社会企业的声明，而非承担自己调查的这一重负。作为社会企业的有限责任公司在传递可靠信号方面的困难意味着，它们将难以吸引消费者、投资者以及维持该组织所需的市场优势。

在这种情况下，我们很容易看到认证制度的价值。认证制度不需要每个可能与社会企业互动的潜在人员单独分析，而是允许公众检查该企业是否获得了认证。这是一项更为简单并且成本更低的任务。认证制度之所以有效，是因为认证者可以利用规模经济减少检查与验证成本：每个社会企业只接受一次认证者的检查，而不是每个可能与该企业互动者的重复检查。[1]

当然，只有当认证被视为是被认证的特性的可靠信号时，该认证才会有效。如果在看到"彼得的认证"(Peter's Certification)时，潜在消费者并不知晓被认证的属性是什么，或者其认证过程是否可信，那么拥有"彼得认证批准"(Peter's Certification of Approval)的社会企业家就不会获得太多收益。为了使得该认证成为被认证的属性的真实性代理，需要两个要素：认证与被认证的属性在公众头脑中具有联系，并且，公众相信这种联系是可靠的。[2]第一个因素可能在很大程度上取决于偶然事件或者该实体营销其认证"品牌"的能力。我将留给其他人来评估。但是，第二个问题值得在本章中考虑，因为它提出了直接的法律问题，而法律学者在分析该问题时可能具有一些比较优势。

认证的可靠性挑战

为了使得该认证对被认证的企业具有价值，那些与该企业互动者必须信任认证者。这些主体并无内在理由去具备这种信任。在这种情况下，虽然认证似乎通过要求认证者(而非任何与该企业互动者)验证该企业声明的方式

〔1〕 参见 Jahn et al., *supra* note 49。该文探讨了认证制度成功的条件。
〔2〕 *Id*.

节省验证成本，但是这些节省可能在某些方面是虚幻的：现在每个人都需要验证认证者而非该企业，但验证本身依然是必备的。考虑到它们在各种市场中的普遍性，很明显的是，认证者往往能够解决这个问题，降低交易成本，并且增加价值。但是怎么做？

布莱恩·加勒在他的文章中更为全面地回应了这个问题。[1] 但是，我在下面提供一些额外的想法。我们可以通过继续围绕可信承诺这一主题获得一些见解。首先，可以提出这样一个论点：认证者关于企业的声明比很多企业的自我声明更为可信，因为如果认证者的声明后来被证明是错误的，那么该认证者会损失更多。[2] 如果是这样，则认证者将会投入大量资金监督其认证并审查被认证的企业，尽管该企业可能会非常愿意提出一些更为随意的声明。

以社会企业为例。尽管很多社会企业强调它们推进某种类型的社会使命这一事实，但是，这种使命通常只是——有时非常重要，但只是——更大的整体营利计划的组成部分。以流行的 TOMS 鞋为例。很多消费者购买该公司的鞋子，无疑是因为该公司的社会使命是为贫困儿童提供鞋子。但是，其他人之所以购买，仅仅是因为鞋子的时尚表达或者舒适感。[3] 如果人们发现 TOMS 从未践行过其社会使命，则第一类消费者群体中的大部分可能会离开，但是，那些纯粹为了时尚或者舒适而购买的消费者可能会留下来，这或许会让该公司步履蹒跚，直到其最终重新获得信誉与声望。[4]

但是，对于认证者而言，其整个业务都围绕着其认证的准确性而展开。如果人们发现认证者的程序存在某种缺陷，以致公众对其准确性的信任消失殆尽，则认证者的整个业务就会前功尽弃。因此，我们可以将认证者看作类似于财务审计者的主体，其业务价值完全来自认证者的信誉。正如审计者的失误会导致审计者的信誉受损及其企业倒闭一样[一个令人信服的例子是，安达信（Arthur Andersen）的倒闭源于安然事件后市场对其失去信任]，我们

---

〔1〕 Galle, *supra* Chapter 2.

〔2〕 认证制度发送的信号并非始终是准确的。例如，参见 Frank Partnoy, *What's (Still) Wrong with Credit Ratings*, 92 WASH. L. REV. 1407(2017)。该文探讨了信用评级系统的失败。

〔3〕 例如，参见 *TOMS Corporate Responsibility*, TOMS, www. toms. com/about-toms # company-Info(last visited July 12, 2017)。该文提到"我们对我们提供的时尚与同情心都充满信心"。

〔4〕 大众汽车公司最近举办的活动具有启发性，该活动长期以来一直在宣传其清洁柴油车辆，以吸引具有环保意识的消费者。例如，参见 William Boston, *VW Diesel Scandal Hurts Second-Quarter Profit*, WALL ST. J. (July 20, 2016), www. wsj. com/articles/volkswagen-first-half-earnings-beat-expectations-1469008406。该文注意到，在关于其清洁燃烧柴油的指控被披露为虚假的几个月后，大众汽车宣布其季度利润大幅增长。

也可能预期存在明显缺陷的认证过程会让认证者倒闭。

鉴于信誉对认证者生存能力的重要性，我们可以期待，认证者会通过审计被认证公司以及确保其运营透明度等积极地保护其信誉。当然，认证者只有当其错误有可能被揭露时，才为自己的信誉感到惶恐不安。如果无人发现认证者在未经实际检查的情况下就在审批上加盖橡皮图章，那么认证者没有理由参与成本高昂的监督过程。正是在这一方面，法律制度才具有最大的潜在价值。

经由法律来提高可靠性

提高财务审计者的可靠性并不是一个新问题，但是，确保私人认证者可靠性的类似问题却很少受到关注。[1] 然而，鉴于私人认证者与财务审计者之间的相似性，我们可以借鉴后者的解决方案，并将其应用于前者。

提高财务审计者可靠性的呼声大多围绕着使得审计者更加独立于被他们所审计的客户。安然破产等事件表明，当审计者的收益来自少数客户时，其所产生的问题是——这种动态可能会阻止审计者揭露这些客户的财务违规行为。为了解决这个问题，《萨班斯-奥克斯利法案》所设立的监管上市公司审计的实体——上市公司财务监督委员会——最近提出了一项建议，限制公司财务审计者的任期。尽管该提议后来被放弃，但它要求审计者每三年轮换一次。[2] 审计者轮换可以提高审计者针对任何特定客户的独立性，从而提高预期审计者的绩效。反过来，这也增加了客户财务违规行为被发现的可能性，因为需要定期聘请新审计者检查其运营状况。

如果法律要求企业定期轮换认证者，则这些同样的益处可以拓展到社会企业领域。如果一批认证者致力于实施统一认证标准（例如，美国农业部有机认证计划），那么这种制度似乎最容易得到实施，因为这样可以节省营销成本与品牌投资。值得注意的是，导致上市公司财务监督委员会放弃轮换计划的成本——在特定行业缺乏审计者选择，以及无经验的审计者之旋转门——在社会企业领域似乎要小得多：该认证可能会集中于一组有限的社会使命，

---

〔1〕 关于一项显著例外，参见 Jahn et al.，*supra* note 49. *See generally* Timothy D. Lytton，*Competitive Third-Party Regulation*：*How Private Certification Can Overcome Constraints That Frustrate Government Regulation*，15 THEORETICAL INQ. L. 539，556—62(2013)。该文检查了可提高防火安全性与犹太食品认证可靠性的因素。

〔2〕 Emily Chasan，*PCAOB's Auditor Rotation Project Is Essentially Dead*，WALL ST. J.（Feb. 5，2014），http://blogs. wsj. com. ezp. lib. unimelb. edu. au/cfo/2014/02/05/pcaobs-auditor-rotation-project-is-essentially-dead.

而这些使命基本上独立于该企业所运营的行业。

法律制度可以采取若干额外步骤来促进强有力的认证程序。例如,它可以对社会企业及其认证者施加一种强化责任制度,类似于惩罚性赔偿措施。强化责任制度是对如下情况的一种标准回应:即使在被抓获的可能性很小的情况下,也要鼓励诚实的行为。并且,它将再次鼓励认证者勤勉履职。或者,法律制度可以要求社会企业及其认证者披露某些重要信息,以提高欺诈性声明被发现的可能性;这种被发现的威胁反过来会促进认证者自身监督被认证的企业,从而提高认证者的可靠性。最后,可以由独立第三方对认证者进行强制性审计。这将再次提高认证者的错误被发现的可能性,而这反过来会在起初就防止错误,并提高认证者的可靠性。

每一项措施都将提高认证者的可信度,进而提高它们所认证的作为社会企业的有限责任公司的可信度。但是,如果是这样,那么为何我们还没有看到私营行业自己产生这种解决方案?如果健全的认证标准能增加社会企业的吸引力,那么制定与监督这种制度也符合社会企业的利益。它们并未如此行事的这一事实可能会被视为这个想法缺乏潜力的证据。

对于这一点,我们至少可以进行三个方面的回应。首先,在私营行业中协调这种回应颇为困难。认证者的信誉是所有被认证的企业所共享的公共资源库。如果一个社会企业花费大量精力设立与监督认证者,从而使得该认证具有价值,那么这种努力的成果将与所有其他被认证的社会企业分享,而后者不必为此付出代价。在这种情况下,被认证的企业的理性回应是:在设立或监督认证者方面投入很少,而这会导致认证制度几无价值,并且永远不会得到启动。

其次,有一个问题,即被认证的企业究竟有多么强烈地希望认证者监督被认证者。如果认证者对其他企业态度强硬,则企业似乎会很高兴——如此行事可以防止其他企业的机会主义行为,同时促进认证的强大品牌。但是,不太清楚的是,企业是否希望认证者对其采取强硬措施。事实上,理性的企业似乎想要尽可能多的自由以及对自身尽可能少的监督,而这可能会再次削弱人们对认证的信任。[1] 此外,随着企业建立并且因被认证的属性而获得了自己的个体信誉,认证所带来的声誉可能会随着时间的推移而失去价值。

---

〔1〕 参见 Timothy D. Lytton & Lesley K. McAllister, *Oversight in Private Food Safety Auditing: Addressing Auditor Conflict of Interest*, 2014 WISC. L. REV. 289, 300。该文注意到在食品认证市场中的“寻找将进行该认证的最快、最便宜、最容易与最少介入的第三方审查”这一压力。

例如，巴塔哥尼亚早在任何社会企业认证制度存在之前就已经获得了社会企业的特定信誉。因此，对于已成立的企业（这些企业可能有足够的资金投资于认证项目）而言，认证所带来的附加值可能会更小，这导致它们在启动或者监督认证者方面花费很少的精力——这再次增加了法律干预的必要性。

最后，通过私人手段执行的制度很难实施能够有效遏制机会主义的惩罚性赔偿。认证制度通常是认证者与被认证者之间的合同事项，并且，对（认证者或被认证者）违约的标准救济手段只是预期损害赔偿。在合同中规定惩罚性赔偿金的尝试通常被认为是不可执行的。当发现不正当行为的概率很小时，单纯的预期损害赔偿将是一种不充分的威慑，这会导致认证执行不力以及被认证的企业违反认证标准的意愿。但是，法律制度在实施遏制这种机会主义所需的制裁以及建立健全的认证制度方面几乎并无困难。

小 结

总而言之，认证制度可以为消费者与投资者提供一个易于验证的信号，即有限责任公司对社会企业目标的追求可以得到信任。但是，如果让私营行业自行其是，则私营行业最多会提供一个无力的认证制度。有选择地运用法律力量支持这个解决方案可以提供一个强有力的制度：在这个制度下，认证为社会企业提供其支持者所希望的可信承诺。

下一部分将该分析与社会企业特定形式的案例相联系。我展示了福利公司与这种制度的相似之处，并基于前述探讨，分析了特定社会企业形式与利用社会企业认证者的有限责任公司制度相比，能够获得某种比较优势的空间。

社会企业法如何合理化

目前，美国新的社会企业实体法似乎以福利公司为主导，后者比其他针对社会企业的新形式都更受欢迎。[1] 因此，为了方便起见，本部分将福利公司法与以往的分析并列探讨。

如果社会企业已经开启另一进程，即采用专门福利公司形式，那为何我需要花这么多时间考虑有限责任公司与私人认证制度？其原因在于，福利公

---

〔1〕 例如，参见 *supra* note 1 and accompanying text；Yockey，*supra* note 22，at 769。

司形式与经认证的有限责任公司制度非常相似。大多数州福利公司法提供了一整套现成的基本条款,这些条款均始于一般公司法原则或者有限责任公司默示性规则。然后,它们增加了一个要求:福利公司至少推进一个公共目标,并且考虑全部利益相关者而非单纯股东的利益,同时为管理层提供了如此行事的信义义务上的灵活性。[1] 因此,从本质上讲,福利公司法在起步阶段与规定了促进社会企业发展的标准格式条款的有限责任公司运营协议大致相当。这个起点很容易在有限责任公司制度中复制。

为了确保福利公司遵循这些基本法律原则,几乎所有的州都要求福利公司提交年度报告,用以说明福利公司如何追求其社会使命。[2] 这些报告必须包括福利公司根据第三方标准而对其业务进行的评估。[3] 很多福利公司也选择(但未被要求)获得众多社会福利认证者之一的认证,其中最受欢迎的是共益实验室。这一法律制度创造了一种被称为自我监管的解决方案:其中,州提供了一套基本的理想目标,同时,让私人行动者实现这些目标。[4]

但是,先前的分析揭示了基于自我监管认证的制度所可能导致的预期陷阱。社会企业行业的自我执行力将会很弱,认证者的监督与对认证者的监督将会微乎其微,并且,成为"福利公司"或者被认证为社会企业的公司的这一信号将不会特别可信。其中一些关切似乎已经成为现实。例如,福利公司满足报告要求的比例较低[5];福利公司的主要认证者几乎不提供关于审计过程、对不合格审计的制裁与不合格率的信息,从而降低了其可靠性[6];对不遵守社会企业法的处罚力度不大,并且不太可能[7];同时,对于认证者与福利公司采用较低标准的担忧也被提及,因为较低标准贬低了作为社会企业所

---

〔1〕 例如,参见 Yockey,*supra* note 22,at 782;DEL. CODE ANN. tit. 8,§§ 361,365;J. Haskell Murray,*Corporate Forms of Social Enterprise*:*Comparing the State Statutes*(Jan. 2015),http://papers.ssrn.com/sol3/papers.cfm? abstract_id=1988556。该文总结了各州福利公司法的关键特征。

〔2〕 Yockey,*supra* note 22,at 783.

〔3〕 *Id.*;*How Do I Pick a Third Party Standard*?,B LAB,http://benefitcorp.net/businesses/how-do-i-pick-third-party-standard(last visited July 13,2017). 这些报告不需要任何外部方审计。

〔4〕 例如,Yockey,*supra* note 22,at 806。

〔5〕 J. Haskell Murray,*An Early Report on Benefit Reports*,118 W. VA. L. REV. 25(2015). 该文发现相符率低于10%。

〔6〕 参见 *The B Corporation – Hype or Hope*?,CHRISCREWS(Jan. 27,2012),www.chriscrews.com/2012/01/27/the-b-corporation-hype-or-hope。该文指出"确定(认证审查)程序严格程度甚或评估标准"的困难。

〔7〕 Murray,*supra* note 66;Yockey,*supra* note 22,at 821. 该文指出,福利公司法"不包括对违规行为的惩罚",并且,"将执行留给具有缺陷且效率低下的股东派生诉讼"。

发出的任何信号。[1]

如果这些问题继续存在,则前述分析将揭示可行的解决方案。福利公司法可能要求认证,而不仅仅是披露一份企业完成的公共利益报告。福利公司对认证者的选择可能会被要求每隔几年轮换一次——尽管这种解决方案目前因认证者之间缺乏共性而受到阻碍。对福利公司与认证者活动的公众监督与披露可以得到加强,从而带来更有机会揭露滥用与更为有力地威慑滥用的双重益处。针对违反福利公司法或者认证标准的制裁可能是有意义的。时间将证明人们是否需要采取这些措施,或者社会企业能否自行解决这些问题。

结 语

我已经探讨过非营利组织、公司以及特别是有限责任公司如何被用来实现社会企业对收益与公共福利目标的追求。当与认证制度一并使用时,有限责任公司将社会企业的法律手段与容易识别的社会福利承诺结合起来。虽然从表面上看,我们的法律体系已经通过创设社会企业特定商业形式而走到了另一个方向,但是,它与建立在经认证的有限责任公司上的法律体系存在惊人的相似之处:共同的成本与收益很大程度上取决于第三方认证者与验证者的有效性。就像有限责任公司制度一样,如果当前路径能够在社会企业提供可信承诺方面取得长期成功,就必须克服第三方认证者过去所面临的那些挑战。

[1] Brakman Reiser, *supra* note 43, at 617; Jenna Lawrence, *Making the B List: The B Corp Seal of Approval Distinguishes Truly Responsible Businesses from Mere Poseurs*, STAN. SOC. & INNOVATION REV. (Summer 2009), http://ssir.org/articles/entry/making_the_b_list. 该文指出,"认证对消费者可能没有多大关系"。Alicia E. Plerhoples, *Nonprofit Displacement and the Pursuit of Charity Through Public Benefit Corporations* (Georgetown Law Faculty Publications and Other Works 1783, 2016), http://scholarship.law.georgetown.edu/facpub/1783. 该文对利用福利公司形式"欺骗投资者、利益相关者、公众与监管者"的组织表示关切。

第十五章　社会锁定与合作社形式

塔玛拉·C. 贝林芬蒂

引　言

正如本书所描述的，在美国，"社会企业"一词并无统一含义。从根本上讲，这个术语表明企业具有如下需求与经营模式：通过市场解决方案来设法解决已经确定的社会问题。因此，社会企业往往具有提供收益与社会价值的双重使命。它们不是纯粹的慈善或公益事业，也不是纯粹为了营利。因此，它们可能不适合任何传统的"现成"(off-the-shelf)实体形式。

近年来，自认为是社会企业的实体数量激增。与此同时，展开了一场关于哪种现成实体形式最适合确保这种双重使命的争论。是传统公司？有限责任公司？抑或是一种被明确设计为允许并包容这种双重性的更新颖的混合形式（例如，福利公司、社会目的公司或者低收益有限责任公司）的法律架构？

虽然前面提到的所有商业形式都提供了具有吸引力的现成特征，从而使得这些形式成为"同类中最好的"社会企业形式的可行候选人，但是，本章探讨了对一种较少被论述并且可能被边缘化的商业组织形式——合作社——的使用。两项观察直接促成了这一调查。首先，现代社会企业的双重使命需求似乎与几百年来合作社的需求有着惊人的相似之处，即将社会使命与财务回报结合起来。其次，相较于任何其他营利实体形式，合作社模式似乎特别适合从投资者手中确保合作社的社会使命——我将这一特征称为"社会锁定"(social lock-in)。正如资产锁定与资产分割被认为是其他商业形式吸引资本与促进该实体长期生存的重要特征一样，社会锁定可能对在默认情况下寻求社会回报与金融价值的社会企业实体同样重要。本章对合作社如何通过默示性治理规则、盈余共享规则、税法与非约束性规范的组合确保社会锁定进行了思想试验。

为了更为具体地研究这个问题，本章首先在关于资产锁定与资产分割的相关文献中确立了社会锁定的概念，并且假定，对于一些社会企业而言，除了资产锁定之外，社会锁定可能也是必要的。在其最基本的形式中，目前所设想的社会锁定包括将企业社会使命从该企业的投资参与者所为的解锁（unraveling）中予以切割的能力。

其次，本章探讨了合作社形式的核心特征：其历史、法律框架、传统商业模式、内部治理实践模式与盈余分享规则。其主要的结论是，合作社依然特别适合锁定针对社会目标的承诺。

即便如此，由于缺乏统一的合作社框架与法律，信息收集与建立成本更高，并且合作社对非资助者（non-patron）的资本投资者的吸引力可能更小，因此合作社的成本很高。我探讨了后一种关切如何通过“新一代”合作社法而在一定程度上得到缓解，这些法律寻求重置资本与资助者之间的默示性治理与经济关系。

总体而言，本章的结论是，传统合作社模式为那些特别关注社会锁定的社会企业提供了一个具有吸引力的现成模式。这并不意味着合作社是所有社会企业实体的完美选择，也不是说合作社自动地标志着对某些社会使命的承诺。事实上，关于后一点，对有别于欧洲普通合作社的“社会合作社”之创设是一个警示：这些合作社不尽相同。相反，本章提出了一个颇为温和的主张。合作社提供了完善的商业结构、治理实践、运营规范、合同技术与支持网络，所有这些单独与共同地促使合作社成为特别适合关注社会锁定的企业家的工具。

在政策意义方面，合作社结构允许受影响的社区对社会问题拥有代理权与所有权，这反过来又带来了很多其他益处，例如增加社区内部财富的保留，增加就业机会以及增加公民参与。此外，合作社很适合发扬社会企业家精神，从而使其不仅包括具有知识、资源与关系者，同时也包括基层社会企业家。换言之，当我们参与一场关于社会企业的对话时，需要注意的是，我们不要无意间采用一种过度地代表某些社会企业而排斥其他社会企业的叙事框架。一个独立但在某些情况下重叠的问题是，合作社模式是否为创业型经济中不断增加的多样性提供了便利。这个问题需要得到比本章更为详细的研究，但是，作为一个政策问题，值得指出的是，在美国，合作社似乎表现出显著的种族、民族、文化与社会经济多样性。

鉴于其丰富的历史与完善的内部治理实践体系，社会企业合作社模式的潜力颇为值得考虑。本章的探讨主要集中于美国的合作社形式，并将其与英国、加拿大与意大利加以比较。

社会锁的概念

在《法律实体、资产分割与组织演进》(Legal Entities，Asset Partitioning，and the Evolution of Organizations)这篇文章中，亨利·汉斯曼教授、雷尼尔·卡拉克曼(Reinier Kraakman)教授与理查德·斯奎尔(Richard Squire)教授解释了为何资产分割(特别是“积极性资产分割”)是法律实体的一个重要特征。[1] 正如作者所解释的，分割具有两个方面。首先，它涉及“保护公司资产不受企业所有者的个体债权人的追索”(作者称之为“积极性资产分割”)[2]；而分割的第二个方面“涉及保护企业所有者的个人资产不受企业债权人的追索”(“防御性资产分割”)。[3] 玛格丽特·布莱尔(Margaret Blair)教授后来进一步指出：保护企业资产不受个别参与者的债权人追索，是法律实体的一个重要特征，对于公司形式而言尤其如此；但是，资本锁定的这一特征也许同样重要。[4] 正如布莱尔所指出的，通过设立而获得的实体身份允许公司：(1)作为具有自己的资产池的独立法律实体而存在，(2)签订合同，(3)起诉与应诉，并且(4)拥有财产。实体身份的一个结果是，公司持有的资产被“锁定”，并且，意欲收回其资助的个体参与者无法撤回。

在学术文献中，资产分割与资产锁定的益处以及法律在确保此类分割与锁定中的作用已经得到了广泛探讨与争论。[5] 与此相关的是有限责任的概

---

〔1〕 Henry Hansmann，Reinier Kraakman，& Richard Squire，Legal Entities，Asset Partitioning，and the Evolution of Organizations 1(November 2002)(unpublished manuscript)(on file with the University of Illinois Law Review)，https://pcg.law.harvard.edu/wp-content/uploads/papers/Hansmann_Paper.pdf.

〔2〕 *Id*. at 5.

〔3〕 *Id*. at 6.

〔4〕 Margaret M. Blair，Locking In Capital：What Corporate Law Achieved for Business Organizers in the Nineteenth Century，51 UCLA L. REV. 387(2003).

〔5〕 参见 Henry Hansmann & Reinier Kraakman，The Essential Role of Organizational Law，110 YALE L.J. 387，406(2000)。该文认为，如果不存在组织法，则无法实现资产锁定。Lynn A. Stout，The Corporation as a Time Machine：Intergenerational Equity，Intergenerational Efficiency，and the Corporate Form，38 SEATTLE U. L. REV. 685(2015)；Blair，*supra* note 4；Hansmann et al.，*supra* note 1.

念，并且，最近学者开始关注永续性的作用。[1] 尽管资产分割、资产锁定、有限责任与永续性依然是需要考虑的重要特征，但是，对于社会企业而言，另一个重要特征可能是，保护企业的社会使命不受个别参与者的“召唤”或者征服——我将这一特征称为“社会锁”(social-lock)。对于社会企业而言，社会锁定可能是一个令人担忧的问题，因为企业家可能会感到有必要使其社会使命与个体参与者的私益隔离开来。事实上，企业的社会锁定越强，就越能发出关于正当性、信任以及对社会使命之承诺的信号。

社会锁定可以被认为包含三个概念层次。在第一层，社会锁定主要是确保实体的社会使命不受股票投资者一时冲动的影响。从这个意义上讲，社会锁定涉及将该实体的社会使命与该企业股权投资者的财务目标分割开来。在合作社形式中，其可以平衡资助者成员(即合作社产品或服务的用户或生产者)与非资助者成员(那些仅提供股权，但并非合作社产品或服务的用户或生产者的人)之间的关系。如下所述，合作社形式试图通过其一人一票的治理模型与资助费退款(patronage refunds)来实现这种平衡。

除了锁定来自个体参与者手中的社会使命，第二层锁定关注于，锁定代表该实体实现其使命之过程的那些联合性、参与式与平等化的运作与治理模式。当那些试图解决社会问题者(即企业家)是那些受到该问题影响者时，第二层社会锁定是一个具有吸引力的特征。换言之，解决方案提供者与解决方案接受者之间存在统一的利益。对于很多社会企业而言，情况可能并非如此。例如，沃达丰(Vodafone)的 M-PESA 提供通过移动电话接入的金融系统，而这会涉及由外部提供商(M-PESA)提供一个社会问题(对银行系统的不平等访问)的解决方案(移动支付系统)。解决方案的接受者与解决方案的提供者是分开的。M-PESA 模式是一种社会企业模式。在这种模式中，联合性与平等化的参与不一定是一个目标。但是，对于社区创业等其他社会企业的努力而言，第二层社会锁定是颇为重要的。

另外，人们可以设想的第三种社会锁定方式是，将实体与其利益相关者之间的坚定承诺予以锁定：实体将追求一个社会目标(无论如何定义)与/或以社会性的方式开展业务。这一坚定承诺可以通过一系列方式实现，包括明确的协议，同时实现社会与财务目标(可以说，这就是福利公司与社会目的公

[1] Stout, *supra* note 5; Andrew A. Schwartz, The Perpetual Corporation, 80 GEO. WASH. L. REV. 764(2012).

司的目标)的信义义务、税收优惠,以及有助于塑造行为与决策的更宽泛的运营规范与原则。

传统法律实体形式,例如公司、有限责任公司或者非营利组织,提供了一些社会锁定保护。事实上,非营利组织形式可以说提供了社会锁定的最强形式,因为非营利组织并无剩余索取者。虽然营利公司与有限责任公司确实存在剩余索取者(分别是股东与成员),但是,一些社会锁定措施可以通过资本市场手段(如双层股权结构)、公司章程或者成员协议中的内部规则,以及法律框架(如州利益相关者法)实现。但是,套用汉斯曼等学者的观点,其关键在于,这些传统法律形式中的默示性规则提供了一种较弱的社会锁定形式,因为法律规则与有效的规范框架并未自动抑或明确提供这种形式。虽然在大型营利公司的社会目的能力方面存在重大的争论,但是,当前的规范框架默认的是财务目的。因此,具有社会需求的企业不得不私下设计各种合同与市场机制,以确保社会锁定。特别是,在公司与有限责任公司中,围绕投票与分享盈余的默示性规则是由对企业的财务贡献所决定的。

明确规定社会与财务目的的混合商业形式之诞生表明了传统法律实体形式中的这一缺口:后者默认倾向于单一财务收益目标。这种混合形式主要通过三种方式实现社会锁定。第一,提供一个可选择加入的允许企业明确地锁定其社会承诺的法律框架。第二,明确将信义义务跟社会与财务目标联系起来。例如,《特拉华州一般公司法典》(Delaware General Corporation Law Code)第365条规定,特拉华州公共福利公司的董事会:“应当以平衡股东的金钱利益、受到公司行为实质性影响者的最优利益,以及公司章程中所确定的特定或多项公共利益的方式,管理或指导该公司的业务与事务。”[1]第三,要求选择采用这些混合形式的企业在其组织文件中明确规定这种双重性。例如,纽约州福利公司法规定,福利公司的章程中“也应当声明它是福利公司”[2]。事实上,对如下事项的一种理解方式就是对确保社会锁定能力的关注:对社会企业实体形式选择的追求,以及福利公司与社会目的公司等新实体形式的激增。与传统公司与有限责任公司相比,这些较新的混合形式可以提供一种更为强大的社会锁定形式,因为其“社会”目标是由其法律框架自动假定并加以规定的。

---

[1] DEL. CODE ANN. tit. 8, § 365(a).
[2] N. Y. BUS. CORP. LAW § 1703.

尽管合作社目前在社会企业叙事中并不具备与这些较新的混合形式相同的知名度,但是,合作社模式却颇为值得探索。合作社提供了历史、法律框架、默示性治理实践、盈余共享规则与非约束性规范的有趣组合,这些组合创造了复杂的社会锁网络。

合作社与社会锁:从蟾蜍巷到现今的历史与概述

英格兰罗奇代尔"蟾蜍巷 31 号"(31 Toad Lane)被普遍认为是现代合作社运动的发源地。1844 年,在那里,罗奇代尔公平先锋协会(Rochdale Society of Equitable Pioneers)开设了一家商店,向其成员出售食品杂货与家居用品。在开设该商店(用如今的说法,这可以被视为是一家消费者合作社)的过程中,公平先锋协会还阐明了一套规则,即"法律第一"(Law the First)或者"1844 年先锋规则"(1844 Pioneer Rules),以及该企业管理与运营的原则。典型的规则包括:"该协会应当在切实可行的范围内尽快着手安排生产、分配、教育与治理的权力,或者,换言之,建立具有统一利益的自我支持型家庭群体,或协助其他协会创设这种群体";以及"开始生产本协会可能决定的此类产品,以便雇用那些可能无法就业或因反复降低薪酬而遭遇困境的成员"。[1]

1844 年先锋者规则与推荐的最优实践后来被提炼成一整套的罗奇代尔原则(Rochdale Principles)。这些原则是合作社运营与治理的普遍适用原则,以及更为特定的原则的组合。特定原则似乎是为解决一些紧迫问题(例如产品掺假)而量身定制的。后者无疑是"只应当向各成员提供可获得的最纯粹的供给"这一原则的推动力。罗奇代尔原则,特别是那些针对合作社实践与治理的具有普遍适用性的建议之原则,构成了如今所采用的合作社原则的基础。例如,合作社的一人一票结构可以直接追溯到罗奇代尔原则:"应当在治理以及成员资格性别平等中坚持'一人一票'。"同样,如今用来处理盈余分配的合作社原则源于罗奇代尔原则:"收益应当根据每个成员的购买量按比例分配",以及"收益的一定比例应当分配给教育"。根据先锋博物馆(Pioneers

---

〔1〕 The Pioneers' Rule Book 1844,ROCHDALE PIONEERS MUSEUM,www. rochdalepioneers-museum. coop/about-us/1844-rule-book/(last visited Sept. 6,2017).

Museum)官网介绍,先锋受到“更好的社会秩序”这一理想愿景的启发。[1]根据其规则手册、治理原则与操作实践,这种更好的社会秩序愿景似乎是由对于民主参与、平等分享盈余以及合作社的自愿性与开放性之信仰所驱动的。

在美国,“费城房屋火灾赔款保险互助联盟”(Philadelphia Contributorship for the Insurance of Homes from Loss of Fire)通常被认为是美国第一个成功的合作社实体。它是由本杰明·富兰克林(Benjamin Franklin)于1752年成立的一个相互火灾保险合作社,为其成员财产提供火灾保险。该合作社是仿照英格兰的互助保险公司建立的,至今仍在运作。但是,正如一本关于合作社法的专著所指出的,“尽管这个合作社以及其他早期合作社取得了成功……但是,在美国,合作社组织的形成直到19世纪初期才在范围上不受限制”[2]。在19世纪初期,农业合作社开始出现。在19世纪中期,出现了其他合作社形式,例如消费者合作社、共同储蓄银行与共同人寿保险合作社。在19世纪后期,又进一步出现了一些合作社形式,包括住房合作社(纽约,19世纪80年代)与采购类合作社(purchasing cooperatives)。1867年,农业组织“国家农庄”(National Grange)成立,以推进对农户有利的立法与经济利益。国家农庄的创始人熟悉罗奇代尔原则,并发布了一系列规则来治理其合作社商店。不出所料,这些原则中的很多都是建立在先锋早先阐明的原则基础上的。美国合作社历史上的另一个关键转折点是州立法机关颁布了合作社法。1866年,马萨诸塞州制定了第一部合作社法,随后在1866年至1900年间,其他几个州相继立法,包括宾夕法尼亚州(1868年)、加利福尼亚州(1878年)与新泽西州(1884年)。

除了各州制定的合作社法外,联邦立法也促进了合作社的发展,这些联邦立法消除了早期合作社的一些不确定性,并/或为选择合作社形式提供了激励机制。其中,《1914年克莱顿法》(Clayton Act of 1914)规定,非股份制的非营利农业合作社不受反垄断法约束;《1922年卡珀-沃尔斯特德法》(Capper-Volstead Act of 1922)将这一豁免扩展到股份合作社;《1916年农场贷款法》(Farm Loan Act of 1916)规定建立联邦土地银行,从而向农业合作社提供信

[1] The Rochdale Principles, ROCHDALE PIONEERS MUSEUM, www. rochdalepioneersmuseum. coop/about-us/the-rochdale-principles/(last visited Sept. 9,2017).

[2] CHARLES T. AUTRY & ROLAND F. HALL, THE LAW OF COOPERATIVES 12(2009).

贷;《1934年联邦信用合作社法》(Federal Credit Union Act of 1934)建立了联邦信用合作社体系;《1936年农村电气化法》(Rural Electrification Act of 1936)为设立电力合作社提供了便利。

在这些联邦立法的推动下,到20世纪30年代末,合作社已经显示出其自我调整与适应美国社会不断变化的需求的能力。例如,农业合作社帮助农户获得公平价格与合理薪酬,电力合作社向美国农村供电,同时,信用合作社也出现了。此外,我们还观察到一个更大的趋势——合作社形式的每一次迭代都是一种恢复、整合与适应。随着市场、经济以及协会需求与意愿的改变,合作社已经被重新定义,但是,其依然设法维持其核心:宽泛地讲,其以民主参与、公平报酬与保存合作社身份为中心。

但是,我们必须指出,由于州合作社法在性质上是高度授权性的,因此采用合作社形式并不会自动使得一个实体成为"社会企业",也不会自动确保所有三个层次的社会锁定。但是,在企业选择其使命与运营模式上都具有社会性的范围内,合作社在其历史与运营规范框架支持下提供了具有吸引力的社会锁定程度。反之亦然。正如一位评论者在2009年欧洲合作社联盟(CECOP-CICOPA)的一份出版物中恰当指出的,并非所有合作社都应当被视为社会企业——"其差别在于组织模式与企业的最终目的,而不一定在于其目标。"[1]因此,由一群富裕的海滩所有者为其海滨财产投保而组建的保险合作社可能不会被视为"社会企业",而旨在解决食品不安全问题的食品合作社则会被视为"社会企业"。如前所述,也许同时具有社会使命与社会运营模式是区分社会企业合作社与一般合作社的有益方法。

如今,合作社活跃于多种行业并且以多种形式存在。其例子包括:零售合作社(例如Ace Hardware)、雇员合作社、艺术家合作社、汽车共享合作社与机械合作社。合作社除了具有不同的行业与形式外,还表现出多种所有制结构,如集中式所有制(合作社由其成员直接所有)、联邦式所有制(合作社由另一个合作社拥有与控制)与混合式结构(合作社同时具有集中式与联邦式结构的特征)。但是,不论是哪一种合作社,都强调并在如下规范框架内运作:民主参与、成员公平报酬以及对限制那些决定合作社使命的资本权利之关

〔1〕 参见Jean Gautier, The Main Governance Characteristics of Worker Cooperatives in the Light of the Social Enterprise Phenomenon, Cooperatives and Social Enterprises, Governance and Normative Frameworks, in COOPERATIVES AND SOCIAL ENTERPRISES: GOVERNANCE AND NORMATIVE FRAMEWORKS(Bruno Roelants ed., Tony Costante trans., 2009), www.diktio-kapa.dos.gr/keimena/cooperative-and-social-enterprises.pdf [hereinafter cooperatives and social enterprises]。

切。合作社形式的历史依然是一种恢复、整合与适应的历史——随着市场、经济以及协会需求与意愿的变化，合作社形式已经在各种领域得到采纳与修正。

现今的合作社

虽然“合作社”缺乏公认的定义，但是，国际合作社联盟所采用的定义抓住了合作社的基本特征。国际合作社联盟将合作社定义为“人们自愿联合起来，通过共同拥有与民主控制的企业满足其共同经济、社会与文化需求与愿望的自治社团”[1]。

作为对照，美国农业部采取了更为功利主义的方法，将合作社定义为“用户所有”与“用户控制”的实体，并根据使用情况而分配利益。在美国最高法院的弗罗斯特诉俄克拉荷马州康普公司(Frost v. Corp. Comm’n of State of Oklahoma)一案[2]中，布兰迪斯(Brandeis)大法官提出了这样的观点：“没有一个组织计划会被贴上真正合作社的标签，从而排斥其他计划。”[3]与这种精神一致的很多其他定义比比皆是。但是，无论使用什么定义，它们都反映出一种对如下追求的尝试：(1)亲社会(pro-social)的风气；(2)盈余分配应当主要基于资助而非资本投资的这一默示性规则；(3)对治理的参与应当基于资助，而不一定基于资本。

1995 年，国际合作社联盟明确提出了七项核心合作社原则：(1)自愿与开放的成员资格，(2)成员民主控制，(3)基于资助而非资本投资的经济参与，(4)维持自主与独立，(5)向成员与公众提供关于合作社利益的教育、信息与培训，(6)合作社之间的合作，(7)关注社区。[4] 这些原则为当今世界各地的合作社提供了一个使命模板。例如，美国最大的雇员所有型合作社，家庭护理合作社协会(Cooperative Home Care Associates)的使命包括：对其成员的培训与教育，以及基于资助而不是资本贡献的经济权利。[5] 总部位于南布朗克斯的绿色雇员合作社(Green Worker Cooperative)为雇员合作社提供援

---

[1] What Is a Co-operative?，COOP：INT’L COOP. ALL.，http://ica.coop/en/what-co-operative (last visited Sept. 6，2017) [hereinafter What Is a Co-operative?].

[2] 278 U.S. 515(1929).

[3] *Id*. at 546.

[4] What Is a Co-operative?，*supra* note 13.

[5] COOP. HOME CARE ASSOCS.，www.chcany.org/(last visited Sept. 6，2017).

助。它的使命声明简单地复制了国际合作社联盟所阐明的七项合作社原则。[1] 同样，巴巴多斯信用合作社(Barbados Credit Union Cooperative)也采纳了国际合作社联盟的全部七项原则，并增加了两项有关不歧视与社会责任的附加原则。[2]

如今，全世界大约有 260 万家合作社，服务于大约 10 亿成员。[3] 据估计，合作社在全球雇用了大约 2.5 亿人，并且，拥有大约 20 万亿美元的资产。据估计，合作社部门每年的总收益约为 3 万亿美元。[4] 在美国，据估计有 29 284～40 000 家合作社，总共为大约 3.5 亿成员提供服务。[5] 国家合作社银行(National Cooperative Bank)2015 年的一份报告估计，美国的合作社雇用了大约 200 万人，并且，贡献了大约 750 亿美元的薪酬；2014 年，美国创收前 100 的合作社创造了超过 2 432 亿美元的收益。[6] 颇为有趣的是，根据联合国用来测量合作社部门活动水平与对国内生产总值贡献的指标，美国并未排在"前十"。尽管如此，合作社运动依然是美国经济的固有部分。在过去几年里，纽约州、俄亥俄州与罗德岛等几个州已经发起了新的倡议，以激励更多合作社的组建与发展。[7]

合作社在形式与行业方面表现出极大的多样性。如今，它们在围绕社会合作而建构的悠久历史与叙述场景下运营。对于合作社而言，"社会性"一词不一定与该实体产生的产品或服务有关；相反，"社会性"指的是组织与治理

---

〔1〕 GREEN WORKER COOPERATIVES, www. greenworker. coop/(last visited Sept. 6, 2017).

〔2〕 BARBADOS CREDIT UNION COOPERATIVE, http://barbadoscoopleague. org/cms/images/the%209%20credit%20union%20operating%20principles. png(last visited Sept. 6, 2017).

〔3〕 参见 Facts and Figures, COOP: INT'L COOP. ALL., http://ica. coop/en/facts-and-figures (last visited Sept. 6, 2017)。

〔4〕 MEASURING THE SIZE AND SCOPE OF THE COOPERATIVE ECONOMY: RESULTS OF THE 2014 GLOBAL CENSUS ON CO-OPERATIVES, UN SECRETARIAT, DEP'T OF ECON. & SOC. AFFAIRS(Apr. 2014), www. un. org/esa/socdev/documents/2014/coopsegm/grace. pdf.

〔5〕 Community-Wealth. org estimates 29,284 cooperatives, community-wealth. org, http://community-wealth. org/strategies/panel/coops/index. html(last visited Sept. 6, 2017); U. Wisconsin Coop Center estimates 40,000. ElizabethLechleitner, Co-ops Back in U. S. Census after 20-Year Absence, NAT'L CO-OP. BUS. ASSOC. CLUSA INTERNAT'L(May 9, 2017), http://ncba. coop/ncba-advocacy/1807-2017-economic-census-will-identify-cooperative-businesses-for-the-first-time-since-the-90s#.

〔6〕 James Sullivan, List of Top 100 Co-ops in USA Released, COOP NEWS(Dec. 15, 2015), www. thenews. coop/100093/sector/retail/list-top-100-co-ops-usa-released.

〔7〕 EVERGREEN COOP., www. evgoh. com/(last visited Sept. 6, 2017); Steve Ahlquist, Legislation Unveiled to Streamline Creation of Worker Cooperatives, RI FUTURE. ORG(Apr. 13, 2017), www. rifuture. org/worker-cooperative-legislation/; Aran Valente, Worker Co-Op Bill Means More Rhode Islanders Can Own Businesses, RI FUTURE. ORG(Oct. 23, 2017), www. rifuture. org/coops-more-own-businesses/; New York Worker Cooperative Business Development Initiative, Final Report to City Council July 2014—June 2015, https://static1. squarespace. com/static/561fef54e4b06819d94aebba/t/5627a8dde4b0a79b51266736/1445439709631/NYC+ Final + Report + FY15 + Sep + 23 + CC. pdf(last visited Nov. 14, 2017).

方式。合作社提供了何种有别于其他组织形式的事项？如前所述，我怀疑部分答案与社会锁定有关。它也是一种模式，其基础是针对它所要解决的社会问题而给予所有权，而非为了他人财务利益而将社会问题产品化。或许合作社也利用了试图成为比自身更为宏大的事业之一部分这一普遍人类需求。本章的其余部分探讨了支持与鼓励社会锁定的合作社框架的四个特定方面：(1)默示性治理规则，(2)盈余分享规则，(3)联邦税务规则，以及(4)非约束性规范。

合作社的治理

如上所述，国际合作社联盟所阐明的第二项合作社原则涉及成员民主控制。它在一定程度上指出："合作社是由其成员控制的民主组织，这些成员积极参与制定政策与做出决定……初级合作社成员享有平等投票权(一人一票)，而其他各级合作社也是以民主方式组织起来的。"[1]因此，在合作社中，不论其资本贡献抑或资助程度，成员都有一票。一人一票是合作社治理的基本特征。与典型公司形式的"一股一票"模式相反，"一人一票"有助于确保所有成员的平等参与，不管其财务实力抑或影响力如何。作为一种社会锁的特征，一人一票的结构通过维持决策的平等参与确保第二级社会锁。此外，一人一票限制了那些超大型投资者超越或支配特定社会使命的能力(第一级社会锁)。更新的合作社框架，例如怀俄明州合作社模式(Wyoming Cooperative Model)，允许合作社将投票权分配给非资助型资本投资者(non-patron capital investors)；可以说，这弱化了一人一票的锁定特性。但是，即使投票权分配给非成员投资者，新合作社框架往往限定或限制资本投资者可以行使的投票权。例如，《统一有限合作社协会法》是统一法律委员会(Uniform Law Commission)于 2009 年采用的一般合作社示范法。该法规定如果合作社既有资助型成员又有投资者，则"所有资助型成员的总投票权不得少于有权投票的全部投票权的多数"[2]。

合作社的第二个特征是在企业所有者与企业用户之间的利益统一。合作社的资助者是成员，并且，甚至在较新的合作社模式中(允许非资助者成为

---

〔1〕 参见 *What Is a Co-operative?*, *supra* note 13。

〔2〕 UNIF. LTD. COOP. ASS'N ACT, § 514(1)(UNIF. LAW COMM'N 2009), www.uniformlaws.org/shared/docs/limited%20cooperative%20association/ULCAA_Final_2014_2015aug19.pdf [hereinafter ULCAA].

成员)，成员资格与资助的统一依然是普遍准则。不像传统公司形式、有限责任公司抑或甚至是新混合形式——企业所有者与企业产品或者服务的用户之间是分开的，合作社模式假定两者之间是统一的。作为治董事项，从理论上讲，这应当导致理性冷漠的减少与对合作社企业忠诚度的增加。与理性冷漠相关的弊病在公司治理文献中得到了系统探讨，并且，这些弊病包括信息不足的决策与分散的股东。而这反过来又弱化了对该企业董事会与管理者的监督。同样，所有者对企业的承诺强度(即忠诚度)也具有治理意义。阿尔伯特·赫希曼(Albert Hirschman)在其影响力强且经常被引用的著作《退出、发声与忠诚》(*Exit*,*Voice*,*and Loyalty*)中，提供了一个理解这三个因素之间相互作用的框架。[1]“退出”与“发声”在企业中都起着惩戒作用。股东可以通过出售其股票份额(退出)以及/或者“发声”来表达他们对管理层的不满，无论是通过正式投票程序，还是文字宣传等非正式程序，抑或就像如今在社交媒体上的挑衅。赫希曼认为，“忠诚”是一种中坚力量，其可以帮助决定股东是选择退出还是发声。赫希曼的类型学有助于思考在合作社形式中统一资助者与所有者的结果。人们会期望看到高度的忠诚，后者应当会转化为一种更为积极参与的资助者政治，以及一种使用发声而非退出渠道表达不满的偏好。关于后一点，传统合作社法通常限制所有者权益的转让，从而剥夺了资助者出售其权益的能力。法律确实为资助者提供了解除其对合作社承诺的其他手段，但是自由转让在传统上是不被允许的。

但是，与治理设计有关的合作社的另一个特征是，人们一致认为合作社的目的不完全是财务目的。根据定义，合作社应当是承诺共同拥有、民主控制以及资本处于从属地位的企业。根据国际合作社联盟的观点：

> 正是这一目标使得合作社有别于普通营利性企业，并证明了从如下方面对其进行测试的合理性：不仅是从其业务效率的角度来看，还从其对道德与社会价值的贡献的角度出发，后者使得人类生活超越了单纯的物质性与动物性。[2]

如下所述，美国国税局对合作社含义的解释假定了多重目的。并且，事

---

〔1〕 ALBERT O. HIRSCHMAN, EXIT, VOICE, AND LOYALTY: RESPONSES TO DECLINE IN FIRMS, ORGANIZATIONS, AND STATES(1970).

〔2〕 PART I—INTRODUCTION(1966), REPORT OF THE 23RD ICA(INTERNATIONAL CO-OPERATIVE ALLIANCE) CONGRESS AT VIENNA, SEPT. 5—8, 1966, 154—60(Sept. 1986), www.uwcc.wisc.edu/icic/orgs/ica/pubs/Other-ICA-Publications1/Report-of-the-ICA-Commission-on-Co-operal/Part-I-Introduction-1966-1.html.

实上，如果一个实体的目的仅仅是获取经济收益，根据长期的与现行的国税局解释，该实体就不会被视为是合作社。鉴于合作社运动的历史是对人们所感知到的社会不平等的一种回应，并且是为其成员提供一定程度的财务自主权与稳定性的一种手段，合作社形式的多重目的是完全合理的。[1]

在如今的公司，组织目的及其治理规则之间的联系是一个备受争议的话题。在《有争议的愿景：公司法制度理论的价值》(*Contested Visions: The Value of Systems Theory for Corporate Law*)一书中，我与合著者林恩·斯托特(Lynn Stout)探讨了关于公司目的的竞争性观点，并且，追溯了这场争论的一些关键出发点。[2] 就本章而言，只需要指出的是，尽管在公司治理领域中，对于公司目的尚未达成共识，但是，占据支配地位的叙述却假定了一个侧重于财务价值的限定目的。有人可能会说，合作社模式提供了一种对比，并且，实际上是明确建立在追求收益之外的其他目的基础上的。但是，这可能过于简单，因为合作社寻求产生收益。更好的框架表达方式可能是合作社模式围绕成员利益展开，而成员利益可能包含也可能不包含收益最大化这一首要关注点。[3]

合作社董事应当对合作社及其成员承担注意、忠实与服从的信义义务。其信义义务性质的这种表述基本上类似于以传统公司形式存在并且在很多方面都存在的信义义务。[4] 董事均被视为对该实体及其所有者/成员负有谨慎与忠实义务。但是，合作社模式以成员为中心的关注导致其组织与治理跟传统公司形式有所不同。例如，合作社对成员利益的关注更多，而对股权投资者回报的关注较少，并且，评估商业机会的标准也有所不同。[5] 价值的概念也可能有所不同，因为合作社的价值既包括传统的商业估价，例如扣除利息、税、折旧与摊销或者预估的未来现金流之前的收益，也包括对合作社是否满足其成员目前和未来需要的评估。[6] 荷兰奶业合作社荷兰皇家菲仕兰(Friesland Campina)就是一个很好的例子。菲仕兰根据两个标准筛选每一

〔1〕 参见 *supra* Part Ⅲ。

〔2〕 Tamara C. Belinfanti & Lynn A. Stout, *Contested Visions: The Value of Systems Theory for Corporate Law*, 166 U. PA. L. REV. (2018).

〔3〕 参见 Pollman, *supra* Chapter 1。

〔4〕 AUTRY & HALL, *supra* note 11, at 62－65. 该文探讨了合作社企业高级人员与董事的义务。

〔5〕 ANN REYNOLDS, DEFINING THE VALUE OF THE COOPERATIVE BUSINESS MODEL: AN INTRODUCTION 1(2013). www.uwcc.wisc.edu/pdf/Reynolds_WhitePaper_values.pdf. 该文探讨了如何使用传统财务指标来评估合作社的经济价值，以及“合作社独特能力的价值，即聚集与协调成员需求，同时产生信任、忠诚与共同承诺的价值”。

〔6〕 REYNOLDS, *supra* note 33, at 2。该文认为，“合作社企业必须预测其成员的需要，以便与当前和未来的需求产生关联”。

个潜在的商业机会:预计收益以及这个机会是否会增加成员收入。[1]

总而言之,合作社模型提供了一整套治理工具,可用于确保高度的社会锁。其中包括一人一票,所有者与用户之间的利益统一,合作社的既定目的,以及总体上以成员为中心的关注点。另外,正如本章稍后探讨的那样,合作社形式的盈余分享规则似乎也支持社会锁。

盈余分享

在盈余分享方面,合作社可以采用营利与非营利模式的"混搭"。营利组织与非营利组织之间的一个区别是,前者具有剩余索取者,而后者由于非分配约束而缺乏剩余索取者。在合作社模式下,合作社可以通过不可分割储备金(indivisible reserve)的形式而保留部分免税留存收益(untaxed retained earnings)。一些国际合作社团体(例如,国际合作社联盟与欧洲合作社联盟)强烈鼓励维持不可分割储备金,该储备金是为作为独立实体的合作社本身、作为集体的成员以及更为广泛的社区之利益而被持有的。加拿大雇员合作社联盟(Canadian Worker Cooperative Federation)提出了针对不可分割储备金的作用的如下指南:

> 在雇员合作社中,不可分割储备金是属于该合作社/合作社运动的财产,其不能在成员之间分配。它是通过将年度盈余的一定比例(如20%或40%)分配给不可分割储备金而加以创造的……只要合作社依然作为合作社而运营,它就可以像使用任何其他留存收益一样使用这些不可分割储备金。[2]

"不可分割"这一信号意味着,如果合作社不复存在(例如,其被解散或出售),则保留在储备金中的资金将流向指定的合作社支持组织,或者,如果缺乏这种指定(在合作社章程或企业/组织章程细则中规定),则此类资金通常会被分配给一家被承认的合作社发展组织。成员永远都无法使用或者以现金方式获取不可分割储备金中的资金。成员保留对如何将这些资金用于一般合作社活动的决策控制权,但是,这些成员永远不得单独使用这些资金。不可分割性有助于同时促进资本与社会使命的高度锁定。资产永远不会被收回或者变现,并且资产在合作社生态系统中永续存在。在交易或者出售

---

[1] About Us, FRIESLANDCAMPINA. COM, www. frieslandcampina. com/en/organisation/who-we-are/(last visited Sept. 7, 2017).

[2] *Indivisible Reserve*, CANADIAN WORKER CO-OP FED'N(Nov. 15, 2014), http://canadian-worker. coop/indivisible-reserve.

时，资产与社会使命均不会从特定合作社解锁；但是，如果存在不可分割储备金，则这些资产将自动被更广泛的合作社网络保留、重新分配与重新吸收，从而继续保持锁定。在这一点上，有人可能会说，不可分割储备金的功能是创设新的锁定层，即从更广泛的资本经济手中锁定合作社经济的资产。类似地，英国于2005年引入了一种新法律形式——社区福利公司。[1] 英国法律要求社区福利公司在其组织章程中加入一项条款，以禁止在公司被出售时将收益转让给私人。社区福利公司法律框架的这种锁定特性类似于合作社形式下不可分割储备金的功能。

2013年，一项针对法国、德国、意大利、西班牙与加拿大魁北克省的研究发现，不可分割储备金：(1)通过抑制出售来保护代际可持续性；(2)鼓励在解散后被保护资产在社区内回收与重新利用；(3)促进对社员民主所有的企业进行再投资，而这反过来有助于促进工作稳定与经济发展。[2] 虽然并不是所有州法都要求维持不可分割储备金，但是，建立与维持不可分割储备金的价值在合作社运动中得到了广泛承认。例如，AB 816，即《加利福尼亚雇员合作社法》(California Worker Cooperative Act)提供了建立不可分割储备金的赋权型框架，但是并未做出强制性要求。在加利福尼亚州雇员合作社政策联盟(California Worker Coop Policy Coalition)发表的一份简报中，该联盟指出：

> 使用不可分割储备金账户在加强意大利、西班牙、法国与加拿大魁北克省的合作社运动方面得到了广泛认可。实际上，在雇员合作社运动最强的地方，通常存在一项要求不可分割储备金的政策。此外，在这些国家/地区，合作社可以从投资于该账户的资本中获得税收优惠。我们使用AB 816的目标是，作为一种选项而引入不可分割储备金，而其未来目标则是获得那些账户中所存金额的税收优惠。[3]

同样，纽约市雇员合作社网络(New York City Network of Worker Coop-

---

[1] Companies(Audit, Investigations and Community Enterprise) Act 2004, Part 2, LEGISLATION. GOV. UK(2004), www. legislation. gov. uk/ukpga/2004/27/contents [hereinafter CIC].

[2] 参见 Bruce J. Reynolds, Indivisible Reserves: Some See Unallocated Equity as a Way Co-ops Can Help Fortify Their Future, 80 RURAL COOPERATIVES 12(May/June 2013), http://institute. coop/sites/default/files/resources/390%202013_reynolds_equity. pdf。

[3] *Fact Sheet*, CAL. WORKER COOP POL'Y COAL. (June 24, 2015), https://d3n8a8pro7vhmx. cloudfront. net/theselc/pages/226/attachments/original/1439488297/AB816 _ Fact _ Sheet _ vs _ 3. pdf? 1439488297.

eratives)[1]向纽约州提出政策建议，要求后者考虑通过税收优惠鼓励合作社使用不可分割储备金。在实质上，该建议要求纽约州利用现有税法框架，在将收益分配给不可分割储备金方面为民主拥有的企业提供豁免待遇。

除了维持不可分割储备金外，合作社形式的盈余分享的另外两个特征也值得强调。第一是支付资本股息的能力，第二是支付资助费退款(patronage refunds)的能力。两者之间的区别源于非资助型投资者与成员/资助者之间的区别。如前所述，更新的合作社模式允许非资助型投资者分享收益。在这些新模式下，合作社可以设定向非资助型投资者支付资本股息的条款。与其他形式相比，合作社在吸引投资者方面缺乏吸引力，而这一特征有助于缓和这一问题。在资本股息得到允许的范围内，各州通常对作为资本股息而分配的收益比例设定上限(通常为8%)。这一限额在为合作社实体吸引资本与维持合作社契约中给予资助者优先地位之间取得了平衡。

向成员支付"资助费退款"取决于资助强度，而非资本投资水平。资助费退款有助于将权力核心保留在资助者手中。它们鼓励合作社成员继续作为合作社产品与/或服务的使用者或生产者。在实践中，合作社董事会决定每年多少净收益应当作为资助费退款而加以分配。董事会可以决定将所有收益作为资助费退款而予以支付。如果发生这种情况，则合作社将展示其不受非分配约束的限制。但是，在实践中，合作社通常选择至少保留一部分收益作为未分配权益，并根据资助情况而将一部分收益分配给成员。分配给成员的部分可以实际分配给成员(现金资助)，也可以简单分配但由合作社保留(保留的资助基金)。根据联邦税务规则，这些保留的资助基金可以是"适格的"，也可以是"不适格的"。为了成为适格基金，合作社必须以现金形式将至少20%之总资助费退款给其成员，并且，必须向成员提供解释该分配的书面通知。在这种情况下，合作社可以要求对保留的资助费退款进行减税，并且，保留的资助费退款将会被视为成员的应税收益。但是，当在成员资本账户中积累的权益最终分配给成员时，这种分配就不需要纳税。对于不适格的基金，合作社无需将资助费退款的任何部分支付给成员，并且，合作社不得扣减那些被保留的资助费退款。当分配给成员时，成员将被征税，同时，合作社将有权要求税收减免。

---

[1] *About Us*, N. Y. CITY NETWORK OF WORKER COOPS, https://nycworker.coop/about-us/(last visited Sept. 7, 2017).

联邦税务规则与社会锁定

在考虑合作社盈余分享时，一个相关且最为重要的观点是，联邦税务规则，无论是明示的还是隐含的，都鼓励维持社会锁定。其主要通过两种方式实现这一点：首先，国税局基于联邦税收目的而定义合作社；其次，对于被认为适格的实体，会享受特殊税收优惠待遇。就前者而言，法典为那些“合作社”“以合作社为基础而运营”或者“以合作社为基础组织与运营”的实体提供了多种特殊税收待遇选择。在确定某个实体是否应当被视为合作社时，美国国税局通常遵循税务法院（Tax Court）在普吉特海湾胶合板公司诉税务局长（Puget Sound Plywood，Inc. v. Commissioner）一案中所阐明的原则。[1] 在普吉特海湾胶合板公司诉税务局长一案中，税务法院处理了如下问题：根据州法而组织的雇员合作社是否具有符合联邦税收目的的合作社资格，从而允许它扣除资助费红利。在裁定所涉合作社是否具备该资格时，法院关注合作社的三个主要特征：(1)资本从属性（即它是被组织控制与指导，还是被资本所控制）；(2)由成员民主控制（即是否一人一票）；(3)净收益归属于且被分配给成员。[2] 如果一个实体出于联邦税收目的而被视为合作社，则除非该合作社以合伙形式组织抑或有资格获得免税待遇，否则该合作社应作为一个单独的实体缴税。对于作为公司而加以组织的合作社，适用关于C分章中的公司（subchapter C corporations）之一般税收规定，但是，该法典为作为合作社运营的公司提供了各种特殊税收优惠，包括针对现金资助费退款的减税（先前已经探讨过）以及一个计算税款的修正基础——后者的目的是，使得合作社即使不具有当前应税收益，也能获得某些资助费减免的优惠。此外，某些类型的合作社有资格获得免税资格。这些包括符合《国内税务法典》501(c)(12)所要求的仁善人寿保险公司（benevolent life insurance companies）[3]、根据《国内税务法典》501(c)(14)而设立的某些信用合作社，以及501(e)所规定的合作社医院服务组织。

总而言之，不可分割储备金之创设、支付资本股息之能力、资助费退款之

---

〔1〕 44 T.C. 305(1965).

〔2〕 *Id.* at 308.

〔3〕 参见I.R.C. § 501(c)(12)。501(c)(12)既包含目的测试（仅有某些组织具备资格），也包含基于合作社基础的运营测试。就目的测试而言，根据501(c)(12)，四种类型的组织有资格获得豁免：(1)某些仁善人寿保险协会；(2)互益沟渠或灌溉公司；(3)互益或合作社型的电话公司；(4)种类繁多的“类似组织”。为了测试组织是否以合作社形式运营，美国国税局考虑了很多因素，例如该实体是否以资助为基础支付收益，以及该实体是否保留收益以仅用于弥补其当期亏损与费用，并维持合理的储备金。

分配，以及支持性的联邦税务系统创造了一个强化的循环系统：在该系统中，合作社实体的长期连续性是被锁定的，资本与资助都可以根据合作社所设定的条款而被允许分享盈余，并且，(社会性)资助依然与资本相分割。如果需要想象一个非分配约束的连续体，则非营利实体将占据一端，而营利实体占据另一端。合作社将在两者之间流动。

非约束性规范的作用

正如本章所述，合作社形式适用于各个部门中的企业，包括保险、农业、负担得起的健康照料、食品与艺术。正如前面所提到的，“社会性”一词的含义可能会有所不同，并且，选择成为合作社并不能如魔法般地赋予该实体社会使命。但是，本章试图确定合作社形式是否以及如何使得企业家通过传统合作社治理实践(例如，一人一票、传统盈余分享规则以及联邦税务规则)实现社会锁定。对于某些合作社而言，其使命与运营的“社会性”方面是不言而喻的，而对于另一些合作社而言，则可能更难以辨别。合作社形式应用的巨大多样性说明了合作社模式的赋权性与持久性。但是，它也促使人们在合作社运动中对如下问题进行争论与反思：在21世纪，成为一家合作社究竟意味着什么。

1995年，在其100周年纪念会议上，国际合作社联盟通过了一份《合作社身份声明》(Statement on Cooperative Identity)。该声明除其他事项外，界定了合作社的概念，阐明了共同的合作社价值观，并对国际合作社联盟早在1966年发布的一整套原则进行了改进与修正。[1] 国际合作社联盟在其1995年的《合作社身份声明》中采用了一项新原则，即“关注社区”。根据威斯康星大学合作社中心安·霍伊特(Ann Hoyt)教授的说法，这项原则是“以社会责任的价值观与关心他人的价值观为基础[并且]……明确表达了合作社对为整个社会做出贡献的兴趣”[2]。此外，正如霍伊特教授所指出的，1995年《合作社身份声明》的背景报告说明了关于促使采用这一原则的关切——对环境与合作社保护其社区环境的责任之关切。[3]

---

[1] ICA. COOP, *Cooperative Identity, Values & Principles*, https://ica.coop/en/whats-co-op/co-operative-identity-values-principles(last visited Feb. 25, 2018).

[2] Ann Hoyt, *And Then There Were Seven: Cooperative Principles Updated*, 62 COOP GROCER (Jan./Feb. 1996), www.uwcc.wisc.edu/staff/hoyt/princart.html.

[3] SVEN åKE BööK ET AL., COOPERATIVE VALUES IN A CHANGING WORLD: REPORT TO THE ICA CONGRESS, TOKYO(1992).

正如本章伊始所探讨的，合作社形式的历史已经并将持续揭示合作社法律与实践。与此相关的是，诸如联邦税法、美国农业部条例以及联邦信用合作社法等具有约束力的法是规范执行机制，从而强化对核心合作社特征的要求。这对于根据这些法而有资格获得特殊保护或利益而言至关重要。如前所述，在确定实体是否出于税收目的而具有合作社资格时，美国国税局依赖那些反映传统特征的因素，例如，资本与资助的关系以及成员是否具有民主控制权。

除了这些具有约束力的法之外，1995 年的《合作社身份声明》，及由此产生的与社会责任有关的新原则以及国际合作社联盟原则的总和，都可以被视为更加广泛的非约束性规范的一部分，而这些规范有助于揭示、支持与建立合作社形式。因此，例如，国际合作社联盟的声明（除了“商业效率”，合作社努力“为那些将人类生活提升到物质性与动物性之上的道德与社会价值做出贡献”）可能不会反映在具有约束力的规则与条例中，但是，其显然可以激励合作社对合作社原则的承诺。[1] 换言之，合作社形式下的社会锁可以说是来自有约束力的法与无约束力的规范之混合。在这种情况下，人们可以辩称，它类似于国际法中的软法：其中的规范即使没有约束力，也依然发挥激励与遵守的功能。[2] 在合作社空间中，约束性法律规则与非约束性规范之互动关系值得进一步探讨。两者的融合似乎复制了一种“编织功能”（braiding function）：在这种功能中，两个部分相互作用从而创设了一个平台，该平台通过法律强制机制与/或非约束性手段（例如国际合作社联盟原则与传统合作社价值观）鼓励社会锁。[3] 这些价值观与最优实践有很多直接源于罗奇代尔先锋。其中一些已经被改进与调整，从而反映不断变化的社会关切，而其他一些则从工业革命到当今数字时代基本上保持不变。它们具有自我再生性。

局限与缺陷

合作社形式可能对关注社会锁的社会企业特别具有吸引力。我认为，关

---

〔1〕 Sharit K. Bhowmik & Kanchan Sarker, *Worker Cooperatives as Alternative Production Systems: A Study in Kolkata, India*, 29 *work & occupations* 460, 464 (Nov. 2002), http://journals.sagepub.com.ezp.lib.unimelb.edu.au/doi/pdf/10.1177/0730888402029004004.

〔2〕 参见 COMMITMENT AND COMPLIANCE: THE ROLE OF NON-BINDING NORMS IN THE INTERNATIONAL LEGAL SYSTEM (Dinah Shelton ed., 2000)。

〔3〕 Ronald J. Gilson, Charles F. Sabel, & Robert E. Scott, *Braiding: The Interaction of Formal and Informal Contracting in Theory, Practice, and Doctrine*, 110 COLUM. L. REV. 1377 (2010).

于第二层社会锁定的考虑对草根社会企业倡议而言尤其重要，因为在这些倡议中，社会问题不仅被简单地视为产品，而且受问题影响者拥有针对该问题的所有权。此外，正如前面所探讨的，虽然合作社形式有助于实现高水平的社会锁，但仅仅成为合作社并不会自动地使得一个实体“社会化”。它们必须从事这项工作。正如本章所描述的，“这项工作”的一部分可能需要锁定对社会的承诺：首先，确保你的社会使命不服从于资本；其次，采用那些重视针对成员资助者互动的民主与亲社会路径的联合实践与程序；再次，锁定企业家对利益相关者的承诺，即他们将以尊重某些社会价值与原则的方式开展业务。

虽然我已经提出，社会锁是任何社会企业都值得考虑的特性，并且合作社形式至少提供了三层社会锁，但是，在美国选择成为合作社存在潜在的缺陷。第一，对于新社会企业而言，合作社形式可能具有较高的交易成本，因为成为合作社的过程可能比设立公司或其他组织更为复杂。在美国，合作社的法律设立主要是州法事项。但是，与公司或有限责任公司具有一般设立法不同，合作社并不总是如此。[1] 因此，与公司和有限责任公司相比，设立合作社可能需要更高的信息收集成本。第二，由于传统上对盈余分享、治理权利与转让的限制，合作社可能对股权投资者缺乏吸引力。在传统合作社模式下，经济与治理权利受到限制，并且，转让的限制使得退出困难抑或难以将自己的投资变现。但是，艾奥瓦州、明尼苏达州与田纳西州等几个州已经出台了新合作社法，以软化这些对资本的传统限制，并且缓解其中一些关切。[2] 第三，成为合作社需要一个以上的企业家，这与公司、有限责任公司或福利公司不同，后者可以由一个个体或实体组成。合作社支持者已经认识到了这些缺陷，并且，对于所探讨的前两个问题，已经提出或者正在考虑旨在解决这些问题的新提案。例如，《统一有限合作社协会法》是一项独立的一般合作社法，其目的是提供“一个具有合作社原则与价值观的非公司性与灵活性的组织结构，以便资本密集型与初创合作社企业能够获得更多股权投资的机会”[3]。《统一有限合作社协会法》试图使得合作社对股权投资者更具吸引

---

〔1〕 对于某些行业（例如农业或银行业）的合作社，联邦法律也可能具有适用性。

〔2〕 参见 McDonnell，*supra* Chapter 4。这些较新的合作社模式的法律制定一直是颇有争议的主题。一方面，支持者称赞新模式吸引资金的能力，这反过来又使得合作社对企业家与投资者更具吸引力。另一方面，持怀疑态度的人担心，这些较新的模式可能会削弱基本的合作社价值观，例如民主参与治理以及基于资助而不是资本的盈余分享——直到这些新实体根本就不是合作社的地步。

〔3〕 UCLAA，*supra* note 26，at 1.

力的方法之一是，允许将一定百分比的投票权授予非资助型股权投资者，并且允许向股权投资者支付股息。

此外，英国合作社运动在倡导合作社对社会企业的价值方面的经验提醒我们，成为合作社可能并不是每个社会企业的正确选择。自 2005 年引入社区福利公司以来，英国社会企业家绝大多数都支持公众或私人公司型社区福利公司商业模式，而不是合作社型社区福利公司模式。[1] 造成这种差异的一个潜在原因是，合作社型社区福利公司比非合作社型社区福利公司受到更为严格的监管。根据社区福利公司立法，合作社型社区福利公司被要求具备一定的问责机制，而非合作社型社区福利公司则并不存在这个要求。[2]

政策影响

合作社的社会锁价值对社会企业生态系统与更为广泛的社会都会产生政策影响。合作社形式为组织资本与劳动力提供了另一种模式。它是一种为社会问题的所有权而设计的模式，而不是为了获取私人利益而将问题产品化的模式。合作社的目的是为受这一问题影响者提供解决方案。在成员参与者之间的财富保留、重新分配与分享，在有形与无形利益方面，应当会产生巨大的连锁效应。这些利益包括就业机会、经济增长、社区发展、对企业的承诺与忠诚，以及公民更广泛参与的机会。例如，克利夫兰的“常青合作社倡议”(Evergreen Cooperative Initiative，通常被称为“克利夫兰模式”)在“创造更为可持续的区域经济”的同时，提供了创造就业与经济发展的创新路径。[3] 通过将诸如大学与医院之类的“目标机构”(anchor institutions，这些机构总共花费了数十亿美元用于产品与服务)的购买力与历史上缺乏投资的社区中的雇员所有型合作社相匹配，克利夫兰模式在创设如下网络方面取得了显著成功：该网络中断了目标社区的投资减缩周期，同时保持了“本地工

---

〔1〕 根据英国公司法，社区福利公司可以被组织为合作社或者上市或私人公司。参见 CIC，*supra* note 41。

〔2〕 COOPERATIVES AND SOCIAL ENTERPRISES，*supra* note 12.

〔3〕 *The Cleveland Model — How the Evergreen Cooperatives Are Building Community Wealth*, EVERGREEN COOP，*supra* note 28.

作"与"本地收益",从而增强了社区居民的购买力。[1] 雇员所有型合作社也得到培训与支持,并且,会获得循环贷款基金。此外,雇员所有型合作社承诺绝不会出售其业务。在本章的场景下,它们是具有高度专业化资产与社会锁定的实体。

当我们为社会企业的潜在实体形式进行构想与争论时,至关重要的是,需要确保诸如合作社之类的模式也被纳入其中。社会企业的身份建构不应当仅限于那些选择并能够追求外部投资者模式者:这种模式依赖于对成熟网络的开发,无论是以硅谷专有技术、风险资本融资、孵化器项目、资助申请、众筹的形式,还是以一般资本市场的形式。企业家选择了合作社模式作为组织资本与劳动力的工具,从而应对诸如食物沙漠、获得清洁水、经济适用房、儿童营养不良、获得健康照料以及生殖正义等社会问题。这些企业不一定在聚光灯下工作,但是,它们提供工作、薪酬、教育、必要的产品与服务以及各种教育计划。有时被称为社区创业或者草根创业,这些创业模式通常在服务不足的市场中填补空白,并且,很多采用了合作社结构。其例子包括曼德拉食品合作社(Mandela Foods Cooperative),这是一家位于加利福尼亚州西奥克兰的雇员所有型合作社,其创设目的是"满足历史上杂货店零售服务不足的社区对健康食品选择的需求"[2];以及"绿带住宅"(Greenbelt Homes),这是一家位于华盛顿特区的住房合作社,其在新政期间创设并用于提供公共住房。[3]

最后,我们的初步观察发现,采用合作社形式的实体似乎表现出显著的种族、民族、文化与社会经济多样性。多样性与创业相互作用的优势值得进行更多探讨。但颇为有趣的是,在决策者开始关注资本市场与金融体系参与缺乏多样性的当下,采用合作社模式的企业家却具有多样化的特性。[4] 为了避免隐性排斥与造成进一步的边缘化,有必要对社会企业家的含义进行宽泛叙述。

---

〔1〕 参见 JACQUELYN ANDERSON, ROBERTS ENTERPRISE DEVELOPMENT FUND (REDF), IMPACT TO LAST: LESSONS FROM THE FRONT LINES OF SOCIAL ENTERPRISE: EVERGREEN COOPERATIVES(2015); Democracy Collaborative, *The Cleveland Model: How the Evergreen Cooperatives Build Community Wealth*, YOUTUBE(Sept. 23,2014), www.youtube.com/watch?v=s_kLye_6VBc。

〔2〕 *Mandela Foods Cooperative*, COMMUNITY-WEALTH.ORG, http://community-wealth.org/content/mandela-foods-cooperative(last visited Sept. 7,2017).

〔3〕 GREENBELT HOMES INC., www.ghi.coop/(last visited Sept. 7,2017).

〔4〕 例如,家庭护理合作社协会是美国最大的雇员所有型合作社。它在南布朗克斯拥有约 2 000 名非洲裔美国人与拉美裔雇员(并由这些雇员所拥有),该地区经常被称为最贫穷的城市社区之一。参见 COOP. HOME CARE ASSOCS., *supra* note 17。

结　语

在这一章中，我探讨了合作社模式对社会企业的效用。在此过程中，我提出，除了有限责任、永续性、资产锁定等传统特征外，社会企业的另一个考虑因素是实现社会锁的能力，即保障企业的社会资产与企业使命的能力。如前所述，可以认为社会锁至少包括三个层次。首先是，确保实体的社会使命不受股权投资者的召唤或征服的能力。其次是，锁定为实现企业使命而采用的社会实践与流程的能力。最后是，实体及其利益相关者之间坚定承诺（该实体将针对性地追求一项社会目的）之锁定。

本章通过社会锁的视角考察了合作社框架，并得出结论：合作社通过其默示性治理规则、盈余分享规则、税法与非约束性规范的独特组合，提供了实现高度社会锁定的机制。这种锁定绝不是完美的，因为特定合作社所灌输与维持的这种锁定程度完全基于组织自愿。合作社法律与原则的作用是激励与启发，而不是指示与惩罚。此外，由于较高的收集信息成本与较弱的吸引资本能力，合作社的成本可能更高。但是，与其他经常探讨的社会企业形式（例如有限责任公司、福利公司等）相比，合作社模式提供了用来支持与鼓励社会锁定的相互关联的法律、规范与价值观。

最后，可能没有一个适合所有社会企业的“正确”组织模式。虽然合作社可能不是每个企业家的理想选择，但它们当然也是有希望的。合作社提供了用来进行高度社会锁定的示范机制与实践。此外，合作社提供了与当今关注的若干政策领域存在重叠的有趣途径。

第十六章 为社会企业而使用应税非营利公司

卡萨迪·V. 布鲁尔

引 言

从历史上看,开展“社会企业”[1]的组织在美国[2]主要局限于非营利与慈善领域。[3] 例如,“友善商店”(Goodwill Industries)是美国典型的社会企业。友善商店转售捐赠的产品,并收取一定的服务费,从而实现消除贫困与提供职业培训的使命。友善商店在 1902 年成立时是一个非营利组织,而如

〔1〕 本书的其他章节探讨了“社会企业”现象、其定义(或者缺乏定义)以及法律对该现象不断发展的回应。因此,本章假定读者已经对该主题有所了解,尤其是世界各地创设旨在适应社会企业组织的新法律形式的趋势。参见 Means & Yockey, *supra* Introduction; Pollman, *supra* Chapter 1; McDonnell *supra* Chapter 4; Liao, *supra* Chapter 6; Boeger, *supra* Chapter 7。

〔2〕 在美国以外(尤其是在欧洲),合作社形式主要用于开展社会企业,并且可能会继续占据主导地位。合作社在美国之外经常使用,因为世界上其他地方的非营利组织通常不被允许从事商业活动。参见 Cassady V. Brewer, *The Ongoing Evolution in Social Enterprise Legal Forms*, *in* SOCIAL ENTERPRISE ZOO: A GUIDE FOR PERPLEXED SCHOLARS, ENTREPRENEURS, PHILANTHROPISTS, LEADERS, INVESTORS, AND POLICYMAKERS 33, 46-49 (Dennis R. Young, Elizabeth A. M. Searing, & Cassady V. Brewer eds., 2016)。

〔3〕 参见 DENNIS R. YOUNG, IF NOT FOR PROFIT, FOR WHAT? (2013); Daryl Poon, *The Emergence and Development of Social Enterprise Sectors: What Historical Global Trends Mean for the Development of Social Enterprise in China*, SOC. IMPACT RES. EXPERIENCE J. (2011), http://repository.upenn.edu/sire/8。在本章中,“非营利部门”一词是指根据美国联邦(相对于州)法律而具有免税资格的所有组织。因此,“非营利部门”包括一些严格意义上并不具有慈善性的组织,例如社会俱乐部(例如,大学的兄弟会与社团)与行业协会(例如,美国律师协会)。另外,本章中所使用的“慈善部门”一词是指实质上的慈善组织,并且实际上始终符合《国内税务法典》501(c)(3)所规定的免税资格的组织。其中一些组织有资格获得所谓的公共慈善组织地位(例如,联合之路、CARE 与人道主义协会),而其他组织则有资格成为私人基金会(例如,比尔与梅琳达·盖茨基金会)。实际上,这样的组织在美国非营利部门中占据主导地位,但它们并非其唯一组成部分。参见 MOLLY F. SHERLOCK & JANE G. GRAVELLE, AN OVERVIEW OF THE NONPROFIT AND CHARITABLE SECTOR 1 (2009), http://digitalcommons.ilr.cornell.edu/key_workplace/685。

今则是一个免税的慈善组织。[1] 直到最近，新的社会企业组织才开始转向营利性法律形式。正如本书所述，美国与世界各地都在竞相修正其传统商业法律，以创设专门为社会企业努力而设计的“混合”法律实体。[2]

但是，与该趋势相反，本章建议，至少在美国，可能不需要新的混合性社会企业法律形式。相反，在美国，一种罕见但长期存在的法律形式[应税非营利公司(taxable nonprofit corporation)]可能特别适合于社会企业。诚然，法经济学学者可能会反对这一主张，因为市场上应税非营利组织形式的稀有性表明，该形式是一个错误选择。但是，直到最近，非营利部门之外的大量企业家与资本提供者才试图将私人财富创造与广泛的公共利益相结合。换言之，作者认为，迄今为止，并不存在应税非营利组织的市场，这可以解释这种形式的稀有性。

成功使用这一法定形式的著名的应税非营利公司包括美国国家橄榄球联盟(U. S. National Football League)的绿湾包装工队(Green Bay Packers)[3]与美国汽车协会(American Automobile Association)[4]。其他不太知名的组织也使用这种形式。[5] 正如本章所解释的，一个合理构想与创设的非营利公司可以容纳两个通常相互竞争的目标：私人财富创造与广泛的公共利益。此外，应税非营利公司可能会受到批评。这些批评认为，新混合法律形式因为不充分的执行机制而缺乏实质与真实性。最后，本章还涉及应税非营利公司经营社会企业时可能出现的一些尚未解决的法律问题。

本章共分为四部分。第二部分通过概述美国非营利组织与慈善组织运

---

〔1〕 参见 *About* US，GOODWILL INDUS. INT'L，INC.，www.goodwill.org/about-us/(last visited Sept. 8，2017)。如果要寻找社会企业作为组织方式的确切起源，那么人们可能会想到中世纪时期，修道院开始生产与销售葡萄酒、奶酪与啤酒。另外，人们可能会提到“街坊文教馆”(settlement house)运动的一部分，即汤因比馆(Toynbee Hall，约 1884 年，伦敦)与赫尔馆(Hull House，约 1889 年，芝加哥)，其目的是让中产阶级与贫困人口生活与工作在一起，以期减轻贫困。参见 Matthew F. Doeringer，*Fostering Social Enterprise*：*A Historical and International Analysis*，20 DUKE J. COMP. & INT'L L. 291(2010)。

〔2〕 例如，参见 Means & Yockey，*supra* Introduction；Pollman，*supra* Chapter 1；McDonnell *supra* Chapter 4；Liao，*supra* Chapter 6；Boeger，*supra* Chapter 7。

〔3〕 参见 Dave Zirin，Those Nonprofit Packers，new yorker(Jan. 25，2011)，www.newyorker.com/news/sporting-scene/those-non-profit-packers。

〔4〕 参见 Am. Auto. Ass'n v. Comm'r，19 T. C. 1146(1953)。

〔5〕 例如，为非营利组织提供信息技术咨询服务的 Impact Makers 就是这样一个鲜为人知的组织。参见 Amy Trang，*Alumni Profile*：*Michael Pirron KR-04*，*Doing Well by Doing Good*，KELLOGG WORLD ALUMNI MAG.(Winter 2009)，www.kellogg.northwestern.edu/kwo/win09/alumni/pirron.htm。2016 年 1 月，Impact Makers 重组为共益公司。参见 John Reid Blackwell，*Impact Makers Raises Capital from Investors*，RICHMOND TIMES-DISPATCH(Jan. 19，2016)，www.richmond.com/business/local/impact-makers-raises-capital-from-investors/article_f7da710f-becd-54f4-a7c2-a01b02281011.html。但是，在此之前，Impact Makers 是以弗吉尼亚州非股份公司形式而组织的(在大多数情况下，正如本章稍后所述，该公司基本上与一家非营利公司相同)。

作的法律与税收背景,提供了必要的背景信息。第三部分总结了在如下情况下法律与税收上的重要劣势,以及企业家的关切:(1)为社会企业而使用免税的社会福利组织或者慈善组织;(2)为社会企业而使用传统营利公司;(3)为社会企业而使用一种新的混合法律形式。第四部分表明,至少在美国,应税非营利公司能够很好地回应社会企业家的典型关切,并且,可能克服与其他形式相联系的一些法律与税收缺陷。本章第五部分承认,在任何情况下,应税非营利公司很少被使用,更不用说作为社会企业的首选法律形式。在此基础上,第五部分探讨了应税非营利公司并未在美国社会企业组织中扮演更为普遍的角色的可能原因。

美国的税收与非营利法背景

美国联邦法

美国的非营利与慈善部门由大量为了纯粹营利之外的目的而加以组织的法律实体组成。[1] 这些法律实体可能是政府机构、“权益控股公司”(title-holding corporations)、社会福利组织、慈善组织、工会、贸易协会、社会俱乐部、业主协会、兄弟会与姐妹会,以及某些其他被认为是“非营利”或者“免税”的组织。[2] 无论一个法律实体是如何根据州法律成立的,要想在美国联邦法律下获得免税,非营利组织必须满足《国内税务法典》的要求。[3] 因此,美国联邦税法(而不是州税法)对这些实体施加了主要的法律约束,并因此决定了它们的运作方式。此外,根据美国联邦税法,最适合经营社会企业的两种免税实体类型是“慈善组织”[4]和“社会福利组织”。[5]

根据定义,社会福利组织首先必须促进“该社区的共同利益与一般福

〔1〕 SHERLOCK & GRAVELLE,*supra* note 3,at 1. 如前所述,就本章而言,“慈善部门”是“非营利部门”的子集,参见 *supra* note 3。因此,《国内税务法典》501(c)(4)(本章稍后将探讨)中的社会福利组织符合本章对“非营利组织”的定义,但不符合本章对“慈善组织”的定义。

〔2〕 参见 I. R. C. § 501(c). 美国很多不同类型的非营利组织均受到《国内税务法典》501(c)的一般豁免;但是,这些非营利组织中只有一小部分,即所谓的慈善组织,有权获得广受好评的《国内税务法典》501(c)(3)规定的地位。参见 *supra* note 3;Paul Arnsberger et al. ,*A History of the Tax-Exempt Sector: An SOI Perspective*,27 STAT. INCOME BULL. 105(2008)。

〔3〕 参见 FRANCES R. HILL & DOUGLAS M. MANCINO,TAXATION OF EXEMPT ORGANIZATIONS § § 2.01 to 2.05(2010)。

〔4〕 I. R. C. § 501(c)(3).

〔5〕 I. R. C. § 501(c)(4).

利”[1]，而非私人利益。构成免税实体中绝大多数的慈善组织[2]，必须主要为宗教、慈善、科学、教育或者其他慈善救济性（eleemosynary）目的而组织与运营。[3] 虽然它们可以重叠，并且都是免税的，但是，社会福利组织不像慈善组织那样有资格接受免税的捐款。[4] 此外，相较于慈善组织，社会福利组织被允许参与更大程度上的立法活动（即促进或者为特定立法发起倡议）。[5] 但是，在很多方面，社会福利组织与慈善组织是相似的，并且，都可以用于发展社会企业。

但是，重要的是，根据美国联邦税法，社会福利组织与慈善组织都受“私人牟利”原则约束。[6] 私人牟利原则禁止社会福利与慈善组织以一种让私人或私群体而非公众或社区受益的方式加以组织。[7] 这一私人牟利禁止性规定要求这些组织在其治理文件中包括某些被称为“非分配约束”的限制性表述。[8] 非分配约束对组织资产的处置施加了限制，从而使得其财产、收益与增值必须永远造福于公众或者社区。[9]

如果非营利组织希望获得社会福利组织或者慈善组织资格[10]，它必须（在《国内税务法典》501(c)(3)慈善组织方面）抑或可以（在《国内税务法典》501(c)(4)社会福利组织方面）请求国税局出具“裁定书”（determination letter）。[11] 这些组织通常向州政府、支持者与其他利益相关者提供其国税局裁

---

[1] Treas. Reg. § 1. 501(c)(4)－1(a)(2)(i).

[2] 公开的国税局数据表明，《国内税务法典》501(c)(3)的慈善组织构成了免税部门组织中的绝大多数，并且，控制着免税部门的大部分金融活动。参见 internal revenue service，statistics of income：charities and other tax-exempt organizations(2010)，www. irs. gov/pub/irs-soi/2010ExemptOrganizationsOneSheet. pdf。

[3] 参见 I. R. C. § 170(c)(2)。

[4] BRUCE R. HOPKINS，THE LAW OF TAX-EXEMPT ORGANIZATIONS § 13. 4(10th ed. 2011).

[5] *Id*. at 363.

[6] *Id*.

[7] 参见 Rev. Rul. 73－127，1973－1 C. B. 221。低价零售杂货店将其一小部分收益加以分配，用于向核心失业者提供在职培训，而这并不符合《国内税务法典》501(c)(3)的规定。Priv. Ltr. Rul. 201510058(Mar. 6，2015). 农业市场不符合《国内税务法典》501(c)(3)，因为它主要服务于出售食品的农户的私人利益。Veterans Foundation v. United States，281 F. 2d 912(10th Cir. 1960). 转售捐赠产品以牟利的基金会应当被课税，即使其净收益应支付给《国内税务法典》501(c)(4)所规定的退伍军人组织；它的主要目的是从事商业。Rev. Rul. 68－46，1968－1 C. B. 260. 退伍军人协会不符合《国内税务法典》501(c)(4)的豁免资格，因为它主要从事租赁商业建筑物以及经营公共宴会与会议厅的活动。

[8] 参见 Treas. Reg. § 1. 501(c)(3)－1(b)(4)；HILL & MANCINO，*supra* note 11，§ 2. 02。

[9] 国税局裁定，少数州的非营利公司法自动符合非分配约束的要求。参见 Rev. Proc. 82－2，1982－1 C. B. 367。

[10] I. R. C. § 508(a).《国内税务法典》501(c)(3)的慈善组织必须申请免税身份。I. R. C. § 506(a).《国内税务法典》501(c)(4)的社会福利组织必须将其豁免状态通知国税局，否则将受到处罚。参见 Rev. Rul. 80－108，1980－1 C. B. 119：如果某组织未能及时申请《国内税务法典》501(c)(3)资格，则国税局决定其是否符合《国内税务法典》501(c)(4)的组织资格。

[11] Treas. Reg. § 1. 508－1(a)(IRC § 501(c)(3) organizations)；Treas. Reg. § 1. 506－1T(e)(IRC § 501(c)(4) organizations). 存在针对教会与某些其他组织的例外规定。

定书的副本，以证明其在美国联邦法律下的特殊税收地位。[1]

另外，如果州法规定的非营利组织不符合免税资格的要求，那么它需要根据美国联邦法律（通常也包括州法）的一般原则而缴税。因此，以信托形式而设立的非免税组织作为常规信托缴税，而非免税公司则作为常规公司缴税。[2] 虽然应税非营利组织很少，但是，它们确实存在。[3] 这是需要读者在本章剩余部分记住的一个关键点。

虽然美国联邦法律经常（但并非完全）免除社会福利组织与慈善组织的所得税，但是，这些组织并非完全免税。例如，社会福利组织与慈善组织以与营利组织相同的方式缴纳就业税。[4] 此外，暂且不管州法如何，独特的联邦税法极大地影响了免税社会福利组织与慈善组织在美国的运作方式。这些组织要缴纳一系列复杂的旨在鼓励或阻止某些行为的联邦消费税，而联邦消费税有效地决定了这些组织将如何受到控制与运作，尽管这些组织具有州法形式。[5] 财政部与国税局明确将联邦税法视为监管美国非营利组织行为的一种方式。[6] 此外，如果社会福利组织与慈善组织定期从事与其免税目的基本无关的营利活动，或者从事某些债务融资活动，则需要交纳营业外收入税。[7]

美国州法

尽管受到联邦税法的实质性影响，但在美国，绝大多数免税组织是根据州法而设立的。这类组织要么是（更为常见的）“非营利”公司，要么是（不太常见的）“非股份”公司。[8] 这样的州法公司是免税组织的首选法律形式，因为它们提供了有限责任、易于理解的治理结构、运营的灵活性、对不可预见情

---

〔1〕 HILL & MANCINO, *supra* note 11, § 2.01.

〔2〕 HOPKINS, *supra* note 17, § 35.

〔3〕 参见 Am. Auto. Ass'n v. Comm'r, 19 T.C. 1146(1953)。

〔4〕 参见 I.R.C. § 3121; Med. Col. of Wis. Affiliate Hosp., Inc. v. U.S., 854 F.3d 930(7th Cir. 2017)。该文指出，即使非营利组织被免征所得税，适用于退还联邦就业税的法定利率也同时适用于非营利组织与营利公司。但是，参见 I.R.C. § 3127。其为具有某些宗教信仰的成员提供有限的就业税例外规定。

〔5〕 参见 I.R.C. §§ 4911－4948; hopkins, *supra* note 17, § 3.4。

〔6〕 参见 *Governance and Related Topics*－501(*c*)(3) *Organizations*, IRS.GOV, www.irs.gov/pub/irs-tege/governance_practices.pdf(last visited Sept. 8, 2017); James J. Fishman, Stealth Preemption: *The IRS's Nonprofit Corporate Governance Initiative*, 29 VA. TAX REV. 545(2010)。

〔7〕 参见 I.R.C. §§ 511－514。

〔8〕 MARILYN E. PHELAN, 1 NONPROFIT ORGANIZATIONS: LAW AND TAXATION § 1:1(2010).

况的适应性、对受信人的强化保护与补偿,以及永续存在。[1]

大多数州都批准成立非营利公司。[2] 一些州批准非股份公司而不是非营利公司。[3] 一般而言,非营利或非股份公司可以为了"任何合法"目的而成立,不像营利公司通常为了"合法商业"目的而成立。[4] 但是,与营利公司一样,美国的非营利与非股份公司也可以从事商业活动并获得收益。[5] 为了获得免税资格,非营利或非股份公司可能会对其收益分配自行施加限制(即非分配约束)。但是,特别是在该组织基于美国联邦所得税目的而需要纳税的情况下,其营利活动是被允许的。

尽管非营利与非股份公司在某些规定方面因州而异,但是,这些实体在几乎所有州都具有一个重要而共同的特征:它们不具有股份,并且因此不支付股息或者具有股权所有者。[6] 相反,这些公司要么由完全自主行动的董事会控制,要么由董事会与有投票权的"成员"(但并非股东)通过共同行动控

---

〔1〕 JAMES J. FISHMAN & STEPHEN SCHWARZ, NONPROFIT ORGANIZATIONS: CASES AND MATERIALS 47(5th ed. 2016).

〔2〕 PHELAN, *supra* note 32, § 1:12.

〔3〕 *Id*. 参见 DEL. CODE ANN. tit. 8, § 114(2017); VA. CODE ANN. § 13.1－801(2017)。特拉华州公司法基本上将其非股份公司分为三类:营利性非股份公司(为小企业设计)、非营利性非股份公司(为免税但非慈善组织设计)与慈善性非股份公司[为符合 501(c)(3)的组织设计]. 参见 DEL. CODE ANN. tit. 8, § 114(2017)。特拉华州公司法适用于非营利性非股份公司与慈善性非股份公司的规定与其他州对非营利公司予以赋权的公司法颇为相似。

〔4〕 COMPARE PHELAN, *supra* note 32, at 1:12 *with* WILLIAM MEADE FLETCHER, 1 A CYCLOPEDIA OF THE LAW OF CORPORATIONS § 91(rev. ed. 2010) *and* JAMES D. COX & THOMAS LEE HAZEN, 1 TREATISE ON THE LAW OF CORPORATIONS § 4:1(3d ed. 2010). 另外,绝不能过分强调大多数美国非营利公司法与大多数美国营利公司法之间的微妙区别。例如,很多现代的营利公司法都允许"任何合法目的或业务"。参见 FLETCHER, *supra*, § 102。从理论上讲,可以为合法但非商业目的而成立营利公司。其中存在非营利公司与营利公司之间很少被处理的重叠问题。这种重叠形成了新的混合性公司法的理论基础(如本章稍后所述)。尽管存在异议,但是美国最高法院最近在伯韦尔诉霍比·罗比百货公司一案中总结了这种鲜有提及的重叠之处。2751, 2771(2014):"虽然营利公司的主要目标确实是赚钱,但是,现代公司法并不要求营利公司以牺牲一切为代价来追求收益,并且很多公司也并未如此行事。获得所有者批准的营利公司支持各种各样的慈善事业,并且这类公司经常进一步实现人道主义与其他利他目标。此类例子比比皆是。只要所有者同意,一家营利公司就可以采取成本高昂的污染控制与节能措施,而这超出了法律要求。在其他国家/地区经营的营利公司关于工作条件与福利标准的要求可能会高于当地法律要求。如果营利公司可以追求如此有价值的目标,则没有明显的理由否定其进一步实现宗教目标。"法院进一步指出:"并非所有拒绝以非营利组织形式成立的公司都是为了最大限度地获利。例如,出于宗教与慈善目的的组织可能会以营利公司的身份组织,因为这种公司形式具有潜在优势,例如可以自由参加游说立法或者为促进其宗教或慈善目标的政治候选人进行宣传。实际上,各州认识到了成立营利公司与追求非营利目标之间的内在兼容性,因此越来越多的州通过法律正式承认混合性公司形式。例如,超过一半的州现在承认'福利公司',这是一个具有双重目的的实体,其目的是既为公众带来利益,又为其所有者带来收益。"*Id*.

〔5〕 PHELAN, *supra* note 32, § 1:1. 因此,"非营利"与"非股份"这两个术语与"无利可图"并非同义词。相反,这些术语指的是这些公司是通过发行股票以外的其他方式组建与控制。例如,美国的私立大学与医院主要由相当数量的非营利公司组成。

〔6〕 *Id*. § 1:12. 但是,宾夕法尼亚州似乎是一般"非股份"规则的例外。参见 PA. STAT. ANN. tit. 15, § 5752(2017)。关于各州非营利与非股份公司法的梳理,参见 PHELAN, *supra* note 32, §§ 1:13 to 1:63。

制。[1] 因此,为方便起见,在本章中后续提及的"非营利公司"包括"非股份公司"。

根据州法,非营利公司通常分为两种不同的形式:公益与互益。[2] 公益非营利公司(不能与特拉华州的营利性混合公司"公共福利公司"相混淆)[3]都是为公共与慈善目的而设计的。公益非营利公司可能有也可能没有成员。没有成员的公益非营利公司通常由一个自治且自我延续的董事会治理。有成员的公益性非营利公司也由董事会治理,但成员通常像营利公司股东那样有权选举董事会,并在涉及公司某些其他事项上投票。但是,与营利公司股东不同,公益非营利公司的成员在清算时对公司的营业收益或者净资产并不享有任何经济权利。因此,无论是否具有成员,公益非营利公司的收益与资产都严格地为公共、社区或者慈善目的而持有。[4]

另一方面,互益非营利公司通常为特定个人或者实体的需求服务。那些由互益非营利公司服务的个人或实体通常被指定为该公司中具有投票权的成员。与公益非营利公司成员不同,互益非营利公司成员除了投票权之外,还可以在公司中享有经济利益。但是,这些成员享有的经济权利通常是有限的。成员不分享互益非营利公司在运营期间的收益,但是,这些成员可以在公司清算时获得分配。[5]

虽然美国州法一般不允许以股份形式对非营利公司进行股权投资[6],但是,这种公司有可能从成员那里获得资本[7],并且,进行借贷与发行债

---

〔1〕 FISHMAN & SCHWARZ, *supra* note 33, at 50—53.

〔2〕 PHELAN, *supra* note 32, § 1:1. 很多州非营利公司法都是仿照1987年修订的《非营利公司示范法》(1987 Revised Model Nonprofit Corporation Act)。COMM. ON NONPROFIT ORG., ABA BUS. L. SECTION, REVISED MODEL NONPROFIT CORPORATION ACT(1987), www.muridae.com/nporegulation/documents/model_npo_corp_act.html. 但是,1987年《非营利公司示范法》在2008年进行了大规模修正,不过,正如接下来所讨论的,其并未得到大量采用。COMM. ON NONPROFIT ORG., ABA BUS. L. SECTION, MODEL NONPROFIT CORPORATION ACT(3d ed. 2008) [hereinafter MODEL NONPROFIT CORPORATION ACT]. 与1987年法案不同,2008年《非营利公司示范法》并未明确采用针对非营利公司的"公益"与"互益"分类。尽管如此,该《非营利公司示范法》保留了原则上的区别,禁止"慈善公司"(本质上与本章所述的公益性非营利公司相同)将清算资产分配给公司成员。其他类型的非营利公司(例如互益性非营利公司)可以将清算中的资产分配给成员。参见 MODEL NONPROFIT CORPORATION ACT § 6.41(c) and official comment at pp. 6—22. 只有哥伦比亚特区采用了《非营利公司示范法》,并且,一些评论者批评该法案未能与美国联邦税法密切协调。参见 Evelyn Brody & Marion R. Fremont-Smith, *Draft Model Nonprofit Corporation Act Needs Coordination with Tax Code*, 119 TAX NOTES 617(May 12, 2008)。但是,由于《非营利公司示范法》是最新版本,并且由于本章重点关注应税(非豁免)非营利公司,因此本章通常引用《非营利公司示范法》的规定,后者尤其代表现行州法。

〔3〕 参见 DEL. CODE ANN. tit. 8, § § 361—368(2017)与 notes 66—71。

〔4〕 PHELAN, *supra* note 32, at § 1.1.

〔5〕 *Id*. 参见 MODEL NONPROFIT CORPORATION ACT, *supra* note 40, § 6.41(c)。

〔6〕 参见 pa. stat. ann. tit. 15, § 5752(2017)。

〔7〕 参见 MODEL NONPROFIT CORPORATION ACT, *supra* note 40, § 6.42。

务。[1] 此外，无论其是否符合美国联邦法律的免税规定，其所在州的首席检察官通常都有义务监督非营利公司，并在必要时采取行动保护公共利益。[2] 例如，在公益非营利公司与另一家公司或实体合并，或转换为其他公司或实体，或者处置其大部分资产或自愿清算之前，通常需要事先通知州首席检察官。[3] 在针对公益非营利公司的派生诉讼中，原告也可能被要求通知该公司所在州的首席检察官。[4] 无论是否需要事先通知，首席检察官通常对在其所在州登记的公益与互益非营利公司都享有宽泛的监督与执行权力。首席检察官可以寻求禁令或者其他救济，并且，可以干预任何影响其所在州的非营利公司的诉讼。[5] 另外，首席检察官通常无权监督或者干预非营利公司的日常事务。[6] 非营利公司的这些州法律特征（例如，发行债务的能力以及首席检察官的监督）是独立于联邦税法的，并且，正如本章后面将进一步探讨的，它们是非常重要的。

慈善、传统与混合公司形式的缺陷

面对本章前面所描述的法律与税收背景，希望以公司形式经营的典型美国社会企业家[7]会遇到困难的选择。企业家可以利用州法规定且符合联邦法免税资格的非营利公司，也可以放弃免税资格，并且利用普通公司或者可能是一种新型混合公司（福利公司或社会目的公司）。每种选择皆有优劣。

社会福利或慈善公司：非私人牟利

对企业家而言，免税的社会福利公司或者慈善公司的明显优势是：(1)免

[1] *Id.* § 6.43.

[2] FISHMAN & SCHWARZ, *supra* note 33, at 204.

[3] 参见 MODEL NONPROFIT CORPORATION ACT, *supra* note 40, §§ 1.70（要求通知）；9.03(c)（转换）；12.03（财产处置）；14.02(g)（清算）。

[4] *Id.* § 13.09.

[5] 参见 FISHMAN & SCHWARZ, *supra* note 33, at 554－55; Mary Grace Blasko, Curt S. Crossley, & David Lloyd, Standing to Sue in the Charitable Sector, 28 U.S.F. L. REV. 37, 42－47(1992)。

[6] FISHMAN & SCHWARZ, *supra* note 33, at 206.

[7] 理想情况下，营利性美国社会企业家的最优法律形式可能是有限责任公司。这种可能性已经在第十四章中探讨。另外，该主题在下文中深入探讨：Cassady V. ("Cass") Brewer, *A Novel Approach to Using LLCs for Quasi-Charitable Endeavors (a/k/a "Social Enterprise")*, 38 WM. MITCHELL L. REV. 678(2012)。无论如何，尽管有限责任公司适用于社会企业，并且具有税收优惠（即单层缴税），但并未成为社会企业家的最优选择。有限责任公司在社会企业家中不受欢迎的原因尚不明晰，但可能与有限责任公司在风险投资与类似风险资本投资者中普遍不受欢迎的原因相同：(1)缺乏统一性（因为有限责任公司是经过高度协商的协议的产物，这与公司不同，后者是由相当可预测的州法加以标准化与治理）；(2)可适用于大多数拥有一名以上成员的有限责任公司的合伙税收规定极为复杂与繁重。

除美国联邦(与大多数州)所得税;(2)在慈善资格的情况下,捐赠者可以要求为其捐款减免所得税。但是,上述税收优惠至少存在两个非常显著的缺陷。

首先,为了获得美国联邦税法规定的免税社会福利组织或者慈善组织资格,公司必须遵守前面提到的非分配约束规定。非分配约束阻止了社会企业家、董事、高级人员与潜在投资者分享公司的收益,或者分享公司资产出售时的清算收益。[1] 相反,公司的收益、初始资本与任何增值都必须永远用于非营利与慈善部门。因此,社会福利组织与慈善组织的形式可以将社会企业家与任何其他关键人员(包括潜在的投资者与高级人员)从该公司获益的数额限定在"合理补偿"(reasonable compensation)范围之内。[2]

其次,免税的社会福利公司或者慈善公司必须接受国税局审查,并遵守一系列特殊税收规定。[3] 此外,免税的社会福利公司与慈善公司必须避免参与政治竞选活动[4],并且必须披露其免税申请以及年度纳税申报表中的相当一部分。[5] 在美国,社会福利公司与慈善公司的透明度水平堪与上市公司相媲美。这些特殊税务规则也限制了公司通过采用收益丰厚、收益共享的薪酬安排来吸引高技能与有才华的高级人员的能力。[6] 大多数社会企业家与管理者倾向于避免与社会福利组织及慈善组织相关的行政负担与薪酬限制。

因此,社会福利公司或者慈善公司的替代方案往往对社会企业家、风险资本投资者以及潜在雇员并无吸引力。然而,风险资本与管理者对于几乎每一家企业的成功都至关重要。

传统营利公司:"股东至上"问题

如果社会企业家选择传统营利公司,则其避免了与慈善跟社会福利资格相关的缺陷,但也面临其他障碍。首先,社会企业家必须应对美国公司法下

〔1〕 Treas. Reg. §§ 1.501(c)(3)-1(b)(4);1.501(c)(4)-1(a)(2)(i). 参见 Hopkins, *supra* note 17, § 43(b)(慈善组织) and § 13.1(a)(社会福利组织)。

〔2〕 参见 HILL & MANCINO, *supra* note 11, § 4.03(慈善组织) and § 13.03(社会福利组织)。尽管超出了本章范围,但对慈善组织与社会福利组织施加的非分配约束是通过一系列消费税与司法原则(包括与私人牟利、私人收益、超额收益以及自我交易有关的规则)加以强制执行的。参见 HILL & MANCINO, *supra* note 11, chapter 4; hopkins, *supra* note 17, chapters 20 & 21。

〔3〕 参见 HILL & MANCINO, *supra* note 11, chapter 4; HOPKINS, *supra* note 17, chapters 20 & 21。

〔4〕 Treas. Reg. §§ 1.501(c)(3)-1(b)(3)(ii);1.501(c)(4)-1(a)(2)(ii).

〔5〕 I.R.C. § 6104(a) &(b).

〔6〕 关于慈善与社会福利公司被允许或不被允许的收益分享安排问题,参见 Treas. Reg. § 53.4958-5 reads "[Reserved]"。更多信息参见 HILL & MANCINO, *supra* note 11, § 4.04; HOPKINS, *supra* note 17, § 21.4(b)。

备受争议的“股东至上”原则。[1] 股东至上原则的前提是，传统营利公司的首要法定目的是让股东而非第三方受益。因此，可以说，美国传统营利公司不得从事纯粹利他行为，除非其如此行事考虑到了公司股东的最终财务利益。一些州（但不包括特拉华州）利益相关者法改善了股东至上原则，但其前提是，营利公司治理文件中包含了这些条款规定；然而，大多数利益相关者法是颇为宽容的，并不强制考虑非股东利益。显然且不可否认的是，与股东短期与长期财务利益相违背的公司行为（例如，匿名赠送产品与服务，却未获得任何回报）可能构成公司浪费，并违反了董事或高级人员对公司与股东的信义义务。[2]

因此，股东至上原则为社会企业家带来了一个困境，因为它违背了该企业家试图让利益相关者与环境而非仅仅让股东受益的愿望。正如本书其他部分所述，股东至上是出现如下情况的原因所在：亨利·福特如果降低汽车价格则会受到惩罚（道奇诉福特案）[3]，克雷格列表无法明确维护其宽松的公司文化（易趣诉纽马克案）[4]，董事在进行收购防御时对股东负有更大的信义义务[优尼科（Unocal）案][5]，以及，在不可避免的收购情况下，董事负有最大化股东价值的唯一义务（露华浓案）。[6]

---

〔1〕“股东至上”原则在本书其他地方进行了深入探讨，此处仅加以总结。参见 Heminway, *supra* Chapter 11; Page, *infra* Chapter 24。很多评论者认为，股东至高无上的概念显然是对美国公司法的误解。参见 LYNN STOUT, THE SHAREHOLDER VALUE MYTH: HOW PUTTING SHAREHOLDERS FIRST HARMS INVESTORS, CORPORATIONS, AND THE PUBLIC(2012)。这些评论者是正确的：美国公司法允许营利公司董事与高级人员在代表传统营利公司做出决定时考虑非股东利益。但是，其他同样正确的评论者指出，如果公司决定明显损害了股东短期与长期财务利益，则美国公司法就无法保护董事与高级人员免受股东诉讼。参见 WILLIAM H. CLARK, JR., BENEFIT CORPORATIONS, 92 CORP. PRACTICE SERIES(2014)。无论如何，根据作者的经验，由于纯粹的实际原因，这场争论有些夸张，并且在很大程度上是理论性的。综上所述，如果仅在考虑股东最优财务利益的情况下做出所有决策，则公司董事或高级人员便会免于承担信义责任。如果做出有利于非股东先于股东的决定，则董事或高级人员需要承担信义责任。因此，当一项决定悬而未决时，如果为了股东财务利益而做出决定，则其承担的信义责任风险最小。自然，在所有其他条件相同的情况下，受信人将倾向于做出风险最小的决策。换言之，根据美国传统公司法，对于公司决策在法律上与道德上为股东赚取“太多”的钱，董事或高级人员将不会受到股东起诉。因此，就风险管理而言，董事与高级人员认可并实践了股东至上原则，即使该原则未被既有公司法所承认。

〔2〕在解释使用福利公司开展社会企业的法律依据时，哈塞尔·莫里教授非常简洁地总结了以下法律：如果社会企业家只是试图做出在短期内使非股东受益但从长远来看又有利于股东利益的决策，则在保护商业判断规则的前提下，传统公司形式就足够了。即使在收购抗辩与公司出售的情况下，企业也可以通过“只是说不”，保留高票数份额，或者简单地在具有利益相关者法的州组建，来追求可以为股东带来长期积极成果的社会目的。因此，福利公司支持者必须向考虑该实体立法的各州提出的建议是，当营利企业希望以股东短期与长期利益为代价追求社会目的时，就在实质意义上需要福利公司的存在。J. Haskell Murray, *Social Enterprise and Investment Professionals: Sacrificing Financial Interests?*, 40 SEATTLE U. L. REV. 765, 783(2017).

〔3〕Dodge v. Ford Motor Co., 170 N. W. 668(Mich. 1919).

〔4〕eBay Domestic Holdings, Inc. v. Newmark, 16 A. 3d 1, 35(Del. Ch. 2010).

〔5〕Unocal Corp. v. Mesa Petroleum Co., 493 A. 2d 946(Del. 1985).

〔6〕Revlon, Inc. v. MacAndrews & Forbes Holdings, Inc., 506 A. 2d 173(Del. 1986).

总而言之，传统营利公司股东财务利益最终必须被放在首位，但是，社会企业家并不一定希望股东总是(甚至主要)排在第一位。这一困境促使了针对福利公司与社会目的公司的立法回应。但是，这些新的混合公司形式也并非没有问题。

福利公司与社会目的公司：无力的法律救济

福利公司与社会目的公司表面上反对股东至上原则：其明确授权董事与高级人员追求利益相关者与环境的利益，即便这甚至可能会损害股东的财务利益。[1] 更准确地讲，福利公司法要求，在向股东提供财务回报的同时，也需要追求"一般公共利益"[2]。"一般公共利益"虽然在各州法上并不完全统一，但通常被定义为"整体上对社会与环境产生实质性的积极影响力(而上述影响力根据第三方或者自我施加的标准而受到定期评估与报告)"[3]。因此，倡议者认为，福利公司为实现其目标，必须具有"三重底线"(即人群、地球与收益)。[4]

另外，社会目的公司法授权(但除了加利福尼亚州之外，并不强制)董事与高级人员为了利益相关者或者环境而追求一个或多个特定目的，同时追求股东财务利益。[5] 该公司必须在公司章程中明确规定其所追求的特定目的。例如，加利福尼亚州社会目的公司法允许(1)"非营利公共福利公司被授权执行的一个或多个慈善或公共目的活动"，或者(2)"旨在促进社会目的公司活动对……(该公司)雇员、供应商、消费者与债权人(或)社区与社会(或)

---

〔1〕 参见 Murray, *supra* note 60。关于混合性组织(包括福利公司与社会目的公司)的详细探讨，参见 CASSADY V. "CASS" BREWER, ELIZABETH CARROTT MINNIGH, & ROBERT A. WEXLER, SOCIAL ENTERPRISE BY NON-PROFITS AND HYBRID ORGANIZATIONS, TAX MANAGEMENT PORTFOLIO NO. 489-1ST. (BNA 2014)。

〔2〕 Model Benefit Corp. Legislation § 201(a), B-LAB(Apr. 17, 2017), http://benefitcorp.net/sites/default/files/Model%20benefit%20corp%20legislation%20_4_17_17.pdf [hereinafter Model Benefit Corp. Legislation]. 大多数州福利公司法都是基于共益实验室发布的"福利公司示范立法"。共益实验室是"共益公司"名称的发起人以及新的福利公司法律所考虑的第三方认证者之一。参见 *About B Lab*, B-LAB, www.bcorporation.net/what-are-b-corps/about-b-lab(last visited Sept. 8, 2017)。重要的是，福利公司示范立法并非美国律师协会的委员会、统一法律委员会或者其他传统立法起草机构的产品，而是对在全美通过福利公司立法具有既得利益的组织之产品。实际上，美国律师协会商事部门的公司法委员会拒绝采用授权福利公司的《商事公司示范法》修正案，尽管它确实发布了白皮书，就具有《商事公司示范法》的各州所希望考虑的条款提出建议。

〔3〕 Model Benefit Corp. Legislation, *supra* note 66, § 102.

〔4〕 WILLIAM H. CLARK ET AL., THE NEED AND RATIONALE FOR THE BENEFIT CORPORATION: WHY IT IS THE LEGAL FORM THAT BEST ADDRESSES THE NEEDS OF SOCIAL ENTREPRENEURS, INVESTORS, AND, ULTIMATELY, THE PUBLIC6-7(2013), http://benefitcorp.net/sites/default/files/Benefit_Corporation_White_Paper.pdf.

〔5〕 比较 WASH. REV. CODE § 23B.25.050(即董事"可以考虑")与 CAL. CORP. CODE § 2700(c)(即董事"应当考虑")。

环境产生积极影响或者最小化其负面影响的目的"[1]。相应地，福利公司支持者认为，社会目的公司最多只要求追求"双重底线"[2]（人群或地球与收益）。据此，这种观点认为，社会目的公司更接近于在具有利益相关者法的州设立的传统营利公司。因此，社会目的公司不像福利公司那样激进。[3]

无论选择哪种混合性公司形式（无论是福利公司还是社会目的公司），新形式都具有一个关键的弱点：没有牙齿。如下所述，强制福利公司或者社会目的公司为非股东利益而追求其社会或环境使命的救济措施实际上是不存在的。[4]

对于未能追求或实现公司的非金钱目的而言，混合性公司的董事与高级人员可以免于承担个人财务责任。[5] 针对他们失败的唯一救济办法（该救济办法只能由董事、高级人员或者股东——而非利益相关者来实施）是通过司法程序来要求违规的董事与高级人员重新考虑其行为。[6] 该救济实际上是一种特殊类型的派生程序（在本章后面将进一步探讨），并且其只用于处理公司未能实现其非金钱目的这一情况。

---

〔1〕 CAL. CORP. CODE § 2602(b)(2)(emphasis added).

〔2〕 对于这些术语的竞争性解释的探讨，参见 Alicia E. Plerhoples, *Representing Social Enterprise*, 20CLINICAL L. REV. 215, 223－25(2013)；J. Haskell Murray, *Choose Your Own Master: Social Enterprise, Certifications, and Benefit Corporation Statutes*, 2 AM. U. BUS. L. REV. 1, 4 n. 4(2012)。

〔3〕 CLARK ET AL., *supra* note 68. 福利公司支持者并未宣称福利公司必然优于社会目的公司。相反，他们争辩说它们为不同目的服务。福利公司必须完全"表现良好"，而社会目的公司只需要在其选择的社会或环境使命上"表现良好"。无论如何，作者认为，关于福利公司与社会目的公司之间这种差异的争论，以及仅主张福利公司必须实现三重底线的说法，构成了众所周知的"茶壶中的暴风雨"。特拉华州的福利公司法[DEL. CODE ANN. tit. 8, § § 361－368(2017)]在相关部分中提供了以下内容："（特拉华州福利公司）是根据本章并在此章要求的前提下组建的营利公司，其旨在产生一种或多种公共利益，并以负责任与可持续的方式运营。" DEL. CODE ANN. tit. 8, § § 362(a)(2017). 支持三重底线者认为，该法中的"可持续"一词的使用是指环境，并非旨在与"自我维持"或"持续"同义。参见 *Legal FAQs*, B LAB, http://benefitcorp.net/sites/default/files/documents/Implications_of_Becoming_a_DE_Public_Benefit_Corporation_0.pdf(last visited Sept. 8, 2017)。但是，与特拉华州不同，《福利公司示范法》与其他州的福利公司法明确规定："对社会与环境产生实质性积极影响力。" Model Benefit Corp. Legislation, *supra* note 66, § 102(emphasis added). 参见 MD. CODE ANN., CORPS & ASS'NS § 5－6C－01(c)；N. J. STAT. ANN. § 14A:18－1；VT. STAT. ANN. tit. 11A, § 21.03(a)(4)。如果特拉华州公司法模棱两可，但特拉华是美国公司法学界公认的领导者，那么作者认为可以得出结论，美国公司法尚未承认"三重底线"公司与"双重底线"公司之间的区别。

〔4〕 这里仅提供概要，因为本书其他章节探讨了针对福利公司与社会目的公司的可供利用的具体救济措施。参见 Simmons, *infra* Chapter 20；Murray, *infra* Chapter 21；Page, *infra* Chapter 24。

〔5〕 参见 Model Benefit Corp. Legislation, *supra* note 66, § 301(c) and CAL. CORP. CODE § § 2603(a)(10), 2700(d)；KyleWestaway & Dirk Sampselle, *The Benefit Corporation: An Economic Analysis with Recommendations to Courts, Boards, and Legislatures*, 62 EMORY L. J. 999, 1064－71(2013)。后一篇文章得出结论，纽约与马里兰州福利公司法从理论上允许要求未考虑公司社会或环境目的的董事进行金钱赔偿，但并不明确的是，根据现行法，如何从经济上确定、量化与救济该不履行行为所造成的损害。公司可以在公司章程中免除这种自动免责规定，但是作者猜测，如果缺乏这种免除，则很多明智的董事将不会在该董事会任职。此外，加利福尼亚州要求公司章程中规定的免责条款必须有效，但是任何经过良好建议的加利福尼亚州社会目的公司都可以如此行事。

〔6〕 换言之，唯一可用的救济措施是要求行为不当的董事与高级人员"重做"。例如，参见 Model Benefit Corp. Legislation, *supra* note 66, § 305(a)和 CAL. CORP. CODE § 2900。

虽然福利公司与社会目的公司董事与高级人员通常不因未能追求或者实现公司非金钱目的而承担个人财务责任，但是，混合性公司本身并非如此。首先，任何公司（包括福利公司与社会目的公司）当然都可能需要为对另一方当事人实施违法行为（例如，侵权、违约、侵占）而承担责任；但是，根据福利公司与社会目的公司法，未能使利益相关者或者环境受益并不构成第三方可起诉的“法律错误”（除非该权利在公司章程中被授予）。[1] 其次，股东（但不是利益相关者）可以对福利公司或者社会目的公司提起直接诉讼或派生诉讼，就像股东可以对传统公司提起诉讼一样。股东可以采取直接诉讼弥补公司给股东造成的损失。股东可以以公司名义提起派生诉讼，以弥补另一方给公司造成的损失。[2]

因此，我们可以想象，福利公司或者社会目的公司（但不是其董事或高级人员）可能会因该公司未能追求或实现其非金钱目的而被其股东（但不是其利益相关者）在法庭上追究责任。此外，根据现行美国法律，授予股东的金钱损害赔偿完全是理论上的。具体来讲，根据美国公司法，股东如下主张既不是直接诉讼，也不是派生诉讼：该主张所根据的是并非对公司或其股东造成不利财务影响的该公司带来的外部损害或成本。[3]

因此，对于混合性公司并未给利益相关者与环境带来充分利益，福利公司与社会目的公司股东并无既有法律救济措施予以应对。禁止性的救济措施可能是可行的，但是，根据现行法律，这种救济措施只需要行为不当的董事重新考虑其决定。一种理论上具有意义的救济措施可能是，要求“吐出”（disgorgement）混合性公司的超额收益，同时附加要求将这些收益重新用来追求该公司非金钱目的的禁止性救济。但是，对此，并不存在成文法规定抑或其他先例。[4]

此外，如果该超额收益之前已经作为股息而分配给股东，则法院要求股

---

〔1〕 例如，参见 Model Benefit Corp. Legislation, *supra* note 66, § 305(b)和 CAL. CORP. CODE § § 2700(e) &(f)。

〔2〕 州的一般公司法适用于每个州的混合公司形式，除非该州福利公司或社会目的公司法对此有所规定。参见 Model Benefit Corp. Legislation, *supra* note 66, § 101(c)和 CAL. CORP. CODE § 2501。参见 AM. JUR. 2D CORPORATIONS § § 1922(同时或分别采取直接诉讼与派生诉讼) & 1932(派生诉讼)。

〔3〕 参见 Cal. J. Dahlman, *The Problem of Externality*, 22 J. L. & ECON. 141, 141－42(1979)。关于在混合公司环境中是否可以以及如何评估由于未能追求或实现非金钱目的而造成的损失之有益探讨，参见 Westaway & Sampselle, *supra* note 74; John Tyler et al., *Producing Better Mileage: Advancing the Design and Usefulness of Hybrid Vehicles for Social Business Ventures*, 33 QUINNIPIAC L. REV. 235, 256(2015)。该文指出：“执行合同义务的诉讼原因与救济措施取决于在违反合同的情况下可供利用的事项，这要求原告证明通常以财务损失来加以描述的损害赔偿。”

〔4〕 Westaway & Sampselle, *supra* note 74, at 1064－67; Tyler et al., *supra* note 78.

东将股息返还给公司或者强迫股东为公司的非金钱目的支出股息的做法将会是令人震惊的。这将破坏公司形式的本质:保护股东对公司行为免于承担个人责任。

尽管对于未能追求或者实现非金钱目的的公司,显然缺乏相应的救济措施,但是,福利公司与社会目的的公司却受到一些成文法施加的实际限制。这些成文法限制并未被施加给传统公司。例如,一旦一家公司获得福利公司或者社会目的的公司资格,则法律通常会对该实体转换为常规公司的投票门槛施加更高的要求。大多数州法要求,在将福利公司或者社会目的的公司有效地转变为常规公司的交易(例如合并、转化等)中,至少需要持有三分之二股权的股东投票支持。[1] 但是,即使在那些投票门槛较高的州,大多数州也并未向持异议的股东授予回购请求权(appraisal rights)。[2] 如果公司放弃其社会或者环境使命,则这实质上让福利公司与社会目的的公司中的异议股东不具有任何救济措施。

缺乏针对福利公司与社会目的的公司未能追求或者实现非金钱目的的有意义的救济措施,给真诚的社会企业家带来了一种不同的关切。社会企业家如何向公众消费者与利益相关者保证,企业家与任何投资者的利他动机都是真实的?此外,假定社会企业家的动机是真实的,他如何能保证投资者的动机是真实的,并且在公司取得财务成功后不会改变?如果缺乏明文规定,则公众消费者与利益相关者都无法就公司或者其董事与高级人员未能追求或实现公司的社会企业使命而对其提起诉讼。社会企业家或许具有起诉公司的股东诉讼资格,但是这个诉讼资格仅仅是要求董事与高级人员重新考虑其决定。金钱赔偿(如果被允许)在现行法下实际上是不可想象的,并且,即便可以想象,目前禁止性救济也是推测性的。

因此,从实践中讲,福利公司与社会目的的公司几乎完全依赖令人钦佩但无法执行的相互信任。赋权性立法缺乏有意义的救济措施,以支持企业家、公众、利益相关者与投资者对社会或者环境事业的所谓共同承诺。[3] 对于

---

〔1〕 J. Haskell Murray, *Corporate Forms of Social Enterprise:Comparing the State Statutes*(Jan. 15,2015),https://papers. ssrn. com/sol3/papers. cfm? abstract_id=1988556.

〔2〕 *Id*.

〔3〕 布雷克曼·莱瑟与迪恩教授就混合公司缺乏执行机制发表了大量文章,其中提出了一种创新形式的可转换债务,这种形式可以潜在地解决互信问题。参见 Dana Brakman Reiser & Steven A. Dean, *Hunting Stag with FLY Paper:A Hybrid Financial Instrument for Social Enterprise*,54 B. C. L. REV. 1495,1530(2013)。布雷克曼·莱瑟与迪恩教授描述的"灵活低收益票据"债务与本章所建议的由应税非营利公司发行的债务非常相似。

很多社会企业家而言,缺乏保障非股东要求追求非金钱目的的有意义的救济措施可能不会造成问题,并且,事实上,这可能是令人满意的。确实,缺乏有意义的救济措施为公司与社会企业家保留了在修正(甚至无视)社会或环境使命方面的灵活性。另外,如果真正致力于该公司社会或环境使命的消费者、利益相关者与投资者并不享有针对未来"使命偏移"的法律追索权(legal recourse),则他们可能会在为公司提供财务支持时犹豫不决。[1]

应税非营利公司

为了解决上述问题,假定社会企业家选择了一种罕见的法律形式,即应税非营利公司。更具体地说,社会企业家与成员在《非营利公司示范法》(Model Nonprofit Corporation Act)下设立了一个互益性非营利公司。[2] 该互益性非营利公司可能具有一个享有投票权的成员,即社会企业家,后者贡献了大量资本以换取成员利益。[3] 或者该互益性非营利公司可能有多个成员,并且每个成员都出资(甚至可能是所谓的影响力投资或者节约导向型投资)[4]以换取成员利益。[5] 其董事会可能包括该社会企业家以及其他关键个体(其中一些可能是预期利益相关者、高级人员与投资者兼成员),他们支持并可以协助实施该组织的商业计划,践行使命。该公司通过具有吸引力的薪酬安排招揽高级人员与雇员,这些薪酬安排包括促进该公司发展与经济活力的收益分享要素。

此外,假定该应税非营利公司的公司章程声称公司目的是:向在农场工作的无家可归与处境不利的退伍军人提供行为治疗与工作技能培训,而这些

---

[1] "使命偏移"是非营利组织中经常使用的术语,用于描述组织偏离其最初目标的情况。例如,穆罕默德·尤努斯(Muhammad Yunus)所撰写的有关使命偏移的文章指出,当时印度的某些小额贷款机构更加关注收益而非减轻贫困。参见 Muhammad Yunus,*Sacrificing Microcredit for Megaprofits*,N. Y. TIMES(Jan. 14,2011),www. nytimes. com/2011/01/15/opinion/15yunus. html。当慈善组织过度参与"使命偏移"时,捐赠者与公众有时会提起诉讼,要求赔偿损失或禁令救济。一般而言,公众将会发现自己缺乏诉讼资格。此外,由于缺乏法律上可强制执行的资助或者出资协议,普通捐赠者通常也缺乏诉讼资格。因此,捐赠者与公众几乎无权对抗改变其慈善目的的组织。取而代之的是,通常由相关州首席检察官来监督"使命偏移"。参见 FISHMAN & SCHWARZ,*supra* note 33,at 204-14。

[2] 参见 MODEL NONPROFIT CORPORATION ACT,*supra* note 40。

[3] *Id*. § 6.42.

[4] 参见 Murray,*supra* note 60,at 773-77。"影响力投资"与"节约导向型投资"是指为实现社会、环境或者其他目的而产生财务回报的投资。

[5] MODEL NONPROFIT CORPORATION ACT,*supra* note 40,§ § 6.42.

农场由该公司以环境友好且经济可持续的方式经营。[1] 同时，假定如需变更或修正该非营利公司章程规定之目的，则需经成员同意。[2] 但是，其公司章程并不包括免税公司通常会使用的慈善目的或者非分配约束这样的表述。[3] 相反，与《非营利公司示范法》关于互益性非营利公司的规定相一致的是，这些条款规定，该公司解散后剩余的任何净资产将按其出资比例分配给成员。[4] 此外，正如《非营利公司示范法》所允许的那样，这些条款规定，对公司章程的任何修正都必须得到首席检察官的批准。[5] 因此，根据《非营利公司示范法》，这意味着，首席检察官必须批准该公司的任何转换或者重新归化(redomestication)、该公司的任何合并，以及任何对该公司全部或实质上全部资产的处置。[6]

为了筹集必要的资金以实施社会企业家的商业计划——假定需要土地、建筑物与设备，该公司使用成员的出资并向投资者发行债务。[7] 进一步假定债务在10年内到期，并以利用该债务资金购买的土地、建筑物与设备为担保。但是，这些债务工具包含了一些与社会企业家商业计划和使命相一致的非标准条款。

第一，债务在10年内到期之前不需要偿还本金。第二，债务每年利息为5%，但只有当董事会确定该公司具有财务能力支付利息并维持经营时才会支付利息。未支付的利息将以复利计算。这些不规范的还本付息条款，确保了公司在还本付息前具有充足时间实施其业务计划、践行其使命。第三，未经多数成员与债权人同意，公司的任何成员均不得受偿其资本出资。这可以保护债权人，并且，确保成员的出资长期可用。第四，在债务还款或到期之前的任何时候，债权人都可以将债务(包括应计但未付的利息)转换为公司的成员权益。这种可转换功能允许债权人在财务上证明成功的情况下参与公司

---

[1] 尽管并非逐字逐句，但上述语言是根据一个名为“Comfort Farms”的组织而加以设计的。Comfort Farms援助那些无家可归、贫穷、患有精神疾病与失业的退伍军人。参见 *About Us*，STAG VETS INC.，http://stagvetsinc.org/about-us/(last visited Aug. 9,2017)。

[2] MODEL NONPROFIT CORPORATION ACT，*supra* note 40，§ 10.03. 公司章程还可能需要获得另一个“指定机构”的批准，例如退伍军人组织或者其他利益相关者。

[3] *Id.* § 6.41(c). 实际上，对于这样一个应税非营利组织而言，在其章程中明确拒绝任何慈善目的的做法可能是明智的。参见 Los Angeles Co. Pioneer Soc. v. Historical Soc. of S. Cal.，40 Cal. 2d 852，257 P.2d 1(1953)。在首席检察官的敦促下，加利福尼亚最高法院禁止由成员控制与运营的非营利公司将捐赠资产出售收益分配给该非营利组织的成员；法院在强烈异议中实质性地认定，捐赠资产给人以默示慈善信托的印象。

[4] *Id.* § 14.01(5)

[5] *Id.* § 10.03(a)(8). 同样，可以指定另一个“指定机构”代替首席检察官。

[6] *Id.* § § 9.03，11.04(9)，12.02(i).

[7] *Id.* § 3.02(7).

的成长，并且在成员（包括社会企业家）决定变现或者以其他方式优先支持收益而非使命时，予以制衡。[1]

采用应税非营利公司形式的实际效果

通过采用应税互益性非营利公司形式，并通过前面所述的成员出资与债务工具来筹集资本，社会企业家在该公司成员、债权人与首席检察官（其代表消费者与公众）之间建立了某些法律上可强制执行的条款与条件。如下所述，这些条款与条件以及相应的执行权（如本章后面所解释的），超越了相互信任。

成员不得获得经营收益，但是，在处置全部或实质上全部公司资产后，成员可以获得净清算收益。此外，如果公司章程或其他治理文件允许，则成员可以在清算前拿回出资金额，但是必须得到多数成员与债权人同意。成员的初始资本出资类似于限制性普通股投资，在公司清算前只能按票面价值赎回。因此，成员的投资致力于公司的长期成功，但保留了价值大幅增长的潜力，因此会吸引风险资本。

债权人优先于成员而受偿其投资加上应计利息。但是，如果公司异常盈利抑或背离其社会或环境使命，则债权人可以转换为成员，并因此分享公司清算处置的净收益。因此，有点类似于参与型优先股，债权人投资的风险要小于成员资本出资风险，但也可以分享公司价值增加，或者制衡那些希望变现的成员。

对于正常运营、向债权人还款或者退还成员出资而言，并不需要获得首席检察官的批准。但是，对于公司章程变更、公司转换或者重新规划，与另一家公司的合并以及对公司全部或实质上全部资产的处置，都需要获得首席检察官的批准。实际上，首席检察官可以代表消费者与公众在该公司使命方面的利益。首席检察官有权监督与反对公司或其目的的任何根本性变化，从而

[1] 参见 Brakman Reiser & Dean, *supra* note 82, at 1498。

确保公众与利益相关者的信任受到法律上可强制执行的权利保护。[1]

应税非营利公司形式与债务发行的法律与税收影响

读者可能还记得：与免税社会福利公司与慈善公司形式相关的主要缺陷是，非分配约束以及美国联邦税法对该形式所施加的行政负担与薪酬限额。但是，如果企业家选择应税互益性非营利公司形式，则可以避免这些不利因素。适用于免税非营利组织与慈善组织的美国联邦税法并不适用于应税非营利组织。

此外，典型社会企业家对传统营利公司的首要关切是股东至上原则。但是，非营利公司不受股东至上原则约束，因此，在应税互益性非营利公司中，董事与高级人员显然会做出有利于公司非金钱目的而非成员短期与长期财务利益的决定。

最后，关于福利公司或者社会目的公司的主要关切——缺乏任何有意义的法律救济措施强制公司追求其非金钱目的——得到了非营利公司形式的回应。首席检察官有权监督与干预公司非金钱目的与社会企业使命追求的根本性变化，从而增强公众、消费者与利益相关者的信任。如果首席检察官不再履行这一职责，则另一个看门人机构（例如目的类似的慈善组织或者其他利益相关者）可以被赋予监督与干预该公司任何根本性变化的权利。

应税非营利公司形式的危害

可以肯定的是，社会企业家采用应税互益性非营利公司形式，以及发行

---

〔1〕 州首席检察官可以担任监督职务是有先例可循的。例如，Humphrey v. Ri-Mel, Inc., 417 N. W. 2d 102 (Minn. Ct. App. 1987)，明尼苏达州的首席检察官追回了 491 000 美元。首席检察官代表俱乐部成员要求众多健康水疗中心的董事、高级人员与股东进行赔偿。俱乐部成员已向健康水疗中心预付了成员费，但健康俱乐部突然关闭，同时保留了预付费用。明尼苏达州上诉法院裁定，即使首席检察官缺乏明尼苏达州《俱乐部合同法》所规定的恢复原状的法定起诉权，首席检察官也可以根据"国家亲权"（parens patriae）原则来起诉董事、高级人员与股东。此外，针对健康水疗中心的董事、高级人员与股东主张根据《俱乐部合同法》而进行诉讼是对俱乐部成员而非首席检察官的适当法律补救措施，法院依然维持了 491 000 美元的赔偿金判决。20 世纪 90 年代州首席检察官与烟草业之间所发生的烟草诉讼，是国家亲权原则被用来保护公众利益免受私人利益侵害的另一个例子。参见 Richard P. Ieyoub & Theodore Eisenberg, *State Attorney General Actions, the Tobacco Litigation, and the Doctrine of Parens Patriae*, 74 TUL. L. REV. 1859 (2000)。除首席检察官以外的州官员也可以发挥监督作用，以保护社会公众。例如，1999 年，佐治亚州州务卿认定通用磨坊（General Mills）优诺酸奶（Yoplait Yogurt）的"拯救瓶盖以拯救生命"（Save Lids to Save Lives）广告系列对格鲁吉亚消费者产生了误导。州务卿声称该运动具有误导性，因为并未充分披露通用磨坊在运动结束时的总慈善承诺限额为 100 000 美元，而不论究竟出售了多少单位的优诺酸奶。在诉讼威胁下，双方达成和解，要求通用磨坊向乳腺癌研究基金会额外捐款 6.3 万美元。参见 Deborah L. Jacobs, *Disclosure Runs into 140-Character Limits*, N. Y. TIMES (Nov. 10, 2010), www.nytimes.com/2010/11/11/giving/11CAUSE.html。

类似于参与性优先股的债务，不仅是非常罕见的，并且具有重大法律与税收风险。尽管对这些风险的详细探讨超出了本章范围，但是，此处已经识别并简要探讨了很多风险。

不确定性与风险

由于使用应税非营利公司形式的情况很少，因此，关于公司治理问题的指导性先例也很少。正因如此，大多数企业家、投资者、债权人及其顾问可能无法接受这种法律形式。但是，法院在解释州非营利公司法时，经常援引州营利公司法作为指导。[1]《非营利公司示范法》的前言表明，起草者试图“在可能的范围内”遵循《示范商事公司法》，同时“考虑到将非营利公司与营利公司加以区分的某些差别”。[2] 这种营利公司指南与先例跟应税非营利公司特别具有相关性，并且，可能会使得这种法律形式更具吸引力。此外，如上所述，美国应税非营利公司形式与英国的“社区福利公司”非常相似。在英国，很多社会企业家都使用所谓的社区福利公司。社区福利公司必须追求“社区福利”，必须遵守关于其资本与股息支付的修正后的“资产锁定”规定，并且必须让利益相关者(不仅仅是股东)参与治理。[3]

法院倾向于对非营利公司中存在不当行为的董事施加温和的制裁。[4] 并且，由于惩罚性的美国联邦消费税规则不适用于应税非营利公司，因此，对董事误导性决定的有效威慑可能尚不存在。此外，特殊的志愿者保护法经常免除非营利公司中无报酬董事与其他志愿者对第三方(但非该公司)的责任。[5] 但是，如果应税非营利公司董事与营利公司董事薪酬相仿，则法院在对行为不当的董事施加有效制裁时，可能不会那么犹豫。

州法规定的慈善资产与筹款规则(通常要求提交年度财务报告)不应当适用于应税非营利公司，因为其并非慈善组织。[6] 尽管如此，使用非营利公

〔1〕 参见 Dunn v. Ceccarelli，227 Ga. App. 505，507(Ga. Ct. App. 1997)。“除非另有特别说明，否则营利与商事公司法的基本规则与原则同样适用于非营利公司。”

〔2〕 MODEL NONPROFIT CORP. ACT，*supra* note 40，at xxi.

〔3〕 更多信息参见 Brewer，*supra* note 2，at 53－54。

〔4〕 参见 Carter G. Bishop，*The Deontological Significance of Nonprofit Corporate Governance Standards*：*A Fiduciary Duty of Care Without a Remedy*，57 CATH. U. L. REV. 701，703(2008)。该文比较了营利公司与非营利公司中董事的信义责任，并指出：“因此，尽管非营利公司董事辞职更为普遍，但是，导致董事承担责任的可能性却很小。”

〔5〕 PHELAN，*supra* note 32，at 4：14.

〔6〕 参见 Att'y Gen. v. Weymouth Agric. & Indus. Soc'y，400 Mass. 475(Mass. 1987)。尽管首席检察官持有自己的立场，但是，根据马萨诸塞州州法，一个为“鼓励农业”与“进行农业展览”而设立的农业协会无法被认定为“公共慈善组织”；发起人的意图具有相关性。

司法律形式可能会造成混乱，并且在监管者之间引发质疑。例如，州政府可能采取的立场是，独特的“善因营销”规则适用于应税非营利公司。[1]

此外，在某些情况下，可能不清楚该公司是否受制于通常适用于营利公司的法律，或者是否有资格适用通常适用于非营利公司的例外情况。例如，美国联邦与州证券法显然应当适用于公司发行的成员权益与债务工具，而某些非营利组织则不受这些法律约束。[2] 但是，目前尚不清楚的是，是否可以对该公司提出非自愿破产申请。[3] 非营利公司通常可以免于非自愿破产程序。[4] 针对反托拉斯法、版权法、不公平贸易条例与财产税规则下的非营利组织其他豁免之适用依然有待解释。[5]

同样存在问题的是，应税非营利公司是否有权根据美国联邦所得税法而要求减免其使命相关费用。一般而言，为了减免联邦所得税，一项费用必须是在从事“贸易或业务”时的“普通与必要”费用。[6] 但是，如果公司并非纯粹营利企业，却将资金用于诸如雇员非必要治疗与咨询，或者特别的环境保护措施，则美国国税局可能会拒绝扣减这些不同寻常的费用。[7]

总而言之，就法律形式与税收形式而言，应税非营利公司可以说结合了两个世界最坏的一面。该公司与常规营利公司一样是全额纳税的，并且放弃了非营利公司通常享有的豁免待遇。此外，该公司还可能受到首席检察官的审查。因此，公司不仅将缴纳联邦（可能是州）所得税，并且通常被视为类似于营利公司，而且过分热心的首席检察官或其他监管者也可能过分地干扰公司的商业计划，尤其是其向成员与债权人支付净清算收益的商业计划。[8] 这些缺陷与没有答案的法律问题可能解释了为何人们很少选择应税非营利公司形式。

应税非营利公司并非史无前例

尽管存在不确定性与风险，一些非常成功的组织还是选择了应税非营利

---

〔1〕 参见 Joseph Karl Grant, *When Making Money and Making a Sustainable and Societal Difference Collide: Will Benefit Corporations Succeed or Fail?*, 46 IND. L. REV. 581(2013)。

〔2〕 PHELAN, *supra* note 32, at 4:26. 该文指出：“一个实质性的营利目的将会破坏这一豁免。”

〔3〕 11 U.S.C. § 303(a).

〔4〕 参见 In re Grace Christian Ministries, Inc., 287 B.R. 352(Bankr. W.D. Pa. 2002)。如果没有牧师从日托中心那里获得收益，则教会就不能被强制破产。

〔5〕 PHELAN, *supra* note 32, at 1:2.

〔6〕 I.R.C. § 162(a).

〔7〕 参见 Emily Cohen, *Note*, *Benefit Expenses: How the Benefit Corporation's Social Purpose Changes the Ordinary and Necessary*, 4WM. & MARY BUS. L. REV. 269(2013)。

〔8〕 参见 Los Angeles Co. Pioneer Soc. v. Historical Soc. of S. Cal., 40 Cal. 2d 852, 257 P. 2d 1(1953)。

公司形式。此外，这些组织可以说属于社会企业部门。其中，美国汽车协会经常被作为应税非营利公司的例子。[1] 美国汽车协会为其成员提供一系列收费服务，包括道路援助、旅游服务、金融服务与保险。[2] 美国汽车协会将自己描述为"一家非营利性且完全纳税的公司"[3]。根据康涅狄格州州务卿网站的表述，美国汽车协会是一家非股份公司。美国汽车协会声称拥有超过5 600万成员。因为美国汽车协会既非上市公司，也非免税组织，所以人们很难获得其详细财务信息。但是，假定美国汽车协会针对每位成员的平均年收益只有10美元（并且，排除所有其他收益来源）[4]，这意味着每年的总收益将超过5亿美元。

就"类似于社会企业"的使命而言，一份来自美国汽车协会总裁的公开信件以及在其网站上发布的一份"行为准则"（Code of Conduct）文件宣称：

我们最基本的价值观是始终如一的，并且构成我们所有活动的指引。这就是我们永远为我们的成员、消费者、雇员与当地社区做正确事情的承诺。这意味着：

- 我们以诚实、正直与透明的态度经营我们所做的一切。
- 我们是托付给我们的财产的好管家。
- 我们提倡并影响那些涉及我们的成员与消费者的事项。
- 我们为雇员提供以绩效为基础的成长与发展机会。
- 我们包容变化与多样性。
- 我们对我们的社区负有社会责任。[5]

当然，美国汽车协会的重点是其成员与消费者，而不是公众或环境。因此，将美国汽车协会贴上"社会企业"的标签可能被很多观察者认为是一种延伸（reach）。但是，美国汽车协会证明，应税非营利公司形式并未给财务可行性与整体成功造成不可逾越的障碍。

美国国家橄榄球联盟的绿湾包装工队被描述为"非营利性社区所有的实

---

〔1〕 Am. Auto. Ass'n v. Comm'r, 19 T.C. 1146(1953).

〔2〕 *AAA Fact Sheet*, AM. AUTO. ASS'N., http://newsroom.aaa.com/about-aaa/aaa-fact-sheet/(last visited Sept. 12, 2017).

〔3〕 *Id.*

〔4〕 在美国，"传统的"年度美国汽车协会成员价格似乎从每名主要成员48美元到96美元不等（取决于额外的次要成员）. *Id.* 因此，非常保守地讲，较早给出的计算仅使用每个成员10美元的假定。

〔5〕 *Always Do What's Right: The Auto Club Group Code of Conduct*, AUTO CLUB GROUP (rev. June 2017), https://autoclubsouth.aaa.com/Assets/PDFs/ACG-Code-Of-Conduct.pdf.

体”[1]，它被一些人认为是美国最为成功的职业橄榄球队。[2] 1935 年，该公司根据威斯康星州州法的一项独特条款（该条款已经得到现行法的继承）而设立。具体来讲，该公司是作为“具有资本股份但却不具有营利目的的公司”而设立的。[3] 因此，虽然该公司是作为非营利组织而建构的，但还是需要对其收益全额纳税。[4]

绿湾包装工队最近的股票发行价为每股 250 美元；但是，对绿湾包装工队的投资并不是日常意义上的“股票”。绿湾包装工队的股票是不可转让的（死亡或家庭内部赠与除外），受到每股 0.025 美元价格非自愿赎回的约束，具有有限的投票权，不能支付股息，并且也不允许持有人在公司解散后获得任何清算收益。[5] 2011 年的发行备忘录总结了购买该公司股票的如下经济后果：

购买普通股的最优特性是，它代表了一种对公司资本的出资，该出资将：(1)与公司的一般运营资金分开，仅用于体育场馆与其他资本增加，但该分开的资金的存在绝不会让普通股购买者受益；(2)授予普通股购买者获得证明该购买的普通股票证书，并在公司年度会议上投票的权利；(3)并未赋予购买者税收减免或者任何其他经济利益的权利。[6]

然而，尽管明显缺乏任何经济利益，绿湾包装工队 2011 年的股票发行还是完全成功的，售出了超过 26.8 万股新股。[7] 就其社会使命而言，2011 年股票发行备忘录指出，绿湾包装工队的章程规定如下：

此外，公司被要求将其收益捐赠给一些慈善事业，并且，如果公司解散，则公司的收益与资产必须用于社区项目、慈善事业以及其他类似事业。[8]

---

[1] Matthew J. Parlow & Anne-Louise Mittal, *Are the Green Bay Packers Socialists*?, 14 VA. SPORTS & ENT. L.J. 165,180(2015).

[2] Mike Freeman, *NFL's Greatest Franchise Rankings*: *Success*, BLEACHER REPORT (Sept. 29,2016), http://bleacherreport.com/articles/2662347-nfls-greatest-franchise-rankings-success.

[3] WIS. STAT. ANN. § 180.1703(2); Freeman, *supra* note 117.

[4] 绿湾包装工队的 2011 年股票发行文件指出：“尽管公司具有非营利地位，但是，根据经修正的 1986 年《国内税务法典》501(c)(3)，该公司并非慈善组织。”GREEN BAY PACKERS, INC., COMMON STOCK OFFERING DOCUMENT 2(Nov. 29,2011), http://media.broadridge.com/documents/GBP+2011+Offering+Document.pdf [hereinafter common stock offering document].

[5] GREEN BAY PACKERS, INC., COMMON STOCK OFFERING DOCUMENT 2(Nov. 29, 2011), http://media.broadridge.com/documents/GBP + 2011 + Offering + Document.pdf [hereinafter common stock offering document]. at 4—5.

[6] *Id*. at 4.

[7] *More than* 268,000 *Shares Sold in Stock Offering*, GREEN BAY PACKERS(Mar. 1,2012), www.packers.com/news-and-events/article-1/More-than-268000-shares-sold-in-stock-offering/d3a84c59-2e13-44cf-8b27-b3cdaf48a9a7.

[8] COMMON STOCK OFFERING DOCUMENT, *supra* note 119, at 2.

此外,绿湾包装工队 2016—2017 年“回馈报告”(Give Back Report)声称包装工队的基金会(根据《国内税务法典》501(c)(3)而设立的慈善组织,并且,独立于职业橄榄球特许经营者)对社区产生了总计 800 万美元的有益影响力。该报告宣称,包装工队支持“许愿基金会”(Make-a-Wish Foundation)、青少年橄榄球训练营以及其他慈善事业。

就像美国汽车协会一样,我们很难说绿湾包装工队是一家社会企业。但是,与此同时,很难说绿湾包装工队如果不是作为一个应税非营利公司来组织,则会更为成功。

结　语

应税非营利公司法律形式作为运营社会企业的工具,在很大程度上被忽视了。本章探讨了将该形式作为应对与其他法律形式相关的很多缺陷与关切的解决方式。本章表明,尽管缺乏先例以及存在尚未解决的法律问题,美国社会企业家还是应当考虑这种形式。显然,正如美国汽车协会与绿湾包装工队所证明的,这种形式是可以得到成功使用的。但是,至于应税非营利公司是否得到社会企业家的认可,则是一个只有时间才能回答的问题。

第十七章　形式遵从功能：社会企业法律结构选择的一种商业模式路径

凯尔·韦斯特韦

对于社会企业而言，并不存在一刀切式的法律结构。社会企业家选择的结构必须由该组织的运营决定。正如好的建筑师坐到绘图桌前试图真正理解如何利用空间一样，好的社会企业律师也需要时间理解社会企业旨在实现的影响力，以及其创始人意欲如何实现这一点。因此，商业模式决定了法律结构。

本章旨在帮助社会企业家及其律师遵循一个清晰而简单的程序，从而为社会企业选择最优的法律结构。通过与数百名社会企业家合作，从该领域的律师同行那里获得明智意见，研究并教授这一主题，我们发展与完善了这个框架。尽管做选择从来都不是简单的事情，但是，该程序的目标是减少复杂性与混乱，同时给社会企业家一些明确的选择；将潜在法律结构数量从七个缩小到两三个。

需要注意的一点是，本章目标是提供一般性的指导。读者可以将该框架仅作为一个经验法则。它可能对80%的社会企业家有效。虽然这个框架对大多数社会企业家都有帮助，但也存在一些无法采用单一框架解决的极端例子。因此，大家可以使用这个框架作为与社会企业精英律师交谈时的指导。

商业模式

在选择社会企业商业模式之前，需要明确什么是商业模式，以及社会企业商业模式与传统商业模式的区别。根据琼·马格勒塔(Joan Magretta)在《哈佛商业评论》的文章《商业模式为何重要》(Why Business Models Matter)[1],商业模式“在本质上是故事——解释企业如何运作的故事。一个好的商业模式回答了彼得·德鲁克的老问题:谁是消费者?消费者看重什么?它还回答了每个管理者必须追问的基本问题:我们如何在这个行业赚钱?解释我们如何以适当成本向消费者提供价值的基本经济逻辑是什么?”[2]。迈克尔·刘易斯(Michael Lewis)在其《新事物》(*The New*,*New Thing*)一书中给出了一个简单的定义:“它真正的含义是你如何计划赚钱。”[3]

对于社会企业家而言,商业模式就是以上所有内容,再加上该组织如何计划产生影响力。因此,社会企业商业模式的定义可能是,这些运营如何同时产生财务利益与使命相关利益。换言之,社会企业商业模式是它同时追求收益[4]与目标的手段。

表 17.1 是最常见的社会商业模式的列表。这个列表固然不全面,但它是一个很好的起点。这些特定商业模式可以分为表 17.2 所示的三种商业模式。需要注意的是,各种商业模式的混合使用是可能的(但并不十分常见)。我们稍后将更为全面地探讨混合问题。

表 17.1　　最常见的社会商业模式

商业模式	运作原理	案　例
买一捐一	向消费者收取允许向受益者赠送产品的产品价格	TOMS,沃比·帕克
伦理供应链	将社会与环境可持续性纳入服务/生产	Method;Merge4;Mandala Naturals,Maiyet
直接雇佣	雇佣传统上未充分就业的受益者	Hotbread Kitchen
共享所有权	允许雇员或消费者入股公司	King Arthurs Flour;Persephone Brewing;Equal Exchange
交叉补贴	根据支付能力收取不同价格	Dial 1298
金字塔底层	为低收入人群创造一种解决特定问题的低成本产品	Bridge International Academy;Grameenphone;Microfinance;Capital Plus Financial,D. Light

[1] Joan Magretta,*Why Business Models Matter*,80 HARV. BUS. REV. 86(2002).

[2] *Id*. at 87.

[3] *MICHAEL LEWIS*,*THE NEW*,*NEW THING*:*A SILICON VALLEY STORY* 254(2000).

[4] 社会企业不受税收地位的限制。它可以以营利与非营利的形式而存在。在这种情况下,营利意味着追求经济可持续性与(理想的)盈余。在营利世界,这种盈余被称为收益。在非营利组织中,它被称为预算结余或者运营储备金。

续表

商业模式	运作原理	案　例
双边市场	提供平台或服务，从而将受益者与新市场机会联系起来	Etsy；Kickstarter；GoFundMe
共享经济平台	为受益者提供使用或获取资本密集型产品的机会	Zipcar
为使命驱动型组织提供咨询服务	提供服务以提高或扩展社会影响力	FSG；Arabella Advisors；Phil Communications；Geneva Global，Inc.，Westaway
环境可持续性	销售提高能源效率与可持续性的产品/服务	HomeSol Building Solutions；5 Lakes Energy；Power Dash Inc.；Seventh Generation
捐赠者支持	公益资本补贴福利活动的成本	charity：water；donorschoose. org

表 17.2　将商业模式再分为三种类型

营利—目的对立	营利—目的一致	公　益
买一捐一	金字塔底层	捐赠者支持
伦理供应链	双边市场	
直接雇佣	共享经济	
共享所有权	环境可持续性	
交叉补贴	为使命驱动型组织提供咨询服务	

营利—目的对立

当人们思考社会企业时，人们通常会想到营利—目的对立型商业模式(profit-purpose tension business model，PPT)。在这种商业模式中，行善与赚钱之间存在着一种权衡；社会企业家为了行善而放弃一定收益。从这个意义上讲，组织所产生的收益与目标之间存在负相关关系——行善越多，赚钱就越少。

营利—目的对立型商业模式的社会企业的一个例子是沃比·帕克(Warby Parker)。[1] 这是一家眼镜公司，每销售一副眼镜，就向发展中国家的困难群体分发一副眼镜。假定每副眼镜的收益是 40 美元，同时假定沃比·帕克分发的这副眼镜的成本是 20 美元。通过追求自己的目标——向困难群体

〔1〕 WARBY PARKER，www. warbyparker. com(last visited Aug. 25，2017).

分发眼镜，沃比·帕克将其单位利润从40美元降至20美元。因此，营利与目的呈现了负相关性。

在营利—目的对立型商业模式中，这种对立在投资者与社会企业家的相反目标中体现得最为明显。投资者试图获得财务回报[1]，而社会企业家则试图创造社会与/或环境影响力。投资者可能会向社会企业家施压，在极端情况下还会起诉社会企业家，从而迫使后者缩减目标，以实现收益最大化。

显然，营利—目的对立型商业模式可能具有明显的营销优势，从而使得社会企业从竞争中脱颖而出。一些消费者会对为"善"(good)产品或服务支付额外费用很感兴趣，因为他们觉得自己在这个过程中行善了。2015年的一项研究发现，在全球消费者中，71%的人愿意为环境与社会责任型产品支付更多费用。[2] 另一项研究将这一数字划定为55%。[3] 2016年，美国消费者中60%的人表示从社会责任型公司中购买产品很重要，31%的人计划在未来一年里增加对社会责任型公司的支出。[4] 因此，人们可能会正确地追问，事实上是否存在任何对立。

接下来假定：社会企业获得了惊人成功，并被其各自行业的大型公司收购。新所有者是否会在行善方面走捷径，依然收获营销收益，并且提高利润率？或者想象一个不那么乐观(并且更有可能)的情景：社会企业的季度绩效不佳，并且现金短缺。当社会企业家与投资者坐在一起时，投资者是否会建议削减一些社会/环境影响力，以确保该公司的生存？

就该框架而言——纯粹是为了帮助选择法律结构，如果存在一种更为廉价的方式经营公司，但会减少对社会或环境的影响力，则社会企业家与投资者之间就会存在潜在的对立关系。因此，社会企业家应当在考虑这种对立关系存在的同时构建其自己的公司。

---

[1] 投资者投资的原因有很多：有些是金融性质的，而有些则不是。影响力投资者明确表达了他们对社会与财务回报的希冀。但是，为了简单起见，让我们假定投资者都是经济驱动型的，并且希望推动企业家将投资者回报最大化。

[2] *SCR Demands Hit New Highs*(graphic)，STATIC1. SQUARESPACE. COM，https://static1.squarespace.com/static/56b4a7472b8dde3df5b7013f/t/573b6e6822482eca31fc705a/1463512682037/05192015Global_CSR_Infographic_FIN. png(last visited Nov. 15，2017)；Whitney Daily，Press Release，Global Consumers Willing to Make Personal Sacrifices to Address Social and Environmental Issues，CONE COMM-MC'NS(May 27，2015)，www. conecomm. com/news-blog/2015-cone-ebiquity-csr-study-press-release.

[3] 研究发现，60个国家55%的在线消费者表示，他们将会支付更多的钱购买社会与环境责任型公司的产品。Ann-Taylor Adams，Press Release，Global Consumers Are Willing to Put Their Money Where Their Heart Is When It Comes to Goods and Services from Companies Committed to Social Responsibility (June 6，2014)，www. nielsen. com/us/en/press-room/2014/global-consumers-are-willing-to-put-their-money-where-their-heart-is. html.

[4] 相较于之前分别是65%和32%，其比例均已下降。*Id*.

有一些新兴的法律结构旨在解决这一问题。营利—目的对立型商业模式的社会企业应当考虑:(1)福利公司,(2)社会目的公司,或者(3)低收益有限责任公司。在本章后面会详细探讨这些形式。

营利—目的一致

很多人认为,所有的社会企业在追求目标时都会放弃一些营利能力。但这不一定是真实的。在某些商业模式中,利润与目的之间存在正相关关系。

营利—目的一致型商业模式(profit-purpose alignment business model, PPA)与营利—目的对立型商业模式刚好相反。在这种商业模式中,行善与赚钱的方向是一致的。从这个意义上讲,利润与组织中产生的目标之间存在正相关关系——行善越多,赚钱就越多。

例如,M-kopa[1]是一家太阳能公司,其使命是为低收入且无电网的家庭提供清洁的电力供应。该公司提供了一个能够为家庭照明、运行小家电,并为手机充电的太阳能家庭系统。此外,M-kopa 还找到了一种方法来构建该系统的支付结构,从而使得其目标人口成员能够负担得起。M-kopa 已经将肯尼亚、坦桑尼亚与乌干达的 37.5 万户家庭接入太阳能电网,并且,每天新增 550 多户家庭。

以 M-kopa 公司为例,该公司销售的太阳能家庭系统越多,就越能实现其社会与环境使命——同时也能获得越多的利润。尽管如此,即使在营利—目的一致型商业模式中,也有可能存在一些对立——目标市场与定价是最常见的两种。假定 M-kopa 在设计产品与商业模式时,选择服务的目标市场是每天收入 4 美元的家庭,而非每天收入 2 美元的家庭。向具有双倍可支配收入的消费者提供服务,意味着公司无法为最需要的人群提供服务,但与此同时,产品的价格可能会略高一些。

就该框架而言——该框架纯粹是为了帮助选择法律结构,我们假定社会企业已经决定了其目标市场与定价策略。[2] 然后,追问销售更多产品/服务是否会直接增加该组织的影响力与利润。如果是,则那就是营利—目的一致型商业模式。

在营利—目的一致型商业模式中,投资者与社会企业家之间并无对立

[1] M-KOPA SOLAR, www.m-kopa.com/(last visited Aug. 25, 2017).

[2] 如果这两点悬而未决,并可能会出现大幅波动,那么社会企业可能就是营利—目的对立型商业模式。

性，因为本质上，公司行善越多，赚钱就越多。因此，对使命的保护不像在营利一目的对立型商业模式中那么重要。因此，营利—目的一致型商业模式的社会企业家应考虑传统法律结构，例如(1)公司或者(2)有限责任公司。[1]

公益

公益型商业模式(philanthropic business model，PBM)是一种由捐赠者资助的机构。前两个商业模式类别(营利—目的对立型商业模式与营利—目的一致型商业模式)是基于市场的商业模式，这意味着它们通过销售或服务来产生收益。公益型商业模式则存在根本性的差异，因为它从第三方支付方——而非消费者——那里获得收益，并且，这种收益的形式是资助与捐赠，而不是对产品或服务的支付。

一个典型的例子是孤儿院。对于为儿童提供住房与照料而言，并不存在基于市场的解决方案；你不能向他们或者任何其他人收取照料费。唯一的收益来源是公益资助与捐赠。为了吸引后者，社会企业可能会希望获得免税资格。因此，公益性商业模式应当考虑非营利组织形式。

做出选择

让我们简单回顾一下，选择最优法律结构的过程是：

1. 确定社会企业商业模式。

2. 确定社会企业商业模式类别。

步骤1与步骤2将社会企业家的选择范围缩小到不超过三种潜在法律结构(见图17.1)，此时，社会企业家及其律师需要对每一种法律结构的成本与利益进行具体考量。

尽管很多社会企业将完全符合这些商业模式类别中的一个，但是，有些将代表多种商业模式的混合。例如，考虑一个社会企业，它将产品销售到金字塔底层(贫困人口)，并使用环保材料生产产品。这一社会企业将同时适用于营利—目的一致型商业模式类别(“金字塔底层”)与营利—目的对立型商业模式类别(“伦理供应链”)。因此，哪些法律结构与这类公司具有相关性？

如果混合商业模式是营利—目的一致型商业模式与营利—目的对立型

---

[1] 很多营利—目的一致型商业模式出于个人、道德、管理或其他原因，选择构建为福利公司、社会目的公司或者低收益有限责任公司。对于很多营利—目的一致型商业模式的社会企业而言，这是一个不错的选择。

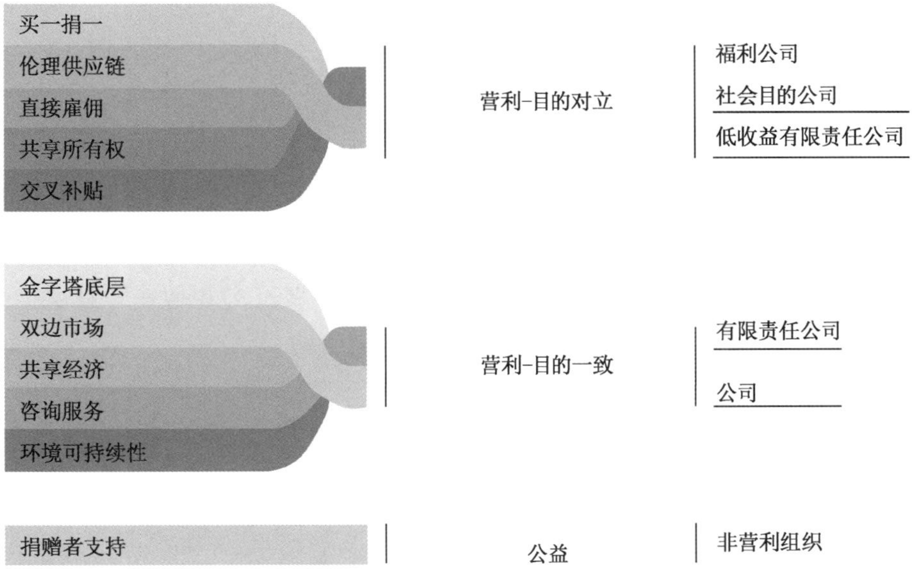

图 17.1　混合商业模式：社会企业家的选择仅限于这三种潜在的法律结构

商业模式类别的组合，那么企业家应当考虑福利公司、社会目的公司或者低收益有限责任公司。即使并非该商业模式的每个方面都具有对立性，也会存在一些长期来看损害目的的对立性。因此，最好是谨慎行事，并且，选择一种旨在保护目的的法律结构。

如果混合商业模式是营利—目的对立型商业模式与公益型商业模式的结合，那么社会企业家应当考虑非营利或者双重实体结构。如果存在着该组织将产生过多营业外收入税因而无法维持其在国税局免税资格这一重大风险，则双重实体结构（本章稍后介绍）可能是最优选择。如果营利—目的对立型商业模式活动的收益与公益资本相比很小，那么非营利组织可能是最优的法律结构。

如果该混合商业模式是营利—目的一致型商业模式与公益型商业模式的结合，那么社会企业家应当考虑非营利或者双重实体结构。在营利—目的一致型商业模式下，收益被归类为慈善目的的可能性更高，这使得与营业外收入税相关的风险更低。因此，非营利组织结构可能是理想的结构模式。但是，如果需要投资者提供大量资金（而不是资助或捐赠）以扩展组织规模，那么双重实体结构可能是最优的。下面我们将更为详细地探讨这些考虑因素。

法律结构

对商业模式及其商业模式类别之识别将把社会企业家的选择范围缩小到几个选项。这里通过比较如下事项描述每种选择之间的差异:(1)治理——社会企业家如何运营公司以确保最优财务收益与影响力成果;(2)筹资——社会企业如何获得资金从而实现启动与发展;(3)税收——社会企业如何纳税。

公 司

非常适合寻求传统风险投资家投资的营利—目的一致型商业模式的社会企业。

工业革命期间所创立的公司,在那个时代是具有创新性的。公司实体的建立是为了让投资者在不承担个人责任的情况下为公司提供资金。如今,公司依然是最受认可的针对融资的法律结构,也是很多寻求高净值投资者的社会意识型企业的首选法律结构。在公司日常运营中,商业判断规则[1]赋予公司董事与高级人员经营公司的广泛自由裁量权,从而保护公司在获得财务回报的同时践行社会或环境使命的能力。这一点以及本章后面所探讨的其他法律保护措施使得创始人能够长期维持公司的社会使命。

治理

公司形式需要维持很多程序,这些程序对一些中等规模的公司而言可能显得烦琐。例如,董事会与股东大会必须保留记录与备忘录。如果公司面临审计或诉讼,则这些记录与备忘录可以用来证明公司遵守了成文法上的公司规则。[2] 公司治理的很多具体机制可以写入公司章程与内部规章制度[3],这些共同代表了创始人的控制重点。公司的整体治理框架分为三类:董事、

---

〔1〕 商业判断规则在判例中已经得到充分确立。该规则规定,如果董事的决策是本着善意、合理谨慎的原则做出的,并且有合理的理由相信这些决定符合公司最优利益,则董事的决策就不会被视为违反其对公司的谨慎义务。*Business Judgment Rule*,CORNELL LAW SCHOOL,www. law. cornell. edu/wex/business_judgment_rule(last visited Aug. 28,2017).

〔2〕 SUSAN MAC CORMAC ET AL. ,MORRISON & FOESTER LLP,WHICH LEGAL STRUCTURE IS RIGHT FOR MY SOCIAL ENTERPRISE? A GUIDE TO ESTABLISHING A SOCIAL ENTERPRISE IN THE UNITED STATES 40—41(2016),www. trust. org/contentAsset/raw-data/1b34bbc3-de52-477a-adae-850a56c2aabe/file.

〔3〕 8 DEL. CODE ANN. § 141.

高级人员与股东。

股东选举董事会成员。尽管董事会可以由一个大集团组成,但是,包括特拉华州在内的大多数州允许公司只有一名董事。[1] 董事的权利、义务与责任由内部规章制度决定,内部规章制度通常赋予董事会批准重大决策与交易、任命高级人员以及制定公司政策与目标的权力。鉴于董事对公司的监督与管理,他们在促进或保护公司使命方面发挥着重要作用。

负责监督公司日常运营的高级人员的头衔与义务也应当写入公司内部规章制度之中。[2] 高级人员的职位因州而异,但通常包括总裁或首席执行官、财务主管或财务总监以及秘书。大多数州还允许一个人担任所有必要的角色,这意味着社会企业不一定非得很大才能选择公司的法律结构。[3] 虽然股东除了选择董事会之外,在治理公司方面往往并不发挥积极作用,但是,他们可以对公司合并或者出售等重要事项进行表决。

税务

公司作为独立的法律实体,在公司与股东两级分别缴税。这种"双重缴税"是《国内税务法典》第C分章的产物,其结果是政府会对收益征收两次税:先对公司利润征税,再对股东股息征税。公司解散时也会发生双重缴税,包括公司资产净收益与股东股份净收益。[4]

在股东也是雇员的小型社会企业中,可以通过支付合理的补偿(包括奖金)代替股息,从而减轻双重缴税负担。公司有时也会从特殊税收优惠中受益,例如在州或联邦政府通过降低公司税率来激励公司时。

筹资

资本化的便利性与多样性是公司形式的一个关键优势。不仅股权、债务与项目相关投资可供选择,并且,很多风险投资公司与其他主要投资者也更喜欢为公司融资。公司获取资本的两种最常见的方式是,通过发行股票出售公司的所有者权益筹集资金,或者通过债务融资借款。此外,项目相关投资是税法中的一个特殊例外,可能对一些营利性社会企业有用。

---

〔1〕 8 DEL. GEN. CORP. LAWS § 141(b).

〔2〕 8 DEL. CODE ANN. § 142.

〔3〕 MACCORMAC ET AL., *supra* note 14, at 35.

〔4〕 *Corporations*, IRS, www.irs.gov/businesses/small-businesses-self-employed/corporations(updated Mar. 21, 2017).

股权

通过发行股票,公司能够出售公司所有者权益,从而筹集资金。股东以股息形式(在董事会授权时从公司收益中支付这些股息),或者,通过其所持股权的增值而获得其投资回报。股息支付并不会被免税。

债务

债务资本是指,公司从债权人那里取得并同意按规定的期限偿还的有息贷款。不管业务成功与否,公司必须偿还贷款。此外,很多债权人要求新兴或有风险的公司所有者亲自为公司贷款提供担保,以减轻其风险。[1] 如果公司成功,则债务融资的益处是公司可以偿还贷款,并且保留收益。对股东而言,这意味着避免向另一个所有者支付股息,因此可以保持更大的利润份额。债务的利息支付通常也可以获得税收减免——一种额外益处。

项目相关投资

项目相关投资是指,税法中允许私人基金会对社会驱动型公司进行投资的例外情况。[2] 一般而言,如果基金会的投资回报率不足以证明投资的合理性,就会面临潜在的责任。项目相关投资意味着,基金会能够向社会企业进行更具风险性的投资,如果该投资的主要目的是实现该基金会的慈善目标,且并无产生收益或增值的明显目的。[3] 因此,对于一个具有社会使命的公司而言,如果该公司的使命与非营利组织的使命一致,就有可能从基金会获得资金。这一机会缩小了由社会驱动型营利组织与最有可能投资于它们的基金会或非营利组织之间的隔阂。后者对公司社会使命的成功具有潜在的辅助作用,因为它们比风险资本家与机构投资者更不可能要求市场利率回报抑或那些牺牲社会影响力的结果。[4]

---

〔1〕 MACCORMAC ET AL., *supra* note 14, at 43.

〔2〕 26 U.S.C. § 4944.

〔3〕 Rosemary E. Fei, *Beyond Taxation: A Guide to Social Enterprise Vehicles*, 22 TAXATION OF EXEMPTS(Jan./Feb. 2011), www.adlercolvin.com/pdf/tax_treatment/Beyond_Taxation_A_Guide_to_Social_Enterprise_Vehicles_(00302967).pdf.

〔4〕 参见 Dilpreet K. Minhas, *Enhancing the Legal and Regulatory Environment for Investment in Social Enterprise*, 3 MICH. J. PRIV. EQUITY & VENTURE CAP. 257(2014)。

福利公司

非常适合创造社会与环境影响力并且希望根据第三方标准测量或报告其影响力的营利—目的对立型商业模式的社会企业。

福利公司[1]是专为营利—目的对立型商业模式设计的一种新型公司。福利公司寻求为全部利益相关者——社会、环境、雇员、消费者与投资者——创造价值，而非仅仅保持对短期财务收益最大化的单一关注。

福利公司在很多方面与传统公司相似，但是，存在两个重大例外：(1)一项为公共利益而运营的要求，以及(2)强化针对使命的透明度与问责制的特别法定要求。

治理

当社会企业家追求目标时，这种追求往往以股东收益最大化为代价。福利公司旨在保护社会企业家免受投资者因未能实现股东价值最大化而提起的任何诉讼或施加的压力。虽然传统公司可以采取一些保护性条款保护其使命，但福利公司提供了一种预先制定的公司解决方案。换言之，改良后的公司具有定制解决方案，而福利公司则具有现成解决方案。

福利公司法定形式在美国得到了广泛采用，在 7 年内被 31 个州写进法律。[2] 大多数州遵循示范福利公司法，因此，在本节中，我以遵守该示范法的纽约州州法为例探讨。包括特拉华州在内的一些州通过了修正版的福利公司法。本章后面将指出这些法律中的相关变化。

为公共利益而运营的要求

每一个福利公司都必须追求“一般公共利益”，其定义是“根据第三方标准评估，福利公司的业务与运营对整个社会与环境产生的实质性积极影响力”[3]。这一定义包含很多要素。

首先，相关影响力必须包括环境与社会两个方面。福利公司必须是三重

---

〔1〕 尽管福利公司通常被称为“共益公司”，但不应当将其与共益公司认证混淆。共益公司认证是为以具有社会与环境意识的方式运营的公司而进行的自愿认证。共益公司认证并不是一种法律结构，而是一种面向消费者的认证标志。

〔2〕 *State by State Status of Legislation*，B LAB，http://benefitcorp.net/policymakers/state-by-state-status? state=delaware(last visited Aug. 28，2017).

〔3〕 N. Y. BUS. CORP. LAWS § 1706.

底线公司;它必须寻求为人类与地球带来可测量的积极影响力,同时创造利润。这意味着这种结构不适合一家只想在社会领域或者环境领域产生积极影响力的公司。

其次,该影响力必须是积极的与可测量的。积极影响力的概念通常看起来是推测性的或主观性的——对我而言"好"的东西可能对你无益。法律通过要求福利公司根据第三方评估者测量其绩效来解决这一问题。截至撰写本章之时,至少存在六个不同的第三方评估者。[1] 尽管它们都使用略有不同的方法测量社会与环境绩效,但是,法律的重点是,福利公司通过外部与客观标准测量其绩效。

在一般公共利益之外,福利公司可以(但不必)促进一项特定公共利益。[2] 特定公共利益是社会企业家所设定的社会影响力目标,该目标高于并超出了以普遍的社会与环境意识型方式运营的目标,例如,雇佣特定未充分就业的群体。

福利公司董事会需要考虑其行为对股东、雇员、供应商、消费者、社区、环境以及公司长期利益的影响。[3] 这一条款在收购情况下尤为重要:当董事会考虑该公司的潜在收购者时,他们可能会考虑任何寻求收购该公司的个体或公司的意图与行为。[4] 如果董事会认为收购者不会保护其使命,则这些规定允许福利公司拒绝收益丰厚的收购要约。

此外,很多州要求任命一名福利董事来担任董事会成员。福利董事的任务是确保在做出决策时考虑到利益相关者,并且,正如下文所探讨的,该福利董事有义务发布福利报告。即使在并未要求配置福利董事的州,很多社会企业也会选择设立这一职位,从而希望在董事会层面更好地保护其使命。

最后,如前所述,从程序与合规的角度看,颇为重要的一点是,公司董事会会议备忘录反映公司在决策过程中如何切实考虑所有利益相关者。

透明与问责

福利公司被要求为公众利益而运营,但是,我们如何知晓它们是否真的如此行事?这就是透明报告要求的必要性所在。

---

〔1〕 参见 *How Do I Pick a Third Party Standard*?,B LAB,http://benefitcorp.net/businesses/how-do-i-pick-third-party-standard(last visited Feb. 25,2018)。

〔2〕 N. Y. BUS. CORP. LAWS § 1706.

〔3〕 *Id*. § 1707.

〔4〕 *Id*.

每年,福利公司都需要提交一份福利报告。该报告必须在财务年度结束后120天内提交。其必须向州务卿备案,并在公司网站上公开。年度福利报告必须包括:(1)选择第三方评估者的理由;(2)追求特定与一般公共利益的叙述;(3)公司从第三方评估者那里获得的实际分数。[1]

特拉华州的公共福利公司只需每两年起草一份福利报告。它们不必公开分享这一报告,并且,它们可以使用自己的标准来报告绩效。[2] 尽管特拉华州对报告的最低要求较低,但是很多公共福利公司会本着透明与问责的精神,选择遵守示范法的标准。

筹资

福利公司与传统公司一样,可以同时获得债务与股权资本。但是,对于传统的风险资本家是否有兴趣投资一家福利公司,依然存在一些问题。

当然,这个问题的答案是,这取决于相关投资者。把公司目的看作公司"秘方"或"不公平优势"的有经验的投资者可能希望通过投资福利公司大力保护这一目的。就像投资者希望通过专利保护创新技术一样,他可能希望通过使用福利公司形式锁定公司的"社会技术",从而保护该"社会技术"。

但是,有些投资者会对此表示怀疑。大卫·S. 罗斯(David S. Rose)是一位天使投资人与企业家,他创立或资助了超过75家公司。他认为,在关键时刻,你需要在利润或目的之间加以选择,但你无法建立一个试图同时追求两者的成功公司。

> 如下想法固然很美好:鱼与熊掌兼得;一个人能够造福社会,赚到很多钱,让大家幸福,结束战争,并治愈癌症。但是,在现实世界中,事情往往会在某个领域得到优化。几乎不可能为了双重底线而尝试真正的优化。但是,在赚钱与创造社会福利的情况下,潜在的挑战是,开设一家新企业是非常困难的。真的非常难。如果考虑到大多数新企业在创业者为了取得经济成功而穷途末路时都失败了,那么再加上第二个目标就真的非常具有挑战性了。[3]

因此,当涉及为同时追求利润与目的的公司而设计福利公司时,他总结

---

[1] N. Y. BUS. CORP. LAWS § 1708.

[2] 8 DEL. CODE ANN. § 366.

[3] Kyle Westaway, *Benefit Corporations: Can Investors Have Their Cake and Eat It?* (*Have Their Cake and Eat It*)?, GUARDIAN(Aug. 14, 2013), www.theguardian.com/sustainable-business/benefit-corporations-sustainability-investors.

道："我不认为福利公司是邪恶的。我只是觉得这终究是太天真了，因为在现实世界中，你必须做出选择。你不能鱼与熊掌兼得。"[1]

但是，尽管存在这些关切，在任何社会企业中，往往存在具有各种动机的各类投资者。有些人可能认为自己是"影响力投资者"，并且为了实现投资的社会或环境回报而投资该公司；而另一些人则只是为了寻求财务回报。大多数投资轮次中都包括很多投资者，并且他们往往从不互动。其他投资者只是资本表上的名字，我们无从得知其投资动机。通常情况下，投资者依靠公司首席执行官召集一群具有共同使命的投资者。

只要公司达到或超过其财务预期，则这种设置就会颇为有效。但是，正如投资者罗恩·科德斯（Ron Cordes）指出的，"企业发展从来不是线性的……它总是向前两步，后退一步"[2]。投资者有时会做出不同寻常的反应。在科德斯看来，"他们可能会说，'等一下：我们绩效良好时，这不错；现在我们遇到困难，而你却让我拿出额外的钱，同时你又说我们依然具有雇员与利益相关者参与政策'"[3]。对于个体投资者，颇具挑战性的是，即使是在公司陷入财务困境的情况下，也继续支持该公司的社会与环境使命：

> 科德斯说，"如果这些价值观没有被编纂成法典，则你将依赖于该群体的善意，而这是很难的。所以，如果我是一个股东，并且我确实不认识其他股东，那么福利公司至少会说，好吧，我不会让这个事情变得出人意料，因为每个人都签字同意了这些条款中的基线目标，这给了你一个通过其他方式则不会存在的追索权。"[4]

归根结底，这种结构是新颖的。对于一些投资者而言，新的投资是令人兴奋的，但是，即便如此，他们也常常会有某种程度的担忧，因为他们只在特拉华州C公司（C Corp）中进行过相关交易。因此，投资者（及其律师）与企业家（及其律师）之间可能需要更多对话，以解释利用这种结构保护公司目的的重要性。

税务

福利公司并不享受税收优惠待遇，它们像传统公司一样纳税。不过，进

---

[1] Westaway, *supra* note 33.
[2] *Id*.
[3] *Id*.
[4] *Id*.

一步探讨这种情况的时机已经成熟。例如，有人可以提出一个政策论点，支持向福利公司提供税收优惠，其思路如下：如果公司税的一部分将抵销负的社会与环境外部性成本，但是，福利公司选择将这些负外部性成本予以内部化，那么它们就应当获得某种税收优惠待遇。由于这种法律结构还是新兴的，并且，未经法院检验，因此这种做法尚未得到重视。

社会目的公司

非常适合寻求社会或环境影响力并希望根据自己的指标测量/报告影响力的营利—目的对立型商业模式的社会企业。

社会目的公司是加利福尼亚州为营利—目的对立型商业模式的社会企业设计的一种新型公司模式。福利公司最适合那些同时追求社会与环境影响力（由客观的第三方评估者测量）的公司，而社会目的公司则更为灵活。这意味着，对于寻求创造社会或环境影响力并希望设计自己的绩效指标的公司，这或许是很合适的选择。

治理

社会目的公司赋予社会企业家以灵活性，使其能够以任何他认为合适的方式寻求超越股东价值最大化的目标。但是，它采取的路径与福利公司略有不同。

首先，社会目的公司并不具有创造社会与环境影响力的一般公共利益要求。相反，社会目的公司被要求在其公司章程中列出一个特殊目的——类似于福利公司允许的特定公共利益。该特殊目的必须涉及：(1)非营利公共福利公司被授权开展的一项或多项慈善或公共目的活动；或者(2)促进社会目的公司活动对雇员、供应商、消费者、债权人、社区、社会、环境与股东产生积极影响力或尽量减少其不利影响。[1]

其次，福利公司与社会目的公司都要求提供一份年度报告。该报告必须公开，并且提供关于实现该公司既定目标的探讨。[2] 在某些情况下，还可能要求提供一份特殊目的的当期报告，例如为实现特殊目的而计划的支出，或者可能对所述社会目的产生重大不利影响的支出。[3] 但是，福利公司需要

---

[1] CAL. CORP. CODE § 2602.
[2] *Id*. § 3500.
[3] *Id*. § 3501.

第三方评估者,而社会目的公司则不需要。社会目的公司可以开发自己的定制指标来测量其影响力。

筹资

社会目的公司可以通过股权与债务两种方式筹集资金。与福利公司的投资者一样,社会目的公司的投资者可能对投资新的公司形式持谨慎态度。

税务

社会目的公司与普通公司一样被征税。

有限责任公司

非常适合具有少量股东并且并不寻求外部投资的营利—目的一致型商业模式的社会企业。

有限责任公司由于其灵活性与有力的税收优惠,是在美国最常用的法律结构。对于其商业模式属于营利—目的一致型商业模式的社会企业家,以及正在寻求一种不受干涉且易于操作的法律结构的社会企业家而言,有限责任公司是一个强有力的候选者。

治理

运营协议是有限责任公司最为重要的治理文件。其类似于公司内部规章制度与股东协议的结合。我们可以把它视为有限责任公司的操作系统。

因此,运营协议是一份面向内部的协议,它从一开始就设定了公司如何组织、管理与筹资,以及如何划分损益的预期。决策权、创始人何时可以出售或不能出售,以及分配的时间都可以纳入该协议。

任何享有有限责任公司股权的个体或者公司被称为成员。成员受到运营协议的约束。[1] 这一点尤其重要,因为运营协议可以是书面的、口头的抑或默示的,这意味着创始人可能在无意中签订运营协议。[2] 因此,最为重要的是,创始人以运营协议为契机,明确定义如何处理公司存续期间可能出现的不同情况。运营协议通过定义如何优先考虑社会回报与成员收益,也可以

---

〔1〕 6 DEL. CODE ANN. § 18－101.

〔2〕 *Id*.

成为为实现慈善目的而组建的有限责任公司的工具。

由于创始人在很大程度上决定了运营协议中有限责任公司的治理，因此这是一个非常灵活的法律结构。在不存在替代协议的情况下，管理权根据所有者在有限责任公司收益中的权益比例而归属于该所有者。[1] 但是，在协议中，创始人可以选择以特定形式管理公司，或者将该职权委托给雇佣的管理者。如果聘用了管理者，则创始人可以选择成立一个董事会监督管理者。在任何情况下，有限责任公司都可以选择设立一个咨询委员会，从而提供关于增长与运营的有益见解。不过，这两种选项都不等同于公司所需的正式董事会。有限责任公司的一个益处是几乎不需要各种备案，而这使得它成为"精益企业"(lean businesses)的一个吸引人的选择。归根结底，由于运营协议是一份灵活文件，因此希望为特定目的而经营其企业的成员可以通过在运营协议中加入特定语言来实现这一目的。

税务

有限责任公司的一个关键特征是，作为合伙，它受益于选择单层缴税的选项。[2] 这意味着，虽然所有者必须在其个人所得税申报表中申报与支付其收益、增值、扣减、损失与贷记的税，但是，该公司的收益不需要单独纳税。[3] 与传统公司的双重缴税相比，这是一个明显优势，使其成为对小型企业而言的一个颇有吸引力的选择。尽管如此，在某些情况下，有限责任公司可以选择作为公司而缴税。例如，如果股东不希望被视为在某一特定州从事商业活动，那么公司在税收上可能获得有利的待遇。[4]

筹资

与公司一样，有限责任公司有资格以股权、债务或者项目相关投资的形式获得资本。但是，需要大量资本投资的社会企业家可能需要考虑，规模较大的投资者有时确实喜欢投资于更为正式的公司结构。

---

[1] 6 DEL. CODE ANN. § 18－402.

[2] *Id*. § 18－1107.

[3] MACCORMAC, ET AL., *supra* note 14, at 29; I. R. C. § 704(b) and Treasury Regulation § 1.704－1(b).

[4] MACCORMAC, ET AL., *supra* note 14, at 30.

低收益有限责任公司

非常适合主要是为慈善目的且寻求项目相关投资的营利—目的对立型商业模式的社会企业。

低收益有限责任公司是一种新型有限责任公司，旨在将社会企业的慈善目的提升到其收益之上。该形式的历史起源揭示了创设一个易于获得项目相关投资的结构的特定行动。其理念是，对低收益有限责任公司施加与国税局对项目相关投资相同的要求，从而使得低收益有限责任公司全面符合项目相关投资资格。[1] 尽管存在针对该声明的努力，但是，国税局迄今为止拒绝就低收益有限责任公司是否被推定具有项目相关投资资格的问题发表指导意见。

尽管如此，低收益有限责任公司依然在很多州继续存在。2008 年，佛蒙特州首次采用了这种形式，后来密歇根州、怀俄明州、犹他州、路易斯安那州、缅因州、罗得岛州、伊利诺伊州以及两个美国土著部落也采用了这种形式。[2] 这种形式的益处是与有限责任公司非常相似，而只有三个附加要求：(1)必须组织起来，以实现慈善目的；(2)创设低收益有限责任公司的主要目的不应当是积累财富或者赚取收益；(3)创设低收益有限责任公司的目的不应当是为了促进任何政治或者立法目标。[3] 这些附加特征使得低收益有限责任公司继续成为值得社会企业考虑的一个有价值的选择，这也许就是目前估计有超过 1 500 家低收益有限责任公司活跃在全国各地的原因。[4]

治理

低收益有限责任公司中最为重要的特征在于，它必须在其组织章程中明确指出它所服务的社会目的。这种路径反映了很多免税组织的做法。[5]

低收益有限责任公司与有限责任公司一样，主要依赖运营协议确定组织

---

〔1〕 低收益有限责任公司实际上是以《国内税务法典》第 4944 条 c 款为模型的，其有望获得国税局批准。

〔2〕 在 2010 年通过后，2014 年北卡罗来纳州废除了该法案。Anne Field, *North Carolina Officially Abolishes the L3C*, FORBES(Jan. 11, 2014), www.forbes.com/sites/annefield/2014/01/11/north-carolina-officially-abolishes-the-l3c/#6d132d4b3d7f.

〔3〕 VT. SAT. ANN. tit. 11, § 4162.

〔4〕 *What Is an L3C?*, INTERSECTOR PARTNERS, L3C, www.intersectorl3c.com/l3c(last visited August 28, 2017).

〔5〕 Cody Vitello, *Introducing the Low-Profit Limited Liability Company (L3C): The New Kid on the Block*, 23 LOY. CONSUMER L. REV. 565(2011).

将如何运行。但是，与福利公司不同，低收益有限责任公司不需要第三方标准测量社会影响力，也不需要公开报告其使命进展。在缺乏这些补充条件的情况下，问责制缺失为滥用提供了机会，这也许是国税局在项目相关投资问题上不置可否的原因。如果低收益有限责任公司不再满足其特殊目的要求，则它将自动恢复为有限责任公司，而非失去其实体地位。[1]

对于社会企业家而言，低收益有限责任公司依然存在一些关键性问题。例如，目前尚不清楚的是，低收益有限责任公司是否改变了成员或者管理者的信义义务，或者是否存在一定程度的回报会使得低收益有限责任公司地位处于危险之中。最为重要的是，对于进行项目相关投资的基金会而言，目前还不清楚何种投资回报水平不会使得基金免税资格陷入风险。[2]

税务

如上所述，除了全部有限责任公司享有的单层缴税待遇之外，低收益有限责任公司并未带来特殊益处。作为有限责任公司，低收益有限责任公司可以选择作为合伙抑或公司而缴税。

筹资

如前所述，获得项目相关投资是低收益有限责任公司背后的关键动力，但是，与任何营利公司一样，债务与股票发行仍是可选项。虽然美国国税局并未给予低收益有限责任公司天然的项目相关投资资格，但 2016 年，财政部采取措施，通过提供新的例子来阐明那些被允许的项目相关投资，以便更为全面地呈现关于基金会的投资机会场景。但是，其指南明确指出，无论是低收益有限责任公司身份，还是福利公司身份，都不能决定国税局是否会批准项目相关投资。[3] 众议院也有动议通过一项议案，要求国税局应当依申请而做出项目相关投资资格的决定。但是，目前，这一努力尚待时机。[4]

然而，作为一种非常通用的筹资策略，项目相关投资不应当被低估。社

---

〔1〕 Dana Brakman Reiser, *The Next Big Thing: Flexible Purpose Corporations*, 2 AM. U. BUS. L. REV. 55, 60(2012).

〔2〕 Keren G. Raz, *Toward an Improved Legal Form for Social Enterprise*, 36 N. Y. U. REV. L. & SOC. CHANGE 283, 298(2012).

〔3〕 Guidance to Private Foundations on Program-Related Investments, 26 C. F. R. Part 53(May 9, 2016), www. irs. gov/irb/2016-19_IRB/ar08. html.

〔4〕 S. 2313 Philanthropic Facilitation Act, 114th Cong. (1st Sess. 2015), www. congress. gov/bill/114th-congress/senate-bill/2313/text.

会企业实际上可以通过项目相关投资工具增加私人资本投资，比如来自一个具有次级贷款资质的基金会的贷款，而这意味着私人投资者将获得比该基金会更大或更早的回报。类似的分层投资允许低收益有限责任公司吸纳不同种类的投资者，从而使得社会企业可以从具有不同回报预期的政府、基金会与私人投资者那里获得资金。[1] 基金会也可以代表该公司而为私人投资提供担保。这些举措在一定程度上降低了投资的风险，从而促使更多的私人投资者对社会企业进行投资。

但是，针对营利公司的项目相关投资通常很少，因为确保这种公司符合国税局的项目相关投资标准是一个成本昂贵的过程。这种保证的实现方式是：从美国国税局获得私信裁定，从而宣布一个项目相关投资适格；或者，从外部法律顾问那里获得项目相关投资满足美国国税局要求的意见书。通常这两种策略是被同时执行的。当然，低收益有限责任公司与有限责任公司一样，也可以以债务与股权形式获得资本。

非营利组织

非常适合专门为慈善目的经营并且由捐赠者资助的公益型商业模式的社会企业。

非营利组织的法律形式是为那些在营利—目的光谱范围内更为接近目的一方的社会企业而设立的。非营利组织是根据州法创设的，并且，其运作方式与传统公司非常相似。而其关键区别只在于，非营利组织不以营利为目的或者通常并不纳税。非营利组织可以采取私人基金会或公共慈善组织的形式。一般而言，由于对私人基金会活动存在更为严格的限制，因此公共慈善组织更为可取。

治理

非营利组织根据其内部规章制度组织起来，并由董事会加以治理。与公司颇为类似，其内部规章制度在很大程度上决定了控制该组织及其管理者的结构与规则。董事负责大多数运营活动，包括招聘与解雇高级人员和管理者。值得注意的是，非营利组织创始人并非“所有者”，因此一旦失去董事会的支持，创始人就会失去对该组织的控制权。董事会的另一个重要目的是，

〔1〕 参见 Raz, *supra* note 53。

确保该组织的所有活动均符合其慈善目的。如果该组织偏离其目的,它很容易就会失去免税资格。

非营利社会企业所面临的一个关键问题是,需要确保该组织不提供“私人利益”或者参与谋利。当非营利组织被视为提供了服务于私人利益的非附带利益(non-incidental benefits)时,则会被认定为提供了私人利益。[1] 这是一个事实性的判定。[2] 例如,对该组织的密切控制,可能足以让国税局发起进一步调查,并要求提供明确的证据证明该组织并未服务于私人利益。[3] 私人利益也未必会涉及资金流动;向营利组织提供其所需购买的服务也可被视为给予私人利益。[4] 禁止私人牟利的规定源于《国内税务法典》501(c)(3)的规定,即“净收益的任何部分均不属于任何股东或私人的利益”[5]。国税局认为,牟利属于私人利益的子集,其涉及资金的非正当支付。[6] 这类活动显然会危及该组织的免税资格。

鉴于这些要求,不足为奇的是,非营利组织也被要求遵守有关透明度的严格规定。它们必须每年提交一份详细的纳税申报表——“990 申报表”——从而披露资产、收益、支出与高级雇员薪酬,所有这些都将在网上公开并可免费获取。[7]

税务

为了获得联邦免税资格——非营利组织的主要特征,它必须提交一项“1023 申请表”(1023 application)。一旦申请获得批准(可能需要一年时间),该组织就不必为其收益缴纳任何税款。但是,这种批准只适用于与该组织实现其慈善目的有关或者有助于该组织实现其慈善目的的收益。这一要求可能对寻求赚取收益的社会企业构成挑战。其原因在于,当非营利组织从与其慈善目的不相关商业活动中获得收益时,它通常不会失去免税资格,而是需要对该收益缴税。这种税被称为营业外收入税。其界限划分可能颇为棘手,

---

[1] 在美国运动学院诉税务局局长[American Campaign Academy v. Commissioner,92 TC 1053,1069(1989)]一案中,税务法院将私人利益定义为“授予为私人利益服务的非利害关系人的非附带利益”。参见 Andrew Megosh et al.,*H. Private Benefit Under IRC* 501(*c*)(3),2001 EO CPE TEXT,www.irs.gov/pub/irs-tege/eotopich01.pdf。

[2] Megosh et al.,*supra* note 57.

[3] *Id*.

[4] *Id*.

[5] I.R.C. § 501(c)(3).

[6] Megosh et al.,*supra* note 57.

[7] Jim Fruchterman,*For Love or Lucre*,9 STAN. SOC. INNOV. REV. 42,45(Spring 2011),www.ssireview.org/articles/ entry/for_love_or_lucre.

并且，需要在规划阶段尽早加以考虑。例如，女童子军（Girl Scouts）在2015年的销售额约为7.76亿美元[1]，但是，它却能够令人信服地证明，创收活动是其核心目的的组成部分。由于女童子军是一个教导女孩成为领导者与未来企业家的组织，因此，它的饼干销售活动不仅是在财务上支持其使命，还直接有助于该组织所努力实现的社会影响力。

众所周知，非营利组织的捐赠者可以获得个人免税。

筹资

非营利组织可以接受捐赠与资助、项目相关投资与借款，但不能发行股票。作为一个由董事会控制而用来实现社会福利的组织，任何人都不能享有该非营利组织的所有权。对非营利组织而言，融资的最大优势在于它们往往会获得大量的项目相关投资，因为其资质是毫无疑问的。如果公益与政府资助将成为社会企业收益流的重要组成部分，则该社会企业最好以非营利组织形式组织。[2]

串联结构

当一个社会企业将营利—目的对立型商业模式或营利—目的一致型商业模式与公益型商业模式相结合时，它被认为是一个串联结构（tandem structure）——两者相互关联的营利实体与慈善性非营利实体。对于适合的企业而言，这种串联结构可以成为一个既获得公益资本又产生市场收益的巧妙解决方案。但是，这种灵活性是有代价的。串联结构提出了一些具有挑战性的法律问题。例如，(1)建立程序，以避免非营利组织向营利企业或者其他个体提供任何被禁止的私人利益或超额利益；(2)将企业活动与慈善组织活动分开；以及(3)确保非营利组织并非为了营利实体利益而运营。[3] 这些问题中的任何一个都可能导致针对获取超额利益者的高税负以及/抑或非营利组织免税资格的丧失。

串联结构并非是一个简单的解决方案。它们在本质上是复杂的，并且，有时会颇为烦琐。其所涉及的行政负担与法律费用使其不受大多数社会企

[1] Jen Wieczner, *Here's What's Helping Girl Scouts Sell More Cookies*, FORTUNE. COM(Dec. 8, 2015), http://fortune.com/2015/12/08/girl-scout-cookies-buy-online/.

[2] Fruchterman, *supra* note 63.

[3] 参见 Robert A. Wexler, *Effective Social Enterprise — A Menu of Legal Structures*, 63 EXEMPT ORG. TAX REV. 569(June 2009)。

业家的欢迎,尤其是那些刚开始时预算有限的企业家。串联结构需要密集的规划、协调、时间、资源与法律咨询。[1]

兄弟姐妹型串联结构

在"兄弟姐妹型"串联结构中,各组织通过契约松散地联系在一起,但不存在母子型关系。这两个实体通常签订许可协议、服务协议、资源共享协议抑或其他协议。董事会成员与执行管理团队之间通常会存在一些重叠。[2]

这种结构的益处是,两个组织都有自己的董事会与执行管理层。营利组织的雇员成本可以用该营利组织的资金填补,而不必担心"超额利益"规则。这减少了对激励机制与公平补偿的关切。[3]

但是,每个实体都必须与另一个实体保持各自的独立性,以确保公平交易。然而,这可能使得运作协调、激励一致性与任务一致性变得颇为复杂抑或根本不可能。从非营利组织的角度看,与营利组织达成的任何协议都必须以公平的市场价值进行,并且/或者促进该非营利组织的慈善目的。相反,营利组织必须与非营利组织签订免费抑或低于市场价值的协议。[4]

母子型串联结构

在母子型串联结构中,非营利组织持有营利性子公司的部分或全部股权,从而维持对营利性子组织的部分或全部控制权。需要注意的一点是,由于非营利组织并无所有者,因此营利组织不可能拥有传统意义上的非营利子组织。

母子型结构下通常为其营利组织选择公司,而非有限责任公司形式。公司结构带来的风险较小,因为就联邦税收而言,其活动不属于持有该公司股票的慈善组织。但是,如果慈善组织持有一家"单层缴税"的组织的股权,则美国国税局可能会将该营利组织的活动视为该非营利组织的活动。而这可能会使得后者的免税资格面临风险,因为非营利组织从事大量的非免税活动。

---

〔1〕 *Organizational Structure*, STAN. SOC. ENTREPRENEURSHIP hub, http://sehub.stanford.edu.ezp.lib.unimelb.edu.au/node/145(last visited Aug. 30, 2017) [hereinafter STANFORD ENTREPRENEURSHIP HUB].

〔2〕 Ingrid Mittermaier & Joey Neugart, *Operating in Two Worlds: Tandem Structures in Social Enterprise*, PRAC. TAX LAW 6(Fall 2011).

〔3〕 STANFORD ENTREPRENEURSHIP HUB, *supra* note 67.

〔4〕 *Id.*

如果营利性子组织是营利—目的对立型商业模式，则社会企业应当考虑将其建构为福利公司、社会目的公司或者低收益有限责任公司；而如果是标准公司或者有限责任公司，则应当制定使命保护条款。

治理

非营利与营利公司的最高权力机构是董事会。因此，任命/罢免董事会成员与控制董事会组成的权力是关键的治理问题。

为了避免被制裁与丧失免税资格，非营利组织应当制定并遵循明确的利益冲突政策。这些利益冲突政策应当要求充分披露可能导致董事选择其私人利益而非组织利益的任何（财务或其他）利益冲突，并要求存在利益冲突的董事退出对该事项的探讨或表决，以允许无利害关系的董事做出不受利益相关董事影响的决策。[1] 非营利组织董事会中无利害关系的成员必须是理解其独立信义义务的个体，而不仅仅对营利组织创始人的决策予以机械式同意。[2] 投资者，特别是传统风险投资者，习惯于把在董事会中占有一席之地作为控制公司的手段，并以此确保其利益得到追求。但是，投资者必须明确的一点是：他们并未控制，也不能控制该企业，或者从该企业免税方面受益。

（1）兄弟姐妹型结构。兄弟姐妹型模式的一个核心治理问题是，董事会/执行管理层的重叠。董事会的高度重叠会加剧这两个实体可能会受到的审查，无论是国税局还是州慈善监管者，因为这种结构可能被视为是一个潜在避税计划的指标。因此，这两个实体之间的所有交易都必须仔细记录，并且具有正当性。因此，在构建组织结构时，尽可能减少附属实体领导层的重叠，可能符合非营利组织最优利益。

营利组织董事会与非营利组织董事会应当按照各自的治理模式行事，但是，每个董事会还需要注意串联结构所施加的对立性。这两个董事会可能需要投入特殊资源来管理和解释合同。任何重叠的董事都可能需要回避某些决策项目。[3]

（2）母子型结构。在母子型串联结构中，每个实体（如果作为公司组织）都具有自己的董事会，并由不同的首席执行官或执行董事领导。一些串联结构在董事会成员与可能的执行管理层之间存在一定程度的重叠，以保持组织

---

〔1〕 Wexler, *supra* note 66, at 575.

〔2〕 *Id*. at 576.

〔3〕 STANFORD ENTREPRENEURSHIP HUB, *supra* note 67.

的一致性。并且，在很多情况下，营利性子组织的非营利组织"所有者"保留了对填补该营利组织董事会席位相当一部分的控制权。如果子组织依然为非营利组织完全所有，并且并无内部人员从这种关系中获得任何利益，那么这种重叠可能不会引起监管部门的关注。[1] 但是，一旦营利组织接受了外部投资，则非营利组织必须警惕，以确保：任何从非营利组织流向营利组织的利益都是在"公平交易"与"公允市场价值"的基础上产生的。在这一点上，董事会成员与高级人员的重叠可能会破坏"公平交易"的要求。

这两个法律实体通常也应当以各自独立的结构运作。如此一来，在一个实体面临诉讼时，另一个实体将不会因此而遭受资产损失。公司程序性规定必须得到遵守，这包括雇员、董事会与委员会的单独会议、单独的会议记录以及避免资产混同。[2]

与兄弟姐妹型串联结构一样，当考虑两个实体之间的交易时，任何能够影响慈善组织的决策者，如果与营利组织具有利害关系，则必须披露该利害关系，并尽可能回避决策商讨，以便该交易由非营利组织无利害关系董事决定是否批准。[3]

税务

免税组织通常不为其免税目的相关活动所得的任何收益纳税。但是，当非营利组织从与慈善目的不相关商业活动中获得收益时，它通常需要按净收益缴税。如前所述，这种税被称为营业外收入税。

对于大多数组织而言，营业外收入是来自定期经营的贸易或业务的收益，与作为该组织免税基础的慈善、教育或者其他目的并无实质性关系。由于非营利组织可以从事多少不相关的商业活动通常是有限制的，因此建立一个公司作为该非营利组织的纳税子公司可以使得该组织在不受此限制的情况下产生收益（尽管公司税通常适用于其营利组织的净利润）。[4] 但是，如果子公司作为一个单层缴税实体（有限责任公司或者 S 公司）而成立，则该营利组织的不相关商业活动会转移给其母非营利组织，并且，可能产生受营业外收入税约束的应纳税收益，从而增加非营利组织的税收负担；并且，如果不相关商业活动是实质

---

〔1〕 STANFORD ENTREPRENEURSHIP HUB, *supra* note 67.
〔2〕 Mittermaier & Neugart, *supra* note 68, at 10.
〔3〕 *Id*. at 8.
〔4〕 STANFORD ENTREPRENEURSHIP HUB, *supra* note 67.

性的，则这可能会危及该非营利组织的免税资格。在一些裁定中，美国国税局表示：如果子组织董事由太多母慈善组织董事或者高级人员组成，则国税局并不愿意将营利性子组织的活动视为独立于母非营利组织的活动。[1]

如果非营利组织对其营利性子组织拥有超过50%的控制权，则对于那些从营利组织转移到慈善组织的原本无须缴税的被动收益流（如租金、特许权使用费、资本收益与利息），需要由慈善组织缴税。当非营利组织对其营利性子组织享有超过50%的股份时，它还必须披露关于该营利组织（有时还包括其雇员）的（原本无须公开的）信息。[2]

非营利组织必须注意的是：不应当与美国国税局认为是向慈善组织内部人士提供被禁利益的营利实体进行任何交易。[3]

还需要注意的是，私人基金会（区别于公共慈善组织）被禁止参与私人基金会与某些内部人士之间的很多金融交易（包括那些可能以公允市场价值进行的交易），例如租赁或许可协议，除非它们属于例外情况。对于公共慈善组织而言，这些规定稍显宽松，但是，依然禁止慈善组织与任何有能力对慈善组织施加实质性影响者之间进行"超额利益交易"(excess benefit transactions)。这些规则还禁止非营利组织利用其资产向个体或实体提供任何如下私人利益：这些利益与促进该组织的豁免目的无关，并且已经超过了附属性的程度。但是，在某些交易中，如果非营利组织遵循了特定程序，包括认真地开展尽职调查与让无利害关系的董事事先批准一项交易，则该交易可能被认为是合理的，从而将证明该交易属于超额利益的责任转移给国税局。[4]

一旦非营利组织取得资产所有权，则很难将该资产从该非营利组织中转移出去，这被称为"资产锁定"。非营利组织将资产转移给营利组织（包括相关组织）的前提是：这种转移符合慈善组织最优利益，符合对该资产所施加的任何目的限制，并且通常它应当获得公允的市场价值。对于选择清算或者处置其资产的营利组织，将面临与清算相关的税收，如资本利得税。[5]

资本

串联结构的潜在优势是，可以同时获得公益资本与投资资本，尽管这些

---

[1] IRS Priv. Ltr. Rul. 95—42—045(July 28,1995)(cited in Mittermaier & Neugart, *supra* note 68, at 9).

[2] I.R.C. § 512(b)(13)(D).

[3] Mittermaier & Neugart, *supra* note 68, at 11—12.

[4] *Id*. at 12.

[5] *Id*. at 11—12.

资本被用于不同的法律实体中。如果结构合理，则对这两种资本来源的获取可以成为一个组织的催化剂。由于串联结构处于商业与慈善之间的灰色地带，因此它们不容易得到风险资本家或者公益基金会的资助，并且，有时会发现自己被困在两个融资世界之间。〔1〕

在串联结构中，非营利组织（如果获得免税资格）通常有资格获得慈善资助与捐赠，同时，捐赠者通常会获得个人减税待遇。由于非营利组织并无所有者，因此它不会接受针对该组织的股权投资。但是，非营利组织可以获得贷款。串联结构中的营利企业可以从天使、风险资本与机构投资者那里筹集到不受限制的资金，并获得贷款。

结　语

我们使用该框架来作为指南。并不存在用来构建社会企业的一刀切式的解决方案。使用商业模式驱动型的路径将有望提供一个很好的起点，从而帮助社会企业家及其律师权衡最优选择。需要注意的是，形式遵从功能。

〔1〕 Michael Blanding, *Entrepreneurs and the "Hybrid" Organization*, FORBES. COM(Aug. 12, 2013), www. forbes. com/sites/hbsworkingknowledge/2013/08/12/entrepreneurs-and-the-hybrid-organization/#632b7db662ae.

第五部分

信义义务

社会企业中的信义义务
社会企业中的管理义务
审判公共福利公司

第十八章　社会企业中的信义义务

安德鲁·S. 戈尔德　保罗·B. 米勒

引　言

社会企业对世界市场经济与社会经济的贡献由来已久。但是，毫无疑问，人们对社会企业的潜力具有了新的热情，以促进对社会与经济福祉的一体化追求，进而促进更为广泛的社会与市场经济一体化。[1] 这种热情在美国与国际上促成了重大的法律改革活动。我们正处于一个令人兴奋的组织法律形式的实践时期，其中很多公司与信托被有意地加以调整，从而供社会企业所用。[2] 那些致力于立法改革者的希望是，这些调整的形式中的一种或多种将被证明能够有效回应在促进公众对社会企业的兴趣与支持方面的挑战。

很难说这些预期的利益能否会得到实现。一些人质疑，鉴于现有的组织形式——在不同程度上——允许共同追求公共(社会)与私人(经济)回报，是否有必要加以调整。[3] 而我们在本次争论中并不偏袒任何一方，而是在推进中的法律改革努力场景下解决一个组织设计难题。这个难题就是，是否以及(如果是，则)如何调整信义义务，以适应社会企业的混合性质。

迅速发展的关于社会企业的文献倾向于认为这个事项在理论、规范与实

---

〔1〕 例如，参见 KYLE WESTAWAY，PROFIT AND PURPOSE：HOW SOCIAL INNOVATION IS TRANSFORMING BUSINESS FOR GOOD(2014)。

〔2〕 Dana Brakman Reiser，*Theorizing Forms for Social Enterprise*，62 EMORY L. J. 681，703 (2013).

〔3〕 Brian Galle，*Social Enterprise：Who Needs It?*，54 B. C. L. REV. 2025(2013)；Carol Liao，*The Next Stage of CSR for Canada：Transformational Corporate Governance，Hybrid Legal Structures，and the Growth of Social Enterprise*，9 MCGILL INT'L J. SUST. DEV. L. & POL'Y 53(2013).

践层面存在严重问题。[1] 在理论层面，信义义务被认为是有问题的，因为社会企业的日常管理需要对营利与以牺牲收益为代价的目的给予分裂的关注与忠诚，而这与假定的对单个人或特定目的不可分割的忠诚的信义理想并不一致。在规范层面，信义义务被认为是有问题的，因为任何适合社会企业混合特征的内容表述似乎只会扩展管理者享有的自由裁量权，并且削弱问责制。在实践层面上，人们担心较弱的信义规范会增加社会企业中的代理成本（相对于那些专属于营利组织或非营利组织中的代理特征）与/或损害公众对社会企业诚信的信心。

在本章中，我们认为，这些问题中的每一个都被夸大了。同样，我们表明了混合体是其他信义关系的一个共同特征，并且，事实上，混合体所产生的决策紧迫性反映了受到信义管理的组织内外实践推理中的常见挑战。

在第二部分中，我们解释了信义混合体以及它与单一信义性授权（fiduciary mandates）和信义关系（fiduciary relationship）的区别。我们还表明，混合体非但不是社会企业所独有的，而且在一系列信义关系与机构中相当普遍。在第三部分中，我们解释了为社会企业设计的新法律组织形式，包括福利公司与社区福利公司，是如何实现这一混合体的。我们还注意到，在采用传统单一型形式的组织中，混合体是如何非正式地实现的。虽然我们的核心主张是信义管理的问题被夸大了，但是，在第四部分中，我们解释了为何混合体颇为重要，以及它是如何影响信义管理的。在第五部分中，我们探讨了自由裁量权在信义管理中的价值，并且，表明了如何理解和应对与社会企业中信义混合体相关的挑战。我们还建议，特别是在发展针对社会企业的新组织法的初期，允许与/或鼓励在社会企业组织内进行治理形式试验比那些严重限制受信人自由裁量权并因此可能抑制试验的立法选择更为可取。

问题：混合体、冲突与优先性

如前所述，社会企业通常被视为对信义管理提出了独特——并且，具有

〔1〕 例如，参见 J. William Callison, *Putting New Sheets on a Procrustean Bed: How Benefit Corporations Address Fiduciary Duties, the Dangers Created, and Suggestions for Change*, 2 AM. U. BUS. L. REV. 85(2012)；Dana Brakman Reiser, *Blended Enterprise and the Dual Mission Dilemma*, 35 VT. L. REV. 104(2010)；John Tyler, *Negating the Problem of Having "Two Masters": A Framework for L3C Fiduciary Duties and Accountability*, 35 VT. L. REV. 117(2010)。对于分歧的看法，参见 Brett H. McDonnell, *Committing to Doing Good and Doing Well: Fiduciary Duty in Benefit Corporations*, 20 FORDHAM J. CORP. & FIN. L. 19(2014)。

独特挑战性——的问题。[1] 这些问题反过来又反映了社会企业独特的混合特征。[2] 从组织目的的角度看，混合体是营利性（私人性的个人福利增进型）与非营利性（公共性的社会福利增进型）目标的混合功能。在信义管理的框架下，混合体被认为对如下情况构成了挑战：清楚地阐明规范，从而充分确定对这两种目标的忠诚期待。尽管它们通常是相互一致的，但是，营利目标与非营利目标之间冲突的现实前景可能会引发重大问题。

当明显的冲突无法解决时，受信人必须在目标之间做出权衡。很多人担心：这本身就存在问题（因为不应当由受信人来决定他们所同意追求的目标之优先项），或者，法律并未使得受信人具备以原则性且可预见的方式应对这些权衡挑战的能力。[3] 如果法律并不禁止或充分约束面临需要优先选择与权衡的受信人，则其结果将是（1）不当地扩展不忠诚行为的范围；（2）减少问责制；以及（3）减少公众对社会企业的信任。

在下文中，我们质疑了很多为社会企业中的这一信义管理特征提供依据的假定。我们从一个简单的出发点探讨：声称混合体是异常的或者是为社会企业所独有的。为了解决这个问题，我们首先解释并区分单一型与混合型信义关系。然后，我们考虑——并最终驳斥了——社会企业中的混合体是异常的这一观点。正如我们所解释的，混合体实际上是比较普遍的。认识到这一点是颇为重要的，因为如此行事可以让人们更好地了解混合性授权下信义决策的紧迫性，以及法律如何适应这些紧迫性。

基准：单一型信义关系

大多数信义关系都是单一型的。换言之，它们属于两大宽泛的关系类型之一。我们在之前关于信义治理的论文中解释了这些类型及其特征，并且，在这里进行了总结。[4]

首先是服务型（service-type）信义关系。服务型关系是指，受信人根据服务授权（a mandate of service）而为特定受益者或特定类别受益者的利益行事的关系。这类信义关系（例如，医生与病患、父母与子女、代理人与委托人、受

---

〔1〕 各种观点参见 *supra* note 4 引用的来源。

〔2〕 参见 Brakman Reiser，*supra* note 4。

〔3〕 参见 *supra* note 4。

〔4〕 Paul B. Miller & Andrew S. Gold，*Fiduciary Governance*，57 WM. & MARY L. REV. 513，519－27（2015）.

托人与受益者)被恰当地理解为一种服务型,不仅是因为受信人在为其受益者的目的服务时行使其权力,并且还因为其授权所定义的方式。正如我们中的一位在其他地方所解释的,信义关系以受信人接受授权为基础,该授权使得受信人获得了促进他人目的的自由裁量权。[1] 服务型授权与其他信义性授权的区别在于,该授权的目标(因此,信义关系的目的)是根据单个受益者特定利益或者特定类别受益者共同利益而界定的。

受信人所获得的这一授权规定具有两方面的法律意义。首先,它规定了受信人在该授权下可以对其受益者所主张的权力范围。受信人权力仅延伸至可以被合理地理解为旨在推进托付给该受信人的那些利益的行为。其次,它明确了信义责任的结构。根据服务型授权而行事的受信人是其各自受益者的受信人,并且,其对受益者的责任是通过双边权利与义务的方式确定的。

部分因为很多知名的信义关系属于服务型信义关系,所以,人们通常认为,信义关系、义务与救济措施只适用于这类关系。因此,人们普遍认为:全部信义关系都存在受益者,信义义务以相关的个人请求权为前提,违反信义义务是一种只有通过直接个人救济才能予以证明的民事过错。但是,相对于第二种宽泛的信义关系类型,即治理型(governance-type)关系,上述每一点都是不恰当的。

治理型信义关系存在的场景是:受信人根据授权而为了促进某些抽象目的而开展活动。这些目的是颇为抽象的,其抽象性在于:它们无法通过参照抑或还原为特定人或者特定类别者的利益来界定。治理型关系在机构(包括各种公共与私人组织)的信义管理中最为常见。因为治理型授权并不存在受益者,所以相关的信义关系并非人际关系性的,而是机构性的;它们通常被理解为在受信人与机构或组织(例如,公司、基金会或者慈善组织)之间加以建构。关于治理型关系的无争议例子包括:受信人与基于慈善信托而加以管理的慈善组织之间的关系,以及董事与特殊目的公司(通常是政府为追求特定政府目的而创设的上市或准上市公司)之间的关系。

与服务型关系一样,治理型关系的属性至少在两个方面具有法律意义。首先,由于受信人的授权是以抽象(通常是模糊不清或者有多重含义的)目的界定的,因此,在治理型授权下行事的受信人往往比在服务型授权下行事的

[1] Paul B. Miller, *The Fiduciary Relationship*, *in* PHILOSOPHICAL FOUNDATIONS OF FIDUCIARY LAW(Andrew S. Gold & Paul B. Miller eds.,2014).

受信人享有更为宽泛的权力(包括因此享有的更为宽泛的自由裁量权)。其次,由于治理型授权缺乏受益者,因此,信义责任的结构有所不同。受信人依然受到一系列为人熟知的信义义务约束,但是,这些义务并不针对的是受益者或者任何其他享有个人相关请求权的个体。相应地,构成这些授权之特征的义务通常由负责保护该组织或机构目的者执行。

偏离基线:信义混合体

典型的信义关系是一种单一的服务型关系。很多经典的信义关系类别——例如,代理人与委托人、受托人与受益者——在根据惯常方式建构时,都符合这一模式。而诸如慈善信托等类型,则是一种治理型关系。但是,并非全部信义关系都是单一型的。有些是混合性的;反过来,社会企业内部的一些(但并非全部)关系就是信义混合体(fiduciary hybridity)的例证。

最近关于社会企业中信义义务的描述令人困惑地表明,混合体是受信人在社会企业中服务于"两个主人"的一种功能。[1] 这使得人们想起那些长期以来基于忠实的规则,该规则禁止受信人服务于"两个主人"(该规则禁止受信人执行为一个受益者提供服务的如下授权:与他们执行该授权相关的信义义务可能与之前执行另一个受益者的授权相关的信义义务发生冲突)。[2] 但是,这种框架是具有严重误导性的。信义混合体不是关于受信人执行两项可能产生冲突性要求的授权的问题。面临双重授权问题的受信人受到第一次授权所产生的忠实义务约束;并且,如果受信人要通过执行后续授权来服务于"两个主人",则其必须首先获得两组受益者的知情同意。

相反,信义混合体出现的情况是:一项特定授权兼具服务型与治理型双重要素。这些要素之所以在单一授权中并存,是因为该授权的目的或目标被解释的方式。混合体意味着,一项授权具有多个目标。其中一个或多个目标将根据已确定的受益者利益界定。就这些目标而言,该授权的这一部分属于服务型。但是,该授权的其他目标将是抽象(通常公共导向型)目的。该授权中与这些目标相关的部分将属于治理型。由于这项授权是作为一个整体而被承担与执行的,因此必须将其理解为具有混合性质。在这种情况下,受信人必须既为已经确定的受益者利益服务,同时又必须促进实现某个抽象目的

[1] 参见 Brakman Reiser, *supra* note 4; Tyler, *supra* note 4。

[2] 参见 MATTHEW CONAGLEN, FIDUCIARY LOYALTY: PROTECTING THE DUE PERFORMANCE OF NON-FIDUCIARY DUTIES(2010)。

抑或一组目的。

同样,尽管服务型与治理型信义关系的存在——以及它们之间冲突的可能性——使得我们很容易将混合性授权解读为冲突性授权,但是,我们必须认识到,混合体涉及不同的内容。它反映了这样一个事实:受信人可以被要求——换言之,可以被授权或被许可——在单一授权下追求多个目的,并且其中一些目的可能在性质上并不相同。如下做法的原因是可以被理解的:受信人可能会得到混合性授权,或者,虽然获得单一授权,但是,该受信人根据该授权,需要追求多个不存在先后次序(因此表面上同样重要)的目的。正如社会企业一样,我们可以从更广泛的意义上认为,给予授权的期望是,该授权的不同目标之间通常会有趋同或相互一致性;这些目标的趋同或一致性是一种应当通过该授权予以追求的正向福利;并且,相信受信人在这种趋同或一致性期望破灭时可以维持恰到好处的平衡。

混合体异常吗?

将服务与治理要素结合起来的这一授权观念可能看起来有些异常。事实上,一些学者关于信义关系的论述默示性地排除了混合体。我们不妨考虑一下认为信义关系是被托付权力的人际关系的塔玛尔·弗兰克尔(Tamar Frankel)的以下评论:

> 因为受信人必须将托付给他们的权力仅用于一个目的,即向施信人(entrustor)提供服务,所以将最高道德价值归于该目的会鼓励受信人自愿遵守之。[1]

弗兰克尔的叙述体现了一种更为普遍的趋势,即根据服务型关系的特征分析所有信义关系。弗兰克尔认为,所有的信义关系都以受信人为了施信人或受益者利益而行使被托付的权力为特征。她还认为,受益者对受信人忠实度的要求高于相互竞争的道德要求。[2] 弗兰克尔对信义关系与忠实的观点表明,在特定信义关系范围内,受信人总是对其受益者负有完全与不可分割的忠实义务。但是,弗兰克尔承认:

---

〔1〕 Tamar Frankel, *Fiduciary Law*, 71 CAL. L. REV. 795, 831(1983).

〔2〕 尽管我们对这种观点是否完全正确持怀疑态度,但是,忠实义务很有可能会在个案中胜过相互竞争的道德主张(与法律主张)。关于忠实义务排除侵权法环境中其他潜在竞争性主张的案例的有益探讨,参见 John C. P. Goldberg & Benjamin C. Zipursky, *Triangular Torts and Fiduciary Duties*, *in* CONTRACT, STATUS, AND FIDUCIARY LAW 239(Paul B. Miller & Andrew S. Gold eds., 2016)。

对这种关系的目的之道德强调也会遇到困难与批评，这一点得到了关于公司社会责任的论点以及关于律师对法律执行保持忠诚的竞争性主张的证明。[1]

这种概念化信义关系的方式无法轻而易举地解释信义性授权的现实复杂性(以及，在很多情况下，真正的混合体)，以及受信人在行使这些授权时所面临的竞争性的道德与法律要求这一事实。至于行使复合性授权的挑战是如何影响受信人行为的，则属于一个经验问题。如果受信人感到受到外在社会或道德规范驱使，而不得不推进那些普遍道德关切事项，则为特定授权而规定一个界限明确的目标，可能会导致相反的激励，打击受信人自愿遵守目标的信心。无论如何，信义混合体显然不是反常的。

我们不妨考虑一下弗兰克尔所强调的例子：律师与客户的关系。律师通常是客户的受信人。[2] 如何最好地理解这种关系是一个具有争议的问题，但是，律师是受信人这一点已经得到广泛接受。律师通常也被认为对其客户以及司法制度负有信义义务。例如，在内布拉斯加州记者协会诉斯图尔特(Nebraska Press Association v. Stuart)一案中，布伦南(Brennan)法官认为："法院全体人员与律师负有信义义务，不参与那些会给被告造成不利抑或妨碍公正司法的公开争论。"[3]布伦南的言论意味着，律师之授权的这一通常理念具有混合性质。

监护人与被监护人的关系是另一种典型信义关系，并且，它也可以被理解为是使用一项兼具私人与公共目的的授权。监护人接受国家的授权，并且，在行使其权力时，受到国家监督以及经由法院系统的控制。监护人需要对国家负责，因为他们的决策权来源于国家授权。因此，令人印象深刻的是，公共目的默示性地正当化了国家对被监护人的权力主张。与此同时，监护人行使其相对于个别被监护人的授权，并应当根据被监护人的偏好或者最优利益行事。因此，监护人与被监护人之间的关系似乎具有混合性特征。这一解释与劳伦斯·弗罗利克(Lawrence Frolik)的以下评论一致：

监护人对法院与被监护人的双重义务表明，基于这些分裂的忠实，监护人并非是"纯粹"的受信人。如果受信人的基本信条是忠实，则监护人就是一

---

〔1〕 参见 Frankel, *supra* note 12。

〔2〕 关于最近律师作为受信人的描述，参见 Alice Woolley, *The Lawyer as Fiduciary: Defining Private Law Duties in Public Law Relations*, 65 U. TORONTO L. J. 285(2015)。

〔3〕 427 U. S. 539, 601 n. 27(1976)(Brennan, J., concurring).

种独特的受信人，因为监护人的忠实不仅适用于被监护人，而且适用于社会以及或许其他可识别的个体。[1]

至于公共性的信义关系，行政机关也可以被理解为是基于混合性授权而进行管理。[2] 正如我们在之前的论文中所指出的，联邦机关可以被解释为在治理型授权下运作的受信人。[3] 另一方面，埃文·克里德尔（Evan Criddle）认为，联邦机关也可以被理解为是对其所管理的法定计划受益者负有忠实义务的受信人。在这种情况下，它们的授权具有服务型要素。[4] 在特定机关被授权服务于私人与公共目的的这一范围内，其授权具有混合性质。[5]

社会企业中的信义混合体

社会企业通常被笼统地描述为混合性组织形式。事实上，正式混合体只是社会企业的一种或有属性（contingent property）。根据组织形式的选择以及组织目标的特定化方式，特定社会企业可以是混合型抑或单一型。事实上，如果该组织是在一个拒绝股东至上的某地区的常规公司，则它很容易被解释为单一型与治理型。[6]

即使缺乏新法，那些明确接受利益相关者或更为宽泛的公司目的理念的地区也为社会企业提供了肥沃的土壤。它们之所以如此行事，正是因为公司目的的宽泛的公共导向型路径为复合型或者多目标的组织提供了空间。虽然这些地区通常并不强行规定公共导向型公司目的，但是，它们为那些自愿为这些目的做出重大承诺的企业家与高级人员提供了安全港。

---

[1] Lawrence A. Frolik, *Is a Guardian the Alter Ego of the Ward?*, 37 STETSON L. REV. 53, 58 (2007).

[2] 我们还要指出，如果国家本身被视为受信人，则它也可能具有混合性授权。例如，我们不妨考虑这样一种观点，即国家是公民的受信人，同时也是地球上人类的受信人。参见 EVAN J. CRIDDLE & EVAN FOX-DECENT, FIDUCIARIES OF HUMANITY: HOW INTERNATIONAL LAW CONSTITUTES AUTHORITY 266－67(2016)。该文发展了这一观点。根据这一构想，承担这种义务的国家可能涉及混合特征。

[3] 参见 Miller & Gold, *supra* note 8, at 570－73。

[4] 有关克里德尔以信义法理对行政法的详细说明，参见 Evan J. Criddle, *Fiduciary Administration: Rethinking Popular Representation in Agency Rulemaking*, 88 TEX. L. REV. 441(2010); Evan J. Criddle, *Fiduciary Foundations of Administrative Law*, 54 UCLA L. REV. 117(2006)。

[5] 需要注意的是，并非所有涉及公共与私人利益的环境都涉及混合性。在某些情况下，增进被监管方利益的行动可能是促进公共目的行动的一个组成部分。参见 Miller & Gold, *supra* note 8, at 572－73 n. 199。

[6] 例如，在加拿大，公司董事被给予一项专门根据宽泛公司目的界定的授权，而这一授权又是参照各种利益相关者与公共利益考虑因素制定的。因为这种公司目的之路径明确地请求——实际上，授权——董事在确立公司利益时具有公共意识，所以这里的信义性授权可能被解释为一种治理型。

鉴于社会企业在缺乏嵌入正式混合体的便利性立法的情况下蓬勃发展,人们应当质疑社会企业需要正式混合体的这一普遍观点。我们认为,将社会企业定性为涉及混合目的更为准确。社会企业可以采用一种新型的混合性组织形式,也可以在常规组织形式下通过单一型信义管理追求混合目的。

在这些附加说明的基础上,在接下来的内容中,我们简要地探讨了社会企业法中正式混合体的趋势。然后,我们将这一现象置于具体场景中加以探讨,并将其与单一型组织中的非正式混合体比较。

法律形式的混合体:新混合组织形式

为了促进社会企业的扩展,立法者已经尝试为社会企业发展新的组织形式。虽然法律改革已经进行了数年,但可以肯定的是,我们依然处于摸索阶段;并且,尚无就社会企业最优组织形式达成共识或融合的迹象。即便如此,也存在将混合体正式化(即通过立法规定巩固)的倾向。这是通过对一般组织目的的立法规范与/或对信义义务的新规范实现的。[1]

我们不妨首先考虑一下共益实验室所推动的颇具影响力的示范福利公司立法。关于第一条立法规定(确立该示范立法的范围与效力)的评论清楚地表明了起草者在巩固组织混合体从而区分福利公司与常规公司方面的普遍兴趣:

> 本章所授权的商事公司组织形式为企业家与投资者提供了创设与投资如下企业的选项:该企业经营的目标比股东价值最大化更为宽泛,并且,其有意识地承担了最大化全部利益相关者(而不仅仅是股东)利益的责任。[2]

共益实验室的示范立法通过关于公司目的与董事信义义务的规定,将混合体正式化。就公司目的而言,该立法假定(但未具体说明)一个私人性的营利目的,但是,同时规定了一般公共利益目的[3],并且,允许规定特定公共利

---

〔1〕 在很多情况下,起草者的最高目标似乎是巩固并确保该组织的公共导向型目的(以及授予其管理者的混合信义性授权的治理型要素);无论是有意还是无意,组织的私人(营利)目的(以及混合性授权的服务型要素)有时只是被简单地隐含其中,抑或被给予明确但次要的立法处理。例如,为投资者创造企业收益或者合理回报的目标在关于组织目的的立法条文中并未明确规定,但在将投资者确定为信义义务的受益者时隐含了这一点。

〔2〕 *Model Benefit Corporation Legislation*, B LAB, § 101 Comment, http://benefitcorp.net/sites/default/files/Model%20benefit%20corp%20legislation%20_4_17_17.pdf(last visited Oct. 30,2017).

〔3〕 *Id.* § 201(a):"福利公司应当具有创造一般公共利益的目的。"下文将全面提及可能会附加示范立法的基础性州一般公司法的公司目的规定;示范法起草者似乎认为,一般公司法明确规定了公司的私人营利目的。"一般公共利益"被宽泛且抽象地定义为:"在考虑到福利公司根据第三方标准之报告而产生的影响力基础上,该被评估的福利公司的业务与运营作为一个整体,而对社会与环境产生的实质性积极影响力。"*Id.* § 102.

益目的。[1] 混合体是通过被授权的一般公共利益目的而实现的，尽管其确切轮廓将取决于董事如何解释与行使该授权，以及特定福利公司创始人是否（以及如果是，则如何）规定特定公共利益目的。此外，混合体还通过仔细地规定信义标准而实现；特别是，通过强制性语言要求董事会在确定何种行动方案最符合公司利益时，考虑股东利益与各种特定群体（例如，雇员与消费者）利益以及各种公共利益（例如，“社区与社会因素”以及“当地与全球环境”）。[2]

我们接着不妨探讨一下特拉华州的公共福利公司立法。类似于共益实验室的示范立法，特拉华州法将混合体纳入其对福利公司的基本构想。不出所料的是（毕竟是特拉华州），与示范立法不同，特拉华州法同等地强调了公共福利公司的私人性营利（服务型）目的以及公共导向型（治理型）目的。“公共福利公司”的成文法定义如下：

> “公共福利公司”是根据本章要求而组建的旨在产生一项或多项公共利益并且以负责任与可持续的方式经营的营利公司。为此，公共福利公司的管理方式应当平衡股东的金钱利益、受公司行为实质性影响者的最优利益以及公司章程中所确定的公共利益。[3]

特拉华州法并未对归属于公司的一般或特定目的类别做出进一步强制性规定，而是将选择权留给公司创始人。但是，它确实在其信义义务条款中嵌入了混合体。[4] 这些条款要求董事“平衡”股东利益、其利益受到公司“实质性影响”的利益相关者利益以及公司根据其章程而承诺的任何“公共利益”。[5]

我们现在反过来探讨一下加利福尼亚州的社会目的公司。[6] 这一赋权性的加利福尼亚州立法同样通过对公司目的与信义义务的规定嵌入了混合体。就目的而言，这项立法值得玩味，因为它（通过公司章程）授权规定某实体的一般商业或专业营利目的，以及一个或多个公共导向型目的（包括常规

---

〔1〕 *Model Benefit Corporation Legislation*，B LAB，§ 201(b)：“福利公司的公司章程可以确定一个或多个特定公共利益，即创设该公司的目的所在……根据该款而确定特定公共利益并不限制福利公司根据 a 款而创设一般公共利益的目的。”

〔2〕 *Model Benefit Corporation Legislation*，B LAB，§ 301(a).

〔3〕 DEL. CODE. ANN. tit. 8 § 362(a).

〔4〕 参见 Miller & Gold，*supra* note 8，at 580。该文阐释“公共福利公司的信义管理如何涉及服务与治理要素的混合性授权”。

〔5〕 DEL. CODE. ANN. tit. 8 § 365(a).

〔6〕 SB-1301 Corporate Flexibility Act of 2011；Social Purpose Corporations Act(2014，amending the Corporations Code)，§ 2602.

慈善目的，以及涉及提高针对环境、社区、整个社会或任何利益相关者的积极影响力或者尽量降低对它们的负面影响的目的）。正式混合体也反映在关于信义义务的规定中。董事对社会目的公司股东与公司负有信义义务，而公司利益则由所规定的社会目的界定。[1]

英国社会福利公司提供了一种不同的路径。英国法通过承认（以及严格监管）投资者对公司收益与资产的要求（通过股息上限、资产锁定与其他策略），假定了针对社会福利公司的受限且次要的营利目的。法律并未明确规定，也不要求明确规定这些目的。但是，其立法确实监管关于公共（社区福利）目的的具体规定。例如，其立法规定，如果一个所谓的社区福利目的明确旨在为某一特定群体成员提供利益，则该目的本身是无效的。[2] 通过要求这些目的从公众的角度界定，其立法消除了所谓的公共目的被解释为对私人利益的追求的可能性，从而保障了混合体。

颇为有趣的是，这项立法并未调整管理者的信义义务。相反，调整可能被认为是不必要的，因为基础性的公司法已经规定管理者负有义务"仅为被授予的目的而行使其权力"[3]，将信义义务界定为需要考虑公司成员利益以及公共利益（例如，对"社区与环境"的影响力）[4]，并且，声称对任何特定公司目的的实现将被视为"为其成员利益而促进该公司的成功"。[5]

实践中的混合体：社会企业中的非正式混合体

正如第二部分所解释的，真正的信义混合体只有在一项授权具有治理型与服务型要素组合的情况下才会产生。受信人可以通过让授权更为宽泛的方式（例如，通过同意、合同或者一般法律规定）而被给予这一授权。正如第三部分第一节所述，只要赋权性立法界定了给予董事的授权，新的社会企业就会通过法律的一般规定而实现正式混合体。虽然关于混合体的立法规定

---

〔1〕 *Id.* § 2700(a)规定："董事应当善意地，以其认为符合社会目的公司及其股东最优利益的方式，以及以普通谨慎人在类似情况下可能采取的注意（包括合理调查），履行其董事义务（包括作为董事会任何委员会成员的义务）。"§ 2700(c)规定："在履行其义务时，董事应当考虑这些因素，并在董事认为相关的情况下权衡这些因素，这包括社会目的公司的整体前景、社会目的公司及其股东最优利益以及公司章程中规定的社会目的公司之目的。"

〔2〕 Community Interest Company Regulations (UK, 2005), § 4, www.legislation.gov.uk/uksi/2005/1788/pdfs/uksi_20051788_en.pdf. 该条例规定"就社区福利测试而言，如果一名理性行动者可能会认为一项活动只对某一机构成员或者某一雇主的雇员有利，则这种活动将被视为并非为了社区福利而开展的活动。"条例还禁止追求政治目标。*Id.* § 3.

〔3〕 Companies Act (UK, 2006), § 171, www.legislation.gov.uk/ukpga/2006/46/pdfs/ukpga_20060046_en.pdf.

〔4〕 *Id.* § 172(1).

〔5〕 *Id.* § 172(2).

正在迅速成为社会企业领域的规范，但值得注意的是，混合体既可以通过法律正式实现，也可以通过被允许但尚未被明确的混合性授权所系统化的实践而非正式实现。[1]

在当事人确定其相互关系的条款时，正式的信义性混合体可以通过立法之外的方式实现。因此，病患同意接受临床试验治疗，可以理解为授予其医生为私人(服务型)与公共(治理型)目标利益而行事的权力，因为病患已经授予医生如下权力：决定该病患将接受的治疗过程(涉及其个人健康利益)，以及将通过病患参与试验所获得的信息用于科学目的(从而用于公共利益)。

同样并且更具有针对性的是，合伙人可以通过合伙协议明确其企业的社会与商业目的，并且，每个合伙人都享有实现这些目的的相互授权。类似地，明示信托的设立人可以指定信托管理的多个目标，其中一些将是服务型(要求管理信托财产以服务于确定的受益者)，另一些将是治理型(要求管理信托财产以服务于特定慈善目的)。我们不妨假定一个简单的信托：该信托将信托资产所得的终身权益用于尚存配偶，其后将这些财产转赠给一项指定的慈善目的。在这种信托下，受信人必须注意并对这两个项目负责，即必须平衡其信托授权的服务型与治理型方面。

尽管存在立法或者其他方面正式化混合体的充分理由，但是，社会企业的历史很好地揭示了非正式混合体的可能性。非正式混合体是指，受信人承诺(通常在利益相关者的实际或默示同意下)在正式的单一服务型安排中追求公共目的，或者(很少)在正式的单一治理型安排中推进私人(通常是金钱)目的。[2] 前一种实践的例子见于公开承诺追求公共导向型目标并致力于此的常规公司。[3] 后一种实践的例子是，被允许通过私人投资筹集资金的非营利组织，并且，该非营利组织承诺将资金用于公共(即慈善)目的时为投资

---

[1] 除其他外，正式承认这种混合性授权的一个原因是，正式承认将会带来信息成本效益。参见Robert Sitkoff, *An Economic Theory of Fiduciary Law*, *in* PHILOSOPHICAL FOUNDATIONS OF FIDUCIARY LAW 197, 205(Andrew S. Gold & Paul B. Miller eds., 2014)。该文探讨"在不同法律关系类型之间划清界限，以尽量减少第三方信息成本"的重要性。

[2] 虽然默示同意通常存在，但是，这种行为也可能来源于代理懈怠。参见Einer Elhauge, *Sacrificing Corporate Profits in the Public Interest*, 80 N. Y. U. L. REV. 733, 770(2005)。该文指出："商业判断规则清楚地表明，注意义务的执行不能妨碍管理者行使自由裁量权，以致为公共利益而牺牲公司收益。"我们认识到，默示同意案件与代理懈怠案件之间的界限并不总是被明确划定。我们感谢塞斯·戴维斯(Seth Davis)对这一点的强调。

[3] 参见Miller & Gold, *supra* note 8, at 580 n. 239。该文注意到，在营利公司的情况下，"另一种可能性是，公司涉及混合性授权，其中董事信义义务涉及促进受益者的利益与追求抽象目的"。

者提供(适度的)回报。[1] 一个具体例子就是社区经济发展基金:该基金以低于市场价的利率提供贷款(使用投资者所提供的资本)给难以获得所需信贷的企业或社区组织。尽管非正式混合体会带来风险——如使命偏移抑或投机取巧的诉讼,但是,在以高度信任与共同价值观为特征的环境中,它大抵足以满足社会企业的需要。[2]

混合体为何重要

当受信人行使混合性授权时,他们通常必须进行自由裁量式判断,以平衡其授权中所追求的各个目标。至少,受信人必须考虑:各种决策选项是否以及如果是,则在多大程度上承诺协同或者相互一致地追求这些目标。此外,当这些目标不可避免地相互竞争或冲突时,该平衡可能需要受信人根据(a)对其决定具有直接实质性影响的事实;以及(b)各种目标之间的短期权衡补偿的前景,来针对给予每个目标的适当权重而行使裁量权。此外,这些决策通常不会一成不变——受信人可能需要根据相关情况的实质性变化(例如,股东偏好抑或市场条件的变化)重新考虑。[3]

如果授权所针对的目标模糊不清抑或模棱两可,那么受信人在混合性授权下所享有的自由裁量权广度可能会更大。如前所述,一些地区立法为新形式的社会企业规定了目标。这些目标通常极为模糊不清与模棱两可。例如,共益实验室的示范立法要求福利公司的目标之一是促进"一般公共利益",其定义如下:"根据第三方标准评估,福利公司的业务与运营对整个社会与环境产生的实质性积极影响力。"[4]"对社会与环境产生的实质性积极影响力"一词在语义上过于宽泛,因此,福利公司董事需要运用自由裁量权判断如何经由公司活动而最优地促进一般公共利益,从而解决这一问题。

尽管对混合性授权下社会企业管理需要给予受信人重大的自由裁量权

---

〔1〕 与此类似的还有社会责任基金(面向公众),该基金促进对投资者具有吸引力的平衡性的社会与财务回报;以及工会推动的团结基金,该基金利用雇员退休储蓄金支持对工会成员具有特殊价值的公共利益目标。加拿大最大的工会之一——安大略省公共服务雇员联盟(OPSEU)——支持两个团结基金,并且,允许成员选择将退休储蓄投资于其中一个或两个基金:和平共存基金(Live and Let Live Fund)与社会正义基金(Social Justice Fund)。

〔2〕 例如,如果非正式理解的特征越来越模糊,则这可能会导致一系列具有争议的解释,并因此增加诉讼。

〔3〕 参见 Brakman Reiser, *supra* note 2, at 703。该文指出:"像慈善组织一样,社会企业也需要随着时间推移而不断发展,以满足社会不断变化的需求。"

〔4〕 *Model Benefit Corporation Legislation*, *supra* note 24, § 102.

的这一认知是颇为重要的，但同样重要的是，认识到宽泛的受信人自由裁量权对于社会企业而言并不比混合体更为特殊。在其他情况下，受信人在行使其授权时通常被授予重大的自由裁量权。我们认为，人们可能——事实上必须——在任何情况下假定，自由裁量权往往是被有意通过宽泛的条款加以提供的，以便受信人能够更好地实现授权人的具体目标。在分析受信人在社会企业中享有的自由裁量权范围时，我们不妨考虑一下要求受信人追求多个目标的其他授权。我们不妨想象一下：一个信托存在多个目的，一个代理人被给予多项指令，或者，一个律师被告知要关注一些确定的客户利益。在上述每一种情况下，受信人通常会被赋予——并且必须行使——自由裁量权，从而平衡潜在的相互竞争但通常趋同抑或兼容的目标。

在认识到与行使混合性授权相关的自由裁量权广度并非为社会企业所独有，并且，认识到——无论出现何种情况——代理成本通常基于授予受信人的自由裁量权范围增加而增加的基础上，究竟是什么解释了社会企业中正式混合体的吸引力？正式的混合性授权之可利用性这么重要，可能是基于几个原因。在社会企业环境中，一些潜在的利益显得尤为突出。第一，通过鼓励投资者参与那些推动公共利益的努力，所选择的公共利益可能会更为成功地推进。第二，由于混合体意味着对多重价值目的或目标的联合追求，因此它为那些将主观考量与/或道德价值放在这些目标上的投资者提供了比典型单目标的单一型授权更为宽泛的自主权，更好地满足偏好。事实上，如前所述，似乎颇为合理的是，社会企业中的很多投资者与企业家特别重视对社会与财务回报的共同追求，而这构成了社会企业的必要条件。换言之，他们真正地相信：商业与公共利益目标是相互一致的，它们是竞争性的这一假定本身对社会有害，并且，更大的社会福利将来自以这些信念为基础的投资。第三个相关的益处是，正式的混合性授权的可利用性使得投资者与企业家能够对推动社会企业运动的价值观做出可信（或者，更准确地说，更为可信）的承诺。[1]

非正式混合体通常依靠受信人保留为了追求社会福利而享有的自由裁量权。如果通过受信人的单方面行动来承担或施加，则这种做法可能会引起争议。但是，在投资者知情并同意的情况下出现非正式混合体时，这会带来

〔1〕 参见 Alicia E. Plerhoples, *Social Enterprise as Commitment*: *A Roadmap*, 48 WASH U. J. L. & POL'Y 89(2015)。

其他利益。例如，追求一个或多个公共利益目标的自愿性与非约束性承诺——通常是由参与公司社会责任计划的常规公司所做出的承诺——可以（有些人会争辩说，已经）对改变那些规制人们参与和投资商业的社会规范产生纯粹的积极影响。

虽然混合体带来了重要的利益，但也带来了巨大风险。例如，一些评论者认为，针对社会企业的新混合企业形式的兴起可能会对适用于其他商业形式的法律学说发展产生负面影响，从而导致社会企业与常规营利企业的分裂，以及后者公司社会责任的减少。[1] 另外，如前所述，信义性自由裁量权的范围扩展通常会带来更高的潜在代理成本。混合性授权——例如那些具有多个或模糊目标的授权，因此呈现出明显的治理风险。如果这些风险大规模地成为现实，则对社会企业信义管理的信任——以及对社会企业更为普遍的支持——可能会受到损害。最后，随着时间的推移，社会企业内部对追求社会与财务回报的相互一致性的普遍信念或期望可能会受到严重损害。如果出现这种情况，则受信人不仅要做出艰难的决策，而且，其决策频率需要比投资者预期与/或感到舒适的频率更高。我们必须认识到，后一风险的实然化并不意味着行为不当。相反——并且，或许更为值得关注的是——这可能表明，受信人事实上通常缺乏进行平衡决策的能力，因此无法赢得那些为此目的而赋予受信人自由裁量权者的支持与批准。

鉴于这些复杂性，我们对社会企业中混合性授权的总体经济或者社会效用并无任何要求。必要的经验数据是缺失的，并且，获得这些数据很可能会产生一个跨科学（trans-scientific）的问题。[2] 人们可以尝试做出有根据的猜测，但在现阶段，这似乎是颇为困难的。[3] 我们可以自信地表述的是，社会企业中的混合体与其他信义关系与机构中的混合体并无实质区别。但是，混合体依然需要向受信人授予重大的自由裁量权。值得我们思考的是，其意味

〔1〕 参见 Lyman Johnson, *Pluralism in Corporate Form: Corporate Law and Benefit Corps.*, 25 REGENT U. L. REV. 269, 271—72(2013)。该文指责福利公司立法"对传统营利公司（像有限责任公司）在法律上可以自由追求社会或环境目标存在误解"，并且辩称，除非在有限的情况下，否则它们"不被要求实现公司收益与/或股东财富最大化"。

〔2〕 参见 ADRIAN VERMEULE, JUDGING UNDER UNCERTAINTY: AN INSTITUTIONAL THEORY OF LEGAL INTERPRETATION158(2006)。"这些问题可能被称为'跨科学的'，这意味着尽管它们是经验性的，但在很多情况下，它们在任何合理的时间框架内都无法以可接受的成本解决。"关于在公司法场景下对这一挑战的探讨，参见 Andrew S. Gold, *A Decision Theory Approach to the Business Judgment Rule: Reflections on Disney, Good Faith, and Judicial Uncertainty*, 66 MD. L. REV. 398, 453 n. 333(2007)。

〔3〕 参见 Charles M. Yablon, *infra* Chapter 22。该文的结论是，目前理解代理成本的框架"对于具有混合治理结构的组织中的管理者与投资者实际行为，留下了太多并未得到回答的问题"。

着什么。

接受并容纳混合体

我们已经界定了信义混合体，并且表明了它对于社会企业而言，既不是唯一的，也并非可以统一实现的。我们还解释了混合体如何影响信义管理，并且在混合型与单一型信义性授权下的信义管理的迫切性之间确立了一些共同点。在下文中，我们解释了将混合体接受为信义安排的一个共同特征(其揭示出信义安排潜在的私人与社会效用)之重要性，以及平衡针对信义性问责的愿望与针对宽泛信义性自由裁量权必要性及其价值的承认的需求。

背景：实践推理中的自由裁量、规范复杂性、模糊性与冲突性

如前所述，混合体最为重要的结果之一是扩展了受信人的自由裁量权范围。根据一项具有明确目标的授权而行事的受信人，在选择为实现该目的而采用的手段时享有自由裁量权，但对该目的本身并不享有自由裁量权。[1]根据混合性授权而行事的受信人必须在可行的情况下，积极追求被托付给他的全部目标。但是，当两个或两个以上目标在某一特定决策事项上处于紧张或冲突状态时，受信人的自由裁量权就扩展了：其必须在它们之间平衡，并且，在必要情况下在它们之间取舍。[2] 这通常是非常困难的。受信人将面对的是，关于他正在考虑的选项价值的不完全信息，并且，虽然他可能会考虑为了一个目标而立即牺牲另一个目标，以期在以后补偿被牺牲者，但是，缺乏预见性可能会使得受信人难以对这些预测保持自信。

正如我们前面所解释的，这种扩展的自由裁量权——以及随之而来的决策不确定性的增加——并不是混合性授权的特征；它也出现在行使单一型授

---

〔1〕 受益者之间的区别会使得这种分析变得非常复杂。这种困难甚至可能出现在形式上属于一种类型的受益者身上，就像董事有义务为其股东最优利益行事一样。参见 Iman Anabtawi, *Some Skepticism about Increasing Shareholder Power*, 53 UCLA L. REV. 561, 579—92(2006)。该文描述了存在分歧的股东利益。

〔2〕 因此，这一现象与关于某些受信人持有两项授权的描述不同。对于后者，第二位的信义义务规制或监管着第一位的信义义务。关于这种观点的发展，参见 Evan J. Criddle & Evan Fox-Decent, *Guardians of Legal Order: The Dual Commissions of Public Authorities*, *in* FIDUCIARY GOVERNMENT (Evan J. Criddle et al. eds., forthcoming 2018)。

权的环境下。[1] 但是，为了选择适当的环境，我们应当认识到，任何时候出现在我们所有人面前的这些信义管理特征都是，在规范复杂性、模糊性与冲突性环境下的实践推理(practical reasoning)的一般特征。

作为伦理代理人(moral agents)，我们每个人都有义务确定、评估、权衡并根据实践推理决定如何行动。[2] 在很多情况下，推理的过程是困难的。而我们所考虑的结果，即使是深思熟虑的结果，也会让我们感到不安或不确定。这正是因为我们经常面临经验与规范上的复杂性、模糊性与冲突性(在需要道德判断的情况下，我们会面对不完全信息的问题，以及一系列复杂、模糊并且经常相互冲突的决策理由)。我们对这些情况的回应并非是希望它们消失，因为如此行事是不负责的。相反，我们要直面这些困难的决定(诸如上述困难)，尽最大努力——在认识到我们考虑的或然性基础上——并争取达到我们可能合理希望实现的最优结果(即在平衡这些理由之后所支持的结果，就是人们在对该事项予以充分考虑之后所赞成的结果)。简言之，对各种理由保持敏感并对自由裁量权加以深思熟虑之需求，是个体伦理代理人的一般特征。我们同样应当期待，这是受信人在复杂情况中的复合授权下为我们而行事的一种替代性判断特征。

事实上，对不同目标的忠实平衡是我们日常实践推理的核心部分。如前所述，一系列信义关系的特征都是混合性授权。此外，混合性信义关系在法律之外存在明显的相似之处，并且，我们可以肯定地说，多重忠实相互竞争的经历是颇为常见的。在日常生活中，人们忠诚于家人、密友、雇主、消费者、邻居、城镇与国家。在一篇关于忠实的开创性论文中，安德鲁·奥尔登奎斯特(Andrew Oldenquist)详细阐述了我们在生活中所经历的忠实范围。

> 我们的忠实有的是宽泛的，有的是狭窄的，并且大多数是嵌套式的。我可能忠实于社区，同时也忠实于国家(一个包括社区在内的更为广泛的领域)，并且忠实于种族这一更为广泛的领域。[3]

---

[1] 例如，如果州公司法在为公司服务的授权与为股东服务的授权之间模棱两可，就允许挑选目的。参见 Andrew S. Gold, *Dynamic Fiduciary Duties*, 34 CARDOZO L. REV. 491, 495(2012)。其规定："这种自由裁量权还意味着，董事可以改变他们对所服务目的的选择。"同样，董事在决定哪些目的被视为"公司"目的时也具有自由裁量权。参见 *id*. at 495 n. 14; Paul B. Miller, *A Theory of Fiduciary Liability*, 56 MCGILL L. J. 235, 278(2011)。其规定："尤其是，如果(受信人)的权力涉及人身事项，则受信人可以被授权决定受益者的部分。"

[2] 关于原因之间可能发生冲突的方式以及对伦理代理人的重要性之探讨，参见 JOSEPH RAZ, FROM NORMATIVITY TO RESPONSIBILITY 173(2011)。

[3] Andrew Oldenquist, *Loyalties*, 79 J. PHIL. 173, 179(1982).

虽然董事促进公共利益的义务并不需要涉及一个确定的受益者(或者一组受益者),但是,在实践中,这一义务与忠实于有别于股东的更为广泛的社区的义务并无太大区别。这样一个管理者面临着类似于如下个体所面临的挑战——该个体必须同时关心其近亲属及其生活所在的社区。

同样可以肯定的是,正如驾驭多重社会环境一样,驾驭多重忠实的能力是颇为必要的。当我们试图有效驾驭时,我们的忠实可能会发生冲突,并且经常发生冲突。正如奥尔登奎斯特所解释的:

当一个人的嵌套式忠实发生冲突时,就会存在一个关于部分与整体的相对权威的问题。究竟是支持城市而使得邻里受损,还是支持邻里而使得城市受损,更好抑或更为理性?如果屈服于某个更大的整体性要求,我会不会成为邻居的叛徒?[1]

针对奥尔登奎斯特所提出的问题的答案不应当简单地假定:我们忠实于各种目标中的一个或另一个——例如我们的社区、国家或民族——应当作为一个固定的或假定的规则而优先考虑。[2] 平衡以及公开并创造性地回应多重忠实的影响力这一挑战不能以这种方式处理,并且其引发了假定道德判断可以或者应当受到事前规则约束的一些重要问题。如果我们在日常生活中平衡多重忠实的经验告诉了我们什么的话,就是对我们所忠实于的各种目标的真实回应往往要求我们做出——并且,在必要时反思与修正的——困难的价值判断。[3]

信义关系中自由裁量的必然性(及其价值)

回到法律本身,值得重申的是,尽管我们一直在探讨自由裁量权如何影响混合性授权的行使,但是,一般而言,自由裁量权是行使信义性授权的一个基本特征。事实上,信义关系具有价值的部分原因在于,它们有助于我们依赖他人代表我们行使自由裁量权。一些学者认识到,自由裁量权是信义关系

---

〔1〕 Andrew Oldenquist, *Loyalties*, 79 J. PHIL. 173, 179(1982). at 180。

〔2〕 *Id*. at 181。该文注意到,“并不明显的是,较为宽泛的忠诚总是在道义上优先于较为狭隘的忠诚”。

〔3〕 我们中的一位认为,我们还可能面临法律与法外忠实义务之间的复杂冲突。参见 Andrew S. Gold, *Accommodating Loyalty*, *in* CONTRACT, STATUS, AND FIDUCIARY LAW 185(Paul B. Miller & Andrew S. Goldeds., 2016)。

的一个基本属性。[1]

特别是从信义性授权授予人的角度看,自由裁量权对信义关系的效用也是至关重要的。在这种情况下,自由裁量权意味着(至少在某种程度上),由受信人决定是否,以及如果是,则何时与如何行使受信人权力以推进其授权所针对的目标。通过授予受信人自由裁量权,授予人基本上授权受信人充当其替代者。这种判断负担与责任的转移对于信义关系的功能性效用而言至关重要,因为受信人通常会通过深思熟虑——并且,经常是非常策略性的决策——来实现特定授权所针对的特定目标。

自由裁量权解释了在信义关系中所发现的大部分价值,因此可能解释了信义关系形成的背后动机。其原因存在如下几点。第一,通过雇用受信人,信义性授权的授予人节省了那些自己原本需要投资于承担决策负担的个人资源支出;在授予人雇用了专家的情况下,他还提高了(通常是显著地)实现其目标的可能性。第二,在很多情况下,只有将决策义务(即自由裁量权)交给受信人,授予人才能利用协调的优势,而这正是授予人做出该安排的一般要点(例如,管理投资组合或者包括社会企业在内的经济组织)。第三,也是最后一点,从受信人角度看,在大多数情况下,他履行判断重任的意愿与有效判断的能力,才是他从其受雇中获得报酬的原因。

因此,自由裁量权是全部信义关系中的一个必然且重要的特征。尽管受信人自由裁量权范围的扩大通常会增加潜在的代理成本,但同样重要的是,我们需要认识到,这种自由裁量权使得受信人(以及,在更为宽泛的意义上,授予人)具有更大空间通过特定授权追求模糊且复杂的目标,并且,通过受信人自身的创造性判断实现这些目标。

为了问责而牺牲自由裁量权

我们强调了信义关系中自由裁量权的必然性与价值,而其部分原因是为了纠正文献中的如下倾向,即认为赋予社会企业管理者的自由裁量权的广度本身是令人担忧的,或者更为严重的是,其容易诱发滥用。正如我们所解释

---

[1] Joshua Getzler, *Ascribing and Limiting Fiduciary Obligations: Understanding the Operation of Consent*, *in* PHILOSOPHICAL FOUNDATIONS OF FIDUCIARY LAW 39,43—45(Andrew S. Gold & Paul B. Miller eds.,2014);D. Gordon Smith & Jordan C. Lee, *Fiduciary Discretion*,75 OHIO STATE L. J. 609(2014);Miller, *supra* note 9, at 72;Ernest J. Weinrib, *The Fiduciary Obligation*,25 U. TORONTO L. J. 1,4(1975).

的，增加赋予受信人的自由裁量权的广度通常会带来更大的功能性效用，同时也会增加不当行为的风险与相关的潜在成本。问责与自由裁量权的水平与稳健性虽然相互关联，但其并不是零和关系。即使假定问责措施得到了良好设计（即对误用或滥用自由裁量权的风险做出适当回应），这些措施是否有效，或者实施这些措施所带来的利益能否补偿因受信人自由裁量权减少而损失的价值，也并不明显。因此，我们很难说是否应当，以及如果应当，则如何试图加强针对（具有比一般情况下更为广泛的自由裁量权的）信义关系的问责措施；也很难说，针对额外问责的任何规定究竟应当是来自国家，还是应当由当事人与/或市场决定。

鉴于在很多（可以说是大多数）信义法领域，很难事先判断自由裁量权与问责之间的适当平衡，法律将这一事项留给当事人与（如果可供利用的话）市场。一般而言，当事人的回应是，就信义服务的报酬条款进行协商（例如，选择基于绩效的报酬），就披露与监督而加以规定，就强有力的执行选项进行谈判（例如，经由协商后的处罚），以及采取其他措施。特别是在某种类型的信义性授权是新颖的——并且，因此并未经由经验而获得充分检验——情况下，如下假定显然是存在危险的：自由裁量权与问责之间的平衡应当事先通过强制性的法律规定来确定。

因此，令人惊讶的是，社会企业的倡导者支持新的信义性问责规则，这些规则通过追求社会回报而非财务回报的固定优先顺位，大幅限制了信义性自由裁量权。这些规则——其中很多已经作为强制性规则而被纳入立法条文——似乎旨在避免受信人对特定社会企业中的各种目标进行自由裁量平衡的需要。人们可以援用很多新颖的针对自由裁量权的约束或限制规则中的任何一种。例如，资产锁定与股息上限限制了受信人对处置实体资产与向投资者分配实体收益的选择。同样颇为流行的是，宽泛的信义性行为标准要求社会回报的绝对优先性。[1] 这些限制自由裁量权的规则都旨在促进问责。很多也可以说反映了那些推动社会企业法改革的企业家的个体价值观与相关焦虑（例如，基于价值观的偏好而追求社会而非财务回报，以及担忧使命偏移的风险）。

这些规则与其他规则可能会推动社会企业中更大的问责。但也可能并

---

〔1〕 参见 Brakman Reiser，*supra* note 2，at 700。其表明，法官可能“认为谨慎的行为等同于在社会福利方面犯有错误”。

非如此。更为严重的是，通过严格限制信义性自由裁量权，这些规则可能会阻止受信人做出其本应（即根据具体情况，在仔细评估立法者或者其他制定规则者不容易预见的重大信息的基础上）做出的社会与经济方面最优的平衡决策。有点反常的是，这类规则还可能损害公众对社会企业的信任（在某种程度上，信任的前提是相信受信人具有能力与意愿合理且善意地决定如何最优地权衡与追求这些组织的各种目的），并且，在更为广泛的意义上，降低社会企业部门的经济与社会影响力（如果限制自由裁量权的规则不利于投资者的经济利益，那么这些规则反过来也将不会得到投资者的支持，从而降低投资者对社会企业本已很低的兴趣水平）。这些可能性是令人惊讶的，但是，依然存在质疑采用未经检验的限制自由裁量权的新规则是否明智的其他理由。

与其他商业实体一样，制定政策的核心事项往往是一种比较制度分析（包括评估法院、立法机关、管理者与市场的相对能力）。[1] 这种分析令人望而生畏。在普通公司的情况下，这些经验上的挑战可能已经无法克服[2]，而对于社会企业而言，这些挑战可能更为复杂。这并不是说我们目前没有任何有用的数据，也不是说并不存在对未来数据抱有希望的理由。但是，我们所拥有的经验对比较制度分析所需要（例如，确定新的自由裁量权限制规则是否可取）的价值有限。至少就目前而言，我们面临深刻的经验不确定性。

即使是最基础的替代物，也可能会无法很好地发挥作用（除了排除特别差的观念）。例如，如果某一特定形式的社会企业受到投资者欢迎，则这可能并未告诉我们基础性的立法是否在自由裁量权与问责之间实现了最优甚至合理的平衡。高股价也无法提供充分的信息。事实上，一些可能有助于评估普通公司法律或者政策改革问题的信息（如股票价格趋势）在社会企业场景下可能具有更为值得怀疑的意义。例如，股价与那些受到公司行为实质性影响者的最优利益之间的相关性可能很弱。当我们也认识到需要考虑地区、实体类型、投资者概况与偏好等变量，以及针对各种公共利益事项的影响力之相对价值与客观可测性时，其复杂性显然超过了时间、兴趣、注意力与理性所需的人力资源。

---

〔1〕 关于比较制度分析及其复杂性的有益探讨，参见 NEIL K. KOMESAR，IMPERFECT ALTERNATIVES：CHOOSING INSTITUTIONS IN LAW，ECONOMICS，AND PUBLIC POLICY（1994）。

〔2〕 参见 Lynn A. Stout，*Bad and Not-So-Bad Arguments for Shareholder Primacy*，75 S. CAL. L. REV. 1189，1201（2002）。该文指出："至少目前，我怀疑学术界能否给出一个明确答案。股东至上所造成的社会损失是否大于允许董事行使更大自由裁量权所造成的社会损失，是一个非常复杂的问题。此外，答案可能因企业而异，也因历史时期而异。"

我们认为，特别是考虑到社会企业的新颖性，这种不确定性程度使得立法者有理由对组织设计的重要问题采取更为开放与适中的路径。[1] 借用戈登·史密斯(Gordon Smith)的表述，对于社会企业而言，各种新组织形式的开发与使用可以作为一个开放的集体的“公司治理实验室”。[2] 对于立法者而言，为了促进——并且有效地——参与这一过程，他们应当：(1)接受组织形式与结构的多样性；(2)尽可能地选择一些默示性规则，从而使得市场参与者采用那些适应企业家、投资者、消费者与债权人不同(并且，在这种情况下，可能是存在明显分歧的)需求的法律组织形式；(3)创设可靠的机制，以跟踪与实体形式、默示性规则及强制性规则有关的新兴偏好；并且，(4)尽可能地尝试分离这些偏好的基础。由此产生的基于偏好而对最优组织形式的竞争，在理想情况下将作为一个进化过程而存在，因为：坏的观念会导致企业失败，而好的观念会促进成功与模仿。[3]

无须牺牲自由裁量权的问责

如前所述，一些社会企业学者对混合性授权下受信人享有的自由裁量权的广度提出了问责关切，而另一些学者则表达了更为狭窄的特别关切：混合性授权下的信义管理提出了“两个主人”问题。[4] 正如我们前面所解释的，这一框架具有严重的误导性，因为它混淆了与管理具有多个目标的授权相关的挑战以及与行使两个不同授权相关的义务冲突。然而，虽然我们反对尽早

---

[1] 参见 Johnson，*supra* note 45，at 295。该文认为：“与资本市场的活动一样，在现阶段，我们还缺乏关于福利公司市场部分中的消费者行为的足够经验与实证数据，因此无法充分了解使命—消费者忠诚度、‘品牌’或者福利公司营销策略的其他特征是否会取得成功。”

[2] 参见 D. Gordon Smith，Matthew Wright，& Marcus Kai Hintze，*Private Ordering with Shareholder Bylaws*，80 FORDHAM L. REV. 125，181(2011)。关于实验室想法的更多信息，参见 Gold，*supra* note 50，at 521；Kelli A. Alces，Debunking the Corporate Fiduciary Myth，35 J. CORP. L. 239，278－79(2009)；Yablon，*infra* Chapter 22。该文表明，混合实体的创造者“正在并可能继续试验不同类型的监督、测量社会福利的不同指标、外部认证的不同路径以及在捐赠者与援助提供者之间产生‘信任’的其他手段”。

[3] 关于公司法环境中的演变可能性之探讨，参见 Gold，*supra* note 50，at 522－26；Margaret M. Blair& Lynn A. Stout，*Trust，Trustworthiness，and the Behavioral Foundations of Corporate Law*，149 U. PA. L. REV. 1735，1757－58(2001)。关于对这一进程的经典经济学分析，参见 ARMEN A. ALCHIAN，THE COLLECTED WORKS OF ARMEN ALCHIAN 5(Daniel K. Benjamin ed.，2005)。但是，我们应当保持谨慎，而不应当假定进化总是以一种有益的方式进行。参见 Adrian Vermeule，*Many-Minds Arguments in Legal Theory*，1 J. LEGAL ANALYSIS 1，12(2009)。该文指出：“但是，如果社会、经济与技术环境的变化率很高，那么社会进化就面临一个不断变化的目标：即使社会结构不断朝着效率方向发展，它们在任何一个特定的点上也都可能离它很远”)。

[4] 关于公司场景下“两个主人”关切的探讨，参见 FRANK H. EASTERBROOK& DANIEL R. FISCHEL，THE ECONOMIC STRUCTURE OF CORPORATE LAW 38(1991)。该文认为：“一个被要求为两个主人服务的管理者……已经从这两个主人中解脱出来，并且不对任何一个负责。”Stephen M. Bainbridge，*Director Primacy：The Means and Ends of Corporate Governance*，97 NW. U. L. REV. 547，581(2003)。该文认为：“因为利益相关者决策模型必然会产生两个主人的问题，这样的模型必然会导致不确定的结果……除了遵循股东财富最大化规范之外，另一种选择是……迫使董事与不确定的平衡标准斗争。”

采用针对社会企业的限制自由裁量权的未经检验的新信义性规则，但同样重要的是，评估在任何情况下都将适用于受信人的经过时间证明且完全合理的标准规范。其他方面的经验表明，这些准则足以应对大多数信义性问责关切。

首先，大多数忠实义务案件都会涉及某种形式的利益冲突。如果忠实义务案件的焦点是冲突，那么董事是否应当促进股东、公司、一般或特定公共利益抑或其组合形式，可能无关紧要。[1] 在上述每一种情况下，冲突都会产生责任，并且其原因完全相同。如果董事为自己而利用了公司机会，那么无论用来限定董事授权的目标数量与性质如何，这都是有问题的。董事的利己行为可以被孤立地视为导致不当的背弃。

其次，"两个主人"框架中所暗示的是，受信人可以抑或应当基于义务冲突而承担责任，因为让一项被授权的目的高于另一项被授权的目的是可疑的。[2] 同样，混合性授权并未提出真正的"两个主人"问题；相反，它们为有兴趣投资于具有社会与商业目的的组织的市场参与者提供了实现"多元目的"的机会。在针对一项授权的不同目标之趋同追求具有可能性时，如果自由裁量性的平衡决策在这些例外情况下反映了善意判断，则该决策不应当引发责任。

但需要注意的是，义务冲突规则可以（并且应当）被用于解决其旨在回应的问题，即对受信人行使两个或多个具有冲突目的的授权的关切。在社会企业场景下，使得这一规则特别突出且有趣的是，社会企业通常的公共利益目的的性质与广度。根据这些目的被特定化的方式，如果社会企业董事向营利组织（或其他受益者）进行二次授权，而该营利组织的利益与界定第一次授权的公共利益目标相反，则该董事完全有可能会违反这一规则。因此，例如，如果一个致力于环境可持续性与保护的福利公司董事随后在造成环境损害的营利公司中担任受信人，则即使这两家公司之间并无商业冲突，我们依然可以认为该董事违反了义务冲突规则。这种对社会企业的社会使命的保护似

---

〔1〕 参见 Larry E. Ribstein, *Fencing Fiduciary Duties*, 91 B. U. L. REV. 899, 909(2011)。该文认为："避免自我交易的信义义务并未参照受信人必须代表其行事的这些特定当事人来界定。"D. Gordon Smith, *The Shareholder Primacy Norm*, 23 J. CORP. L. 277, 284(1998)。该文认为："信义原则在公司法中的某些应用并不要求将任何特定的公司利益相关者确定为受益者，而通常只要求必须为'公司'的利益服务。"这并不是说所有的案例都如此。参见 Gold, *supra* note 50, at 500。该文认为："很多忠实案例涉及非自我交易规则——但是，很多其他案例需要在受益者之间选择。"

〔2〕 在某些情况下，这个问题被定义为一个"很多主人"的问题。我们认为，不同的提法对这里的探讨而言并不重要。

乎非常遥远，但是，可能会被证明是意义重大的。

结 语

从信义理论角度看，社会企业实体提供了一些新旧兼有的内容。与流行的观点相反，社会企业并未承诺一种全新的抑或独特的信义管理形式。新形式的社会企业嵌入了一种既有的信义性授权类型——一种混合性授权——而后者事实上是广为人知的。另外，虽然混合体是广为人知的，但其细节是颇为新颖的。管理社会企业的受信人负责维护既定受益者（如股东）利益与推进抽象目的（如环境保护），同时还可能负责受到受信人行为实质性影响者的利益。这些授权的复杂性对立法者与社会企业家都提出了独特的挑战。

混合性授权必然涉及非常宽泛的自由裁量权。不出所料的是，评论者已经注意到这种宽泛的自由裁量权所带来的风险（特别是自我交易或者使命偏移的可能性）。一个可能的应对措施是，缩减信义性自由裁量权，从而在各个方面束缚管理者的手脚。但是，这种回应低估了信义性自由裁量权的价值。考虑到这一点，我们建议在限制社会企业环境中的信义性自由裁量权之前要谨慎行事。新社会企业形式依然处于初级阶段，并且，为自由裁量权留有空间是发现何者最优的方法之一。

第十九章　社会企业中的管理义务：公共福利公司

莱曼·约翰逊

引　言

长期以来，很多传统商事公司——以多元方式与不同程度——寻求将营利与追求一个或多个社会或环境目标结合起来。例如，这些目标可能包括以环境友好型或可持续性的方式运作，为慈善事业贡献高比例且有针对性的收益，向未被充分代表的群体成员提供就业机会，或者向服务不足的社区消费者提供经济适用的产品与服务。这些公司在如此行事的同时，也受到一种根深蒂固的商业规范约束，即其首要目标（如果不是唯一目标）是实现收益与股东财富的最大化。很多商界人士，连同著名学者与法官[1]，更进一步地相信（并主张）财富最大化准则也是一项法定要求。尽管这一立场备受争议[2]，但是，在2010年特拉华州衡平法院（Court of Chancery）的一项具有争议的判决（其中，易趣努力将其在克雷格列表中的少数股权投资变现）有力地支持了这一立场。[3]

---

〔1〕 例如，参见 Leo E. Strine, Jr., *The Dangers of Denial: The Need for a Clear-Eyed Understanding of the Power and Accountability Structure Established by the Delaware General Corporation Law*, 50 WAKE FOREST L. REV. 761(2015)。

〔2〕 LYNN A. STOUT, THE SHAREHOLDER VALUE MYTH: HOW PUTTING SHAREHOLDERS FIRST HARMS INVESTORS, CORPORATIONS, AND THE PUBLIC(2012).

〔3〕 eBay Domestic Holdings, Inc. v. Newmark, 16 A. 3d 1, 34－35(2010). 尽管时任大法官威廉·钱德勒（William Chandler）认为克雷格列表并非收益最大化者，但事实上，以2016年为例，该公司创造了约6.9亿美元的收益。并且考虑到其成本较低，其中大部分是净收益。《福布斯》估计，这家公司至少价值30亿美元。

作为对克雷格列表案判决的回应[1]，支持营利公司开展更多社会导向型活动者倡导一种被称为公共福利公司的新商事公司形式。这种新商业组织形式就像低收益有限责任公司与加利福尼亚州社会目的公司等其他新形式一样，被认为更适合于促进人们对社会企业的兴趣迅速增长。马里兰州颁布了第一部授权此类商业实体的法律。[2] 截至2017年，又有30个州与哥伦比亚特区效仿。[3]（译者注：本文作者近乎不加区分地使用“福利公司”与“公共福利公司”这两个术语，因此，读者需要留意。）

虽然与传统商业形式相比，使用公共福利公司形式的公司依然不多，但它是目前在美国创办社会企业的企业家最主要使用的替代性商业实体形式。根据法律，公共福利公司的主要标志是，其公司目标必须公开地追求“一般公共利益”，同时也应当追求利润（尽管这一点通常是默示性的）。大多数法律将“一般公共利益”定义为“从整体上看，对社会与环境产生实质性积极影响力”。[4] 一些较晚通过的州，如特拉华州、明尼苏达州、科罗拉多州与田纳西州修正了该定义，更宽泛地将“减少负面影响”[5]包括在内。公共福利公司还可以——在特拉华州与科罗拉多州，它们必须——确定它们将追求的“特定公共利益”。并且，明尼苏达州的法律单独规定了这种特定福利公司。[6]

这些新法律的结果是一个混合性商业实体，它将（隐含的）营利与（明确的）对已经确定的社会与环境方面的公共利益结合起来。简言之，通过立法设计，这些公司并未将追求公司收益（或者股东财富）最大化作为单一目标，而是追求金钱/社会与环境方面的双重目标。

公共福利公司法也必然涉及为实现其双重目的而负责管理这些公司的董事（与高级人员）的治理责任与信义义务。在这方面，法律在如何规定董事义务与如何（如果存在）描述高级人员义务方面存在明显差异。很多评论者

---

[1] WILLIAM H. CLARK JR. & LARRY VRANKA，WHITE PAPER，THE NEED AND RATIONALE FOR THE BENEFIT CORPORATION：WHY IT IS THE LEGAL FORM THAT BEST ADDRESSES THE NEEDS OF SOCIAL ENTREPRENEURS，INVESTORS，AND，ULTIMATELY，THE PUBLIC，BENEFIT CORP.，App. C，5（Jan. 18，2013），http://benefitcorp.net/sites/default/files/Benefit_Corporation_White_Paper.pdf.

[2] MD. CODE ANN. CORPS & ASS'NS § 5—6C—01（West Supp. 2012）.

[3] *Status Tool*，SOC. ENTER. L. TRACKER，http://socentlawtracker.org/#/bcorps（last visited Aug. 9，2017）.

[4] 参见 Joan MacLeod Heminway，*Corporate Purpose and Litigation Risk in Publicly Held U.S. Benefit Corporations*，40 SEATTLE U. L. REV. 611，619（2016）。

[5] 例如，参见 DEL. CODE ANN.，tit. 8，§ 362（a）（b）. 肯塔基州2017年在其法案中也采用了这一方法。Mary Katherine Kington，Note，*Public Benefit Corporations in Kentucky：What Impact Should Kentucky Corporations Expect?*，104 KY. L.J. 165，171 n.35（2016）.

[6] Minn. stat. § 304A.021，Subd. 8，9，www.revisor.mn.gov/statutes/?id=304A.021.

根据各种理由批评这些信义义务条款,其中往往包括如下论点:追求金钱与社会双重目标给高级人员造成了难以解决的义务冲突,也就是所谓的两个主人的问题。[1]

安德鲁·S.戈尔德与保罗·B.米勒教授对这种批评予以抵制,并认为这种批评"具有严重的误导性"。他们的理由是,这种批评将具有由两个(或多个)目的组成的单一型授权的信义性场景(如在公共福利公司中)——他们称之为"信义混合体"——与规定双重授权的情况混为一谈。[2] 戈尔德和米勒还认为:信义混合体并不是公共福利公司所独有的;在这些双重目的的单一型授权环境中,信义性自由裁量权是有价值的;并且,公共福利公司法中的新型信义标准应当在市场中经受检验,并最终以实证方式发现何种法定设计模式最为有效。

虽然本章总体上同意,针对新立法主题而采取的多元化路径允许有益的试验,但是,就公共福利公司董事与高级人员义务的规定而言,大多数法律在设计上存在严重缺陷,以致破坏了公共福利公司的独特主旨,并且因此不可能产生关于最优管理标准的有益信息。然而,其原因与戈尔德和米勒所论述的原因有关,但是又有所不同。在董事层面,大多数法律的误区在于,要求董事考虑(或者"平衡")其作为(或者不作为)对一系列利益相关者的影响,同时(作为一个共同要素)考虑该公司实现其一般或特定公共利益的能力。[3] 但是,董事的重点应当是,只考虑其作为(或者不作为)如何促进该公司的双重目的,即为股东追求金钱利益并追求公司成立时所确定的一般(或特定)公共利益。简言之,董事治理责任与董事义务应当与公司目标保持一致。但是,在多利益相关者主义本身并非是一种已确定的公共利益的情况下,利益相关者主义不应当在董事决策中发挥任何作用,除非它是作为一种制约因素并且是出于工具主义的目的。只有少数几个州接近这种针对董事义务的一致路径。[4]

在高级人员层面,少数州根本没有规定任何标准。尤其令人震惊的是,在我认为总体上拥有最优(尽管依然存在缺陷)公共福利公司法的四个州中,

---

〔1〕 例如,参见 Dana Brakman Reiser, *The Next Big Thing: Flexible Purpose Corporations*, 2 AM. U. BUS. L. REV. 55,78 n.106(2012)。

〔2〕 Gold & Miller, *supra* Chapter 18。

〔3〕 例如,参见 DEL. CODE ANN. tit. 8, § 365(a)(2016)("balance");VA. CODE ANN. § 13.1—788(A)(1)(2016)("consider")。

〔4〕 夏威夷和加利福尼亚是三个如此行事的州中的两个。参见 HAW. REV. STAT. § 420D—6(a)(1)(2016);cal. corp. code § 2700(2016)。

有三个州——明尼苏达州、特拉华州与科罗拉多州——并未明确规定公共福利公司高级人员行为标准。绝大多数涉及高级人员义务的法律针对高级人员采用了针对董事的存在相同缺陷的多要素路径，因而使得高级人员与董事无法集中精力推进公共福利公司的双重公司目的。一些州并未采用任何标准，同时其他大多数州颁布了存在缺陷的法律。这使得在该公司环境中普遍缺乏关于高级人员义务的指南，包括商业判断规则是否适用于高级人员义务的指南。〔1〕

因此，戈尔德和米勒是正确的：虽然公共福利公司双重目的给受信人带来了挑战，但是，对金钱与社会/环境目的的同时追求是社会企业的本质。然而，本章认为，这一挑战不应当与如下要求相混淆——抑或被如下要求所复杂化——将（在别处并未被视为构成一项公司目标的）一系列利益相关者利益视为与这两个公司目标同等的目标。相反，这是大多数现行法律中的一个根本性设计缺陷，这一缺陷可以以带来更大理论一致性与实际优势的方式纠正。第二部分描述了公共福利公司的金钱目标与社会/环境目标，其描述方式为第三部分解释现行公共福利公司法中大多数董事与高级人员义务规定的错误架构进行了铺垫。第四部分提出了现行法律设计错误的原因，而第五部分则阐述了按照本章所论证的方式修正管理义务规定的几个益处。

公共福利公司的公司目的

识别该公司的目的

大多数早期的公共福利公司法要求公司追求“一般公共利益”，这通常被界定为“对整个社会与环境产生的实质性积极影响力”。值得注意的是，较晚采用的特拉华州、科罗拉多州与田纳西州对这一定义进行了修正（在本文看来）与改进：将其扩展到包括“减少对社会与环境的负面影响”。多数州作为一种选项，也允许公司章程包括一项或多项“特定公共利益”，但是这些特定公共利益必须附加于而非替代一般公共利益。〔2〕 这些“特定公共利益”包

---

〔1〕 参见 Lyman Johnson, *Dominance by Inaction: Delaware's Long Silence on Corporate Officers*, *in* CAN DELAWARE BE DETHRONED? EVALUATING DELAWARE'S DOMINANCE OF CORPORATE LAW(Stephen M. Bainbridge et al. eds.,2018)。

〔2〕 特拉华州与科罗拉多州要求明确确定该公司所追求的特定公共利益。DEL. CODE ANN. tit. 8, § 362(2016); COLO. REV. STAT. § 7－101－503(2016).

括：例如，向低收入或服务不足的个体或社区提供有益的产品或服务，增加个体或社区的经济机会，改善人类健康，以及促进艺术、科学或知识进步。[1]

某些州对界定公司目的采取了不同路径。例如，特拉华州、科罗拉多州与田纳西州——除了如前所述扩展了"一般公共利益"的定义之外，还在该定义中包括了给艺术、慈善、文化、经济、教育、环境、文学、医疗、宗教、科学或技术带来的积极影响力（或者减少了对它的消极影响）。明尼苏达州也是一个较晚采用该定义的地区，但是，它在公共福利公司法中采用了不同——并且显然是独特——的路径。它规定了两种不同类型的公共福利公司，即"一般福利"公司与"特定福利"公司。"一般福利"公司必须追求对"社会、环境、今世后代的福祉"产生的实质性积极影响力，并且也可以追求一项已确定的特定福利目的。[2]"特定福利"公司是指追求一个确定的"特定公共利益"但并无义务追求"一般公共利益"的公共福利公司。"特定公共利益"是指对特定类别的自然人、实体、社区或利益（而非股东）产生一个或多个积极影响力抑或减少其消极影响。[3]

在这些后来采用的州法中所存在的对公共利益描述的修正，显示了早期阶段的试验与路线纠正对于追求最优法律设计的价值。对于那些扩展"一般公共利益"定义的州而言确是如此。并且，对于明尼苏达州而言也是如此，该州采用了创新的成文法路径：提供了两种不同类型的公共福利公司。随着时间的推移，这些不同的法律将有助于收集到可以说明哪种路径无论是在一般情况下还是在特定领域下最符合社会企业利益的有益信息。

将公司目的与公司最优利益相结合

除了要求公共福利公司明确确定一个或多个公共利益——无论是一般与/或特定福利——作为其公司目的加以推进之外，法律通常还以一种连贯且巧妙的方式将公司目的的推进与"该公司最优利益"结合起来。这些法律规定，追求一般（或特定）公共利益被视为符合公司最优利益。[4] 这种将公

---

〔1〕 Heminway, *supra* note 7, at 619－20.

〔2〕 MINN. STAT. § 304A. 021, Subd. 2, 3.

〔3〕 *Id*. Subd. 8, 9. 需要注意的是，在明尼苏达州，"减少负面影响"只适用于特定福利公司，而不是一般福利公司。

〔4〕 例如，参见 MINN. STAT. § 304A. 104, Subd. 3。

司目的与公司最优利益等同起来的做法，拒绝了——传统公司法中所发现的[1]——一项不妥当的类别转换，即董事为公司最优利益服务的成文法义务，转变为作为公司目的的追求股东财富最大化的信义义务。[2] 重要的是，公共福利公司法中的这种结合突出了“公司”目的与“公司”最优利益有别于并超越了投资者与其他商业参与者迥然不同的个别目标。并且，公司成功无疑取决于这些不同的相互关联者的共同贡献——同时也服务于这些相互关联者的利益。一个关于独特公司人格的强有力的现代观念有助于将公司目的与公司利益跟个体利益进行明确的制度性分离。[3]

因此，通过拒绝将股东财富最大化作为必要的一元化公司目的，并且允许商事公司推进更具多元性的一般/特定公共利益，这些法律将公司最优利益与其公共利益目的统一起来。这些法律将重点放在公司本身，而不是公司的利益相关者（例如股东）身上，从而合理地使得公司最优利益与公司持续推进中的目的保持同步。

股东如何与公司目的和最优利益融为一体

虽然公共福利公司法明确要求确定与追求“公共利益”，但是，它们并未同样要求（或者明确提到）将对投资者金钱利益的追求作为额外公司目的。相反，为股东追求财务利益隐含在公共福利公司的公司目标之中。因此，例如，特拉华州将公共福利公司定义为“营利公司”。[4] 但是，它并未正式要求将投资者财务收益规定为公司目的，也并未处理追求金钱收益与追求公共利益在实现总体公司目的方面的相互关系。

此外，在公共福利公司法中，公司“最优利益”通常不与投资者福利产生联系，相反，如前所述，这些利益仅仅等同于推进已确定的公共利益。因此，在不为投资者实现财务利益的情况下创造公共利益，似乎属于公司“最优利益”的成文法定义范围。但是，反过来——为投资者创造任何规模的财务利

---

〔1〕 例如，《商事公司示范法》第 8.30 条 a 款要求公司董事会以公司最优利益为出发点——而不是以股东利益为出发点，但是很多法官与学者认为，公司董事的信义义务是使得股东财富最大化。参见 Strine, *supra* note 1。

〔2〕 但是，马萨诸塞州最高司法法院 2017 年的一项判决明确认为，马萨诸塞州上市公司的董事忠实义务要求采取符合公司自身最优利益的行动，而不是股东利益的行动。Int'l Bhd, of Elec. Workers Loc. No. 129 Benefit Fund v. Tucci, 476 Mass. 553(Mass. 2017).

〔3〕 安德鲁·戈尔德教授在最近一篇文章中指出，在某些情况下，为实现公司目的而采取行动，实际上可能不符合公司“最优利益”。Andrew S. Gold, *Purposive Loyalty*, 74 WASH. & LEE L. REV. 881 (2017). 但是，根据公共福利公司法，推进公司目的最终等同于服务于公司“最优利益”。

〔4〕 DEL. CODE ANN. tit. 8, § 362(a).

益而不同时实现公共利益——就不符合公司"最优利益"的定义。这是一种设计缺陷,因为公司最优利益应当与推进其公司目的保持一致。而公司目的即使在隐含意义上,也会包括为投资者追求金钱利益与追求公共利益的双重目的。

毕竟,社会企业的全部意义在于填补慈善性非营利组织与传统商事公司之间的空白,前者盛行非分配约束[1],而后者则必须使得股东收益最大化——后者即使不是明确的法律规则,也至少是一种强有力的规范。社会企业投资者可能部分是出于慈善或其他利他主义动机,但是,与其慈善捐款不同,这些投资者也在(即使是以低于市场利率的方式)寻求某种直接的金钱利益。既然公共福利公司法存在的理由就是要放弃克雷格列表一案中所看到的那种将股东财富最大化作为单一强制性公司目的,那么法律就应当明确地将股东收益作为公司目的的一个构成要素。因此,在法律上,公共福利公司的公司目的及其"最优利益"应当被定义为既追求确定的公共利益,又追求股东的金钱收益。这些目标可能具有同等重要性,并且允许未来投资者——通过合同——事先阐明关于这些双重目的的排序或者优先项的任何更为明确与特别的规定。

现行公共福利公司法对社会企业中公司目的的固有双重目标保持沉默,同时,试图通过其信义义务条款弥补这一缺陷。但是,这并未带来明确性,而是通过将一系列宽泛的利益相关者利益引入董事义务范围(尽管在公共福利公司的目的中可能根本并未提及对这些利益的促进),而带来进一步的混乱。[2] 这一点将在下面探讨。

公共福利公司法中的公司目的与董事以及高级人员义务之间的分离

推进双重目标之公司目的的董事义务

受信人对其受益者负有忠实义务。戈尔德和米勒指出,在他们所称的"服务型"信义关系中,这种义务可以是针对特定受益者或者特定类别的受益

〔1〕 关于非慈善性非营利组织如何被用于社会企业的解释,参见 Brewer, *supra* Chapter 16。

〔2〕 明尼苏达州的"特定福利"公司除外,其必须确定与追求特定个人、实体或社区的利益。加利福尼亚州社会目的公司也存在类似的例外。CAL. CORP. CODE § 2700(2016).

者而承担的。在戈尔德和米勒教授所称的“治理型”信义关系中[1]，当受信人根据推进某些抽象目的的授权而行事时，也需要履行忠实义务。这些类型并不能完美地映射到公共福利公司上，因为看似只注重推进特定目的的治理型关系至少在某种程度上也经常会存在受益者。尽管如此，鉴于第二部分的如下批评，该框架依然是有用的：现行公共福利公司法并未明确地将公共利益与股东收益确定为公司目的，并且，也未将公司“最优利益”与同时推进公司目的的两个方面等同起来。

用戈尔德和米勒的话来讲，应当将公共福利公司董事视为处于治理型信义关系之中，因为作为受信人，他们应当采取行动促进已确定的特定实体的公共利益。同时，公共福利公司董事应当被视为处于服务型信义关系之中，因为他们的行为应当是为了推进（但不是最大化）股东的金钱利益。戈尔德和米勒将那些同时具有治理型与服务型要素的关系称为“信义混合体”。此外，他们还坚持认为，这种关系具备兼有双重（或者更多）目标的单一型授权，并且，还坚持认为董事作为受信人，必须同时促进实现这两个目标。他们试图将这种真正的混合性信义安排与具有两项或多项不同授权的信义关系区分开来，认为只有后者而并非前者才会产生典型的“两个主人”问题。

本章不像戈尔德和米勒那样确信——无论以何种名义——在公共福利公司中不会出现那些令人烦恼的冲突，即使这些新实体被定性为先前存在的信义混合体的又一个例子。可以肯定的是，如果投资者不相信并且不希望支持已确定的公共利益，则他们起初就不会向公共福利公司出资。此外，鉴于公共福利公司董事必须不可避免地寻求同时推进公共利益与股东收益的双重目标——这一点应当向潜在投资者明确披露，因此，股东可以事先在合同中更为详细地规定他们作为投资者而对金钱回报的要求，以及在董事决策中，他们的要求与追求公共利益的关系如何排序。这类似于如今优先股股东的做法——通过合同而不是依靠信义义务保护自己。

对于富有经验的公共福利公司投资者而言，如果他们因此修正了关于如何同时追求金钱收益与公共利益的模糊的默示性规则，则将会减少而非消除给予董事的自由裁量权范围。而该自由裁量权是被用来调和（显然）处于平等地位的股东法定利益与已确定的公共利益（这两者共同构成了公共福利公

---

[1] Gold & Miller, *supra* Chapter 18; Paul B. Miller & Andrew S. Gold, *Fiduciary Governance*, 57 WM. & MARY L. REV. 513(2015). 该文阐述了治理型关系。

司的公司目的）的。因此，尽管对于寻求推进双重目的的董事而言并非没有挑战，但是，在这方面，公共福利公司法可以很容易且合理地将董事义务与公司目的完全统一起来。简言之，法律可以并且应当规定，公共福利公司董事义务是追求公司最优利益，即追求公共福利公司的双重金钱与社会/环境目的。这就是戈尔德和米勒所正确强调的作为社会企业固有特征的混合体。颇为遗憾的是，绝大多数公共福利公司法并未以这种方式将信义义务与公司目的予以同步化，而是引入了另一个让董事考虑的复杂因素——利益相关者。

公共福利公司法与董事以及高级人员义务的异常制定

董事义务

基于其作为社会企业工具的性质，公共福利公司将作为其双重公司目的而寻求推进实现已确定的公共利益与投资者的金钱收益。因此，董事会治理责任以及所有董事的信义义务是直截了当的：通过推进实现公司特定目的达到公司最优利益。但是，在创设董事义务时，几乎每一部公共福利公司法都引入了第三个要素，一个与这些双重公司目的完全无关的要素。

因此，作为采取类似做法的很多法律的一个例子，伊利诺伊州公共福利公司法关于董事行为的规定如下：

> [董事]（1）应当考虑任何行动对以下方面的影响：（A）福利公司的股东；（B）福利公司、其附属公司与供货商的雇员及工作人员；（C）消费者作为福利公司的一般公共利益或特定公共利益目的的受益者的利益；（D）社区及社会性考虑因素，包括福利公司、其附属公司或供货商的办事处或设施所在的每个社区的社会性考虑因素；（E）当地及全球环境；（F）福利公司的短期与长期利益，包括福利公司可以从其长期计划中获得的利益，以及通过福利公司的持续独立性最优化地服务于这些利益的可能性；以及（G）福利公司实现其一般公共利益目的及任何特定公共利益目的的能力。[1]

法律具体规定了董事“应当考虑”的一系列“利益相关者”利益的清单。但是，只有第一项（股东利益）与最后一项（实现一般或特定公共利益目的）构

---

[1] 805 ILL. COMP. STAT. 40/4.01(2013), www.ilga.gov/legislation/ilcs/ilcs5.asp? ActID=3419&ChapterID=65.

成了公共福利公司的公司目标。

作为对照，夏威夷州可持续性商事公司（sustainable business corporation）董事只需考虑股东利益与“实现公司目的中所规定的一般与特定公共利益”[1]。这就巧妙地将董事义务与推进实现公司双重目的结合起来。董事也可以但不被要求考虑不同利益相关者的利益，正如大约30个州的常规商事公司法中所发现的利益相关者法的规定一样。[2] 明尼苏达州同样规定，只需平等考虑股东的金钱利益与已确定的公共利益，但这只适用于“特定福利”公司[3]，而不是“一般福利”公司，后者沿用了伊利诺伊州的做法。在加利福尼亚州的社会目的公司法中，存在一个——仅仅关注股东与已确定的社会目的——针对董事义务的类似路径。[4] 简言之，只有三个州规定董事治理责任与信义义务跟公司目的完全一致。

三个后期采用的州——特拉华州、科罗拉多州与田纳西州——采取了第三种路径，但是该路径同样在概念上与实践中扭曲了董事义务。例如，特拉华州法规定如下：

> 董事会应当以兼顾股东的金钱利益、受公司行为实质性影响者的最优利益以及公司章程中所确定的特定公共利益的方式，管理或者指导公共福利公司的业务与事务。[5]

在特拉华州，虽然设立公共福利公司的目的是产生公共利益并且为股东创造金钱收益，但是，董事必须“平衡”这两个要素与那个跟双重公司目的无关的第三个要素。[6] 董事不仅必须——在首先确定这些利益之后——权衡拟开展的公司行为所产生的“实质性影响”的每一项利益，而且必须以某种方式“平衡”全部受实质性影响者的“最优利益”与双重公司目的。因此，特拉华州州法——就像科罗拉多州州法与田纳西州州法一样——并未直接将董事义务与推进实现公司目的结合起来。相反，它引入了一种模糊的类似于信义

---

[1] HAW. REV. STAT. § 420D－6(2016).

[2] 参见 Brett H. McDonnell, *Corporate Constituency Statutes and Employee Governance*, 30 WM. MITCHELL L. REV. 1227(2004)。

[3] MINN. STAT. § 304A. 201, Subd. 2.

[4] CAL. CORP. CODE § 2700. 加利福尼亚州还将公司整体前景作为董事考虑的因素。

[5] DEL. CODE ANN. tit. 8, § 365(a).

[6] 肯塔基州的董事行为法遵循相同的路径，但是，存在一个关键区别。肯塔基州公共福利公司法将公共福利公司定义为营利公司，该公司具有三个公司目的，而不是像其他公司一样有两个。第三个要素是“受公司行为实质性影响者的最优利益”。参见 Unofficial Copy, 17 RS HB 35/GA, p. 15, line 19, www.lrc.ky.gov/recorddocuments/bill/17RS/HB35/bill.pdf。这种三部分的公司目的为公司目的引入了更大的混合性，但是，它依然使得董事义务——必须考虑这三个因素——与公司目的保持完全一致。

性的“最优利益”标准。这使得就法律义务而言，在董事审议中，全部受影响的利益相关者跟那些构成实质混合性金钱/社会商业目的的人（股东）与目的（公共利益）处于相同法律地位。但是，与此同时，特拉华州州法与其他所有公共福利公司法一样，也明确否定了如下观点：董事会对受到公司行为实质影响的任何利益负有义务。〔1〕因此，董事负有令人困惑的义务：平衡他们确实对其负有信义义务者（股东）的利益与对其并不负有信义义务者（全部受到实质性影响者）的最优利益。

对于特拉华州对董事义务的变通规定的结果而言，就像伊利诺伊州标准模式所体现的绝大多数公共福利公司法一样，就是利益相关者主义、股东主义与公共目的性在理论上的怪异组合。〔2〕它也错失了如下机会：协调公共福利公司信义义务以便跟兼具金钱与公共利益的公司目的保持一致。此外，将利益相关者的考虑因素引入这些董事义务条款，无法通过戈尔德和米勒的深刻的信义混合体概念加以拯救。因为促进多方利益相关者的利益通常不是公共福利公司的公司目的，除非其被事先明确规定为公司的一项“特定利益”。

高级人员义务

尽管大多数董事义务标准存在缺陷，但是，现行公共福利公司法中的高级人员义务规定要么不存在，要么甚至比董事规定更成问题。包括特拉华州在内的10个州的公共福利公司法中并无高级人员标准。如前所述，明尼苏达州与加利福尼亚州是仅有的3个规定完善的董事义务条文的州中的两个〔3〕，但是，这两个州亦并未制定任何高级人员义务条款。只有夏威夷州高级人员义务条款与该州董事义务条款一样，适当地要求高级人员只考虑共同构成公司目的的股东利益与公共利益。〔4〕其他的全部公共福利公司法——

---

〔1〕DEL. CODE ANN. tit. 8, § 365(b).

〔2〕关于多元利益相关者理论的描述在商业伦理学家中非常流行，参见 Kenneth Goodpaster, *Business Ethics and Stakeholder Analysis*, 1 J. BUS. ETHICS Q. 53(1991)。多数对多元利益相关者主义持批评态度者赞成股东至上的公司目的概念。例如，参见 Charles M. Elson & Nicholas J. Goossen, *E. Merrick Dodd and the Rise and Fall of Corporate Stakeholder Theory*, 72 BUS. LAW 735(2017)。以股东为中心与以利益相关者为导向的公司目的理论都存在一个共同缺陷：两者都忽视了投资者与其他利益相关者为之做出贡献并且从中受益的总体“公司”目的，但这并不同时延伸到他们的各种利益。关于这一关键点的阐述，参见 Lyman Johnson, *Relating Fiduciary Duties to Corporate Personhood and Corporate Purpose*, *in* RESEARCH HANDBOOK ON FIDUCIARY LAW(D. Gordon Smith & Andrew S. Gold eds., 2018)。

〔3〕只有明尼苏达州的特定福利公司法而非一般福利公司法在董事义务方面设计得很好。

〔4〕HAW. REV. STAT. § 420D-8(a)(2016).

绝大多数——在高级人员义务方面采用了与董事相同的存在缺陷且含混不清的多方利益相关者路径。

因此，上文对公共福利公司法中大多数董事义务规定的批评，也可以用来针对几乎所有州的高级人员规定。但是，高级人员义务这一主题又引起了两个问题。

首先，虽然一般而言法学界对公司高级人员地位的理论化程度不高，但是，高级人员最好被理解为公司的代理人。[1] 因此，他们是公司本身的受信人，而不是其他人或利益的受信人。例如，他们并非董事或股东的代理人。因此，高级人员对股东所负有任何直接信义义务的理论或者实在法基础并不明确。

在公共福利公司场景下，其结果是，高级人员作为公共福利公司本身的代理人，负有仅为公共福利公司的最优利益行事并推进实现其公司目的的信义义务。基于公共福利公司双重公司目的是追求已确定的公共利益以及股东的金钱利益这一适当理解，公司高级人员义务——就像董事义务一样——应当促进实现这两个目的。[2] 因此，公共福利公司法应当以一种严格限制的方式制定高级人员义务，而不应当像大多数法律那样，要求高级人员——其作为代理人，只对公司本身负有义务——考虑该高级人员的行为如何影响该高级人员并非其代理人的一系列利益相关者。该问题比"两个主人"的问题更为严重，因为其要求对高级人员唯一"主人"(即公司)利益的考虑并不优先于对那些根本不是"主人"者利益的考虑。

其次，在公司法领域，即使在特拉华州这个具有先进公司法制的地区，关于公司高级人员的成文法与判例法也是普遍缺失的。因此，在创设新型商事公司实体的过程中，公共福利公司法必须为公司高级人员这一任何公司中最具影响力的商业行动者提供明确规则。但是，现行公共福利公司法未能做到这一点，其结果是——正如在一般公司法中一样——与高级人员密切相关的基础性与关键性法律问题并无任何答案。[3]

例如，特拉华州一般公司法中关于高级人员的规定很少。因此，对于特拉华州公共福利公司法并未涉及的各种高级人员相关问题，该一般公司法也

〔1〕 参见 Deborah DeMott，*Corporate Officers as Agents*，74 WASH. & LEE L. REV. 847(2017)；Lyman Johnson & David Millon，*Recalling Why Corporate Officers Are Fiduciaries*，46 WM. & MARY L. REV. 1597(2005)。

〔2〕 通过这种方式，股东利益由高级人员予以适当推进，因为股东的金钱利益是公共福利公司的公司目的，而高级人员作为公共福利公司的代理人负有为其服务的义务。

〔3〕 关于特拉华州公司法在根本性的公司高级人员相关问题上持续保持沉默的延伸处理，参见 Johnson，*supra* note 14。

并未提供任何答案。此外，特拉华州很少存在专门针对高级人员的判例法。根据特拉华州州法，与董事不同的是，高级人员可能无法被免除个人责任，这与马里兰州、内华达州与弗吉尼亚州的法律截然不同。从事后制裁的角度来看，这种信义义务判例法的缺乏是颇为令人费解的；并且，从事前指导的角度来看，这使得很多与高级人员有关的问题变得模糊不清。

引人注目的是，正如一家联邦法院在2016年所指出的，特拉华州不存在支持对高级人员适用商业判断规则的判例法。[1] 在特拉华州，同样模糊不清的是——与大多数其他州一样——针对高级人员的适当注意标准是普通注意/谨慎的传统代理法标准，还是更为尊重董事的重大过失标准；高级人员控制与监督义务的性质与轮廓，以及任何此类义务是否属于注意义务或忠实义务或其组合；高级人员在不同情况下（无论是在与董事会、更高级别的高级人员或者股东打交道时）的披露义务范围；高级人员是否可以要求根据优尼科抑或露华浓一案中的标准对其行为加以审查；以及，如果高级人员是公司而非股东的代理人，则高级人员是否对股东负有可以在直接诉讼中执行的信义义务，抑或只是对公司负有义务，从而使得针对不当行为的权利主张必须通过派生诉讼提出。

鉴于传统公司法缺乏对高级人员相关事项的指导，公共福利公司法必须为这些重要的商业行动者制定明确的法律规则。但是，现行法并未如此行事，因此，留下了很多本可避免的未解问题。

信义义务与公司目的不一致的原因

公共福利公司是对股东财富最大化与公司收益最大化作为强制性公司目标的一种立法回应——并且，也是一种拒绝。这种拒绝是由克雷格列表一案中存在问题的判决所引发的。这些成文法还拒绝了人们广泛持有的一种观点：公司董事应当承担相应的信义义务，以推进克雷格列表一案所主张的狭隘的利润与财富最大化目标。相反，值得称赞的是，无论是基于社会效用还是制度多元化的理由，公共福利公司都促进了旨在推进非股东中心型公司目的的公司创设。

---

〔1〕 Palmer v. Reali，211 F. Supp. 3d 655，666 n. 8（D. Del. 2016）. 在大多数州，这也是一个悬而未决的问题。

不幸的是，作为公司目的的股东至上的对立面——这种股东中心主义本身只是利益相关者主义的单一利益相关者版本——并不是一种更为宽泛且更为模糊不清的多利益相关者主义。相反，作为公司目的的股东至上的对立面是一种独特且真正的公司目的：该公司目的促进实现已确定的公共利益，并且，也为股东提供金钱利益(但不是最大化股东利益抑或向股东提供特殊优待)。正如第二部分所述，公共福利公司法在其阐述公司目的与公司“最优利益”时，部分实现了从单一股东至上向具有双重目的的公司至上的转变。但是，在制定董事义务时，公共福利公司法偏离了这种目的中心型的设计，并且，将大量利益相关者纳入董事决策因素。

这一错误的举动很可能是因为：如今我们缺乏一个强有力且得到广泛坚持的“目的中心型”公司理论或者目的驱动型信义义务理论。[1] 相反，颇具讽刺意味的是，如今这两个对立的理论根本不是公司理论，而是公司内部各种利益的理论。这就是股东至上与利益相关者理论。[2] 因此，如下做法是可以理解的，但是其本身存在严重的结构性缺陷：公共福利公司法以放弃股东至上的方式制定董事义务，同时又采用似乎是唯一可行的替代方案版本——多利益相关者主义。但是，如前所述，如此行事造成了公共福利公司董事义务的多要素焦点与公共福利公司更为精简的公司目的之间基本不匹配。这种信义义务方面的脱节会阻碍公共福利公司法在公司目的与公司“最优利益”方面取得重大理论与成文法突破。

对于将利益相关者引入董事义务制定中的那些支持者而言，其可能会提出如下两点。首先，鉴于“公共利益”的定义——对社会与环境的实质性积极影响力——相当宽泛与模糊，董事会对利益相关者利益的关注可能被认为丰富了公共利益的内涵。[3] 其次，我们可以正确地指出，公共福利公司不应当仅仅服务于对社会负责的公共利益目的；他们也应当以对社会负责的方式如此行事，因此，董事义务条款应当通过强制考虑(或者平衡)利益相关者利益来寻求如此行事。事实上，特拉华州在其对公共福利公司的定义中，不仅包括营利公司追求确定的公共利益，还包括这种公司旨在“以负责任与可持续的方式经营”这一要素。

尽管这些观点是有效的，但是，它们并无法确保法律将董事义务从关注

---

〔1〕 但是，参见 Miller & Gold, *supra* note 26。
〔2〕 参见 Johnson, *supra* note 35。
〔3〕 作者感谢布雷特·麦克唐纳教授与约瑟夫·约基教授的观察。

推进实现公共福利公司双重目的到开启对无法控制的利益相关者主义的尝试。相反,如果“一般公共利益”被认为是一个过于模糊的定义——即使该定义其后在“减少负面影响”版本中被修正,则该定义应当被限缩。或者,其他州应当遵循明尼苏达州的模式,从而允许设立旨在促进那些其利益得到具体描述的“特定福利公司”;这些公司不需要推进达到更为模糊的“一般公共利益”。我们也不妨回忆一下:在明尼苏达州,针对此类特定公共福利公司的董事义务条款明智地继续要求董事仅仅平等地考虑双重公司目的,即股东金钱利益与已确定的特定公共利益。在这些公司中,不受控制地陷入利益相关者主义是缺乏正当理由的,也颇为危险的。

就现行董事条款的规制方式而言,其适用范围过于宽泛。董事努力以负责任的态度开展业务是一回事,要求董事将全部受到公司实质性影响者的“最优利益”——如果曾经存在的话,则该标准类似于受信人标准,尽管这种标准已经被回避掉了——放在与公司设立时就旨在实现的两个目的相同的水平上是另一回事。在公共福利公司的设立并非是(作为已确定的特定公共利益)为了促进实现全部可能受到公司行为实质性影响者的利益时,尤其如此。

如果部分或者全部受影响的利益是重大的,则它们应当被指定为“特定公共利益”:作为公司目的事项,这些利益构成了公司设立所旨在促进实现的利益。这一成文法变更也将有益地推动福利公司理论的发展:从早期模糊的多利益相关者主义发展为公司更为鲜明地集中促进实现已确定的非股东中心型利益。经营方式方面的问题也可以通过修正现行法解决:取消董事义务条款中对多个利益相关者的同等待遇。相反,法律实际上可以规定,董事只考虑其作为或者不作为将如何促进达到公司双重目的,同时,以董事(在行使其善意商业判断并根据公司目的与环境)认为的负责任与可持续的方式实现这一点。

重新设计董事与高级人员信义义务法的利益

通过修正公共福利公司法确保董事与高级人员义务规定跟公司目的规定完全一致,可以带来一些益处。这将意味着从义务条款中删除对各种利益相关者的各种提及,无论其被表述为“受到实质性影响的利益相关者”还是更为具体的措辞。

第一，正如本章所述，这一改变将使得这种社会企业商业实体形式在理论与概念上更为清晰。公共福利公司的设立是为了追求金钱与社会/环境的双重目的，而指导与管理其事务者的治理责任与信义义务应当集中于达到这些目的。

第二，这一重点将使得公共福利公司的义务与非营利公司董事义务相协调——推进践行公司明确的使命。[1]

第三，具有相关性的是，公共福利公司场景下公司目的与信义义务之间关系的正确处理也将有助于传统商事公司场景下两者关系的正确处理。[2] 目前，尽管公司董事与高级人员只是治理与管理公司事务——而非股东事务，但是，很多人都认为公司目的完全是为了股东财富最大化。[3] 传统公司法应当被修正，从而要求确定公司目的——正如公共福利公司法所做的那样，并且，董事与高级人员的义务应当被结合起来促进达到这些目的。[4] 在更为广泛的意义上，公共福利公司法的轻微改革也可能引发公司法中这一迫切需要改革的模糊领域的相应改革。

第四，拟议的成文法改革将大大简化董事与高级人员的决策过程。他们不再需要确定所有可能受到其决定"实质性影响"者，并且，在如此行事之后——假定他们能够如此行事，也将不必确定所有这些人的"最优利益"，接着再以某种方式"平衡"所有这些利益、股东利益与公共利益。相反，董事与高级人员会做出那些促进达到公司目的（为了股东的金钱利益与公共利益）的决定。这将简化并大大强化治理与管理义务的履行。

第五，这项改革将使得福利执行诉讼更有意义。[5] 很多评论者认为，由于各种原因，这些成文法诉讼以及针对违反信义义务的救济措施都是无效

---

〔1〕 参见 Harvey J. Goldschmid, *The Fiduciary Duties of Nonprofit Directors and Officers: Paradoxes, Problems, and Proposed Reforms*, 23 J. CORP. L. 631, 649(1998)。

〔2〕 约翰逊(Johnson)充分阐述了传统公司法中的这一需要：Johnson, *supra* note 35。

〔3〕 参见 Strine, *supra* note 1。

〔4〕 E. 麦瑞克·多德(E. Merrick Dodd)教授在其关于董事义务的开创性文章中同样指出："如果公司机构是真实的……则该单位的管理者是它的受信人，而不仅仅是其个别成员的受信人。"E. Merrick Dodd Jr., *For Whom Are Corporate Managers Trustees?*, 45 HARV. L. REV. 1145, 1160(1932).

〔5〕 在加利福尼亚州、科罗拉多州、特拉华州、夏威夷州、马里兰州、明尼苏达州、纽约州、俄勒冈州与华盛顿州都不存在法定福利执行诉讼。J. Haskell Murray, *Corporate Forms of Social Enterprise: Comparing the State Statutes* (Belmont University, College of Business Administration, Jan. 15, 2015), http://dx.doi.org.ezp.lib.unimelb.edu.au/10.2139/ssrn.1988556. 或许，与公司派生诉讼一样，法院将行使其衡平法上的权力，从而为普通法诉讼做出规定。

的[1]，尽管布雷特·麦克唐纳教授对此持有异议。[2] 但是，如果董事不存在如下抗辩理由，则在这种诉讼中，这将会有助于股东——如果股东拥有足够数量的股票，则可以单独启动福利执行诉讼：董事之所以并未以特定方式追求该公共利益，是因为董事决定必须考虑各种其他人的“最优利益”[3]。通过消除这种分散化的因素，董事的自由裁量权会被削减，并且，董事更有可能因并未推进公共福利公司设立时所旨在实现的目的而被股东追责。

这些理由结合起来表明，应当支持对公共福利公司义务条款进行立即改革。其改革方向也许是遵循夏威夷州州法或者明尼苏达州精心编制的特定福利公司法的路线。然后，在这个新社会企业实体中进行一段时间的试验更有可能会产生实现最优法律设计目标的有益信息。

---

[1] 参见 Heminway，*supra* note 7，at 637－39；McDonnell，*supra* Chapter 4。

[2] McDonnell，*supra* Chapter 4.

[3] 正如查尔斯·亚布隆教授所指出的，公共福利公司的代理成本已经很高了。Yablon，*infra* Chapter 22. 赋予董事考虑与公司目的无关的利益的自由裁量权只会放大代理成本风险。

第二十章　审判公共福利公司

奥马里·斯科特·西蒙斯

引　言

本章探讨了法院在特拉华州公共福利公司场景中的作用。在传统公司法场景下，特拉华州法院是一种通过普通法判决解决公司治理纠纷、表达公司治理标准的重要机制。而特拉华州州法事实上作为上市公司的国家公司法而发挥作用。[1] 2013年8月1日，随着特拉华州公共福利公司法的颁布，特拉华州批准了一种新型的营利公司。[2] 自特拉华州公共福利公司法颁布以来，该州已经成立了739家公共福利公司。[3] 到目前为止，特拉华州法院尚未被要求解决公共福利公司的纠纷，因此也就没有机会表达关于公司治理的标准。[4] 作为预测与指导，本章探讨了如何将特拉华州法院传统功能适用于公共福利公司场景。

与其他更为限制性的州社会企业法相比[5]，特拉华州公共福利公司法更符合现有的公司赋权型框架：该框架通过增加普通法判决鼓励私人秩序与法律发展。特拉华州公共福利公司法所提供的法定指导原则并未显著改变

---

[1] Omari Scott Simmons, *Delaware's Global Threat*, 41 J. CORP. L. 217, 220(2015); John Armour et al., *Delaware's Balancing Act*, 87IND. L. J. 1345, 1398－99(2012); Ronald J. Gilson, *Globalizing Corporate Governance: Convergence of Form or Function*, 49 AM J. COMP. L. 329, 350(2001).

[2] DEL. CODE ANN. tit. 8, § 361(2013).

[3] 这些数据反映了特拉华州州务院截至2016年10月的数据。公共福利公司的形成方式各不相同。在这些公共福利公司中，绝大多数(655个)是新成立的公司。有一小部分(82个)则反映了从现有公司到公共福利公司的修正与重述。在这些公共福利公司中，共有100家通过解散、重组为标准公司或者其他方式而消失。绝大多数公共福利公司都是紧密持股企业。

[4] GIBSON DUNN, A CORPORATE PARADIGM SHIFT: PUBLIC BENEFIT CORPORATIONS(Aug. 9, 2016), www. gibsondunn. com/publications/documents/Corporate-Paradigm-Shift-Public-Benefit-Corporations. pdf. 该文将因公共福利公司具体判例法缺失而导致的法律不确定性列为公共福利公司形态的风险因素之一。

[5] 参见 *State by State Status of Legislation*, B LAB, http://benefitcorp. net/policymakers/state-by-state-status(last visited Aug. 31, 2017) [hereinafter *State by State Status*]。

而是实际上保留了特拉华州法院在审查各类公司内部决定方面的传统作用。[1]

尽管公共福利公司法采取了传统治理路径，但是，它确实给公司问责制带来了增量变化与微小调整。在传统框架下，大多数针对非股东利益相关者的强制性外部条例（例如环境条例、劳动法）以及其他约束商事运营的条例，主要存在于公司法框架之外。[2] 但是，公共福利公司试图将对非股东利益的考虑纳入公司法框架，其方式是：要求平衡利益，从而在理论上为公司管理者考虑非股东利益相关者的利益提供了动机与“掩护”（cover）。[3] 尽管强制要求平衡非股东利益，但是，特拉华州公共福利公司法并未强制董事与高级人员做出有利于非股东或者公共利益的决定。

即使公共福利公司法对一般公司法框架进行了成文法修正，市场约束与股东权利也使得管理者不太可能优先考虑非股东利益，无论一家企业的组织形式是公司还是公共福利公司。实际上，在少数人持股公司与大型上市公司中，股东利益比非股东利益更为受到重视。但是，现行法允许公司管理者追求非股东利益。然而，在股东行动主义盛行的时代，如此行事的实际激励机制是颇为有限的。[4]在公共福利公司框架下，股东继续拥有其他利益相关者所不具有的一篮子权利（如投票权、经济权、知情权）。[5] 股东与董事一起继续驾驶着众所周知的公司这一汽车，而非股东群体基本上依然是乘客，并且，不具备提起派生诉讼的资格。[6]

正如公共福利公司法坚持股东的传统作用一样，它也保留了特拉华州法院在审查各类公司内部决策方面的传统作用。在这种新的场景下，特拉华州法院将成为一系列公共福利公司治理问题的首批回应者。公共福利公司法律框架为特拉华州法院设想了一个有限但非常重要的作用：产生由法官创造

---

[1] Leo E. Strine, Jr., *Making It Easier for Directors to "Do the Right Thing"?*, 4 HARV. BUS. L. REV. 235, 243(2014); *see infra* Part IV. B.

[2] Strine, *supra* note 6, at 239.

[3] *Id*.

[4] *Id*.; LYNN STOUT, THE SHAREHOLDER VALUE MYTH: HOW PUTTING SHAREHOLDERS FIRST HARMS INVESTORS, CORPORATIONS, AND THE PUBLIC(2012); Margaret M. Blair & Lynn A. Stout, *A Team Production Theory of Corporate Law*, 85 VA. L. REV. 247, 286(1999).

[5] Strine, *supra* note 6, at 238—39. 该文指出利益相关者法可能允许公司管理者考虑其他非股东利益，但是，这些法律往往是允许性而非强制性的，因此公司管理者往往可以选择无视非股东利益相关者利益。

[6] 参见 *id*. at 241—42; Ronald J. Gilson & Jeffrey N. Gordon, *The Agency Costs of Agency Capitalism: Activist Investors and the Revaluation of Governance Rights*, 113 COLUM. L. REV. 863, 874—88(2013)。

的公司法，从而为公司与从业人员提供指导，阻止不良商业行为，并减少不确定性。同时，在此场景下，一个关键的公司治理紧张关系是，在司法监督与尊重管理层决策之间维持适当平衡。[1]这种紧张关系体现在法院决定公共福利公司管理者是否履行其信义义务与承担责任时的司法监督程度上。[2]本章的阐释是，公共福利公司并不意味着法院对公司决策进行实质性审查的工作方法发生了变化。更为仔细的调查表明，法院只做出了适度的改变与调整，并且继续注重程序。传统的赋权型框架在很大程度上保持不变。这就转换为一种不干预主义的路径：将公共利益事项主要留给自我监管、市场与潜在的第三方中介者机构。

本章的简要路线图如下。第二部分提供了有益的背景信息：探索社会企业实体的政治经济学，并描述了公共福利公司、非营利组织与传统公司之间的主要区别。第三部分描述了公共福利公司框架如何采用传统的赋权型路径：允许私人秩序与普通法判决。第四部分考察了公共福利公司的标志性特征：平衡包括非股东利益相关者在内的利益。具体来讲，这一部分探讨了在基本保留司法审查标准（例如，商业判断规则、整体公平、中间审查）、决策类别、信义义务与有限责任等公司法显著特征的基础上，这种平衡要求如何影响了特拉华州法院的作用。第五部分论述了公共福利公司法与传统公司法框架的不同之处。第六部分探讨了法院与社会企业之间的未来互动所带来的几个关键影响。

社会企业实体的政治经济学与公共福利公司跟其他商业实体的主要差异

在深入分析法院与公共福利公司之间的关系之前，我们有必要了解一些关于社会企业实体的政治经济学背景以及公共福利公司、传统公司与非营利组织之间的主要区别。

社会企业实体的政治经济学

社会企业实体的起源与扩散在形式上并非是草根性、有机性抑或渐进性

〔1〕 E. Norman Veasey, *The Defining Tension in Corporate Governance in America*, 52 BUS. LAW 393,403(1997).

〔2〕 *Id*.

的。相反,社会企业法的扩散类似于一种自上而下的路径,该路径是通过法律专家与一批具有影响力的投资者进行的利益集团游说实现的。[1] 这里将自上而下的路径与草根起源加以区分并非是为了传达一种偏好。但是,社会企业法背后的政治经济学不可避免地塑造了法律的发展。[2]

共益实验室是一家非营利公司,它是在全国范围内推进福利公司立法的主要力量。[3] 大多数州的福利公司法(大约 31 部)[4]都严格遵循共益实验室的律师们所创设的“示范立法”,但是,包括特拉华州在内的一些州法(只有 5 部)与该示范立法存在很大差别。[5] 共益实验室以在全国各地游说且不进行显著修正情况下就通过自己的示范立法而闻名。[6]

值得注意的是,共益实验室的示范立法与诸如统一法律委员会(Uniform Law Commission)等制定的示范法不同:共益实验室的示范立法并非广泛审查程序的产物。[7] 因此,这种示范立法在几个方面受到了观察者的批评,并且,促使特拉华州等少数州对示范立法进行了重大修正。[8] 例如,特拉华州公共福利公司法舍弃了共益实验室示范立法中一些限制性与强制性较强的内容,例如第三方认证的必要性、福利执行诉讼以及福利董事的配置。[9]

包括企业家、学者与其他人士在内的社会企业支持者认为,新的社会企业形式反映了公司治理与实践方面的切实变化,以及一种用来吸引资本的新资产类别的创设。[10] 其设想从根本上改变股东至上的治理模式,因为一些

---

〔1〕 J. Haskell Murray, *Social Enterprise Innovation: Delaware's Public Benefit Corporation Law*, 4 HARV. BUS. L. REV. 345—46(2014); Andrew Ross Sorkin, *A New Fund Seeks Both Financial and Social Returns*, N. Y. TIMES(Dec. 19, 2016), www. nytimes. com/2016/12/19/business/dealbook/a-new-fund-seeks-both-financial-and-social-returns. html. 全球影响力投资网络在 2013 年至 2015 年的一项研究中发现,影响力投资从 254 亿美元增长到 355 亿美元。ABHILASHMUDALIAR ET AL., GIIN: GLOBAL IMPACT INVESTING NETWORK, DATA FROM ANNUAL IMPACT INVESTOR SURVEYS: IMPACT INVESTING TRENDS - EVIDENCE OF A GROWING INDUSTRY(Dec. 2016), https://thegiin. org/assets/GIIN_Impact%20InvestingTrends%20Report. pdf.

〔2〕 Murray, *supra* note 14, at 345—46.

〔3〕 *Id.*, B LAB, www. bcorporation. net/(last visited Aug. 31, 2017).

〔4〕 *State by State Status*, *supra* note 5.

〔5〕 参见 Mark J. Loewenstein, *Benefit Corporation Law*(U. of Colo. L. Sch., Sept. 16, 2016), https://papers. ssrn. com/sol3/papers. cfm? abstract_id=2840003。

〔6〕 *Id.* at 1—2.

〔7〕 *Id.* at 3.

〔8〕 参见 FREDERICK H. ALEXANDER, THE PUBLIC BENEFIT CORPORATION GUIDEBOOK: UNDERSTANDING AND OPTIMIZING DELAWARE'S BENEFIT CORPORATION GOVERNANCE MODEL 54(2016)(Appendix 5), www. mnat. com/files/epub/ThePublicBenefitCorporationGuidebook_FrederickHAlexander. pdf。

〔9〕 Loewenstein, *supra* note 18, at 5—6.

〔10〕 Alicia E. Plerhoples, *Social Enterprise as Commitment: A Roadmap*, 48 WASH. U. J. L. & POL'Y 89(2015); Dana Brakman Reiser, *Theorizing Forms for Social Enterprise*, 62 EMORY L. J. 681 (2013); J. Haskell Murray, *Choose Your Own Master: Social Enterprise, Certifications, and Benefit Corporation Statutes*, 2 AM. U. BUS. L. REV. 1(2012).

人指责这种股东至上模式导致了公司滥用职权、忽视外部性以及更为广泛的公众关切。[1] 其他观察者则对公共福利公司等社会企业形式持有更大的怀疑态度。他们认为，与传统实体形式相比，这些被标榜的治理变革并不重要，并且更多是象征性的。[2] 他们还对社会企业实体吸引外部投资者的能力表示怀疑，其部分原因是它们与传统的C公司、有限责任公司与非营利组织等现有实体形式并无明显区别。[3] 这种差异化程度的缺失，使得人们对各种社会企业实体形式的总体效能以及司法干预的可取程度产生了疑问。[4]

区分公共福利公司、传统公司与非营利组织

实体类型之间的区分程度有助于揭示法院如何通过类比方式就公共利益事项而对公共福利公司进行干预。

公共福利公司

与其他社会企业类型一样，公共福利公司是介于标准营利公司与免税非营利组织之间的混合实体。[5] 在这一范围之中，该实体既可以吸引捐赠者，也可以吸引投资者，其范围涵盖从追求严格意义上的金钱利益者到具有社区主义或利益相关者导向者(见表20.1)。

表20.1 公共福利公司与非营利组织、公司的对比

	非营利组织	公共福利公司	公司
权力	以董事会为中心	以董事会为中心	以董事会为中心
问责	使命方向型/公共	混合型股东/公众	股东导向型
资金	不谋取利益的捐赠者	其地位具有可转让性的股东	其地位具有可转让性的股东

[1] *Compare* stout, *supra* note 9 *with* Lucian Arye Bebchuk, *The Case for Increasing Shareholder Power*, 118 HARV. L. REV. 833(2005). 参见 Lynn A. Stout, *Response, The Toxic Side Effects of Shareholder Primacy*, 161 U. PA. L. REV. 2003(2013)。但是，与此同时，公共福利公司法并未采纳作为使命导向型非营利组织之特征的非分配约束。例如，参见 Del. code ann. tit. 8, § 363(d)(2013)。

[2] Lide E. Paterno, *Irresponsible Corporate-Responsibility Rules*, 77 U. PITT. L. REV. 499, 526(2016).

[3] 参见 Brakman Reiser, *supra* note 23。

[4] Paul Brest & Kelly Born, *When Can Impact Investing Create Real Impact?*, 11 STAN. SOC. INNOVATION REV. 22(Fall 2013), https://ssir.org/up_for_debate/article/impact_investing.

[5] 参见 Usha Rodrigues, *Entity and Identity*, 60 EMORY L.J. 1257(2011)。

续表

	非营利组织	公共福利公司	公司
执行	公共：国税局/州首席检察官	私人：法院 公共：证券交易委员会、国税局/州首席检察官	私人：法院 公共：证券交易委员会、国税局/州首席检察官

公共福利公司保持了营利组织形式与集中化管理，但是，允许非营利组织式的对利益相关者的关注。股东通过在法院发起私人诉讼，在社会企业场景中发挥着重要监督作用。大多数公共福利公司都是紧密持股公司，并且不受证券交易委员会繁重的公共执法约束。[1]因此，法院在规制公共福利公司内部事务方面发挥着重要作用。目前，公共福利公司的主要特征是自我监管、法律标准、第三方认证与经由普通法法院的私人执法。尽管声称关注公众或者利益相关者，但与非营利组织相比，公共福利公司更类似于营利公司。

传统公司

在标准公司场景下，公司主要目标是，通过遵守法律、进行营利性与高效运营以及吸引资本让股东获益。[2]公司通过董事会集中管理。在此，法院通过解决内部纠纷以及为董事会提供前瞻性指导，而发挥了重要的公司治理机制作用。通过股东诉讼对违反信义义务的行为进行私人执法是颇为常见的。对于上市公司与(在一定程度上)紧密持股公司而言，证券交易委员会提供了额外的公共执法服务。

非营利组织

非营利企业以董事会为中心，但是，董事会不对股东负责。相反，他们受到禁止私人牟利原则与非分配约束的限制。[3] 因此，捐赠一经做出，就不可转让且不可剥夺。在内部治理问题上，捐赠者对非营利实体的追索权有限。与股东在州法院提起诉讼不同，非营利组织内部治理监督在很大程度上取决于各州首席检察官办公室与国税局的公共执法：它们可以终止免税资格，并

---

〔1〕 不过，也有一些大型上市公司的子公司是福利公司，例如本杰瑞。

〔2〕 参见 E. Norman Veasey, *What Happened in Delaware Corporate Law and Governance from 1992—2004? A Retrospective on Some Key Developments*, 153 U. PA. L. REV. 1399, 1411(2005)。

〔3〕 *Overview of Inurement/Private Benefit Issues in IRC* 501(*c*)(3), *in* EO CPZTEXT(1990), www.irs.gov/pub/irs-tege/eotopicc90.pdf.

且，援用其他制裁措施。[1] 在非营利组织场景下，人们很少通过信义义务诉讼来加以私人执法。由于私人执法缺失以及私人监督受限，像“指南星”(Guidestar)这样采用信息披露的第三方评级系统在向非营利组织现有与潜在捐赠者提供内部治理信息方面的作用越来越大。以此类推，共益公司认证与评级在社会企业场景中发挥着类似作用：在这种场景中，公共执法与通过股东诉讼进行的私人执法的作用都颇为有限。指南星与共益公司认证者等经由评级系统、指标与认证的第三方中介者机构，可以填补一家实体在实现公共目标或者发出质量信号方面的关键信息空白。从公司角度看，某项认证或者评级体系的价值会随着其广泛使用而增加。因此，我们可以预测共益公司认证将继续在公共福利公司场景中发挥相关作用。

特拉华州公共福利公司与赋权型框架

在特拉华州，公共福利公司在可供选择的一系列实体之外，为企业家与投资者提供了另一种实体选择。鉴于特拉华州在公司管理者、机构投资者与融资中介机构中的突出地位，特拉华州的公共福利公司将成为影响力投资者与希望上市的公司或者上市公司子公司的热门选择。[2] 正是认识到这些益处，特拉华州议会才联合特拉华州公司法委员会(Corporate Laws Committee of Delaware)，颁布了公共福利公司法。[3]

特拉华州针对司法造法的赋权型路径

特拉华州的司法造法路径体现了一种灵活的法律制度，它更接近于场景主义(contextualism)，而不是国外一些法律制度中的法典化。[4]数十年来，特拉华州的司法造法路径已经引起了学术界的很多重大争论。一些观察者批评特拉华州的制度，认为它是不明确的。[5] 同时，其他观察者则更倾向于特

---

〔1〕 Eileen L. Morrison, *Enforcing the Duties of Nonprofit Fiduciaries: Advocating for Expanded Standing for Beneficiaries*, 95 B. U. L. REVANNEX 1(2015), www. bu. edu/bulawreview/files/2015/11/MORRISON. pdf.

〔2〕 Strine, *supra* note 6, at 243.

〔3〕 *Id*. at 242—43.

〔4〕 E. Norman Veasey, *Should Corporation Law Inform Aspirations for Good Corporate Governance Practices—or Vice Versa?*, 149 U. PA. L. REV. 2179—80(2001).

〔5〕 Ehud Kamar, *A Regulatory Competition Theory of Indeterminacy in Corporate Law*, 98 COLUM. L. REV. 1908(1998); William L. Cary, *Federalism and Corporate Law: Reflections upon Delaware*, 83 YALE L. J. 663(1974).

拉华州的路径，而不是另一种选择——一种无法充分反映公司决策复杂性的严格法典化的一刀切式路径。[1]

公共福利公司赋权型框架

作为一个描述性的事项，特拉华州公共福利公司框架与现有的鼓励私人秩序的赋权型框架并不冲突：它给予个体公司不受干扰地处理其内部事务的广泛灵活性。同时，其他州的社会企业法由于加入了更多的强制性规定，可能会对这种赋权型路径带来较大的破坏。[2] 特拉华州公共福利公司法限制了与赋权型路径不一致的共益实验室示范立法中的那些强制性与限缩性内容。[3]

特拉华州的赋权型公司法提供了指导方针，从而使得法院在发展公司法与其他实践方面发挥重要作用。[4] 特拉华州司法部门已经提供了基于特定事实的监督机制，以支持强有力的私人秩序，并且，这一路径将扩展到公共福利公司。事实导向型的决定与司法裁判是特拉华州司法部门应对公司法的路径之特点。特拉华州经验丰富的专业法官降低了因适用标准与对事实的回应而导致迥然不同的判决结果的可能性。

尽管有相反观点认为，限制性更强的社会企业框架是最优选择，但是，在公共福利公司场景下，这一灵活的赋权型路径具有关键优势，因为更多的利益相关者的关切需要权衡。特拉华州法官造法的路径与法典化路径相比，具有"平衡性与灵活性"的优势。[5] 理论上，这些平衡性与灵活性的特征，在新型且颇具试验性的公共福利公司场景下，可能具有显著意义。

公共福利公司特征：利益平衡

公共福利公司区别于传统公司实体的标志性特征是其所要求的利益平

---

〔1〕 Veasey, *supra* note 30, at 1411—13; Jill E. Fisch, *The Peculiar Role of the Delaware Courts in the Competition for Corporate Charters*, 68 U. CIN. L. REV. 1061, 1074—75(2000); Edward B. Rock, *Saints and Sinners: How Does Delaware Corporate Law Work?*, 44 UCLA L. REV. 1009, 1017(1997); Chief Justice Leo E. Strine, Jr., State of the Judiciary Address 11—12(June 4, 2014), www.rcfp.org/sites/default/files/docs/20140620_151641_strine_speech.pdf.

〔2〕 Loewenstein, *supra* note 18, at 4.

〔3〕 *Id*.

〔4〕 参见 DEL. GEN. CORP. L., DEL. CODE ANN. tit. 8. 前首席大法官 E. 诺曼·维西(E. Norman Veasey)描述了特拉华州的路径："需要注意的是，法官造法不得随心所欲抑或临时特设。它必须涉及基于先例与连贯的经济理由而进行严谨且稳定的法理分析。在私人秩序方面必须事先提供被认为重要的合同性的股东保护机制，而不是事后对合同框架进行司法改写。"Veasey, *supra* note 35, at 2180.

〔5〕 Veasey, *supra* note 30, at 1413.

衡。与传统特拉华州公司不同，公共福利公司董事与高级人员必须考虑非股东利益，并且可以在严格的经济意义上以牺牲利润与股东财富最大化为代价谋取这种利益。[1] 该法是强制性的，其有别于那些早期涉及非股东利益的立法尝试(例如，利益相关者法)。[2] 公共福利公司董事在管理公司事务时，必须平衡以下几点：(1)股东的经济利益，(2)该法规定的"公共利益"或者公司章程中规定的更为特定的公共利益，以及(3)受公司行为实质性影响的利益相关者的最优利益。[3]

特拉华州法对公共利益的定义大致如下：

"公共利益"是指对一类或多个类别的群体、实体、社区或利益(股东除外)的积极影响力(或者减少的负面影响)，包括但不限于具有艺术、慈善、文化、经济、教育、环境、文学、医疗、宗教、科学或技术性质的影响。"公共利益条款"是指本分章所规定的公司章程中的条款。[4]

乍一看，公共利益目的似乎表明法院在实质性审查公司决定方面的运作方式发生了变化。但是，仔细研究后发现，其只是进行了适度的变化、调整以及持续的程序性关注。尽管要求利益平衡，但是，特拉华州公共福利公司法并未要求公司决定必须有利于非股东或者公共利益。传统的赋权型框架在很大程度上依然维持原样。[5] 我们接下来的探讨解释了公共福利公司框架如何采用传统的赋权型路径：这体现在关键特征的保留上，例如，司法审查标准(商业判断规则)、决策类别、信义义务与有限责任。

审查与决策类别的司法标准

司法审查标准与决策类别都说明了法院何时会介入公司内部事务。它们有助于思考法院为何以及何时希望干预公共福利公司内部事务。审查标准与相关的决策类别在性质上是场景主义的；分析它们的运作，有助于促进对司法干预的场景式理解。

---

〔1〕 DEL. CODE ANN. tit. 8, § 362(a)(2013).

〔2〕 Strine, *supra* note 6, at 238—39.

〔3〕 Alicia E. Plerhoples, *Delaware Public Benefit Corporations 90 Days Out: Who's Opting In?*, 14 U. C. DAVIS BUS. L. J. 247, 252(2013); Gil Lan, *Benefit Corporations: A Persisting and Heightened Conflict for Directors*, 21 J. L. BUS. & ETHICS 113, 116(2015)。该文认为："'考虑'这一法律规定不应当被视为假象，而应当被视为立法意图的证据，即董事应当如此善意行事。"

〔4〕 DEL. CODE ANN. tit. 8, § 362(b)(2013).

〔5〕 Strine, *supra* note 6, at 243.

审查标准

审查的司法标准确立了法院在确定董事会或高级人员行为是否符合信义义务方面的作用。从本质上讲,审查标准在很大程度上决定了法院何时介入公司事务。一般而言,特拉华州法院在传统营利公司场景中采用三种审查标准。这些审查标准包括商业判断标准,整体公平标准,以及“中间型”或“强化型”标准。[1] 确定适用哪种特定审查标准需要基于对特定事实的调查。[2] 这些审查标准也将适用于公共福利公司,但可能需要一些修正。而这些需要修正或者轻微偏离的要点则属于“中间型”或“强化型”审查的范畴。

(1)商业判断标准。用来提高公司效率的商业判断规则是特拉华州公司法的试金石。根据特拉华州州法,一般推定:董事在独立、知情、善意并且诚实地相信其决策符合公司最优利益的基础上行事。[3]如果董事的决策程序、独立性或善意受到损害,或者,如果该决定不能归因于合理的商业目的,则这种推定可以被推翻。[4]特拉华州州法赋予董事与高级人员相当大的自由裁量权管理公司事务。商业判断规则是宽松的,其包容失败的公司策略以及广泛的公益努力。司法克制(judicial restraint)的一个原因是,防止法院在缺乏专业知识与存在后视偏差(hindsight bias)的情况下事后批评商业决策。对公共利益事项的事后批评,可以说加剧了这种担忧。对公共利益事项的事后重新权衡会带来额外的挑战。公共福利公司管理者与标准公司管理者一样,无法预测市场波动,并且,需要灵活地采取一系列公司策略。在需要灵活处理的公司决策与业务规划中往往存在实际上的跨期要素(即短期、中期或长期)。例如,公司可能会在短期内支持筹集资金与股东利益,从而使得长期的社会影响力或者公共目的的实现成为可能。

与传统公司相比,法院在权衡关于公共利益的商业决策时,应当更加谨慎,因为这些决策往往是模糊的。商业判断规则同样(如果不是更多地)适用于要求平衡非股东利益的公共福利公司场景。可持续的双重公司使命可能要求更为复杂的跨期权衡。因此,法院赋予管理者的自由裁量权依然是广泛且宽松的,从而防止那些将会严重损害公共福利公司投资与其他前景的低效

---

[1] ALEXANDER, *supra* note 21, at 42.

[2] *Id*.

[3] Aronson v. Lewis, 473 A. 2d 805, 812 (Del. 1984).

[4] ALEXANDER, *supra* note 21, at 17.

率的妨害诉讼。[1]

(2)整体公平标准。在传统公司场景下，当董事受自身利益驱动时，其经营决策往往不能获得商业判断规则推定。[2]当董事会多数成员(或者控股股东)的经济利益与少数股东的利益发生冲突时，则需要适用更为严格的整体公平标准。[3]在这里，董事必须确定一项交易的价格与程序事项是公允的。[4] 此外，董事会必须表现出对交易公允性以及客观公允性的诚实信念。[5]在公共福利公司中，整体公允测试可能会以类似于传统公司场景下的方式予以适用。[6]

(3)“中间型”标准。在不存在需要整体公允审查的典型冲突的情况下，特拉华州法院可以在公司控制权发生变化或者董事会采取防御措施时适用“中间型”标准。在这些情况下，存在可能损害董事会决策过程完整性的“微妙压力”(subtle pressures)。[7]因此，通常需要适用更高水平的审查。对于控制权的变化，一般适用露华浓一案标准。[8] 它要求董事表明他们已经获得了最优价格，因为在被收购时，股东获得的是眼前短期利益而非长期未来利益。[9] 如果董事会在未经股东批准情况下单方面采取如下行为来实施防御措施，则适用优尼科/Unitrin 一案的“中间型”标准：代理竞争、恶意收购或者其他董事采取的干扰股东行使表决权或自由出售其股份的能力之行为。[10] 在这一点上，董事必须证明他们有合理理由确信，除了针对所构成的威胁的防御行动具有合理性之外，还存在针对公司政策与有效性的威胁。[11] 不被允许的不相称防御措施是指那些具有排除性、强制性或者超出合理性范围之外的行动。[12] 虽然在这种情况下董事被允许考虑其他利益相关者，但是，这种考虑也只有在其与股东利益具有相关性时才会被允许。

[1] Veasey, *supra* note 30, at 1486; Jill E. Fisch, *Teaching Corporate Governance Through Shareholder Litigation*, 34 GA. L. REV. 745, 753(2000).

[2] Rales v. Blasband, 634 A. 2d 927, 936(Del. 1993).

[3] *In re* Trados Inc. S'holder Litig., 73 A. 3d 17, 36(Del. Ch. 2013).

[4] Weinberger v. UOP, Inc., 457 A. 2d 701, 711(Del. 1981).

[5] Gesoff v. IIC Indus., Inc. 902 A. 2d 1130, 1145(Del. Ch. 2006).

[6] ALEXANDER, *supra* note 21, at 31—32.

[7] *Id.* at 17.

[8] Revlon, Inc. v. MacAndrews & Forbes Holdings, Inc., 506 A. 2d 173, 176(Del. 1986).

[9] Corp. L. Comm., ABA Bus. L. Sec., *Benefit Corporation White Paper*, 68 BUS. LAW 1083, 1084(2013).

[10] Reis v. Hazelett Strip-Casting Corp., 28 A. 3d 442, 457(Del. Ch. 2011).

[11] Unocal Corp. v. Mesa Petroleum Co., 493 A. 2d 946, 955(Del. 1985); Moran v. Household Int'l, Inc., 500 A. 2d 1346, 1356(Del. 1985).

[12] Unitrin, Inc. v. Am. Gen. Corp., 651 A. 2d 1361, 1367, 1387(Del. 1995).

特拉华州法院也可以适用更为严格的审查来保护股东投票权。例如,当董事的主要目的是防止股东投票的有效性时,董事会必须根据布莱修斯(Blasius)一案的严格标准,为这种行为提供"令人信服的理由"(compelling justification)。[1] 在实践中,法院很少适用布莱修斯一案标准,并且,对该标准的适用往往意味着对原告有利的判决。[2]相反,在董事会采取的防御行动会干扰股东选举权的场景下,特拉华州法院会更为频繁地采用灵活的优尼科一案的标准。[3] 优尼科/Unitrin一案与布莱修斯一案的标准是重叠的,并且这反映了在这种情况下的决策具有需要更多司法干预的复杂性。

在公共福利公司场景中,董事义务的扩展与"中间型"审查标准具有高度相关性。因此,这是一个需要法院干预与澄清的成熟领域,特别是在涉及改变控制权与防御策略时。[4]与标准的露华浓一案中的控制权变更情况不同,公共福利公司董事不再负有为股东谋取最高金钱回报的义务,因为这一义务已经扩展到考虑非股东利益相关者的利益。在这里,公共福利公司董事会在出售公司时必须考虑多方利益。今后法院的判决将明确公共福利公司董事在出售公司时履行其平衡义务的方式。

与传统的优尼科一案场景类似,公共福利公司董事可以在收购场景中采用防御策略与手段。虽然传统公司可以针对危及股东价值的具体威胁采取这些防御措施,但是,公共福利公司董事在采取防御措施时可以考虑更为广泛的威胁。这很可能转化为公共福利公司董事在实施防御措施以保护公司时享有更大的自由裁量权。此外,保护股东选举权对于公共福利公司股东而言相当重要,因为他们的经济利益有可能因考虑利益相关者利益的这一强制性要求而被稀释。[5] 未来的法院判决将进一步阐明在公共福利公司场景下采取防御措施与保护股东选举权的适当界限。

特拉华州法院案件的决策类别

在传统公司法场景下,特拉华州法院的判决可分为三大类:企业、监督与所有权。[6] 这种分类方式以及审查标准有助于思考法院为何与何时可能干

〔1〕 Blasius Indus.,Inc. v. Atlas Corp.,564 A.2d 651,661(Del. Ch. 1988).

〔2〕 William T. Allen,Jack B. Jacobs,& Leo E. Strine,Jr.,*Function over Form:A Reassessment of Standards of Review in Delaware Corporation Law*,26 DEL. J. CORP. L. 859,867(2001).

〔3〕 ALEXANDER,*supra* note 21,at 20.

〔4〕 *Id*. at 3.

〔5〕 Paterno,*supra* note 25,at 535.

〔6〕 参见 Veasey,*supra* note 12,at 393,394。

预公司内部事务。在这里，对决策类别的理解是颇为有益的，因为未来的公共福利公司判例可能会遵循类似模式。

(1)企业。企业决策是管理层做出的标准商业决策，例如，决定在国外建立一个生产厂或者生产什么产品。[1] 这些决策大多属于商业判断规则范畴，并且，不在司法审查的范围之内。如前所述，在将更多非营利性事项最大化因素纳入商业判断的社会企业场景下，商业判断规则会具有更大的影响力。此外，公共福利公司董事做出非营利性事项最大化的决策将不太容易被股东起诉，因为其章程中已经规定了非营利事项最大化的目标。

(2)监督。监督义务涉及管理者的监督作用，例如，确保雇员依法履职。在这方面，董事与高级人员不是做出技术性的决策，而是监督下属的活动。凯马克(Caremark)一案中的义务就属于这一类型。[2] 在这里，董事与高级人员有义务建立公司信息流动与报告机制，以促进对法律的遵守。尽管凯马克一案与石多乐(Stoneline)一案使得董事与高级人员有可能承担责任，但是，在这种情况下实际施加责任是极其困难与罕见的。[3] 即使在公共福利公司场景下，施加监督责任也将是颇为罕见的。

(3)所有权。所有权决策关系到那些直接涉及股东利益的决策，并且往往需要更高水平的司法审查，即整体公平与"中间型"标准。[4] 这些决策往往包括中期的公司决策，如涉及投票权或者重要的章程修正决策。[5] 但是，大多数情况下的所有权决策与合并或出售等后期决策有关。[6] 在这里，法院一般关注的是在合并或者出售中的管理性义务与决策。这种决策类型导致上市公司场景下的大多数公司诉讼。[7] 值得注意的是，公共福利公司管理者不太容易受到恶意收购的影响，因为合并与章程修正只有在获得绝对多数票即 66%的票数(而不是简单多数票)时才能进行。[8]特拉华州公共福利

---

[1] E. Norman Veasey, *The Roles of the Delaware Courts in Merger and Acquisition Litigation*, 26 DEL. J. CORP. L. 849,850(2001).

[2] *In re* Caremark Int'l Inc. Derivative Litig., 698 A. 2d 959, 967—68(Del. Ch. 1996); Stone v. Ritter, 911 A. 2d 362, 372(Del. 2006).

[3] *Stone*, 911 A. 2d at 372. 例如，参见 Melbourne Municipal Firefighters' Pension Trust Fund v. Jacobs, C. A. No. 10872-VCMR(Del. Ch. Aug. 1, 2016)。

[4] *Supra* Part IV. A. 1.

[5] Veasey, *supra* note 69, at 850.

[6] *Id*. Revlon v. MacAndrews, 493 A. 2d 946, 958(Del. 1985).

[7] 一项研究表明，在价值超过 1 亿美元的并购交易中，93%都导致诉讼，并且，第一起诉讼平均在合并公告后的 14 天内被提起。OLGA KOUMRIAN, CORNERSTONE RESEARCH SHAREHOLDER LITIGATION INVOLVING ACQUISITIONS OF PUBLIC COMPANIES: REVIEW OF 2014 M&A LITIGATION(2015), www. cornerstone. com/Shareholder-Litigation-Involving-Acquisitions-2014-Review. pdf.

[8] ALEXANDER, *supra* note 21, at 21.

公司法也"明确指出，董事在出售公司时寻求最优价格的露华浓一案原则并不适用于公共福利公司"[1]。此外，公共福利公司的情况使得人们对标准评估方法的有效性产生了质疑。[2] 观察者强调了在公共福利公司合并与收购场景下的一系列未解决的问题以及评估诉讼。而特拉华州法院需要在这些方面提供进一步指导。[3]

总而言之，在公共福利公司中，决策类别不太可能发生变化。此外，审查与监督管理层决策的司法标准也不会发生重大变化。

普通法信义义务

在传统的公司场景中，董事与高级人员负有保护公司最优利益的信义义务。[4] 特拉华州普通法的信义义务——忠实义务与注意义务——反映了平衡公司效率原则与公平原则的尝试。同样的义务也适用于公共福利公司。违反注意义务需要法院认定董事与高级人员并未以充分知情且谨慎的方式行事。[5] 违反忠实义务则通常需要法院裁定董事与高级人员并未追求股东最优利益，而是追求自身利益。[6]忠实义务还包括董事与高级人员善意行事的义务。[7] 这些普通法标准具有可塑性，从而允许特拉华州法院以一种温和的场景主义形式处理。[8] 特拉华州公共福利公司法为董事创设了平衡非股东利益相关者利益的强制性义务。[9] 但是，公共福利公司董事并不对非股东利益相关者本身承担任何责任。[10] 只有在已发行股票中拥有重大份额的股东才有资格提起派生诉讼以执行该平衡要求。[11] 在这里，特拉华州对公共福利公司的表述避免了混合性福利公司形式所固有的"双重使命"问题，而其方式是，将执行董事与高级人员的信义义务的资格限制在传统当事

[1] *Id.* Strine, *supra* note 6, at 245—46.

[2] 参见 DAVID A. DREXLER ET AL., DELAWARE CORPORATION LAW AND PRACTICE § 36.02(2015)。

[3] Frederick H. Alexander et al., *M&A Under Delaware's Public Benefit Corporation Statute: A Hypothetical Tour*, 4 HARV. BUS. L. REV. 255, 270—71(2014).

[4] Veasey, *supra* note 30, at 1413.

[5] Smith v. Van Gorkom, 488 A. 2d 858, 873(Del. 1985).

[6] Cede & Co. v. Technicolor, Inc., 634 A. 2d 345, 368(Del. 1993); Guth v. Loft, Inc., 5 A. 2d 503, 510(Del. 1939); Ivanhoe Partners v. Newmont Min. Corp., 535 A. 2d 1334, 1345(Del. 1987).

[7] Stone *ex. rel.* AmSouth Bancorporation v. Ritter, 911 A. 2d 362, 370(Del. 2006); Guttman v. Huang, 823 A. 2d 492, 506 n. 34(Del. Ch. 2003).

[8] Omari Scott Simmons, *Branding the Small Wonder: Delaware's Dominance and the Market for Corporate Law*, 42 U. RICH. L. REV. 1129, 1161(2008).

[9] 公共福利公司需要考虑三个方面："(1)股东的金钱利益，(2)受公司行为实质性影响者的最优利益，(3)公司章程中所确定的特定公共利益。"ALEXANDER, *supra* note 21, at 21.

[10] DEL. CODE ANN. tit. 8, § 365(b)(2013).

[11] *Id.* § 367(2013).

人——股东——身上。[1]

如前所述，经由对这一平衡要求的审查，公共福利公司确实呈现了一种新的司法调查途径。与很多其他公司决策一样，董事的平衡决策，依然受到商业判断标准的审查，当然其前提是这些决策本身是公正的。[2]公共福利公司也可以扩展免责条款与补偿范围，以涵盖公正的平衡决定。[3] 在成文法计划下，当然存在对公共利益与目的的认可，但是，从实际目的来看，特拉华州的公共福利公司反映了对现状的适度改变。这种对现状的适度改变减少了法院将如何回应这种新公司形式的不确定性程度。[4]

有限责任

有限责任依然是公共福利公司的一个关键特征。其中的一个问题是：在公共福利公司场景中，董事责任的前景是否应当有所不同？有学者可能并不这么认为。[5] 作为一个描述性的事项，公共福利公司法依然对董事与高级人员给予相当大的保护。在这种情况下，有限责任的拓展是务实的。在公共福利公司场景下，强化责任可能会破坏企业家承担风险的积极性以及企业价值。值得注意的是，在公共福利公司场景下，与公共福利公司相关的品牌效应还可能对公共福利公司造成额外的信誉损害。例如，公司高级人员未能平衡利益相关者利益并追求自身利益的这一法律主张，可能会损害公司在影响力投资者中的声誉，同时也会降低品牌价值，因为消费者可能会觉得其因公司品牌或者真实性之缺乏而受到背叛。最近的公司丑闻表明，当消费者与非股东利益相关者质疑其真实性时，公司信誉会受到损害。[6]

此外，诉讼在这里似乎不太可能，因为绝大多数公共福利公司都是中小型实体（SMEs）与紧密持股实体。在这种情况下，股东们因为面对着渺茫的恢复机会，所以往往不愿意承担诉讼费用：法律费用、工作中断与声誉损害。

---

〔1〕 Lyman Johnson, *Pluralism in Corporate Form: Corporate Law and Benefit Corps.*, 25 REGENT U. L. REV. 269, 292(2013).

〔2〕 DEL. CODE ANN. tit. 8, § 365(b)(2013); Lan, *supra* note 44, at 116.

〔3〕 DEL. CODE ANN. tit. 8, § 365(c)(2013).

〔4〕 Alina S. Ball, *Social Enterprise Governance*, 18 U. PA. J. BUS. L. 919, 952(2016).

〔5〕 Paterno, *supra* note 25, at 535—36; Brakman Reiser, *supra* note 23, 700—01.

〔6〕 例如，参见 Julie Creswell & Sapna Maheshwari, *United Grapples with PR Crisis over Videos of Man Being Dragged off Plane*, N. Y. TIMES(Apr. 11, 2017), www.nytimes.com/2017/04/11/business/united-airline-passenger-overbooked-flights.html; Maggie McGrath, *Wells Fargo Fires Four Senior Managers amid Phony Account Scandal Investigation*, FORBES(Feb. 21, 2017), www.forbes.com/sites/maggiemcgrath/2017/02/21/wells-fargo-fires-four-senior-managers-amid-phony-account-scandal-investigation/#1e264e6f83dc。

股东提起诉讼可能会损害公司的经济前景,同时也会损害其自身的经济利益。考虑到无力的货币激励机制与暗淡的恢复前景,原告的律师也往往缺乏动力。此外,即使公共福利公司不是中小型公司,它们也往往是紧密持股公司。例如,公共福利公司可能是上市公司的全资子公司。[1] 母公司的股东进一步脱离了作为子公司的公共福利公司,因此,很难针对子公司的董事与高级人员而采取行动。最后,公共福利公司股东的诉讼资格门槛也被用来限制妨害诉讼。[2]

在公共福利公司场景下,责任承担的受限前景自然会引起人们对诉讼作为公共福利公司管理者惩戒机制是否有效的质疑。但是,特拉华州法院可以在缺乏责任情况下通过提供指导来创造价值。[3]爱德华·洛克(Edward Rock)与大卫·斯基尔(David Skeel)认为,在缺乏责任的情况下,羞辱(shaming)在特拉华州法院具有重要作用。除了提供指导外,在公共福利公司场景下,受到法院的羞辱可能会破坏公司在投资者、消费者与其他重要利益相关者之间的形象。

偏离传统框架

尽管公共福利公司与传统赋权性框架保持一致,但是,它在三个关键领域出现了偏离:公共利益之平衡、强化的披露与潜在的第三方中介。前面已经探讨过平衡问题,接下来探讨的重点是后两种偏离问题。

披露与报告

公共福利公司的成文法框架为股东建立了一个基于信息披露的制度。在此过程中,它表面上通过提供关于公司目标与活动的细节促进那些共享"公司社会福利愿景"的投资者投资。[4] 具体来讲,它只要求每两年向股东提交一次报告,从而说明公司促进其特定公共利益以及受到公司行为实质性影响的利益相关者最优利益的情况。[5]公共福利公司可以在其内部规章制

---

[1] 例如,参见 Plum Organics,a wholly owned subsidiary of Campbell's Soup Company. PLUM ORGANICS,www. plumorganics. com/(last visited Sept. 1,2017)。

[2] ALEXANDER,*supra* note 21,at 21.

[3] 参见 discussion *supra* Part Ⅲ。

[4] Strine,*supra* note 6,at 244—45.

[5] DEL. CODE ANN. tit. 8,§ 366(b)(2013).

度或者公司章程中规定可选择且更为严格的报告义务。例如，这些额外措施可以采取如下形式：更为频繁的报告、报告的公开披露，抑或对第三方合规标准的采用。[1] 在这种以披露为基础的制度创设中，隐含着影响力投资者之投资的重要性。影响力与社会意识型投资基金数量与力量的增加，对公共福利公司实现其目标及福利公司运动的成功至关重要。[2] 信息披露是一种流行且温和的公司监管形式，该监管形式的理论前提是，可用的信息可以使得感兴趣且受到影响的利益相关者约束公司管理者。从这个意义上讲，信息披露与基于市场的治理理论一脉相承。尽管披露是有益的，但是，在公司场景中，披露的功效是一个颇有争议的主题。[3]

第三方中介

在社会企业场景下，第三方中介可以通过对企业正在实现其公共目的加以认证，来对企业治理施加影响。共益实验室与其他早期福利公司倡导者认识到，除了单纯根据福利公司法而组织之外，投资者与消费者可能还希望得到更多保障形式确保公司确实在追求其公共目的：如披露、评级与第三方认证。[4] 一些观察者认为，共益实验室与其他机构目前所设计的这种认证对投资者而言可能并不具有重要的信息价值；并且，如果强制要求认证，则可能会给公共福利公司造成不必要的负担。[5] 尽管专家型第三方中介带来了益处，但是，这种第三方中介存在参与寻租的可能性。

作为替代，特拉华州公共福利公司法限制了示范立法所规定的报告与认证要求。[6] 与其他一些福利公司法不同的是，公共福利公司法并未强制要求第三方认证。[7] 相反，第三方认证是可选的，并且，公司可以完全放弃使用第三方中介。[8] 但是，在公共福利公司场景下，如果公司自愿选择使用第三方专家中介，则该法也为其打开了大门。

特拉华州更为灵活的路径允许第三方中介以多种方式发挥其影响。第三方认证的要求也可以在公司章程中记载。另外，董事在履行其义务时，也

---

[1] DEL. CODE ANN. tit. 8, § 366(c)(2013).

[2] Strine, *supra* note 6, at 250—51.

[3] 参见 Steven M. Davidoff & Claire A. Hill, *Limits of Disclosure*, 36 SEATTLE U. L. REV. 599(2013)。

[4] 参见 Loewenstein, *supra* note 18, at 5—6。

[5] *Id*. at 6.

[6] *Id*. at 12.

[7] DEL. CODE ANN. tit. 8, § 366(c)(3).

[8] Murray, *supra* note 14, at 352.

可以简单地依靠外部第三方的专家意见。根据特拉华州法，董事在履行其义务时，已经享有依靠专家（如薪酬顾问、审计者与律师）意见的很大自由。[1]在公共福利公司场景下也不例外。第三方也可以超越公司内部场景，从而以更为远程的方式，通过面向投资者与消费者的外部评级与认证制度发挥其影响。很多组织已经并将继续开发一系列社会影响力测量工具与评级制度，从而帮助影响力投资者决策。[2]这种路径包含了第三方专业知识，也考虑到了市场力量。例如，当影响力投资者与消费者鼓励公司追求社会影响力目标时，这种路径就会发挥作用。

从概念上讲，第三方认证可以将针对公共利益与目的问题的权力归属于或者授予第三方，从而限制司法影响。在实践中，法官一般会尊重董事与高级人员的意见，而董事与高级人员又会尊重第三方的专家意见。在这一框架下，法院避免进行实质性审查，并且，充当裁判员，从而确保董事与高级人员运用可接受的程序。

从理论上讲，诉讼是一种约束董事与高级人员的问责机制。在一般公司场景下，诉讼对实现问责目的的价值是一个被激烈争论的问题。[3]作为类比，社会企业场景下股东诉讼价值的不确定性可以解释为何特拉华州公共福利公司法以及其他社会企业法强调披露与第三方认证。对这些问责机制的偏爱可能是司法干预与诉讼所造成的怀疑与困难使然。有一种观点认为，第三方的参与应当在判决之外进行：在这种情况下，中介直接就涉及具有公共影响的事项向影响力投资者提供咨询意见，其方式类似于机构型股东服务公司（Institutional Shareholder Services，ISS）与机构投资者一起运行的方式。一些投资者已经在使用这种工具确定公司绩效如何满足公共目标。[4]

尽管第三方中介可能会带来潜在利益，但是，其使用并不能消除治理问题。它们自身存在缺陷。如前所述，在公司治理场景中，对第三方认证与中介（例如，看门人）的常见批评涉及寻租问题。例如，第三方认证服务（相对于提供诚实评估，更有）可能只向愿意支付其费用的公司提供认证。其他需要

---

〔1〕 DEL. CODE ANN. tit. 8，§ 141(e)(2013).

〔2〕 参见 *TRASI*：*Tools and Resources for Assessing Social Impact*，FOUND. CTR.，http://foundationcenter.org/gain-knowledge/foundation-ideas/trasi? _ga=2.146710516.1790158806.1504276099-1976175468.1504276099(last visited Sept. 1，2017)。该文列出了150多种评估社会影响力的工具。

〔3〕 Renee M. Jones，*Law*，*Norms*，*and the Breakdown of the Board*：*Promoting Accountability in Corporate Governance*，92 IOWA L. REV. 105(2006).

〔4〕 *Triple Bottom Line*，economist(Nov. 17，2009)(article is adapted from TIM HINDLE，THE ECONOMIST GUIDE TO MANAGEMENT IDEAS AND GURUS(2012))，www.economist.com/node/14301663.

关注的领域包括利益冲突、用于评估非金钱性影响力的测量方法与评级的合理性，以及其他问题。[1]

影响：法院与社会企业

总体而言，公共福利公司带来的惊喜很少，并且，公共福利公司具有一种自相矛盾的特质，即“事物改变得越多，保持不变的就越多”。公共福利公司符合传统公司赋权型框架：通过增量的普通法判决鼓励私人秩序与法律发展。尽管存在几处细微的变动，但是，公共福利公司框架保留了传统公司法的特征，例如，商业判断规则、信义义务、审查标准、决策类别与有限责任。特拉华州公共福利公司法提供的成文法指引并未显著改变，而是实际上保留了特拉华州法院在审查各类公司内部决策方面的传统作用。司法权将继续成为公共福利公司法律框架的一个显著特征。经由司法克制，这种权力的行使既具有积极方面，也具有消极方面。这种情况对社会企业与法院均有影响。

公共福利公司框架与情境因素考虑了一个有限但重要的法院角色

公共福利公司的法律框架具有多种特征，这些特征共同限制了司法干预与诉讼。这些特征包括但不限于以下内容：

- 并无像共益实验室示范立法那样的单独福利执行诉讼；
- 公共福利公司的平衡决策受到商业判断审查，并且，法院可能只会对平衡决策进行程序性调查而非实质性审查；
- 对不存在利害关系的平衡决策的潜在免责与补偿；
- 诉讼资格/实质性所有权要求；
- 超级多数股东批准门槛；
- 只面向股东进行强制披露；
- 可选的第三方中介者。

除了限制法院作用的法律属性外，还有一些场景因素进一步限制了法院在公共福利公司场景中的作用：

---

〔1〕 Strine, *supra* note 6, at 244; Neil Fligstein & Jennifer Choo, Law and Corporate Governance, 1 ANN. REV. L. & SOC. SCI. 61(2005).

- 以市场为基础的路径，其中由股东而非利益相关者约束；
- 对公共福利公司谋取公共利益的司法监督可能被外部开发的第三方认证、指标与评级所取代；
- 公共福利公司往往是中小型公司与紧密持股公司，因此股东很可能不愿意承担各种诉讼费用，包括法律费用、工作中断与信誉损害；
- 由于信誉与实体地位交织在一起，因此诉讼对公共福利公司带来的成本高于传统公司。

尽管法律与情境因素限制了法院干预与诉讼作为针对管理者的惩戒机制，但是，毫无疑问，即使在并未施加责任的情况下，法院依然颇为重要。[1] 特拉华州法院通过普通法判决，将成为解决一系列公共福利公司治理问题的先行者。

特拉华州法院的传统贡献将拓展到公共福利公司

特拉华州法院对美国传统公司法的贡献很可能会拓展到公共福利公司领域。特拉华州对美国公司治理的主要贡献在于，其制定的公司法实质上是法官造法。特拉华州法院为资本投资提供了更大的稳定性，也为争端解决提供了值得信赖的论坛。从某种意义上讲，特拉华州法院提供了一种公共产品——以司法判决的形式提供解释性的网络利益。这种判决既能对不良商业行为起到震慑作用，又能为企业与从业人员提供指导并减少不确定性。特拉华州法院一般通过以下方式履行这一职能：(1)创设针对董事与高级人员决策的审查标准；(2)向董事与高级人员传达行为标准；以及(3)即使在并未发现责任的情况下也会塑造公司治理的最优实践。[2] 在新生与试验性的公共福利公司场景下，特拉华州法院除了为公司管理者与投资者创造一种可预测性与终局性的感受之外，还能够很好地填补成文法空白，并且加以指导与澄清。[3]

法院的系统影响与公共福利公司

评估法院在公共福利公司方面的效用时，我们必须考虑法院与其他法律机制的兼容性。法院在更为广泛的系统场景下运作：其中，法律机制可以在

---

〔1〕 参见 *supra* Part Ⅲ。
〔2〕 参见 Veasey, *supra* note 30, at 1404－06。该文探讨了责任标准与行为标准的区别。
〔3〕 Simmons, *supra* note 1, at 238.

激励那些追求社会福利的行动方面发挥重要作用。常见的法律机制包括：(1) 公共与私人合同，(2)实体选择，(3)外部性监管，以及(4)通过行政机关与法院来加以公共或者私人执法。这些法律机制与涉及自我监管形式的法外机制以相互依存的方式运作。公共福利公司的实体选择只是激励社会福利的各种工具之一。因此，公共福利公司实体选择的影响在一定程度上取决于它与其他可用工具(例如，经由特拉华州法院而采取的私人执法)的互动。以其专业性与效率著称的特拉华州法院使得公共福利公司成为对公司管理者与投资者更具吸引力的实体选择。

公共执行的缺失以及自我监管的趋势

公共福利公司框架主要使得股东而非利益相关者约束公司管理者；其理念是，投资者与市场会“解决”涉及公共利益的问题。与非营利实体相比，公共福利公司(假定该公司并未上市)的运营受到公共执法的影响较小。即使在私人执法场景下，法院也是非干涉主义者：其将公共利益事项留给自我监管、市场与潜在的第三方中介。与非营利组织相比，公共福利公司框架在功能上与传统公司更为相似。时间将会揭示：社会企业实体形态与其对社会福利的贡献之间是否存在预期差距。[1]

---

[1] Steven Davidoff Solomon, *Idealism that May Leave Shareholders Wishing for Pragmatism*, N. Y. TIMES(Oct. 13, 2015), www. nytimes. com/2015/10/14/business/dealbook/laureate-education-for-profit-school-public-benefit. html.

第六部分

治　理

社会企业的利益相关者代表
混合动机投资与代理成本
非营利企业代理成本理论的若干影响
维护社会企业的使命
规制社会企业的新蓝图

第二十一章　社会企业的利益相关者代表

J. 哈塞尔·莫里

引　言

在过去十年中，社会企业法已经成为美国法律学者与从业人员争论与探索的一个来源。[1] 这些相对较新的法律试图允许、鼓励并要求营利企业追求社会目的。[2] 虽然社会企业法的支持者认为，这些法律从根本上改变了公司法的手段与目的，但是，以公司为基础的社会企业法所采用的公司治理结构与传统公司法极为相似。与传统公司法一样，现行社会企业法将治理权大部分交给统一的董事会，并主要向股东提供问责工具。

在本章中，笔者主张改变现状。社会企业法的成功取决于从根本上改变现有的公司治理动态。[3] 笔者特别指出，选出享有权利的利益相关者代表会提供一个充满希望的前进道路。这些代表将从每个重要的公司利益相关者群体中选出，然后被赋予传统公司股东所同样享有的大部分权力。利益相关者代表将定期会晤并与董事会会面。通过这些步骤以及其他方法，利益相关者的声音将被放大，并且，希望产生更大社会影响力的投资者与消费者将会对社会企业领域产生新的信心。

---

〔1〕 *State by State Status of Legislation*, B LAB, http://benefitcorp.net/policymakers/state-by-state-status(last visited July 13,2017). 该文注意到 2010 年以来，已经有 33 个州与哥伦比亚特区通过了福利公司立法。*Here's the Latest L3C Tally*, INTERSECTOR PARTNERS, L3C, www.intersectorl3c.com/l3c(last visited July 13,2017). 该文显示，自 2008 年以来，有 9 个州与 2 个美国原住民部落通过了低收益有限责任公司法，同时北卡罗来纳州于 2014 年废除了低收益有限责任公司法。

〔2〕 Dana Brakman Reiser, *Theorizing Forms for Social Enterprise*, 62 EMORY L. J. 681, 706－07 (2013).

〔3〕 在这一点上，由于社会企业法还比较新颖，目前还缺乏很强的实证文献反映现行法律下社会企业的成败。无论如何，本章所提出的修正建议将会使得社会企业使命与社会企业法更好地结合起来。如果本章的建议被一些州采纳，则即便"积极的社会影响力"依然难以量化，未来的实证研究也可以检验其有效性。

针对社会企业形式的现行治理结构

本书其他章节详细介绍了当前社会企业的治理结构，并且很多读者可能已经对现行法颇为熟悉，因此，本章只简要介绍这些形式。在美国，明确服务于社会企业家的两种主要公司形式是福利公司与社会目的公司。[1] 尽管存在很多细微差别，但是，福利公司法与社会目的公司法之间的主要区别在于，福利公司法要求公司追求宽泛的公共目的，而社会目的公司法则允许一项更为限缩的目的。[2] 关于传统公司目的的争论已经持续了数十年，但是，与传统公司法相比，福利公司法与社会目的公司法都更为明显地涉及外部利益相关者（董事、高级人员与股东之外的利益相关者）。然而，尽管它们更为明确地关注外部利益相关者，但是，目前福利公司和社会目的公司的标准公司治理结构与传统公司并无明显差异。根据同时规制福利公司与社会目的公司的法律，外部利益相关者并未被授权代表该公司发起派生诉讼，选举董事，对治理文件修正案提出建议或投票，对公司出售进行投票，或者检查公司账簿与记录。相反，无论是对于福利公司法还是对于社会目的公司形式，都与传统公司一样，只有股东才享有这些权力。例如，根据福利公司与社会目的公司法，社会企业实体形式之间的转换必须获得股东批准，而在社会企业中本应十分重要的外部利益相关者，却几乎不享有任何权力。[3]

诚然，社会企业法并未完全忽视外部利益相关者。例如，在决策时，福利

---

〔1〕 Brett H. McDonnell, *Committing to Doing Good and Doing Well: Fiduciary Duty in Benefit Corporations*, 20 FORDHAM J. CORP. & FIN. L. 19, 22(2014). 该文指出美国社会企业的法律形式包括福利公司、灵活目的公司与社会目的公司。加利福尼亚州的灵活目的公司现在被称为社会目的公司，与华盛顿州社会企业法规定的名称相类似。J. Haskell Murray, *An Early Report on Benefit Reports*, 118 W. VA. L. REV. 25, 28(2015).

〔2〕 福利公司示范法将所需的"一般公共利益"定义为"在考虑到福利公司根据第三方标准之报告而产生的影响力基础上，该被评估的福利公司的业务与运营作为一个整体，而对社会与环境产生的实质性积极影响力"。*Model Benefit Corp. Legis.* § 102, B LAB(version of April 17, 2017), http://benefitcorp.net/sites/default/files/Model%20benefit%20corp%20legislation%20_4_17_17.pdf. 特拉华州"公共福利公司"法与遵循示范立法的州不同，它要求具有一项特定公共利益目的。同时特拉华州还通过法律规定，要求实体以"负责任与可持续的方式"运作，以实现更为广泛的公共利益。DEL. CODE ANN. tit. 8, § 362(West 2017), http://delcode.delaware.gov/title8/c001/sc15. 由于这种较为宽泛的措辞，大多数从业者与学者将特拉华州的公共福利公司归入"福利公司"的范畴。加利福尼亚州与华盛顿州社会目的公司法都允许较为限缩的目的，而并无福利公司法中强制性的宽泛公共目的。CAL. CORP. CODE § 2602(b)(2); WASH. REV. CODE § 23B.25.020—30. 明尼苏达州公共福利公司法允许在"一般福利公司"与"特定福利公司"之间选择。"一般福利公司"必须具有一般公共利益目的，同时也可以具有特定利益目的，而"特定福利公司"只需具有特定利益目的。MINN. STAT. ANN. § 304a.101.

〔3〕 例如，参见 MASS. GEN. LAWS ANN. ch. 156E, §§ 5—6; 15 PA. CONS. STAT. §§ 3304—05; WASH. REV. CODE §§ 23B.25.130—40; CAL. CORP. CODE tit. 1, Div. 1.5, § 3002。

公司董事会需要“考虑”或者“平衡”利益相关者的利益。[1] 此外，根据某些福利公司法，董事会中必须包括一名“福利董事”。该董事必须在年度福利报告中就公司是否按照其公共利益目的行事而发表意见。[2] 而在一些法律中，只有上市的福利公司才必须任命福利董事。[3] 但是，福利董事依然是由股东选举产生并对股东负责的，并且，可能是唯一为该事项发声者。然而，福利董事可能对外部利益相关者的困境并不太熟悉。每年或每两年一次的福利报告会向外部利益相关者提供一些信息，但是这些信息可能是被高管筛选后所提供给董事会的——即使该报告已经被发布。[4]

总而言之，虽然外部利益相关者并未被社会企业法完全忽视，但是，他们依然缺乏富有意义的权力。下一节将介绍通过创设利益相关者代表解决这一问题的提议。这一提议试图使得社会企业中的权力分配与法律实体形式的预期目的保持一致。

利益相关者代表提议

这里所设想的利益相关者代表提议涉及将治理权从股东独占转移给一系列公司利益相关者代表。在这种模式下，特定利益相关者群体将选出代表，以服务于股东、雇员、债权人、消费者与供应商。也许这些利益相关者代表可以共同为社区与环境选择出其他代表。

对于福利公司而言，为每个主要利益相关者群体任命代表的建议有助于回应如下成文法要求：追求广泛的公共目的，并在董事会决策中考虑利益相关者。如果在法律允许的情况下，福利公司可以自愿选择推进在广泛的公共目的之外的更具体且限缩的公共目的，则与该目的相关的其他代表应当获得授权，从而反映该实体的关注点。同样的逻辑也适用于社会目的公司，并且，与福利公司相比，社会目的公司通常追求更为狭隘的社会目的。根据该提

---

〔1〕 例如，参见 N. Y. BUS. CORP. LAW § 1707。其遵循了福利公司示范法：要求董事“考虑任何行动”对公司利益相关者（包括股东、雇员、消费者、社区与环境）的影响。DEL. CODE ANN. tit. 8, § 362(a)(West 2017). 其要求董事以“平衡股东的金钱利益、受公司行为实质性影响者的最优利益以及公司章程中所确定的公共利益”的方式管理公共福利公司。

〔2〕 例如，参见 LA. REV. STAT. § 12:1822;805 ILL. COMP. STAT. § 40/4.05。

〔3〕 例如，参见 R. I. GEN. LAWS ANN. § 7－5.3－8;UTAH CODE ANN. § § 16－10b－101－402。

〔4〕 参见 J. Haskell Murray, *An Early Report on Benefit Reports*, 118 W. VA. L. REV. 25 (2015)。该文在对四个州福利公司的研究中，描述了法定报告要求，并表明其相符率低于 10%。

议，不具有广泛公共目的的社会目的公司不应当被要求从该实体关注点之外的利益相关者群体中选出代表。

根据该提议，利益相关者代表将作为一个群体，有权选举董事，代表公司对董事发起派生诉讼，对公司治理文件修正进行提议与投票，以及对公司出售交易进行表决。这些行动将需要多数决或者绝对多数决，从而使得没有任何一个利益相关者群体能够主导公司（并使其为追求该特定群体利益而采取行动）。因此，利益相关者代表之间的投票至少在某种程度上可以做出对大多数利益相关者与整个公司而言的最优选择。

就像传统公司股东，利益相关者代表可以查阅账簿与记录。利益相关者代表还将定期与彼此及董事会举行会议，并且，为了提高透明度，他们将各自为公司年度福利报告或者社会目的公司报告做出贡献。为了减少与分散化的利益相关者选举相关的交易成本，并减少利益相关者代表的学习成本，利益相关者代表的任期限制应当设置为至少三年。鉴于大型公司的多样性及其利益相关者的分散性，这些代表在大型公司中可能会更为有用。对于小型公司而言，选举与维持利益相关者代表过于昂贵。因此，将利益相关者代表的要求限制于上市公司与/或大型社会企业，是较为合理的选择。[1] 但是，小型社会企业与社会导向型传统公司应当考虑自愿采用利益相关者代表，从而更好地将其社会目的与其治理框架结合起来。

鉴于利益相关者代表（根据定义）是在代表他人，其代理成本将成为一个问题，并且，利益相关者代表信义义务的轮廓也必须加以勾勒。[2] 因注意义务事项而对董事与高级人员提起诉讼的情况很少。但是，如果出现这些情况，则可以在选举周期中解决，也可以通过利益相关者代表合同中规定的撤

〔1〕 截至2017年7月，桂冠教育是美国唯一一家独立上市的福利公司。Joan MacLeod Heminway, *Corporate Purpose and Litigation Risk in Publicly Held U.S. Benefit Corporations*, 40 SEATTLE U. L. REV. 611, 615－16(2017)。该文注意到美国并无上市的福利公司，但承认桂冠教育已经提交了S-1表格，并宣布其首次公开发行。Lauren Gensler, *The World's Biggest For-Profit College Company, Laureate Education, Raises $ 490 Million in Public Debut*, FORBES, Feb. 1, 2017。该文指出桂冠教育是第一家上市的福利公司。

〔2〕 参见 Michael C. Jensen & William H. Meckling, *Theory of the Firm: Managerial Behavior, Agency Costs and Ownership Structure*, 3 J. FIN. ECON. 305(1976)。该文描述了公司内部的代理成本。

职事由解决(例如,如果他们缺席一定次数的会议)。[1] 对违反忠实义务的权利主张也可能是适当的,但是,鉴于利益相关者代表提议的新颖性,法官应当基于利益相关者及其律师存在滥用权利的可能性,仔细审查这些权利主张。[2] 无论如何,考虑到承担责任的可能性以及所需的时间投入,社会企业很可能需要为代表的服务支付费用,并且,为代表提供责任保险。为了防止诉讼泛滥与保险费用的无序增长,在起草成文法修正案以实施利益相关者代表提议时,也应当考虑费用转移条款或者"败诉者支付"规则。[3]

与现状以及类似提议的比较

本章前面所提出的利益相关者代表提议无疑是不完善的。但是,其争论的焦点并不在于利益相关者代表的提议是否无懈可击,而在于它是否比现状抑或之前的提议更能实现社会企业的预期目标。在这一节中,笔者将结合自己的提议,分析现行社会企业成文法框架与(主要针对传统公司的)各种学术提议。

正如第二部分所述,目前的社会企业法在很大程度上反映了传统公司治理模式——尽管事实上这些法律的产生在很大程度上是因为传统框架被认为并不充分。虽然社会企业法确实要求董事考虑扩展的利益相关者群体的

---

〔1〕 福利公司示范法、遵循该示范法的州福利公司法以及特拉华州公共福利公司法都给予福利公司董事颇为重要的保护。Model Benefit Corp. Legis. § 301(c),B LAB(version of April 17,2017),http://benefitcorp.net/sites/default/files/Model%20benefit%20corp%20legislation%20_4_17_17.pdf.其明确规定,除非福利公司治理文件中另有规定,否则"董事个人不对以下情况的金钱损失负责:(1)董事在履行a款规定的义务过程中的任何作为或不作为,而该董事对该作为或不作为并不存在利害关系;(2)公共福利公司并未追求或者创造一般公共利益或者特定公共利益"。参见15 PA. CONS. STAT. § 3321(c)。其规定:"(1)董事无须就其作为董事在履行a款规定的义务过程中所采取的任何行动,就金钱损害承担个人责任,除非该行动构成自我交易、故意不当行为或者明知的违法行为。(2)对于福利公司未能追求或者创造一般公共利益或者特定公共利益,董事不承担个人金钱赔偿责任。"DEL. CODE ANN. tit. 8, § 365(b).其规定:"公共福利公司董事无须根据公共利益条款或第362条a款,因公司章程所列的公共利益,或因任何受公司行为影响的利益,而对任何人负有任何责任;并且,就涉及本条a项中平衡要求的决定而言,如果该董事决定是知情的,无利害关系的,并且经过普通合理判断之后会予以批准的,则该董事将被视为满足其对股东与公司的信义义务。"给予利益相关者代表类似的保护是合理的,特别是利益相关者代表的报酬可能比董事的报酬要低,甚至低很多。

〔2〕 Lynn A. Stout, *The Mythical Benefits of Shareholder Control*, 93 VA. L. REV. 789,797 n.19(2007).该文指出忠实义务主张往往是强有力且可行的诉讼;与"注意义务因商业判断规则而声名狼藉不同,忠实义务是强有力的"。参见Jill E. Fisch, Sean J. Griffith, & Steven Davidoff Solomon, *Confronting the Peppercorn Settlement in Merger Litigation: An Empirical Analysis and a Proposal for Reform*, 93 TEX. L. REV. 557,559(2015)。该文注意到"每笔交易都受到质疑,但只有律师能得到报酬,这种动态导致学术界与专业评论者对上市公司兼并诉讼的价值普遍持怀疑态度"。

〔3〕 Walter Olson & David Bernstein, *Loser-Pays: Where Next?*, 55 MD. L. REV. 1161(1996).该文指出诉讼中的败诉者付费规则"限制了缺乏有力证据的当事人通过威胁让对手承担诉讼费用而获得的战术优势",同时指出败诉者付费规则在美国以外的大多数法域有效。

利益，并要求发布社会报告，但是，外部利益相关者并无重要的执行机制确保这两个事项得到落实。事实上，诉讼缺失以及极低的社会企业报告合规率表明，现有社会企业法在很大程度上不能有效保护与促进外部利益相关者的利益。

在详细阐述利益相关者代表提议从而改进社会企业之前，我们不妨先研究一下以前的治理提议。例如，大多数州提出并实施了利益相关者法，从而允许对外部利益相关者的强化考虑。〔1〕这些法律有时被称为“其他利益相关者”(other constituency)法：其允许董事在决策时，特别是在出售公司时，考虑股东以外的外部利益相关者的利益。〔2〕在特拉华州露华浓一案〔3〕的推动下，一些州颁布了利益相关者法，从而使得董事具有更大的灵活性考虑其他利益相关者(例如，雇员以及公司所服务的社区)。〔4〕但是，在其通过后的几十年里，利益相关者法受到了尖锐批评。〔5〕具体来讲，它们被认为是有缺陷的，因为它们缺乏对董事与法官的指导〔6〕，具有放任主义的性质〔7〕，以及外部利益相关者缺乏起诉的权利。〔8〕

利益相关者代表提议回应了这些限制：通过投票权与诉讼权，该提议为外部利益相关者创设了正当的执行机制。该提议还通过利益相关者代表与董事会的定期会议，使得利益相关者在公司事务中具有更大的发言权。〔9〕

---

〔1〕 Antony Page, *Has Corporate Law Failed? Addressing Proposals for Reform*, 107 MICH. L. REV. 979, 988(2009). 该文注意到大多数州已经通过了利益相关者法。

〔2〕 Guhan Subramanian, *The Influence of Antitakeover Statutes on Incorporation Choice: Evidence on the "Race" Debate and Antitakeover Overreaching*, 150 U. PA. L. REV. 1795, 1827(2002).

〔3〕 Revlon, Inc. v. MacAndrews & Forbes Holdings, Inc., 506 A. 2d 173, 182(Del. 1986). 其指出：“(之后)很明显，公司的解体是不可避免的……因此，董事会的义务从保留露华浓作为公司实体转变为在出售时实现公司价值最大化，以造福于股东。”

〔4〕 例如，参见 Christopher Geczy et al., *Institutional Investing When Shareholders Are Not Supreme*, 5 HARV. BUS. L. REV. 73, 106—07(2015)。该文探讨了威斯康星州利益相关者法是如何针对露华浓案的判决而通过的，从而赋予董事在公司出售情况下考虑非股东利益相关者的自由裁量权。

〔5〕 例如，参见 WALTER A. EFFROSS, CORPORATE GOVERNANCE: PRINCIPLES AND PRACTICES 513(2d ed. 2013)。该文引述学者的各种观点，并指出“评论者对其他利益相关者法的很多方面进行了批判”。JulianVelasco, *Shareholder Ownership and Primacy*, 2010 U. ILL. L. REV. 897, 945. 该文认为利益相关者法“基本上是被误导的与无效的”。

〔6〕 Stephen M. Bainbridge, *Interpreting Nonshareholder Constituency Statutes*, 19 PEPP. L. REV. 971, 974(1992). 该文认为：“鉴于非股东利益相关者法对公司法的巨大影响潜力，它们对面临公司决定的董事或面临审查这些决定的法院提供的指导少得出奇。”

〔7〕 Rima Fawal Hartman, Note, *Situation-Specific Fiduciary Duties for Corporate Directors: Enforceable Obligations or Toothless Ideals?*, 50 WASH. & LEE L. REV. 1761, 1786—87(1993). 该文认为：“部分原因是非股东公司利益相关者法未能纳入执行工具，从而导致公司董事会获得了更大的自由度。证券交易委员会前委员约瑟夫·格兰德费斯特(Joseph Grundfest)认识到了如下观点中所存在的这一根本缺陷：允许非股东公司利益相关者法能够促进、保护其他公司利益相关者的利益。”

〔8〕 Lawrence E. Mitchell, *A Theoretical and Practical Framework for Enforcing Corporate Constituency Statutes*, 70 TEX. L. REV. 579, 631(1992). 该文注意到，即使是最为有力的利益相关者法也“并未明确给予被承认的利益相关者群体以诉讼资格，以保护其利益，从而使得该法律有效发挥作用”。

〔9〕 参见 ALBERT O. HIRSCHMAN, EXIT, VOICE, AND LOYALTY: RESPONSES TO DECLINE IN FIRMS, ORGANIZATIONS, AND STATES(1970)。

虽然利益相关者的这些权利会给公司带来成本,但是,长期来看,这些成本可以通过提高效率与利益相关者忠诚度而得到补偿。

利益相关者代表模式将会通过授予外部利益相关者诉讼权补充与加强现有利益相关者法。[1] 当然,该提议的这一方面可能会大大增加利益相关者为促进自身利益但损害公司而提起的诉讼。为了应对这种风险,在利益相关者代表模式下,需要获得利益相关者代表的多数(或绝对多数)决通过,才可以发起派生诉讼。与普通公众股东相比,代表与公司的关系可能更为密切,并且,他们必须集体同意起诉,而不是将决定权委诸单一股东。此外,基于他们对该企业的个别投资,利益相关者代表也可能更愿意提起有价值的诉讼,或者同意最有利于该企业的和解协议。[2]

针对传统公司治理中对外部利益相关者利益关注度相对不足的问题,之前所提出的另一个解决方案是,任命利益相关者董事。[3] 与本章所探讨的利益相关者代表模式不同,利益相关者董事将肯定会成为董事会成员。利益相关者董事提议有可能会引发过度内讧、义务冲突、拉帮结派、董事会僵局等问题。[4] 相反,在利益相关者代表路径下,每个董事将由全部利益相关者代表选出,并且,将明确承担以企业整体最优利益为目标的任务。与利益相关者董事至少非正式地对单一利益相关者群体负责不同,由全部利益相关者代表选举产生的董事将有动力为该企业整体服务,因为他们与不同的企业利益相关者群体沟通,由后者选出,并且,可能会被后者起诉。

牛津大学教授科林·梅耶尔提出了另一种解决社会导向型企业所面临问题的方案。他提议创设一家“信托企业”(trust firm),其中包括“时间依赖性持股”(time-dependent shareholdings)这一概念。在梅耶尔的提议中,时间

---

〔1〕 例如,参见 Edward S. Adams & John H. Matheson, *A Statutory Model for Corporate Constituency Concerns*, 49 EMORY L. J. 1085, 1121(2000)。该文认为“需要赋予利益相关者起诉资格:否则,利益相关者法缺乏必要的权力保证对非股东利益的考虑”。Mitchell, *supra* note 23, at 635－36. 该文提议“每一个这样的利益相关者群体成员都有资格根据相应利益相关者法而对他们所主张的损害其利益的公司行为提出挑战”。

〔2〕 也许利益相关者代表,特别是雇员代表会因针对授权派生诉讼报复而感到紧张,因此,公司应当对利益相关者代表采取明确的反报复政策,或者法律应当规定相关保护措施。

〔3〕 Kent Greenfield, *Proposition: Saving the World with Corporate Law*, 57 EMORY L. J. 948, 974－84(2008). 该文解释并主张利益相关者董事的这一概念。

〔4〕 例如,参见 Simone M. Sepe, *Intruders in the Boardroom: The Case of Constituency Directors*, 91 WASH U. L. REV. 309, 341－60(2013)。该文指出根据现行法而任命利益相关者董事效率低下。E. Norman Veasey & Christine T. Di Guglielmo, *How Many Masters Can a Director Serve? A Look at the Tensions Facing Constituency Directors*, 63 BUS. LAW 761, 765(2008). 该文指出,在公司董事会中的利益相关者董事面临冲突的可能性。

依赖性股东是承诺在相对较长时间内持有股份以换取额外投票权的投资者。[1] 梅耶尔认为，对公司结构的三项修正将鼓励该公司专注于公司及其利益相关者的最优长期策略：确立公司价值观、设立董事会捍卫这些价值观，以及授予长期股东更多的权利。

虽然梅耶尔的建议具有一定的前景，并且，可以说最为接近本章的建议，但是，它们似乎并未给外部利益相关者带来重要的话语权。此外，基于“时间依赖性持股”的优势，这种结构更容易使得董事会关注长期股东利益，而非该企业创造的更为广泛的社会价值。此外，梅耶尔并未阐明董事会的选举方式，其仅仅提及董事会可以由股东选举产生（而雇员等其他群体可能会获得拓展的投票权），也可以内部自行任命。[2] 仅仅由股东投票，则会使得传统企业中经常出现的短视的股东关注问题长期存在，而自我任命则会导致公司利益相关者无法对董事会进行有效问责。最后，并无迹象表明董事会将会从公司利益相关者群体中选出，并且，利益相关者与董事会的直接沟通将会因此从利益相关者代表提议中消失。

最后一个加以比较的方案是，英国目前正在开发的公平股份模式（FairShares Model）。[3] 该模式源于英国谢菲尔德哈勒姆大学与曼彻斯特都市大学教授的研究，并且，为社会导向型组织提供了各种建议，包括向劳工与用户发行股份。[4] 这种模式相对较新，在美国可能并不为人所熟知，但是，它与利益相关者代表提议类似，赋予了外部利益相关者重要的权利。但是，公平股份模式将公司收益的一半直接分配给劳工与用户，而其余的一半则分配给投资者。因此，金融投资者可能会对这种安排望而却步，而这会使得上述组织更难以筹集资金与扩展规模。此外，公平股份模式将被授权的利益相关者类别限制为股东、消费者与雇员。作为对照，在利益相关者代表模式中，债权人、供销商、环保倡导者与社区成员都具有发言权。最后，股份公平模式还建议将股份分配给分散的利益相关者群体，而这很可能会在每次投票时导致集

---

[1] COLIN MAYER, FIRM COMMITMENT: WHY THE CORPORATION IS FAILING US, AND HOW TO RESTORE TRUST IN IT 246－48(2013).

[2] *Id.* at 268.

[3] *FairShares, Why FairShares?*, FAIRSHARES, www.fairshares.coop/the-case-for-fairshares/ (last visited July 17, 2017).

[4] 劳工是公司的雇员，而用户则是公司的消费者。在这种模式下，承诺至少为公司工作或者从公司购买产品一年的人才会获得份额。*Labour Shares*, FAIRSHARES, www.fairshares.coop/wiki/index.php? title=Labour_Shares(last visited July 17, 2017); *User Shares*, FAIRSHARES, www.fairshares.coop/wiki/index.php? title=User_Shares(last visited July 17, 2017).

体行动问题与理性冷漠。[1] 另一方面，利益相关者代表提议则建议每三至五年进行一次投票，从而选出利益相关者代表。这些利益相关者代表将会得到报酬，从而使得他们能够积极地了解情况并参与其中。利益相关者代表将进一步向其所代表的利益相关者承担报告与信义义务。向利益相关者代表的服务支付费用将产生额外的财务成本。但是，这些额外成本将被如下利益所抵消：与传统的广泛持股公司相比，更为限定数量的投票者节省部分费用；如果更多的利益相关者参与其中，则会带来相应的财务利益。

关切与回应

在上一节对替代解决方案的分析中，我们探讨了对利益相关者代表模式的一些关切。而本部分将转向更为直接地研究可能存在的异议。特别是这部分回应了如下关切：交易成本、决策中断、费用增加、违反保密规定、代理成本增加、管理问责制难以得到维持，以及来自利益相关者代表提议的筹集资金方面的挑战。本章的论点是，总体而言，其成本与风险将低于现行社会企业法，同时还会带来更多积极的社会影响力。但是，这些建议最终还需要经过采纳与检验以证明其正确与否。

交易成本与决策

针对利益相关者代表提议的第一个反对意见是，它将赋予决策者过多的权力，并且使得交易成本过高。然而，尽管该提议的确试图使得所有主要利益相关者群体都参与进来，但是，代表程序以及对统一董事会的维护应当有助于简化决策过程，并且，避免增加不必要的交易成本。由于利益相关者代表数量相对较少，并且，都不在董事会中任职，因此，利益相关者的声音将在选举过程而非决策过程中发挥作用。尽管交易成本可能与额外的投票、账簿与记录请求以及会议具有相关性，但是，听取这些声音并赋予其权力的收益应当超过成本。正如卡斯·桑斯坦（Cass Sunstein）与里德·哈斯蒂（Reid

---

〔1〕 正如戈登教授所解释的那样，在股东投票与提案中，对于公众股东而言，往往“个体理性的做法是不去了解其情况”。Jeffrey N. Gordon, *The Mandatory Structure of Corporate Law*, 89 COLUM. L. REV. 1549, 1576(1989). 该文指出：“理性冷漠”是因为小股东缺乏足够的利益来承受知情成本。对于大型公众股东而言，“由于其他股东不了解情况，因此除非他承担通知他们的必要费用，否则他的投票不可能是决定性的。因为他从获取与传播信息的综合成本中获得的预期收益很可能是负数，所以他也会遵循理性冷漠的路线”。*Id.* at 1575—76.

Hastie)所指出的:“当少数人的声音被听到时,运作良好的群体很可能会摆脱其常规,并且,新的解决方案(甚至是高度的创新)也会随之而来。当异议与多样性存在,并且,参与水平较高时,群体可能会做得更好。”〔1〕事实上,诉讼可能会减少,因为只有大多数利益相关者代表才可以投票授权进行派生诉讼。利益相关者代表与董事会之间的定期沟通也能解决很多争议。

费用

类似的反对意见是,利益相关者代表模式向代表支付报酬的这一计划可能会被证明过于昂贵。基于这种关切,该提议仅限于上市的社会企业与大型社会企业。例如,一家收益超过1亿美元的公司通常能够负担管理该利益相关者代表制度的费用。如果为先前处于边缘地位的利益相关者提供更多发言权可以减少人员流动,提高生产力,增加商誉,则利益相关者代表框架甚至可能会被证明是颇为合算的。此外,利益相关者代表将会要求比传统董事更低的报酬,因为他们会被如下情况所吸引:为社会导向型公司工作会产生“温暖之光”〔2〕。事实上,非营利组织董事经常基于相同原因而无偿工作。

保密性

针对利益相关者代表提议的第三个反对意见是,这可能泄露机密信息。例如,有些人可能会担心利益相关者代表向消费者泄露成本或者向雇员泄露裁员计划的信息。此外,高级人员可能会担心其薪酬信息或者竞争对手可能使用的策略信息的泄漏。当然,并非所有信息都需要与利益相关者代表共享:就像当传统公司股东出于不正当目的而要求查看账簿与记录时,公司可以拒绝。此外,可以要求利益相关者代表签署量身定制的保密协议。对于后者而言,必须注意的是,应当确保被视为“机密”的信息是有限的,并且确实应当受到保护。透明度对于在利益相关者代表及其利益相关者群体成员之间建立信任至关重要。透明度对于公众判断相对社会影响力的能力至关重要。因此,社会企业通常应当比传统公司共享更多的信息。

---

〔1〕 CASS R. SUNSTEIN & REID HASTIE, WISER: GETTING BEYOND GROUPTHINK TO MAKE GROUPS SMARTER 104(2015).

〔2〕 参见 Usha Rodrigues, *Entity and Identity*, 60 EMORY L. J. 1257(2011)。该文探讨实体类型与“温暖之光”之间的联系。

代理成本

针对利益相关者代表模式的第四个反对意见是，代表的寻租风险与代理成本的增加。鉴于利益相关者代表在该提议下行使权力，他们可能会倾向于使用该权力谋取个人利益。但是，因为代表被要求必须以多数决或者绝对多数决的方式行事，所以他们决策能力的集体性质将会降低单个代表为自己或者其利益相关者群体获取不当利益的可能性。此外，由于要求每个利益相关者代表撰写企业福利报告的一部分，因此，观察者将更容易监督企业与相应利益相关者群体的关系与互动。

管理上的问责性

针对利益相关者代表提议的第五个反对意见是，其可能会削弱管理层的问责性。正如伊斯特布鲁克（Easterbrook）与菲舍尔（Fischel）所指出的，“被告知要为两位主人服务（部分为股权持有人服务，而部分为社区服务）的管理者已经摆脱了这两位主人，并且对两者都不负责”[1]。他们的理由是，因为有更多利益相关者作为其掩护，所以董事永远不会对自己的行为负责。但是，这种问责制的缺失是对社会企业的普遍批评，而不一定是对利益相关者代表提议的批评。根据现行社会企业法，董事需要考虑各种利益相关者，这使得他们的责任明显分散。作为对照，传统公司董事，至少在特拉华州，需要面对来自基于股东诉讼的强有力的问责。根据现行社会企业法，忠实义务相关诉讼以及公司出售期间的诉讼都比在传统公司中更难获胜，因为社会企业董事几乎总是可以指出，一个或多个利益相关者群体利益构成其决策理由。利益相关者代表提议在董事问责事项上，肯定不比现行社会企业法更差。利益相关者代表提议甚至可能会鼓励更为激烈的诉讼，因为利益相关者代表与公司关系密切，并且，所追求的诉讼至少会得到大多数代表的支持。此外，利益相关者代表通过与董事举行会议，以及通过利益相关者代表撰写部分福利报告，将以非法律的方式向董事问责。

融 资

针对利益相关者代表提议的最后一个反对意见涉及以下风险：股东可能

〔1〕 FRANK H. EASTERBROOK & DANIEL R. FISCHEL, THE ECONOMIC STRUCTURE OF CORPORATE LAW 38(1991).

不愿放弃其现有权力，从而使得采用这种治理模式的社会企业在筹集资金方面更为困难。但是，在越来越多的公司中（主要是在技术行业中），公众股东如今通过如下方式表现出了放弃控制的更大意愿：允许创始人持有高投票权股票，或者购买完全没有投票权的股票。[1] 与创始人控制其多数投票权的公司不同，在采用利益相关者代表提议的公司中，股东依然会拥有一个或者多个股东代表。并且，这些股东不会将控制权转让给一个或两个创始人，而是会授权一群为公司成功投入巨大努力的利益相关者代表。此外，越来越多的“影响力投资者”以及环境、社会与治理导向型投资者可能愿意牺牲一些传统的股东问责工具，以换取全部利益相关者在公司内拥有发言权这一更大保证。如果针对这些社会企业的长期回报最终具有吸引力，或者，如果合同条款所提供的附加权利能够解决其关切，则更多的普通股东可能会愿意签署协议。[2]

如前所述，利益相关者代表提议存在严肃的潜在反对意见，但是，为了将社会企业与传统公司区分开来，并确保其更为显著的社会影响力，社会企业可能需要进行根本性治理变革。此外，如果各州意欲将“福利公司”与“社会目的公司”的名称赋予这些实体，那么应当得到更多关于积极社会影响力的保证，以取代目前这些缺乏实效性的法律的如下做法：将几乎全部问责工具都赋予股东。基于上述原因，本章认为，与现状或其他评论者之前提出的建议相比，利益相关者代表提议可能会以更低的成本带来更多的社会福利。但是，这项提议的最终成本与收益将是一个经验问题，并且，如果该提议会通过修正社会企业法实施，则其在社会企业中的成效可以与传统企业进行比较。

---

〔1〕 例如，参见 Steven D. Solomon，*Shareholders Vote with Their Dollars to Have Less of a Say*，N. Y. TIMES DEALBOOK（Nov. 4，2015），www. nytimes. com/2015/11/05/business/dealbook/shareholders-vote-with-their-dollars-to-have-less-of-a-say. html? _r=0。该文指出：“像哥伦比亚广播公司、福特汽车、脸谱、谷歌、新闻集团与维亚康姆这样的公司，股东往往每股只有一票或没有投票权，而创始人则有10票……这意味着，这些公司基本上不会受到任何其他股东的挑战，并且控制权集中在创始人身上，而创始人在雇用与解雇董事会成员及高级人员方面基本不受约束。”Alex Barinka & Sarah Frier，*Snap Jumps in Debut after App Maker Raises $ 3.4 Billion in IPO*，BLOOMBERG TECHNOLOGY（Mar. 1，2017），www. bloomberg. com/news/articles/2017－03－01/snap-said-to-raise-3-4-billion-pricing-ipo-shares-above-range. 该文称 Snap“发行无投票权的股票……这意味着股东将无法左右董事提名与高级人员薪酬等事项，他们也无法在年度会议上提出问题。联合创始人与大股东斯皮格尔（Spiegel）与墨菲（Murphy）将为确保Snap 成功的决策负责——或者为其错误负责”。

〔2〕 Dana Brakman Reiser & Steven A. Dean，*Hunting Stag with FLY Paper：A Hybrid Financial Instrument for Social Enterprise*，54B. C. L. REV. 1495，1496－99（2013）. 该文建议通过合同解决社会投资者与社会企业所面临的问题。

结　语

社会企业的支持者声称，福利公司法与社会目的公司法将会把董事的关注点从股东转移到整个社会。但是，这些法律包含了传统公司的基本治理结构。在福利公司与社会目的公司中，股东是目前几乎拥有影响董事与高级人员所需的所有问责工具的利益相关者群体。本章建议，如果社会企业的公司治理结构缺乏重大变革，则这些组织所带来的社会利益将依然乏善可陈。作为实现更为重大变革的一种方式，本章建议，对于大型社会企业，应当通过立法创设并赋权其利益相关者代表。这些代表将被赋予很多与传统公司股东相同的问责工具，包括投票权。此外，利益相关者代表将定期会见并与董事会会面，从而为外部利益相关者提供更为常态化的发言权。虽然本章承认该提议的成本与缺陷，但是，利益相关者代表模式具有产生有效且可负担的社会影响力以及在长期内增加纯粹利益相关者价值的潜力。

第二十二章　混合动机投资与代理成本

查尔斯·M. 亚布隆

为何要去不断开发与销售新的混合产品已经不是什么秘密了。如果现在有两种产品在重叠的消费者群体中颇受欢迎，则就有必要开发出结合两者最吸引人特性的全新产品。因此，高端跑车与摩托艇的买家很可能会进入水陆两用的汽车市场。美味的纸杯蛋糕与低脂的无麸质松饼的同时流行，可能会引起无脂肪与无麸质纸杯蛋糕的新热潮。并且，塑料叉子与勺子在美国食堂与餐厅中的普遍使用可能会引发一个结论——可以通过将这两种餐具组合销售并恰当地命名为“叉勺”(spork)的方式节省大量成本。当然，所有这些混合产品都已经被创造出来。[1] 并且，虽然每个都有一些忠实粉丝[2]，但是，没有一个在商业上取得显著成功。其问题在于，将汽车与船、纸杯蛋糕与无麸质松饼、塑料叉子与叉子组合时，会面临很大的设计挑战。在每种组合的情况下，混合产品都没有达到真正两全其美的效果，而是表现出并不令人满意的折中方案；并且，在这些折中方案中，丢弃了基础产品的某些最为重要且鲜明的特征。

这将我们带入了混合性商业实体，特别是作为社会企业的工具而提出的新型混合形式——福利公司、低收益有限责任公司，以及其他试图将营利性商事组织的效率与营利能力以及由非营利组织所提供的社会责任与公共利益结合起来的形式。在这里，人们也面临巨大且也许无法克服的设计挑战——尽管该挑战并非基于技术，而是基于经济理论。经济学家很早就认识到，任何规模较大的等级制实体都必须主要通过代理人(雇员、顾问等)运作，并且，这种代理人可能会具有一些自身的利益与动机，而这些利益与动机跟

[1] 一些公司已经在美国销售水陆两用车辆。例如，参见 CAMI：COOL AMPHIBIOUS MANUFACTURERS INTERNATIONAL，LLC，www. camillc. com/(last visited Aug. 21，2017)。

[2] 实际上存在一个叉勺粉丝俱乐部。Spork Fan Club!，SPORKGOD. TRIPOD. COM，http://sporkgod. tripod. com/sporkclub. html(last visited Aug. 21，2017)。

其所代表的机构或个人的利益并不相符。就代表其机构而采取最优行动所带来的利益与代理人出于其他原因而采取行动所带来的利益而言，两者之间的这种差异可以被视为该机构的一种成本，即“代理成本”。[1] 经济学家已经投入了大量时间与精力，分析组织设计的各个方面（包括治理商事组织与非营利组织的法律），并且已经开发出一些组织设计以减少此类代理成本。

在商事公司中，一项重要的特征就是股东财富最大化这一规范。[2] 尽管它令人不安地与“宽泛的管理自由裁量权”这一同样强大的规范并存，并且法院也很少将其作为直接限制管理行为的基础，但是，它为旨在更为充分地结合管理层激励与股东利益的其他公司法领域的发展提供了理由。在非营利组织场景下，对利润分配的法律限制被认为可以起到类似于降低代理成本的作用。非营利企业管理者缺乏挪用资金或者降低服务质量的动机，因为该组织无法将利润分配给其管理者，这使得管理者从这种行为中受益的机会更少。[3]

混合的社会企业导向型商业实体同时消除了股东财富最大化与利润不分配约束这两个规范。因此，经济理论家经常批评它为劣质品：这种产品不太可能改善现有公司与非营利组织的绩效，并且很可能陷入一些最为严重的问题之中。混合商业实体的管理者将面临的不是一个而是两个潜在竞争目标：为投资者创造财富，并且为社会提供福利。虽然这两个目标不一定是不可调和的，但是，它们确实会相互干扰。在控制代理成本方面，尤其如此。如果在两种目标之间缺乏明确的优先项设定，则混合实体的管理者可以证明各种潜在的管理措施与该组织的双重目标一致。这会使得那些主要让高级人员受益的行为可以更容易地掩盖与合理化。虽然商事公司之间的相对收益可以轻松比较，并且，甚至非营利组织也可以通过某些熟悉的指标评估，但是，混合性组织社会利益的判断与测量标准似乎颇为模糊，并且很可能会受

---

〔1〕 存在定义代理成本的各种方式。一个重要的早期研究是：Michael C. Jensen & William H. Meckling, *Theory of the Firm: Managerial Behavior, Agency Costs and Ownership Structure*, 3 J. FIN. ECON. 305(1976)。詹森与梅克林对该术语进行了扩展性定义，使其包括委托人的监控成本、代理人的保证成本与剩余损失。他们谨慎地注意到，使用代理人既有金钱成本，也有非金钱成本，并且代理人的决定与使委托人利益最大化的决定之间存在“分歧”。*Id*. at 308.

〔2〕 对股东“财富”而不是“利润”最大化的引用，反映了一般学术界的观点，即营利公司应当为股东实现长期价值最大化。虽然这是大多数人的观点，但它依然存在争议。参见 Charles M. Yablon, Innovation, the State and Private Enterprise: A Corporate Lawyer's Perspective, 40 DEL. J. CORP. L. 1017, 1039－41, 1047－48(2016)；William W. Bratton & Michael L. Wachter, The Case Against Shareholder Empowerment, 158 U. PA. L. REV. 653, 667－68(2010)。

〔3〕 它还可能吸引“利他主义”的管理者，即使他们从这些活动中获得的价值较少。参见 infra notes 43－56。

到操纵。

本章通过代理成本理论视角探讨关于混合商业实体的争议。代理概念一直以来都用来支持或者批评上市商事公司管理者的社会意识型活动(socially conscious activity)。支持者认为:真正的股东并不像古典经济理论中的“财富最大化机器人”,而是事实上还具有除了增加财富以外的其他利益;并且,这一点也反映在实际的公司法学说中。但是,也有人担心,如果缺乏股东财富最大化规范的约束作用,则可能很难将代理成本保持在合理范围内。对于慈善组织,人们存在一个类似的认识:非营利组织形式除了能够限制利润分配,并未有效限制管理低效、偷懒与谋求权力。令人担忧的是,从事“营利性公益事业”(for-profit philanthropy)的混合实体将为自私的管理行为提供更多机会。

本章首先尝试了解代理成本关切对混合实体的实际监管的影响。笔者认为,其有可能证明混合方案存在一个根本性的设计缺陷,从而使其成为营利企业与非营利实体之间的一种笨拙且不令人满意的妥协,这类似于将汽车与船或者叉子与勺子组合在一起的问题。但是,笔者得出的结论是,我们目前用于理解代理成本的理论框架不足以证明这一结论是合理的。对于具有混合治理结构的组织中的管理者与投资者的实际行为,这留下了太多没有答案的问题。这样的混合实体很可能会失败,但是,我们目前的知识状态尚无法可靠地预测这一失败,也不能为那些阻止它们形成或者增长的监管行动提供理由。

相反,最为适当的监管对策是,不采取任何行动干扰此类实体的形成,同时,应当格外注意它们所产生的信息。关于代理成本的争论清楚地揭示出:这些争论在多大程度上依赖于对复杂组织中的管理者与投资者行为的假定;以及我们对这些人如何现实回应各种治理结构、激励与成本了解甚少。例如,关于非营利组织的很多理论都假定,捐赠者无法监督与可靠地评估向非洲等遥远地区提供的慈善产品的质量。这当然曾经是一个合理假定,并且,也许目前依然具有合理性。但是,如今非洲大多数人都拥有手机并与世界各地的人们保持定期联系。监督慈善产出质量的问题是否与50年前一样严重?如果是,则这个问题是否依然主要是因为捐赠者与接受者的地理分隔?同样重要的问题是,在这些组织中工作者,以及他们对各种激励措施的回应方式。很多理论试图采用“利他主义”或者“温暖之光”的解释:对很多人而言，它们可以替代纯粹利润最大化部门中更高的金钱回报。但是，我们对投资者或管理者如何看待"温暖之光"（尤其是在设计金钱报酬的情况下）所知甚少。混合实体的投资者是否会接受因平衡部分社会利益而导致的可能更少的投资回报？

简言之，我们在很大程度上依然不知晓的是，代理成本理论在多大程度上反映了试图在混合动机投资环境中经营的实际投资者与企业家的回应。我们并不知晓的是，这些实体将在多大程度上受到投资者/捐赠者（或者至少它们的某些重要部分）的欢迎，无论它们将成为一时风尚抑或是投资场景的永久组成部分。我们并不知晓的是，谁将为这些实体提供资金、它们的复杂程度，以及它们对金钱回报与社会福利之间的权衡取舍的合理期望是什么。我们并不知晓的是，改进或创新的监督、向（或由）第三方报告，或者这些企业中很多参与者被假定的利他主义是否可以震慑最恶劣的行为者，并且将代理成本保持在可接受的范围内。

混合实体的近期扩散可能会为所有这些问题提供有益的见解。但其前提是，我们必须采取警惕的观望政策，并且，避免那些试图修正、微调或限制现行法的诱惑，即使现行法似乎失败了，抑或弊大于利。反对混合实体的理由不仅具有高度的理论性，并且，其理论本身也基于关于委托人与代理人互动的概括：这种互动在不同形式的企业与不同类型的代理关系中可能存在很大差异。因此，对于社会企业家而言，必须找机会对这些混合模型进行实际试验并评估其成本与收益。如果事实证明这些混合投资的结果类似于"叉勺"的投资，则从长远看，它们将会吸引到很少的资本，或者可能只会在专门的小众市场中受到青睐。

这并不是为了在这种试验与开发期间最大限度地降低其如下危险：在这个阶段，在设计不良的混合体中，社会意识型投资者与管理者可能会因代理人行为不当而受到损害。其并非我们通常希望法律所预防的危险。我们的社会中存在各种组织与产品，而这些组织与产品总体上可能弊大于利，但是，法律只会禁止其中的少数，并且，非法律规范也只会谴责其中稍微多一些的组织与产品。除了某些重要的例外情况，我们的社会规范依然是买主自负其责（caveat emptor），允许成年人自由购买可能对其健康不利的食物与其可能负担不起的房屋，并进行可能会使其蒙受金钱损失的投资。当然，目前成本效益计算尚不十分清楚的混合性社会企业，也应当得到类似的宽容对待。

本章的第一部分更为详细地探讨了针对混合实体代理成本的批评，并且重点关注这种批评的范围与合理性及其对监管行为的影响。第二部分随后明确回应了监管问题，并且，提出了不干涉的论点。

混合动机投资代理成本批评之简明史

社会投资的早期批评

对混合动机投资（与混合动机管理实践）的批评早在混合商业实体发展之前就已经存在。1963 年，米尔顿·弗里德曼坚决拒绝某些公司针对社会责任的尝试性举措，他宣布在“自由经济”中，“企业存在唯一一种社会责任，即利用其资源并从事旨在增加其利润的活动，只要它保持在游戏规则之内：在不存在欺骗或欺诈的情况下公开且自由的竞争”[1]。用来支持弗里德曼坚决主张股东财富最大化规范的首要性与排他性的理由并不十分清楚。其中大部分理由是以基本的代理原则为根据。弗里德曼在他著名的 1970 年《泰晤士报》专栏中写道：

> 在自由企业的私有财产制度中，公司管理者是公司所有者的雇员。该管理者对其雇主负有直接责任。这种责任就是按照雇主的愿望经营该公司，这通常是在满足社会基本规则的同时尽可能地多赚钱，这两者既体现在法律上，也体现在道德习俗上。[2]

弗里德曼承认，在适当情况下，管理者的“雇主”可能直接追求一个慈善而非利润最大化的目标。并且，弗里德曼认为这种安排并无问题，只要“绩效标准是直接的，并且那些存在自愿合同安排的人得到了明确界定”。[3]

但是，弗里德曼对社会投资的批评不仅仅是基于对代理人不会忠实执行委托人指示的担忧。他认为，要求企业承担社会责任是在要求错误的社会机构做它无法做好并且根本不应当做的事情。他指出，将股东的资金用于社会目标上的管理者实际上是在向股东“征税”，但是，这种“政治”功能只应当由

---

〔1〕 MILTON FRIEDMAN，FREEDOM AND CAPITALISM 133(1963).

〔2〕 Milton Friedman，*The Social Responsibility of Business Is to Increase Its Profits*，N. Y. TIMES MAG.，Sept. 13，1970.

〔3〕 *Id*. Milton Friedman Responds，1 BUS. & SOC. REV. 1，7(Spring 1972) [hereinafter Friedman Responds].

适当选举出来的立法者或者被任命的政府官员执行。[1] 在一个鼓励私人慈善捐赠并且确实为其提供税收减免的社会中，这一原则似乎有些不协调。但是，弗里德曼坚持认为，“企业”不承担此类责任。[2] 施加这项责任甚或允许社会意识型管理者基于这种责任而行事，将会涉及“认可政治机制而非市场机制是决定将稀缺资源分配给替代用途的适当方式”[3]。

因此，弗里德曼对公司社会责任的批评的本质是，它干扰了私人企业部门实现社会财富(societal wealth)最大化这一重要的规范性功能。这些财富一旦最大化，就可以被征税，进而由公共与政治部门重新分配。赋予管理者参与社会责任型活动(从而无法使财富最大化)，将导致社会总财富的减少，并且，导致政治过程的再分配减少。当最近进行的反贫困战争(War on Poverty)并且收入不平等依然维持在合理范围之内时，完全依靠政治程序公平分配私人企业创造的财富似乎是更为合理的。而如今，这充其量似乎颇为幼稚，而最坏的情况则是极度虚伪。

但是，基于缺乏股东同意而对代理的批评依然是一个严肃的论点。然而，该论点会遇到两个强有力的回应。首先，公司法——在大多数商业环境中，含蓄地甚至经常明确地规制股东与管理者或者委托人与代理人关系的实际规则——允许此类代理人从事各种形式的慈善与社会意识型行为，并且，这些法律规则因此构成股东与公司管理者之间“合同”的一部分。[4] 其次，很多营利公司积极开展与公开其社会责任型活动，从而使这些活动成为其“品牌”的组成部分以及对消费者与投资者的吸引力的组成部分。[5] 当然，这类公司的投资者含蓄地同意其社会意识型活动。

1980 年，理查德·波斯纳(Richard Posner)与约翰·朗贝因(John Langbein)基于一套更为狭窄的代理原则，对社会投资进行了更为有限地反驳。[6] 他们重点关注信托法，尤其是信托基金管理者与其受益者之间所存在的信义义务。在他们看来，该事项完全与同意有关。并且，他们的关切是，大多数基

---

〔1〕 Friedman, *supra* note 7.

〔2〕 Friedman Responds, *supra* note 8, at 6.

〔3〕 Friedman, *supra* note 7.

〔4〕 参见 Janet E. Kerr, Sustainability Meets Profitability: The Convenient Truth of How the Business Judgment Rule Protects a Board's Decision to Engage in Social Entrepreneurship, 29 CARDOZO L. REV. 623(2007)。

〔5〕 Dana Brakman Reiser, For-Profit Philanthropy, 77 FORDHAM L. REV. 2437, 2449－52 (2009).

〔6〕 Richard A. Posner & John H. Langbein, Social Investing and the Law of Trusts, 79 MICH. L. REV. 72(1980).

金的大多数受益者并不同意对基金财富最大化的偏离，而波斯纳与朗贝因认为这种偏离会构成社会投资的必然结果。[1] 根据金融理论，尤其是有效资本市场假说与最优多元化理论，他们认为，信托管理者的任何投资于社会意识型活动(甚至将那些从事有害社会行为的公司排除在投资组合之外)的尝试都将导致次优的多元化，从而给受益者带来更大风险，并因此在大多数情况下违反了受托人的信义义务。这场争论对工会养老基金、大学捐赠基金与致力于社会进步的其他机构的管理者而言颇为重要，但是，就我们的目的而言，这一争论已经略有偏题。对我们而言，关键点在于，波斯纳与朗贝因将代理问题仅仅定义为一种同意，这对很多信托基金管理者而言是一个复杂事项[2]，而在其他情况下则并不复杂。他们观察到：

> 如果某人决定投资[社会意识型基金]，则他可能已经权衡了这种政策的潜在财务成本与效用——一种个人消费形式，他从对该基金投资政策所隐含的社会目标表达支持中获得了这一效用。很少有人认为这种权衡是具有吸引力的，但是，我们没有理由禁止抑或劝阻人们发行或者购买此类金融产品。[3]

需要注意的是，作者在这里明确承认了所谓的“温暖之光”：这是一个不可否认的事实，即投资者可能从表达对社会目标支持的投资中获得效用；并且，这种“温暖之光”可能会替代更多的金钱回报。

最后需要注意的是，弗里德曼、波斯纳与朗贝因的批评都是规范性的。他们并不认为，代理成本问题会使得公司或者投资项目无法实现社会利益最大化(而非股东财富最大化)。他们只是争辩说，如果未经明确的投资者同意，则不应当创设这样的组织。

在接下来的阶段，公司法学者花费大量时间探讨股东财富最大化在多大

---

[1] Richard A. Posner & John H. Langbein, Social Investing and the Law of Trusts, 79 MICH. L. REV. 72(1980). ,at 75.

[2] 事实上，它已经普遍成为对于机构投资者而言的一个重大事项，也是联合国两项主要研究的主题，即所谓的《弗雷什菲尔德报告》(Freshfield Report)。UNEP FINANCE INITIATIVE, A LEGAL FRAMEWORK FOR THE INTEGRATION OF ENVIRONMENTAL, SOCIAL AND GOVERNANCE ISSUES INTO INSTITUTIONAL INVESTMENT, FRESHFIELDS BRUCKHAUS DERINGER(Oct. 2005), www.unepfi.org/fileadmin/documents/freshfields_legal_resp_20051123.pdf; UNEP FINANCE INITIATIVE, FIDUCIARY RESPONSIBILITY: LEGAL AND PRACTICAL ASPECTS OF INTEGRATING ENVIRONMENTAL, SOCIAL AND GOVERNANCE ISSUES INTO INSTITUTIONAL INVESTMENT, FRESHFIELDS BRUCKHAUS DERINGER(July 2009), www.unepfi.org/fileadmin/documents/fiduciaryII.pdf. 该文认为：“谁对机构投资者参与社会意识型投资的权利采取有限认可，一直是一个受到广为探讨的话题。”

[3] Posner & Langbein, *supra* note 14, at 75.

程度上是(或者应当是)管理活动的唯一或主要目标;公司其他利益相关者是否可以得到考虑甚至被给予优先考虑;期限的长短是否合适甚或相关。这些争论的存在及其所依赖的法律规则表明:现实世界中的公司管理者具有很大的回旋余地去偏离短期收益最大化,以便代表公司开展社会利益导向型行为,即使是那些几乎不可能给股东带来短期或长期利益的行为。〔1〕因此,现行公司法的默示性合同可以视为是如下这种合同:股东赋予公司代理人一种实质性但并非无限性的自由裁量权,从而使其可以运用公司资金从事慈善与其他社会责任型活动。

2005年,埃纳·埃尔豪格(Einer Elhauge)为这种管理上的自由裁量权提供了新的理论依据。〔2〕埃尔豪格解释说,"为公共利益而牺牲公司利润的经营自由裁量权"[他称为"代理懈怠"(agency slack)]实际上以最为有效的形式维护了股东财富最大化规范。任何更为严格的财富最大化原则都会使得管理行为遭受寻求司法审查的股东无休止的事后猜测,而这一过程既耗时,又在总体上不太可能导致更好的管理决策。〔3〕埃尔豪格进一步区分"股东利润"与"股东福利"。通过运用针对股东与管理者关系的基于同意的分析框架,埃尔豪格认为,允许这种代理懈怠比严格的利润最大化规则更有可能实现真正的股东福利最大化。如果我们将股东视为真实的人,而不是使财富最大化的机器,则埃尔豪格无疑是正确的。大多数人与大多数股东关心的是金钱之外的东西,并会为了避免对他人造成损害甚或为了增加社会福利而牺牲一些个人财富。埃尔豪格指出,尽管公司治理结构使得这些股东偏好很难始终在公司层面上得到集体表达〔4〕,但是,这并不意味着它们并不存在。由于某种程度的社会意识型公司支出可能符合大多数股东的意愿,因此,提供某种程度的此类行为的公司法律制度比根本不提供这种行为能够更为有效地增加股东福利。

埃尔豪格接着探讨了公司管理者的社会意识型行为与这些管理者的自

---

〔1〕 Melvin Aron Eisenberg, Corporate Conduct that Does Not Maximize Shareholder Gain: Legal Conduct, Ethical Conduct, the Penumbra Effect, Reciprocity, the Prisoner's Dilemma, Sheep's Clothing, Social Conduct, and Disclosure, 28 STETSON L. REV. 1, 14—15(1998).

〔2〕 Einer Elhauge, Sacrificing Corporate Profits in the Public Interest, 80 N. Y. U. L. REV. 733 (2005).

〔3〕 埃尔豪格认为,这是代理理论中著名的权衡监督成本与剩余损失的例子。代理懈怠是指,由于监督与预防机制的成本超过了剩余损失的数额,因此无法高效监督与预防那些偏离股东财富最大化的行为而产生的代理成本。*Id.* at 776—80.

〔4〕 他指出,结构性问题是"股东相对不受社会与道德制裁的影响,以及基于任何社会与道德冲动行事的集体行动问题"。*Id.* at 756.

我牟利行为之间的关系。他认为，我们不必过多担心管理者对社会事业的“过度慷慨”：这个词的含义是，公司为社会事业支出的资金超过了实际的股东偏好（他的股东福利概念）。其原因在于，这种支出很可能不是以公司利润为代价，而是通过减少公司管理者的自我牟利行为实现的。埃尔豪格认为：“尽管股东无法监督特定经营决策抑或确定管理者是否在最大化利润，但是，股东可以并且确实正在监督公司的整体盈利水平。”〔1〕这种部分监督会产生固定且有限的（与代理成本理论一致，埃尔豪格认为其通常会被用于管理者自我牟利行为的）导致利润减少的“代理懈怠”〔2〕。因此，任何在社会意识型活动上增加支出的举动都将以自我牟利的管理行为而非公司利润为代价。〔3〕

埃尔豪格的观点既是对现有商事公司所从事的社会意识型管理活动的认可，又是对创设新混合实体的警告：该混合实体通过限制投资者监督或者约束管理者削减利润活动的能力，可能会大幅增加代理懈怠以及随之而来的管理者自我牟利行为。

混合实体及其批评者

自从授权混合实体的法律制定以来〔4〕，对这种新形式已经存在大量评论，其中大多数在不同程度上都颇为关键。〔5〕大多数批评都是基于代理关切。

第一个问题是，大幅拓展的自由裁量权范围，或者换言之，为新混合实体的代理人所提供的指导的相对缺失。〔6〕在普通营利组织场景下，社会投资支持者能够提出商业判断规则以及其他关于股东财富最大化原则的限制，以

〔1〕 Einer Elhauge，Sacrificing Corporate Profits in the Public Interest，80 N. Y. U. L. REV. 733 (2005)，at 806.

〔2〕 *Id.* at 805。该文指出：“将利润转移到高级人员薪酬、津贴、休闲、股票期权或者其他个人受益的用途上，直到它们因受到其他因素约束而无法产生更高的利润。”

〔3〕 *Id.* 该文认为：“如果代理懈怠总量并不增加，则任何管理者利用其经营性自由裁量权牺牲公司利润以维护公众利益的决定，都应当替代让管理者个人更为受益的利润牺牲行为。”

〔4〕 共益实验室在2008年发展出了第一部授权福利公司的法律。马里兰州于2010年颁布了第一部法律。Michael B. Dorff，Why Public Benefit Corporations? 42 DEL. J. CORP. L. 77，82(2017). 第一部低收益有限责任公司法是在两年前颁布的。J. Haskell Murray，Social Enterprise and Investment Professionals：Sacrificing Financial Interests? 40 SEATTLE U. L. REV. 765，767(2017). 关于共益实验室的示范共益公司法与特拉华州法的区别，参见 Alicia E. Plerhoples，Delaware Public Benefit Corporations 90 Days Out：Who's Opting In? 14 U. C. DAVIS BUS. L. J. 247，254(2014)。

〔5〕 Dorff，*supra* note 25，at 80－81.

〔6〕 关于这种不受约束的管理者自由裁量权的经典表述是由伯利（Berle）教授提出的，他指出：“当公司管理层与‘控制者’对股东的信义义务被削弱或消除时，管理层与‘控制者’就所有实际目的而言享有绝对权利。”Adolf A. Berle Jr.，For Whom Corporate Managers Are Trustees：A Note，45 HARV. L. REV. 1365，1367(1932).

界定股东与公司管理者之间的默示性合同，从而为社会意识型行为提供一个有限范围。[1] 立法授权新混合实体将财富最大化原则置于其他目标之下，从而使得尽职尽责的管理者拥有更为宽泛的潜在行动范围，但是，对于如何在这些行动中做出选择，几乎并不存在任何指导。洛文斯坦(Loewenstein)将此作为他对现行福利公司法的批评的核心：他认为，如果众多利益相关者及其利益必须得到考虑，并且，在其中选择时并无任何排序抑或指导，则可能会导致决策不佳。[2] 卡里森(Callison)在谈到公共福利公司管理者必须考虑大量利益与因素时也提出了类似观点。[3] 这种过多的考虑不仅无法为根据福利公司目标而行事的管理者提供有益指导，并且也“为不负责任的董事打开了从事自我牟利行为的大门”[4]。

加勒提出了与专业知识相关的问题。如下假定是缺乏根据的：公司管理者在财富最大化与社会受益型活动方面均具有专业技能。[5] 与大多数人一样，他们将倾向于关注自己感到更为自信的活动上。加勒认为，这可能对全部相关人士都会更好，因为高级人员可以将其所增加的财富捐赠给慈善组织，从而单纯地“购买”社会福利行为。[6] 但是，如此行事的确有悖于混合实体的目的(或者阐释了该概念的不一致性)。

包括加勒在内的很多评论者都将多个潜在不兼容的目标问题作为“双任务”加以分析。他指出，当代理成本问题仅仅是，避免自我牟利行为，并且根据特定目标(例如股东财富最大化)而将代理人利益连为一体时，可以使用诸如股票薪酬之类的合理且有效的机制。但是，当一个代理人被赋予两个不同且潜在不一致的目标时，经济学家认为“其代理成本如此之高，以致简单地把这两组任务分给两家不同企业往往是更好的选择”[7]。

双任务问题最好被理解为是测量与监督问题。毕竟，我们如何真正知晓

---

〔1〕 参见 Elhauge, *supra* note 19。

〔2〕 Mark J. Loewenstein, Benefit Corporations: A Challenge in Corporate Governance, 68 BUS. LAW 1007, 1033(2013). 该文认为：“考虑过多的因素——就像福利公司的董事被要求做的那样——可能会导致较低的决策质量。”

〔3〕 J. William Callison, Putting New Sheets on a Procrustean Bed: How Benefit Corporations Address Fiduciary Duties, the Dangers Created, and Suggestions for Change, 2 AM. U. BUS. L. REV. 85, 108(2012). Lyman Johnson, *supra* Chapter 19.

〔4〕 *Id.*

〔5〕 Brian Galle, Social Enterprise: Who Needs It?, 54 B. C. L. REV. 2025, 2033(2013).

〔6〕 *Id.* at 2033.

〔7〕 Brian Galle, Social Enterprise: Who Needs It?, 54 B. C. L. REV. 2025, 2033(2013), at 2032. 莱曼·约翰逊在本书中将福利公司的双重目标视为其结构的必要组成部分，但批评了法律的如下做法：通过指定需要考虑与追求的其他利益相关者利益，给管理任务增加了不必要的复杂性。参见 Johnson, *supra* Chapter 19。

一项委派涉及一项或两项任务？不妨考虑一下普通业务管理者，后者试图确定在广告上以及在新产品开发上各投入多少资本。这些可能被解释为双任务，但它们实际上是一个任务，因为我们假定，尽责（或者被适当激励）的管理者将会选择她认为那些确保公司财务回报最大化的支出。从不同投资中获得的美元具有可通约性（commensurability），这使得在它们之间做出选择成为一项任务。同样，由于从营利活动与社会福利活动中获得的收益被假定并不具有可通约性，指导或者激励高级人员如何在两者之间选择变得极为困难。但是，这真的是不可通约性问题，抑或只是委托人与代理人之间的沟通问题？作为个体，我们一直在财务与非财务回报之间选择。我们决定将多少收益捐赠给慈善组织。我们选择工作时，需要在财务回报、休闲时间与为社会福祉做出贡献而获得“温暖之光”之间进行各种取舍。当然，管理者，尤其是那些可能正在运营混合实体的管理者，也可以做出公认艰难的权衡取舍，以确定如何在其组织的各个目标之间分配资产。

之所以出现该问题，是因为他们是代理人，并且，他们所分配的资产并非自己的资产。批评者的关切是，作为混合实体的代理人，他们的行动可能并未获得委托人的授权，或者相对于委托人的目标而言并非最优选择，抑或两者兼而有之。正是这种关切使得监督功能成为混合实体批评者的焦点。在普通代理成本模型中，监督是降低代理成本的合理且有效的方法。对代理人的监督不仅减少了他们从事自我牟利行为的机会，而且即使无法直接观察其行为，对诸如利润或者现金流量等产出的监督也可以提供关于管理者不当行为的有益检查。[1] 作为对照，混合实体并无可以得到独立监督并且被用于确定管理者实现其组织目的程度的单一、连贯且可测量的目标。

但是，问题可能更为严重，因为我们有充分理由相信，提供任何这样的单一、连贯且可测量的绩效标准可能会导致进一步偏离该组织及其投资者/捐赠者的真实目标。为旨在实现社会受益型目的的混合性组织提出可测量且易于监督的目标并不困难。“不要投资石油产品。”“在从事经营的任何国家或地区，任何雇员薪酬均不得低于平均收入的50%。”这种负面禁令虽然可以减轻损害，但是并未设定改善社会的积极方案。在这里，可测量与可通约的指标可能会阻碍商业向善。经济学家已经表明，在提供复杂社会福利服务方面，“高强度激励”（high-powered incentives），即与易于监督与测量的产出相

---

〔1〕 参见 Elhauge, *supra* note 19, at 806。

关的激励，可能会降低所提供服务的整体质量。[1] 诸如小学教师通过"应试教学"或者医院通过"虚报"诊断项目增加收入等现象，都阐释了基于可测量而非实际所需的指标监督产出的危险性。

为何不仅仅聘请德才兼备者担任该组织管理者，并且让他们自行尽最大可能实现该组织模糊且宽泛的目标（或许可以附带要求这些代理人自身定期阐明这些目标）？有些人确实提出了这种不干涉混合实体代理人的路径[2]，但是，大多数人依然不愿向代理人，即便是相当德才兼备的代理人，提供无限的自由裁量权以将他人资金用于模糊的社会改善目标。其中部分原因是基于（作为全部代理成本理论之基础的）如下认知：不受监督的代理人的自我牟利行为可能并不总是不当动机的结果，而是某种目光短浅、缺乏反思抑或缺乏监督的反映。这可能导致不必要的"扩大经营范围"、扩充行政人员、出席过多会议以及慈善项目有时容易造成的其他过分行为。

但是，在混合实体场景下，还有一个额外且独特的代理成本问题困扰着很多批评者——那些放弃或者至少将股东财富最大化原则放在次要地位的实体实际上将继续受到管理，从而促成这些目标。这种关切存在两个重要理由。首先，对双任务问题的经济学研究表明，如果一项工作围绕两个单独且不可通约的目标构建，其中一个目标的产出易于测量，而另一个目标难以监督与评估，则会存在一种趋势：代理人将注意力集中在更容易测量的目标上。在混合实体场景下，如果其中一个目标是创收，而另一个目标则是更为崇高但也更为模糊的社会改善目标，则代理人自然会寻求通过专注于前者证明自己的价值。[3]

这种关切的第二个理由是，投资者或者股东在大多数混合实体中依然保留对公司的最终控制权。他们不仅可以继续聘用这些管理者，而且有权力将其对实体的控制权出售给其他不那么无私的投资者，而后者可能会使得公司偏离其造福社会的目的。这种关切处于布雷克曼·莱瑟教授与迪恩教授所

[1] Daron Acemoglu et al., Incentives in Markets, Firms, and Governments, 24 J. L. ECON. & ORG. 273, 274(2007).

[2] 例如，参见 John Tyler, Negating the Legal Problem of Having "Two Masters": A Framework for L3C Fiduciary Duties and Accountability, 35 VT. L. REV. 117, 142(2010)。该文为低收益有限责任公司管理者设定了一个宽泛的优先选项层级，但是并未具体说明该框架如何"在实践中得到实施"。

[3] 莎拉·达杜什为这种"使命偏移"提供了一个令人不安的例子：印度的小额信贷公司以牺牲它们试图帮助的借款人的利益为代价，越来越强调自身的收益。Sarah Dadush, Regulating Social Finance: Can Social Stock Exchanges Meet the Challenge?, 37 U. PA. J. INT'L L. 139, 145(2015).

提出的在一段时间内阻止此类控制权交易的混合金融工具建议的核心。[1]特拉华州最高法院首席大法官利奥·斯特林(Leo Strine)提出了更为彻底的悲观观点。他认为,只要"对公司的投票控制权依然保留在股票市场中"[2],如下认识就是"不现实的":任何混合实体可以为非股东利益相关者的利益而长期运营。简言之,在混合实体中,股东财富最大化原则的移除抑或居于次要地位会引发三种不同类型的代理关切:(1)代理人的自由裁量权不受限制,并且,缺乏任何有效的指导;(2)与传统营利公司相比,代理人在自我牟利行为上具有更大的回旋余地;(3)代理人可能会受到各种压力,以致拒绝或弱化社会利益目标,从而更加关注股东利益。限制利润最大化原则会引起代理成本问题的这一认知无疑引起了严重关切,但是,它会引起很多不同且可能相互冲突的关切这一事实也应当提醒我们:关于代理人实际上将如何回应针对这些激励措施的各种限制,我们依然知之甚少。

混合实体及其批评者——来自非营利一方的观点

在混合实体的分析者中,在将混合实体与相关实体比较时,存在一个颇值玩味的分析。那些将混合实体视为普通商事公司替代品的学者强调了股东收益最大化规范的约束效应,其对投资者动机与管理者行为的人为限制,以及以社会责任型方式运用更多投资而带来社会改善的巨大潜力。[3] 作为对照,那些主要将混合实体与现有非营利组织比较者则侧重于,放弃对收益分配的禁止,并且对投资者与管理者引入更强的财务激励,从而在提供慈善服务方面提高管理效率与降低行政成本。

从代理成本理论的角度看,那些担心非营利实体的有效运营者似乎存在很多关切。这些实体管理者几乎根本不能被称为代理人,因为他们不受其所运营的资金之提供者监督,而是由受托人任命(但是,这些受托人本身并未受到监督,并且具有自我延续性),并且仅仅受到州政府极为宽松的监管。没有人同时具有经济激励与权力约束这些实体管理者,以致创造了所谓的"造成

---

〔1〕 Dana Brakman Reiser & Steven A. Dean, Hunting Stag with FLY Paper: A Hybrid Financial Instrument for Social Enterprise, 54 B. C. L. REV. 1495, 1505—06, 1544(2013).

〔2〕 Leo E. Strine, Jr., Our Continuing Struggle with the Idea that For-Profit Corporations Seek Profit, 47 WAKE FOREST L. REV. 135, 151(2012).

〔3〕 例如,参见 Brakman Reiser, *supra* note 13。

极度无效率的完美风暴”[1]。人们可能会追问，为何非营利实体会存在。

亨利·汉斯曼提供了大部分标准答案。汉斯曼在其开创性的论文《非营利企业的角色》(The Role of Nonprofit Enterprise)[2]中指出，非营利组织缓解了寻求为慈善服务提供资金的捐赠者与希望提供这些服务的代理人之间的信息不对称问题。[3] 一个经常被引用的例子是，捐赠者试图为遥远的贫困国家的穷苦儿童提供食物。由于捐赠者无法得知所交付的产品质量，甚至无法知晓它们是否正在被交付，因此捐赠者无法确定代理人是否挪用了部分抑或全部资金。但是，假定捐赠者可以监督非营利实体向代理人支付的款项，则对收益分配的限制“在严重信息不对称情况下，可以成为粗略但有效的消费者保护手段”[4]。我们需要注意到这些双重且有些矛盾的形容词。非分配约束是“粗糙的”，因为它不能防止效率低下、虚雇员工与拓展地盘，但是在防止大规模挪用资产方面是“有效的”。

格莱瑟与施莱弗修正并扩展了汉斯曼的研究成果：他们着眼于企业家/代理人以非营利组织形式提供慈善服务的动机。[5] 他们的基本观点是，通过将其组织为非营利组织，并因此预先承诺较弱的激励措施与更少的挪用机会，这些企业家应该能够可信地推销其更高质量的慈善服务，从而使得这些慈善服务获得更高的价格。[6] 他们还注意到，由于非营利组织为此类企业家在挪用收益所造成的福利减少与生产低质量慈善产品所造成的非货币性成本之间提供了一种权衡，非营利组织可能会吸引那些从提供高质量慈善产品中获得更大效用者作为管理者。他们称这种人为“利他主义者”[7]。

---

〔1〕 Benjamin Moses Leff, The Case Against For-Profit Charity, 42 SETON HALL L. REV. 819, 835(2012); Jonathan Klick &Robert Sitkoff, Agency Costs, Charitable Trusts, and Corporate Control: Evidence from the Hershey's Kiss-Off, 108 COLUM. L. REV. 749, 782, 782 n. 221(2008). 该文指出：“换言之，主流的学术观点认为，代理成本在慈善信托治理中非常高。”

〔2〕 Henry B. Hansmann, The Role of Nonprofit Enterprise, 89 YALE L. J. 835(1980).

〔3〕 *Id.* at 842—48. 汉斯曼提供了不同类型非营利组织的综合版本，其重点是区分了“捐赠型”实体(其主要收益来源是捐赠者)与由消费者提供大部分收益的商业实体(如医院与学校)。他调整其理论，以反映在这些不同情况下不同的激励与竞争压力。出于这里更为有限的目的，我们将重点放在汉斯曼所说的“捐赠型企业”实体上，其中信息不对称主要基于服务的接受者与购买者之间的分离。*Id.* at 841—43, 846—48.

〔4〕 Henry Hansmann, The Role of Trust in Nonprofit Enterprise, in THE STUDY OF THE NONPROFIT ENTERPRISE: THEORIES AND APPROACHES 115, 116(Helmut K. Anheier & Avner Ben-Ner eds., 2003).

〔5〕 Edward L. Glaeser & Andrei Shleifer, Not-for-Profit Entrepreneurs, 81 J. PUB. ECON. 99 (2001).

〔6〕 *Id.* at 102.

〔7〕 格莱瑟与施莱弗并没有说全部非营利企业家在这个意义上都是利他的。事实上，他们认为，从长远来看，“信誉损失”可能足以促使非利他主义企业家为某些行业选择非营利组织地位。但是，他们的模型确实指出，那些因提供低质量慈善服务而承受更大非金钱成本的企业家，更有可能选择非营利组织。*Id.*

有理由相信混合实体可以做得更好吗？阿纳普·马拉尼（Anup Malani）与埃里克·波斯纳（Eric Posner）等学者认为，无论是非营利组织还是营利实体提供的慈善服务，都应当享受税收减免。[1] 他们认为，在某些情况下，有理由相信营利实体可以用比非营利组织更为廉价与高效的方式提供慈善服务，因此，将慈善减免限定于非营利组织的这一做法是奢侈且低效的。他们从一个类似于汉斯曼的简单假定展开论述：企业家试图为一个非洲国家提供清洁饮用水。他们假定，企业家可以从捐赠者那里筹集 1 000 万美元，但只能提供 800 万美元的纯净水，并希望保留剩余的 200 万美元作为利润。当然，这将使得捐赠者无法获得税收减免，并可能导致该企业起初就不会得到资助。马拉尼与波斯纳提出质疑：为何税法应当鼓励这种低效与无益的结果？[2]

根据本杰明·莱夫的观点，其答案就是代理成本。莱夫对马拉尼与波斯纳的观点做出了最为系统的回应。并且，莱夫的观点主要基于对真实代理成本的阐释：他认为这些成本在马拉尼与波斯纳的假定中被忽略了。[3] 他指出了捐赠者在执行营利合同与确定供水的数量与质量方面的困难。他指出，马拉尼与波斯纳的假定是将 800 万美元用于供水，这本身就是对这笔款项所隐形施加的非分配约束。最后，他提出了一个有所改进的假定，即企业家承诺提供其他所有人都认为只能以 1 000 万美元（800 万美元加上 200 万美元的激励措施）才能提供的固定数量的清洁饮用水。莱夫指出，这种假定给价格确定、风险分配与质量评估带来了更多困难，所有这些都可以被合理地定性为代理成本。莱夫承认，在该企业家可能是一位天赋异禀的社会工程师的情况下，"营利模式可能更为值得选择"[4]。但是，该企业家也可能被误导去相信实际的效率收益是可以实现的，甚至该企业家本人可能只是一个有才华的骗子而已。

马拉尼与波斯纳承认非分配约束在减少代理问题中的作用。他们对企业家为何选择非营利组织形式的解释基本上遵循了格莱瑟与施莱弗的观点，即稍微强调了企业家被假定的利他主义。[5] 他们提出了具有争议（但未必错误）的论断："没有理由认为，捐赠者在区分利他主义者与非利他主义者方

[1] Anup Malani & Eric Posner, The Case for For-Profit Charities, 93 VA. L. REV. 2017(2007).
[2] *Id*. at 2019.
[3] Leff, *supra* note 42, at 839—50.
[4] *Id*. at 850.
[5] Malani & Posner, *supra* note 49, at 2032 n. 28. 在代理理论中，假定"只有无私的企业家才会选择非营利的形式"，但格莱瑟与施莱弗并未使用这种假定，而是正确地指出，即使非利他主义者也可能更喜欢不受监督的自由以及在非营利组织工作中偷懒的可能性。

面，会比其在区分高质量与低质量慈善服务方面做得更好。”[1]但是，他们真正反对的是慈善减免本身：他们认为，慈善减免本身通过提供“财务缓冲”(financial cushion)而不适当地使得非营利企业家受益，并因此允许不具有利他精神的企业家“在不牺牲薪酬的情况下为组织投入更少的精力”[2]。

最终，马拉尼与波斯纳并未对非分配约束的代理成本降低效果提出异议。他们只是指出，有时这些代理成本的节省可能会被激励动机所带来的效率提升的益处所抵消。他们主要反对将税收减免仅限于非营利企业而造成的效率低下，他们认为这是对低效率的非利他主义生产者提供补贴，并且，消极影响了有才华的利他主义者。[3] 但是，马拉尼与波斯纳的批评也隐含地提出了一种可能性：可能存在一种有限营利动机的最优组合，即结合利他意图的营利动机在某些情况下可以最大化社会利益产出。

混合实体的代理成本批评之监管影响

针对无为而治的主张

针对混合实体的代理成本批评是强有力的。这些批评采用了在如下情况中理性行为者可能行为的合理假定：这些理性行为者被赋予了相对不受监督的获取他人资金的权限。乍一看，如下做法似乎是愚蠢的：新实体的创设消除了很多用来阻止营利与非营利实体管理中次优行为的已经并不完善的现有保护措施。但是，通过仔细研究这些批评中的假定，我们就会发现，它们是基于对实际人类行为与其他经验现象的广泛概括，这些概括不可能在所有情况下都是正确的，并且也不可能在所有情况下都具有相同程度的正确性。[4] 因此，尽管这些批评可能为混合实体提供有用的理论解释，甚至可以

---

〔1〕 Malani & Posner, *supra* note 49, at 2034—35.

〔2〕 *Id*. at 2035.

〔3〕 *Id*. at 2054—55. 到目前为止，现在还没有一笔向混合实体的支付获得美国国税局的免税资格。Jill R. Horwitz & Rachel Culley, *Profits v. Purpose: Hybrid Companies and the Charitable Dollar* 11(Law & Economics Working Papers No. 48, 2014), http://repository.law.umich.edu/law_econ_current/art48.

〔4〕 例如，参见 Dhammika Dharmapala & Vikramaditya S. Khanna, The Impact of Mandated Corporate Social Responsibility: Evidence from India's Companies Act of 2013(U. Chi., Pub. L. Working Paper No. 601, Nov. 2016), https://papers.ssrn.com/sol3/papers.cfm?abstract_id=2862714。这项重要的研究探讨了最近印度法律对某些企业的公司社会责任的要求，发现在存在大量“面向消费者”的广告的企业与其他企业之间存在显著不同的效果。

做出大多数将会由于管理不善或者未能吸引必要的投资而失败的这一合理预测，但是，它们不足以证明那些禁止或者不鼓励创设此类实体的监管回应正当与否。

我们对混合实体治理中的冲突与不确定性将如何在实践中得到体现或者解决是颇为无知的，而这种无知恰恰是目前很少作为抑或无所作为的最有力理由。值得记住的是，(这些模型中的大多数都是从中产生的)科斯与汉斯曼的论述[1]试图描述与解释现有经济关系。在此过程中，他们对各种交易的成本与收益做出了假定，而这些假定在很多特定情况下不可能有效抑或不再有效。我们不妨考虑一下监督问题——构成对代理成本批评的核心。在汉斯曼的模型中，捐赠者被假定无法监督向偏远地区慈善接受者所提供的产品与服务质量，而这主要证明了非分配约束的合理性。但是，从根本上讲，针对慈善活动的远程监督之成本效益是一个经验问题。发展中国家手机的广泛分发等通信改善很可能已经大幅降低了监督与测量援助产出的成本，而这反过来又可以证明适当放宽非分配约束的做法具有合理性。这并不是对汉斯曼的代理成本模型的反驳，而仅仅是将其应用于它会产生不同结果的特定情况。

另一个核心问题是测量。像大多数理论研究一样，我们可以合理地假定，社会利益的产出很难测量，尤其比收益或现金流要难得多。但可以肯定的是，全部类型的社会利益都并非同样难以测量，并且，混合实体具有从事如下行为的强烈动机：要么专注于可以获得可信测量的社会利益指标，要么发展可以被捐赠者/投资者群体接受的测量社会利益的新标准。

颇为有趣的是，新设立的实体正在努力解决这些模型所提出的经验问题。混合实体的创设者很清楚代理成本问题，并且具有强大的动机尝试解决这些问题。他们正在并且可能会继续尝试不同类型的监督、不同的社会利益测量指标、不同的外部认证路径，以及其他在捐赠者与援助提供者之间建立“信任”的方式。他们也有可能广泛地宣传在这些领域的任何成功创新。[2]代理成本模型并不一定会使得这种努力失败。

我们可以针对如下经济学解释而进行类似观察：该经济学解释支持在提

---

〔1〕 Hansmann, *supra* note 43. 该文试图解释非营利企业的存在原因。Ronald H. Coase, The Nature of the Firm, 4 ECONOMICA 386(1937). 该文寻求解释市场经济中的企业与指令结构存在的原因。

〔2〕 针对社会企业的第三方监测与评估技术似乎存在一个活跃的市场，包括共益实验室本身所提供的产品。参见 Measure What Matters, B LAB, www. bimpactassessment. net/(last visited Aug. 22, 2017)。

供社会受益服务时偏向“弱”而非“强”激励措施，从而不为类似于“应试教学”等更为狭窄且对社会更为无益的行为提供激励。但是，该理论并不需要如下假定：社会福利组织中所有“强”激励措施都会对该组织的目标造成负面影响。很多实体可能会发现，它们可以通过完全或者部分关注“强”且更容易测量的激励措施实现社会利益目标。[1]

另一个有待进一步试验与实证研究的重要领域是，有时被称为“温暖之光”的这一重要但难以捉摸的现象，即个人通过增加社会利益的行为方式而获得的效用。我们知道，对于很多人而言，这可能是一种强大的激励，会促使他们放弃那些可以带来丰厚经济利益的职业，转而从事对社会有益但其薪水要少得多的工作。它还可能会激励人们将原本用来进行财务投资的现金捐赠给慈善组织。相关文献假定不同的人对“温暖之光”具有不同需求，并且有时将具有较高需求者称为“利他主义者”。人们通常假定，非营利组织雇员主要但并非完全是利他主义者，因为非营利组织的工作给他们提供了比那些觉得该工作没有成就感者更高的补偿。人们也会假定，这种利他主义者不太可能将偷懒等代理成本施加给非营利组织，因为这样的行为会降低他们从工作中获得的“温暖之光”的价值。

但这些也只是宽泛的假定，并且，我们知晓这些假定在某些情况下是错误的。在非营利组织场景下，存在很多欺诈与高级人员扩充自我权力的案例。这些仅仅是招聘决策不当而使得很多偷懒者误导性地将自己表现为利他主义者的例子吗？还是该模型本身过于简单化，以致即使是那些从加入该机构中获得实质性“温暖之光”者，也可以使得自己的自私行为合理化，抑或在缺乏有效监督情况下只会屈服于短期诱惑？最终，我们对“温暖之光”如何影响自我牟利行为的动机以及它在实践中降低代理成本的能力知之甚少。

我们也几乎不了解，营利动机的引入将如何影响个人通过混合实体从事活动的“温暖之光”，或者对基于利润的激励措施的限制将如何影响已经习惯于完全营利环境的管理者。福利公司管理者是否会像从事同样工作的非营利组织管理者一样感受到“温暖之光”，还是会由于压力（试图从运营中产生

---

〔1〕 例如，虽然“应试教学”在儿童早期教育中可能是一种浪费，但是，在应试（即律师考试）是法律实践先决条件的法学院中，是否也是如此？事实上，目前有很多批评认为，法学院过于注重软激励，而对可测试的法律技能（包括律师考试准备）关注不够。参见 Karen Sloan & Celia Ampel, ABA Rejects Stricter Bar-Pass Rule for Law Schools, LAW. COM(Feb. 6, 2017), www.law.com/sites/almstaff/2017/02/06/aba-rejects-stricter-bar-pass-rule-for-law-schools。

一些正向现金流)而减少了“温暖之光”?[1] 如果管理者获得基于公司利润的少量奖金,则这是否会部分抑或大幅减少她在非营利组织工作时会获得的“温暖之光”?抑或在与其营利部门同行所获得的奖金比较时,她会对自己所获得的奖金并不满意?类似地,低收益有限责任公司中较低层级的投资者是否会感受到像捐赠给慈善组织时所感受到的“温暖之光”?或者,其他投资者有理由期望从同一企业投资中赚钱的这一事实是否会让他觉得自己像个受骗者或者容易受骗者?

尽管这些事实上的不确定性为监管者不作为提供了最有力的理由,但是,也存在目前尚待解决的规范上的不确定性。对于混合实体的使用而言,至少存在三个独立并且有些矛盾的规范依据:(1)增加用于创造社会利润成果的社会资产总额;(2)减少昂贵且效率低下的社会福利供给;(3)改善提供社会利益的组织对资助者之忠诚度与回应性。目前还不清楚混合组织在实现这些目标方面是否会优于现有的营利与非营利实体,但是,其治理结构方面的差异至少提供了用来主张它们可能会有效的一些理由。事实也可能会表明,它们更擅长实现这些规范性目标中的一个,而不是其他目标。这也将会带来监管方面的影响。[2]

无修复、无推动,亦无多余(强制)披露

在未来几年中,继续使用混合实体的经验与试验将会揭示出其中的很多不确定性(以及针对契约与结社自由的普遍偏好)。这种可能性的存在往往会建议反对任何进一步的监管条例,甚至在如下情况下会反对寻求明确鼓励创设此类实体的监管条例:这些监管条例会限制混合实体可以尝试的不同类型的治理结构、使命声明、监督、指标以及与投资者/捐赠者的沟通。如果我们尚未充分了解如何鼓励或者限制混合实体的创造,那么我们肯定尚未充分了解如何鼓励或限制特定混合实体类型或结构。因此,鼓励人们广泛地采用共益实验室所支持的福利公司立法形式几乎没有任何意义,即使有人认为这

---

〔1〕 在社会企业文献中存在很多关于一些治理结构的探讨,这些治理结构可能会在心理上强化管理者的利他主义冲动。例如,参见 Alicia E. Plerhoples,Social Enterprise as Commitment:A Roadmap,48 J. L. & POL'Y 89(2015);Joseph W. Yockey,The Compliance Case for Social Enterprise,4 MICH. BUS. & ENTREPRENEURIAL L. REV. 1,30—32(2014)。

〔2〕 即使存在可供利用的数据,评估这些数据并从中得出结论也可能是颇为困难的。例如,福利公司的数量正以可观的速度增长,但是,其绝对数量依然很小(约 4 000 家)。对于混合实体而言,这究竟是一个鼓励性还是抑制性的信号?对此观点各不相同。

是最优的可用模型。关键是，除非我们拥有将它与其存在显著不同的其他州法比较的一些根据，否则我们无法知晓它是否是最好的。[1] 出于相同原因，使用立法程序鼓励（或者“轻微推动”）对包括税法在内的特定混合形式的采用，也几乎没有意义。我们大概希望的是，为投资人/捐赠者的资金提供一个相对公平的竞争环境，从中我们可以评估各种寻求此类资金的混合实体的效率与有效性。如果通过减税政策推动投资者/捐赠者转向其中一些，则只会扭曲这一过程。

对试图改善监管之禁止的一个例外是，该监管改革允许在治理、效率与降低代理成本方面的路径上具有更大的多样性。因此，现在强制要求混合实体管理者必须考虑特定社会利益目标清单的法律可能会被修正，从而允许考虑清单中的一个或多个目标，或者允许管理者选择与制定自己的目标。我们还可以鼓励在不同的认证程序与报告指标之间选择。这是否会催生一些关注点极为狭窄的实体，这些实体是否会朝着某些因对他人造成损害而被否定的特定社会目标前进？这也是具有可能性的。但是，这种宽松的监管结构的目标恰恰为我们提供了混合实体的各种具体例子，而人们可以就这些实体的价值与成本进行分析与争论。

强制披露提出了一个更为复杂的问题。混合实体向公众及其投资者/捐赠者就经营与结果进行一定程度的真实汇报似乎是必要的。它既可以充当反欺诈的手段（虚假或误导性陈述将被起诉），也可以作为一种提供评估混合实体运作所需信息的相对有效的方式。但是，与其他形式的强制性结构一样，太多的强制披露也会存在危险。强制披露某些指标或者关于某些目的或治理结构的信息，就是强制混合实体特别注意那些指标、目的或治理结构。从这个意义上讲，强制披露的作用与其他监管要求非常相似，后者旨在限制试验并预先确定混合实体的最优组织与报告结构。在理想情况下，适用于混合实体的披露制度也应当足够宽松，以鼓励不同组织尝试不同程度、样式与类型的真实披露，从而发现哪种方式能够在管理者与投资者/捐赠者之间建

---

[1] 例如，参见 J. Haskell Murray, The Social Enterprise Law Market, 75 MD. L. REV. 541 (2016); Plerhoples, *supra* note 25。

立最为有效的关系。[1]

结 语

代理成本给如下混合实体的发展带来了严峻挑战：这些混合实体寻求吸引混合动机投资，或者为从事社会企业的企业家创造最合适的管理层激励措施。仅凭良好的意愿不足以解决问题（尽管它们可能是解决方案的重要组成部分）。对混合实体中代理成本的关切不应当成为限制或者拒绝此类实体的理由，而应当成为那些鼓励治理路径试验与多样化的监管的理由，以期发现那些为有需求者提供社会福利的更为有效与高效的方法。

---

〔1〕 这并不是为了减少不充分或者误导性披露所造成的非常严重的危险。因此，令人不安的是，早期报告显示，福利公司普遍未能符合强制性报告要求。J. Haskell Murray, *Understanding and Improving Benefit Corporation Reporting*, BUS. L. TODAY(July 2016), www.americanbar.org/publications/blt/2016/07/04_murray.html. 但是，这可能是小型初创公司普遍存在的问题，因为对众筹企业的研究也显示出类似的不足。参见 Nathaniel Popper, Doubts Arise as Investors Flock to Crowdfunded Start-Ups, N. Y. TIMES(Jan. 24, 2017). 另外，如果你投资一家"低收益有限责任公司"，则很难抱怨回报率低。实际的欺诈是另一回事。尽管某些混合实体肯定有可能成为重大欺诈丑闻的主体，但是，经验表明，目前并不存在合理的监管水平有效防止此类不当行为。

第二十三章　非营利企业代理成本理论的若干影响

本杰明·摩西·莱夫

引　言

美国非营利组织研究中最为经典的成果，也许是亨利·汉斯曼于 20 世纪 80 年代初所撰写的一系列文章。[1] 汉斯曼认为，非营利组织的出现是对企业与其所谓的资助者(patrons)之间合同问题的回应。当消费者需要质量难以评估的产品或服务时，他们将面临潜在的"合同失灵"。解决合同失灵的一种可能方案是，基于如下确认，限制进入产品提供者口袋的收益(所谓的"非分配约束")：一旦增加个人收益的动机被消除，则企业管理者通常会使用超额价值以提供更高质量或者更多的产品。

汉斯曼认为，非分配约束是非营利组织与其他企业的核心区别。非营利组织形式会出现在如下情况中：监督与执行非分配约束，比监督或执行所提供产品的质量，更容易或者更廉价。监督与执行该企业承诺的成本有时被称为"代理成本"，因此，这种关于非分配约束目的的理论也被称为非营利组织形式的"代理成本理论"。代理成本理论构成了关于非营利组织法律规制的一种重要学术研究分支的基础。

汉斯曼区分了所谓的商业型非营利组织(其大部分收入来自消费者)与捐赠型非营利组织(其大部分收入来自并非消费者的捐赠者)。捐赠型非营利组织倾向于提供所谓的"社会产品"(social goods)，即为整个社会或者慈善

---

〔1〕 参见 Henry B. Hansmann, Reforming Nonprofit Corporation Law, 129 U. PA. L. REV. 497 (1981) [hereinafter, Hansmann, Reforming]; Henry Hansmann, The Rationale for Exempting Nonprofit Organizations from Corporate Income Taxation, 91 YALE L. J. 54(1981) [hereinafter Hansmann, Rationale]; Henry B. Hansmann, The Role of Nonprofit Enterprise, 89 YALE L. J. 835(1980)[hereinafter, Hansmann, Role]。

受助群体提供利益的产品。另一种关于捐赠型非营利组织的思考方式是，它们为那些希望采取利他行为者提供服务，甚至它们正在提供一种被称为“利他主义”的产品。[1] 汉斯曼认为，捐赠型非营利组织的合同失灵几乎总会导致非营利组织形式的选择。但是，当然，营利企业越来越普遍地向其消费者“推销利他主义”：让与资助者无关的人受益，以满足这些资助者的正义感或者怜悯心理。这有时被称为“公司社会责任”，并且通常被认为是良好的商业实践，因为消费者似乎对社会责任型产品具有偏好，而至少其部分原因也许是利他主义。但是，这提出了一个问题：“常规”营利企业如何克服合同失灵，从而为消费者提供利他主义？

社会企业本质上是比“常规”企业更为认真地对待社会福利承诺的企业。为了使得利益相关者相信其独特之处，社会企业需要做出其将追求社会目标的具有约束力的承诺。如果它们希望成为营利性的社会企业，就需要在不依赖非分配约束的情况下做出这种承诺。[2]

将代理成本理论应用于社会企业领域会产生一些潜在且有益的观察结果。首先，在不了解谁是代理关系中委托人的情况下，就不可能计算代理成本。关于社会企业的文献经常强调，企业必须对各种利益相关者做出关于社会利益的可靠承诺。但是，如果相关委托人是希望自己的投资能够实现双重或三重目标的投资者，或者是依靠企业对社会福利的承诺购买产品的消费者（这里仅举这两个例子），则代理成本的情况就会大不相同。确保企业对消费者做出可信承诺的机制通常有别于确保企业对股东做出可信承诺的机制。

其次，无论涉及哪种利益相关者，如果社会目标是“负面”限制，而不是“正面”利益，则它更容易量化、监督与执行。例如，如果企业希望在不杀死海豚的情况下提供金枪鱼，并且，为了实现该目标，它们需要使用保护海豚的特定渔网，那么在量化、监督与执行使用保护海豚的渔网的承诺方面，其所涉及的成本就相对较低。如果企业目的是提高海洋生态系统的整体健康状态与

---

〔1〕 参见 M. Todd Henderson & Anup Malani，Corporate Philanthropy and the Market for Altruism，109 COLUM. L. REV. 571，583(2009)。该文用“利他主义”这个术语表示“纯粹利他主义”与“温暖之光”不可分割的混合。“纯粹利他主义”是指从帮助他人中所获得的效用，而“温暖之光”是指从感觉自己喜欢或被认为在帮助他人中所获得的效用。

〔2〕 正如本书其他章节所阐明的，很多社会企业是非营利组织；很多社会企业创新涉及某种形式的“资产锁定”、非分配约束，抑或部分非分配约束；很多社会企业的拥护者认为，非分配约束（或其修正版本）对社会企业的成功至关重要。例如，参见 MUHAMMAD YUNUS，BUILDING SOCIAL BUSINESSES：THE NEW KIND OF CAPITALISM THAT SERVES HUMANITY'S MOST PRESSING NEEDS (2010)。该文认为社会企业不能具有来自被服务的社区之外的投资者。但是，从社会企业运动的一个分支中，我们可以看到包括福利公司在内的营利企业的未来。这是本章的主题。

可持续性，则量化、监督与执行该目标承诺的过程就会相对困难。代理成本理论告诉我们，当量化、监督与执行社会目标的进展情况颇为困难或者昂贵时，非营利组织形式可能是企业提供社会福利最有效的手段。我们可以预见的是，营利性社会企业在试图同时向多个不同利益相关者做出可信承诺时，以及当它们试图承诺一些有别于简单的"消极限制"的事项时，将会面临最为困难的时刻。

本章分为三个部分。首先，它探讨了其所依据的理论框架，同时向读者介绍了汉斯曼的合同失灵理论，并且重点关注该理论适用于社会企业环境的要素。其次，本章探讨了其观察结果，即那些测量、监督与执行针对社会福利的可靠承诺的机制成功程度，取决于企业寻求对哪些利益相关者做出承诺。最后，它区分消极承诺与积极承诺，并且，使用代理成本理论解释这种区分为何如此重要。

合同失灵理论

汉斯曼认为，非营利组织形式的存在是为了解决"合同失灵"问题。"当有效运作的市场的一个或者多个先决条件不存在时，就会发生合同失灵。"汉斯曼认为，当企业试图向其"资助者"提供产品或服务，但是这些资助者无法确定该企业开展业务所必需的信息时，该企业有时会选择非营利组织形式。[1] 汉斯曼进一步认为，"这些条件中最为重要的是，消费者在无须过多成本或者努力的情况下就可以"(1)比较各种供应商的价格，(2)与企业就所提供的产品或服务及其价格达成协议，(3)确保该企业遵守协议。[2] 这三个条件影响了资助者有效测量、监督与执行企业所提供的产品或服务质量的能力。

在这些条件并不存在时——只有通过极高的成本或努力，才能实现对社会产品质量的测量、监督与实施——就很可能会发生合同失灵。由于这些条件通常被描述为"交易成本"或者"代理成本"，因此，汉斯曼的合同失灵理论

[1] Hansmann, Role, *supra* note 1, at 841.
[2] *Id*. at 843.

通常被描述为非营利企业的“代理成本理论”。[1] 当代理成本过高时,资助者需要一些机制防止企业提供低质量的服务,或者防止企业在极端情况下无意提供任何服务换取资助者付款。

汉斯曼使用“非分配约束”一词描述非营利组织提供的合同失灵解决方案。这是一套防止非营利组织分配收益的规则。但是,非分配约束实际上并未直接提供这种机制。它所做的只是移除了营利动机:在缺乏有效监督的情况下,营利动机是企业管理者“降低其所承诺的服务水平,甚或完全不履行其所承诺的服务”的最为强烈的动机。[2] 通过移除非营利组织管理者将企业所得以收益形式转进自己口袋的能力,非分配约束至少可以促进一定程度的信任。但是,与非营利企业签订合同是存在成本的,因为人们普遍认为,营利动机通常能够有效地激励企业管理者以最具成本效益的方式提供服务。[3] 非营利组织形式显然是解决合同失灵问题的“次优”方案。因此,汉斯曼的理论可以被描述为:“在如下情况下会选择非营利组织形式:对于监督与执行某一特定水平的产品质量的成本而言,其超过有力激励(该企业)管理层提高节约成本的效率而带来的预期收益。”[4]

汉斯曼区分了“捐赠型”与“商业型”非营利组织[5],但是,这种区分可能掩盖了一种概念上更为重要的区别。汉斯曼将捐赠型非营利组织界定为大部分收入来源于捐赠的组织,而将商业型非营利组织界定为大部分收入来源于产品或服务销售的组织。但同样存在的情况是,捐赠型非营利组织更有可

---

[1] 为了更为详细地探讨“交易成本”与“代理成本”这两个术语的恰当性,参见 Benjamin Moses Leff, The Case Against For-Profit Charity, 42 SETON HALL L. REV. 819, 833—36(2012)。一篇关于代理成本的开创性文章将代理关系定义为“一种合同,在该合同下,一个或多个人(委托人)让另一个人(代理人)代表他们提供一些服务,这涉及将一些决策权委托给代理人”。Michael C. Jensen & William H. Meckling, Theory of the Firm: Managerial Behavior, Agency Costs and Ownership Structure, 3 J. FIN. ECON. 305, 308(1976). 如果一种代理关系只要求授权某些决策,那么假定利他主义的购买通常发生在符合该定义的情况。此时,“代理成本”是测量、监督与执行利他主义供给成本的适当术语。当然,人们还可以想象:一个人购买利他主义的条款是如此明确,以致不存在代理关系。在这种情况下,人们可以更为准确地称所产生的成本为“交易成本”。

[2] Hansmann, Role, *supra* note 1, at 847.

[3] 例如,参见 Michael Krashinsky, Transaction Costs and a Theory of the Nonprofit Organization, in the ECONOMICS OF NONPROFIT INSTITUTIONS: STUDIES IN STRUCTURE AND POLICY 114, 116(Susan Rose-Ackerman ed., 1986)。该文认为:“不幸的是,放弃营利动机也需要付出代价。对利润的追求促使企业家在质量上偷工减料,同样也促使他们削减成本,采用新技术,并对需求的变化做出迅速回应。”BURTON A. WEISBROD, THE NONPROFIT ECONOMY 43(1988). 该文将非分配约束,即“绩效与回报之间的一个楔子”描述为“类似于把一名战士的一只胳膊绑在背后”。

[4] Leff, *supra* note 6, at 833. 对这一理论的一种替代性描述是:“当资助者不可能或付出过高成本以区分有效提供高质量产品所获得的利润与在质量上偷工减料所获得的利润时,其将选择非营利组织形式。”*Id*. at 844 n. 116.

[5] 汉斯曼将捐赠与商业分类描述为“理想类型,而不是相互排斥与穷尽的类别”。Hansmann, Role, *supra* note 1, at 841.

能向与捐赠者无关的第三方提供服务，而商业型非营利组织则更有可能为其消费者而提供服务。汉斯曼列举了一个为不相关第三方提供服务的捐赠型非营利组织的例子——CARE。这是一家在美国募集捐款并用来减少非洲贫困的组织。[1]像CARE这样的组织向不支付这些费用的受益者提供服务，但是，这些组织也可以被理解为向捐赠者提供了一些东西。为了分析此类组织的市场动态，有人认为有必要将这些组织抽象为向其捐赠者提供了某种产品——通常被称为“利他主义”抑或“温暖之光”。[2]从这个角度看，像CARE这样的组织正在向其捐赠者出售利他主义，除了利他主义在与我们分析相关的各种方式上有别于汽车之外，其形式类似于福特向其消费者出售汽车。

首先，利他主义不同于“普通”产品，因为利他主义的“质量”通常取决于提供给与利他主义购买者距离遥远且没有联系者的利益。[3]对于汉斯曼而言，这成为资助者对产品质量的评估成本过高的典型案例。其次，利他主义可以说是一种“公共产品”。[4]公共产品是那些“非竞争性”与“非排他性”产品。非竞争性产品是指，向某些利益相关者提供该产品并不会减少其他利益相关者获得该产品的可能性。如果笔者对CARE的捐赠挽救了一个贫穷孩子的生命，则笔者也以利他主义的形式而获得了一些利益。但是，一旦通过挽救孩子生命而略微改善了世界，笔者就同样使得其他全部利他主义者受益，因为，在他们希望对世界做出这种特殊改善的程度上，他们所有人的愿望都同时得到了满足。公共产品具有“非排他性”这一事实意味着，一旦提供该产品，就不可能（或者需要耗费过高成本才能）将“搭便车者”排除在外。由于利他主义具有非排他性，因此为其付款的资助者也资助了那些希望让世界

---

〔1〕参见 Hansmann, Role, *supra* note 1, at 846－48。

〔2〕参见 Henderson & Malani, *supra* note 2, at 583。该文用“利他主义”这一术语表示“纯粹利他主义”与“温暖之光”不可分割的混合。“纯粹利他主义”是指从帮助他人中所获得的效用，而“温暖之光”是指从感觉自己喜欢或被认为在帮助他人中所获得的效用，引自 James Andreoni, Giving with Impure Altruism: Applications to Charities and Ricardian Equivalence, 97 POL. ECON. 1447, 1448－49, 1455 (1989)。该文区分“利他主义”（即“对更多公共福利的需求”）与“温暖之光”（即接受地位、赞誉或因知晓“尽了自己的一份力”而产生的好心情）。利他主义与“温暖之光”之间的区别具有超出本章范围的重要含义。“温暖之光”可以基于认为已经提供了一项福利的虚假认知而产生，而利他主义只有在实际提供福利时才能产生。这一事实对捐赠者需要在代理成本中进行的投资数额具有非常重要的影响。这是非营利组织是否是传递利他主义的最有效手段这一问题的核心所在。参见 infra *note* 21。该文探讨“温暖之光”购买者可能相对不愿意保证他们的购买会带来任何实际益处。

〔3〕在提供产品后，受益者与资助者/捐赠人的距离将继续保持。因此，如果缺乏一些潜在且昂贵的监督或执行机制，则资助者可能永远不会知晓受益者是否会收到任何产品或服务。

〔4〕笔者之所以说“可以论证”，是因为“温暖之光”包括某人带来利益之后的感受，而这种感受可能不是“非竞争性”或“非排他性”的。同样，“温暖之光”也包括从被视为利他行为中所获得的效用，它显然是竞争性与排他性的。

受益却不愿为之埋单者。[1] 这些节俭的利他主义者受益于其他人为向贫困儿童提供食物而埋单，而这就是与利他主义作为公共产品相关的搭便车问题。

最后，利他主义还具有一个重要特征，即其非排他性的影响：难以测量为利他主义而进行任何支付的边际福利。[2] 由于利他主义（在很大程度上）是非排他性的，因此理性捐赠者会希望得到一定程度的保证，即其捐赠被用来提高慈善产品的质量或者数量。如果CARE已经利用其他捐赠者的捐赠挽救了10 000名贫困儿童生命，那么从利他主义角度来看，笔者的捐赠是徒劳无益的，除非笔者可以确信这将使得被挽救的生命数量增加到10 000名以上。除非笔者的捐赠使得某人受益，否则笔者并未获得利他主义的感受；并且，除非企业所提供的边际福利增加，否则笔者的捐赠并不会带来任何利益。非分配约束是防止滥用此类额外资金的一种保护措施，因为它旨在移除慈善管理者将额外资金转移到自己口袋中的能力，从而移除了不将额外资金用于额外利益的最为强烈的动机。

虽然汉斯曼认为捐赠型非营利组织是利他主义的主要提供者（尽管他并未使用该术语）[3]，但是，至少在我们对利他主义持有一个较为宽泛界定的情况下，其他企业向其资助者提供利他主义的实践也颇为常见。M. 托德·亨德森（M. Todd Henderson）与阿纳普·马拉尼认为，当常规商事公司在给无关第三方带来的利益超过法律所要求的范围时，会给利益相关者带来利他主义。[4] 公司社会责任、改善的环境与劳工实践、公平贸易，或者其他全球供应链监督机制，都主要为企业资助者以外的其他人提供利益。根据这一较为宽泛的利他主义界定，所有这些实践都构成了向资助者提供利他主义。从

---

〔1〕 当然，有时利他主义源于有目的地资助搭便车者获得某种特殊利益的愿望，比如歌剧爱好者为歌剧捐款，这样就可以提供给无力承担或无力支付全部制作费用的其他人。但是，获得歌剧票补贴的人是欣赏歌剧的搭便车者（并且这不是真正的搭便车，因为其补贴是故意为之），而不是其资助者购买的利他主义的搭便车者；利他主义的"搭便车者"是那些重视向负担不起歌剧费用者提供歌剧，但并未为了这种利他的供给而捐款者。

〔2〕 参见 Leff, *supra* note 6, at 847－48。该文认为："当然，每增加一美元，福利数量就必须增加……据推测，捐赠者的捐款是否增加了所提供的福利对捐赠者而言颇为重要，因此他不仅关心慈善组织提供的总体福利，而且关心其捐款所提供的福利。"

〔3〕 参见 Hansmann, Rationale, *supra* note 1, at 87。该文认为："捐赠型非营利组织，几乎从定义上讲，通常所提供的服务是提供给第三方的，或者是公共产品，因此会导致严重的合同失灵。"

〔4〕 参见 Henderson & Malani, *supra* note 2, at 573。该文认为："我们（对公司慈善）使用了更为宽泛的定义，包括任何不顾底线而帮助他人的公司活动，我们称之为'公司社会行动。'"值得注意的是，法律要求提供了测量利他主义产生的基准。亨德森与马拉尼认为，仅仅按照相关法律提供产品或服务并不能满足利他主义的需求。*id.* at 574. 该文认为："由于目前并无法律或条例要求这些（行动），因此企业捐赠100美元（给慈善组织）与企业花费100美元自愿减少二氧化碳排放并无显著区别；两者都以改善社会福利为目标而将公司收益减少100美元。"

这个意义上讲，商业型非营利组织与商业型营利组织都是利他主义的供应商，即使它们主要通过消费者支付的费用而获得支持。

笔者之前将社会企业定义为，“比‘常规’企业更为认真地对待社会福利承诺的企业”。但是，另外一种认识社会企业的方式是，它是在提供产品或服务时也向一些利益相关者提供大量利他主义的企业。[1] 就像常规营利企业可以向各种各样的利益相关者——包括投资者、劳工、高级人员、消费者、邻居、供应链参与者等——提供利他主义一样，社会企业也可以向这些广泛的利益相关者提供利他主义。当企业增加一些无关的其他利益相关者的福祉时，每个利益相关者都可以从接受一些利他主义中受益。这种利他主义的成本可以由各种利益相关者分摊。[2] 投资者可以接受在资本投资中所获得的回报低于他们在一家并未提供利他主义的企业中所获得的回报；劳工或者管理层可能愿意为比其他地方更低的薪酬而工作；消费者可能会为附带利他主义的产品或服务而支付更多的费用；等等。例如，在社会企业中，消费者或投资者通过补贴雇员的薪酬“购买利他主义”，这样就可以确保雇员获得基本生活薪酬。另外，如果利益相关者补贴了他们不意欲补贴的其他利益相关者，则不会产生利他主义。因此，如果消费者为了补贴雇员薪酬而为产品支付更高的价格，但实际上补贴了投资者的财务回报，则利他主义就不会产生，同时社会价值也会减少。

如果普通企业（不仅是社会企业）普遍地向利益相关者提供利他主义，则它们必须以某种方式解决与此类供给相关的代理成本问题。[3] 毕竟，与其他场景一样，这里也存在与利他主义相关的“搭便车”问题，但并无非分配约束解决这种问题。营利企业使用各种机制向利益相关者做出可信承诺，即它们实际上以其声称的社会受益的方式行事。例如，营利企业有时只是简单地宣传其社会受益型实践，并依靠其品牌说服消费者。在其他情况下，它们可能依赖于某种法律制度：该法律制度界定了社会受益型实践，并且，至少在名

---

〔1〕 并非所有社会企业的定义都要求企业将自己与“常规”企业区分开来。例如，有些定义只要求企业在做（社会性）“好事”的同时，（财务上）“做得好”。Joseph W. Yockey, Does Social Enterprise Law Matter?, 66 ALA. L. REV. 767, 769(2014). 其他定义则要求社会企业的首要目标是社会性的或者慈善性的，而财务目标只是次要目标。就本章而言，笔者更偏重正文中所提供的定义。

〔2〕 参见 Henderson & Malani, *supra* note 2, at 574, 589。

〔3〕 如果所产生的利他主义的增量成本对利益相关者而言并不显著，那么利益相关者可能不会真的那么在意。例如，消费者可能会因为各种各样的原因而愿意为星巴克咖啡支付更多的钱（星巴克咖啡中含有大量糖分，它到处都是，或者它在圣诞节参与了相关竞争），以致星巴克声称出售“公平贸易”咖啡的这一事实是微不足道的额外福利。对很多消费者而言，“公平贸易”是否真的让农民受益无关紧要，即使它让他们觉得咖啡更好一点。在这种情况下，星巴克没有必要就购买“公平贸易”咖啡所产生的社会利益的性质或程度而向消费者做出可信承诺。

义上确保那些声称自己符合该实践(正如企业声明其销售的是“有机”产品)的企业需要遵守该制度。当品牌与法律制度并不充分时,企业可以向第三方寻求“认证”,由第三方证明该企业符合社会受益型实践。

社会企业可能会使用与常规企业相同的承诺手段,但是,它们也可能会寻求将自己与常规企业区分开来的承诺手段,从而更为有力地向其利益相关者声明其社会利益。本书中的很多章节都探讨了旨在使社会企业做出独特承诺的一些专项承诺手段。其中,最为典型的例子就是一些独特的商业形式,例如合作社、英国社区福利公司以及美国福利公司。探讨企业(无论是社会企业还是常规企业)在利他主义方面向利益相关者做出可信承诺的各种机制,已经超出了本章的范围。但是,非营利企业的“代理成本”理论提供了一个理论基础,我们从中可以对各种社会企业商业形式的相对效用进行一些基本观察。

第一次观察:“委托人”事项的识别

在非营利组织场景中,人们常说代理成本分析是颇为复杂的,因为代理成本分析中的“委托人”并非任何可识别的利益相关者,而是该组织的慈善使命。[1] 由于慈善使命无法防范代理人偷懒,因此无法直接创设一种机制,从而使得委托人能够监督代理人,以确保社会利益最大化。相反,必须使用某些替代措施。人们倾向于认为,社会使命的受益者可以作为社会使命的代表,从而防止滥用企业资源抑或偏离使命。但是,在很多情况下,受益者往往因为过于分散抑或过于无力而无法担任适格的监督者。在某些社会使命中,例如保护环境或者保护动物福利,甚至可能无法直接向受益者赋权。[2] 因此,在捐赠型非营利组织的场景下,相对不存在利害关系的董事与捐赠者之结合起到了监督者的作用。非分配约束被认为是实现如下目的的主要工具:确保捐赠者主要是利他主义者,并且,充分限制董事与雇员的动机以防止企业的努力方向发生偏移。

非分配约束的移除使得社会使命之代表的使用变得复杂化。在社会企

---

〔1〕 例如,参见 Evelyn Brody, Agents Without Principals: The Economic Convergence of the Non-Profit and For-Profit Organizational Form, 40 N. Y. L. SCH. L. REV. 457(1996)。

〔2〕 如果没有洛雷斯(Lorax)这种人的存在,则可能没有人会为树林发声。DR. SEUSS, THE LORAX(1971).

业中，可能并无捐赠者，而只存在那些被定义为具有“混合”动机的投资者。董事与管理者的财务利益有时也可能与他们所追求的社会目标产生冲突。因此，在社会企业场景中创设可靠承诺机制的目的是，确保那些寻求利他主义者可以确信：他们为利他主义所付出的一切都不会被转移给其他不以利他主义方式追求利益的利益相关者。这些手段会有所不同，其具体取决于由哪些利益相关者作为该企业社会使命的代表。

例如，如果承诺手段的目标是向投资者保证其投资将用于社会目的，这些投资者就是该企业社会使命的代表。在这种情况下，有必要寻求那些赋权投资者识别、监督与执行该社会使命的机制。特别是在少数投资者既对企业进行了高额投资又有能力监督其活动的情况下，这种机制的代理成本可能很低。但是，由于（在缺乏非分配约束的情况下）投资者也将寻求财务回报，因此并不存在明显的方法确保投资者会将企业社会使命优先于其财务利益。如果投资者不只几个，则代理成本就会上升。由于每个投资者对该企业社会与财务目标的重视程度可能有所不同，因此，真正重视社会使命的投资者无法依靠其他投资者监督或者执行该企业的社会使命。实际上，其他投资者可能致力于实现交叉目的。如果存在多个类别的投资者，并且不同类别的投资者监督企业行为的不同能力，则这个问题将会更为严重。最坏的情况是，分散的小型投资者高度重视社会使命，而一小群大型投资者则对社会使命的重视度较低。但是，代理成本分析表明，即使在单个投资者内部，营利动机的存在也会使其更有可能在企业行为与财务目标相抵触时，允许企业偏离其社会使命。代理成本分析的全部意义是，识别、监督与执行社会承诺的成本将是过高的，因此人们可能选择不去充分认识从而真正理解该企业是否在追求其社会使命。如果确实如此，并且你正在赚钱，则这可能足以证明该投资的合理性，即使其意味着并无充分资源确保该企业践行其社会使命。

如果承诺手段旨在向社会企业的消费者保证该企业正在追求社会目标，则那些向投资者赋权的承诺手段可能是无用的，或者至少用处不大。其可能发生的场合是，社会企业将产品或服务与利他主义捆绑在一起出售给消费者。换言之，消费者在为自己购买产品（如一杯咖啡）的同时，也在寻求让遥远的第三方受益（如咖啡种植者或者环境）。消费者需要通过投资者之外的代表捍卫企业社会使命的承诺手段，因为根据定义，投资者并非是完全利他主义者（甚至根本就不是利他主义者）。在某些情况下，如果认证制度足够健全，并且消费者充分重视其利他主义，从而在识别、监督与执行认证相符性方面投资，这种认证就足够了。但是，在这种情况下，类似于投资者，消费者所获得的是混合性产品。他们甚至可能没有意识到，他们应当如何差异化评价产品本身质量以及与之相伴的利他主义质量。更成问题的是，他们对如何差异化评价其所购买产品的每个组成部分可能也是各持己见的。一些消费者可能会高度评价利他主义，但是，如果他们错误地认为其他消费者也会具有同样的感受，则可能会误解监督企业承诺所需要的个人努力。由于消费者通常可以相对容易地感知到产品质量（这种咖啡味道不错），但很难感受到利他主义质量（独立种植者们可以接受多大程度上的森林砍伐），因此可以预见的是，企业最终将迎合最不坚定的利他主义者，无论他们的意图是什么。

很多社会企业文献都设想由一个利他主义企业家担任企业社会使命的代表。毕竟，当这类人可以通过“常规”企业而变得更为富有时，又为何会把精力投入社会企业？显然，与其他人一样，社会企业的企业家也具有复杂动机，因此将他们作为企业社会使命的代表的机制不太可能向其他利益相关者做出该企业将努力践行其社会使命的可信承诺。

总之，使企业能够对消费者做出可信承诺的机制有别于使企业能够对投资者做出可信承诺的机制。如果这些承诺是为了造福整个社会，甚至是无形地造福环境，那么这两种类型的承诺就是针对社会福利的代表。由于在缺乏非分配约束的情况下，所有利益相关者对企业产出都具有混合的利益诉求，因此不存在可能成为该社会福利的充分守护者的代表。[1]

另外，如果全部目的只是使得特定利益相关者群体（例如雇员）的社会福利最大化，则代理成本理论表明，向这些利益相关者赋权可能是服务于该社会目标的一种简单方法。正如本书中的几章所指出的，欧洲大陆上的社会企业更可能会采用合作社等传统形式向雇员或者消费者赋权。对于民主地向特定利益相关者（如雇员）而非其他利益相关者（如投资者）赋权的商业形式，其运用应当能够增加那些被支持的利益相关者利益（无论是社会利益还是财务利益）最大化的机会。当受益者与委托人是同一利益相关者时，不需要非分配约束。显然，代理成本问题依然存在，因为利益相关者依然必须监督其

〔1〕 正如笔者在一篇早期文章中所深入探讨的，在让社会企业受益（比如更为宽松的监管或税收激励）时，政府也是利益相关者。当所有利益相关者都具有混合动机（利他主义与财务动机）时，政府不能将其中任何一个作为该企业社会利益的代表，并且政府自己的代理成本计算则会建议在这种情况下不提供利益。参见 Leff, *supra* note 6, at 854—65。

代理人，并且，如果它们希望投资者至少是部分的利他主义者，则可能会在吸引投资者方面遇到额外困难。但是，这些代理成本可能比汉斯曼所认为的那些经常导致合同失灵的成本更低。

以这种方式将代理成本逻辑应用于社会企业，其目的只是为了认识到不同利益相关者具有不同利益。非分配约束是一种经过时间考验的方法，它将各种利益相关者相信为了一般福利而限制某些财务激励的普遍承诺上。它使得所有利益相关者相信，财务激励并不会削弱对利他主义的共同追求，无论这到底意味着什么。当非分配约束被移除时，就像营利性社会企业一样，信任必须依靠其他承诺手段获得。

第二次观察：消极限制与积极利益

对非营利企业的代理成本理论的关注，引出了对与不同类型社会利益承诺相关的代理成本之第二次观察。相较于那些使得人们能够识别、监督与执行最大化积极社会利益之承诺的机制，更容易发展那些使得人们能够识别、监督与执行消极限制之遵守的机制。人们已经多次观察到消极限制与积极利益之间的这种区别。[1] 但是，有必要探讨这种区别的含义，因为其对于那些有效确保企业做出社会承诺的机制类型颇为关键，同时，对于旨在促进这些机制的法律改革也颇为关键。

代理成本与消极限制

布莱恩·加勒采用了一个很好的术语描述消极限制与积极利益之间的区别。他观察到，（特别是在一些行业中的）常规企业有意提供产品或服务的同时，不经意间也会产生所谓的“寒冷之光”（cold glow）。[2] 在利益相关者关注生产者可能存在负外部性或者不良行为的场景下，当该生产者提供产品或服务时，就会产生“寒冷之光”。例如，一旦人们知晓捕捞金枪鱼经常会导致海豚死亡，则金枪鱼的价值就会因“寒冷之光”而降低。为了减少“寒冷之光”，生产者需要发展某种机制，从而向消费者做出在获取金枪鱼过程中不会伤害海豚的可靠承诺。一旦人们知晓服装是在雇佣儿童的血汗工厂中生产

〔1〕 例如，参见 Sarah Dadush, Regulating Social Finance: Can Social Stock Exchanges Meet the Challenge?, 37 U. PA. J. INT'L L. 139, 150(2015)。

〔2〕 Brian Galle, Social Enterprise: Who Needs It? 54 B. C. L. REV. 2025(2013).

的，则服装销售商可能会寻求承诺手段，以减少因消费者知悉（与厌恶）童工或者其他剥削性劳动实践而产生的“寒冷之光”。根据亨德森/马拉尼对“利他主义”的定义，减少“寒冷之光”与试图积极地造福第三方均是利他主义行为。〔1〕任何超出法律要求而使无关的第三方受益的尝试都是利他主义的表现。〔2〕加勒观察到，常规企业相对擅长利用一些机制减少“寒冷之光”〔3〕，并且，与这种机制相关的代理成本似乎是适中的。

一些关于社会企业的定义颇为宽泛，从而足以涵盖这些减少“寒冷之光”的企业。〔4〕其他定义可能将“常规”“寒冷之光”减少行为排除在外，但是，会包括那些具有通过可持续或者负责任实践（就其全部意图与目的而言，与“常规”“寒冷之光”减少行为并无区别）以增加社会福利这一重要目的的企业。“寒冷之光”减少行为的关键区别性因素是，企业正在承诺遵守特定行为准则，而非最大化社会利益。因此，它们可能会使用海豚安全型渔网以避免损害海豚，但是，它们并不会宣称是在最大化地保护海豚抑或海洋生态系统。只要该企业使用海豚安全型渔网，就成功地实现了其社会使命。同样，企业可以通过简单地拒绝雇用童工（并且，拒绝使用被认为会导致童工增加的采购政策，例如，允许雇员在家中生产产品）来避免伤害儿童。它们不需要证明使用海豚安全型渔网或者不雇用儿童的行为给其利益相关者带来的社会利益，因为不如此行事的危害是众所周知的。

在影响力投资的场景下，负面“筛选”与积极利益之间的这种区别得到了广泛认可。负面筛选是指一种用于识别社会责任型基金不应当投资的有害行业的投资规则。例如，基金可能会选择不投资于枪支行业、烟草行业或者化石燃料行业。这些投资规则相对容易识别并传达给利益相关者，而那些选择投资非烟草公司基金者大概已经做出了自己的决定，即烟草公司的经营不符合公共利益。同样，传达不雇用童工的政策是相对容易的，并且支持具有

---

〔1〕亨德森/马拉尼将所有正外部性定义为一种单独的“利他”产品，这种定义很可能不如将一种产品的伦理生产（无论其定义如何）视为其质量的组成部分。这种区别可能颇为重要，因为亨德森/马拉尼将利他主义视为一种公共产品，而伦理生产的特定产品质量可能不具有公共产品的特征。Henderson & Malani, *supra* note 2; *supra* note 21.

〔2〕*Supra* note 18. 法律要求构成了测量利他主义的基准。存在一些基准自然是有益的，尽管一经反思，该基准可能会分崩离析。如果国际法要求使用保护海豚的渔网，但很多捕鱼作业都无视这一法律，那么购买经认证的保护海豚安全的金枪鱼就是一种利他主义的表现，就像没有这样的国际法一样。

〔3〕参见 Galle, *supra* note 26, at 2037。该文认为：“企业已经学会了如何围绕这些问题进行合同谈判。大量文献表明，企业可以通过外部审计者或者其他第三方验证制度监督该企业是否遵守了减少‘寒冷之光’的目标。如果其目标易于定义、量化与测量，那么合同起草与执行的成本就会相当低。”

〔4〕Yockey, *supra* note 19, at 769。该文认为：“典型的社会企业是依靠市场策略与技术践行特定社会使命的营利企业。”

该政策的公司的消费者已经充分理解了这种政策的预期利益。

人们可能会预测，与消极限制相关的代理成本会相对较低。一旦识别了对社会有害的实践及其解决方案，剩下的任务就是使得利益相关者确信该规则得到了遵守。显然，这项任务是艰巨的，并且，企业无疑可以做更多的工作向利益相关者保证其会遵守这些规则。但是，鉴于企业承诺的适度性，普通合同机制或者特殊社会企业承诺机制有望取得成功。

同样重要的是，我们需要认识到，消费者可以使用普通市场机制评估企业提供受消极限制约束的产品的效率。消费者可以比较受到该限制约束的产品价格与不受任何限制约束的同类产品价格，并且，如果消费者对限制的重视大于成本差异，则它们会选择成本较高的产品。消费者每天做出这些决定时，并不担心他们购买所产生的社会产品数量。在这种情况下，只要企业赢得了消费者的信任，即相信该企业受这一限制的约束，就不会产生额外的代理成本。如果不止一家企业受到同样限制的约束，则情况会更好。如果星巴克与皮爷(Peet)两家都提供公平贸易咖啡，则消费者可以比较两家企业在相同限制下所生产咖啡的价格。在这种情况下，我们可以预测两家企业之间在提高公平贸易咖啡生产效率方面的竞争，并且，消费者不必为直接监督代理成本而担心。

我们可以想象这样一个世界：其中一些消费者或投资者认为，常规商业实践——或者，当代全球资本主义所普遍采用的特定商业实践——本身就是有害的。该问题不在于使用损害海豚的特定金枪鱼捕捞技术，而在于现代商业实践的整个组织架构。在这种组织架构中，跨国公司在全球范围内追求其财务目标。对于这些消费者或投资者而言，现代资本主义本身就类似于一个“寒冷之光”产业。他们正在寻找一种“负面筛选”，从而排除全部对社会福利或者环境造成损害的普通商业实践。他们需要一种通用的“寒冷之光”减少机制。这些消费者与投资者可能希望社会企业提供一种减少全球资本主义所带来的“寒冷之光”的万能机制。

基于市场定价机制在比较提供类似产品且受到类似限制约束的企业方面的重要性，与常规商业环境中的特定机制相比，通用的“寒冷之光”减少行为可能会产生更高的代理成本。换言之，如果其目标是发现一种减少全球资本主义所产生的普遍“寒冷之光”的机制，则其代理成本可能会高得多。这是因为“寒冷之光”减少机制要求就这些限制的精确轮廓而达成共识，从而确保遵守这些限制条件的企业可以在相同条件下相互竞争。消费者需要认同那些应当避免的损害的确切性质,以及用来避免这种损害的可接受的方式。如果同一行业中没有两家企业具有受到完全相同限制的约束,则消费者或者投资者就不可能使用市场机制对遵守限制条件的利益定价,因此其代理成本可能就会不受限制。甚至更为严重的是,如果这些限制是愿景式的,而非严格性的,并且企业必须在一个目标与另一个目标之间平衡,则并无简单方法可以确定该企业是否遵守了这些限制条件,并且代理成本会更加不可控制。

我们不妨想象一下,“虐待劳工实践”是一种应当避免的损害。如果有人认为现代全球资本主义的一个普遍特征是劳动者在劳资谈判中处于弱势地位,并且因此市场的正常运转可能会产生剥削性的劳资关系,那么何种限制才可以解决该问题?人们或许可以要求企业向其雇员(与承包商,以及全部采购公司的雇员与承包商)支付基本生活薪酬。但是,这要求在企业所经营的每个劳动力市场中,就什么构成基本生活薪酬的事项上达成共识。人们可以要求所有与该产品生产有关的劳动者都在一个具有(防止剥削劳动者的)健全劳动法的地区从事生产,但是,这同样要求对构成此类法律的要素达成共识。并且,为何要剥夺在劳工保护程度较差的国家的雇员的谋生机会?有人可能要求成立工会,或者甚至要求企业完全由雇员所有,但是,对于哪种解决方案是对抗剥削劳工实践的最为有效的手段,资助者可能会有不同意见。如果这个问题在劳工实践方面极为重要,那么特别是在碳生产(或者同样无处不在且不可避免的事项)是人们试图避免的那种普遍损害的情况下,环境实践方面的问题又有多大?我们可以认为,普遍消极限制全球资本主义所带来的损害将是颇为困难的,而这种困难的每个组成部分都增加了将该机制作为一种有效通用筛选的相关代理成本。

代理成本与积极利益

即便执行消极限制(至少在特定限制方面)的成本似乎相对适中,与积极利益相关的成本也不会如此。关于积极的社会目标的代理成本完全有别于关于消极限制的代理成本。当一家社会企业(或者任何企业)试图向其利益相关者承诺它将追求一种积极的社会利益时,不能依靠简单的限制证明。取而代之的是,它必须以某种方式向利益相关者传达它打算通过哪些活动造福社会，以及这些活动如何将它与“普通”企业区分开。[1] 很多社会企业支持者认为，社会企业空间是专门为追求这种积极社会利益的企业而设立的。

任何试图致力于实现积极社会利益的企业都必须同时解决几个问题。首先，或许也最为重要的一点是，必须确定一些指标来测量其所提供的社会利益。在过去几十年中，对社会影响力的测量越来越受到重视。这种测量方法适用于经济领域的全部三个部门（政府、非营利组织与商业组织）。[2] 但是，任何试图为项目或者企业开发影响力评估系统者都知道，在创建有效的评价体系过程中会存在很多问题。这些问题包括：确定准确的影响力最终测量标准，将（在该组织直接控制范围内的）产出与影响力区分，分离出无关的干预因素[3]，对传递的影响力进行合理定价，以及测量每一美元的边际影响力。

当一家企业试图将社会利益最大化时，最大的挑战之一就是决定如何阐释其所提供的社会影响力。叙述性报告可能会捕捉到该企业活动对利益相关者或者环境产生积极影响力的方式的详细信息，但是，它具有如此强的灵活性与故事性，以致无法为降低代理成本提供任何真正的依据。相反，我们需要一些具有相对严格性的客观测量系统。但是，存在无数的个案显示，很多测量系统以不当方式扭曲了其所提供的服务。因此，在很多情况下，甚至仅仅是选择测量什么与如何测量，也成为一个深刻的问题。

一旦创造出一个令人满意的测量系统，就很难有效地对其利益进行定价，除非存在一个使用相同条款追求相同特定社会利益的市场。如果有两家企业正在寻求为贫困社区提供清洁饮用水，则人们可以想象，其会根据数量或者服务人数而为清洁饮用水定价。毕竟，人们很容易相信清洁饮用水对健康至关重要，因此不需要最终测量其所带来的健康利益。但是，当人们试图衡量安全庇护与清洁饮用水带来的利益时，情况就会变得更为复杂。创设一个可以评估不同社会利益的衡量或者测量系统的梦想似乎远远超出了我们

---

〔1〕 当然，利益相关者可以决定给予企业（可能是其管理者）不受限制的自由，以其认为最好的方式运用其自由裁量权促进社会福利。但是，如果利益相关者担心代理成本，则这种解决方案将不会有效。

〔2〕 例如，参见 MARC J. EPSTEIN & KRISTI YUTHAS，MEASURING AND IMPROVING SOCIAL IMPACTS：A GUIDE FOR NONPROFITS，COMPANIES，AND IMPACT INVESTORS（2014）。

〔3〕 控制试验被广泛地认为是确定任何干预措施实际影响的最有效机制，但是，人们普遍认为，在很多或大多数情况下进行此类试验是不可行的。*Id*.

的能力，至少在精确度上确实如此。[1] 如果再加上环境影响力，则这会变得更加复杂。

换言之，我们不妨想象一下：人们已经成功地识别出一种社会利益，以及可以充分测量企业行为对该社会利益的促进程度的方式。如果并不存在其他企业以(运用相同测量单位而)可比较的方式提供社会利益，那么消费者很难知悉如何确定这种利益的价格以及价格是否合理。在缺乏这种市场定价机制的情况下，普通消费者无法要求一个反映该产品高效供给的价格，并且，其代理成本因此可能会非常高。

即使所有这些测量问题都以令人满意的方式解决，企业也必须阐释其所提供的边际利益，而非整体利益。如上所述，只要无法测量与报告每一美元所带来的社会利益，就无法充分评估一家企业是否以高效方式提供社会利益。在这种情况下，并不存在针对代理成本的验证。

所有这一切并不是说缺乏测量积极社会影响力的机制。事实上确实存在这种机制。几十年来，越来越多的企业(与政府)正在努力设计各种场景下测量社会影响力的方法。但是，社会影响力的充分测量(以及监督、报告及其承诺执行)所面临的挑战表明，代理成本在如下情况下是最高的：企业不仅仅是试图排除其他企业中某些已知的负面行为，而且以某种方式积极地改善世界。具有此类目标的企业可能会发现，某种非分配约束依然是降低代理成本最为有效的机制。

目前针对社会影响力评估的机制：影响力报告与投资标准、全球影响力投资评级体系与共益实验室

如果试图创设那些消除全球资本主义危害的普遍消极限制，以及试图创设那些允许企业做出最大化积极社会利益的可信承诺的机制，都不太可能降低代理成本，那么社会企业运动将会处于何种状态？对这种进展的评价远远超出了本章范围，但是，其他学者已经多有重要论述，这些论述批评性地评估了构成社会企业改革运动现状的市场机制与法律改革。

---

〔1〕 有些人提出了一个令人信服的理由，以支持用一种非常笼统的方式评估彼此之间非常不同的社会福利，即使缺乏任何更为精细的方法。例如，参见 WILLIAM MACASKILL，DOING GOOD BETTER：HOW EFFECTIVE ALTRUISM CAN HELP YOU MAKE A DIFFERENCE(2015)；PETER SINGER，THE MOST GOOD YOU CAN DO：HOW EFFECTIVE ALTRUISM IS CHANGING IDEAS ABOUT LIVING ETHICALLY(2015)。

例如，莎拉·达杜什研究了如下机制：这些被开发出来的机制能够使得影响力投资者降低在识别社会企业时所涉及的代理成本。[1] 她发现，所谓的“影响力报告与投资标准”制度旨在规范用于评估社会影响力的词汇，但是，实际上却在很大程度上用于笔者所说的消极限制。[2] 即便如此，企业依然可以通过多重互不协调的方式使用这些标准，从而降低了投资者轻松发现那些可以显著减少代理成本的标准化信息的能力。[3] 全球影响力投资评级体系具有一个更为崇高的目标：它试图通过使用影响力报告与投资标准以及其他标准为每家企业打分。[4] 但是，它通常也试图避免量化实际的积极影响力。例如，治理政策与透明度等评级类别可能提供了报告社会影响力的前提条件，但是，其并未测量所产生的社会福利。这些政策的作用更像是（针对公司秘密的）消极限制，而不是实际认证所生产的某些社会产品。该体系假定一个特定流程或政策将产生对社会有益的结果，并且，根据企业是否会采用该政策而给出得分。诸如雇员控制之类的就业政策也是如此。尽管某些政策本身可能具有利他主义目的（例如，提高雇员薪酬），但是，在多数情况下，它们是实际社会利益的代表。并且，类似于其他消极限制，它们假定，不遵守这些限制条件的企业确实存在并会造成损害。因此，像影响力报告与投资标准及全球影响力投资评级体系这样的努力更像是一般化的消极筛选，而非对特定社会利益的积极承诺。

正如本书其他章节所系统探讨的，在关于（社会）福利公司等社会企业商业形式的争论中，也存在同样的张力。大多数福利公司法都要求企业根据一个综合的第三方标准（就其本身性质而言，该标准只能够提供一系列消极限制）以及一系列旨在带来社会利益的积极政策来进行自我测量。[5] 那些将特定社会利益制度作为其福利公司法组成部分的地区允许企业尝试量化其提供的社会利益，但是，除非在非常有限的场景下，很少有证据表明企业能成功地做到这一点。就本章而言，更为重要的是，在确定适当指标与致力于报

---

〔1〕 Sarah Dadush, Impact Investment Indicators: A Critical Assessment, in KEVIN DAVIS, GOVERNANCE BY INDICATORS: GLOBAL POWER THROUGH QUANTIFICATION AND RANKINGS 392(Angelina Fisher, Benedict Kingsbury, and Sally Engle Merry eds., 2012); Dadush, *supra* note 25.

〔2〕 Dadush, *supra* note 35, at 406.

〔3〕 尽管达杜什的结论是，这些机制或许能够降低一些交易成本。*Id.* at 404－05.

〔4〕 *Id.* at 404.

〔5〕 关于福利公司法促进社会福利测量的能力之重要评价，参见 DANOSUSKY, ASSESSING IMPACT: A GUIDE TO THIRD PARTY STANDARDS FOR BENEFIT CORPORATIONS, B REVOLUTION(2012), www.brevolutionconsulting.com/assets/Assessing-Impact-A-Guide-to-Third-Party-Standards-for-Benefit-Corporations.pdf。

告社会目标进展的方法方面所涉及的困难表明，在这些情况下，代理成本可能会高得令人望而却步。更成问题的是，如下做法是根本不可能的：使用市场定价机制评估这种进展的成本（除非在非常有限的情况下），或者确定任何消费者或投资者购买这种利益的边际价值。现有评估技术很少能够针对这类代理成本问题而提供具有前景的解决方案。尤其是对那些对现代全球资本主义"寒冷之光"感到恐惧的消费者或投资者而言，这种前景是令人兴奋的，但是其迄今为止所取得的进展颇为有限。

结　语

对非营利组织的代理成本理论的关注引起了一些与社会企业有关的观察。在本章中，首先，笔者认为对代理成本的关注表明，旨在允许一组利益相关者监督是否践行社会使命的承诺手段，对其他利益相关者而言是无效的。更为重要的是，营利性社会企业中全部利益相关者都具有（财务与社会）混合动机。这一事实意味着，利益相关者不能依赖其他利益相关者努力监督与践行社会使命，无论这些利益相关者是否属于同一类型（例如，投资者抑或消费者）。

其次，笔者认为，从代理成本角度看，特定消极限制、一般消极限制与对积极社会利益的承诺之间存在巨大差异。营利企业在某种程度上成功地向利益相关者做出了关于特定消极限制的令人信服的承诺。但是，这一事实不应当让社会企业倡导者误以为可以很容易克服关于一般消极限制或者积极利益承诺方面的代理成本问题。基于它们所遇到的挑战，那些试图做到这一点的现有社会企业法律形式不太可能成功地降低代理成本。当然，至于它们是否成功，则是一个经验性问题，只有在一段时间的试验后才能得到回答。[1] 理论需要谨慎的这一事实不应当被视为对该运动的负面评价。社会企业的前景令人振奋。但是，我们有理由认为不受阻碍的试验可能是有害的。

那些为营利性社会企业创设新法律形式的尝试明显是为了获得政府对社会企业努力的认可。相较于其实际实现的社会使命，在这些新法律形式隐

---

〔1〕 这就是查尔斯·M. 亚布隆在第二十二章中提倡允许最大限度开展社会企业试验的原因。参见 Yablon, *supra* Chapter 22。

含了对企业社会使命的(超过其实际完成的)更多实现的范围内,存在利益相关者实际上被立法赋予的合法性所欺骗的风险。立法所促进的形式并未在社会福利供给方面真正降低代理成本。这一事实意味着,价值很可能会偏离其预期目的。如果利益相关者对这种偏离感到沮丧,则不仅特定商业或者商业形式将会受到影响,而且可能会损害整个社会企业部门的利益。

三十多年前,亨利·汉斯曼将非营利组织形式描述为“该组织及其资助者之间的集体合同”。并且,他认为,通过将交易置于该总括合同之下,“可以实现相当可观的经济效益”[1]。这些经济效益不仅源于其协议的实质内容——可以防止管理者剥夺企业的超额价值,还源于该协议作为由国家强制执行的单一形式合同的属性。该合同的界限——例如,将不被允许的收益与公平的服务报酬区别开来的界限——可能会引起争议,但是,只有利益相关者相信非分配约束在很大程度上如其承诺的那样发挥作用时,这一制度才会产生效果。这种合同多元形式的存在以及其各自优缺点可能会削弱非分配约束的统一价值。非营利部门规模庞大且正在增长,并且,非分配约束似乎充分服务于其目的:促进旨在实现社会福利的“利他主义交易”。如果新社会企业商业形式借用了非营利部门的信任与正当性,但又抛弃支撑该部门的基本承诺机制,则新商业形式的试验成本可能会很高。这可能会对非营利部门与新兴社会企业部门产生负面影响,并且,这对我们所有人而言都是代价高昂的。

〔1〕 Hansmann, Role, *supra* note 1, at 853. 该文认为:“因此,通过将所有此类交易置于该组织与其资助者之间的一份集体合同下,可以实现可观的经济效益:该合同由州非营利公司法确定,并由州予以监督。”

第二十四章　维护社会企业的使命

安东尼·佩奇

引　言

近年来,社会企业作为一种既追求收益又践行社会使命的商业组织非常受欢迎。至少在很多学者、专家、州立法机关与一些知名公司(例如本杰瑞、Kickstarter、巴塔哥尼亚与 Etsy)中,这种新概念都受到了欢迎。法律制度对这项努力的主要贡献在于为社会企业提供了额外的组织形式,如低收益有限责任公司、福利公司、灵活目的公司与社会目的公司。

本章主要探讨福利公司。其原因包括如下几点。[1] 在美国,福利公司是最受欢迎的立法形式,已由 33 个州以一种或另一种形式通过,另有 6 个州正在考虑通过。[2] 与之相比,低收益有限责任公司仅在 10 个州中颁布,其主要以促进私人基金会的项目相关投资为前提,并且几乎受到很少法定限制。为简单起见,本章着重介绍共益实验室颁布的示范福利公司法[3]及其规定与其他立法(特别是特拉华州的立法)有何不同。[4] 第二部分探讨了福利公

---

〔1〕 社会企业及其变体存在很多不同的形式。JILL BAMBURG,GETTING TO SCALE:GROWING YOUR BUSINESS WITHOUT SELLING OUT 113(2006).该文列举了目的驱动型企业形式,包括"营利、非营利、混合、公众、私人、合作社、员工持股计划(ESOPS)、社区发展公司(CDCS)",并指出"任何公司形式都可以支持一项重点使命——甚至是备受诽谤的上市公司"。

〔2〕 State-by-State Status of Legislation, B-LAB, http://benefitcorp. net/policymakers/state-by-state-status(last visited Sept. 12,2017).

〔3〕 Model Benefit Corporation Legislation, B-LAB(apr. 17,2017), http://benefitcorp. net/sites/default/files/Model%20benefit%20corp%20legislation%20_4_17_17. pdf [hereinafter MBCL].

〔4〕 特拉华州是对公司而言最为重要的州,其拥有迄今为止最为发达的公司法与最多的公司数量。2013 年,当特拉华州颁布了其福利公司版本时,就好像为该形式盖上了"好管家"的印章。至于特拉华州是否会像对待标准公司那样,为福利公司提供加持,还有待观察。

司、其正当理由以及福利公司是如何从具有争议的法律背景中产生的。[1]第三部分考察了其使命维护，以及现有福利公司法如何试图维护或者维持福利公司对社会使命的追求。第四部分探讨了如何修正法律，并且，更广泛地探讨了福利公司如何更好地使用预先承诺策略。

福利公司与使命维护

福利公司受到了一些拥护者的热烈欢迎，而有些人则认为这是夸大其词。一位评论者热情地指出："自 1811 年纽约州将有限责任与自由创设相结合以来，福利公司可能是公司法中最为重大的发展，因为它赋予了公司一种社会与环境良知，并授权公司追求最大化股东福利之外的目的。"[2]《福布斯》的一篇文章宣称，特拉华州通过福利公司立法的那一日"标志着资本主义演进中的转折点"[3]。另一位评论者则更为谦虚地声称，这个实体"可能会比其他实体建构得更好"，并且，"更具技巧性且更为流行"[4]。

至少在理论上，为这些宣传提供了正当性的这一实体颇为简单。福利公司只是"一个目的与披露规则有所修正的传统营利公司"[5]。但是，一个经过修正的目的，比它乍看上去要复杂得多。尽管在美国存在一些争论，但是，公司传统上被认为具有最大化股东价值的唯一目标。坦率地讲，"公司法要求董事实现股东价值最大化"[6]。根据这一理论，公司董事会将被禁止做出损害股东价值的决定。因此，即使是一项使得其他利益相关者获得大量利益

---

〔1〕 似乎有些奇怪的是，截至 2017 年已经有 33 个州颁布了某种形式的福利公司法，但是关于这种形式是否必要的争论最初非常激烈。印第安纳州第一次试图建立一个双重目的公司的尝试失败了，部分原因是，有人认为这种形式是不必要的。它也被认为是危险的。Hearing on S. B. 62，Ind. Senate Comm. on Com. & Econ. Dev. (Jan. 20，2012). 该提案被撤回。S. B. 62，117th Gen. Assemb.，2d Sess. (Ind. 2012)，www. in. gov/legislative/bills/2012/PDF/SB/SB0062. 2. pdf.

〔2〕 John Montgomery，*Mastering the Benefit Corporation*，BUS. L. TODAY(July 2016)，www. americanbar. org/publications/blt/2016/07/02_montgomery. html.

〔3〕 Jay Coen Gilbert，Bart Houlahan，& Andrew Kassoy，*Today Marks a Tipping Point in the Evolution of Capitalism*，FORBES(July 17，2013)，www. forbes. com/sites/skollworldforum/2013/07/17/today-marks-a-tipping-point-in-the-evolution-of-capitalism/ # 3bed215663a7；Dirk Sampselle，*An Examination of the Delaware Public Benefit Corporation Legislation*，STOUT RISIUS ROSS INSIGHTS(Sept. 1，2014)，www. srr. com/article/examination-delaware-public-benefit-corporation-legislation. 该文将这种引进称为"开创性"与"根本性转变"。

〔4〕 Ruth McCambridge，*Hybrids*，*Hybridity*，*and Hype*，21 NONPROFIT Q. 6，8(Spring 2014)，https://nonprofitquarterly. org/wp-content/blogs. dir/56/files/21_01_NPQ_Spring%202014_WEB. pdf.

〔5〕 *Frequently Asked Questions for Investors*，B LAB，http://benefitcorp. net/sites/default/files/FAQs%20Investors%206_9. pdf(last visited Sept. 13，2017).

〔6〕 Jonathan R. Macey，*A Close Read of an Excellent Commentary on Dodge v. Ford*，3 VA. L. & BUS. REV. 177，180(2008).

的决定,如果其会给股东造成哪怕一点损害,也会被禁止。根据特拉华州最高法院现任首席大法官的说法,董事"必须将股东福利作为其唯一目的,并且……其他利益只能作为促进股东福利的一种手段而被加以考虑"[1]。

但是,其他机构并不认同这种观点。美国法律协会(American Law Institute,ALI)[2]的公司治理原则指出:"公司的目标应当是开展商业活动从而提高公司利润与股东所得。"[3]该条款允许股东财富最大化之外的三项例外。这些例外包括:对法律的遵守,"被合理认为适合于负责任的商业行为的道德考虑",对"公共福利、人道主义、教育与公益目的"的合理贡献。[4] 因此,"美国法律协会原则明确承认并赞同这样一种观念,即社会所需要的行为本身就是对公司资源的正当使用"[5]。

尽管对公司目的存在分歧,但是,每个人都承认,其所采取的手段——公司将如何最大化股东价值——由董事会自行决定。只要有可能以某种方式使得一项决定最终让股东受益,董事在法律上就是安全的。[6] 因此,尽管从理论上讲,董事会可能被禁止做出损害股东利益的决定,但实际上,作为良好公司公民而获得潜在的信誉等利益,总会让董事的决策免于受到他人挑战。

鉴于董事享有如此巨大的自由裁量权,很少有诉讼案中的董事会因为将其他利益置于股东收益之上而蒙受损失。该领域被频繁援引的一个判例是已经有近百年历史的道奇诉福特公司一案:原告仅在推翻关于股息的一项有限决策中获胜,但是,并未推翻关于制造业政策与扩张方面的更为宽泛的运营决策。[7] 即使法院针对一项并未最大化股东价值的决策,而裁定该董事会违反了其谨慎义务,特拉华州绝大多数公司也都会包含第 102 条 b 款 7 项

---

[1] Leo E. Strine, Jr., *The Dangers of Denial: The Need for a Clear-Eyed Understanding of the Power and Accountability Structure Established by the Delaware General Corporation Law*, 50 WAKE FOREST L. REV. 761, 768(2015).

[2] 美国法律协会自称是"美国领先的独立组织,从事澄清、现代化与改进法律的学术工作"。About ALI, ALI. ORG, www. ali. org/about-ali/(last visited Sept. 13, 2017).

[3] 1 PRINCIPLES OF THE LAW, CORPORATE GOVERNANCE: ANALYSIS AND RECOMMENDATIONS § 2.01(A)(1994).

[4] *Id.* § 2.01(b).

[5] Frank L. Winfrey, *An Examination of Elements of the ALI Corporate Governance Project Report*, 4 CORP. GOVERNANCE 236, 237(1996).

[6] 这样,像全食超市(Whole Foods)首席执行官约翰·麦基(John Mackey)就可以拒绝制定新法律的需求,其理由是"优化长期收益与长期股东价值的最优方式,同时也为其他利益相关者创造价值"。JOHN MACKEY & RAJ SISODIA, CONSCIOUS CAPITALISM: LIBERATING THE HEROIC SPIRIT OF BUSINESS 108(2013).

[7] Dodge v. Ford Motor Co., 170 N. W. 668, 684(Mich. 1919). 该判例指出:"公司的组建与经营主要是为了股东的收益。"最近一个被广泛引用的判例是 eBay Domestic Holdings, Inc. v. Newmark, 16 A. 3d 1, 34(Del. Ch. 2010)。其注意到董事必须"为了股东利益……而提高公司的价值",但其并不涉及运营决策。

规定(该规定排除了金钱损害赔偿),从而限制了任何执行的可能性。[1] 即使是股东价值最大化的支持者也得出结论:“在言辞层面上,它被广泛接受;但是,在政策实施方面,它很大程度上又被忽略了。”[2]

每个州甚至都为公司董事提供了更大的行为自由:各州都允许公司进行慈善捐赠,而且这在某些情况下似乎不存在任何限制。[3] 商事公司几乎在通过这种捐赠而“购买”社会福利方面享有完全自由,并且在法律上只面临着关于“创造”其社会利益的法律约束。考虑到每个成功的公司都会产生一些社会利益——人们所重视的就业、产品或服务,公司的社会利益实际上仅仅是指超出公司营利活动之自然副产品的一些特殊社会利益。[4]

股东财富最大化约束得到唯一巨大支持的领域是收购领域。在相对有限的情况下,当出售或者分拆公司不可避免并且其考虑因素是大量现金时,董事会不得考虑非股东利益相关者的利益。该规则源于特拉华州著名的露华浓一案。[5] 作为回应,很多州引入了其他利益相关者法,从而明确允许公司即使在分拆或者出售的情况下也可以考虑其他利益相关者的利益。[6] 同样值得注意的是,露华浓一案仅仅影响以董事身份行事的董事。任何以股东身份行事者都可以出于自身利益行事,包括以任何理由而拒绝原本有利可图

---

〔1〕 参见 DEL. CODE ANN. tit. 8,§ 102(b)(7)(2016);*id*. § 145。其允许公司使董事免于受罚。

〔2〕 Macey,*supra* note 10,at 180.

〔3〕 例如,参见 CAL. CORP. CODE § 207(e)(West 2000)。该法律说明公司可以“进行捐赠,不论特定公司利益如何”。DEL. CODE ANN. tit. 8,§ 122.“每家公司……应当有权为公共福利,或者为慈善、科学或教育目的捐赠,并且在战时或其他国家紧急情况下提供援助。”一些法院甚至鼓励公司进行慈善捐赠。例如,参见 Theodora Holding Corp. v. Henderson,257 A. 2d 398,404(Del. Ch. 1969)。其观察到,“当代法院承认,除非公司承担更大的支持慈善事业与教育事业的责任,否则法律赋予公司的商业优势可能不被公众所接受”,并且,还注意到,“被承认的公司对慈善、教育与艺术事业的义务体现在所有(除两个)州的成文法中”。

〔4〕 参见 Robert A. Katz & Antony Page,*The Role of Social Enterprise*,35 VT. L. REV. 59 (2010)。

〔5〕 参见 Revlon,v. MacAndrews & Forbes Holdings,Inc. ,506 A. 2d 173,182(1986)。其指出:“董事会在履行其义务时可以考虑到不同的利益相关者,但其前提是股东具有合理的相关利益。但是,当……该目的不再是保护或维持公司时,这种对非股东利益的关注是不恰当的。”露华浓案及其后继者的作用在任何情况下都是相当有限的,因为董事经常可以避免这些责任。例如,参见 Paramount Commc'ns,Inc. v. Time Inc. (In re Time Inc. S'holder Litig.),571 A. 2d 1140,1150(Del. 1990)。其指出:当“一家公司启动积极的竞标程序寻求出售自己”,或者采取涉及分拆公司的行动时,“一般而言,在不排除其他可能性的情况下”,露华浓案将会牵扯其中。

〔6〕 印第安纳州的另一个利益相关者法就是例证。董事在考虑其公司最优利益时,可以考虑任何行动对该公司股东、雇员、供应商及消费者,以及公司办事处或其他设施所在的社区的影响,以及董事认为有关的任何其他因素。IND. CODE ANN. § 23-1-35-1(d)(2016). 该法进一步解释了特拉华州与其他地区的某些司法判决并不符合本条下商业判断规则的正确应用。这些判决在解释印第安纳州公司法时可能会被作为指导。这些判决包括与潜在控制权变更交易有关的判决,后者对董事为应对收购公司控制权而采取的行动实施不同或者更高程度的审查,因此,成员有权:(1)重申本条允许董事在其认为适当的情况下,具有充分的自由裁量权以权衡 d 款中所列举的因素;(2)保护董事及其在合理调查后善意行使商业判断时所采取的公司行为的有效性。IND. CODE ANN. § § 23-1-35-1(f)(2016).

的收购要约。因此,拥有控制权的创始人[例如《纽约时报》的奥克斯-苏尔茨贝格斯(Cochs-Sulzbergers)]就不会面临这种限制。[1]

就像传统公司法对实质性决策鲜有限制一样,示范福利公司法下的福利公司也是如此。在章程中缺乏特殊规定的情况下,没有考虑任何特殊利益或者优先选项。福利公司法仅仅需要一些额外的程序。董事会必须"考虑任何作为或不作为"对公司股东以及其他利益相关者的影响,包括雇员、供应商、消费者、社区、环境、公司利益及其实现目标的能力。[2] 如果该清单不够详尽,则董事会还可以考虑其认为相关的任何其他因素或者利益。在特拉华州成立的福利公司的董事无须考虑该利益清单,但是,必须"以平衡股东的金钱利益、受公司行为实质性影响者的最优利益、公司章程中所确定的公共利益"[3]决策。

由于福利公司(至少)具有双重目的——产生股东投资回报并且带来公共利益,其董事会至少应当比传统董事会享有更多的行为自由与自由裁量权。

使命的重要性

鉴于传统公司也享有追求社会利益的自由,福利公司的一个潜在的真正优势在于,它声称能够确保其公司使命长期维持。福利公司支持者表示,福利公司"通过募集资金与更换领导层保护公司使命,在评估潜在的出售与流动性选项时创造更大的灵活性,并且,为公司上市后进行使命驱动性运营做

---

〔1〕 Antony Page & Robert A. Katz, *Freezing Out Ben & Jerry: Corporate Law and the Sale of a Social Enterprise Icon*, 35 VT. L. REV. 211, 238-39(2010). 该文认为:"与担任董事时不同,作为上市公司股东的当事人可以享受持有这些利己性股票所有权的益处,包括选择是否接受更为优越的要约。"

〔2〕 鉴于该法的详细程度,其值得充分引用。董事行为准则:(a)对利益的考虑——在履行各自义务与考虑福利公司最优利益时,福利公司董事会、董事会委员会与个别董事(1)应当考虑任何作为或不作为对如下因素的影响:福利公司股东;福利公司、其子公司与供应商的雇员与劳动者;消费者作为福利公司的一般公共利益或特定公共利益目的的受益者的利益;社区与社会因素,包括福利公司、其子公司或者供应商的办公室或设施所在的各社区;当地与全球环境;福利公司短期与长期利益,包括福利公司从其长期计划中所可能获得的利益,以及福利公司的持续独立性可能最有利于这些利益的可能性;以及福利公司实现其一般公共利益目的与任何特定公共利益目的的能力。并且,(2)可以考虑其他相关因素或者他们认为适当的任何其他群体利益。MBCL, *supra* note 3, § 301.

〔3〕 DEL. CODE ANN. tit. 8, § 362. 如果一名董事的决定是"既知情又公正,并且是任何具有普通判断能力的人都会赞成的",则该董事无须承担责任。这是一个安全港规则。*Id.*, § 365(b).

好准备”[1]。此外，据称它还满足了一项需求，因为“企业家希望锁定使命”[2]，并且有些投资者也希望锁定使命。

鉴于“福利公司治理的一个重要功能是作为一种工具而被用于在公司、投资者、社区、雇员以及其他利益相关者之间建立真正的信任与承诺关系”，使命维护尤其重要。[3] 这取决于“对利益相关者做出真正承诺”的能力。[4]

目前依然不太清楚的是，这种形式实际上是否会带来这些真正的承诺。对福利公司的一种批评是，这些实体的控制人可能会从组织形式中受益，但在某种程度上却忽视了社会使命。[5] 印第安纳州的经验就很能说明这一问题。在引入社会企业法律形式之议案的立法听证会上，立法者关注到了这一风险。[6]

为了取得财务成功，人们可能会通过很多方式忽视社会使命。[7] 一种方式存在于福利公司自身的运营中。福利公司是否为促进公共利益而做得足够多（甚至是否做过任何事情）？[8] 与传统公司完全不同的福利公司，有时必须刻意选择从事一些无法实现利润最大化的活动。其业务活动应当创造出显著的社会价值或者正外部性，并且超过像典型利润最大化业务那样运行所产生的价值。相反，一家福利公司可能会犯下“漂绿”罪行——“企业试图将自己描述为比实际上更具环境与社会责任意识的现象”[9]。它可能在并未创造充分的社会利益的情况下，寻求作为福利公司的潜在信号利益。它

---

[1] *FAQ:What Is a Benefit Corporation?*, B LAB, http://benefitcorp. net/faq(last visited Sept. 13,2017).

[2] *Why Do Investors Like Benefit Corporations?*, B LAB, http://benefitcorp. net/investors/who-investing-benefit-corps(last visited Sept. 13,2017).

[3] Frederick H. Alexander, *The Capital Markets and Benefit Corporations*, BUS. L. TODAY(July 2016), www. americanbar. org/publications/blt/2016/07/05_alexander. html.

[4] *Id*.

[5] 同样存在的风险是，福利公司会过分重视社会使命，而忽视盈利能力与投资的财务回报。或许是因为投资者被认为更有能力保护自己，所以这种关切很少被清楚地表达出来。当股东认为公司的慈善捐款过于慷慨时，公司法所发挥的影响颇为有限。例如，参见 Kahn v. Sullivan, 594 A. 2d 48, 61(Del. 1991)。该判例指出：尽管远远超过美国国税局的扣除限额，但还是在商业判断规则下允许公司的慈善捐款。

[6] 另一个主要的反对意见是，鉴于普通公司具有创造社会利益的自由度，新的法律形式是不必要的。*Hearing on H.B.* 1015 *Before the Ind. S. Judiciary Comm.*, 119th Gen. Assemb., 1st Reg. Sess. (Ind. 2015). 新的法律形式可能也并无必要在全部州都存在，因为每个州都承认其他地区的形式。

[7] 参见 Bob Doherty, Helen Haugh, & Fergus Lyon, *Social Enterprises as Hybrid Organizations: A Review and Research Agenda*, 16 INT'L J. MGMT REV. 417(Oct. 2014)。

[8] 需要注意的是，全部公司都会带来一些社会利益。例如，在它们提供产品的成本与对购买者的价值之间可能存在一些盈余。同样，它们为雇员提供工作岗位，并且，为供应商提供消费者。参见 Katz & Page, *supra* note 21, at 85—90。

[9] MBCL, *supra* note 3, § 102. 尽管任何公司都可能追求被视为“绿色”“可持续”或“负责任”的利益而实际上并非如此，但鉴于福利公司可能被视为有效地获得政府批准，这种福利公司是一个更为严重的风险。

还可能会遇到“使命偏移”的情况，即“在为（企业）创收的努力中忽视社会使命的这一风险”[1]。

忽视社会使命的另一种方式是：如果控制者选择出售，则以前曾专用于社会使命的资源，会由新所有者占有，但是该新所有者可能并不具有该社会使命或者不愿继续以同样活力追求该社会使命。2000年，具有社会责任担当的冰激凌制造商本杰瑞被联合利华收购，就诠释了这一“遗留问题”[2]。尽管在被收购之后该公司依然逐步发展，并且，事实上已经成为共益公司[3]，但是，批评者认为这些措施并不充分。其他引人注目且备受批评的出售——“背弃”——包括：欧莱雅（L'Oréal）的美体小铺（Body Shop）、通用磨坊（General Mills）的卡迪卡斯农场（Cascadian Farms）、卡夫（Kraft）的天然博卡汉堡（Natural Boca Burger）、可口可乐的奥德瓦拉（Odwalla）、高露洁棕榄（Colgate Palmolive）的缅因汤姆（Tom's of Maine）与达能（Danone）的石田农场（Stonyfield Farms）。本杰瑞联合创始人本·科恩（Ben Cohen）告诫其他面临大型公司要约的社会企业家：“不要如此行事！保持独立。”[4]

因此，问题是，福利公司如何做出真正可信的承诺？它如何被要求追求并维持适当水平的社会使命？这个问题颇为重要，并且，从某种意义上讲，也是存在的。福利公司法在很大程度上是以传统公司法为模型的，而公司法主要侧重于确保公司管理者对股东利益而非对管理者自身利益负责。[5] 确保公司管理者能够对多个利益相关者负责并不是一件简单的事情，因为这些利益相关者往往具有不同利益。

同样值得注意的是，并非全部福利公司都会具有相同类型或者程度的忽视使命的风险。一些福利公司将通过交叉补贴从根本上创造其社会价值。在那种情况下，商业活动所产生的盈余会在利益相关者之间更为宽泛抑或可

---

[1] Alnoor Ebrahim, Julie Battilana, & Johanna Mair, *The Governance of Social Enterprises: Mission Drift and Accountability Challenges in Hybrid Organizations*, 34 RES. IN ORG. BEHAV. 81, 82 (2014). 该文注意到使命偏移“呼应了组织研究的长期学术传统，后者强调了组织及其工作人员在追求组织生存与效率的过程中忽视其目的与价值观的风险”。

[2] 甚至在其出售17年之后，本杰瑞依然是公司法所要求的出售的典型例子。事实上，关于该交易是否是公司法所要求的，依然存在争议。例如，参见 Page & Katz, *supra* note 24, at 233－42。该文证明本杰瑞实际上是恶意收购的证据。

[3] 共益公司是共益实验室对社会与环境绩效的严格认证，而不是法律形式。共益实验室现在要求经过认证的共益公司在其登记成立的两年内成为福利公司。

[4] David Goodman, *Culture Change*, MOTHER JONES (Jan./Feb. 2003), www.motherjones.com/politics/2003/01/culture-change/. 科恩相信，本杰瑞正在成为“与其他没有灵魂、没有良心、没有精神的品牌一样的另一个品牌”。John Tagliabue, *Business; In a Global Fight, Sprinkles Are Extra*, N.Y. TIMES (Aug. 19, 2001), https://www.nytimes.com/2001/08/19/business/business-in-a-global-fight-sprinkles-are-extra.html.

[5] REINIER KRAAKMAN ET AL., ANATOMY OF CORPORATE LAW 22 (2009).

能更为公平地分配。这也被称为“差异化混合体”(differentiated hybrid)[1],其类似于向慈善组织捐款的公司。[2] 以高于市场价格而获得支付的雇员与供应商(特别是并未给公司带来相应的价值增长)就是一个例子。而这一使命只需将盈余从最初预期的受益者手中重新分配给股东就可以被忽视。

而该范围的另一端是“一体化混合体”(differentiated hybrid),其中受益者与消费者是相同的,并且商业活动本身创造社会利益。[3] 对于某些企业,“利润与目的是相互关联的,并且,最大化利润的方式就是持续实现该目的”[4]。小额信贷与很多教育类型就是这种动态的典型例子,并且,专注于增加销售与利润可能不会导致社会利益的下降。如果一家福利公司的商业计划本身就能产生社会利益,例如为贫困社区提供水净化系统,或者为盲人提供盲文阅读器,那么它很可能会比一家仅仅以高于市场的价格出售特定产品(公平贸易的阿萨伊浆果)的福利公司更有活力。

从策略角度看,为了维护福利公司的初始社会使命,示范福利公司法要求改变公司形式或者目的时,在每一类股票上都必须获得三分之二的绝对多数票。共益实验室将此称为“使命变更之高投票率”。如此行事的原因,是确保任何此类变革都得到“广泛的股东支持”[5]。简言之,这意味着如果有足够的股东更愿意拿钱走人,则他们可以这样做。

从运营角度看,在示范福利公司法下,一家福利公司需要声明其意图实现的事项——它的使命(被定义为一般与特定公共利益)。示范福利公司法随后规定了如何测量其行为(第三方标准),要求公开评估其绩效(年度福利

---

〔1〕 Ebrahim et al. ,*supra* note 36,at 83. 该文认为不同类型的社会企业需要不同的方法避免使命偏移。或者,正如《快速公司》(*Fast Company*)上的一篇文章所言,“社会责任型公司押注于长期策略或‘市场塑造’机会,或者它们可能只是在某些情况下权衡利润,以增强社会影响力。” Alexa Clay & JonCamfield,*The 4 Ways Big Corporations Flirt with Socially Responsible Business*,FAST COMPANY(Nov. 21,2011),www. fastcompany. com/1678880/the-4-ways-big-corporations-flirt-with-socially-responsible-business.

〔2〕 关于公司通过慈善捐款“购买”其社会福利的一个限制,也是福利公司形式存在的完全正当的理由之一,是慈善组织必须为“慈善受助群体”提供援助。“在慈善组织提供援助时,一个慈善受助群体必须足够广泛从而避免潜在的受益者被个别确定,或者足够不确定从而使得整个社区而非预先选定的一群人受益。”*Internal Revenue Service*,*Disaster Relief*:*Meaning of* “*Charitable Class*,” IRS,www. irs. gov/charities-non-profits/charitable-organizations/disaster-relief-meaning-of-charitable-class(last updated Nov. 14,2016). 作为对照,福利公司可以将其特定的公共利益集中在一个较小的群体上,比如它自己的雇员。

〔3〕 *Id*. 其他人则进一步细分,使用“嵌入”“整合”与“外部”等术语捕捉社会项目与商业活动重叠的程度。例如,参见 Vincent Dawans et al. ,*The Four Lenses Strategic Framework*:*Toward an Integrated Social Enterprise Methodology*,VIRTUE VENTURES LLC,www. 4lenses. org/setypology/integration(last visited Sept. 13,2017)。

〔4〕 Ted Rheingold,*The Non-Paradox of Highly Successful Profit-from-Purpose Businesses*,FAST COMPANY(May 15,2017),www. fastcompany. com/40420834/the-non-paradox-of-highly-successful-profit-from-purpose-businesses.

〔5〕 MBCL,*supra* note 3,§ 102. 超级多数投票条款也可以作为收购抗辩。

报告),并在绩效不达标时为股东提出救济措施(福利执行诉讼)。[1] 特拉华州福利公司立法采用了类似的路径,但是放宽了其标准,并降低了报告程度与频率。相关标准、福利报告与救济将在下面探讨。[2]

指标:第三方标准

示范福利公司法要求,福利公司根据一个"全面"与"可信"标准测量其影响力;该标准由独立第三方使用"平衡的多利益相关者路径"开发。公司还必须公开披露"测量公司整体社会与环境绩效"的标准(包括权重),以及有关开发该标准的实体与修正程序的关键信息(包括财务支持)。[3] 这项规定旨在解决"透明标准缺失使得人们很难……区分'好的公司'与仅仅是好的营销"[4]这一问题。

在特拉华州,第三方标准或者第三方认证的使用完全是可选的。[5] 此外,如果福利公司选择使用第三方标准或者认证,则第三方提供者不必是独立的,并且,第三方提供者既可以处理该公司对公共利益的"促进"事项,也可以处理更为普遍的"受公司行为影响重大者的最优利益事项"[6]。

一个问题是,尽管持续地使用第三方标准可能便于比较福利公司在一段时间内的绩效,但是,社会绩效标准依然是发展滞后甚或不相匹配的。[7] 当社会企业的基础性概念(如可持续性)存在争议与主观性时,我们很难确定如何测量以及测量什么的通用绩效标准。与较长时期相比,对进展情况进行年

---

〔1〕 第二种"救济"在福利公司与传统公司中是相同的。不喜欢董事会践行社会使命方式的股东可以另选一个董事会。但是,股东们的财务利益很可能是留住那些轻视社会使命的董事。此外,随着所有权与控制权的分离与更加分散,这种选举权也变得不再那么有用。最后,对于股东而言,尽足够的努力充分监督公司董事会的做法可能是不合理的。

〔2〕 示范福利公司法与一些州也允许但不要求独立的"福利董事"。例如,参见 MBCL,*supra* note 3,§ 302。这一概念似乎是,将社会使命的拥护者纳入董事会可能有助于追求与维持该使命。这是可能的,当然也有助于董事会有限地考虑非股东利益相关者。它也可能使得该使命边缘化,因为它主要被视为福利董事的关切。通过类比单一少数民族或者女性在董事会任职,这可能被证明是无效的。例如,参见 Deborah L. Rhode & Amanda K. Packel,*Diversity on Corporate Boards: How Much Difference Does Difference Make?*,39 DEL. J. CORP. L. 377,408—10(2014)。在任何情况下,福利董事对公司与股东负有与其他董事相同的信义义务,因此其影响可能是有限的。此外,一些地区已经对这一想法失去了热情。例如,宾夕法尼亚州最初要求全部福利公司都配有一名福利董事,而现在只有在福利公司上市的情况下才要求配备福利董事。15 PA. CONS. STAT. § 3331(2016 Amendment,Act 170 deleted § 3331(a)(8)),www. legis. state. pa. us/cfdocs/legis/LI/consCheck. cfm? txtType=HTM&ttl=15&div=0&chpt=33. 截至 2017 年 5 月,只有一家上市的福利公司。

〔3〕 MBCL,*supra* note 3,§ 102.

〔4〕 JAY COEN GILBERT,INTRODUCING THE B CORPORATION,B REVOLUTION CONSULTING 4(May 15,2012),www. brevolutionconsulting. com/assets/BCorp-Intro-pack. pdf.

〔5〕 DEL. CODE ANN. tit. 8,§ 366.

〔6〕 *Id.* § 366(c)(3).

〔7〕 Ebrahim et al. ,*supra* note 36,at 82.

度测量也可能是颇为困难的。[1]

第二个问题是，福利公司与独立第三方之间关系的性质。即使披露了报酬，第三方也会存在被付款人“捕获”的风险。在房地产危机之前，评级机构及其对衍生产品的评级就是一个例子：这种关切在实践中得到了证实。投资银行所提出的所谓公允意见是另外一个例子。[2] 即使第三方组织并未被捕获，福利公司也有能力在众多标准制定组织中搜索。[3] 并且，标准制定组织越多，就越有可能涌现难以比较的标准。

披露与(自我)评估：年度福利报告

在以公司年度报告为模板的基础上，福利公司被要求制作并公开一份“年度福利报告”[4]。该报告披露在某种程度上类似于美国证券交易委员会所要求的披露，其中要求包括公司当前报告以及年度报告中的管理层讨论与分析部分。[5] 例如，报告必须叙述追求与创造一般与特定公共利益的方式与程度，以及阻碍创造利益的情况。它还必须包括基于第三方标准而对福利公司的“整体社会与环境绩效”的评估。最后，它必须披露标准制定组织的独立性。根据评论意见，福利报告的绩效评估“为防止滥用福利公司地位提供了重要保障”，并且，应当会“减少‘漂绿’”[6]。尽管该评估“无须第三方审查或者认证”，但依然如此。[7]

特拉华州放宽了对年度报告的要求，同时改为要求：至少两年一次的关于公司社会与环境绩效，以及公司如何成功地实现特定公共利益目的的“声明”。[8] 特拉华州还进一步放宽了内容要求，以便公司仅需包括董事会为促进与测量公共利益而选择的目标与标准，以及关于公司是否成功地“实现目标与促进”公共利益的客观信息与评估。[9]

---

[1] 例如，共益实验室似乎很喜欢定量报告，其在审计调查中提出以百分比形式测量使命相关绩效的问题。

[2] 例如，参见 Dana Cimilluca，Wachtell’s Fairness Opinion，WALL ST. J.，Oct. 23，2007。该文注意到，很多人认为公允意见“不过是橡皮图章”。

[3] 共益实验室是福利公司标准的主导性提供者，但其他常见提供者则包括全球报告倡议（Global Reporting Initiative）、绿色美国（Green America）、绿色印章（GreenSeal）、ISO2600 与保险公司实验室（Underwriters Laboratories）。

[4] MBCL，*supra* note 3，§ § 401 & 402. 奇怪的是，支付给董事的薪酬可能会被要求保密。

[5] 这些评论明确指出，其中一项规定是“仿照《1934 年证券交易法》第 8-K 格式的第 5.02 条 a 款 20 项”。MBCL，*supra* note 3，§ 401.

[6] *Id.* § 102.

[7] *Id.* § 401(c).

[8] DEL. CODE ANN. tit. 8，§ 366(b).

[9] *Id.*

在特拉华州，股东可以要求福利公司两年一次的报告由独立第三方核实。股东也可以要求每年制作一次报告，并且/或者将报告提供给公众。

该规定的有效性取决于人们对披露有效性的评估。〔1〕在大家看来，对于证券交易委员会要求披露的信息而言，除了投资专业人士以外，很少有人阅读；〔2〕并且，很多人批评该披露无效。〔3〕其中一个问题是信息过载，在福利公司未来变得规模越来越大且愈发复杂的情况下尤其如此。太多的信息或者过于复杂的信息可能会导致审查不充分，或者重要事实被掩盖。〔4〕在这两种情况下，无论是财务投资者还是社会投资者，都可能没有时间——抑或技能——恰当地向福利公司问责。

此外，我们不妨考虑一下后果。假定一份福利报告披露某福利公司产生了一些但不多的公共利益。这又如何？使命驱动型投资者是否会退出？他们是否会被其他投资者取代？尽管股价是旨在使得股东财富最大化的公司价值的良好指标，但是，对于福利公司而言，股价的含义还远远不够清楚。例如，它可能表明很多使命投资者或者传统投资者在支持该公司的工作。

救济：福利执行诉讼

福利公司立法为那些不相信正在充分践行社会使命者提供了一种救济措施：福利执行诉讼。股东——但通常不是利益相关者——可以起诉福利公司的董事，如果这些股东认为该福利公司董事会(1)并未追求或创造一般或特定公共利益，(2)违反义务，例如并未履行在公司决策中考虑利益相关者利益的义务，(3)并未提交福利报告。〔5〕但是，它们无法获得金钱性损害赔偿。〔6〕

---

〔1〕例如，参见 Alina S. Ball, *Social Enterprise Governance*, 18 U. PA. J. BUS. L. 919, 970－73 (2016)。该文认为社会企业的治理可以通过报告来改善。至少从布兰代斯(Brandeis)大法官与他的阳光隐喻时代开始，信息披露一直很受欢迎。阳光隐喻从 20 世纪 30 年代初引入美国证券法，再到《2002 年萨班斯－奥克斯利法案》，其后还延伸到关于“冲突矿产”(conflict minerals)的报告。

〔2〕Omri Ben-Shahar & Carl E. Schneider, *The Failure of Mandated Disclosure*, 159 U. PA. L. REV. 647, 732(2011).

〔3〕参见 generally Tamar Frankel, *The Failure of Investor Protection by Disclosure*, 81 U. CINN. L. REV. 421(2013)。

〔4〕这一问题在证券监管与上市公司的场景下得到了深入探讨。参见 Troy A. Paredes, *Blinded by the Light: Information Overload and Its Consequences for Securities Regulation*, 81 WASH. U. L. Q. 417, 420(2003)。这表明“信息过载使得人们对长期以来的信念(即信息披露越多越好)与政策选择产生了怀疑”。

〔5〕“福利执行诉讼。权利主张、诉讼或程序：(1)福利公司未能追求或者创造一般公共利益或者其章程规定的特定公共利益目的；或者(2)违反本(章)规定的任何义务、责任或行为标准。” MBCL, *supra* note 3, § 102.

〔6〕“公司责任限制。福利公司不承担本(章)规定的金钱损害赔偿责任。”MBCL, *supra* note 3, § 305(b).

在所有州，董事依然受到商业判断规则的保护。[1] 在适用的情况下，商业判断规则依然是一种极受推崇的审查标准。从本质上讲，这条规则意味着法院将不会关注决策结果抑或决策本身，而只会关注决策过程。只要不存在利益冲突，董事就只需合理地了解该决策的主题事项即可。[2] 董事很可能只需证明他们考虑了其他利益相关者的利益。每个接受合格法律咨询意见的公司都将能够满足这一标准。

在董事需要平衡多方利益相关者利益的情况下，商业判断规则可能会给董事提供更多保护。（据说）传统公司董事决策是根据股东财富最大化这一单一标准判断的，而福利公司的董事决策则具有多个标准。因此，董事可以很容易地利用一种利益对抗另一种利益。[3] 平衡测试，特别是在测量不相称的利益时，在实质上是不可预测抑或难以推翻的。在几乎每种情况下的决策都是可以辩护的。“被允许考虑全部利益的董事会……无须接受任何人的问责。”[4]

福利执行诉讼中还存在其他弱点。只有大股东（通常至少持有2%的股份）才可以提起诉讼，并且其财务利益也会因为诉讼而减少。一位教授指出，股东也许“仅仅是坐下来，并且享受更大的回报”，而不是提起诉讼。[5] 示范福利公司法还可以保护董事会免于承担个人责任，“除非其作为或者不作为构成自我交易、故意的不当行为抑或故意违反法律”[6]。这种免责程度比美国大多数州所允许的传统公司免责程度更大，因为重大过失被排除在董事责任来源之外。如果一家福利公司在福利执行诉讼中败诉，那么唯一的金钱成本就是偶尔支付诉讼的股东之律师费用与开支。

尽管股东不太可能在法庭上胜诉，但是，诉讼的一个潜在益处是公众舆论。一场诉讼当然会有可能引起充分的公众关注，从而鼓励福利公司改变路

---

〔1〕 福利公司示范法规定了这一规则：“商业判断——善意做出商业判断的董事在以下情况下履行了本条规定的义务：(1)与商业判断的对象并不存在利害关系；(2)针对商业判断的对象，对该董事合理认为适当的情况知情；(3)合理地认为该商业判断符合公司最优利益。”MBCL, *supra* note 3, § 301(e).

〔2〕 例如，参见 Mills Acquisition Co. v. Macmillan, Inc., 559 A. 2d 1261, 1279(Del. 1988)。其注意到，“当法院审查被质疑为违反义务的董事会诉讼时，应拒绝评估商业决定的智慧与优势，除非……该决定并非知情、公正与独立董事会的产物”。参见 Stephen M. Bainbridge, *The Business Judgment Rule as Abstention Doctrine*, 57 VAND. L. REV. 83(2004)。

〔3〕 参见 Antony Page, *Has Corporate Law Failed? Addressing Proposals for Reform*, 107 MICH. L. REV. 979, 994—95(2009)。

〔4〕 Leo E. Strine, Jr., *Our Continuing Struggle with the Idea that For-Profit Corporations Seek Profit*, 47 WAKE FOREST L. REV. 135, 150(2012).

〔5〕 Dana Brakman Reiser, *Regulating Social Enterprise*, 14 U. C. DAVIS BUS. L. J. 231, 240 (2014). 作为对照，同样是利益相关者的股东可能具有提起诉讼的经济动机。

〔6〕 MBCL, *supra* note 3, § 302(e).

线。[当然,此类诉讼也可能仅出于其阻碍价值(nuisance value)而被提起。]

我们在 Westlaw 这一数据库上的搜索显示,迄今为止尚不存在任何福利执行诉讼,更不用说成功的诉讼了。总体而言,福利执行诉讼不太可能成为维护福利公司使命的有效机制。[1]

探索更为稳健的预先承诺

示范福利公司法包括最为雄心勃勃的尝试,以确保福利公司能够长期维护其使命。实际颁布法律的州往往在使命保护方面并未特别到位。很多评论者都对示范福利公司法与各州制定的福利公司法提出了批评,并且,这些评论者已经提出了很多改革措施,从而实现使命维护目标。例如,第三方标准可以通过立法定义,而不是由其他组织宽松地定义;福利公司可能需要受到强制性全面审计;年度福利报告可能需要像证券交易委员会报告一样备案,从而引入额外的问责层级;州首席检察官可以提供执法与监督[2];福利执行诉讼可以向非股东利益相关者开放;以及/或者针对义务违反与使命偏移的救济措施可以拓展。[3] 还有人建议更大的改革,例如设定股息上限,从而鼓励对使命相关活动再投资。

其中一些调整已经在部分州得到了实施[4],并且,它们甚至可能是有效与可取的。但其关键是,与传统公司相比,福利公司最终还是更依赖董事会。由于福利公司具有多个目标,因此董事会的职权与自由裁量权实际上是不可审查的。确保社会企业的社会使命不受损害的一种路径是做出某种形式的、改进的、可靠的预先承诺,以解决所谓的"时间不一致"(time inconsistency)问

---

[1] 参见 Joan MacLeod Heminway, *Corporate Purpose and Litigation Risk in Publicly Held U.S. Benefit Corporations*, 40 SEATTLE U. L. REV. 611, 632(2017)。该文认为福利执行诉讼是一个"无力的……问责工具"。

[2] 引入首席检察官监督的一种方法是将社会企业的受信人归类为"受托人"。参见 Brakman Reiser, *supra* note 72, at 241。

[3] Kyle Westaway and Dirk Sampselle, two strong proponents of the form, provide a comprehensive set of recommendations in *The Benefit Corporation: An Economic Analysis with Recommendations to Courts, Boards, and Legislatures*, 62 EMORY L. J. 999(2013).

[4] 在新泽西州,年度福利报告必须被提交给财政部。N. J. STAT. ANN. § 14A:18－11(d)(West Supp. 2015).

题。[1] 这还有一个额外益处——不需要另行立法。

社会企业创始人负有义务明确说明他们正在追求的特定利益。根据法律，这些已经写入公司章程。支持者指出，这使得投资者知晓他们正在进入何种领域。购买华盛顿邮报公司股票的投资者知晓（或者应当知晓）他们为新闻制作的使命做出了贡献，即使这有时可能会降低股东价值。[2] 根据示范福利公司法，福利公司可以在其章程中规定优先考虑的利益或者因素。[3]

福利公司（尤其是差异化形式）也应当明确说明其将用于其社会使命的资源水平。这可以通过各种不同的方式实现，例如利润、销售额或者收入的百分比，抑或与客观措施相关的特定承诺。一些公司已经做到了这一点，例如本杰瑞承诺将其和平流行音乐销售额的1%用于与和平有关的活动、Naked Hippie承诺将其收益用于小额贷款组织。还有很多公司采用买一捐一的商业模式，这是由TOM's Shoes首创的，其承诺每售出一双鞋就向儿童免费提供一双鞋。[4] 当TOM's Shoes开始销售咖啡时，这很容易延伸到为卖出的每一磅产品而提供清洁饮用水。其理念是，通过明确提出并实现预期，希望获得更高回报的投资者与支持社会使命的投资者都将知晓自己将面临什么，并且将不会存在抱怨的正当理由。在这一变化得到预期的范围内，该路径也可以得到明确说明，并且并无必要对其要求进行年度核算。从本质上讲，这种路径将是更多合同导向型的协议——而非依赖于宽泛且容易得到满足的信义义务。

那些真正希望为社会使命而锁定资产的福利公司创始人，应当考虑具有高于大多数法律中三分之二投票门槛的绝对多数条款。或者，更为可取的是

---

〔1〕 在行为经济学中，时间不一致性，有时称为动态不一致性，是指决策者的偏好随时间而变化的情况。例如，参见SHINSUKE IKEDA, THE ECONOMICS OF SELF-DESTRUCTIVE CHOICES 52－54 (2016)。易卜拉欣(Ebrahim)等指出，由于财务压力，差异化的混合实体可能会失去对其使命的关注，而这些压力导致它们将价值转向消费者。作为对照，当商业活动失调时，混合实体就不再那么有效了。例如，净水系统对其本应使其受益的社区而言太过昂贵。参见Ebrahim et al., *supra* note 36。预先承诺对这两方面都会有所助益。

〔2〕 全食首席执行官约翰·麦基也从道德角度提出了同样的观点："如果全食的原所有人一致通过了这项政策，而所有后来的投资者都在这项政策生效并广为宣传之后进行了投资，那么全食的慈善事业怎么可能是从现在的投资者那里'窃取'的？……公司慈善是件好事，但是，其需要投资者的批准这一正当性。"John Mackey, *Rethinking the Social Responsibility of Business*, JOHN MACKEY'S BLOG (Sept. 28, 2005), www.wholefoodsmarket.com/blog/john-mackeys-blog/rethinking-social-responsibilityof%C2%A0business.

〔3〕 MBCL, *supra* note 3, § 301(a)(3).

〔4〕 例如，参见*The One-for-One Business Model: Avoiding Unintended Consequences*, KNOWLEDGE@WHARTON (Feb. 16, 2015), http://knowledge.wharton.upenn.edu/article/one-one-business-model-social-impact-avoiding-unintended-consequences。该文注意到其他公司遵循买一捐一的模式：沃比·帕克（眼镜）、Roma Boots（靴子）、Nouri Bar（餐饮）、KNO Clothing（服装）、Soapbox Soaps（水、肥皂与维生素）。

精心组织福利公司,以使创始人、创始人家族甚至信托保留对福利公司的控制权。[1] 考虑到每一类或者一系列股权持有人都需要独立投票,因此创始人可以考虑设计一种发行给信托的几乎没有经济权利的单独股票类型。其他投资者与消费者将知晓他们将依赖于创始人的选择,并且该信托将维护并捍卫其使命。在适当的情况下,投资者愿意让传统公司创始人通过拥有超级投票权的股票来保留控制权——谷歌(如今的 Alphabet)与脸谱是两个非常成功的例子。[2] 报纸有时也会采用这种模式,并且通过这种方式长期成功地保护新闻业的社会利益与新闻自由。[3]

康涅狄格州的福利公司法案中具有一项专门用于解决出售问题与维护使命的有趣条款。这项"遗产保留"(legacy preservation)条款允许福利公司在其股东一致同意并且经过两年等待期之后,选择阻止新所有者更改使命。它还可以确保福利公司的资产只能被非营利组织或者在其公司章程中同样包含遗产保留条款的福利公司收购或者获得。[4] 熟悉美国非营利法者很快就会意识到这是非营利组织法中非分配约束的变体。[5] 该条款复制了现行法律中已经可行的一些做法,但是,其可能更为简单,并且更为廉价。

但是,与非营利组织的非分配约束不同的是,它可以绕过这一规定——或者换言之,避免为此目的永久地锁定资产。康涅狄格州的社会企业信托(Social Enterprise Trust)得出结论:"最终,遗产保留条款确保了任何试图从福利公司既定品牌与信誉中获利而不为其附加的社会使命做出贡献的企业,

---

〔1〕 参见 Benjamin Means, *Entrepreneurial Action in Family-Controlled Companies*, forthcoming in the HANDBOOK ON LAW AND ENTREPRENEURSHIP(Christine Hurt & Gordon Smith eds., 2018)。该文认为家族控制的公司可以表明其对管理的承诺,而外部投资者可能会发现这一承诺具有吸引力。

〔2〕 这两种公司在某些方面都扮演着非传统公司的角色。对于谷歌而言,参见 Dana Brakman Reiser, *For-Profit Philanthropy*, 77 FORDHAM L. REV. 2437(2009)。该文审视了"谷歌采用新颖且非正统的营利性公益模式"。对于脸谱而言,我们不妨考虑一下它写给投资者的信:脸谱"是为了完成一项社会使命——让世界更加开放与互联"。Facebook Inc., Letter from Mark Zuckerberg, REGISTRATION STATEMENT 67 (Form S-1) (Feb. 1, 2012), www.sec.gov/Archives/edgar/data/1326801/000119312512034517/d287954ds1.htm.

〔3〕《纽约时报》依然受到创始家族及其信托的控制。信托协议指示受托人投票反对任何出售控制权的行为,除非"通过实施此类交易可以更好地实现该信托的主要目标"。参见 New York Times, Inc., 2016 ANNUAL REPORT 13(Form 10-K)(Feb. 22, 2017), http://s1.q4cdn.com/156149269/files/doc_financials/annual/2016/Final-Web-Ready-Bookmarked-Annual-Report-(1).pdf.《华尔街日报》也存在类似的结构,直到新闻集团(News Corp.)的慷慨收购被证明对于创始的班克罗夫特(Bancroft)家族第三代与第四代人而言太有吸引力。

〔4〕 CONN. GEN. STAT. ANN. § 33—1355(2005 & Supp. 2016).

〔5〕 参见 Henry B. Hansmann, *The Role of Nonprofit Enterprise*, 89 YALE L.J. 835, 838(1980)。该文认为:"非营利组织本质上是一个被禁止将其净收益(如果存在)分配给对其行使控制权的个体的组织,例如成员、高级人员、董事或受托人……我称之为'非分配约束'。"

都必须以透明方式做出改变。”[1]当然，这也可能使得其使命保护变得特别棘手。到目前为止，其他州并未采用这一规定。该条款也并未解决业务规模问题。新的控制者依然可以以一种不甚严格且成本更低的方式追求福利公司的使命。

因此，预先承诺的问题在于，情况可能会发生变化。重大的预先承诺会降低福利公司未来的灵活性。此外，预先承诺可能会减少福利公司对社会使命的贡献。印度《2013 年公司法》(2013 Companies Act)要求所有大型公司在遵守或者解释的基础上，将一定比例的净利润用于公司的社会责任项目。[2] 投资者意识到，这一责任实质上是增加税收。但是，一个反常的影响是，作为底线的这一 2%的贡献也已经成为焦点。对于以前在公司社会责任项目中贡献占较高比例的公司，其缴费水平已经降低至不超过法定的 2%基准。[3]

如果控制者不再真正相信预先承诺，则这也可能会颠覆预先承诺。据报道，印度的公司试图通过将资源专门用于使公司受益而不是具有社会价值的项目与该制度博弈。也存在关于资金浪费的报道。[4] 类似地，具有预先承诺策略的福利公司似乎以后可能会将最低要求当作上限，或者以其他方式从事对社会使命并无明显益处的项目。

结　语

在理想世界中，福利公司身份将向消费者与投资者发出信号，表明该公

---

〔1〕 Voluntary Legacy Preservation for Social Entrepreneurs, RESET: SOCIALENTERPRISE-TRUST. ORG, www. ctnewsjunkie. com/upload/2014/03/Legacy_Preservation_One-Pager. pdf(last visited Sept. 14, 2017).

〔2〕 The Companies Act, No. 18 of 2013, INDIA CODE § 135(2013)(India); Standing Comm. on Fin. , Fifteenth Lok Sabha(Ministry of Corporate Affairs), The Companies Bill 2009: Twenty-First Report (August 2010), www. prsindia. org/uploads/media/Companies%20Bill%202009. pdf. 该法案还要求受影响的公司设立董事会公司社会责任委员会。*Id*.

〔3〕 参见 Dhammika Dharmapala & Vikramaditya Khanna, *The Impact of Mandated Corporate Social Responsibility: Evidence from India's Companies Act of* 2013, 4－5(Working Paper Series, Jan. 2017), www. law. umich. edu/centersandprograms/lawandeconomics/workshops/Documents/Paper%202. VKhanna. TheImpactof%20MandatedCorporateSocialResponsibility. pdf。该调查发现，“最初在公司社会责任上的支出不到其收益的 2%的企业增加了公司社会责任活动，而那些最初支出超过 2%的企业则在该公司法生效后将其公司社会责任支出减少到 2%”。

〔4〕 例如，参见 Dinesh Narayanan, *How Indian Companies Are Misusing Public Trusts to Launder Their CSR Spending*, ECONOMIC TIMES(Oct. 21, 2015), http://economictimes. indiatimes. com/news/economy/finance/how-indian-companies-are-misusing-public-trusts-to-launder-their-csr-spending/articleshow/49474584. cms。

司所产生的社会利益大大超过了传统公司所产生的社会利益。福利公司将自愿提供有关社会利益及其业务的有益且可比较的信息。投资者不仅会获得他们合理预期的投资回报,并且会因为参与向世界提供一般与特定利益而感到“温暖之光”。并且,他们不会担心使命或者形式的变化,因为福利公司已经对他们做出了可信且可依法执行的承诺。

然而,在现实世界中,我们离这一理想还有很长的路要走。福利公司在改变自身使命或者可能不恰当地攫取他人资源方面几乎不会受到真正限制。相反,投资者与公众依赖福利公司董事会在一段时间内维持对这一使命的承诺及其反对财务上意外之财的承诺。

但是,真正希望将资源用于社会福利的福利公司,应当在不依赖标准的法定计划的情况下积极地如此行事——而非依赖董事会或者未来董事会的自由裁量权。这些承诺可以包括如何做、做什么以及实现这一使命的规模等具体内容,并且还应当包括为了实现这一目标的明显更高的绝对多数条款。

第二十五章　规制社会企业的新蓝图

莎拉·达杜什

本章涉及识别新的规范、规则与机制，从而保护社会企业在产生财务回报的同时带来积极的社会或者环境影响力这一混合承诺。其目的是最大限度地发挥社会企业产生积极影响力的潜力，同时最大限度地减少商业与非商业需求发生冲突时产生使命偏移或者混合性偏离的风险。其观点是，为了保护社会企业的改革承诺，必须通过硬法与软法的组合，正式与非正式地规制混合体。为了有效地做到这一点，我们不能简单地将为传统公司与传统金融所设计的监管与治理框架应用于该混合空间；这些框架主要是为了保护投资者的财务期望，因而既不是利益相关者的期望，也不是为了保护社会与环境影响力。因此，我们必须为该混合空间发展新的监管蓝图。

这个新蓝图应当保护社会企业中不同类型利益相关者的期望。具体来讲，它应当为预期受益者（即享受不到必要服务的穷人与地球）提供专门保护。它还应当为其预期与传统投资者大相径庭的那些影响力投资者提供特别保护。最后，它应当保护社会企业履行使命相关型承诺的能力，即使其投资者决定将利润优先于影响力。为这些利益相关者中的每一方制定针对性的保护措施，是"影响力市场"成功的必备要素。[1]

我们需要一个新的蓝图，为依然在兴起的社会企业与社会金融的规范架构提供信息。对于在影响力市场中履行治理职能的这些公共与私人规范制定者（例如监管机构、投资基金、行业协会与证券交易所）而言，它们应当采纳这一新蓝图。制定这个新蓝图是一项紧迫的任务，因为我们需要避免错误的规范成为标准，也需要避免出现路径依赖问题。换言之，这项工作正当其时。

---

〔1〕 Sarah Dadush, *Regulating Social Finance: Can Social Stock Exchanges Meet the Challenge?*, 37 U. PA. J. INT'L L. 139, 154(2015).

混合性偏离

虽然社会目标与财务目的的混合为改变企业经营方式开辟了道路，但是，它也可能造成了严重的利益冲突。[1] 混合性偏离可能会采取各种形式，并且会损害包括预期受益者在内的不同的利益相关者。如下所述，受益者包括与社会企业进行交易者（消费者兼受益者）与受雇于社会企业者（雇员兼受益者）。消费者兼受益者可能在如下情况中会受到负面影响：当"追求更多利润"时，企业决定瞄准相对富裕的消费者，并提高价格以利用服务不足的市场中经常遇到的竞争缺乏；或者，从业务中获取现金，而不是再投资于用来扩展消费者范围的创新。[2] 企业可能会通过边缘化服务成本更高的消费者兼受益者，来服务于那些更为富裕、服务成本更低的消费者，尽管前者是最初的目标群体，并且前者依然没有得到常规市场提供商的充分服务。另外，由于缺乏竞争，消费者兼受益者可能会受到剥削。如果企业的项目重点转向产生更大财务收益而不是社会利益的活动，则消费者兼受益者与雇员兼受益者都可能受到影响。[3] 例如，受雇于一家偏离使命的企业的雇员兼受益者可能会看到其就业中的技能提高部分被缩减，或者其自身被锁定在相对较低的薪酬上——从而表面上补贴能力建设，即使存在可用于增加薪酬或福利的资源。这样，混合性偏离就会损害社会企业原本旨在要帮助的群体。这是一个严重的问题，因为它从根本上破坏了混合体将使得世界变得更为美好、包容与安全的承诺。

在极端情况下，混合性偏离实际上会损害受益者的利益。2010 年印度安得拉邦发生的小额信贷危机就体现了这一点。[4] 在这种情况下，一些大型

---

〔1〕 Jonathan Morduch, *Not So Fast: The Realities of Impact Investing*, AMERICAS Q. 4(2011), https://wagner.nyu.edu/files/faculty/publications/Morduch_-_The_Realities_of_Impact_Investing_Americas_Quarterly_2011.pdf.

〔2〕 NICK O'DONOHOE, ET AL., IMPACT INVESTMENTS: AN EMERGING ASSET CLASS, J.P. MORGAN & ROCKEFELLER FOUND. 67(2010), https://assets.rockefellerfoundation.org/app/uploads/20101129131310/Impact-Investments-An-Emerging-Asset-Class.pdf.

〔3〕 参见 HOMI KHARAS & ANDREW ROGERSON, HORIZON 2025: CREATIVE DESTRUCTION IN THE AID INDUSTRY, OVERSEAS DEV. INST. 20(2012), www.odi.org.uk/sites/odi.org.uk/files/odi-assets/publications-opinion-files/7723.pdf。该文认为："为私人投资者产生回报的这一要求使得投资被转向更为明显的增值领域，从而牺牲政府的其他发展目标。"

〔4〕 参见 ANDHRA PRADESH 2010: GLOBAL IMPLICATIONS OF THE CRISIS IN INDIAN MICROFINANCE, CONSULTATIVE GRP TO ASSIST THE POOR 5(2010), www.cgap.org/sites/default/files/CGAP-Focus-Note-Andhra-Pradesh-2010-Global-Implications-of-the-Crisis-in-Indian-Microfinance-Nov-2010.pdf。

小额信贷机构(一种社会企业)受到投资者与内部利益的压力,而不得不将商业增长优先于影响力。在这种让人联想到美国次贷危机的模式下,这些“面向穷人的贷款人”卷入了激进的过度借贷与追债行为之中,并最终导致借款人自杀的惨剧。[1]

在安得拉邦,因企业的混合性偏离而受到损害的是消费者兼受益者——借款人。当预期受益者是地球时,混合性偏离会通过很多方式造成损害,尤其是因为地球无法为自己“发声”。事实上,当一个企业夸大其产品或者服务对环境的有益影响,或者以其他方式进行漂绿宣传时,地球就会受到影响。但是,混合性偏离不仅损害了受益者的利益,也会损害其他社会企业的利益相关者:如果被投资方未能产生其所承诺的积极影响力抑或偏离其使命,则社会企业投资者可能会受到损害。相反,如果投资者向社会企业施压,迫使其背离使命,或者将财务回报优先于影响力,则会对社会企业造成损害。总而言之,影响力市场内出现的混合性偏离会影响所有社会企业利益相关者。

混合性偏离及其发生的风险危及市场的正当性、效率以及影响力市场(社会企业、影响力投资者与社会金融称之为家园的地方)的吸引力。我们可以探讨拥有一个单独影响力市场的价值,而不是将影响力推向常规市场。但是,由于这个新兴市场已经相当发达,似乎更有成效的做法是集中识别规范机制与框架,以确保其正常运作与发展,而非质疑其存在的必要性。对于那些有意发展一个健康的影响力市场者,对混合体的监管构成了一个紧迫的挑战。这在道德上是紧迫的,因为存在剥削与滥用。这在时间上也是紧迫的,因为影响力市场依然处于建设阶段,这意味着现在实施的治理框架很可能会在未来几年塑造这个快速增长的空间——并且今后将更加难以改变。

混合体是推动社会企业发展的动力。它既是影响力市场最具吸引力的

---

〔1〕 ANDHRA PRADESH 2010:GLOBAL IMPLICATIONS OF THE CRISIS IN INDIAN MICROFINANCE,CONSULTATIVE GRP TO ASSIST THE POOR 5(2010),www. cgap. org/sites/default/files/CGAP-Focus-Note-Andhra-Pradesh-2010-Global-Implications-of-the-Crisis-in-Indian-Microfinance-Nov-2010. pdf,at 5. 该文描述了过分强调增长所产生的“连锁激励”(cascading incentives):“实际激励往往完全基于开支与筹款量,但针对健全的承保与消费者服务的激励不足”。这会导致“那些扭曲基本良好银行原则的行为”,例如“贷款金额的不健康增长、承销过程中的投机取巧以及导致信贷供应过剩”。参见 Erika Kinetz,*AP IMPACT:Lender's Own Probe Links It to Suicides*,YAHOO FINANCE(Feb. 24,2012),http://finance. yahoo. com/news/ap-impact-lenders-own-probe-080122405. html。该文认为:受影响的小额信贷机构驳斥了有关雇员“口头骚扰负债过重的借款人,强迫他们典当贵重物品,煽动其他借款人羞辱他们,并且策划在屋外静坐以公开羞辱他们”的指控。Neha Thirani,“*Yunus Was Right*,” *SKS Microfinance Founder Says*,N. Y. TIMES(Feb. 27,2012),http://india. blogs. nytimes. com/2012/02/27/yunus-was-right-sks-microfinance-founder-says/? _r=1;Associated Press,*Hundreds of Suicides in India Linked to Microfinance Organizations*,BUS. INSIDER(Feb. 24,2012),www. businessinsider. com/hundreds-of-suicides-in-india-linked-to-microfinance-organizations-2012-2.

特征，也是其最为危险的特征。之所以具有吸引力，是因为它体现了通过改变企业经营方式而使得世界变得更加美好的承诺。之所以危险，是因为成功取决于收益与社会福利这两个传统上相互冲突的必要事项的有机融合。如果趋同的努力失败，并且反而产生冲突，则影响力市场支持穷人、支持融入与支持地球的承诺就会受到严重损害。换言之，收益与社会福利并非天造地设的夫妻，并且，冒着把这个隐喻用得太过的风险，仅仅用——社会企业——这个床单覆盖它们并不能保证两者不会在睡梦中互踢对方。我们需要更为深入的规范变革，以确保社会性不会被挤出这个综合体。

绘制蓝图

在设计针对影响力市场的治理框架时，我们应当避免以常规监管为背景为影响力监管提供模型抑或"绘制蓝图"。当影响力市场等新兴市场是基于针对常规营利公司与投资市场等既有市场的模型而被创设出来时，就会出现蓝图绘制。

蓝图绘制解释了对（作为对常规市场的社会模拟的）影响力市场的刻板且有些误导性的描述：常规投资因此成为"影响力投资"；常规债券成为"社会影响力债券"；有别于传统营利公司，我们现在拥有了作为福利公司、社区福利公司、经认证的共益公司而设立的社会企业。蓝图绘制还涉及管理社会金融的新金融工具与制度之创造。对社会企业的融资目前可以来自专门组建的社会融资银行，如英国的大社会资本（Big Society Capital）；也可以通过社会证券交易所，即常规证券交易所的社会领域对应融资场所。

同样，为测量常规场景下的财务绩效而发展出来的测量指标也被转换为测量混合绩效的指标：投资回报（ROI）变成了社会投资回报（SROI）；影响力报告与投资标准（IRIS）中的指标被描述为相当于国际财务报告准则（IFRS）或者美国通用会计原则的社会领域对应指标；同样，全球影响力投资评级体系（GIIRS）也被称为与标普信用风险评级或者晨星（Morningstar）投资排名相当的社会领域对应评级。

这种为有别于常规市场的影响力市场绘制蓝图的系统实践完全是经过深思熟虑的。它旨在通过策略性地使用听起来颇为熟悉的语言、制度与指标吸引各种类型的投资者,即“影响力优先”的投资者与“利润优先”的投资者。[1] 蓝图绘制还有助于以一种投资者与更为广泛的商事部门能够理解的形式与语言生成市场数据与分析。以常规市场而非(非营利)慈善市场为背景绘制蓝图的这一做法,向投资者传递了这样一条信息:存在一个其影响力要求颇为值得关注的吸引人的商业提议——这并非公益,而是商业。

我们不妨回顾一下:与对非营利组织的捐赠不同,对社会企业的投资既可以产生社会影响力,又可以带来丰厚的财务收益。非分配约束禁止非营利组织发放股息,并且以两种方式限制这些实体。首先,非营利组织能够筹集到的资金是有限的,因为与投资不同,捐赠资金是有限的,并且捐赠往往是非连续性的(通常是一次性的)事件。其次,由于非营利组织处理与管理资金的能力有限,其规模与整体影响力受到限制。因此,选择常规市场而非慈善组织的蓝图,可以让对影响力感兴趣的投资者(至少部分地)根据商业理由而证明向前推进是合理的。此外,对捐赠者/公益模式的突破增加了通过商业上可持续干预扩展规模的可能性。原则上,这对投资人、社会企业、受益者与世界而言都有益处。

那么,问题出在哪里?虽然蓝图绘制是扩展影响力市场的策略与有效路径,但它未必是一个治理影响力市场的良好路径。首先,蓝图绘制是具有风险性的,因为它破坏了专门为影响力而开辟单独空间的努力。事实上,如果治理影响力空间的规则和规范与那些治理常规空间的规则和规范基本相同,则我们就不清楚起初拥有一个单独空间能带来什么益处。也许,一个独立(被绘制蓝图)的影响力市场的主要优势在于,投资者与企业可以更为清楚地向彼此传达它们对多重底线的承诺。但是,除了信号传递、自我选择,以及作为一个好(抑或不好)的市场参与者的潜在信誉影响之外,蓝图绘制仅仅为投资者与社会企业履行其对混合体的承诺提供了有限指导或激励。

但是,遵守社会与环境承诺对于确保影响力市场的完整性、成功乃至生存至关重要。治理影响力市场的标准与规范越是反映常规市场的标准与规范,社会企业与投资者做出的非财务承诺变得空洞抑或容易被违背的风险就越大,而这反过来又增加了受益者受到损害的风险。因此,致力于保护影响力市场的社会或者公共利益层面的定制规则是颇为必要的。如果缺乏这种

---

[1] Tom Stabile, Architects of a "*Social Investment Data Engine*," FINANCIAL TIMES, Apr. 11, 2010; Margot Brandenburg & Sarah Gelfland, *Impact Reporting and Investment Standards—Comment Now!*, NEXT BILLION BLOG(Nov. 2, 2009), http://nextbillion.net/blogpost.aspx? blogid=1585.

规则，则创造一个确保混合体蓬勃发展的可行空间的这一目标将更难实现。

为了澄清这一点，我们不妨考虑一下，常规证券监管与公司法的受益者不是公众、公司雇员，抑或受商业活动影响的社区与生态环境，而是投资者与股东。尽管“公平与高效”[1]的市场被描述为一种公共产品，但是，实际的公众（公民个体、社区以及让生存成为可能的事物，例如，清洁的空气与饮用水）只是常规商业监管的遥远受益者。投资者与股东是常规市场监管的主要受益者，这也就解释了为何很少有规则规范其行为。如下所述，这是一个重要的维度：规制影响力市场的蓝图应当与常规蓝图有所不同。

对这两个市场（常规市场与影响力市场）的“原因”之强调，应当会迅速揭示出：根据前者规则而为后者绘制蓝图的做法是不明智的。例如，创设社会证券交易所（SSE）等新平台的“原因”——将资本与那些承诺改善生活与/或地球卫生的企业联系起来——与传统证券交易所存在的“原因”有着根本不同，后者将资本与那些承诺为股东创造可观红利的企业联系起来。本章的一个中心论点是，促进创设不同市场的原因也一定会揭示出治理这些市场的规则。测量影响力市场规则制定是否成功的重要标准，不应当仅仅是它吸引了多少投资进入市场，还应当是这些新规则在多大程度上保护了影响力，更具体地说，新规则在多大程度上保护了社会企业受益者的利益以及投资者及其被投资方社会企业的利益。

在常规市场中，人们倾向于将资本流动的增加与生产率跟社会福利改善等同起来；但是，在影响力市场中，这些标准——商业与社会标准——不仅需要区分，而且必须分别跟踪与评估。作为一项总体指导原则，为促进影响力交易而设立的新制度应当避免过度依赖常规绩效标准评估绩效。虽然跟踪数据颇为重要，例如，活跃的社会企业数量与流向影响力的资本数量，但是，我们必须认识到，这些只是影响力市场成功与否的代用指标，并且是相对较弱的代用指标。真正的成功必须根据改善社会福利的这一目标评估。如果像在常规市场上那样，将财务收益与社会收益混为一谈，那么，影响力市场就可能成为一台混合性偏离生成（hybridity-diversion-generating）机器，这是制定规范不力所造成的一个非常不幸的后果。

---

〔1〕 例如，CONSULTATION REPORT：REGULATORY ISSUES ARISING FROM EXCHANGE EVOLUTION，IOSCO TECHNICAL COMMITTEE 6（2006），www. iosco. org/library/pubdocs/pdf/IOSCOPD212. pdf。该文认为：“一项交易的公平与高效运作给公众带来重大利益。二级市场的效率……促进商事企业有效融资，这有利于更为广泛的公司部门与整个经济。”

将蓝图绘制概念化的一种方式是，将其视为以市场为基础的类似于法律移植的事项。虽然移植一般是由政府实施的，并且，涉及对跨越国家边界的正式法律规则的复制，但是，蓝图绘制是由公共与私人行为者共同实施的，涉及跨越市场边界的正式与非正式规则的复制。〔1〕两种形式的规范模仿各有优劣。就优势而言，模仿促进了规范在不同国家与/或市场的传播与协调。这在如下情况下是有益的：(1)为负责规制新法律领域的规则制定者节省了时间与资源，因为后者可以简单地采用已经在其他地方测试过的规则，而不是重新发明规则；(2)使得跨界的行动者能够使用相同的规范语言；(3)表明模仿者在规范上漏洞众多，并且向外部人士（其他国家或投资者）开放，而这反过来又发出了政治与/或商业参与的邀请。

就缺陷而言，移植与蓝图绘制在被引入的规范之具体性、适当性、正当性与有效性方面都存在严重缺陷。〔2〕如果已经存在治理某项活动的规范（例如，在发展中国家，针对财产或银行业务的现有非正式制度可能会使得建立相应正式制度的努力复杂化并受到破坏）时，则这类问题可能会特别严重。但是，即使现行规范相对空缺，例如关于影响力投资的规范，被引入的规范也依然会存在问题。

当被引入的规范不能满足新环境的特定监管要求时，就会出现有效性的挑战。这种缺陷限制了针对引入该规范的市场之监管利益。而后者对于规范制定者与执行者而言颇为重要，对于那些本应通过监管改善自身状况者也是如此。在影响力市场中，这个群体包括得不到充分服务的穷人与地球、投资者以及社会企业。

法律与发展学非常关注促进法治发展的积极作用。各国——与市场一样——被期望从推进法治发展中获得内外利益。内部利益包括为市场参与者增加稳定性与确定性，这可以刺激承担更大的风险与创新，以及额外的内

〔1〕 蓝图绘制的概念建立在威廉·特温宁（William Twining）的法律“扩散”概念基础上。扩散认识到非国家行为者与软法在全球立法中的重要性。它暴露了对民族国家与（城市）硬性法律的过于狭隘的关注，而这些法律历来是比较法的学术重点。“扩散”确定了一套比法律移植概念更为复杂的全球立法动态。蓝图绘制为扩散增加了两层特殊性。首先，它隔离了发生在整个市场中的规范模仿，而扩散则考察了全球规范的运动；其次，它描述了一种监管策略——将规范从一个市场导入另一个市场，而扩散则广义地解释与描述了全球立法的过程。William Twining，*Diffusion of Law：A Global Perspective*，1 J. COMP. L. 237，249(2006). 该文认为：“我的目的是阐明法律扩散的复杂性，并且提出一种分析相关过程的方法；而不是建立一个单一的替代模式。”作为一个过程，而不是一种立法模式或策略，扩散并不易于评估。而蓝图绘制在这方面是不同的，并且，笔者希望，将蓝图绘制确定为监管策略会有助于那些负责为新市场（包括影响力市场）制定规范的从业人员。

〔2〕 Mariana Prado & Michael Trebilcock，*Path Dependence，Development，and the Dynamics of Institutional Reform*，59 U. TORONTO L. J. 341，366(2003).

部投资。[1] 外部利益包括通过增加确定性与稳定性以及熟悉度,使得引入该规范的市场对投资者更具吸引力。对于外部人士而言,法治可以作为一种与电力适配器相媲美的转换技术,让他们以一种轻松、自信且熟悉的方式在新环境中产生联系并参与其中。[2]

尽管它倾向于关注政府制定的法律,但是,法律与发展学认识到,对投资者而言,监管环境的吸引力与其说在于制定特定规则,倒不如说在于确保任何规则具备有效性,无论这些规则是正式的抑或非正式的。在其开创性的实证文章《移植效应》(The Transplant Effect)中,贝科维茨(Berkowitz)、皮斯托(Pistor)与理查德论证了如下观点:有效的"法律改革如果仅仅被视为通过西方专家设计良好法律就可以实施的技术援助项目,则其不太可能产生预期结果,即有效的法律秩序以及经济的增长与发展。相反,必须努力引导法律发展的内部过程,并产生法律创新与变革的自我维持型需求"[3]。

因此,有效性"不仅是正式法律特征的一种功能",并且与"当法律被移植到一个'外来'实施或者执行环境时,各种潜在的实施效率低下"相关。[4] 那么,从投资者角度看,一个国家——抑或一个市场——可能拥有"最优"且最为人熟悉的良好规则,但是,仅凭这一点并不能使得其机会具有吸引力,除非投资者认为这些规则得到实际遵守与公平执行,并且能够保护其投资。[5]

在蓝图绘制或者移植引入无效规范的情况下,监管所带来的内外利益都可能会受到限制。规范越陌生或者越缺乏统一性,针对其正当性、实施及其有效性的挑战就越大:"为了使得法律有效,它在其适用场景中必须具有意义,以便公民有动力使用该法律并要求用来执行与发展该法律的制度。"[6]

在分析了决定发展中国家法律制度有效性的因素后,《移植效应》回应了

---

〔1〕 一个经典的例子是赫尔南多·德·索托(Hernando de Sotto)的理论,该理论认为在发展中国家将土地所有者的财产权正式化会有很多益处,包括"(a)因为财产的专有使用会导致正外部性与负外部性的内部化,更为有效地使用了资源;(b)通过保有权与财产的便利转让,增加了获得信贷的机会;(c)因为保有权,增加了针对投资与对资产的生产性改进的激励;(d)由于保有权,减少了对资源的低效竞争。"Mariana Prado & Michael Trebilcock, *Path Dependence, Development, and the Dynamics of Institutional Reform*, 59 U. TORONTO L. J. 341, 365(2003).

〔2〕 *Id.* at 375."我们的研究结果表明,当投资者相信其财产权受到保护时,经济最终会更为繁荣。但是该研究并未说明财产权应当采取的实际形式。我们甚至不能推断出,与替代形式的财产权相比,建立一个私人财产权制度会产生更好的结果。"

〔3〕 Daniel Berkowitz, Katharina Pistor, & Jean-Francois Richard, *The Transplant Effect*, 51 AM. J. COMP. L. 163, 190(2003).

〔4〕 Frederick Schauer, *The Politics and Incentives of Legal Transplantation*, *in* GOVERNANCE IN A GLOBALIZING WORLD 253, 257(Joseph S. Nye Jr. & John D. Donahue eds., 2000).

〔5〕 *Id.*

〔6〕 Berkowitz et al., *supra* note 13, at 167.

丹尼·罗德里克(Danni Rodrick)的观点,后者认为:"一个精心设计的制度建设策略……不得以牺牲地方参与和试验为代价而过分强调发达国家发展起来的最优实践蓝图。"[1]贝科威茨等人发现,"在内部发展了正式法律秩序的国家相对于在外部被施加了外国正式法律秩序的国家,在发展有效法律制度方面具有相对优势",而这在很大程度上是因为"内部发展可以利用那些经济主体为应对新挑战与现有约束而开发的新型解决方案"。[2]

作者得出的结论是:"立法过程而不是法律规则的内容决定了法律制度的有效性。"[3]这些过程的成败取决于利益相关者参与和试验的程度:"如果法律通过反复试验、创新与纠正的过程而在内部实现发展,并且法律使用者、法律专业人员以及其他利益相关者参与其中,则法律制度往往是非常有效的。作为对照,如果强加外国法律,并且法律演变是外向性而非内生性的,则法律制度往往颇为无力。"[4]

因此,在评价规范制定策略时,制度文献中似乎明显倾向于涉及发展内生规范的过程,而不是移植或者绘制外部所发展的规范蓝图。不加区别地将规范从一个市场带入另一个市场可能会产生制度缺陷,进而损害引入该规范的市场的完整性,阻止其走向成功。这并不应当意味着,在任何情况下都必须避免蓝图绘制、移植抑或其他形式的规范借用。那就走得太远了。相反,关键问题在于,应当将蓝图绘制作为一项监管策略而有选择地追求,而非反射性地追求。选择性的蓝图绘制是什么样子?什么类型的规范应当或者不应当在市场与规制该市场的制度之间借用?[5] 在这一点上,奥托·卡恩-弗洛伊德(Otto Kahn-Freund)[6]与弗雷德里克·肖尔(Frederick Schauer)的研究提供了指导。两者都表明某些规范比其他规范更适合移植。特别是,如果规范中的意识形态内容更少而技术性内容更多,则借用就更为容易,并且问题更少。例如,破产法、证券法以及其他公司法与商法可以被视为"在很大程度上是技术性与非意识形态性的,并且对经济发展发挥了很大作用,因此,

---

[1] Berkowitz et al., *supra* note 13, at 169.

[2] *Id.* at 170.

[3] *Id.* at 189(emphasis added).

[4] *Id.*

[5] 关于存在问题的借用规范的另外一个例子,参见 Rutsel S. J. Martha & Sarah Dadush, *Going Against the Grain: When Private Rules Shouldn't Apply to Public Institutions*, 9 INT'L ORG. L. REV. 87(2012)。

[6] Otto Kahn-Freund, *On Uses and Misuses of Comparative Law*, 37 MOD. L. REV. 1(1974). Twining, *supra* note 9, at 256. 他解释说:"当卡恩-弗雷德对比肾脏与汽化器的'移植'时,他指出,法律的技术领域,例如合同法与商法,可能比与政治和社会背景密切相关的领域更容易移植……他的总体观点是,法律现象千差万别,并且其可移植性也多有不同。"

能够从其他国家类似法律中借用或者复制"[1]。但是，当涉及更具政治性或者意识形态性的规范(例如宪法规范)时，模仿的缺陷就会浮出水面。肖尔以爱沙尼亚为例进行了阐释：

> 对大多数爱沙尼亚人而言，拥有一部美国破产法(它确实拥有，并且主要是由乔治城大学法学院的教师与学生起草的)与喝法国葡萄酒以及拥有德国汽车、日本电视机与中国台湾自行车并无不同。但是，拥有一部美国宪法则是完全不同的，它意味着丧失主权、丧失控制权以及丧失很多构成国家本质的要素。因此，爱沙尼亚宪法在很大程度上是经内部起草与内部构想的，尽管一些起草者当时已经承认并且依然承认，作为一项技术性法律文书，爱沙尼亚宪法尚有很多不足之处；并且，尽管这些起草者也承认，使用来自其他国家的模式可能会产生结构更为合理、内部更为连贯并且不太需要后续修正的成文宪法。[2]

这里的一个主要论点是，为影响力市场而制定的规则，特别是在规范混合体与混合性偏离方面，更类似于意识形态或者宪法规则制定，而非技术性规则制定。事实上，规制混合体的规范符合"帮助建构"影响力市场的"事项中的本质"。[3] 推动在内部起草宪法规范之决定的这种自豪感——即使其结果并不完美，并且，可能会让潜在盟友/投资者感到失望，也应当推动针对影响力市场中的混合体的规范制定。特别是对于符合新市场的基本目的"本质"的根本性规范，规则制定者应当避免反射性借用，而应当将重点放在内生性建构上。

重要的是，在市场之间，初看起来可能是技术中立与价值中立的那些特征实际上可能具有相当程度的意识形态性。事实上，一些影响力市场创始人，例如心怀敬意地构想了"混合价值"与"共享价值"的杰德·艾默生(Jed Emerson)与迈克尔·波特(Michael Porter)，不断地阐明了重新构想商业在全球社会中的角色的必要性与可能性。他们呼吁改变企业的经营方式，从而利用市场力量、商业智慧与创新力量让世界变得更美好，并且，通过提供社会福利改善财务状况。这绝对是一个针对制定规范的意识形态平台，只不过其中的主角是企业而非政府。

---

[1] Schauer, *supra* note 14, at 256.
[2] *Id*. (emphasis added).
[3] *Id*.

就其核心而言，社会影响力市场具有相当程度的革命性：它试图从根本上改变当前激活商业与社会之间关系的动态，而其方式是，将商业（重新）带入对社会的服务中，而非相反方向。用蓝图式的规则与规范实施这种转变可能会严重限制其转型的潜力。正如一个国家必须起草自己的宪法并响应其公民的认同感一样，新市场必须制定一个符合其本质并且回应其利益相关者监管要求的规范蓝图。

如果其根本性的规则制定过程被破坏，则那些使得新市场能够成为新市场并且阐释其“原因”的这些功能就会被完全稀释。当规则制定涉及一个新市场（例如潜在转型的影响力市场）的身份时，它值得拥有并且也确实需要自己的蓝图。

新蓝图

既然我们了解了为何需要新的监管蓝图治理影响力市场，以及简单采用常规市场蓝图所涉及的风险，我们就可以追问：监管社会企业的新蓝图应该是什么样子？

为了回答这个问题，我们首先需要回顾，影响力市场所涉及的利益相关者不同于常规市场。常规市场与常规商业监管服务于常规的营利性投资者与公司的利益，而影响力市场则服务于至少对支持社会受益型举措具有一定兴趣的投资者。这些投资者可能会将自己描述为有耐心、道德和责任抑或影响力投资者。他们往往愿意“砍掉”一些财务回报，以实现对世界的积极改变。他们由不同群体组成（例如机构投资者、私人基金会、发展机构、财富管理基金与金融机构），并且，颇为重要的是，他们对财务与社会回报具有不同的期望。

影响力市场还为社会企业服务。这些实体与常规企业不同，它们采用双重或者三重底线的商业模式，其明确目标不仅是创造收益，还包括促进人类与地球的利益。但其竞争环境是多样化的：社会企业处于商业与社会之间的不同位置之中。因此，我们不应当理所当然地认为，在缺乏某种正式或者非正式监管的情况下，社会企业将会自动地将影响力优先于收益。

问题是，虽然影响力投资者与社会企业都具有实现影响力与财务回报的意图，但仅仅是意图还不足以将它们与常规对应事项区分开。[1] 还需要更多规则——硬法与/或软法——支持影响力市场成为一个真正独立的安全空间。除了高度活跃的英国社区福利公司监管局等少数例外情况[2]，在自我选择与信誉压力之外，几乎并无其他办法确保履行社会承诺。

这给我们带来了影响力市场中最后一组但至关重要的利益相关者，即那些本应从社会企业干预与项目中受益者：全球人口中的贫困或者得不到充分服务的群体与/或地球。社会企业的受益者是一个高度多元且分散化的群体，其中有——生活在富国抑或穷国的——数十亿在社会与经济上被边缘化者。区分这一庞大人口的方法有很多，但就我们的研究目的而言，也许最有用的方法是，根据受益者与社会企业之间的关系性质区分。

具体来讲，有的受益者向社会企业购买产品与服务，有的则为社会企业工作。笔者将这些人分别称为消费者兼受益者与雇员兼受益者。消费者兼受益者支付费用以获得社会福利（例如，获得有息小额贷款，购买负担得起的电力或电话套餐，或者购买清洁的炉灶），而雇员兼受益者则通过工作换取社会福利（例如，为“难以就业”的人群，包括不讲英语的移民、前服刑人员或者残疾人提供优质的就业机会）。

这两种类型的关系——消费者与雇员——都有可能造成潜在的剥削与滥用。与常规市场一样，影响力市场上发生的交易将卖方与雇主置于比其消费者与雇员更高的地位。但是，在影响力交易中，由于涉及道德承诺，其强度可能会更高。首先，社会企业向其受益者、投资者与公众承诺改善生活，并且，让世界变得更美好。这就是一种道德承诺——改善世界。其次，社会企业不会造成损害；这一点尤其重要，因为消费者兼受益者与雇员兼受益者已经颇为弱势。事实上，正是因为他们在某种程度上被社会或者经济边缘化，受益者才会引起社会企业的注意。因此，与常规市场相比，企业与其消费者/雇员之间的权力差距在这里更成问题。

关于受益者脆弱性的这最后一点值得额外注意。[3] 阿尼尔·卡尔纳尼（Aneel Karnani）警告说，“用商业消除贫困”这一观点在道德层面是颇为危险的，因为其根据的是关于穷人的颇有问题的假定：“这些市场解决方案支持者认为，穷人完全有能力并且愿意参与自由市场经济”，同时，“是知情且理性的

---

〔1〕 参见 Tyler, *supra* Chapter 3。其区分了社会企业中的“影响力”“努力”与“意图”。
〔2〕 参见 Dadush, *supra* note 1, at 160－62。
〔3〕 *Id.* at 164－70。

经济行为者”[1]。他解释说，在现实中，“穷人缺乏教育、信息及其他经济、文化与社会资本，这导致他们无法利用——并且使得自己可以对抗——变幻莫测的自由市场”[2]。这一警告强调，将穷人与市场联系起来并且推进贫困市场化会产生强化脆弱性的效果。

先前存在的脆弱性使得社会融资受益者相对容易被利用，并且，受益者也缺乏吸取教训的缓冲，从而加剧了这一问题。他们无法承受因剥削性的交易或者雇佣关系而带来的“经济或其他损失所产生的财富逆转”[3]：“错误选择的后果对每个人都不利，但是对穷人而言更为不利，因为穷人缺乏——经济、心理、社会与政治上的——资源去弥补他们的错误。”[4]

受益者在社会影响力市场中处于不稳定的地位：他们既是改善生活倡议的主体，也是这些倡议的收益来源。考虑到当社会福利产品的价格设定高于所需费用时，或者当雇员薪酬低于财务可持续性所需时，获利的是社会企业所有者。换言之，消费者兼受益者的金钱与雇员兼受益者的劳动最终转化为利润。这种将社会经济需求或者脆弱性转化为利润的做法可能会让人感到不适，特别是在利润大大超过成本的情况下。但是，这种动态跟社会与金融混合体的运作方式完全一致。社会企业与其受益者之间的关系充满了脆弱性。因此，我们需要在规范上保持警惕，以确保社会企业（及其投资者）的商业利益与受益者的利益保持一致。

将受益者纳入利益相关者的范围是影响力市场与常规市场的根本区别。虽然投资者与企业在两个市场中都颇为重要，但是，受益者只有在前者中才真正“重要”。因此，为治理影响力市场而建构的框架必须使得这一实质性的受益者兼利益相关者特质加以规范化。

混合性偏离所产生的损害，与传统公司让股东盈利预期落空时所产生的损害不同。如前所述，当社会企业偏离其使命，将财务回报优先于影响力（无论是主动抑或迫于投资者的压力）时，受益者可能会受到损害，有时甚至是身体上的损害。混合性偏离也会对投资者与并非受益者的消费者产生无形精神损害（例如，某人之所以从社会企业购买产品，是因为其支持该社会企业的

---

〔1〕 Aneel Karnani, *Romanticizing the Poor*, 7 STAN. SOC. INNOVATION REV. 38, 40(2009).

〔2〕 *Id*.

〔3〕 Ted London, *A Base-of-the-Pyramid Perspective on Poverty Alleviation* 32(William Davidson Inst./Stephen M. Ross Sch. of Bus. at the Univ. of Mich., Working Paper, 2007), http://citeseerx.ist.psu.edu/viewdoc/download?doi=10.1.1.555.6798&rep=rep1&type=pdf.

〔4〕 Karnani, *supra* note 29, at 41.

包容性就业使命）。这种心理损害可能会导致投资者或者消费者退出，抑或更为犹豫是否进入该影响力市场。因此，混合性偏离造成了一系列直接与间接、有形与无形的社会成本。[1]

为了使得影响力市场公平稳健地运行，并且发挥其转型潜力，混合体就必须被谨慎地规范化。这就需要发展从根本上区别于常规市场蓝图并且把受益者放在中心位置的新监管蓝图，以便从对受益者有利的位置评估影响力市场的成功（或者失败）。人们应当调查监管（硬与软）环境，从而发现：(1)什么规则可以确保社会企业及其投资者履行承诺；(2)哪些机制可以追究违背承诺者的责任。如果发现缺乏这样的规则与机制，则应当升级。

最为重要的建议是，重新起草常规监管蓝图，从而使得受益者的利益至少得到与投资者、股东与社会企业本身的利益同样的尊重。在下文中，笔者将为起草新蓝图提供一些例子与建议。第一个涉及评估社会影响力的指标；第二个涉及社会企业的公司治理，包括申诉机制；第三个涉及用来治理投资者混合期待的规范。

影响力指标

人们已经开发了用于测量与跟踪社会企业绩效的各种工具。如前所述，这些工具被描述为国际财务报告准则、美国通用会计原则、晨星评级等常规指标与报告框架的社会领域对应物。这种模仿的目的是通过使用投资者所熟悉（通常是视觉化）的语言，例如分数与评级，吸引投资。投资者希望（抑或需要）能够将“复杂性降低到具有可比较性的指标中来分析”，但是，在现实中，对社会问题与结果的量化“本质上是一种有别于测量收益的简化方式”[2]。简言之，评估投资的财务收益的实践并不容易延伸到社会影响力领域。

例如，在投资回报指标（ROI）中获取季度/年度收益并不需要转换，因为两者都涉及定量的以金钱为基础的信息；但是，在社会投资回报指标（SROI）中获取社会影响力则并不一样，因为这一过程需要将生活经验转换为美元数字。这种转换并不简单，并且出错的后果也十分严重。目前人们正在开展大

[1] 笔者把这种非经济性且较为无形的情感损害称为“身份损害”。Sarah Dadush, *Identity Harm*, 89 U. COLO. L. REV. 863(2018).

[2] CASEY O'CONNOR & SARAH LABOWITZ, PUTTING THE “S” IN ESG: MEASURING HUMAN RIGHTS PERFORMANCE FOR INVESTORS 9(2017), https://static1.squarespace.com/static/547df270e4b0ba184dfc490e/t/58cad50725e25a73730da10/1489687822358/Metrics-Report-final.pdf.

量工作，从而发展影响力与社会绩效评估的指标。这项工作无论是对试验还是对市场发展而言都具有重要意义。但是，它也提供了一个测试以受益者为中心的蓝图的机会；到目前为止，这个机会在很大程度上被忽视了。

毫无疑问，吸引更多资本进入影响力市场，并且使得社会/环境可持续性更清晰地进入投资者的视线，是一件好事。并且，为了实现这一目标，测量标准是必不可少的。[1] 具体来讲，诸如影响力报告与投资标准、全球影响力投资评级体系等影响力指标实际上并未测量影响力。影响力被定义为超出可归因于其他因素的一项干预而造成的结果。[2] 在评估影响力时，问题是：如果参加计划/干预的人不如此行事，则将会发生什么？[3] 虽然这个问题看起来颇为简单，但是，在干预与社会结果之间建立因果关系是一个令人担忧、模糊不清与代价高昂的过程；这就是为何大多数测量工具都不能测量实际影响力的原因。[4]

在平衡"严格的影响力评估需求与简单高效的"社会影响力测量需求时，"很多影响投资者……满足于测量'活动'或'产出'(例如，售出的蚊帐数量)，而不是通过对照组来测量'影响力'"[5]。但是，由于测量企业社会与环境影响力的难度与费用，影响力报告与投资标准以及全球影响力投资评级体系——像很多其他社会测量工具一样[6]——倾向于只测量影响力的替代物。这意味着测量公司的努力而非其效果，并且需要关注投入、活动与产出。

投入是指为实现使命相关目标而利用的人力与财务资源；活动是指为推进社会目标而采取的行动，例如制定新的内部政策、行为准则，以及建立执行这些政策的治理程序。最后，产出是活动的直接效果，例如，创造的就业机

---

〔1〕 综述参见 Sarah Dadush, *Impact Investment Indicators: A Critical Assessment*, *in* GOVERNANCE BY INDICATORS: GLOBAL POWER THROUGH QUANTIFICATION AND RANKINGS 392 (Kevin Davis et al. eds., 2012). DANA BRAKMAN REISER & STEVEN A. DEAN, SOCIAL ENTERPRISE LAW: TRUST, PUBLIC BENEFIT AND CAPITAL MARKETS(2017)。

〔2〕 Syed Hashemi, *Beyond Good Intentions: Measuring the Social Performance of Microfinance Institutions*, CONSULTATIVE GROUP TO ASSIST THE POOR 3(May 2007), www.cgap.org/sites/default/files/CGAP-Focus-Note-Beyond-Good-Intentions-Measuring-the-Social-Performance-of-Microfinance-Institutions-May-2007.pdf.

〔3〕 重点主要放在评价对人类受益者的影响力的指标上，因为评价社会绩效的手段与评价环境绩效的手段相比是滞后的。《将"社会"放入环境、社会、治理之中》(PUTTING THE "S" IN ESG)的作者使用"新闻周刊绿色排名"(Newsweek Green Rankings)的例子，该排名通过使用公司总收益/全球能源消耗而计算出能源生产率分数。绿色排名设定了适用于各公司的行业标准，并且，允许投资者随着时间的推移比较公司绩效。尽管投资者希望这些工具可用于比较公司的社会绩效，但是，并不存在针对"社会"的同等测量标准。O'CONNOR & LABOWITZ, *supra* note 34, at 10.

〔4〕 Paul Brest & Kelly Born, *When Can Impact Investing Create Real Impact?*, 11 STAN. SOC. INNOVATION REV. 22(2013).

〔5〕 DONOHOE, *supra* note 2, at 24－29, 72.

〔6〕 例如，参见 O'CONNOR & LABOWITZ, *supra* note 34。

会、净化水的升数或者接受培训的人数。[1] 作为对照，影响力测量的是“更为长期与更大规模的变化”[2]，例如，增加经济机会、提高生活质量以及赋权。与努力相比，结果与影响力表明了“公司对人群或者世界所产生的影响”[3]。

为了解释关注替代物的这一问题，我们不妨考虑：全球影响力投资评级体系并不根据社会企业在其项目中所收到的受益者反馈的质量来对社会企业进行评分。相反，全球影响力投资评级体系只在乎是否寻求过这种反馈，以及通过什么机制（例如，年度利益相关者会议或者匿名调查）寻求反馈。因此，有别于努力，目前很少存在关于企业影响力的信息。正如默多克（Morduch）所言，影响力报告与投资标准报告的读者“获得了关于规模、扩展、成本与收益的数字”，但并不了解干预措施的真正影响力；并且，来自受益者经验的替代指标过于抽象，因此也没有什么用处。[4]

如何调整常规绩效评价与报告蓝图，以更好地反映受益者的经验？一项建议是，通过询问受益者参与社会企业的经验，用更多的定性信息补充基于替代指标/逐项验证的定量数据。[5] 这些信息可以通过访谈形式，邀请受益者完成调查，或者请求他们对企业使命、项目甚至雇员打分的方式收集。随着移动技术的不断进步以及手机在全球范围内的普及率越来越高，任何数量的受益者反馈创新都可以并且应当被予以探索。其关键在于，需要征求受益者而非仅仅企业的定性意见。

在这方面，由聪明人基金与草根资本（Root Capital）——两者都是影响力投资基金——领导的两项倡议颇为值得关注。[6] 聪明人基金的精益数据（Lean Data）项目涉及“将思维模式从报告与合规转变为收集推动决策的数据。精益数据使用低成本的技术与终端消费者直接沟通，从而快速高效地生

---

[1] O'CONNOR & LABOWITZ, *supra* note 34, at 16－17. 该文补充说，在所研究的 1 700 多项指标中，92%的指标测量的是公司的努力与活动，而非其效果，并且，只有不到 20%的指标考虑了利益相关者的参与或者救济机制。诚然，《将“社会”放入环境、社会、治理之中》针对的是传统公司而非社会企业，但是，同样的关切也存在于社会企业领域，即大多数测量标准“奖励公司制定与社会事项相关的政策与程序，而不是这些努力的结果”。*Id.* at 25.

[2] *Id.* at 33.

[3] Id. *at* 47.

[4] Morduch, *supra* note 2.

[5] 参见 Dadush, *supra* note 35, at 402－11。

[6] Sasha Dichter, Tom Adams, & Alnoor Ebrahim, *The Power of Lean Data*, 14 STAN. SOC. INNOVATION REV. 36(Winter 2016).

成高质量的数据”[1]。草根资本的客户中心型移动测量(Client-Centric Mobile Measurement)建立在如下基础之上:投资者利用平板电脑与移动调查软件实地收集数据,并且,研究客户及其附属农户的社会绩效。[2] 这两项举措颇为新颖,但是,因为其关注受益者,并且考虑到手机普及率、收入与识字水平以及语言等重要因素,所以它们是富有希望的。

第二项建议是,让受益者参与制定绩效评估指标。这将确保标准(及其生成的数据)能够更好地反映出受影响者视角下的“积极”影响力。沿着这个思路,艾米莉·温斯顿(Emily Winston)建议美国福利公司制定一个“公益计划”(Public Benefit Plan,PBP)。[3] 虽然她的重点是福利公司,但是,公益计划的理念可以适用于美国与其他地方的其他社会企业类型。温斯顿设想由社会企业管理层与受益者阶层代表共同撰写一份(半合同性)文件,其中包含“福利公司将会采取的具体措施或者将会遵循的准则,以确保在其业务经营中为受益者贡献充分的社会福利”[4]。

换言之,公益计划使得社会企业管理者与受益者能够合作确定所追求的社会目标、用于追求这些目标的过程以及相关进展的里程碑。因此,公益计划从一开始就谆谆教诲受益者去参与社会企业运营。公益计划还邀请受益者在整个公益计划实施期间提供反馈意见。这样,公益计划就填补了以替代物为基础的影响力测量所留下的一些空白,并且,通过将受益者置于利益相关者的中心,公益计划构成了对常规规范性蓝图的富有意义的背离。

这里对社会影响力指标的简述强调了将常规绩效评估工具转化为社会绩效评估工具的困难性。这需要新的指标、新的指标开发实践与新的数据收集方法,以确保更准确地描述社会企业干预措施——而非仅仅其背后的努力——的效果。否则,所产生的数据将无法为确保影响力市场的健康成长提供必要的市场情报。

公司治理

公益计划概念对问责制也是有用的,因为它创造了一种使得社会企业遵

[1] TOM ADAMS, ROHIT GAWANDE, & SCOTT OVERDYKE, INNOVATIONS IN IMPACT MEASUREMENT 8(2015), http://acumen.org/wp-content/uploads/2015/11/Innovations-in-Impact-Measurement-Report.pdf.

[2] *Id.* at 9.

[3] Emily Winston, *Benefit Corporations and the Separation of Benefit and Control*, 39 CARDOZO L. REV. 1783(2018).

[4] *Id.* at 54.

守其承诺的手段。事实上，正如其论文标题所表明的那样，温斯顿试图用公益计划填补的主要缺口是，福利与控制权的分离——与更为传统的所有权与控制权的分离不同。公益计划旨在通过将受益者纳入公司决策层，弥补受益者与本应为其服务的社会企业之间的问责差距。它们为受益者的融入与参与问题提供了一种公司治理解决方案。

尽管有些人主张通过使受益者成为正式股东并采用合作社模式弥合福利与控制权之间的差距，但是，温斯顿并没有走得那么远。然而，她的建议比现有公司治理解决方案要宽泛得多。后者仅仅侧重于人员配备，并且建议社会企业任命福利董事加入董事会以监督福利报告的编制[1]，或者雇用福利高级人员以确保"该组织依然回应客户的社会转型，并坚持既定社会目标"[2]。作为对照，公益计划可以使得受益者在企业管理中拥有发言权，参与高层决策，并且获得表达不满的机会。

当前的福利公司结构无法使得受益者获得申诉机制；如果企业未能追求公共利益，则只有那些持有该企业2%股份的股东才能提起"福利执行诉讼"[3]。从目前情况看，面对绩效不佳的社会企业，受益者不能采取直接行动——即使他们被称为受益者；相反，他们必须依靠股东代表与维护自己的利益。因此，股东"充当非股东利益相关者利益的代表"，这意味着针对混合性偏离的问责完全取决于"股东执行社会使命的意愿"[4]。这是一种不充分且不可靠的问责形式，原因有以下几点。首先，不践行企业的使命可能符合股东的（财务）利益，这意味着股东在决定是否提起福利执行诉讼时可能面临相互冲突的激励。正如温斯顿所解释的那样，股东"可能难以或者缺乏利用其股东权利控制管理层的动力"[5]。其次，部分是由于福利与控制权的分离，股东可能并不知晓影响该企业使命相关绩效的问题。受损的受益者完全依赖股东——他们可能很少接触或者根本没有接触，并且其利益可能与他们的利益背道而驰——意识到这个问题并为此采取行动。[6] 这个框架过于无力，以致无法控制一家使命偏离的社会企业。

公益计划提供了一个更为强大的问责机制，因为它们让受益者参与多个

---

〔1〕 Winston, *supra* note 49, at 24.

〔2〕 Todd Arena, *Social Corporate Governance and the Problem of Mission Drift in Socially-Oriented Microfinance Institutions*, 41COLUM. J. L. & SOC. PROBS. 269, 306(2008).

〔3〕 Winston, *supra* note 49, at 23.

〔4〕 *Id*. at 25.

〔5〕 *Id*. at 41.

〔6〕 *Id*. at 41.

层面的公司决策，包括设定公司旨在推进的福利目标。因此，它们包含可付诸行动的承诺，而这可以为正式登记的受益者申诉或者在发生混合性偏离时启动争端解决程序提供基础。这种半合同性（相对于监管）解决方案的一个吸引人的特征是，公益计划可以通过协作调整满足不同利益相关者的需求，同时又留有重新协商与修正该计划的空间。将社会企业的公益计划要求制度化，会使得受益者有能力作为利益相关者而在影响力市场中争取自身利益。这将构成对常规蓝图的一项富有意义的背离。

管理投资者的预期

在将混合体予以规范化方面，一个群体经常受到忽视，那就是投资者。投资者可以向其社会企业被投资方施加压力，要求其优先考虑营利而非使命——抑或优先考虑可以最快带来财务回报的使命。这种压力会产生有害的混合性偏离。这种“不良”投资者行为之所以会发生，是因为投资者对投资的混合回报的不平衡预期。虽然吸引资本进入影响力市场是增长的必要条件，但是，管理投资者的预期也是颇为重要的。这能吸引到“合适的”资本，并且，通过拓展，其可以更好地保护其他利益相关者、社会企业与受益者的利益。

解决投资者不平衡预期问题的一种可能的解决方法是，要求对影响力交易感兴趣的投资者加入“耐心投资者行为守则”（Patient Investor Code of Conduct）。[1] 该守则——一项自愿性的软法机制——将阐明成为耐心投资者的含义，并提供一些指导投资者行为的规则。它还将包含实质性承诺。具体来讲，耐心投资者将致力于合作与创造性地管理其投资，这从根本上不同于常规市场中倾向于指导投资者行为的汲取式思维。一项管理承诺可能包括设定股息上限，以限制投资者从企业中提取的股息比例。这将鼓励将利润再投资到只能缓慢产生影响力的社会项目与活动。该守则还将包含投资者与投资对象关系的长期视角。例如，它可以包括至少持有三年投资的承诺。同样，那些寻求退出投资的人可以承诺只向其他守则签署人出售其权利（股票、债务等）。

守则中所包含的承诺与准则可以纳入投资者与社会企业之间的融资协议。因此，人们可以利用该守则，以指导在社会投资协议中应当包括哪些规

[1] Dadush, *supra* note 1, at 226－27.

定，并且阐明哪些行为会构成违反协议。守则中的承诺完全可以提供关于行为不当投资者的法律或非正式纠纷解决方案的基础。该守则不仅可以规范投资者，并且，正如塔玛拉·C.贝林芬蒂所言，它可以“培养”合适的投资者以及投资者与投资对象之间的关系。贝林芬蒂解释说，“培养的目标是识别、吸引与培养一群理解企业目标与价值主张的忠诚的……核心管理者”[1]。其基本理念是，当投资者与投资对象合作促进践行其使命时，破坏性利益冲突的风险将会大大降低。

为了避免混合性偏离，监管投资者与管理其预期就显得颇为重要。（在耐心投资者行为准则等工具的支持下）培养耐心投资者对于适当规范混合体是必要的。这将是与常规蓝图的重大区别，后者主要关注的是保护而非监管投资者。

结 语

本章引入了蓝图绘制这一概念，即模仿不同市场中的规范的这一实践。本章确定了蓝图绘制作为规范化影响力市场之监管策略的一个关键缺陷，即它忽视了适当规制这一社会与金融的混合物，或者保护受益者与利益相关者的利益——而这些构成了从根本上区分影响力市场与常规市场的特征。虽然蓝图绘制可能是一个拓展影响力市场的很好的（短期）策略，但它并非是一个治理该新兴市场的良好策略。在某种情况下，这可能会完全损害该市场的革命性潜力，并且，增加混合性偏离、预期落空以及普遍玩世不恭的风险。本章为发展针对影响力市场的新蓝图提供了一些指导方针，并且所有这些方针都围绕着一个中心原则，即让受益的利益相关者具有意义。

---

〔1〕 Tamara C. Belinfanti, *Shareholder Cultivation and New Governance*, 38 DEL. J. CORP. L. 789,792,812(2014). 该文确定了管理者的两个主要特征：(1)他们的“投资行为符合企业的愿景与运营策略；(2)(管理者)理解并支持该企业的使命与管理层的长期策略”。

译后记

经过改革开放以来几十年的社会经济发展，中国一跃成为世界第二大经济体，成就斐然。但与此同时，贫富差距较大、环境污染有待进一步改善、人民文化社会需求得不到有效满足等社会问题也对当下以及未来中国经济发展与社会转型造成巨大挑战。在此背景下，在思想层面，很早之前邓小平同志所提及的“共同富裕”理念再次得到社会各界的关注；在实践层面，执掌公权的各级政府部门、在市场经济中崛起壮大的营利部门以及有序发展起来的非营利部门都在采取各种方式积极回应上述问题。

政府部门通过公权的有效行使，在精准扶贫、乡村振兴、环境保护等诸多方面强化保障公民各项权益，提升公民的各项物质文化精神生活水平。而营利部门则在促进经济发展、提高就业率、丰富居民物质精神产品类型等方面发挥了极为重要的作用，并且，营利部门所创造的经济社会财富，通过国家财税制度，又构成政府积极行使公权力以提升公民幸福指数的物质基础。与此同时，非营利部门则直接以民间化手段与非营利目的为归依，通过全面开展各类慈善活动（如慈善组织、基金会的日常作为）以及互益活动（如行业协会、校友会的日常作为）来有效解决社会公众或特定群体的发展问题。

在此基础上，三大部门之间通过互动融合来助力社会问题的解决之路也逐渐清晰。例如，政府通过向营利企业与非营利组织购买服务的方式，大大提升了在公共产品供给上的效率与实效。商业向善与企业社会责任理念的实践，则进一步深化了营利部门参与社会福利建设的实质内涵与活动范围：当前，营利企业无论是在慈善捐赠规模、慈善信托等慈善模式创新还是积极参与各类应急慈善活动等方面，均扮演着极为重要的角色。而对于非营利部门而言，为了强化其自我造血能力从而提升公共产品供给的稳定性与规模，很多非营利组织也通过金融投资、影响力投资等方式来实现保值增值，做大慈善财产规模，使得慈善组织等传统上依赖慈善捐赠的非营利组织商业化程度也渐趋加深。

在这一互动融合以助力社会问题解决过程中，社会企业理念与模式也开始得到国内政府部门、学界与实务界的关注甚至推动。作为一个较为新兴的价值理念与制度实践，社会企业处于营利部门与非营利部门之间的中间状态。关于其理论内涵，聚讼纷纭，莫衷一是。如果用最为广义的界定，则诸如企业社会责任、慈善组织商业化等现象均可纳入社会企业的范畴。而如果用较为限定的界定，则社会企业必须兼具社会目的与营利目的两个目标，而且一般是通过商业化运作与市场化手段来实现其社会目的与营利目的的同时满足。在此情况下，单纯的慈善捐赠或者慈善组织从事商业活动则不宜纳入社会企业范畴抑或顶多处于社会企业含义的边缘地带。针对这一界定问题，即便在社会企业理念与实践更为成熟的西方国家，也尚未达成颇为具体明确的答案。

但是，域外学人并未放弃反而持之以恒地在法学理论上通过不同视角系统探索社会企业以及社会企业现象。这并不单纯是因为社会企业的出现对传统法学理论（例如，关于营利法人与非营利法人之划分）构成重大挑战，更是因为社会企业本身所承载的美好理念愿景、其巨大的发展潜力以及如果缺乏合理的规制与保障手段则可能会引发的潜在社会风险。在这方面，作为社会企业法学理论研究集大成者，《剑桥社会企业法手册》一书为关心社会企业这一领域的政府官员、专业学者、实务人士与其他利益相关方提供了极为系统、多元且权威的法学视角之解读，值得有心的读者反复阅读。

关于《剑桥社会企业法手册》的具体内容，两位序言作者已经进行了较为细致的勾勒，因此，这里不再展开。需要特别说明的是，在读完此书时，读者未必会形成关于社会企业某一特定法律问题的明确答案。其原因是显而易见的：世界范围内尚未形成普适的社会企业法理论或制度。但是，读者不需要为此沮丧，因为，本书的撰写者们已经为读者提供了极富真知灼见的理解社会企业法律问题的各类宏观、中观与微观工具，并且虽以法学工具为主，但也包括哲学、政治经济学、社会学等领域的相关工具。读者可以借助这些理解方式与思维路径，并结合自己的理论研究与实践经验，得出自己的相关认识，甚至补充抑或提出本土化的社会企业法制理论体系。事实上，这也是社会企业与社会企业法制发展的必由之路：只有通过审慎梳理域外理论制度，并结合国内既有理论制度，才能真正探索出适合本国国情的社会企业概念、法学理论与制度实践。而本书的一个重要使命就是，为社会企业法的本土化发展提供较为权威且全面的“他山之石”、域外经验。

在本书翻译过程中，我的学生炫羽、致远、郑燃、瑞诗、曼玥同学在部分内容校对与相关格式调整等方面做出了重要贡献。他/她们针对个别术语翻译所提出的见解也促使我更为慎重地反复思考相关章节具体表述的妥当与否。为此，特别感谢他/她们。同时，还要特别感谢为获得此书版权与系统编辑加工此书付出巨大心力的上海财经大学出版社李成军编辑。另外，鉴于本人翻译水平有限、时间有限，虽已尽全力确保每一个表述尽可能准确完整，但恐怕依然存在纰漏。为此，本人文责自负。当然，也真诚欢迎读者就本书所存在的翻译问题随时与我联系。

李德健

2022 年 8 月 28 日

This is a simplified Chinese edition of the following title published by Cambridge University Press:

The Cambridge Handbook of Social Enterprise Law (ISBN 9781107186552) by Benjamin Means, Joseph W. Yockey, first published by Cambridge University Press 2018.

This simplified Chinese edition for the People's Republic of China (excluding Hong Kong, Macau and Taiwan) is published by arrangement with the Press Syndicate of the University of Cambridge, Cambridge, United Kingdom.

图字：09-2022-0927 号